法研教科书

财税法专题研究

（第三版）

Special Studies on
Fiscal Law and Tax Law
(The third edition)

刘剑文 著

图书在版编目(CIP)数据

财税法专题研究/刘剑文著.—3版.—北京:北京大学出版社,2015.1
(法研教科书)
ISBN 978-7-301-25311-3

Ⅰ.①财… Ⅱ.①刘… Ⅲ.①财政法—中国—研究生—教材②税法—中国—研究生—教材 Ⅳ.①D922.2

中国版本图书馆CIP数据核字(2015)第001380号

书　　　名	财税法专题研究(第三版)
著作责任者	刘剑文　著
责 任 编 辑	王　晶
标 准 书 号	ISBN 978-7-301-25311-3
出 版 发 行	北京大学出版社
地　　　址	北京市海淀区成府路205号　100871
网　　　址	http://www.pup.cn
电 子 信 箱	law@pup.pku.edu.cn
新 浪 微 博	@北京大学出版社　@北大出版社法律图书
电　　　话	邮购部62752015　发行部62750672　编辑部62752027
印 刷 者	北京大学印刷厂
经 销 者	新华书店
	730毫米×1020毫米　16开本　27.75印张　559千字
	2002年10月第1版　2007年3月第2版
	2015年1月第3版　2015年1月第1次印刷
定　　　价	51.00元

未经许可,不得以任何方式复制或抄袭本书之部分或全部内容。
版权所有,侵权必究
举报电话:010-62752024　电子信箱:fd@pup.pku.edu.cn
图书如有印装质量问题,请与出版部联系,电话:010-62756370

财税法治是通往法治中国的优选路径[①]
（第三版代前言）

最近五年对于我国的财税法治建设来说，是一个不平凡的五年。从"营改增"扩围到房产税改革，从"三公"经费公开到预算法修订，从车船税立法到呼吁设税权回归全国人大，从中央出台"八项规定"要求党政机关厉行节约到党的十八届三中全会对财税改革作出浓墨重彩的勾勒，实践表明，财税法与国家治理和人民福祉的紧密联系正日益凸显。因此，财税法也越来越受到官方和民间的共同关注。回顾过去，在相当长的时间里，财税法在我国法治建设的大舞台上一直缺位，财政仅仅被视为单纯的经济问题，没有得到应有的重视与关注，这不能不说是我国法治建设中的一大遗憾。财税领域的法治化水平长期滞后于现实需要，在相当大的程度上也导致了国家治理和改革深化陷入了"瓶颈期"，难以寻得有力的"抓手"，直到新一代领导集体以高度的历史智慧发掘出财税制度在现代国家治理中的根本性地位。置身于实现"中国梦"的宏大背景下，在追求国家富强、民族振兴、人民幸福的伟大实践中，人们已经越来越真切地感受到财税法所承载的重要意义和所肩负的历史使命。

一、财税体制改革与财税法治大势所趋

2013 年 11 月 12 日，中国共产党第十八届中央委员会第三次全体会议审议通过了《中共中央关于全面深化改革若干重大问题的决定》（以下简称《决定》）。这是在中国经济社会转型进入关键时期出台的一份改革的顶层设计方案，将拉开中国全面改革的大幕，吹响中国社会整体性和深层次改革的新号角。《决定》提出，全面深化改革的总目标是"完善和发展中国特色社会主义制度，推进国家治理体系和治理能力现代化"。虽然"治理"与过去惯用的"管理"只有一字之差，但却反映出治国理念的重大转变。在目标上，管理从政府本位出发、追求秩序与效率，而治理则要综合考虑多元价值追求。在主体上，管理由政府尤其是行政机关单向主导，而治理则强调社会自治与民众参与；在手段上，管理主要使用强硬的行政指令，而治理则更多地运用疏导和软权力，且最终要依靠法律制度。总体来看，治理更强调法治化、民主性、顶层设计

[①] 原文发表于《法制日报》2014 年 7 月 16 日第 011 版，收入本书时作了部分修订。

和过程思维。而要从传统"管理"转型为现代"治理",关键就在于加强法治建设,将法治作为治国理政的基本方式。因此,《决定》在第九部分系统论述了"推进法治中国建设",对法治国家、法治政府、法治社会的一体建设提出了目标和要求。进一步看,除了该部分的总纲式论述外,法治的理念和要求其实贯穿了《决定》整体,体现在各个领域改革的法治化目标之中。改革的核心在制度,制度的核心是法治,改革与法治是相辅相成的同一过程。在这个意义上,全面深化改革之路,就是建设法治中国之路,也是"中国梦"的圆梦之路。而财税法,正是深化改革与法治建设的重要组成部分。

在《决定》提出的诸项改革任务之中,"深化财税体制改革"单独作为一个部分,且位居各项具体经济改革之首,这在党的重要纲领性文件中尚属首次。同时,财税问题作为重要主线,还贯穿在其他章节的始终。例如,在第二部分"坚持和完善基本经济制度"中,要求提高国有资本上缴国家财政的比例、完善国有资本经营预算制度等要求;在第八部分"加强社会主义民主政治制度建设"中,强调加强人大预算决算监督、国有资产监督,首次提出"落实税收法定原则";在第十部分"强化权力运行制约和监督体系",要求健全反腐倡廉法规制度体系,着力控制"三公"经费支出和楼堂馆所建设;在第十二部分"推进社会事业改革创新"中,收入分配改革、社会保障制度完善也与财税法紧密相关;在生态文明建设、司法改革等备受人们关注的焦点问题的背后,其实也离不开财税制度的支撑、促进与保障。不夸张地说,《决定》中至少有一半都在谈财税问题。这是因为中央已经转变了将财政视作单纯经济问题的传统思维,开始认识到财政是"国家治理的基础和重要支柱",科学的财税体制是"促进社会公平、实现国家长治久安的制度保障",并且主动接纳了"落实税收法定原则"等财税法学界大力倡导的主张。可见,财税体制改革与财税法治,既是全面深化改革的突破口和重点领域之一,又是国家治理现代化的基础和制度保障,更是国运所系、民心所向、大势所趋。

二、财税对现代国家治理的作用不容忽视

那么,为什么财税法对于现代国家治理如此重要呢?有人说"财政"是三分财、七分政。其实,它是七分财,三分政。财,是指财产、财产权利,包括私人财产权和公共财产权,而公共财产权最终还是建立在私人财产权基础之上的。政,是指政府,包括立法机关、行政机关和司法机关。政府的主要职责就是公平、有效地保护好私人财产权、行使好公共财产权,从而服务于全体纳税人。因此,财税不仅仅是"钱"的问题,"钱袋子"的背后实质上是国家与纳税人的关系。由这一对基本关系,还可以生发出中央与地方的关系、立法机关与行政机关的关系以及政府与市场的关系。因此,对于古今中外任何一个国家的治理来说,财税的重要性都是不容忽视的,正所谓"财政不牢,地动山摇"!唐太宗说"水能载舟,亦能覆舟",现在我们要说"税能载舟,亦能覆

舟",因为税的背后和依托是纳税人。而财税法的根本任务,就是要依靠法治来统摄财政收入、财政支出、财政管理的全过程,通过对权利、义务和责任在不同主体间的合理配置,来实现国家财政权与私人财产权的平衡与协调,达致国家治理的现代化。

进一步看,财税法治不仅是法治中国在财税领域的必然要求和终极体现,而且也是通往法治中国的优选路径。对于我国来说,建设法治国家和全面深化改革是同一历史进程。目前,我国的改革已经进入攻坚阶段,也是最困难、最复杂、最关键的阶段。未来的改革应当包括三个层面的高度融合:一个是自上而下的顶层设计,一个是自下而上的基层探索,还有一个是自外而内的外逼机制。在诸多可能的路径中,财税改革是共识最大、阻力最小、效益最高的,因为"它是低调的,不会过分提高人们的期望值;它是具体的,比抽象谈论'政治民主'更容易操作;它是务实的,可以在不太长的时间里产生看得见的变化"。例如,对于官员贪腐问题,如果按照传统的严肃查办思路或是改革官员选拔考任制度,可能会涉及政治体制中的深层次问题,牵涉盘根错节的利益关系,从而遭到巨大的阻力,甚至陷入困境,最终不了了之。但是,如果我们从财税法治的思路出发,控制住各级政府的财权,让公共财产的收支管理都在阳光下运行,同样可以得到良好的效果。控制住资金的来源,各级官员的"敛财冲动"将会大为降低;而控制住资金的流向,就能真正厉行节约,让公款"花在刀刃上"。而且,由于改革公共财政收支体制并不直接触及官员自身利益,这一改革进路的阻力势必能够大大减小。

由于所有的社会成员都属于"纳税人"范畴,因此强调财税法治从根本上看是对全体民众有利的。当然,这并不是说财税体制改革就是一帆风顺、毫无障碍的。改革注定都会遇到来自思想观念、制度惯性和既得利益等各方面的阻力,但是财税体制改革无疑是各个可能选择中"投入产出比"最优的路径,是推进法治中国建设的突破口。

可以说,依法管好了政府的"钱袋子",也就牵住了深化改革和法治建设的"牛鼻子"。当然,财税改革涉及社会的各个领域,牵涉千家万户的切身利益,本身就是一个复杂的系统性工程,因此也需要找准突破口,并且要审时度势、循序渐进。客观地说,我国的财税法治建设也仍然存在着诸多观念羁绊和制度障碍,具体包括:人民代表大会对权力行使的重视不够;预算权配置失衡;中央与地方之间的关系尚未完全实现法治化;地方政府卖地推高房价;经济发展方式仍然较为粗放;地区、城乡、居民间贫富差距较大;社会基本公共服务分配不均衡;公民的基本权利实现不足;等等。这些亟需解决的难题纷繁复杂、相互咬合,给我国未来的发展路径提出了不可忽视的挑战。站在这个承前启后、继往开来的重要时点上,我们深深地期盼着,未来的财税改革能够以更大的决心、魄力与智慧来稳步推进,经由财税法制上升到财税法治,并通过依法管好"财"来管好"人"和"事",以税之"良法"实现国之"善治"。

21世纪财税法学人的历史使命
(第二版代前言)

在全面贯彻科学发展观、构建社会主义和谐社会、实施依法治国方略的新世纪,财税法关系着政府和民生的根本,关系到权利与权力的制衡,是双方利益的调节器,因此,政府与纳税人之间的和谐与良性互动就显得尤为重要。源于国家和社会寄予的巨大期待,更重要的是源于社会良知的中国财税法人将会大有作为,将会担当起历史的责任和社会使命。

一、我国财税法治建设的进程

(一) 和谐社会建设与财税体制改革

和谐社会建设是当今时代的主题,和谐社会的主要目标是:社会主义民主法制更加完善,依法治国基本方略得到全面落实,人民的权益得到切实尊重和保障;城乡、区域发展差距扩大的趋势逐步扭转,合理有序的收入分配格局基本形成,家庭财产普遍增加,人民过上更加富足的生活;社会就业比较充分,覆盖城乡居民的社会保障体系基本建立;基本公共服务体系更加完备,政府管理和服务水平有较大提高;全民族的思想道德素质、科学文化素质和健康素质明显提高,良好道德风尚、和谐人际关系进一步形成;全社会创造活力显著增强,创新型国家基本建成;社会管理体系更加完善,社会秩序良好;资源利用效率显著提高,生态环境明显好转;实现全面建设惠及十几亿人口的更高水平的小康社会的目标,努力形成全体人民各尽其能、各得其所而又和谐相处的局面。①

一个法律制度,如果跟不上时代的需要或要求,而是死死抱住上个时代的只具有短暂意义的观念不放,那么是没有什么可取之处的。在一个变幻不定的世界中,如果把法律仅仅视为一种永恒的工具,那么它就不能有效地发挥作用。② 更何况我们正身处中国如火如荼的和谐社会建设进程中,法律的立与废已是周遭平常不过的事件了。

---

① 参见《中共中央关于构建社会主义和谐社会若干重大问题的决定》(2006年10月11日)。
② 〔美〕E.博登海默:《法理学——法律哲学与法律方法》,邓正来译,中国政法大学出版社1999年版,第326页。

在公民的财产权利日益受到重视的今天,平衡与协调国家征税权与公民财产权的财税法,更在日渐深入的改革进程中,面临进一步的变革。于是,有学者甚至断言,"唯有死亡和税制改革是人的一生所不可避免的"。

和谐社会建设与财税体制改革具有密不可分的关系。财税制度和财税体制是一个国家最根本的制度之一,也是最容易引起争议和动乱的社会制度之一,因此,构建和谐社会的关键是构建和谐的财税制度和财税体制。中共中央在《完善社会主义市场经济体制若干问题的决定》(2003 年 10 月 14)中把财税制度与财税体制改革提到了非常重要的地位。其中明确规定了"分步实施税收制度改革"和"推进财政管理体制改革"的具体目标,包括按照简税制、宽税基、低税率、严征管的原则,稳步推进税收改革。改革出口退税制度。统一各类企业税收制度。增值税由生产型改为消费型,将设备投资纳入增值税抵扣范围。完善消费税,适当扩大税基。改进个人所得税,实行综合和分类相结合的个人所得税制。实施城镇建设税费改革,条件具备时对不动产开征统一规范的物业税,相应取消有关收费。在统一税政前提下,赋予地方适当的税政管理权。创造条件逐步实现城乡税制统一。健全公共财政体制,明确各级政府的财政支出责任。进一步完善转移支付制度,加大对中西部地区和民族地区的财政支持。深化部门预算、国库集中收付、政府采购和收支两条线管理改革。清理和规范行政事业性收费,凡能纳入预算的都要纳入预算管理。改革预算编制制度,完善预算编制、执行的制衡机制,加强审计监督。建立预算绩效评价体系。实行全口径预算管理和对或有负债的有效监控。加强各级人民代表大会对本级政府预算的审查和监督。①

财税体制改革的每一个重要举措都与和谐社会建设紧密相关,财税体制的每一步改革也进一步促进了我国整个社会的和谐。和谐社会建设的关键是建设一个科学的财政法律制度和和谐的国家与纳税人关系。

(二)我国财税法治建设的发展

进入 21 世纪,特别是最近几年,我国的财税法治进程取得了巨大的成就。单以 2005 年为例,2005 年全国人大及其常委会通过了多部与财税法相关的法律和法律性文件,如《全国人民代表大会常务委员会关于修改〈中华人民共和国个人所得税法〉的决定》《全国人民代表大会常务委员会关于废止〈中华人民共和国农业税条例〉的决定》等。尤其在 2005 年 9 月 27 日为修改《中华人民共和国个人所得税法》而举办的新中国首次立法听证会,意味着中国民主立法进程的进一步加快。不仅如此,财税立法成为本届和下届人大立法的重点,统一企业所得税法已是指日可待,《中华人民共和国财政转移支付法》的起草亦是紧锣密鼓地进行,而《中华人民共和国税收基本法

---

① 参见《中共中央关于完善社会主义市场经济体制若干问题的决定》(2003 年 10 月 14 日)。

(或税法通则)》开始列入立法日程,表明财税法治已在中国的法治进程中日益凸显其重要性。

但是,我们也应该看到,我国的财税法治建设还有漫长的道路要走,且不说我国财税法律的质量与法治发达国家的差距,仅就数量而言,我国的财税法律也远远低于法治发达国家,甚至连很多发展中国家都不如。例如,根据税收法定原则的要求,"一税一法,一法一税",这一点在法治发达国家早已做到,在很多发展中国家也已经基本实现,而在我国目前的税收制度中,二十多种税,有"法"的仅有两个,即《个人所得税法》和《外商投资企业和外国企业所得税法》。从目前的立法规划来看,在五年内,税法的数量恐怕仍然会维持在两部左右。如果要基本实现税收法定原则的要求,恐怕至少要再等15年的时间。当然,我们要对这一目标充满信心,因为党中央的建设规划、全国人大的立法规划都已经将财税法律制度的建设作为重点领域之一,财税法治的实现在我国只是时间长短的问题。

二、财税法学人的历史使命

在我国的财税法律制度以及国家和纳税人的关系还不够和谐之时,在我国的财税法治建设仍然任重道远之际,作为21世纪的财税法学人应当承担起历史赋予我们的伟大使命,应当对历史、对国家、对社会负责,实现财税法学人所应当完成的历史责任、国家责任和社会责任。作为21世纪的财税法学人,应当为推动财税立法的民主化、为提高税收执法的服务意识、为推动税收司法改革、为保护纳税人权利而贡献自己的力量,应当为壮大中国财税法学教育事业,特别是整个社会的财税法教育、提高普通纳税人的财税法意识而发挥自己的聪明才智,应当为中国财税法的国际化、现代化,为中国社会经济的发展、中国纳税人的福祉而努力奋斗。

(一) 推动中国财税法理论研究的发展

我有幸几乎见证了20世纪80年代以来的中国的财税立法,每每欣喜于中国财税法改革所取得的巨大成就的同时,亦倍感作为财税法学人肩上所担负的沉沉的历史使命。法学理论历来是法治进程的先导,从某种意义上说,法学研究的水平甚至决定一国法治发展的水平。我从20世纪80年代中期开始从事财税法学的研究与教学,对中国财税法学研究的发展自有一番体会。从最初跟随税收学亦步亦趋,到开始独立的研究视野,直至现在逐步形成较为完善的学科体系,中国财税法学的发展是有目共睹的。中国财税法学如何能够实现研究思路的转型、研究体系的重构、研究方法的突破,最终形成崭新的财税法学理论,是当前全国财税法学同仁们所苦苦思考和追寻的课题。从20世纪80年代开始的中国财税法学,其研究起点固然已经远远落后于德国、日本、美国等有着丰富的财税法理论积淀的国家,但经过近二十年,特别是近五年,诸多财税法学人的共同努力,中国财税法学理论研究水平与这些国家的差距也正在日益缩小。然而,作为对税收法治的前瞻性思考,中国财税法学的理论研究仍有着诸多不足,有着进一步深化的必要,迫切需要我们重新解读、反思当前的财税法治的现实,并进行深入的研究和思考,进而提出立足于中国现实,而又超越法治现状,能够引导财税法改革与发展的财税法理论。因此,我始终坚信,财税法学的研究应当同步甚至超越财税法治的变革。财税法学人应当以引领财税法治建设为终生奋斗的目标!

(二)维护国家税收利益,构建强国财税体制

民以食为天,国以税为本。① 税收是国家的血脉,没有税收就没有国家的繁荣富强,没有人民的安居乐业。因此,税收和国家的利益是紧密相连的。强大的国家必须有强大的税收做后盾,为了实现中华民族的强国之梦,必须首先通过税收为国家筹集足够的建设资金,而税收职能的充分发挥又以科学合理的财税体制为前提。构建科学合理的财税体制需要充分发挥财税法学人的作用,这也正是财税法学人得以大展宏图的用武之地。

财税法学的研究必须以维护国家的税收主权、维护国家的利益为根本。在我国,片面强调国家税收收入或纳税人权利都不利于社会的协调发展。无论是忽视纳税人权利的保护,片面追求国家税收的保障;还是过分强调纳税人权利,不重视国家税收的保障都是不可取的。如果国家征收不到充足的税款,就无法履行其公共服务职能,无法提供公共产品和公共服务,整个社会的运行都将陷于瘫痪,最终也不利于保障纳税人的权益。就我国而言,社会主义税收的根本目的是"取之于民,用之于民",没有"取之于民",就无法"用之于民"。因为国家利益最终的受益人仍然是每一个纳税人,通过税收建设一个强大的中国,每一个中国人不都会从中受益吗?很多人认为国家的征税权强大了,必然影响纳税人权利,其实不然,征税权强大的同时也可以增强纳税人权利保护的力度,比如,国家把每年增加的税收的一大部分用于纳税人权利保护,不就可以营造国家征税权的保障和纳税人权利保护的双赢局面吗?强化国家的征税权并不必然会侵犯纳税人的权利,关键是采取何种手段强化国家的征税权,如果采取人治的方式,侵犯纳税人权利的现象将是在所难免的,但如果采取法治的方式,就不会侵犯到纳税人权利,因为纳税人权利保护的一个核心内容就是国家依法行使征税权。通过财税法治建设来加强国家的征税权,就能够达到既加强国家的征税权,又维护纳税人权利的双赢结局。在这个过程中,我们财税法学人可以做很多事情,也

---

① 或许有人觉得这一说法有点夸张,其实,一点也不夸张,马克思早就形象地指出:"税收是喂养政府的奶娘。"参见马克思:《1848年至1850年法兰西阶级斗争》,载《马克思恩格斯全集》第7卷,人民出版社1959年版,第94页以下。

需要我们做很多事情。现在国家的很多财税立法和财税政策都邀请学者参加,广泛听取学者的意见①。

这本身就说明国家已经越来越重视专家学者的作用,同时,也是我们得以运用我们的研究成果来优化国家决策的良好时机,能够将自己的平生所学用于国家建设、用于造福人民,还有什么比这更能让一个真正的学者感到欣慰的呢?

(三) 维护纳税人权利,培养纳税人意识

纳税人是国家的衣食父母,财税法必须注重和保护纳税人的权利和利益,作为21世纪的财税法学人同样必须以维护纳税人权利为己任。② 财税法为国家所立,因此往往偏重于保护国家利益,而忽视纳税人权利。我国的纳税人由于还没有强有力的代表人和代表机构,因此,真正为纳税人说话的人其实很少,纳税人的呼声其实很弱。

当历史的车轮驶入21世纪,当法治和权利的思想逐渐深入人心,纳税人权利的观念也开始逐渐为国家和社会所重视。我国开始逐渐进入权利的时代,纳税人权利就是其中的重要内容之一。但是我们也应当看到,整个社会的纳税人意识还比较淡薄,纳税人权利的观念尚未深入人心,特别是没有深入政府官员的心中。把纳税人仅仅当成义务人的观念仍然根深蒂固。这时就需要我们财税法学人通过自己的学习、研究、宣传和教育活动,通过我们的课堂和学术论著向整个社会宣扬纳税人意识,宣传纳税人权利的观念,倡导保护纳税人权利的国家行动和社会行动。

其实,如果国家和社会真正认识到保护纳税人权利的实质和重要意义,任何国家和社会都会积极主动地投入到保护纳税人权利的行动中。从纳税人是税收之源,是政府官员的"衣食父母"的角度来看,保护纳税人权利是理所当然的。国家和社会的一切都是纳税人给的,国家和社会有什么理由不去好好保护纳税人权利呢? 从国家和社会存在的根本目的来看,无非也是为每一个纳税人谋福利,让组成国家和社会的每一个纳税人比在原始状态下或者个体状态下生活得更幸福。既然如此,国家和社会怎能背离自己所追求的终极目标而去损害或者漠视纳税人权利呢?

现实中之所以还有大量侵犯和漠视纳税人权利的现象存在,国家和社会之所以还没有把保护纳税人权利提到足够高的地位,那是因为我们的国家和社会还没有真正理解纳税人的内涵,没有真正领悟保护纳税人权利的真谛。同时,也说明了我们财税法学人没有尽到自己的职责。我们没有做好宣传、教育工作。财税法学人既要成

---

① 特别是最近的一些重大立法活动,立法机关都广泛吸收了学者的参加。例如,《企业所得税法》的制定就多次召开专家论证会,而《财政转移支付法》和《税收基本法(税收通则法)》则直接邀请学者起草专家建议稿。

② 令人欣喜的是,学界已经有越来越多的学者开始关注纳税人权利问题,而且已经有多篇以纳税人权利保护为主题的法学博士和法学硕士论文。

为理论家,也要成为教育家和宣传家。把财税法的真理撒播到社会的每一个角落是历史赋予我们财税法学人的神圣使命。我们应该不辱使命,勇敢地担当起历史赋予我们的重任,在实现个人理想和抱负的同时,也为国家的富强、民族的振兴和全体纳税人的福祉而努力奋斗!

税收法治——构建法治社会的突破口(代前言)

日本著名税法学家金子宏教授认为:"税收法律主义在近代法治主义的确定上,起到了先导的和核心的作用。"①

纵观近现代法治的发展和税法的变迁,税收领域的法治状况确实深刻地影响到整个社会的法治水平。近现代法治的最终确立是从各国制定宪法或宪法性文件开始的,这些宪法或宪法性文件无一例外地强调了税收、税收法治的重要性。《英国权利法案》申明"国王不经国会同意而任意征税,即为非法"。《美国宪法》第1条规定"一切征税议案应首先在众议院提出,但参议院得以处理其他议案的方式,表示赞同或提出修正案"。《法国宪法》第34条规定"征税必须以法律规定"。《日本国宪法》第84条规定"课征新税及变更现行的税收,必须依法律或依法律确定的条件"。《意大利宪法》第23条规定"不根据法律,不得规定任何个人税或财产税"。这些宪法或宪法性文件关于税收的规定,可以抽象为"税收法定主义"。通过确立"税收法定主义"这一宪法原则,科学地界定了纳税人和国家、征税机关之间的法律关系,在法律面前,纳税人依法纳税,征税机关依法征税,国家依法取得财政收入;而法律又是基于纳税人同意的。这样,"依法办事"这一法治的核心要求在税收领域逐渐确立起来并延伸至其他领域。考察西方法治发达国家的现状,我们也可以非常明显地感悟到这一点。

与"税收法定主义"相联系的是,西方许多著名的思想家、理论家在其著作中都不厌其烦地强调税收问题。英国著名的哲学家霍布斯在《利维坦》中提到"主权者向人们征收的税不过是公家给予保卫平民各安生业的带甲者的薪饷"。② 英国著名的思想家洛克在《政府论》中指出:"诚然,政府没有巨大的经费就不能维持,凡享受保护的人都应该从他的产业中支出他的一份来维持政府。但是这仍须得到他的同意,即由他自己或他们选出的代表所表示的大多数的同意。因为如果任何人凭着自己的权势,主张有权向人民征课税赋而无需取得人民的那种同意,他就侵犯了有关财产权的基本规定,破坏了政府的目的。""未经人民自己或其代表的同意,绝不应该对人民的财产征税。"③法国著名的思想家、法学家孟德斯鸠也说过:"如果行政者有决定国家

---

① [日]金子宏:《日本税法》,战宪斌、郑林根等译,法律出版社2004年版,第58页。
② [英]霍布斯:《利维坦》,黎思复、黎廷弼译,商务印书馆1985年版,第269页。
③ [英]洛克:《政府论》(下篇),叶启芳、瞿菊农译,商务印书馆1964年版,第88、89页。

征税的权力,而不是限于表示同意而已的话,自由就不存在了。因为这样行政权力就在立法最重要的关键上成为立法性质的权力了。"[1]英国著名的经济学家亚当·斯密在其经济学名著《国富论》中专章对税收问题予以论述。

税收法治缘何在法治发展中扮演如此关键的角色?思想家、理论家们何以如此不断地强调税收问题?其深刻的原因都在于市场经济条件下税收存在的必要性。在市场经济条件下,私人产品通过市场交易的方式提供;但除私人产品以外,具有非竞争性和非排他性的公共产品由于其本身性质的特殊无法通过市场交易的方式来提供,而这些产品对整个社会而言却是须臾不可缺少的。由于国家(政府)扮演着履行公共职能的社会角色,使得其在为社会提供公共产品方面具有私人无法比拟的优越性。因此,市场经济条件下的公共产品基本上由国家(政府)提供,国家(政府)提供公共产品的经济来源就是主要由税收形成的财政。这样,税收如何征收和缴纳就成了一个非常重要的问题。事实上,经济学的研究表明,税收就是人们享受国家(政府)提供的公共产品而支出的价格费用。这种为自身消费而支付费用的现象,仍然遵循市场等价交换规律。税收的这种经济属性反映到法律上,就是纳税人和国家(政府)之间在税收领域具有平等关系,纳税人纳税是为了享受国家(政府)提供的公共产品,而国家(政府)征税正是为了给纳税人提供公共产品,征税和纳税在法律之下达到协调状态。

经过几代人的不懈探索,法治终于被确定为我国的治国方略,法治社会的构建也成为我们每个人义不容辞的责任。近年来,法理学家、部门法学家都从各自的学科角度出发为法治社会的构建提出了诸多方案和建议。值得我们深思的是,税收法治,特别是税收法治在整个法治社会构建中应起的作用,似乎被人们大大地忽视了。学者们往往把关注点放在"司法体制"、"市民社会"等宏大的问题上,对税收领域的法治状况及其对整个社会法治的促进作用无暇顾及。我国税收领域存在的问题同样是不容忽视的:某些征税机关片面地以上级下达的税收指标作为其行为指南,对纳税人的相关权利不够重视,忘记了税收的本质就是为了服务纳税人;纳税人也没有意识到税收的重要性,尽管在现实生活中,享受着国家(政府)提供的各种公共产品,但是没有意识到或者不愿意承认这一点,纳税观念淡薄,偷税、骗税甚至抗税的现象屡见不鲜。其实,我觉得,和西方法治发达国家法治发展的进程相类似,税收法治同样可以成为我国构建法治社会的关键环节,成为构建法治社会的突破口。我国实行的是社会主义市场经济体制,这种市场经济和西方社会实行的市场经济在很多方面具有类似性。在社会主义市场经济条件下,同样存在公共产品的提供问题;与计划经济体制不同的是,在社会主义市场经济条件下,国家不可能自己直接提供公共产品,而只能是通过征税形成财政收入,然后在此基础上为社会提供公共产品。这样,纳税人和国家(政

---

[1] 〔法〕孟德斯鸠:《论法的精神》,张雁深译,商务印书馆1987年版,第156页。

府)、征税机关之间同样由于公共产品的提供和消费而形成仍然遵循市场等价交换法则的平等关系。这一平等关系通过法律予以确定。在法律之下,形成纳税人和国家(政府)、征税机关之间的良性互动机制,依法征税和依法纳税相配合,最终实现公共产品的提供和消费。在这一以平等为基调的税收法治状态下,纳税人的权利意识、守法意识将会增强;国家公务员的责任意识、服务意识也会得到强化。而这些,都是我们构建法治社会所严重缺乏的。笔者相信,正确认识税收的本质,确立税收法定主义,在税收领域贯彻纳税人和国家(政府)、征税机关之间具有平等性的思想,必将能够推进我国的税收法治,进而税收法治必将会对整个社会的法治状况起到很好的促进作用;或许税收法治会成为构建法治社会的突破口。

简目 CONTENTS

001	**专题一 三十年来中国财税法学研究的回顾与前瞻**
001	一、决定性的经济改革与新时期财税法的历史担当
004	二、财政法理论研究评述
010	三、税法总论理论研究评述
028	四、国际税法研究评述
037	五、我国财税法体系的发展与完善研究评述
056	六、财税法教学改革与人才培养进路
064	**专题二 财税法治的思维基点与价值定位**
064	一、作为综合性法律学科的财税法学
079	二、公共财产法意义上的财税法
085	三、财政控权与纳税人权利保障
121	**专题三 财政立法与财政法改革**
121	一、宪治与中国财政民主
128	二、现代政府预算管理制度构建
141	三、中国分税制财政体制的综合平衡与协调发展
156	**专题四 税收法律关系**
156	一、税收与征税权
164	二、税收法律关系的类型与结构
172	三、税收债务关系理论及其应用
177	四、"税收债务关系说"的中国意义
182	五、税收债法研究的方法与价值

专题五　税法原则

- 187　一、税收法定主义及其适用
- 197　二、税收公平原则
- 199　三、量能课税原则及其适用限制
- 201　四、实质课税原则

专题六　中国税收立法问题

- 204　一、税收立法基础理论
- 213　二、税收国家与税收立宪
- 221　三、税收立法权限体制
- 235　四、税法通则的制定

专题七　税收实体法律制度改革

- 251　一、增值税的转型改革
- 256　二、所得税法改革
- 281　三、非法收入的课税问题
- 286　四、房产税法的改革

专题八　税收征管法律制度

- 290　一、税收征管中的诚信问题
- 293　二、税收征管中的行政强制制度
- 303　三、反避税法律制度
- 318　四、《税收征收管理法》的修订

专题九　税收保全制度

- 328　一、税收优先权
- 341　二、税收代位权
- 354　三、税收撤销权
- 362　四、查封、扣押、冻结措施
- 365　五、限制出境措施

373	**专题十 国际税法与中国税法的国际化**
373	一、国际税法的特征
377	二、国际税法的基本原则
379	三、居民税收管辖权问题
385	四、单一税收管辖权问题
391	五、WTO体制下中国税法发展的基本趋势

411	**再版后记**

413	**第三版后记**

Table of contents

Topic I Retrospect and Prospect of Chinese Fiscal and Tax Law Research in the Recent 30 Years / 001
1. Decisive Economic Reform and Historical Mission of Tax Law in a New Era / 001
2. Theoretical Review on Fiscal Law / 004
3. Theoretical Review on Tax Law / 010
4. Theoretical Review on International Tax Law / 028
5. Commentary Review on the Development and Improvement of Tax Law System / 037
6. Reform in Fiscal and Tax Law Education and Talent Cultivation Approach / 056

Topic II Basic Thinking Mode and Value Orientation of Rule of Fiscal and Tax Law / 064
1. Taxation Law as Comprehensive Legal Disciplines / 064
2. Tax Law on Sense of Public Property Law / 079
3. Controlling Authority by Way of Finance and Protect the Rights of Taxpayers / 085

Topic III Fiscal Law Legislation and Reform of Fiscal Law / 121
1. Constitutionalism and Fiscal Democracy in China / 121
2. Construction of Modern Government's Budget Management System / 128
3. Overall Balance and Coordination of the Development of China's Tax Sharing System / 141

Topic IV Nature of Taxation Legal Relationship / 156
1. Taxation and Levying Power / 156
2. Types and Structures of Legal Relationships in Taxation / 164
3. Theory and Application of Tax Debt Relationship Theory / 172
4. Significance of the Tax Debt Relationship Theory to China / 177

5. Methodology and Value of the Tax Obligation Law Research / 182

Topic V Principle in Tax Law / 187
1. Statutory Taxation Principle and its Application / 187
2. Principle of Tax Equity / 197
3. Ability-to-Pay Principle and Limits of its Application / 199
4. Substance-Over-Form Principle / 201

Topic VI Tax Legislation in China / 204
1. Basic Theory of Tax Legislation / 204
2. Tax State and Tax Constitutionalism / 213
3. Tax Legislative Authority System / 221
4. Enactment of General Tax Law / 235

Topic VII Reform of the Substantive Tax Law System / 250
1. VAT transformation reform / 251
2. Income Tax Law Reform / 256
3. Taxation of Illegal Income / 281
4. Property Tax Law Reform / 286

Topic VIII Legal System of Tax Collection and Administration / 290
1. Issues of Integrity in Tax Collection and Administration / 290
2. Administrative Enforcement System in Tax Collection and Administration / 293
3. Anti-tax Avoidance Legal System / 303
4. Amend "Tax Collection and Administration Law" / 318

Topic IX Tax Preservation System / 328
1. Priority Right in Taxation / 328
2. Subrogation Right in Taxation / 341
3. Revocation Right in Taxation / 354
4. Attachment, Seizure, and Injunction / 362
5. Exit Restriction Measures / 365

Topic X International Tax Law and Internationalization of Chinese Tax Law / 373
1. Characteristics of International Tax Law / 373
2. Basic Principles of International Tax Law / 377
3. Issues of Inhabitant Tax Revenue Jurisdiction / 379
4. Issues of Single Tax Jurisdiction / 385
5. The Basic Developing Trend of China's Tax Law under the WTO Regime / 391

Postscript of the second edition / 411

Postscript of the third edition / 413

详目 CONTENTS

专题一 三十年来中国财税法学研究的回顾与前瞻 /001

一、决定性的经济改革与新时期财税法的历史担当 /001
二、财政法理论研究评述 /004
 (一)财政法与财政权的基本概念 /004
  1.财政法的概念 /004
  2.财政权的概念 /004
 (二)财政法基本原则 /005
 (三)财政法理论的具体运用——以收入分配改革为例 /008
三、税法总论理论研究评述 /010
 (一)税收与税权的基本概念 /010
  1.税收的概念 /010
  2.税权的概念 /011
 (二)税收要素基本概念 /013
 (三)税收法律关系 /015
  1.关于税收法律关系的层次结构 /016
  2.关于税收之债理论在中国的适用 /016
  3.关于税收之债理论在中国税法研究中的运用 /017
 (四)税法基本原则 /018
  1.税法基本原则研究概况 /018
  2.关于税收法定原则 /021
  3.关于税收公平原则 /023
  4.关于税收效率原则 /025
 (五)税法基本原则的具体运用 /026
  1.关于税收立法权限的分配 /026
  2.税法溯及既往的效力 /027
  3.税法对生存权的保障 /027
  4.税法的"可税性" /028
四、国际税法研究评述 /028
 (一)国际税法基础理论 /028
  1.关于国际税法的基本特征 /028
  2.国际税法学与其他相关学科的关系 /029
 (二)国际避税的概念与性质 /033
 (三)电子商务与国际税法 /035
  1.关于国际税收管辖权的确定标准 /035
  2.关于征税对象的发展 /036
  3.关于税收征收管理 /036
  4.网络贸易征税问题 /036
五、我国财税法体系的发展与完善研究评述 /037
 (一)我国财税法律体系的缺失 /037
  1.我国财税法律体系的效力层级缺陷 /037
  2.我国财税法律体系的结构性缺失 /040
  3.我国财税法律规范内容的缺失 /042
  4.我国财税法律规范立法技术的缺失 /044
 (二)财税法律体系的完善 /046
  1.财税法律的效力位阶的提升 /046
  2.财政法律体系的内部结构的完善 /047
  3.财税法律的规范内容的增补 /049

4. 财税法律规范的立法技术的改进 / 050
(三) 财税法学研究的现状与反思——以税法为例 / 051
1. 理论研究重视不够 / 052
2. 研究方法尚显单一 / 052
3. 研究人员知识结构不尽合理 / 053
4. 可供挖掘的理论资源贫乏 / 054
(四) 财税法的重要性及其在中国的现状与未来 / 055

六、财税法教学改革与人才培养进路 / 056
(一) 财税法学科的发展 / 057
(二) 成就与经验：体系化的学科建设 / 058
(三) 问题与反思：财税法学科教学现状检视 / 059
(四) 前瞻与创新：更趋专业、复合和应用性的朝阳学科 / 060
1. 着眼于通识教育的财税法本科教育 / 060
2. 为学术研究做准备的财税法法学硕士教学 / 061
3. 培养复合型专业人才的财税法法律硕士教学 / 061
4. 基础理论与实践能力并重财税法法学博士教育 / 062

专题二 财税法治的思维基点与价值定位 / 064

一、作为综合性法律学科的财税法学 / 064
(一) 认识的命题设定：学科地位、学理基础与学术视域 / 064
1. 学科地位上的相对独立性 / 065
2. 学理基础上的综合包容性 / 066
3. 学术视域上的纵横延展性 / 067
(二) 方法的理性整合：交叉科学、关联研究与技术路线 / 068

1. 交叉科学中的财政方法与法学方法 / 068
2. 关联研究中的法学视角与相关视角 / 069
3. 技术路线中的价值分析与实证分析 / 069
(三) 理论的学术反思：知识自主、价值中立与效果评估 / 070
1. 财税法学研究的学术自主 / 070
2. 财税法学研究的价值中立 / 071
3. 效果评估中的比较判断与宪政判断 / 072
(四) 体系的重新建构：中国语境、问题导向与综合研究 / 073
1. 中国语境下财税法学新体系 / 073
2. 问题导向下财税法学新定位 / 074
3. 综合研究下财税法学新发展 / 075

二、公共财产法意义上的财税法 / 079
(一) 财税法成为公共财产法的原因 / 079
(二) 公共财产法意义上的财税法价值 / 081
(三) 公共财产法视角下的现代财政制度 / 084

三、财政控权与纳税人权利保障 / 085
(一) 私人财产课税的法治化 / 085
1. 私人财产课税理论的基础 / 085
2. 税权结构与私人财产的双重保护 / 088
3. 私人财产课税法治化的要求 / 090
4. 私人财产课税法治化的进路 / 094
(二) 纳税人权利与税法意识 / 101
1. 纳税人权利基础理论 / 101
2. 纳税人在宪法上的基本权利 / 105
3. 纳税人在税法上的具体权利 / 108
4. 纳税人的税法意识与权利实现机制 / 111
5. 纳税人权利保护的两岸税法实践比较 / 115

专题三 财政立法与财政法改革 / 121

一、宪治与中国财政民主 / 121
  (一)宪治视角下的财政民主 / 121
    1. 宪治与财政的内在逻辑 / 121
    2. 财政民主的宪政逻辑 / 122
    3. 政治民主、经济民主与财政民主 / 122
  (二)财政民主的制度解构 / 122
    1. 支出民主:以公共需要定位财政支出 / 123
    2. 收入民主:以公共权力定位财政收入 / 123
    3. 财政分权与民主宪政 / 123
  (三)财政民主的制度反思 / 124
    1. 预算民主的不足与完善 / 124
    2. 税收法定的不足 / 125
    3. 财政权限纵向配置的偏差 / 125
    4. 财政民主制度缺失的反思 / 126
  (四)财政民主的制度重构 / 126
    1. 财政民主及其文化背景 / 126
    2. 财政民主的路径选择 / 127
二、现代政府预算管理制度构建 / 128
  (一)良法之治:预算公开的中国式探索 / 128
    1. 预算公开的现实呼唤:让纳税人看紧政府的钱袋子 / 128
    2. 预算公开的切入点:"三公"经费的公开与严格控制 / 131
    3. 预算公开的目标与实现路径 / 132
  (二)权力制衡:人大预算监督的归位 / 136
  (三)完整、规范与刚性拘束:预算修法的成果 / 137
    1. 预算法的刚性原则与"修法"的基本底线 / 137
    2. 预算法修订的成果 / 139
三、中国分税制财政体制的综合平衡与协调发展 / 141
  (一)财政分权与分税制 / 141
    1. 财政分权的学理基础 / 141
    2. 财政分权的立法模式与权限配置 / 143
    3. 分税制立法的整全性视角与内容构建 / 144
  (二)财政转移支付的平衡与协调 / 148
    1. 财政转移支付的理论基础 / 148
    2. 中国财政转移支付立法的指导思想 / 149
    3. 中国财政转移支付立法的主要问题 / 150
    4. 中国财政转移支付法的框架体系 / 152

专题四 税收法律关系 / 156

一、税收与征税权 / 156
  (一)法学意义上的税收概念 / 156
    1. 税收的权利主体是国家或地方公法团体 / 156
    2. 税收的义务主体包括自然人和社会组织 / 157
    3. 税收以财政收入为主要目的或附随目的 / 157
    4. 税收以满足法定构成要件为前提 / 159
    4. 税收是一种公法上的金钱给付义务 / 159
    6. 税收是一种无对价的给付 / 160
    7. 税收是一种强制性的给付 / 161
  (二)国家课税权的来源 / 162
二、税收法律关系的类型与结构 / 164
  (一)税收宪法关系 / 165
  (二)税收实体法律关系 / 167
    1. 税收债权债务法律关系 / 167
    2. 税收责任法律关系 / 168
  (三)税收程序法律关系 / 169
    1. 税收征纳法律关系 / 169
    2. 税收处罚法律关系 / 170

3. 税收救济法律关系 / 171
三、税收债务关系理论及其应用 / 172
四、"税收债务关系说"的中国意义 / 177
　（一）债务关系说与中国税法学的发展 / 177
　（二）债务关系说对中国税法实践的指导 / 179
　（三）债务关系说与中国税法的体系化 / 181
五、税收债法研究的方法与价值 / 182

专题五　税法原则　/ 187

一、税收法定主义及其适用 / 187
　（一）税收法定主义的理论源流与内涵解析 / 187
　　1. 税收法定主义的历史发展及其意义 / 187
　　2. 税收法定主义的基本含义和具体内容 / 189
　（二）税收法定主义的现实意义与中国实践 / 194
　　1. 坚持税收法定主义，符合宪法尊重和保障纳税人基本权利的精神 / 194
　　2. 坚持税收法定主义，体现了财税民主的价值观 / 195
　　3. 坚持税收法定主义，是建设法治国家的客观要求 / 195
　　4. 坚持税收法定主义，有利于提高税法的权威性 / 196
二、税收公平原则 / 197
三、量能课税原则及其适用限制 / 199
　（一）量能课税原则的学理之争 / 199
　（二）量能课税原则的适用限制 / 200
四、实质课税原则 / 201
　（一）实质课税主义的基本内容 / 201
　（二）实质课税主义的评价与检讨 / 202

专题六　中国税收立法问题　/ 204

一、税收立法基础理论 / 204
　（一）税收立法的基本概念 / 204
　　1. 税收和税法的概念 / 204
　　2. 税法概念的使用和表现形式 / 207
　　3. 税收立法研究中的基本概念 / 208
　（二）税收立法的体系 / 212
　　1. 税收立法研究的体系 / 212
　　2. 税收立法研究的部门法学属性及其主要内容 / 213
二、税收国家与税收立宪 / 213
　（一）税收国家理念的确立 / 213
　（二）税收立宪问题研究 / 214
　　1. 税收立宪的必要性 / 214
　　2. 我国现行宪法关于税收立宪规定的缺陷 / 214
　　3. 税收立宪事项及形式的确定 / 215
　（三）《立法法》与税收立法 / 216
　　1. 《立法法》与税收法定主义 / 216
　　2. 《立法法》与税法体系 / 219
三、税收立法权限体制 / 221
　（一）税收立法权限体制概述 / 221
　　1. 立法权限体制概述 / 221
　　2. 我国的财政体制及税收管理体制 / 222
　　3. 税收立法权限体制的分类 / 223
　　4. 我国的税收立法权限体制 / 223
　（二）域外税收立法权划分概况 / 225
　　1. 美国 / 225
　　2. 法国 / 227
　　3. 英国 / 227
　　4. 日本 / 228
　　5. 比较结论 / 229
　（三）我国税收立法权限体制之完善 / 231
　　1. 我国税收立法权限体制之评价 / 231
　　2. 我国税收立法权限体制之完善 / 232
四、税法通则的制定 / 235
　（一）税法通则的地位与模式 / 235
　　1. 关于税法通则的地位 / 235
　　2. 关于税法通则的模式 / 237
　（二）税法通则的核心内容与法治精神 / 238

1. 税法通则对法治精神的响应 /238
2. 税法通则的核心内容 /240
（三）税法通则的立法架构与价值追求 /248
1. 立法理念上的现代性 /248
2. 逻辑结构上的系统性 /248
3. 具体的结构模式设计 /248

专题七 税收实体法律制度改革 /250

一、增值税的转型改革 /251
（一）增值税转型改革的背景分析 /251
（二）增值税转型改革的时机选择 /252
（三）增值税转型改革的基本特点 /253
（四）增值税转型改革的主要影响 /254
二、所得税法改革 /256
（一）应税所得的法律问题 /256
1. 应税所得的学理评析 /256
2. 应税所得的概念界定与基本分类 /258
3. 我国应税所得的法律调整 /262
（二）对个人所得税法改革的理性解读 /263
1. 对个人所得税的调节功能的认识 /263
2. 对减除费用标准的测算 /264
3. 减除费用标准是否应当全国统一 /265
4. 个人所得税法改革的方向 /265
（三）全球化与企业所得税立法的统一 /266
1. 企业所得税制度改革背景 /266
2. 艰难的企业所得税改革之路 /268
3. 《企业所得税法》的制度创新 /270
4. 对《企业所得税法》的总体评价 /278
三、非法收入的课税问题 /281
（一）非法收入的实质课税 /281
（二）以择校费为例看非法收入的课税 /282
1. 择校费的可税性判定 /283
2. 择校费的非法性与纳税义务的成立 /284

四、房产税法的改革 /286
（一）房产税的制度变迁与反思 /286
（二）可能的改革路径 /287

专题八 税收征管法律制度 /290

一、税收征管中的诚信问题 /290
（一）影响公民依法诚信纳税的因素 /290
（二）诚信纳税的国际借鉴 /291
（三）依法诚信纳税目标的实现 /292
二、税收征管中的行政强制制度 /293
（一）《行政强制法》与《税收征收管理法》的关系 /294
1. 《行政强制法》的适用范围 /294
2. 《行政强制法》与《税收征收管理法》冲突解决的法理基础 /295
3. 《行政强制法》在税收征管领域适用的一般原则 /297
（二）《行政强制法》与《税收征收管理法》的法律适用 /297
1. 税收强制执行是否需要超过复议和诉讼期限 /297
2. 税收强制执行是否需要催告程序 /298
3. 税务行政机关的直接强制执行权有无？如何行使？ /299
（三）《行政强制法》对《税收征收管理法》的补充功用 /300
1. 有关强制执行中的和解制度 /300
2. 有关强制执行中的程序制度 /300
3. 有关强制执行中的罚款和滞纳金制度 /301
4. 有关税务行政机关的法律责任制度 /302
（四）《行政强制法》对税收征管的积极意义 /302
三、反避税法律制度 /303
（一）反避税法律制度的演进 /303
1. 演进脉络 /303
2. 框架概要 /304
（二）反避税法律的法理省思 /307

     1. 法理检讨 / 307
     2. 数据分析 / 308
   (三) 反避税与预先定价税制 / 310
     1. 预先定价的概念解析 / 310
     2. 预先定价税制产生的实践动因 / 311
     3. 预先定价税制产生的理论动因 / 313
   (四) 中国反避税法律制度的现存问题及完善建议 / 315
     1. 当下问题 / 315
     2. 对策建议 / 316
 四、《税收征收管理法》的修订 / 318
   (一) 税收征管法修订背景 / 318
   (二) 税收征管制度的基本理念与制度性经验 / 319
     1. 发达国家税收征管制度的基本理念 / 319
     2. 发达国家税收征管的制度性经验 / 321

专题九 税收保全制度 / 328

 一、税收优先权 / 328
   (一) 税收优先权的基本理论 / 328
     1. 税收优先权的含义 / 328
     2. 税收优先权的类型 / 329
     3. 税收优先权的适用范围 / 330
   (二) 我国优先权立法现状 / 331
   (三) 税收优先权与私法交易安全的价值冲突 / 332
     1. 税收优先权的存在必要性 / 332
     2. 税收优先权与私法交易安全的冲突 / 335
     3. 税收优先权与交易安全保障间的平衡 / 336
 二、税收代位权 / 341
   (一) 税收代位权的由来 / 341
   (二) 税收代位权的性质 / 342
   (三) 税收代位权的成立要件 / 344
     1. 纳税义务发生并且确定 / 344
     2. 纳税义务已逾清偿期 / 346
     3. 纳税人怠于行使到期民事债权 / 347

     4. 国家税收因此受到损害 / 349
   (四) 税收代位权的行使程序 / 350
     1. 行政程序与诉讼程序的选择 / 350
     2. 税收代位权诉讼的当事人 / 351
     3. 税收代位权诉讼中的举证责任 / 352
   (五) 税收代位权行使的效力 / 353
     1. 税收代位权行使对纳税人的效力 / 353
     2. 税收代位权行使对税务机关的效力 / 353
     3. 税收代位权行使对次债务人的效力 / 354
 三、税收撤销权 / 354
   (一) 税收撤销权的由来 / 355
   (二) 税收撤销权的性质 / 356
   (三) 税收撤销权的成立要件 / 356
     1. 纳税义务发生并且已经确定 / 356
     2. 纳税人有减少财产的行为 / 357
     3. 纳税人的行为有害于国家税收 / 357
     4. 纳税人和第三人的恶意 / 358
     5. 税收撤销权只能限于税收债权的范围 / 359
     6. 税收撤销权的期限限制 / 359
   (四) 税收撤销权的行使程序 / 360
   (五) 税收撤销权行使的效力 / 361
 四、查封、扣押、冻结措施 / 362
   (一) 查封、扣押、冻结的对象 / 362
   (二) 查封、扣押与财产权的限制 / 364
   (三) 查封、扣押、冻结与强制执行的关系 / 364
 五、限制出境措施 / 365
   (一) 限制出境与税收保全的联系 / 366
   (二) 限制出境的程序与效力 / 368
   (三) 限制出境的构成要件 / 369

专题十 国际税法与中国税法的国际化 / 373

 一、国际税法的特征 / 373
   (一) 关于调整对象 / 373
   (二) 关于客体 / 374

（三）关于主体　／375
　　（四）关于法律规范问题　／377
二、国际税法的基本原则　／377
　　（一）国家税收管辖权独立原则　／377
　　（二）公平原则　／378
三、居民税收管辖权问题　／379
　　（一）国际税法确立居民概念的法律意义
　　　　／379
　　　1. 区别不同类型的纳税义务人，明确税收
　　　　管辖权范围　／380
　　　2. 避免国际双重征税　／380
　　　3. 维护国家征税主权　／380
　　（二）国际税法确认居民的标准　／380
　　　1. 自然人居民身份的确定　／381
　　　2. 公司居民身份的确定　／382
　　（三）国际税法上居民法律冲突的协调
　　　　／383
　　　1. 自然人居民法律冲突的协调　／383
　　　2. 公司居民法律冲突的协调　／383
　　（四）我国居民标准的税法调整　／384
四、单一税收管辖权问题　／385
　　（一）实行单一税收管辖权的理论依据
　　　　／385

　　　1. 两种税收管辖权的冲突与协调　／385
　　　2. 实行单一收入来源地税收管辖权的法
　　　　理依据　／386
　　（二）实行单一税收管辖权的可行性　／389
　　　1. 从国际税法的发展趋势角度考察
　　　　／389
　　　2. 从财政收入等角度考察　／390
五、WTO体制下中国税法发展的基本
　　趋势　／391
　　（一）加入WTO对中国税法影响的总体
　　　　评介　／391
　　　1. WTO体制下中国税法发展的国际化
　　　　趋势　／394
　　　2. WTO体制下中国税法发展的法治化
　　　　趋势　／396
　　　3. WTO体制下中国税法发展的私法化
　　　　趋势　／399
　　（二）WTO体制下中国自由贸易区的发展
　　　　前景　／406

再版后记　／411

第三版后记　／413

专题一 三十年来中国财税法学研究的回顾与前瞻

一、决定性的经济改革与新时期财税法的历史担当

自从1978年改革开放以来,我国现代法学获得了长足的进步。经济改革为传统法学注入了现代精神,复兴了许多传统的法律学科。例如,宪法学、婚姻法学、民法学、行政法学、国际法学、诉讼法学等学科就是明证。与此同时,我国独具特色的经济改革也为许多现代法律学科提供了新的发展机遇。例如,财税法学。

过去的三十年,我国的经济改革为现代法学的发展提供了原动力,决定着我国现代法学的发展。

由于经济改革以外部引进的力量作为改革的推动力,所以我们率先制定了有关外商投资企业的法律及其税收优惠措施,以增强外商投资的信心,适应市场化国家和地区的商业习惯、经济观念。

随着改革的深化,我们先后出台了《民法通则》《合同法》等发展市场经济必需的基础性法律;出台了《公司法》《合伙企业法》《个人独资企业法》等法律制度以规范市场主体;修改或制定了许多经济法律制度以规范国民经济中的具体产业,规范财税、金融、投资、价格、计划等宏观调控手段。

为了满足经济特区作为改革试验田的要求,中央通过授予这些地区一定程度的立法权,深刻改变了中国当代的立法体制。

在司法领域,恢复和完善现代诉讼制度同样受制于经济改革的推进过程。最初是在自然人与自然人之间的民事、经济纠纷中越来越多地引入司法裁判作为解决手段;随后越来越多的法人与自然人,法人与法人之间通过民事诉讼的方式解决经济纠纷。随着经济领域法律文本可诉性不断增强,诉诸法院、仲裁机关解决的案件从普通的合同纠纷逐渐向公司、证券、金融、房地产等专业化领域拓展。随着市场力量的逐步发酵,市场在一定意义上逐渐成为与国家相对应的力量,传统上作为国家代表的行政机关可能因为侵犯了市场主体的合法权益而成为司法制度上被告和被强制履行的对象。行政诉讼制度在中国诞生了。

可以说,在我国史诗般的市场经济改革中,各类市场主体、国家立法机关、执法机关、司法机关通过各自的改革实践,不断涤荡旧有观念,不断更新、强化符合改革实践

的法律意识,极大地推动了现代法学的发展。现代法学的发展为我们的法学教育提供了研究对象,也为法学教育提供了研究动力。

在我国加快社会主义市场经济建设和构建民主法治社会的进程中,财经法律制度的地位和作用日益凸显。2011年,在第十一届全国人大第四次会议上,时任委员长吴邦国庄严宣告:中国特色社会主义法律体系已经形成。到2014年9月,我国已制定现行有效法律242件[1],其中财经类的法律有60件之多,覆盖了财政税收、金融外汇、国有资产、资源能源、通运输、建设土地等多个方面,占到了我国法律总数的四分之一。在近期召开的党的十八届三中全会中,财政问题被提升到了国家治理层面,强调"财政是国家的治理基础和重要支柱",同时明确指出"推动人民代表大会制度与时俱进""落实税收法定原则",展现了将人大立法职能进一步做实的姿态。由此可见,依法理财即为依法治国的另一重表述,财经法治化对建设法治中国、实现国家治理方式转变意义重大。近五年来,我国的财经立法事业蓬勃发展,不仅制度性地保障了财政经济改革的有序开展,而且积累了丰富的法律技术经验,影响了全社会的法治国家观念。在《十二届全国人大常委会立法规划》中,多项财经领域的法律被列入第一类项目,即条件比较成熟、任期内拟提请审议的法律草案,包括《商标法》(已修改)、《专利法》(待修改)、《著作权法》(待修改)、《消费者权益保护法》(已修改)、《证券法》(待修改)、《预算法》(已审议通过),增值税等若干单行税法,《税收征收管理法》(待修改)、《资产评估法》、《中小企业促进法》(待修改)、《社会救助法》、《慈善事业法》、《安全生产法》(待修改)、《矿山安全法》(待修改)、《特种设备安全法》等。此外还有大量的财经法律作为第二类项目、第三类项目,在条件成熟时将提请审议。财经法律在未来五年立法规划中占据的较大篇幅足可反映,财经法治在整个治国全景中的地位日渐突出。

但是,我们还应当清醒地看到,随着改革进入深水区,各种矛盾正变得错综复杂,如地方债务风险不断加剧,贪腐不正之风势头猖獗,预算账本犹如雾里看花,行政管理思维仍然盛行等。在此背景下,新阶段的改革是必需的,但是改革应当向何处去、从何处着手,改革的最佳切入点是什么,是我们必须要认真思考的重大理论与实践课题。具体到政治、经济和社会体制改革方面,如何推动中国的民主法治进程就是一个核心问题。十八届三中全会形成的《中共中央关于全面深化改革若干重大问题的决定》(以下简称《决定》)为新时期的改革描绘了宏伟蓝图,对财税体制改革的路径作了浓墨重彩的勾勒。从中我们不难看出,改革是一项极为复杂的系统性工程,在诸多可能路径中,哪一条才是最佳切合中国实际的"大道"呢?笔者认为,无论是从必要性还是从可行性层面看,财税法治都是中国走向民主法治进程中的优选路径。一方面,

---

[1] 参见乔晓阳:《社会主义法治建设取得的历史性成就》,载《中共中央关于全面推进依法治国若干重大问题的决定》辅导读本,第3页,人民出版社2014年版。

就税收本身而言,强调税收法治尤为重要,因为企业和个人承担的税负并不以政府所得到的税收比重为唯一标准,行政命令体系下的征税损耗远大于法治体系。一个与大多数人印象不同的事实是,光荣革命百年后的英国税收占 GDP 的比重,是海峡对岸法国的两倍,众所周知,就在这一时期,增税成为了法国大革命的起因之一。更为关键的是,几千年的历史一再证明,"人""财""事"三者是不能分开的,很多时候,控制住了"财",便控制住了"人"和"事"。财税法关涉多种利益博弈,如政府与纳税人之间的利益博弈、立法机关与行政机关之间的利益博弈、中央与地方之间的利益博弈,以及纳税人与纳税人之间的利益博弈等问题。如果把财税关系理顺了,那么中国社会的许多症结也就迎刃而解。例如,十八届三中全会公报提出,要确保依法独立公正行使审判权检察权,改革司法管理体制,推动省以下地方法院、检察院人财物统一管理,探索建立与行政区划适当分离的司法管辖制度,保证国家法律统一正确实施。从本质上看,要推动司法改革、实现法院独立,其中的关键点就在于法院的财权独立,而这又回到了财税体制改革的视野范围中。另一方面,财税体制改革路径相比其他改革路径而言,具有更强的可行性,能够最大限度地凝聚共识、减小阻力。因为"它是低调的,不会过分提高人们的期望值;它是具体的,比抽象谈论'政治民主'更容易操作;它是务实的,可以在不太长的时间里产生看得见的变化"[1]。例如,对于官员的贪腐问题,如果按照传统的严肃查办思路,或是改革官员选拔考任制度,可能会涉及政治体制中的深层次问题,牵涉盘根错节的利益关系,从而遭到巨大的阻力,甚至陷入困境,最终不了了之。但是,如果我们从财税法治的思路出发,控制住各级政府的财权,让公共财产的收支管理都在阳光下运行,同样可以获得良好的效果。控制住资金的来源,各级官员的"敛财冲动"将会大为降低,而控制住资金的流向,则让那些希望搞"面子工程"的官员无法筹得足够资金来给自己的脸上"抹金"。而且,由于改革公共财政收支体制并不直接触及官员自身利益,这一改革进路的阻力势必会大大减小。

还应当看到,财税体制改革不仅有利于纳税人,而且不会直接损害某些社会阶层的既得利益。再进一步看,由于所有的社会成员都属于"纳税人"范畴,因此强调财税法治从根本上看是对全体民众有利的。当然,这并不是说财税体制改革就是一帆风顺、毫无障碍的,改革注定会遇到来自制度惯性和既得利益者等方面的阻力,但是财税体制改革无疑是各个可能选择中"投入产出比"最优的路径,是构建法治社会、推进民主法治建设的突破口和推手。

---

[1] 王绍光:《美国进步时代的启示》,载《中国财经报》2001 年 8 月 18 日第 001 版。

二、财政法理论研究评述

(一) 财政法与财政权的基本概念

1. 财政法的概念

关于财政法的概念,学界主要有以下几种观点:(1)财政法是调整国家为行使其职能在参与社会产品和国民收入的分配和再分配过程中所形成的财政关系的法律规范的总称。[①](2)财政法是调整国家资金的筹集、供应、使用、管理及监督等财政关系的法律规范的总称。(3)财政法是国家为了实现其职能的需要,在直接参与一部分社会产品和国民收入的分配和再分配的过程中形成的以国家为主体的分配关系的法律规范的总称。[②](4)财政法是调整国家为了满足公共欲望而取得、使用和管理资财的过程中发生的经济关系的法律规范的总称。[③](5)财政法是调整国家在财政活动和财政管理中与财政管理相对人所形成的财政关系的法律规范的总称。(6)财政法是调整财政收支关系的法律规范的总称。

综合以上观点可以发现,虽然学者们大都赞成,财政法是调整财政关系的法律,但何谓财政关系,其本质特性如何,其间的区别却是泾渭分明的。在我国经济学界,有关财政的本质的理解,长期存在两种观点的对立。"国家分配论"强调财政满足国家职能的需要,强调国家作为财政主体的地位,强调国家财政的历史属性和阶级属性,强调财政是以国家为主体的分配活动。而"公共财政论"则强调财政满足社会的公共需要,强调市场力量对财政活动的制约,强调财政提供公共服务的特性,强调纳税人作为财政主体的作用。可以看出,上述第一种和第三种观点倾向于"国家分配论",而第四种观点则属于典型的"公共财政论"。这种区别不仅仅体现在语言的表述上,更重要的在于关于财政的根本理念。

2. 财政权的概念

财政权,往往又被称为财权、财政权力,尽管在政治学或经济学上都有所提及,甚至也被作为财政活动中所固有的概念而被使用,但对其作出明确定义的则相当少,因此,不同学者所提及的财政权,其内涵和外延均有所差别,将财政权理解为财政支出权者有之,理解为财政收入权者有之,甚至也有人将其作为行政机关的财政管理权责体系。[④] 有学者认为,财政权有广狭之分。从狭义来讲,国家财政权通常是指国家财

---

① 赵学清:《财政法概论》,中国财政经济出版社 1986 年版,第 22 页。
② 杨紫烜主编:《经济法原理》,北京大学出版社 1987 年版,第 203 页。
③ 张守文主编:《财税法教程》,中国政法大学出版社 1996 年版,第 26 页。
④ 就笔者所掌握的材料来看,不少研究成果均已提及财政权的概念,如熊伟在《公共财政、民主政治与法治国家》中谈到财政权力的约束,但对财政权力所应当包含的内容,该学者并没有进一步加以探讨。参见刘剑文主编:《财税法论丛》,法律出版社 2004 年版,第 2—10 页。

政性行政权责,是国家各级财政(含税收)行政机关代表国家行使宪法、法律,以及行政法规与规章规定的财政行政管理权责体系,包括财政行政立法权、财政会计管理权、财政预算管理权、财政税费征管权、财政收支监督权、财政执法复议权及其他财政管理权。从广义上说,国家财政权是一个国家凭借其主权所享有的通过民主制定宪政法律在主权国家与公民组织之间,立法主体、行政主体和司法主体之间,各级政府之间以及它们内部各部门之间配置的向特定对象征收税费、借入国债,并将其按预先民主制定的年度预算用于国家生存与发展所必须开支的方面的人大财政权(财政立法权、预算审查权)、政府财政权(财政管理权、税费征管权、国库经理权、财政使用权、审计监察权)、司法财政权(财政检控权、财政审判权)等权责体系。从该学者的分析来看,该学者是将财政权定位为课税权与财政支出权的上位阶概念,并按一般的"三权分立"的模式,根据行使主体的不同将财政权分解为立法机关、政府和司法的财政权,但该学者并不认为财政权是独立的权力概念,而不过是各种与财政活动相关的权责的集合体系。以行使主体的不同来表征财政权的不同组成是值得商榷的。有学者则认为,财政权已呈现出独立化的趋势,是国家为促进公民权利的实现,在民众同意的前提下以确定的规则在全社会范围筹集财政资金并合理管理、使用财政资金的权力,并提出财政权的应包括以下的四个基本内涵:(1)财政权以实现公民基本权利为其目的和价值。"通过税收筹集来的货币实际上是一种媒介工具",国家以此来建立适当的机构体系、构建各种制度,通过机构的运作和制度的运行,为公民提供必要的公共服务,以保障公民基本权利的实现。(2)财政权的存在以公民的同意为前提。(3)财政权包括财政收入的取得、管理和使用等权能。(4)财政权是国家权力。

(二)财政法基本原则

研究财政法基本原则,首先必须了解何谓财政法基本原则。有学者认为,财政法基本原则,从规范意义上说,是指由立法确认、在财政法体系中处于指导和核心地位、对政府各项财政活动具有一般指导意义和普遍约束力的稳定的基础性财政法律规范,其主要特点是:明确的法定性、鲜明的指导性、持久的稳定性、普遍的适用性和一般规范性。① 有的学者认为,财政法基本原则是相对于财政法特有原则而言的。财政法的基本原则是指"贯穿于一切财政法规之中,在调整财政关系中具有普遍的规律性,始终其指导作用"的原则;而财政法的特有原则则是指"贯穿于部分财政法律之中,在调整某些方面的财政关系具有普遍的规律性,在某些领域起着指导作用"的原则。② 还有的学者认为,财政法的基本原则是指财政法中体现法的根本精神、对财政

---

① 王源扩:《财政法基本原则研究》,中国人民大学 2001 年博士学位论文,第 21—24 页。
② 蔺翠牌主编:《中国财政法学研究》,中国财政经济出版社 1993 年版,第 92 页。

行为具有一般指导意义和普遍约束力的基础性法律规范。①

关于财政法的基本原则的范围,学者之间的认识并不一致,有的差异还相当大。有的学者认为,财政法包括财政收支平衡原则,开源节流原则,区别对待、合理负担原则,统筹兼顾、全面安排原则,统一领导、分级管理原则;有的学者认为,财政法的基本原则包括民主理财、维护社会主义制度、统一领导分级管理、正确处理物质利益关系、坚持财政收支平衡略有节余、依法治财等五项;该学者还认为,财政法的特有原则包括普遍缴纳与公平负担、合理分配财政资金与优化财政资金使用效益、取之于民用之于民等三项原则。有的学者认为,财政法包括保障供需原则、宏观调控原则、社会福利原则和收支平衡原则②;有的学者认为,财政法的基本原则应当包括财政透明度原则、财政收支法定原则、财政收支效率原则、财政收支平衡原则、财政宏观调控原则。③有的学者最初认为,财政法包括公平与效率相结合的原则、经济原则、量出为入与量入为出相结合原则、财政收支平衡原则,但随着研究的深入,现在主张财政法包括财政民主主义、财政法定主义、财政健全主义和财政平等主义四项基本原则④;还有的学者对财政法基本原则进行了专题研究,认为其包括财政民主原则、财政法治原则、财政集权与财政分权相结合原则、财政公平原则、财政效率原则。⑤

有的学者认为,从总体上看,我国财政法基本原则问题的研究,主要有以下几个特点:(1)产生时间晚。新中国成立之后,由于长时期法律虚无主义的影响,财政法学的研究起步较晚。相应地,对财政法基本原则的研究,直到 20 世纪 80 年代才见于法学文献。(2)历史印痕较深。改革开放以来,财政制度的每一次重大变化,都会影响到财政法基本原则的表述,这严重影响了财政法观念的稳定性。(3)对财政法基本原则的研究,几乎只在教科书中有所表述,缺乏深入系统的专题研究文献,说明学术界没有投入应有的精力。(4)对财政法基本原则的研究,比较注意党或政府的政策文件,也比较注意从财政学的成果中吸取养分,但很少从法学的角度进行深入具体的研究。(5)对财政法基本原则的内容,各种文献认识和表述都有较大差异,法学界的认识还远没有统一。

也有的学者认为,从我国对财政法基本原则的研究中,可以发现不少问题:(1)将特定历史条件下财政法阶段性的要求当作基本原则,将特殊情况混同于一般原则。如"计划原则"是我国在计划经济条件下,要求赋予指令性财政计划以法律效力的产物。(2)将财政法的目的、职能当作财政法的基本原则,如"维护社会主义制度原则""取之于民、用之于民原则"。(3)将财政法调整的手段上升为财政法的基本

---

① 刘剑文主编:《财税法学》(第二版),高等教育出版社 2012 年版,第 33 页。
② 张守文主编:《财税法教程》,中国政法大学出版社 1996 年版,第 45—47 页。
③ 宋槿篱编著:《财税法学》,湖南大学出版社 2003 年版,第 23—25 页。
④ 刘剑文主编:《财税法学》,高等教育出版社 2004 年版,第 33—51 页。
⑤ 王源扩:《财政法基本原则研究》,中国人民大学 2001 年博士学位论文,第 30 页。

原则,如"开源节流原则"。(4)将只适合于财政法局部领域的原则上升为基本原则,如"统一领导、分级管理原则"仅适用于财政管理权限划分,"所有权与经营权相分离原则"只适用于国有资产管理关系,均不宜作为财政法的一般原则。(5)有些原则是社会主义法制建设中的一般原则,而不是财政法的特有原则,如"法制统一原则"、"民主原则"等等。①

还有的学者认为,财政法的基本原则包括财政民主主义(又称财政议会主义)、健全财政主义和适当管理营运主义三项。之所以要实行财政民主主义,是因为:(1)国家资金和资产来源于国民,议会由国民代表所组成,自然有权决定其用途;(2)鉴于财政在经济上的重要性,议会应当在计划之初即参与决策;(3)财政计划是政治活动的"节目表",其重要性有时超过立法。健全财政主义看重的是收支平衡,强调财政支出以税收为主要来源,反对财政对公债和借款收入的依赖。适当管理营运主义表现为:(1)预算总计主义,即岁入岁出全部编入预算。(2)执行岁出预算时,禁止目的外使用,限制移用及流用。(3)国家作为当事人一方订立契约时,原则上应以一般竞争契约为主。(4)实行财政决算制度和审计制度,防止财政权力滥用。②

我们认为,由于法律的基本原则既不同于普通的法律规范,也不同于普通的法律原则,其效力范围覆盖该法律部门的全部领域。因此,在确定财政法的基本原则时,不能将仅适用于财政法局部领域的原则上升为基本原则。另外,中国自从改革开放以来,财政关系的公共性和民主性越来越受到重视,财政不再是排斥一切的绝对权力,它超越于一般的经济关系,但又服务于经济关系。因此,必须考虑到财政在中国发展的客观进程,为公共财政和民主财政的实施,从法律上提供有效的制度支持,摒弃与计划经济体制相适应的观念。再则,我国宪法规定,国家的一切权力属于人民,这是整个财政法的根本法律依据,因此,应当将人民的民主参与置于首要的地位。最后,由于财政法与行政法、经济法的关联,行政法中的依法行政原则,经济法中的协调稳健原则等,对财政法基本原则的确定,也具有重要的指导意义。基于以上考虑,本书将财政民主主义、财政法定主义、财政健全主义和财政平等主义确定为财政法的基本原则。财政民主主义着眼于财政的民主参与,财政法定主义着眼于财政的形式规范,财政健全主义着眼于财政的安全稳健,财政平等主义着眼于财政的公平合理。这四个基本原则虽然独立表述,但相互间仍然存在内在的联系。总体而言,财政民主主义是现代社会整个财政法的基础,它在财政法体系中居于核心地位。财政法定主义是对财政法在形式上的要求,它旨在保障民主原则在制度上的实现。财政健全主义是对财政法在功能上的要求,它旨在降低财政风险,确保财政运行不至于偏离安全稳

---

① 朱崇实主编:《中国经济法学(部门法)研究综述(1978—2001)》,厦门大学出版社2002年版,第84页。
② 蔡茂寅:《财政作用之权力性与公共性——兼论建立财政法学之必要性》,载《台大法学论丛》第25卷第4期。

健。而财政平等主义则是对财政法在价值上的要求,它保障财政法本身是符合正义的。以财政法治的视角衡量,财政法定是财政法治的形式要素,财政健全是财政法治的功能目标,财政平等是财政法治的价值追求,而财政民主则是上述三者有机结合的制度保障。因此,完全可以说,它们紧密统一于财政法治的理论和实践。①

(三) 财政法理论的具体运用——以收入分配改革为例②

伴随改革开放以来经济的快速增长,我国的居民收入水平显著提高,但由于分配关系未理顺、分配格局不合理等原因,贫富差距较大的现象日渐凸显,成为影响政治稳定和社会和谐的症结性问题。

在收入分配改革过程中,财税法无疑扮演着组织社会财富分配的关键角色,应当成为改革的主攻点和落实分配正义的有效路径。财税法在收入分配中的作用收入分配的调整离不开财税工具的运用及落实,这是财税制度的必然功能和应有之义。通常认为,社会财富分配有三个阶段:首先,是根据企业单位内部各生产要素的效率进行分配;其次,由政府在初次分配的基础上对各主体实行现金或实物转移的收入再分配;随后,则通过民间捐赠、慈善事业、自愿者行动等补充形式进一步帮助社会弱势群体。其中,第一次分配实为市场规律运作的自发结果,奠定了分配格局的基调和底座;第二次分配表现为政府有意识、有倾向性地调节和矫正,较大程度上维护了分配局面的均衡;而第三次分配更多的是社会力量的自主自愿行动,有效地填补了前两次分配的缝隙,带来了收入的微调和局部关照。全面地说,财税法对三次分配过程均有参与和影响,但主要是在第二次分配中发挥其组织收入作用,即经由税收、财政支出等途径改变社会整体财富的分配状况。收入分配改革的推进,依赖于对财税法的扎实掌握,只有合理、灵活地运用多种财税手段,才能充分发挥其与生俱来的直接、强大的财富分配功能。在市场经济发展的新时期,市场化的速度日益加快,效率原则得到明显的贯彻,但由于缺乏对公平价值的重视,单单依靠交换正义的分配方式逐渐暴露出失衡和不合理之处,其主要表征即为贫富分化的加剧,由此导致我国开始面临"中等收入陷阱"危机。在这种背景下,财税法应当将分配正义视为其核心精神,强调收入分配结果与过程的公平,这样才能更加全面、衡平、切合实际地调整收入分配格局,消除当前弥漫于社会中的对收入分配不公的不满情绪及潜在危险。

从根本上看,财税法是公共财产法,在其逻辑体系中,国家为了弥补市场缺陷、提供公共产品,便通过人民普遍同意的渠道筹集财政收入,使部分资金从私人所有权中剥离出来,形成了供养国家机器的公共财产,继而将这部分"取之于民"的公共财产"用之于民",达致社会财富的有效运作和国家的良性运转。

---

① 熊伟:《财政法基本原则论纲》,载《中国法学》2004年第4期。
② 原文发表于《检察风云》2013年第7期,收录本书时作部分修订。

反观我国的社会财富分布大格局,城乡居民收入增长滞后于 GDP 增长速度、GDP 增长滞后于财政收入增长速度的现象屡见不鲜,这实际上反映了人民与国家、人民与政府之间的分配先后顺序并未厘清。根据分配正义的要求,"民富"比"国富"更具价值上的优先性,在国家资本积累到一定层次之后,唯有先倾向于推进"民富",才能最终产生带动国家富足强盛的持续性能量。所以,一方面,应当以"营改增"为契机,加强结构性减税的力度和范围,提高居民收入的增长幅度与整体占比。另一方面,应当减少政府对市场的干预和"越位"之举,防范权贵势力与垄断行业的结合,促进公有制企业和非公有制企业的机会平等、公平竞争。

收入分配改革要有顶层设计,收入分配改革要立足于整体主义视角,分配过程中的各种财税手段并非彼此孤立存在,而应将其以恰当的方式相结合,从而更为统筹、充分地发挥综合功能。换言之,应当在财政收入、财政支出和预算管理等多个角度共同着力,便可取得良好的收入分配效果。

在财政收入环节,要基于长远规划,科学地调整和健全我国的税制结构,并强化对非税收入的管控。我国现行的税收体系呈现出直接税税种比重较低、间接税税种比重较高的不合理结构,不利于对国民内部收入分配的组织和调节,易导致有失公平的局面。面对这种情势,应当秉持从长计议的心态,在社会形成较广泛共识、客观技术水平较成熟的条件下,分阶段、有准备地计划并推进税制结构的科学转型。

在财政支出环节,要加强民生建设,建立覆盖城乡的社会保障制度,完善对低收入及社会困难群体的保护体系。长期以来,我国的行政运行成本和"三公"经费较高,挤占了公共服务、民生福利的支出份额,造成了非对称性财政分配不公和国民"幸福感"的降低。尤其是包括社会保险、社会救助、社会福利在内的社会保障制度的欠缺,使得当前的保障水平和保障方式与人民群众的期望尚存在较大差距。而且,公务员、城市居民、进城务工人员等不同群体获得了不同的保障待遇,这种制度安排将社会保障体系分割为不完整、不公平的"碎片",助长了各个阶层间收入差距的增大趋势,埋下了一系列社会矛盾及不稳定因素。有鉴于此,我们需要以保障和改善民生为工作重点,进一步优化公共财政支出结构,切实地"把钱用在刀刃上",强化民生领域的财政投入、税收扶持和社会建设,由此为国民供给一个愈加完整、丰富、精细的社会保障制度;还应当在平等、无偏见的立场上,考虑不同人群的特殊需求来设计具有针对性、操作性的制度内容,对进城务工者、农村五保户等弱势群体予以特别的关怀。

在财政预算环节,要推动预算公开透明,对政府的财税行为和分配政策进行民主监督,关注公共资金管理的绩效。要使政府在收入分配改革中的财税手段顺应民意、符合民情,就必须全力促进预算的公开和透明化运动,只要控制住了预算,即能掌握收入分配的全局部署和大致走向。这既是公共预算的内在要求,又有助于在阳光的照耀下避免分配过程中的权力入侵或错误决策行为,确保分配政策的公正性及其对执行行为的拘束力。与此同时,为了解决财政过程中一直存在着的"重分配轻管理,重数量轻质量"问题,亟待构建一套预算绩效考核制度,以真正提高财税行为的实际效益,保证收入分配措施落到实处、产生成效。

三、税法总论理论研究评述

(一) 税收与税权的基本概念

1. 税收的概念

税收的概念是西方财政税收学界开创理论体系的奠基石,因此学者们很早就对之进行研究,并形成了各种不同的表述方式和思想内容,其中既体现出对课税理论依据的思考,又大体划定税收的活动范围,及与其他财政收入形式的区别,因此它构成了各个学派研究税收的起点。

西方对税收概念众说纷纭,我国经济学界对此认识也不尽一致。受马克思主义国家学说的影响,税收一般被理解为国家出现之后的产物,对不具有国家资格的公共团体是否具备课税资格缄默不言。此外,还特别强调国家课税时的身份特征和所凭借的权力属性,将国家取得财政收入的权力界定为一种凌驾于私有财产所有权之上的、也不同于国家财产所有权的政治权力,并不以国家付出相应的代价为条件,故而税收被理解为一种强制性的义务,不接受西方国家流行的"公需说""交换说"或"经济调节说"等观点。① 只是在表述方式上,不同的学者有不同的侧重点。

税收经济学深入系统的研究成果深深影响着中国尚显稚嫩的税法学,这可以从目前国内发行面较广的税法教材中得到印证。如有的学者认为:"税收,是指国家为了实现其职能的需要,按照法律规定,以国家政权体现者身份,强制地向纳税人征取货币或实物所形成的特定分配关系。"②有的学者认为:"税收是国家为实现其公共职能而凭借其政治权力,依法强制、无偿地取得财政收入的一种活动或手段。"③还有的学者认为:"税收是为了满足一般的社会共同需要,凭借政治权力,按照国家法律规定的标准,强制地、无偿地取得财政收入的一种分配关系。在这种分配关系中,其权利主体是国家,客体是人民创造的国民收入和积累的社会财富,分配的目的是为了满足一般的社会共同需要。"④不难看出,上述几种提法都未能超越经济学关于税收的界定,第一种是站在国家分配论的角度,第二种是站在公共财政论的角度,第三种则是站在社会共同需要论的角度。⑤ 不同的是,为了体现法学的视角,都在其表述中强调

---

① 西方国家关于课税依据的理论主要有"公需说""交换说""保险说""义务说""经济调节说"等。参见刘剑文主编:《财政税收法》,法律出版社2000年版,第243—245页。
② 刘剑文、熊伟:《财政税收法》,法律出版社2009年版,第143页。
③ 张守文:《税法原理》,北京大学出版社1999年版,第10页。
④ 严振生:《税法》,北京大学出版社1999年版,第1页。
⑤ 刘剑文主编:《财政税收法》(教学参考书),法律出版社2000年版,第1—28页。

"依法"或"按照法律的规定"行事。

如前所述,财税经济学界已对税收概念有着深入的研究,税法学在一定范围内对其加以借鉴本来无可非议,但是由于税法学与税收学分属两个不同的学科,即使是观察同一个社会现象,它们也应该有不同的视角。如税收学可以更多地关心作为财政收入的税收资金的运动过程,特别是可以利用其研究领域广阔的特点包容有关课税依据的表述;而税法学则应该更多地着眼于税收主体之间权利义务关系的定位,从宪法学国家权力来源的角度设计出纳税人主权的实现过程,以体现对征税权的制衡和对纳税人权利的保护。如果将二者完全混同,就等于取消了税收学与税法学的学科界限,而在目前的情形下,也就等于取消了税法学的存在价值。

当前税法学界对这一问题缺乏足够的重视、使得对该概念的提炼普遍缺乏法学的韵味。因此,有学者从国家提供公共服务和从纳税人权利义务相统一的角度构造税的概念,引起了我们的关注和重视。"法律上的税的概念是指,作为法律上的权利与义务主体的纳税者(公民),以自己的履行纳税义务作为其享有宪法规定的各项权利为前提,并在此范围内,依照遵从宪法制定的税法为依据,承担的物质性给付义务"①。日本学者金子宏认为,税收无非就是国家以强制手段将上述所需的庞大资金从国民个人(私人)手里征集到国家手中的一种财富。② 有学者则认为:"税捐乃是国家或地方公共团体,基于其课税权,为获得其财政收入之目的,而无对待给付的,对于一切具备法定课税要件的人,所课征的一种金钱给付。"③《德国租税通则》第3条明文规定了税收的概念:"称租税者,谓公法团体,为收入之目的,对所有该当于规定给付义务之法律构成要件之人,所课征之金钱给付,而非对于特定给付之相对给付者;收入得为附随目的。"④

这些定义则更多的是从法学的角度对税收的内涵和外延的解读。对国外先进观念的积极学习和借鉴无疑是提升中国税法学研究的必经阶段,因此,我们认为它对拓宽法学意义上税收概念的视野,构筑科学合理、体现现代民主精神的税法学体系是具有积极作用的。

2. 税权的概念

"税权"一词是近些年来税收学界和税法学界使用频率颇高的一个语词。在第七届全国人大第四次会议通过的《国民经济和社会发展十年规划和第八个五年计划纲要》中,"统一税政、集中税权、公平税负"的原则被提出来用以指导新一轮的税制改革,"税权"一词初次在立法文件中出现。1993年《工商税制改革实施方案》又提到了"统一税法、公平税负、简化税制、合理分权"的原则,其中"分权"一词也被有的学者

---

① 陈刚:《税的法律思考与纳税者基本权利的保障》,载《现代法学》1995年第5期。
② 〔日〕金子宏:《日本税法》,战宪斌、郑林根等译,法律出版社2004年版,第1页。
③ 陈清秀:《税法总论》,台湾翰芦图书出版有限公司2001年版,第1页。
④ 参见《德国租税通则》,陈敏译,台湾"财政部"财税人员训练所1985年版,第3页。

理解为"税权"的分散。①

由于缺乏对税权的权威解释和论述,因此税法学者和税收学者往往按照各自的理解来使用它,其内容差异颇大。

有的学者认为,税权是由国家主权派生出的,国家对税拥有的取得权(课税权)和使用权(支出权),简言之,是国家所享有的课征和使用税的权力。税权的性质由国家的性质决定,故我国税法上的税权则是人民民主专政和社会主义国家对税的课征和使用享有的权力,人民代表大会以制定法律的形式代表人民行使税权,包括通过预算。②

有的学者将税权概括为以下几层含义:"(1)税权属于法律概念,税法是公法,税权属于公权;(2)税权是法律上明确规定的权利或权力;(3)税权的实现凭借或依靠国家的政治权力;(4)税权是权利与权力的合一或统一;(5)税权通常是指法律上的权利,与法律上的义务对称;(6)与税权相关联的概念主要有:所有权、财产权、债权、请求权等。综上,对税权的概念,可以做如下表述:税权是国家为实现其职能,取得财政收入,在税收立法、税款征收、税务管理方面的权力或权利,是取得财产所有权之权。"③

还有的学者则更全面系统地阐述税权的含义及其在各个领域内的现状和变革要求。④ 该学者认为,从法律的维度上看,税权在不同的层面、不同参照系中的坐标是不尽相同的。这些层面包括国际层面和国内层面、国家层面与国民层面、立法层面与执法层面。同时,在不同的层面中尚有不同的参照系,因此,税权的谱系更加显得丰富多彩。在国际法上,税权就是税收管辖权,它被公认为国家主权的重要组成部分。在国内法上,税权可以从广义和狭义两个角度理解。广义税权的主体众多,因此不同的税权,其客体和内容又各不相同。在国家和国民的层面,国家的税权包括税收权力与税收权利,前者是国家的征税权,后者是国家的税权债权。而站在民主国家的立场上,国家的权力来自于人民,国家的税权无非也是代表人民来行使的,这里的"人民"是指国民的整体。至于单个的国民虽然也享有税权,但只是在具体的税收征纳过程中所享有的权利。在具体的税收征纳过程中,享有税权的征税主体包括税务机关、海关等税收稽征部门,税权的内容包括税收征管权和税收入库权,而纳税主体则享有税收减免权、退税请求权等税权。如果从立法与执法的法律运作流程来分析,税收立法机关的税权是税收立法权,而税收执法机关的税权就是指征税主体的各项权利。狭义的税权则把主体限制在国家或政府,具体内容包括税收立法权、税收征管权和税收收益权(或称税收入库权)。

---

① 赵长庆:《论税权》,载《政法论坛》1998 年第 1 期。
② 陈刚:《税的法律思考与纳税者基本权利的保障》,载《现代法学》1995 年第 5 期。
③ 赵长庆:《论税权》,载《政法论坛》1998 年第 1 期。
④ 张守文:《税权的定位与分配》,载《法商研究》2000 年第 1 期。

相比而言,上述三种主张都将以国家为主体的税收立法权、税收征管权作为税权的主要内容,不同之处在于第一种是站在宪法上权利义务相统一的高度,认为税权不仅是国家进行税收立法、征收税款的权利,也是作为立法机关,代表人民意志的人民代表大会通过预算等形式支出税收的权利,税收收入和税收支出都统一在以人民主权为中心的税权之中;第二种直接强调税权以取得财政收入为目的;第三种则在此基础上将税权扩展到更为广阔的范围,使得国际税收管辖权、纳税人的权利也得以纳入税权的体系中。然而,我们认为,权利,不管是单独的一项或是集合的一群,都应该有其确定的内涵和外延,其主体、标的和内容必须统一或至少是同质,这样我们才能将之视为一个整体,在与其他类型权利的比较中承认其存在的必要性与合理性。而目前人们所理解和界定的税权都完全不具备这些条件,难以在法律权利体系中,为其找寻到准确的位置。

对税权的研究,学界在如下方面又有新进展。一是关于税权概念的科学性的探讨,如有学者从税收立宪层面、权利结构层面、法律制约层面和保障机制层面讨论国家课税权与国民基本财产权的协调与配合①;二是开始从不同的时空维度切入,如从历史分析的角度,运用比较研究的方法讨论税权②;三是在税权的配置上,学界开始注目于地方税权的研究。③

其实在税法学中,人们对各种税收权利的界定已经形成了比较定型的模式,每一种权利都由于其主体不同,内容不同,所处领域和阶段不同,从而具有不同的特质。或者说,税权可以从不同的层次进行总结,宪法意义上的税权与税收征收管理法上的税权是具有不同的理论含义的。当然,如果我们有能力通过抽象思维为税收管辖权、立法权、执法权、监督权以及纳税人的各种权利创设一个上位概念,使之能统摄其下的各项权利,并且使得税法的权利体系更具有逻辑性和系统性,这当然是税法和税法学的一件幸事,但是从目前的研究水平来看,至少"税权"一词暂时无法当此重任。

(二) 税收要素基本概念

我国对税收要素的研究总的来说难以令人满意。长时间以来,学者们仅停留在经济学的视野中对其逐个加以介绍,未从法理上对其进行深入的研究和论证,使得要素划分的标准极不统一,内容相当混乱。多数论著一般只看重每个要素的具体含义,而没有认识到它们之间的内在结构,更未从法律运行机制的角度对要素予以归整。

---

① 丛中笑:《国家课税权的法律解析》,载《当代法学》2005 年第 3 期。
② 参见李新宽:《制税权、财政危机、赋税结构——中、俄、英封建晚期财政体制比较》,载《东北亚论坛》2005 年第 3 期;张道庆:《美国与法国财政联邦主义比较》,载《经济经纬》2005 年第 3 期。
③ 参见白彦锋:《地方税权约束论》,载《涉外税务》2005 年第 10 期;庞凤喜:《论地方财权的确立和预算法的完善》,载《扬州大学税务学院学报》2005 年第 9 期;徐会希:《我国地方税权研究》,载《学习与实践》2005 年第 4 期。

目前,我国学者对税收要素的提法十分不统一,有据可考的如"税法要素""税收要素""税收制度的要素""税收制度构成要素"等。而对要素的含义,有的学者将其表述为"税法制度的基本结构"①,有的学者则表述为"税法的基本内容"②。

至于税收要素究竟包括哪些内容,学者们的意见更是众说纷纭。有的只包括三要素,即课税对象、税率及纳税人;有的包括四要素,即课税主体、负税主体、税收客体及税收比率;有的归纳为六要素,即纳税人、课税对象、税率、税负调整、纳税期限、违章处理;有的概括为七要素,即纳税人、征税对象、税率、纳税环节、期限和地点、减免税、税务争议和税收法律责任,或者如纳税人、课税对象、税目、税率、纳税环节、纳税期限、减免税;有的总结为八要素,即纳税主体、征税客体、税率、税目、纳税环节、纳税期限、减税免税及违章处理,或者如征税对象、纳税义务人、税率、纳税环节和纳税期限、税目、税的减免、附加和加成、违法处理。

在讨论税收要素时,还出现了一些将要素与结构结合起来的尝试和努力。如有的学者认为应当区分不同的"税收要素",即作为税收范畴的要素和作为税收制度的基本要素。两者属于不同的层次,前者是内在于税收的,离开税收的要素也就无所谓税,主要包括课税对象、税率和纳税人;后者是指具体税法所规定的基本内容,它是规范征纳双方权利和义务的法律表现,因而是具体的,主要包括纳税期限、纳税环节、减免办法和违章处理等内容。只有把作为税收范畴的要素与作为税收制度的基本要素区分开来才能顾及税收范畴内含的完整性,从而符合对税收性质作用认识过程的逻辑顺序。有的学者认为课税主体、负税主体、税收客体与税收比率四大要素的结合,构成了税收分配关系及税收分配运动。其中,税收客体处于基础地位,是国家与社会成员之间税收分配关系的物质承担者。还有的学者对税法各构成要素的功能进行了概括,如纳税人代表课税主体、征税对象代表课税客体、税目代表征纳广度的划分、税率代表征纳数量的确定、纳税环节代表征纳的频率、纳税期限代表时效的要求、减税免税代表鼓励和照顾的措施、违章处理代表征纳的保证。

不过,有的学者还是认为,在诸多相关论点中,问题最明显的仍属要素结构理论的构建,并倾向于将"税收要素"正名为"税法构成要素",将税法的构成分解为三个环节:征纳关系过程、征收管理过程和争讼责任过程。从法律规范的整体结构来看,征纳关系过程可视为"假定"部分,征收管理过程是"处理"部分,争讼责任过程是"制裁"部分。税收征纳关系过程可分为两大部分,一为主体部分,二为事实部分。税法的存在是既有的前提,主体包括征收主体和纳税主体,事实部分即为对于纳税主体而言涉及征税对象的有关行为和事实。正是这些事实的出现才使得税收法律关系由抽象的可能变为具体的实然。税收征收管理过程也可分为征收部分和管理部分。征收

---

① 刘隆亨:《中国税法概论》,北京大学出版社1995年版,第57页。
② 严振生:《税法理论与实务》,中国政法大学出版社1994年版,第35页。

部分又可分为三个亚群体：裁量、程序和时效。其中裁量机制包括标准和情节两个组成部分，标准是指无差别的一般性裁量方式，包含税率、税目和计税依据；情节是一种灵活调整措施，包括减税、免税、起征点、免征额等减免情节和附加、加成、从高适用税率等加重、从重情节。管理部分主要由以下要素构成：税务管理、发票管理、征收保障以及税务检查。

毫无疑问，尝试从"法的要素"的角度全面梳理税收法律规范，并总结出规范系统的逻辑结构图，这对税法学的研究颇有启发。只是"税收要素"和"税法构成要素"是两个完全不同的概念，前者强调的是纳税义务构成要件，后者强调的是整个税法构成要件，所以站在税法构成要素的立场上批评税收要素的研究不力，二者并无真正的冲撞和交锋。我们主张，税收要素既不是税收制度的要素，也不是税收制度的基本结构，更不是税法的基本内容，从法学的视角上衡量，它仅仅是指纳税义务成立时必备的法律要件（Steuertatbestand），主要有课税团体、纳税义务者、课税对象、课税对象的归属、课税标准、税率等方面的规定。① 如日本学者金子宏认为，课税要素包括纳税人、课税对象、课税对象的归属、课税标准以及税率五种。② 我国台湾地区学者陈清秀认为，税收之债的构成要件应包括税捐主体、税捐客体、税捐客体的归属、税基、税率。③ 如果以逻辑学上"三段论"相类比，税收要素相当于判断是否发生具体纳税义务的大前提；如果以民法侵权行为法相类比，税收要素则相当于侵权责任构成要件。只有当全部满足税收要素时，纳税义务才现实发生。因此，税收要素的选择对纳税人的影响十分重大，它决定着纳税人是否发生纳税义务、何时发生纳税义务以及纳税义务量的大小。④ 正因为如此，税收法治国家才会不约而同地站在宪法的高度要求税收要素法定、税收要素明确、税收要素符合公平正义等。

针对在税法学著述中人们更多地使用"课税要素"一词的现象，有学者主张以"税收要素"代替"课税要素"。日本学者北野弘久对此也有评论："过去之所以称租税要件为课税要件，大概是因为战前推行的是赋课课税制度，是从课税厅的立场出发的，当然将租税要件说成是'课税要件'。依笔者之见，申报纳税制度应当是在税法中体现国民主权的基础，毋庸多言，在以申报纳税制度为中心的现行条件下，使用'课税要件'这一名词，其法律思想是不合乎时代潮流的。"

（三）税收法律关系

税收法律关系是近几年出版的税法学教材中不可或缺的一章，其中大多涉及其

---

① 〔日〕北野弘久：《税法学原论》，陈刚、杨建广等译，中国检察出版社2001年版，第168页。
② 〔日〕金子宏：《日本税法》，战宪斌、郑林根等译，法律出版社2004年版，第111页。
③ 陈清秀：《税法总论》，台湾翰芦图书出版有限公司2001年版，第323—328页。
④ 有关税收要素之讨论，参见黄茂荣：《税捐的构成要件》，载台湾《经社法制论丛》第6期；陈敏：《租税债务关系之成立》，载台湾《政大法学评论》1989年第39期。

概念、特征、构成要素、法律关系的发生、变更、消灭等,为揭示税收法律关系的特质奠定了一定的基础。但是,由于税收法律关系事关税法理念的定位和税法体系的构建,因此,税法学对税收法律关系的研究绝对不能满足于简单套用法理学的现成结论,而应该努力把握其特殊规律性,为学科建设和立法实践打下坚实的理论基础。以此观之,我国税法学的相关研究十分不够,亟待深入系统的专题探讨。

1. 关于税收法律关系的层次结构

近来有学者认为,税收法律关系是一个由三方主体间的三重关系组成的两层结构:第一层面上是国家分别与纳税人和税务机关所发生的两重法律关系,第二层面上是发生在国家税务机关与纳税人之间的税收征纳关系。① 有学者认为这是一个有着积极意义的结论,但也提出了一些疑问,如通常所说的国家权力机关和行政机关在这一两层结构中处于何种地位?这一包含了宪法因素、行政法因素等在内的法律关系观是否已突破税法的范畴?如果以此为核心构筑税法学体系,如何修正税法理论的其他部分,如税法的概念、税法的基本原则?等等。② 该学者进而以此为基础主张:首先,税收法律关系具有三方主体:(1)纳税主体,广义上可理解为"人民"的代名词;(2)国家,是国际税收分配主体和实质意义上的征税主体,以权力机关为代表;(3)征税机关及其工作人员,是形式意义上的征税主体。其次,税收客体本质上可归纳为"税收利益"。最后,税收法律关系由四重法律关系组成两层结构。③

2. 关于税收之债理论在中国的适用

对税收之债理论能否在中国适用,在当前的税法学界存在诸多的争议。有学者主张,主张税收债权关系说,即是表明国家向纳税人征税,实际上就是向纳税人借债,而借债是要如数偿还的,那么必然导致国家无法获得扶持弱势群体、支持少数民族地区和其他经济欠发达地区发展,乃至对需要国家扶持的民族产业给予的税收优惠等资金。该学者甚至提出,只有税收是无偿的,才能作为国家存在的物质基础,只有有物质基础,国家才能存在,如果税收是债,那么到期偿还,还要支付一定的利息,国家存在的物质基础也就没有了,国家也就不复存在,国家的各种职能也就不能履行了,国家的利益也就必然受到损害。因此,该学者认为,主张税收债法理论,必然导致税法的发展偏离正确定方向。④

对税收之债在中国的适用问题,大多数学者仍持赞同的态度。如有学者认为,虽然税收债法理论是否应贯穿于税收实体法律关系和税收程序法律关系还存在"一元论"和"二元论"的一些分歧,但从总体上说,形式上税收债法理论在我国并没有遇

---

① 涂龙力、王鸿貌主编:《税收基本法研究》,东北财经大学出版社1998年版,第127—129页。
② 刘剑文、李刚:《二十世纪末期的中国税法学》,载《中外法学》1999年第2期。
③ 刘剑文、李刚:《税收法律关系新论》,载《法学研究》1999年第4期。
④ 王家林:《也从纳税人的权利和义务谈起——就一些税法理论求教刘剑文教授》,载《法学杂志》2005年第7期。

到多大的理论障碍。并且，如果仅以税收符合法定构成要件自动发生作为判断税收实体法律关系性质的标准，那么，在我国的税法实践中，税收债务关系说早已被立法部门和执法部门所接受。但她认为，税收债法理论与生俱来的民主和法治要求不可能在中国一蹴而就，因此，税收债法理论的全面贯彻和实行仍需要付出艰苦的努力。①

有学者同样强调，税收债务关系的创立在理论上具有十分重要的意义，从某种意义上说，税收债务关系说带来了税法学的革命与税法学的重生。现代民主法治国家中的税法学是建立在税收债务关系说基础之上的，税收债务关系说是现代税法学理论体系建立的要基。②

3. 关于税收之债理论在中国税法研究中的运用

虽然中国税法学界目前对税收法律关系缺乏直接深入研究，但是近几年来年青一代税法学者的著述表明，不少人已经将税收债权债务关系说作为自己从事研究的理论前提，表现在：

（1）探索税法与私法的联系

如有的学者认为，税法虽以各种经济活动或经济现象作为课税对象，但是这些经济活动或经济现象无不以私法行为进行。私法行为在税法领域的效果是否质变以及私法行为是否存在缺陷，对税法的实施无疑存在影响。因此税法必须重视对无效民事行为、可撤销民事行为、效力未定之民事行为以及虚伪行为的对策研究，以便使纳税人预测其行为的税法效果，约束征税机关依法征税。同时由于在私法领域奉行意思自治或称契约自由原则，而税法规定的税收要素只是对各种民事主体经济活动或经济现象定型化的规范，因此纳税人完全可能以减轻税负为目的，创设税法规范没有涵盖的交易形式，从而造成税法效力的落空，减少国家的财政收入。所以需从防范避税的角度明确税法对"私法自治"的态度。③

（2）重视以"债"为核心加强税法制度建设

如有学者认为，税法中应引进税收债权人的代位权和撤销权制度，以保障纳税人的责任财产不至于因纳税人的积极或消极的行为而减少，实现债的一般担保。除此之外，税法中还可以借鉴民法中债的特别担保制度，如保证、抵押和质押等形式。留置在海关征收关税或代征进口流转税时也可以采用。另外，对某些与纳税相关的辅助行为，税法上也可以设计特定的担保，如我国税法对异地领购发票规定的保证金制度等。该学者还探讨了税法上的第三人责任的表现形式及相关内容，如扣缴义务人责任、纳税担保人责任、第三人代缴责任、连带纳税义务人责任、第二次纳税义务人责

---

① 陈少英、龚伟：《民主与法治：奠定税收债法体系的基础》，载《广西社会科学》2005 年第 11 期。
② 翟继光：《关于税收债法的几个基本问题》，载《法学杂志》2005 年第 7 期。
③ 有关税法与私法之关系的讨论，参见杨小强：《论税法与私法的联系》，载《法学评论》1999 年第 6 期；杨小强、彭明：《论税法与民法的联系》，载《江西社会科学》1999 年第 8 期；杨小强：《日本地方税法中的民法适用及启示》，载《中央政法管理干部学院学报》1998 年第 4 期。

任、继承人、受遗赠人、遗嘱执行人或遗产管理人责任等。① 也有些学者认为我国税法上已经规定了几种不同形式的税收保全措施,如查封、扣押纳税人财产、通知纳税人开户银行暂停支付、提前开征税收、纳税担保、限制出境等,只是暂停支付和扣押、查封的财产范围有待明确,纳税担保和限制出境的适用条件需更加具体化,以便征纳双方明了各自的权利义务内容。② 还有的学者从税收债权的特殊性出发主张税收的一般优先权,并对税收为什么享有优先权、税收优先权的优先对象、税收优先权与担保物权及其他非民法上的财产权何者更优等问题作了较详细的阐述,为丰富税收之债的体系做了有益的探索。③

(3) 关注纳税人权利的保护和对征税权的制约

如有的学者强调宪法层次上纳税人的基本权利,认为纳税人对税款的支出有依法监督、制约甚至支配的权利,对违反宪法目的支出项目,纳税人有权拒绝支付税款。④ 有的学者主张税收法律关系中纳税人与税务机关法律地位平等、权利义务对等,为提高纳税人法律地位提供理论依据。⑤ 有的学者试图构筑保护纳税人的权利体系,如获取税务资料(或信息)的权利、得到税务咨询的权利、接受税务代理的权利、延期申报和延期纳税的权利、申请减税、免税和退税的权利、索取完税凭证和收据或清单的权利、税务复议和诉讼的权利、拒绝检查的权利、要求保密的权利、索赔的权利等⑥,也有的将之设计为税负从轻权、诚实推定权、获取信息权、接受服务权、秘密信息权、赔偿救济权等。还有的学者认为,纳税人及其纳税行为是整个税收法律关系的基础,纳税人也是权利主体,而不是纯粹的义务主体,因此"纳税义务人"的提法是不正确的。纳税人的权利具有法定性、现实性、多样性、先决性、对应性以及权利的财产属性和权利实现途径的多样性,它包括人身自由权、人格尊严权、隐私机密权、信息公告和资料获悉权、法定最低限额纳税权、税收减免申请权、礼遇帮助权、公正适用税法权、争议抗辩权、行政复议和诉讼权等十一类。

(四) 税法基本原则

1. 税法基本原则研究概况

目前内地税法学界对税法原则的认识并不深入,既缺乏经济学界对税收原则研

---

① 参见杨小强:《论税法对民法债权保障制度的移用》,载《中外法学》1998年第2期;程信和、杨小强:《税法上的他人责任》,载《法商研究》2000年第2期。
② 王登年、陈刚:《论税收保全》,载《中南政法学院学报》1994年第1期。需注意的是,此文认为税收关系是税务机关与纳税人之间的一种行政关系,与税收债务关系说根本不同,与税收权力关系说也有着根本区别。而今作者的观点已经转变,前引陈刚的论文可为例证。
③ 张守文:《论税收的一般优先权》,载《中外法学》1997年第5期。
④ 陈刚:《税的法律思考与纳税者基本权利的保障》,载《现代法学》1995年第5期。
⑤ 陈少英:《试论税收法律关系中纳税人与税务机关法律地位的平等性》,载《法学家》1996年第4期。
⑥ 徐茂中:《我国纳税人的权利刍议》,载《河南社会科学》1998年第3期。

究的博大精深,也缺乏德国、日本和我国台湾地区税法学者对税法原则研究的系统全面。严格说来,还仅仅处于将外来的研究成果作为一种知识囫囵接受的阶段,无法将其基本思想贯彻到税法的每项具体的规范和制度,对税法原则中本身存在的矛盾也不能提出合理的解决办法,而只是在一种语境中强调此原则,在另一种语境中则强调另一原则,令人难以十分信服。

刘隆亨教授于1986年最早提出"税法制度建立的六大基本原则"。① 1989年,有学者对西方税法的四大基本原则即税收法定主义、税收公平主义、实质征税原则和促进国家政策实施的原则进行了介绍。② 进入20世纪90年代以来,有学者开始借鉴和参考西方税法基本原则理论,研究如何确立我国税法的基本原则。目前税法学界已基本认同和接受西方税法基本原则的表述方式,如税收法定原则、税收公平原则、税收效率原则,此外,也讨论了量能课税、实质课税等一般原则。不同的是,学者们对每项原则的内容和要求有程度不一的理解差异,有的认为还包括税收社会政策原则③,还有的认为无偿性财政收入原则和宏观调控原则也是税法的基本原则等④。通过对借用西方税法基本原则和沿用我国税法传统的表述方式进行比较,可以发现,二者的基本精神其实是一致的,但前者的表述语言简单明了,概括性强,涵盖面广,彼此间没有重复。事实上,后者中许多原则可以相应归入前者的各原则中,如"兼顾需要与可能"、"公平税负、合理负担"、"普遍纳税"等体现的是"税收公平原则";"贯彻党的经济政策"、"贯彻执行国家政策"等可包含于"社会政策原则"中;"税制简化"、"征税简便"等说明了"税收效率"原则。西方税法基本原则从内容上看也较为全面完整。如中国学者以往的税法原则研究成果中很少看到"税收法定原则"的表述,也很少从税收负担能力的角度讨论税收的公平问题,即使强调效率,一般也只论及税收的征收效率,对纳税效率、特别是更为重要的税收的经济效率问题漠不关心。故而批判地借用西方税法基本原则,改变我国税法学界对基本原则的研究的被动局面,的确是具有很大的现实意义的。⑤

然而问题并未就此完结。正如民法学界对民法基本原则内涵和外延的理解众说纷纭一样⑥,税法学同样值得对何谓基本原则、基本原则的法律效力、基本原则与具体原则的关系等若干重大问题进行专题探讨。而三十年来我国税法基本原则研究存在的问题,如将"强化宏观调控""确保财政收入"等税法或税收的某些职能或作用当作税法的基本原则;或将"维护国家主权和经济利益,促进对外开放原则"等涉外税法的

---

① 刘隆亨:《中国税法概论》,北京大学出版社1986年版,第73—75页。
② 刘隆亨主编:《以法治税简论》,北京大学出版社1989年版,第150—157页。
③ 刘剑文:《西方税法基本原则及对我国的借鉴作用》,载《法学评论》1996年第3期。
④ 史际春主编:《经济法学评论》,中国人民大学出版社2000年版,第207—240页。
⑤ 刘剑文、李刚:《二十世纪末期的中国税法学》,载《中外法学》1999年第2期。
⑥ 徐国栋:《民法基本原则解释》,中国政法大学出版社1992年版,第55—57页。

原则作为税法的基本原则;或将"区别对待"等中国税法在一定历史阶段上的要求当作税法的基本原则,都与我们对法律基本原则的含义缺乏系统研究密切相关。值得欣慰的是,国内已有学者敏感地意识到该问题的重要性,并试图寻找答案。如有学者认为,税法基本原则是决定于税收分配规律和国家意志,调整税收关系的法律根本准则,它对各项税法制度和全部税法规范起统率作用,使众多的税法规范成为一个有机的整体。税法基本原则是税法精神最集中的体现,是指导税法创制和实施的根本规则。税法基本原则不仅表现为一种立法的精神,而且在税法规范性文件中以具体法律条文的形式存在着,它具有税法其他规范所不同的调整功能与作用:(1)税法基本原则对税收立法有指导作用。(2)税法基本原则是促使税法内容协调统一的保障。(3)税法基本原则是税法解释的依据。(4)税法基本原则是克服税收成文法局限,弥补税法规定之不足的重要工具。(5)税法基本原则可以限定自由裁量权的范围。(6)税法基本原则是守法的行为准则,是进行税法宣传教育的思想武器。对税法基本原则比较重要的分类有三种:(1)税法公益性基本原则与税法政策性基本原则。前者如税收公平原则、无偿缴纳原则、税收法定原则、维护国家权益原则。后者如税收效率原则、宏观调控原则、社会政策原则。(2)税法实体性基本原则和税法程序性基本原则。前者如税收公平原则、税收效率原则、社会政策原则、无偿缴纳原则、税收法定原则、维护国家权益原则。后者如征税简便原则、税收确定原则、最少征收费用原则、税收管辖权原则。(3)税法实质性基本原则与税法形式性基本原则。前者如税收公平原则、税收效率原则、税收社会政策原则、维护国家税收权益原则。后者如税收法定原则、征税简便原则、税收管辖权原则。① 尽管我们并不十分赞同该学者对税收基本原则的界定和分类,但是由于这的确是一个税法领域具有重大理论意义和实践价值的命题,任何相关的努力和探索都显得意义非凡,因此该学者的研究既是基础性的,又是前沿性的,为学界同仁起了一个良好的示范作用。还有的学者为理顺税法原则内部的体系,将其分为税法基本原则与税法适用原则。税法基本原则是在有关税收的立法、执法、司法等各个环节都必须遵循的基本准则,主要包括税收法定原则、税收公平原则和税收效率原则。税法的适用原则是在税法的解释、税收的征纳等具体适用税法的过程中应遵循的准则,主要包括实质课税原则、诚实信用原则、禁止类推适用原则、禁止溯及课税原则。这种分类法无疑也是一种有益的尝试。

由此可知,借鉴西方税法基本原则的研究成果虽然是我们在短期内缩短相关研究差距的捷径,但是这并不等于说我们可以不假思索地找到现成的答案。近年来,学界也在不断深化对税法基本原则的研究。有学者认为,实质课税原则并不构成一项

---

① 史际春主编:《经济法学评论》,中国人民大学出版社2000年版,第207页。

税法原则,只是一种法律解释方法(目的解释法)。① 有学者则指出,实质课税原则只能作为立法原则,而不能成为贯穿税收立法、执法、司法的基本原则;对于其适用应置于税收法定的制约之下,从而实现形式正义和实质正义的协调一致。② 也有学者指出,作为公法上的核心原则,比例原则应成为税法的一个基本原则。③ 也有学者提出要将税收中性原则确立为税法的基本原则,以此指导税法的创制和实施。④ 而对于税收中性和宏观调控的选择,有学者认为应当采纳法律经济学的成本分析方法进行取舍。

事实上,由于税法内部的价值冲突,以及理论构建与财政需求的视角偏差,要确定适用于所有税收法律规范并对税收立法、执法、司法都具有指导作用的基本原则十分艰难。西方的税法学者也从来就没有统一的结论。以日本税法学界为例,金子宏主张的基本原则包括税收法律主义原则、税收公平主义原则、自主财政主义原则。⑤ 北野弘久主张的基本原则包括租税法律主义原则、应能负担原则以及诚实信用原则等。⑥ 新井隆一主张的基本原则包括租税法律主义原则、量能课税原则、正当程序原则、实质课税原则、否认回避租税行为原则。⑦ 田中二郎认为就形式而言,税法基本原则包括租税法律主义原则和租税恒定主义原则,如就实质而言,则包括公共性原则、公平负担原则、民主主义原则以及确保税收与效率原则。⑧ 不难看出,这些原则确定并不一定是从同一个层次和同一个角度出发的,原则与原则之间可能互不相容,如税收法律主义原则与实质课税原则、量能负担原则与税收效率原则就是其中典型的两例。这说明中国税法学完全不必照搬国外名家的"金科玉律",而只能在充分吸收借鉴的基础上,建设性地构筑自己的基本原则体系。

2. 关于税收法定原则

关于税收法定原则的内容,国内税法学者并无太大的分歧,一般认为包括税收要素法定原则、税收要素明确原则以及程序法定原则。⑨ 各具特色的地方在于,有的学者根据日本学者金子宏的提法,认为税收法定主义是有关课税权行使方式的原则,而税收公平主义才是关于税收负担分配的原则。前者是关于形式的原理,后者是关于实质的原理。故而将税收法定主义列为税法形式性基本原则。⑩ 有的学者则认为税

---

① 参见黄俊杰:《纳税人权利之保护》,北京大学出版社2004年版,第45页;葛克昌:《税法基本问题(财政宪法篇)》,北京大学出版社2004年版,第8页。
② 刘剑文、熊伟:《税法基础理论》,北京大学出版社2004年版,第163页。
③ 施正文:《论税法的比例原则》,载《涉外税务》2004年第2期。
④ 那力、王林林:《论税收中性原则》,载《财税法论丛》第4卷。
⑤ 〔日〕金子宏:《日本税法》,战宪斌、郑林根等译,法律出版社2004年版,第57页。
⑥ 〔日〕北野弘久:《税法学原论》,陈刚、杨建广等译,中国检察出版社2001年版,第61页。
⑦ 〔日〕新井隆一:《租税法基础理论》,林遂生译,台湾"财政部"财税人员训练所1984年版,第33页。
⑧ 颜庆章:《论租税法之基本原则》,载台湾《税务旬刊》1989年第1633期。
⑨ 徐杰主编:《经济法论丛》,法律出版社2000年版,第113—117页。
⑩ 史际春主编:《经济法学评论》,中国人民大学出版社2000年版,第216页。

收法定主义"构成了法治主义的重要组成部分,是法治主义规范和限制国家权力以保障公民财产权利的基本要求和重要体现,对法治主义的确立'起到了先导的和核心的作用'①"。② 还有的学者认为,税收法定是税法的最高法律原则,是民主和法治原则等现代宪法原则在税法上的体现,对保障人权、维护国家利益和社会公益举足轻重。我国《宪法》仅是在公民的基本义务方面规定"公民有依照法律纳税的义务",未规定征税主体更应依法征税,不能体现税收法定主义的精神。而《税收征收管理法》对税收法定原则的肯定,其效力、效益深受局限。所以,有学者对税收法定主义原则发展的思想基础进行了深刻的挖掘,归结出自由主义、三权分立和民主主义的结论③;有学者主张要区分税收法定的层次结构,不能将所有的问题都放在这一层面上进行处理④。

我们认为,税收法定主义中的"法"只要是反映人民共同意志的民主立法,自然也就是保障纳税人利益不受侵犯的自由之法,其中所渗透的正义、平等、人权等价值,正是现代法治的基本要求。所以,税收法定主义从形式上看可能只是征税必须有法律依据,但由于法律应当是人民遵循代议制民主程序制定的,所以这种要求与法治的精神是天然一致的。在这一点上,日本学者北野弘久的理论勇气的确令人生敬。该学者将租税法定主义的发展分成三个阶段。传统的租税法定主义理论实际上不问租税法律的内容,仅以法定的形式规定租税。然而在现代宪法条件下,应当从禁止在立法过程中滥用权力、制约议会课税立法权的角度构筑租税法律主义的法理,而应能负担原则、公平负担原则、保障生存权原则等实体宪法原理都是其题中之意。这个阶段上的租税法定主义已经进化到"租税法律主义",它贯穿立法、行政、裁判的全过程,是实体与程序相统一、具有现代法理精神和以维护人权为己任的理论。租税法定主义发展的第三阶段是从维护纳税者基本权利的立场,立足于租税的征收和使用相统一的角度把握租税的概念,将其作为广义的财政民主主义的一环来构成和展开。由此,纳税者有权只依照符合宪法规定程序和精神的立法承担交付税收的义务,有权基于税收法定主义的原理关注和参与税收的支出过程。⑤ 坦率地说,在如此广阔的背景下展开税收法定主义的法理,这对我们中国的税法学者来说还是一个全新的视角。但是,社会主义的中国应该具有更畅通的"人民主权"实现渠道,将纳税者主权理解为人民主权的具体化也并无太大的理论障碍,因此,以税收法定主义为契机,拓宽研究视野、更新理论基础,应成为中国税法学在新世纪克服自身弱点、加强学科建设的必由之路。

---

① 〔日〕金子宏:《日本税法》,战宪斌、郑林根等译,法律出版社 2004 年版,第 59 页。
② 饶方:《论税收法定主义原则》,载《税法研究》1997 年第 1 期。
③ 龚凡:《税收法定原则的若干基本问题》,载《贵州财经学院学报》2005 年第 5 期。
④ 张永忠:《税收法定理论研究需要层次论》,载《理论与实践》2005 年第 10 期。
⑤ 〔日〕北野弘久:《税法学原论》,陈刚、杨建广等译,中国检察出版社 2001 年版,第 73—80 页。

就目前的研究现状而言,中国税法学界已经对税收法定主义进行了较为深入的分析,取得了一定的研究成果。① 中国税法学对税收法定主义,特别是"税收法律主义"的研究也开始从最初的对税收法定主义内容的简单复述阶段过渡到研究税收法定主义的范围、界限及其在立法、执法、守法和司法中的适用的动态把握。但相比而言,中国对税收法定主义的研究仍不够深入和细致。我国台湾地区学者则更加关心如何运用税收法定主义的原理解决各种理论冲突和实践问题。如陈清秀《税捐法定主义》一文在讨论课税要件法定主义时,对国会保留的要求、委任命令的条件、习惯法的效力也作了系统阐述;在税捐法定主义之作用一节,强调在税法领域不允许选择权、不允许税捐协议、禁止法律漏洞补充、排除行政裁量、禁止溯及生效;在税捐法定主义适用范围一节,分别探讨了该原则在税捐实体法、税捐程序法、税捐诉讼法、税捐处罚法领域的适用;在税捐法定主义的适用界限一节,讨论了该原则与行政先例法、信赖利益保护的关系;最后还勾勒出了税捐法定主义与实质课税原则的分界线。这种动态的视角将税收法定主义的触角深入到税收法治的各个角落,丰富和充实了税收法定主义的理论体系,也使得其作为基本原则的统率和指导意义得以凸现。②

笔者预测,以中国目前的法治水平而言,税收法定主义的发展很难超越北野弘久先生所描绘的"三阶段论"而一步到位。根据2000年颁布的《立法法》,财政税收的基本制度由全国人大及其常委会享有专有立法权③,但是如果不对授权立法加以规范,不对各种税法规范性文件的效力层次予以明确,税收立法权完全可能遭受行政的侵蚀和蚕食。因此,当前税法学的研究重点仍然是,解决形式上的税收立法权的归属,消除税法效力体系内部的冲突与矛盾,探讨税收法定主义的适用范围和界限,以实现形式上的税收法治。只有在这个层次上奠定坚实的基础后,才有希望追求实质意义上税收法治的更高目标,真正实现财政民主主义。

3. 关于税收公平原则

在现代各国的税收法律关系中,纳税人相互之间的地位是平等的,因此,税收负担在国民之间的分配也必须公平合理。税收公平原则是近代平等性的政治和宪法原则在税收法律制度中的具体体现。至于何谓公平,不同历史时期的经济学家一直在孜孜不倦地试图探求其真谛。

就纳税人相互之间的课税公平而言,以上介绍的内容基本上可以代表我国税法学目前的研究水平。这说明,税法学对经济学成果的"拿来"过于轻松和随意,缺乏为

---

① 从近两年的税法学研究成果来看,不少著作与论文论及税收法定主义。参见林茂:《论税收法定主义原则》,载《江淮法治》2006年第5期;杨艳聪:《论税收法定主义》,载《经济论坛》2005年第22期;黄泽勇:《税法法律主义在我国的困境与生成》,载《西南民族大学学报》(人文社科版)2005年第3期;王丽萍:《税收法律主义与我国税收立法完善》,载《云梦学刊》2006年第5期;高桂林、刘文华:《税收法定主义之内涵界定》,载《武警学院学报》2005年2月。
② 陈清秀:《税法之基本原理》,台湾三民书局1994年版,第53页。
③ 参见《中华人民共和国立法法》第8条。

我所用的独特视角。虽然上述税收负担能力说的确可以较好地解决税收在纳税人之间的公平分配问题,但是从观念过渡到可以统率规则的法律原则仍然需要法学作出诸多的努力。在这方面,日本和我国台湾地区学者对量能课税原则的深入探讨为我们提供了颇具价值的参考。如日本学者北野弘久认为,应能负担原则属于立法理论标准上的原则,它在租税立法上起着指导性原则的重要作用,但它不是解释和适用税法时的指导性原则。应能负担原则是宪法对基本人权保护的体现,是从宪法平等原则中引申出来的税法基本原则。应能负担原则要求最低生活费不课税,生存权财产不课税或轻课税,要求既考虑纳税人量的负担能力,又考虑质的负担能力,实现租税人税化,要求实施物价上涨自动调整物价税制度,反对大范围普遍实行租税特别措施。① 金子宏也认为税收公平原则源于宪法平等原则,且必须按负担能力分配税收负担。与北野有所不同的是,他认为税收公平主义不仅是税收立法的原则,同时也是税收执法的原则,禁止在执行税法时对纳税人不平等对待。② 我国台湾地区学者葛克昌认为量能原则在税法发展演进过程中具有举足轻重的地位,特别对所得税法而言,应当依个人经济负担能力分配税收。如果放弃该原则或视之为无具体内涵之空虚公式,则税法之演变只能诉诸议会多数决议或专断独行。量能原则须同其他课税原则相比较讨论,并将其内涵具体化,才能认识其功能。从平等性与量能原则的关系来看,由于租税无具体之对等给付,所有纳税义务只有平等负担或牺牲时才具有合理正当性,而税收负担能力是衡量租税负担是否平等的标准。从比例原则与量能原则的关系来看,税课平等原则如不能发展为适当负担之平等性,纵然平等课税亦只是等同于不正义。所以,量能原则要求的是合乎比例原则的平等,租税的界限即为税法之比例原则,特别是适当性原则与禁止过度原则。③

以上所述都是围绕如何在纳税人之间公平分配税负。有的学者通过对税收法律关系的分层解构,从更深层次的意义上探讨了税收公平主义的现代内涵。该学者认为,税收法律关系不仅包括税收征纳法律关系,而且还包括税收宪法性法律关系、国际税收分配法律关系和税收行政法律关系,其中税收征纳法律关系和税收行政法律关系构成第一层,即通常人们所认识的税收法律关系。税收宪法性法律关系和国际税收分配法律关系构成第二层,是潜在的、深层次的,最深刻地反映了税收法律关系本质的层面。在税收宪法性法律关系中,国家征税权的行使是履行国家职能、满足公共需要的必要手段。因此,经由宪法的形式,国家和纳税主体根据税收法定主义,通过制定法律和税款征收而建立了以征税和纳税为外在表现形态,而以满足和要求"公共需要"为内在本质内容的权利义务关系。传统的税收公平主义一般只就纳税主体

---

① 〔日〕北野弘久:《税法学原论》,陈刚、杨建广等译,中国检察出版社2001年版,第95页。
② 〔日〕金子宏:《日本税法》,战宪斌、郑林根等译,法律出版社2004年版,第64页。
③ 葛克昌:《量能原则与所得税法改革》,载台湾《中原财经法学》1995年第1期。

范围内比较其相互之间的公平问题,而建立在"契约精神和平等原则"本质基础上的税收公平主义则要求就税收法律关系的全部主体——国家、征税机关和纳税主体,考察其彼此之间的公平和平等关系。① 的确,纳税人之间的税收公平固然重要,但如果公平分配的税收并未按纳税人的意图满足公共需要,以更好地为纳税人的生存和发展创造条件,相反却被用来填充少数权力派别的贪欲,这才是最大的不公平! 传统的税法学一直谨慎地将自己的研究领域限制在税收的征收阶段,而对税收的使用则从不涉足。这种割裂税款征收与使用过程的做法使得税法学在一些重大理论问题上裹足不前,难以深层次地解释税收法治的全部含义和要求。正因为如此,上述学者的探索才显得尤为可贵。

4. 关于税收效率原则

在一般含义上,税收效率原则所要求的是以最小的费用获取最大的税收收入,并利用税收的经济调控作用最大限度地促进经济的发展,或者最大限度地减轻税收对经济发展的妨碍。它包括税收行政效率和税收经济效率两个方面。有学者从税法原则论争的评析出发,对税法中的效率原则的含义、确立依据、效率与公平的关系以及效率与社会政策的关系等方面进行较为深入的探讨和研究,以期从全新的视角对税法原则进行阐示。②

税收行政效率问题实际上早在亚当·斯密时期就受到了研究者的重视,亚当·斯密的便利原则、最少征收费用原则,以及其后瓦格纳的税务行政原则其实都是着眼于此。税收经济效率的主旨在于如何通过优化税制,尽可能地减少税收对社会经济的不良影响,或者最大程度地促进社会经济良性发展。如果说市场经济国家税收经济效率所要求的是应当尽可能减少税收的负面效应,使市场能更大程度地发挥其对资源配置的作用的话,那么在非市场经济国家,税收的经济效率则被理解为应如何利用税收固有的职能最大可能地使经济朝着预定目标发展。

许多学者基于税收公平原则对人们认为符合经济效率的税收特别措施提出不同意见。无论是以减轻税负为内容的税收优惠措施,还是以加重税负为内容的税收重课措施,都是在税负能力相同的情况下,为了达到特定的经济目的而给予不同的税收待遇,明显违反量能课税原则。有的学者据此主张,如果从实证上能够说明某项租税特别措施有违政策目的的合理性时,则应视该项措施有宪法理论上的不合理之处,并从法律上视为违宪无效。③

我国税法学者几乎无一例外地将税收效率原则定位为税法基本原则,这并不是因为人们通过运用法学的方法深入研究,得出该原则对税收立法、执法和司法有普遍

---

① 刘剑文、李刚:《税收法律关系新论》,载《法学研究》1999 年第 4 期。
② 白彦、白惠林:《税法效率原则确立的依据及与社会效率的一致性》,载《现代财经》2005 年第 5 期。
③ 〔日〕北野弘久:《税法学原论》,陈刚、杨建广等译,中国检察出版社 2001 年版,第 109 页。

的指导意义的结论,而是简单地搬用经济学界关于税收原则的成果。税法学关于效率原则的论证过程与税收学的研究如此惊人地保持一致,不得不开始让人怀疑该原则在税法领域的存在价值。要确立效率原则作为税法基本原则的地位,税法学就必须回答其如何在整个税法领域发挥作用,如何具体化为一系列相关规则以指导征税主体和纳税主体的行为,如何处理与量能课税原则的价值和规范冲突。如果我们只是抽象地肯定税收效率原则,而对其作用范围和方式没有任何限定,这无异于为立法权和行政权的无限扩张、损害纳税人合法权益大开方便之门。因此税收效率原则仍然是一个有待深入研究的课题。

(五)税法基本原则的具体运用

1. 关于税收立法权限的分配

有学者认为,根据税收法定原则,立法机关对于课征税捐的重要事项均应自行以法律规定。然而由于税法所面对的现实经济状况复杂多样,而作为经过抽象和类型化的法律不可能做到对每一个细节了解入微。因此只能在大的范围内,对影响到纳税人税收债务存在与否以及存在范围的税收要素作出规定,至于课税原因事实之有无以及有关证据证明力如何属于事实认定问题,不属于税收法定主义的范围。关于地方的税收立法权问题,该学者主张不妨考虑采用税收标准立法,对地方可能纳入立法规划的税种法以中央立法机关的名义,对该税种的重大问题予以规定,其中保持一些幅度条款。各级地方立法机关如果要开征此项税种,则在名义上只能算是实施中央的立法,只是在具体内容上有所补充而已。① 该学者进一步认为,我国现行税收立法体制的症结主要是"国务院权太多,地方权太少",因此改革的总体思路是,在税收法定主义的指导下,限制国务院的税收立法权限,同时赋予地方开征地方税的权力。②

有的学者认为地方税收立法权要遵循有限原则、不抵触原则、不重复原则,基本思路是:(1)对全国统一开征、税基流动性较大,与稳定国民经济调整收入再分配或与自然资源有关的地方税种,税收立法权一般应由中央行使,地方只是在中央规定的范围内对税目、税率、起征点等拥有一定的微调权。(2)对全国普遍开征、作用范围仅限于地方,对全国统一市场没有多大影响的地方小税种,除制定权外,税法解释权、开征停征权、税收调整权、税收减免权以及加征权应全部下放地方。(3)地方立法机关可根据当地具体情况,在本行政区域内开征一些新的地方税种,但不得损害国家整体利益及其他地方公共利益,不得任意加重纳税人的负担,中央保留对地方新开征税

---

① 刘剑文主编:《财政税收法》(教学参考书),法律出版社2000年版,第285页。
② 徐杰主编:《经济法论丛》,法律出版社2000年版,第140页。

种的否决权。①

在授权立法方面,有的学者通过对我国近几年来的税法立法进行分析,认为税收要素法定原则被忽视,行政权力日趋膨胀,授权立法越权违宪的现象十分普遍,严重损害社会主义法制建设的进程,故应该予以改变。② 还有的学者认为,在中国现行税收授权立法实体规则的重塑方面,应当遵守谨慎和负责任原则,不能使行政机关越俎代庖地成为立法结构的中心;必须从抽象授权转变为具体授权,授权的内容明确,语言不得含糊,在语义的理解上不得有扩张行政立法权的倾向;必须坚持授权立法不可转授的原则。在授权立法程序控制方面,必须坚持民主和效率的价值取向,实现立法过程的公开;应当完善人大对被授权机关的立法监督;还应通过强化草案制定人的职业化素质和采纳立法听证程序提高授权立法的科学性。③

2. 税法溯及既往的效力

税法的溯及力问题,即税法能否适用于其公布生效之前的事件和行为,是税法效力的一个非常重要的问题,也是税收法定原则所必然涉及和关心的范围。

有些学者将我国税法的溯及力归纳出四条原则:(1) 从旧原则。我国有关税种的实体立法大多采纳此项原则,不认可税法溯及既往的法律效力。(2) 从新原则。税收程序法一般采用从新原则。(3) 从旧兼从轻原则。这主要是指涉税犯罪案件的处理,引用刑法上的从旧兼从轻原则。(4) 从新兼从轻原则。这主要是指在税收优惠期内的外商投资企业和外国企业,当税法发生变化导致其税收负担加重时,可以适用旧法律至优惠期满,是一种特殊的过渡措施。有的学者将不溯及既往或禁止溯及课税当作税法适用上的一般原则,尤其当法律变更可能会使已发生的纳税义务加重时更是如此。

我们认为,就过去的事实和交易所产生的纳税义务,对纳税人有利的变更,溯及旧法是可以被承认的。但是,如果对纳税人不利,则原则上不允许溯及旧法。因为纳税人都是依据现行的税收法规,并形成信赖而进行各种商业活动,如果事后辜负其信赖,则对税法的可预测性和稳定性极为有害,而这不符合税收法定主义所追求的目标。

3. 税法对生存权的保障

有的学者依据宪法生存权的法理探讨了税法对生存权的保障问题,并认为税法中的大量规范已经体现这一点。如除了税收征收管理法要求不得强制执行涉及个人或家庭成员基本生活财产外,个人所得税法中的基础扣除、配偶扣除和抚养扣除等更表现为对纳税人生计费用的保障。④ 从后者来看,其实就是税法公平原则量能课税的

---

① 胡宇:《试论我国地方税收立法权的确立与界定》,载《中央财经大学学报》1999 年第 2 期。
② 张守文:《论税收法定主义》,载《法学研究》第 18 卷第 6 期。
③ 鲁篱:《税收法定主义初探——兼评我国税收授权立法之不足》,载《财经科学》2000 年第 2 期。
④ 杨小强:《论税法对生存权的保障》,载《中山大学法律评论》2001 年第 2 期。

一种体现。

4. 税法的"可税性"

有的学者认为,税法上的可税性是指征税必须考虑法律上的合理性与合法性。征税是否合理,不仅应看经济上的承受力,而且还应看征税是否平等、是否普遍等方面;征税是否合法,不仅应看是否符合狭义上的制定法,更应看是否合宪,是否合乎民意,是否符合公平正义的法律精神。该学者对可税性的论述实际上是税收法定原则的展开,在考虑如何确定征税范围(包括"灰色收入"的税法态度)时基本上是税法公平原则的运用,而有关税收优惠的可税性衡量则更多地基于税收效率原则的立场。① 有学者将可税性概念应用于财产税的理论探讨②,并提出检验财产可税性的六项标准,以此对财产是否应当纳税、应税财产的范围以及财产的可税程度进行了细致的分析和探讨。这说明,我国关于税法原则的研究正在逐步深入。

四、国际税法研究评述

(一) 国际税法基础理论

1. 关于国际税法的基本特征

(1) 国际税法的调整对象。国际税法最核心的问题就是其调整对象,这是该学科研究的起点。我国学者对此历来持广义说观点,认为国际税法不仅调整国家间的税收分配关系,还调整国家与跨国纳税人之间的税收征纳关系。③

(2) 国际税法的客体。有学者认为,国际税法的客体包含着具有递进关系的两个层面的内容。第一层面是国际税法中的征税对象,它不仅包括跨国所得,还包括涉外性的特定财产、遗产以及进出口商品流转额等。④ 第二层面的客体是在国家间进行分配的国际税收收入或称国际税收利益。⑤

(3) 国际税法的主体。有学者认为,从其在国际税收法律关系中所处的地位来看,国际税法的主体可以分为国际征税主体、国际纳税主体和国际税收分配主体;从主体的表现形式来看,有国家、国际组织、法人和自然人。⑥ 有的学者则认为,国际税

---

① 张守文:《论税法上的"可税性"》,载《法学家》2000年第5期。
② 刘剑文主编:《财税法论丛》,法律出版社2005年版,第89页。
③ 狭义说则主张国际税法调整对象仅限于国家间的税收分配关系,不包括涉外征纳关系。参见刘剑文主编:《国际税法》,北京大学出版社1999年版,第20页;那力:《国际税法》,吉林大学出版社1999年版,第2页;曹建明、陈治东主编:《国际经济法专论》,法律出版社2000年版,第4页。
④ 这是一种广义的观点,狭义的观点则认为,国际税法的客体就是跨国纳税人的跨国所得,而关税法等流转税法不包括在国际税法中。参见高尔森主编:《国际税法》,法律出版社1993年版,第8—9页;王传纶主编:《国际税收》,中国人民大学出版社1992年版,第13—16页。
⑤ 刘剑文、李刚:《二十世纪末期的中国税法学》,载《中外法学》1999年第2期。
⑥ 刘剑文:《国际所得税法研究》,中国政法大学出版社2000年版,第9页。

法的主体有三方,即跨国纳税人、收入来源国和跨国纳税人的居住国。①

（4）国际税法的法律规范。有学者认为,国际税法的法律规范具有多样性的特征,既包括国际法规范,又包括国内法规范;既包括实体法规范,又包括程序法或冲突法规范。此外,国际税法中实体法规范和冲突法规范的并存还决定了其在调整方法上必然具有"兼备直接调整和间接调整方法"的特征。②

（5）国际税法的基本原则。对涉外税法的基本原则,学者们的观点比较一致,认为主要包括三条:① 维护国家主权和经济利益;② 坚持平等互利;③ 参照国际税收惯例。而关于国际税法的基本原则,学界的意见也较统一,认为主要有两条:① 国家税收管辖权独立原则;② 公平原则。只是有学者认为,将公平原则总结为"国际税收分配关系中的平等互利原则"③,或仅指"征税公平原则"④是有失全面的。国际税法的公平原则应包括国际税收分配关系中的公平原则（简称"分配公平原则"）和涉外税收征纳关系中的公平原则（简称"征纳公平原则"）。⑤

2. 国际税法学与其他相关学科的关系⑥

国际税法学是一门综合性的学科,其研究对象非常广泛,因此,难免与相关学科的研究对象相交叉或者接近,由此也导致了国际税法学与众多相关学科之间密切的联系。

（1）国际税法学与国际经济法学其他分支学科的关系

国际税法学是国际经济法学（Science of International Economic Law）的分支学科,因此,国际税法学与国际经济法学中的其他分支学科之间就具有非常密切的联系。国际经济法学界比较公认的分支学科包括国际贸易法学、国际投资法学、国际金融法学和国际税法学。国际税法学与其他三门分支学科都有密切联系,在国际贸易中,税收是一个必须考虑的重要因素,它影响到商品的价格,同时也影响到贸易条件的确定,关税壁垒往往成为贸易的一个重要限制性因素,也是国际贸易所关注的重点问题之一,因此,研究国际贸易法不能不研究国际税法。同样,贸易本身也会对国际税收产生影响,国家所推行的贸易政策往往会在其税收政策中体现出来,另外,国际税收是在各种经济活动的基础之上进行的,而其中很重要的一项经济活动就是国际贸易,因此,国际贸易活动本身的状况往往影响到国际税法的运作,国际双重征税、国际逃避税都可能发生在国际贸易活动中,因此,研究国际税法也不能不研究国际贸易法。

---

① 那力:《国际税法》,吉林大学出版社1999年版,第1—2页。
② 刘剑文:《国际所得税法研究》,中国政法大学出版社2000年版,第10页。
③ 参见陈安:《国际税法》,鹭江出版社1988年版,第16—18页;罗晓林、谭楚玲:《国际税收与国际税法》,中山大学出版社1995年版,第174—175页。
④ 高尔森主编:《国际税法》,法律出版社1993年版,第10页。
⑤ 刘剑文、李刚:《二十一世纪末期的中国税法学》,载《中外法学》1999年第2期。
⑥ 参见刘剑文主编:《国际税法学》,北京大学出版社2013年版,第3—6页,收录本书时作部分修订。

国际税法与国际投资法的关系也非常密切。税收是国际投资活动所要考虑的重点问题之一,因为税收的状况直接影响到投资的收益,在很多情况下,一国的税收政策特别是涉外税收政策对于吸引外国投资具有决定性的意义,因此,进行国际投资、研究国际投资法不能不研究国际税法。同样,投资活动本身对税收也有重要影响,税收政策往往会随着国家对于投资政策的不同而发生变化,或者说,一国的税收政策特别是涉外税收政策往往是为一国的对外投资政策服务的;同时,投资地点、方式选择的不同,在税收上的效果也是不同的,由此导致了国际双重征税和国际逃避税的发生,因此,研究国际税法也不能不研究国际投资法。

国际税法与国际金融法也是具有密切联系的。税收因素也是国际金融活动所必须考虑的重要因素之一,国际金融活动的具体状况也会导致税收上效果的不同,由此也会导致国际双重征税和国际逃避税的发生。因此,国际税法学与国金融法学同样关系密切。

当然,国际税法学与国际贸易法学、国际投资法学和国际金融法学之间的区别同样非常明显。它们虽然都是国际经济法学的分支学科,但分别有各自相对独立的研究对象,也形成了自己相对独立的学科体系,有自己独立的学科范畴和研究方法,因此,它们都是相对独立的法学分支学科。

(2) 国际税法学与税法学其他分支学科的关系

国际税法学又是税法学(Science of Tax Law)的分支学科之一,因此,和税法学中的其他分支学科也有密切联系,特别是和税法学中的国内税法学。国内税法学是以国内税法现象及其发展规律为研究对象的税法学分支学科,与国际税法学的研究对象有所区别,而且二者都分别形成了各自相对独立的学科体系,有自己相对独立的学科范畴和研究方法。因此,二者属于相对独立的法学分支学科。但二者的联系也非常密切,首先,二者的研究对象有交叉的部分,涉外税法现象既是国际税法的研究对象也是国内税法的研究对象;其次,二者所研究的对象都是税法,因此,二者的基本范畴与研究方法具有一定的相似性;再次,国际税法现象离不开国内税法现象,国际税法离开了国内税法就无法运作,而且一国的国际税收政策也往往是和国内税收政策相协调的。所以,研究国际税法不能不首先研究国内税法,同时,要深入研究国内税法也必须研究国际税法。

当然,国际税法学与税法学的其他分支学科,如外国税法学和比较税法学都是既有联系又有区别的相对独立的税法学分支学科。它们的研究对象虽然在整体上是可以区分的,但也存在一定程度的交叉,同样,它们在基本范畴、基本研究方法上也存在诸多相似之处,可以说,要想深入研究任何一门税法学的分支学科,都必须对税法学的其他学科有深入的了解和研究。

(3) 国际税法学与国际税收学的关系

国际税法学与国际税收学(Science of International Taxation)也是既有区别又有密

切联系的两个学科。

从研究对象上来看,国际税收学的研究对象是国际税收活动和国际税收关系,国际税法学的研究对象是国际税收法律规范和国际税收法律关系。二者在研究对象方面既有联系,又有区别。首先,前者属于经济基础的范畴,后者属于上层建筑的范畴;前者属于物质关系范畴,后者属于思想关系范畴。二者的研究对象之间存在着决定与被决定、作用与反作用的关系。有什么样的国际税收活动和国际税收关系,就需要什么样的国际税收法律规范和国际税收法律关系,国际税收法律规范和国际税收法律关系对国际税收活动和国际税收关系具有保障与重塑的反作用。其次,二者在现代法治国家和法治社会是紧密交织在一起的。一切国际税收活动均有相应的法律规范来调整,一切国际税收关系均已上升到国际税收法律关系。在现实生活中,已经无法区分哪些关系是国际税收关系,哪些关系是国际税收法律关系,二者已经融为一体。最后,国际税收学的研究对象虽然为国际税收活动和国际税收关系,但也会涉及国际税收法律规范和国际税收法律关系;国际税法学的研究对象虽然为国际税收法律规范和国际税收法律关系,但也会涉及国际税收活动和国际税收关系,即二者的研究对象在客观上存在着一定程度的交叉。

从研究方法上来看,国际税收学属于经济学(或国际经济学)的范畴,其研究方法主要是经济学的方法,如投入与产出、成本与收益、等价交换等。国际税法学属于法学的范畴,其研究方法主要是法学的方法,如规范分析、历史分析、比较分析、价值分析、社会分析等。国际税收学的研究方法更侧重于自然科学的研究方法,如数学模型、数学图表的应用等,国际税法学的研究方法更侧重于社会科学的研究方法,如历史考察、归纳概括、规范分析的应用等。国际税收学的研究方法倾向于精细,综合采用定性分析与定量分析,国际税法学的研究方法倾向于严密,重在构建逻辑结构完整的体系,较多采用定性分析,很少采用定量分析。在当今自然科学和社会科学均主张多学科交叉研究、多方法综合研究的时代,具有密切联系的国际税收学和国际税学,其研究方法更是值得互相学习和借鉴。国际税收学在运用经济学的方法的同时,可以借鉴社会分析、历史分析、阶级分析、价值分析和规范分析的方法来研究国际税收活动和国际税收关系;而国际税法学也应该在运用法学的方法的同时,大量借鉴经济分析、定量分析、数学分析等方法来推动国际税法学的发展与繁荣。二者的研究方法只有侧重点的不同,没有截然的区分。

从研究目的的角度来看,国际税收学的研究目的主要是总结出国际税收活动的一般规律,探索国际税收关系的本质与特点,促使人们正确认识国际税收活动和国际税收关系,以提高国际税收活动的效率。国际税法学的研究目的则主要是总结出国际税法产生和发展的一般规律,探索国际税法的本质与特点,促使人们正确认识国际税法现象,以便更好地调整国际税收关系,建立和谐的国际税收法律关系。国际税收学和国际税法学研究的目的在宏观的层面是相通的,二者的研究是互为目的的。国际税收学的研究目的是为了正确认识国际税收活动和国际税收关系,从而达到更好地运用法律手段来规范和调整这种活动和关系的目的。国际税法学研究的目的是为了正确认识国际税法,掌握用法律手段来规范和调整国际税收活动和国际税收关系的方法,从而达到国际税收活动顺利进行、国际税收关系和谐统一的目的。在最终的目的上,二者的研究是一致的,都是为了更充分地发挥国际税收活动所具有的功能与作用,更好地实现人们所追求的目标和价值,从而使国际税收能够为最大多数人谋取最大的利益,能够推动生产力更快地发展,推动人类社会更快地进步。

当然,由于二者在研究对象、研究方法和研究目的上均存在差异,由此导致其最终的成果也有所不同。国际税收学的研究成果属于经济学成果,对于国家及其国际税收职能部门制定和采取相应的国际税收政策和国际税收计划具有重要的参考价值。国际税法学的研究成果属于法学成果,对于立法机关的立法、执法机关的执法和司法机关的司法,以及社会各主体的守法具有重要的参考价值。二者的研究成果也是密切联系的。首先,国际税收学的研究成果和国际税法学的研究成果是互为基础的。国际税收学研究的国际税收活动和国际税收关系均是在法律秩序统治之下的活动和关系,均是被法律所规范和调整的活动和关系,因此,国际税收学的研究不能不借鉴国际税法学的研究成果。国际税法学研究的国际税收法律规范和国际税收法律关系均是由国际税收活动和国际税收关系所决定的,所以,国际税法学的研究也不能不借鉴国际税收学的研究成果。二者要有大的发展和繁荣,都必须借鉴彼此的最新研究成果。其次,二者研究成果的最终价值是相通的,无论是为制定国际税收政策和国际税收计划服务,还是为国际税收立法、执法、司法和守法服务,最终目的都是为了更好地发挥国际税收的积极作用,尽量减少国际税收活动中的盲目性,从而减少其消极效果,以达国际税收活动效益最大化。

在国际税法与国内税法、涉外税法间的关系上,我国学者持有不同观点,归纳起来主要有两大类:(1)按照税法的主体和适用范围不同,将税法分为国内税法和国际税法,这是最普遍的观点。其中又分为两种。一种主张涉外税法是国内税法的一部分,不属于国际税法[1];同属此种但又稍有不同的观点认为,国家税法按其实施范围可分为国内税法和涉外税法,涉外税法是国际税法产生的基础,但又在法律关系主体、制定者与实施方法、规范的形式和内容等方面区别于国际税法。[2] 这一观点实际上是采国际税法狭义说的。另一种则认为涉外税法既是国内税法的一部分,又是国际税法的法律渊源之一,大部分国际税法学者都持这一观点[3],这也是目前的主流观点。(2)按税法的适用范围划分为国内税法、涉外税法、国际税法、外国税法等,并认为

---

[1] 孙树明主编:《税法教程》,法律出版社1995年版,第13—14页。
[2] 邓建煦、刘文珠:《涉外税法与国内税法、国际税法的比较》,载《政治与法律》1988年第5期。
[3] 参见严振生编著:《税法理论与实务》,中国政法大学出版社1994年版,第34—35页;许建国编著:《中国税法原理》,武汉大学出版社1995年版,第19—21页。

它们彼此之间是相互联系并可以相互转化的。① 这种分类方法的偏误在于所划分的税法的制定主体不统一,对国内税法和涉外税法而言,其所划分的是单个主权国家的税法;对国际税法而言,针对的是两个或两个以上彼此间具有国际税收分配关系的国家;对外国税法,又是从单个国家与除其之外的其他所有国家间的关系来说的。

本书主张:(1)税法是指一国所有有关税收的法律规范,从法律渊源看,包括该国国内税法(具体又有税收宪法性规范、税收法律、税收行政法规、地方性税收法规等)和该国缔结和参加的国际税收协定(是国际税收条约和其他国际条约中有关税收条款的统称)以及该国承认和接受的国际税收惯例等,还有相应效力等级的其他法律法规中有关税收的条款。(2)涉外税法是指一国国内税法中具有涉外因素的税收法律规范,包括涉外税收实体法和涉外税收程序法等,它与所对应的非涉外税法的交叉部分即为既适用于涉外纳税人又适用于非涉外纳税人的税收实体法和税收程序法,也就是所谓的"相对的涉外税法"。②(3)国际税法是调整国家涉外税收征纳关系和国际税收分配关系的法律规范的总称。针对单个国家而言,包括该国的涉外税法、该国缔结和参加的国际税收协定以及该国承认和接受的国际税收惯例等。此时,税法完全包括国际税法,因为一国国际税法之正式法律渊源必同时亦为该国税法之法律渊源。国际税法也可以针对两个或两个以上国家而言,包括各国的涉外税法、各国缔结和参加的国际税收协定以及各国承认和接受的国际税收惯例等。此时,国际税法和其中任一国的税法是交叉关系,其所交叉部分即为"该国的国际税法"。③ 在上述两种情况下,都存在着一国国内税法与国际税法的划分,其所交叉部分为"该国的涉外税法"。④

以上是就部门法的角度而言的,从部门法的角度来看,税法学应完全包括国际税法学。而法学研究的范围必然超过具体部门法的法律规范的内容,所以,国际税法作为一个部门法和国际税法学作为一个法学学科是不同的,后者的研究范围大大超过前者规范体系的内容。⑤

(二)国际避税的概念与性质

国际避税与国际双重征税是国际税法研究的两大主题。对于国际双重征税问题,经过多年的研究和借鉴国际经验,目前已经基本形成了解决问题的系统方案,学

---

① 刘隆亨:《中国税法概论》,北京大学出版社1995年版,第64页。
② 张勇:《国际税法导论》,中国政法大学出版社1989年版,第3页。
③ 有的学者认为,国际税法的"国别性"相当明显,与其称之为"国际税法",不如称之为"某一国的国际税法"。参见何江主编:《法学知识》,群众出版社1985年版,第387页。
④ 刘剑文、李刚:《二十世纪末期的中国税法学》,载《中外法学》1999年第2期。
⑤ 刘剑文主编:《国际税法》,北京大学出版社1999年版,第16页。

者们在大的方面也无明显分歧。但从理论界的论争中我们看到,人们对国际避税的概念,特别是国际避税是否合法还很难达成一致。正是由于国际避税概念的内涵上不确定,对国际反避税的方法、手段等就难以达成共识。

有学者认为,尽管避税行为在形式上并不违反税法,但它实际上是违反税法的宗旨的,因而不是税法所鼓励和提倡的行为。该学者对转让定价这种重要的避税手段进行了较为深入细致的介绍,并认为我国在完善转让定价规则时应注意以下几个方面:(1)应当将有形资产和无形资产分开,对无形资产交易单独实行税法规制;(2)应扩大无形资产的范围,同时引入新的"利润分割法";(3)应规定情势变更原则,允许特殊情况下的事后调整,尤其是在无形资产的转让所得方面;(4)由于我国境内非单一的税收管辖权并存的局面短期内难以消除,因此同样还要注意仅在国内经营的企业的转让定价问题。[1]

学者们倾向于通过划清其与国际逃税、国际节税的界限,实现对国际避税概念的准确定性。如有学者认为,"国际避税,是指跨国纳税人利用各国税法规定的差别,或有关税收协定的条款,采用变更其经营方式或经营地点等种种公开的合法手段以谋求最大限度减轻其国际纳税义务的行为。而国际逃税则是指跨国纳税人利用国际税收管理合作的困难与漏洞,采取种种隐蔽的非法手段,以谋求逃避有关国际税法或税收协定所规定应承担的纳税义务"。[2] 有的学者认为:"国际避税是指跨国纳税人通过某种形式上不违法的方式,减少或躲避就其跨国所得本应承担的纳税义务的行为。而国际逃税是指纳税人采取某种非法的手段或措施,减少或躲避应承担之纳税义务的行为。"[3] 还有的学者认为,国际租税规避,依其适法性可分为合法节税行为、非违法之避税行为和违法之逃税行为,三种行为都属于避税,但法律性质不同。[4]

有的学者从税法基本原则的角度分析了转让定价行为的法律性质,认为转让定价是行为人利用经济往来的意思自治即契约自由原则,滥用法律事实形成之自由,使法律意义上的资产、收益的受益人徒具虚名,经济成果的享用归属于他人,是一种利用法律漏洞的租税规避行为。转让定价违背了实质课税原则、税收公平负担原则、应能负担原则,但却是对租税法律主义原则的维护。故出于对宪政国家法安定性和预测可能性的肯定,应确认转让定价在"实然"意义上是一种法无明文禁止规定的避税行为,但通过立法机关对税法的不断完善,将实现对其"应然"意义上为非法逃税行为的定位。[5]

我们认为,国际避税是避税活动在国际范围内的延伸和发展,它是指纳税人利用

---

[1] 张守文:《财富分割利器——税法的困惑与挑战》,广州出版社2000年版,第289—309页。
[2] 葛惟熹主编:《国际税收学》,中国财政经济出版社1994年版,第19页。
[3] 高尔森主编:《国际税法》,法律出版社1993年版,第124页。
[4] 徐杰主编:《经济法论丛》,法律出版社2000年版,第608页。
[5] 何鹰:《转让定价法律性质评议》,载《南京大学法律评论》1998年秋季号。

各国税法的差别,或者是一国内不同地区间、不同行业间税负的差别,采取非法律所禁止或者法律所禁止的方式最大限度地减轻其纳税义务的行为。国际避税不一定合法,就其性质可分为合法避税与违法避税两种情形,前者是指国际税收筹划,后者是指国际逃税,反国际避税实际上就是反国际逃税。而反国际逃税最有效的法律措施就是转让定价税制、避税港对策税制、防止国际税收协定滥用三位一体的综合运用。①

(三) 电子商务与国际税法

随着全球电子商务的蓬勃发展,网络贸易已经成为一种越来越重要的交易形式。由于网络贸易与传统的交易方式大相径庭,许多活动已经从"有形"变成"无形",从而使税法上的许多程序性要素,如纳税地点、纳税环节等非常难以确认,同时也很难确定哪个国家当然享有税收管辖权,使税法、特别是国际税法遭受了很大的挑战。电子商务在某些方面与传统的国际税法基础理论发生了根本性的冲突,也使得世纪之交的国际税法承受了前所未有的压力。②

1. 关于国际税收管辖权的确定标准

常设机构的确定直接关系到经营所得来源地的确定,以及相关主体税收管辖权的行使。在电子商务中,人们往往通过网站、服务器、远程通讯设备直接进行交易,而不一定非要在他国设立传统意义上的"常设机构"。③ 而对于这类基础设施是否构成常设机构,各国往往根据本国的利益加以判断和确定。如美国、日本等技术出口强国就持否定态度,不主张由所得来源地征税,而一些技术进口国则坚决主张将这类设施视为常设机构,以保证自己拥有优先的属地税收管辖权。这种分歧的存在使得传统的管辖权理论无法有效发挥作用,税收纠纷自然难以避免。

住所是判断自然人和法人居民身份的重要标准,但是,跨国网络经营却动摇了传统的"住所"的基本概念。外国公司通过国际互联网在内国的活动通常不需要设立住所,因而很难对其行使管辖权。由于不需要在固定地点办理机构的设立登记,而地点本身是变动不居的,因而传统的登记地、管理控制地、总机构所在地等确定居民的标准同样难以把握,税收管辖权的冲突也会越来越尖锐。

---

① 刘剑文:《国际所得税法研究》,中国政法大学出版社 2000 年版,第 9 页。
② 参见张守文:《财富分割利器——税法的困惑与挑战》,广州出版社 2000 年版,第 311—337 页;廖益新:《电子商务的法律问题及对策》,载《东南学术》2000 年第 3 期;王欢:《电子商务税收中的"常设机构"原则探析》,载《法学评论》2001 年第 2 期;王裕康:《电子商务对税收协定重要概念的影响》,载《涉外税务》2000 年第 6 期;许正荣、张晔:《论网络贸易中的国际税收问题及对策》,载《涉外税务》2000 年第 2 期;程永昌、于君:《国际互联网贸易引发的税收问题及对策》,载《税务研究》1998 年第 3 期;刘怡:《电子贸易对国际税收制度的影响》,载《经济科学》1998 年第 6 期;那力:《电子商务与国际税收》,载《当代法学》2001 年第 3 期。
③ 指导国家间制定税收协定的《UN 范本》和《OECD 范本》都规定,"常设机构"是指一个企业进行全部或部分营业的固定场所。

2. 关于征税对象的发展

信息社会的发展会在很大程度上扩大征税对象的范围,同时也会使商品与服务的区别日趋模糊,从而增加征税的难度。如文字作品、音像作品、电脑软件改变传统的书籍、磁带或光盘的形式,而在数字化后直接通过网络销售就属于这种情况。信息加密技术的发展和易于传输复制的特性更使征税机关很难确定征税对象的具体性质。一项所得究竟属于营业所得、劳务所得还是投资所得、资本利得,适用税率可能会有很大的不同,这对于实行分类所得税制的国家无疑是一种冲击。

3. 关于税收征收管理

首先,网络贸易"无纸化"程度越来越高,而电子账簿、凭证易于篡改且不留痕迹,税收征管、稽查逐渐失去了"物化"的纸制凭证基础,难度急剧增加。特别是在金融领域,"电子货币""电子银行"的发展使得交易越来越隐秘,大大超出了现时征税机关的稽核能力。其次,网络的发展为厂商之间及厂商与消费者之间的直接交易提供了大量的机会,从而严重削弱商业的中介作用,也使得税法上久已形成的代扣代缴制度的作用受到削弱,对税收征管会产生很大的影响。最后,由于无法对一些无形的凭证贴花,因而很难对这些凭证采用贴花的方式征收印花税,甚至应否对"无纸化"的交易凭证征收印花税都有人表示怀疑。

4. 网络贸易征税问题

对于网络贸易应否征税,如何征税,这是当前争论较大,也十分重要的一个问题。欧盟基本持肯定态度,但主张不开征新税(如比特税等[①]),而是充分利用原有的税种,对现行征税范围加以扩大。美国历来坚持网络空间的技术特点,强调对网络贸易实行宽松的税收政策,主张遵循税收中性原则,对与因特网有关的商务活动广泛免税,特别是对网络贸易给予免税。我国学者对网络贸易的征税问题基本上持赞同意见,这里既有税收公平原则的考虑,更有国家利益的衡量。就前者而言,网络贸易的特殊性仅在于它是一种数据化的交易,它没有也不可能改变交易行为的本质,征税理所应当。况且,如果对一般的货物贸易及服务贸易征税,而对网络贸易免税,这明显是对传统贸易的税收歧视。从后者来看,我国作为发展中国家,信息优势不强,如果顺应发达国家的要求放弃对网络贸易征税,可能会影响国家财政利益。为此,有的学者特别强调,我国对网络贸易征税应兼顾公平原则和效率原则。公平原则要求不分贸易的具体形式,一视同仁地征税;效率原则要求税收不至于阻碍国际网络贸易的发展。在税收管辖权方面,反对单一的居民税收管辖权原则的适用,坚持属地管辖权原

---

① "比特税"构想最早由加拿大税收专家阿瑟·科德尔提出,其后由荷兰学者卢·索尔特于1997年正式向欧盟提出方案,建议按电脑网络中流通信息的比特量来征税,且对于在线交易和数字通信不加区分,统一征收。方案提出后,引起了学者及政府官员的广泛讨论,意见分歧较大。许多学者提出反对意见,认为其过于草率。如从税收要素上看,该税的征税对象是什么,税目包括哪些,哪些可以征税,哪些应当免税,国际税收管辖权如何划分,重复征税如何解决等,都有待研究。

则优先,居民管辖权原则为辅。

总而言之,虽然目前有关电子商务的发展对税法挑战的著述非常多,对国外的各种学理和官方观点都有所阐述,对税法面临的问题也作了一些探讨,但是,在发现问题的同时能够提出应对之策的较少,特别是对中国在信息技术和产业落后、急需发展电子商务的背景下如何确立电子商务课税的原则立场和具体方案研究不足。

近些年来,以 OECD 为代表的国际组织为应对跨国电子商务给税收以及国际税收带来的挑战,作出了很大的努力,取得了一定的成果,这主要表现在 OECD 范本有关条款的修改上。然而从各国对 OECD 文件的回应上来看,很多国家并未对全球电子商务带来的税收管辖权问题进行实质性的税收立法或行政规制,这表明大多数国家为应对国际电子商务的挑战而采取的国内立法、行政和司法措施都是非常谨慎的,因此我国在促成电子商务课税规则出台的过程中,亦须持谨慎态度,在促进电商行业发展和维护国家税收利益之间做好协调与平衡。

五、我国财税法体系的发展与完善研究评述[①]

在公共领域,任何权力的存在都会导致支配性的效果。我国财税法律体系实际上形成了从法律、到行政法规、到部门规章的具有金字塔形的法律规范结构。但在这个体系结构中,法律偏少,行政法规偏多,长期处于变动、不确定的状态,无法形成稳定的规范结构。因此,加强财政税收立法,实现财政法治、有助于规范国家财政权的运行,保障公民基本权利。

(一)我国财税法律体系的缺失

1. 我国财税法律体系的效力层级缺陷

我国财税法律体系存在的最大的问题在于各个效力层级的规范性文件数量比例严重失调,其中较为突出的是法律层次的规范性文件严重缺乏,财政法律体系的主要组成部分是财税行政法规、财税部门规章以及其他财税规范性文件,法律在其中所占的地位甚少(就数量而言)。现行有效的法律层次的规范性文件只有八部:《预算法》《政府采购法》《企业国有资产法》《审计法》《个人所得税法》《企业所得税法》《税收征收管理法》《车船税法》,其中,后四部为税收法律。除税收法律以外的财政法律,实际上只有《预算法》《政府采购法》,无论在财政收支划分、财政转移支付、财政投资、国库管理、资产管理、财政监督等方面均没有严格意义上的财政法律对其加以规范,这与财政领域应有的庞杂的规范体系实际上是不相称的。以行政法规作为法律渊源

[①] 参见刘剑文:《重塑半壁财产法——财税法的新思维》,法律出版社 2009 年版,第 87—106 页,收录本书时作部分修订。

的规范性文件相对较多,规范的领域也基本涉及财政领域的各个方面。粗略统计,现行有效的财政行政法规大约有150部左右,其规范的内容既包括财政实体法,也包括财政程序法。以部门规章形式颁布的财政规范性文件构成了财政法律体系的主体部分,其颁布的主体几乎涵盖了所有的财政主体,如财政部、国家税务总局、中国人民银行、国务院国有资产监督管理委员会等均在各自的领域颁布了相应的行政规章,成为规范财政行为的最主要的规则体系,对我国公共财政的运行产生了重大的影响。

以税收领域为例,现行有效的以法律形式颁布的规范性文件只有四部,一部程序法——《税收征收管理法》,三部实体法——《个人所得税法》《企业所得税法》《车船税法》。本来属于法律性质的《农业税条例》已被全国人大常委会废止。其他一些具有法律效力的规范性文件也涉及税收法律体系的一些规范,但是严格意义上说,难以完全划归税收法律,如《行政复议法》《行政诉讼法》《国家赔偿法》《刑法》《立法法》等。粗略统计,现行有效的税收行政法规大约有30部左右,其中绝大多数属于税收实体法。具有部门规章效力的规范性文件数量较多,现行有效的税收部门规章大约有50部左右,其中大部分属于税收实体法。具有部门规章以下效力的规范性文件,如部门解释、通知、规定、办法、意见、批复等,数量巨大,所涉及的领域也非常广泛,这些规范性文件可以统称为"税收通告",据粗略统计,现行有效的税收通告大约有5500部。由此,我们就可以得出我国税收法律偏少的结论。

实际上,我国的财税法律体系形成了从法律、行政法规、到部门规章的具有金字塔形的法律规范结构。但在这个体系结构里,法律所占的比例过低,而行政法规实际上具有法律的规范效力,成为财税领域的主要规范。大量的财税部门规章的存在则构成公共财政赖以运行的规范性文件体系。这种法律、行政法规、部门规章三者比例严重失调的财税法律体系,使得我国财政规则的效力偏低。国务院或主要的财税行政主体往往通过制定行政法规或部门规章的形式变性地改变了法律的现行规定,导致我国财税法律体系长期处于变动、不确定的状态,无法形成稳定的规范结构。

我国财政税法律体系结构长期处在较低的层级上,有关规范文件往往由国务院等行政部门制定,以行政法规甚至是行政文件的形式出现,虽然适应了中国财政长期不能稳定的现实状况,具有一定的合理性。但以行政法规和行政规章为主的财政法律体系减弱了财税立法的权威性。表现在:

(1)导致我国财政运行的不稳定性。由于缺乏上位的法律规范,国务院以及各财政部门能够通过制定、修改、废止行政法规或部门规章来改变中央与地方之间财政权限划分等重大财政事项。如所得税收益、财政转移支付的数额,都能够由地方与国务院甚至财政部与各地区谈判而确定,造成了每年上下级财政之间都是在争基数、争比例的不正常现象。由于国务院以行政法规确立财税体制,也为其随意改变财税体制提供了便利,这难免使我国财政体制长期处在多变和动荡之中。新中国成立60年来,我国财政体制的变动高达10次之多,这在全世界是罕见的。

虽然以行政法规和行政规章为主的财政法律体系适应了以中央政府为主导的财政运行模式,形成了以中央政府财政需要为核心的动态的财税规则体系,但是这种动态的规则体系使得各方财政主体的财政权限和财政运行模式处于不确定的状态,进一步导致了我国财政运行的不稳定性。

(2)中央政府行使财税权占有绝对主导地位,地方政府的财税自主权有所削弱。国务院及其财税主管机关,如财政部制定了我国大多数的财税规范。同时,国务院和财政部在很大程度上代表了中央政府的利益。在以中央政府为主导的财税立法模式下,国务院自行进行财税立法,自行决定其与地方各自的收入范围和财政权的行使,必然无法避免国务院从其自身运作的需要出发来强化财政立法。在这一过程中,财政立法所应当遵循的宗旨、价值、原则往往被忽视,地方政府财政权方面的需求可能有意无意地被中央政府忽视,但是部门利益、本级政府的利益则被过多地考虑。于是,1994年分税制改革之后,中央政府财政权不断扩展,地方政府的财政权利却不断被削弱。尽管每年国家的财政收入都有不同程度的增长,但地方财政收入所占的比重却逐年下降。地方所获得的财政收入无法满足为其履行提供地方性公共物品的职能所需要的财政资金,导致其不得不在税收之外寻求财政收入,大量收取各种名义的行政规费,使得地方政府转向寻求税收以外的其他财政收入。这种不规范的地方财政体系,极大地制约了地方履行其提供地方性公共物品的职能,加大了地方对中央财政的依附性,地方财政的自主性和灵活性被严重地压制,地方财政在国家财政体系中的地位和作用被削弱。

(3)中央政府财政权的无限制的扩张。在现代社会中,财政权力的授予、规范和监督成为财政法律规范的根本功能。由于财政权力的行使直接影响到公民基本权利的实现,对公民财产权同样产生深刻的影响。国家力图通过财政立法来划定国家在财政运行方面所享有的权限及其权限的具体行使。财政立法本应成为规范财政权行使的主要方式。然而,由于我国财政立法主要表现为中央政府制定行政法规和行政规章。因此,中央政府在财政领域基本上处于能够"自我授权"的地位。由于缺乏上位法律的约束,国务院在制定行政法规或中央财政主体制定行政规章时,并没有明确立法权限的限制,其立法的范围甚至包括中央、地方之间的财政权限分配。中央政府可以通过自行立法,确立其取得财政权的合法依据。不仅如此,财政立法本应通过规范财政行为的前置条件、实体标准、程序要求及法律后果,进而规范财政权的行使,但由于财政立法的制定主要为中央财政主体所把握,财政规范性文件实际上又称为中央财政主体"自我约束"的规则体系,难以真正起到约束权力的作用。相反,中央政府及中央财政主体可以通过财政行政法规和行政规章的制定,扩张自身的权限范围,而无任何法律上的障碍,更无法实现权力的自我约束与规范。因此,这种以行政法规和行政规章为主体的财政法律体系必然导致中央政府财政权的无限扩张,不利于财政权的规范和约束,不利于财税法治秩序的建立。

2. 我国财税法律体系的结构性缺失

一个运行良好的法律体系应当是各个法律规则之间相互配合、相互协调,形成有机联系的规则体系。然而,在目前我国有关财政主体各自立法的情况下,财政法律规则之间各成一系,难以形成整体的规范效应,甚至造成了诸多重复性立法或空白立法的情况。

(1) 财政领域的立法空白。财政法律所规范的对象非常的庞杂,这是当前以规范对象为基础进行单行立法的重要原因。但在此庞杂的体系下,仍有诸多的领域没有任何法律加以有效的规范,形成了立法的空白地带,导致这些领域存在无法可依的状态,对整体财政法治的构建形成了阻碍。第一,财政基本法的缺失。在财政领域中,分散立法居于主导的地位。由此便需要一部能够约束各类财政行为、在财政领域普遍适用的基本法律对各类分散的立法予以全面的规范、协调和统领。但我国仍然缺乏能够在财税法律体系中居于核心地位,起统领作用的基本法律。在财政领域中并没有规定普遍具有拘束力的财政法基本原则、普适性的规则,这就导致了各个分散的立法之间对相同的问题进行重复甚至矛盾的规定,无法实现立法资源的有效整合,无法实现财政法律整体上的统一和协调。第二,财政收支划分法的缺失。财政收支划分法是关系到财政收支权限如何在各级政府之间进行合理划分,它不仅关系到各级政府在整个国家政权机关体系中的地位,甚至关涉地方自治与国家结构、国家体制等根本性问题。可以说,财政收支划分的法律规范,既决定了中央和地方的财政权利的划分,更决定了各个财政主体的财权范围,是财政运行的前提和基础。然而,我国当前对财政收支划分的规定无法真正对财政权划分进行系统、全面的规定。第三,财政转移支付法的缺失。在财政转移支付领域中,目前我国并没有统一的法律规范对其加以规制。对此,影响国家财政平衡的重要领域欠缺法律的权威性和统一性的约束,必然对全国财政均衡的发展形成造成负面影响。第四,财政投资法的缺失。财政投资对弥补市场失灵,发挥财政对资源的积极配置,实现经济社会的稳定、持续和协调发展有着重要的意义。然而,我国至今尚未制定一部有关财政投资的综合性法律,甚至连一部综合性的行政法规都没有,导致财政投资领域法制系统性不强,法律的协调性不够,有关财政投资权限、投资规模、投资范围等都没有法律明确的规定。除此以外,在财政融资、国库管理等领域中,尽管已有相应的行政法规或规章能发挥一定的作用,但缺乏法律层级的规范性文。有些税种临时由其他税种法来调整,如目前我国对证券交易征税却是通过印花税法来规范的。有些税种目前还没有依法开征,如社会保障税、环境税等。有些税种虽然具有相对完善的制度体系,但是由于我国正处于税制改革的大环境下,这些税种法仍然需要改革,如增值税法、消费税法、营业税法和个人所得税法等。根据十六届三中全会通过的《中共中央关于完善社会主体市场经济体制若干问题的决定》,我国个人所得税要实现从分类所得税制向分类综合所得税制的转型,消费税要进行调整,在增值税转型的过程中要一并考虑增值税与营业税的衔接和合并问题。可以预见,这些领域的税收法律规范都将面临转型和改革,通过对旧法律规范的修改和废止,以及新法律规范的大量制定,在剧烈变动之后将会逐渐走上稳定发展的轨道。有些税种法面临整合的命运,其中可能废除一些税种法,新制定一些税种法,如物业税法的制定就是把与房地产有关的现行各种税费加以改革,征收统一的税。

(2)财税法律规范性文件之间存在矛盾与冲突。在财政领域,由于各个财政主体均享有不同程度的立法权,从而在各自的主管范围内单行的立法,从而导致了财税法律体系由数量众多、立法主体各异的行政法规和规章共同构成。由于各个财政主体所制定的财政法律规范性文件,主要着眼于自身所主管的领域,欠缺与其他财政主体之间的沟通与协调,导致财政法律规范性文件之间存在诸多的矛盾和冲突,使得财政法律体系无法顺利实现有效的衔接和运行。1993年的《关于实行分税制财政管理体制的决定》与其后颁布的相关的一系列的行政法规之间存在不少的矛盾和冲突,而该法规具有滞后性,却并未作出相应的修改,仍具有相应的法律效力。这必然造成在法律适用上的困难,导致财政收支划分方面的不确定性。

(3)分散性的立法导致财税法律体系缺乏整体的协调性。我国财政法律体系由各个分散的单行立法所共同构成。这些单行立法应当相互衔接、相互协调,形成有机的逻辑联系,而不是简单的拼凑、组合,形成简单的板块结构。在目前的财税法律体系下,虽然各种层次的立法在某种程度上存在一定的逻辑联系,但各个单行立法政出多门,相关主体在立法过程中缺乏沟通,导致各个单行立法之间缺乏有机的联系,或者重复立法,或者产生立法的空白。

(4)立法的不稳定性加剧了财税法律体系的分散性。我国财政法律体系的内容变动频繁,缺乏稳定性,也成为影响财政法律有效实施的重要因素。由于财政法律体系主要由财税通告组成,而财税通告往往由其制定者根据社会、经济形势的变化而予以修正或调整。就规范性文件本身而言,在短期内很多规定不断地变动,其中不少规定直接修改了税收行政规章、税收行政法规或税收法律的规定。

从我国财政税律体系的整体来看,在稳定性方面存在的问题是比较突出的。自1994年分税制改革以来,各种改革和试点就一直没有停止过。目前,我国税法正在进行新一轮的改革,其稳定性更是难以保证。为了应对税法改革与试点过程中的各种问题,财政部、税务总局疲于制定各种具体规定,几乎每天都有新的税收通告出台,有时候一天会出台很多税收通告,比如2004年9月30日财政部、国家税务总局出台了3个税收通告,2004年9月27日国家税务总局出台了4个税收通告,2004年9月22日国家税务总局出台了3个税收通告,2004年9月20日国家税务总局则出台了7个税收通告。事实证明,这些税收通告基本上都是对以前财税行政法规的补充和修改,大量的补充和修改导致了我国税法体系稳定性的缺乏。

由于大量直接修正、补充现行财税法律、财税行政法规的规范性文件的存在,使得对同一事项的规定散见于各个不同的立法主体所制定的不同位阶、不同效力层级的财税规范之中,进一步加剧了财税立法的分散性。

3. 我国财税法律规范内容的缺失

首先,未明确规定财税主体行使财政权的授权性规范,影响到公民的切身利益。因此,必须从权力的来源上证明其合法性。

从整体上说,财政权固然由人民以"代表同意"的方式赋予国家行使,但作为虚拟的组织体的国家,必须经由其代表机关来行使具体的权能。实际上,财政的运行包含了复杂的运行系统,由此决定了财政权必须具体细分为不同的权能。从财政运行的目的来看,财政权具体可以细分为财政收入权、财政支出权、财政管理权和财政监督权四大权能。在财政收入权下,根据收入来源的不同,包含了国家课税权、规费征收权、国有资产收益权、公债发行权等以获取财政资金为目的的权限内容。由于各种财政收入取得的目的、征收对象、收入来源存在巨大的差别,各项财政收入权必须分配由不同的主体予以行使,以实现有效的征管。在财政支出权中,根据国家公共需要的不同,可以分为以维持国家机关运行成本为目的的财政支出权、以经济调节为目的的财政支出权和以社会福利给付为目的的财政支出权。在财政管理权下,根据管理对象的不同,包括预算管理权、国库管理权、国有资产管理权等具体的权能。在财政监督权,根据监督方式的不同,则包括了人大监督权、审计监督权、财政监察权等权能。为在不同机关之间的相互平衡与制约中实现财政权的正当和合理的行使。在财政权的权力系谱中所包含的各项权能必须赋予不同的国家机关行使。为保证各个代表机关获得财政权行使的合法性依据,必须通过精致的法律设计授予不同国家机关以不同范围和层次的财政权。

从我国目前财税立法的内容来看,授权性规范实际上相当少见,这也是造成各个财政主体职权不明的最大诱因。

在财政收入权的配置方面,由于税收立法较早受到重视,相比较而言,国家课税权已经由《税收征收管理法》而赋予税务机关来统一行使。然而,由于分税制财政管理体制的施行,国家课税权在国家税务局和地方税务局之间如何进行配置,国家税务局和地方税务局各自的征收权限也处于不断变动和调整的状态之中,不利于国家征税权的统一行使。但规费征收权、国有资产收益权等财政收入权,其行使主体往往相对混乱。规费是行政事业单位依法对某种社会公益事业提供公共服务而向直接受益者收取的费用,是否任何提供公共服务的行政事业单位均享有征收权,在我国立法上并未明确加以规定,这也成为当前乱收费现象屡禁不止的根本原因。就国有资产收益权而言,由于国有资产所有者的缺位,导致国有资产收益权的归属长期以来处于不确定的状态。由于国有资产的所有权和管理权相分离,作为国有资产管理者的国有资产监督管理委员会、各级行政机关、事业单位都无法行使该国有资产收益,这也是导致当前国有资产流失的重要原因。

在财政支出权方面,由于任何国家机关的运行都必须有财政资金的支持,这就使得任何国家机关似乎都可以作为财政支出权的主体。于是,任何国家机关便借由其组织法而当然取得财政支出权。事实上,国家机关并非当然成为财政主体,其财政支出权应当取得合法的授权,否则必然导致国家机关无限制的以机构运行成本为借口,不断扩大其支出规模,导致财政资金的闲置或浪费。在以经济调节为目的的财政支出权和以社会福利给付为目的的财政支出权,其权力的行使必然对市场主体的经营自主权形成一定的干预,其不当行使必然对市场的自由竞争和运行秩序的建立产生消极影响。在当前的财政立法中同样未能对各种财政支出权的行使主体作出明确的规定,导致了我国财政支出膨胀现象严重,行政管理费用所占比例偏大,而为实现公民基本权利而提供教育、社会保障等基础性公共产品的财政支出所占比重偏小,财政支出的结构出现严重的失调,不利于财政支出的发展。

在财政管理权和财政监督权方面,同样存在授权不明确、行使主体不确定等问题,产生了在财政领域中资产管理不力、监督效果差等问题。

其次,在财税实体法,对财税权的范围和内容缺乏明确的法律规定。在财政收入方面,对非税收入缺乏统一的、普适性的规定。非税收入虽然在财政收入中所占的比重无法与税收收入相比拟,但在目前"费税改革"的背景下,我国对非税收入立法的缺失便显得尤为突出。从立法现状来看,仅有港口建设费、教育费附加、文化事业费和矿区使用费等为数不多的规费有明确的立法规定。除此以外,名目繁多的行政规费往往缺乏法律的规定。由于行政规费的征收仅在于弥补提供公共服务所支出的费用,则行政规费的征收权实际上是行政职权的副产品。在我国的立法中,费用征收权往往被视为衍生于行政职权而游离于法律的规范之外。行政机关能否创设自身的费用征收权,创设该权利的条件如何,征收费用的标准如何确定,如何实现费用的有效征管等问题,在我国的财政立法中均没有所体现。因此,缺乏规制的规费征收权往往成为国家随意征收费用、侵犯公民财产权的另一权力来源,严重影响公民财产权等基本权利的实现。

在财政支出方面,对政府的财政支出未能加以全面的立法约束和规范。对政府的财政支出行为,尽管已有政府采购法对其加以规制,但政府采购法规制的财政支出则以行政管理的日常性支出为主,对以经济调控为目的和以社会福利为目的的财政支出并不能产生相应的规范效果。财政支出的范围的选择、财政支出的程序、财政支出的绩效评价等内容在时下的立法中没有任何的规定,从而无法对政府的行政支出权作出有效的约束,导致财政过多的介入到竞争领域。在一些亟需政府提供的公共品领域中,政府却没有足够的财政资金来提供,形成了财政支出的畸形结构,降低了财政资金的使用效率,不利于公民享有高质、优效公共品权利的实现。

在财政管理方面,尽管对财政管理主体所享有的权利、义务已经有立法加以一定的规范,但对财政管理的方式、管理主体与财政决策主体、财政执行主体之间的权利、义务关系、不同主体之间的相互协调、配合,则几乎是立法空白。这在一定程度上也降低了财政管理法的约束力。

最后,在财税法律责任制度方面,我国财税法律规范缺失的现象较为严重,对各种财税违法行为并未规定相应的消极法律后果,这使得财税法律规范的义务性规范、强制性规范和禁止性规范徒有其表,而无法产生真正的拘束力。不仅如此,如何追究财税法律责任、其责任形式是否与一般法律责任形式有所差别、法律责任追究程序是否与行政责任、刑事责任的追究程序相同等问题,在财税法律规范中均未有所涉及。这也进一步降低了财税法律规范的刚性和强制性,不利于财税法律规范控权功能的发挥。

4. 我国财税法律规范立法技术的缺失

整体立法技术不高也是我国财税法律规范所亟需解决的又一重大问题。在我国财税立法过程中并没有重视立法技术。从总体上说,我国财税立法中存在立法质量不高,法规的内容结构、文字和发布形式不够规范,立法语言不够严谨,政策性、宣示性的用语较多等问题。

(1) 财税法律规范的语言表达技术不高

第一,财税法律规范的立法语言不够切和严谨,存在时有模糊、歧义之处。《国家金库条例》第13条中规定对"坚持执行国家方针、政策和财经制度,敢于同违反财经纪律行为作斗争""给予表扬和鼓励""要严肃处理"等用语,严格说来并非法律上的概念和用语,缺乏可执行性和操作性,如所谓的"严肃处理"是否构成法律责任的追究还是仅仅是行政机关的内部处理等,在操作上存在巨大的弹性,不利于法律规范的正确执行与实施。《财政部关于财政监察工作的几项规定》第2条、第6条均提及"财政纪律",并规定财政监察机构应"受理和检查有关破坏财政制度、违反财政纪律的案件,以及因坚持财政制度而遭受打击报复的案件""开展遵守社会主义法制、维护财政纪律的宣传教育工作",财政监察人员"要坚持原则,遵纪守法,不畏权势,不徇私情,敢于同违反财政纪律的行为作斗争"。在上述规定中,财政纪律与财政制度、财政政策、法规相提并论,且宣传、维护、遵守的是"财政纪律",难免产生财政纪律高于财政法规、制度的观感。事实上,财政纪律是否包括国家所制定的财政领域内的法律、法规、规章等内容,财政纪律与财政法律、财政制度的差别何在,则不无疑义。这种立法语言上的含糊性,给法律规范的适用造成了极大的困惑,不利于权力的制约。

第二,财税法律规范的非法律用语降低了规则本身的强制约束力。在大量的财税法律规范中均采用了不同程度的非法律用语,这些非法律用语降低了法规本身的规范效力。如《财政部关于财政监察工作的几项规定》第6条规定了对财政监察人员的要求,要求其要"认真学习国家的财政经济政策、法令、制度,熟悉财政、会计业务、热爱本职工作"、"紧密依靠广大群众,加强与有关部门的协作配合,把专业监察和群众监督结合起来""要坚持原则,遵纪守法,不畏权势,不徇私情,敢于同违反财政纪律的行为作斗争"等。这并未明确规定财政监察人员的任职资格,相反规定了诸多的如"坚持原则""不畏权势""不徇私情"等日常用语。尽管所表达的是对财政监察人员执行其监察职能时的中立性和公正性的期盼,但上述非法律用语难以表达财政监察人员执行其监察职责时所必须同时履行的义务和责任,由此在很大程度上也降低了上述对财政监察人员要求的强制约束力。

第三,财税法律规范的用语不够简明、精确。在一些财税法律规范中则存在用语拖沓冗长、表达重复,不够简明、精确的情况。如《粮食风险基金管理暂行办法》第8条规定,"建立粮食风险基金制度是国务院大力发展农业,保护农民种粮积极性的一项重大措施,中央和地方各有关部门要在国务院和地方各级政府的领导下,切实抓好这项工作"。这一规定的立法意图在于宣示粮食风险基金制度的重要意义,但从法律的可操作性和实施效果来看,这一规定仅仅是口号式、宣言式的规定,在现实生活中不具有任何可操作性,"切实抓好这项工作"本身即具有巨大的弹性,何谓"切实"、何谓"抓好"、何谓"这项工作",在不同的情境下都可以有不同的解读。这种重复性、宣言性、口号式的用语,必然使得法律规范不够精确简明,不利于法律规范的准确实施。

(2) 财税法律规范的立法结构有所欠缺

第一,财税法律规范的总体框架设计技术有所欠缺。一般而言,成熟的财税法律规范包括总则、分则、附则等部分。但由于我国财税法律规范的效力层级较低,且一般针对具体事项加以规定,多数没有形式上的总则、分则之分。以国务院颁布或批准的31件财政行政法规为例,仅有《国家金库条例》《总会计师条例》《企业会计准则》《企业财务通则》《预算法实施条例》《事业单位财务规则》《行政单位财务规则》《企业财务会计报告条例》《黄金地质勘探资金管理暂行办法》《海关稽查条例》《海关行政处罚实施条例》共11部法规具备总、分则结构。除此以外,财政行政法规既无总则、分则之分,甚至大多规范文件并不区分章、节,而是仅设置条、款、项等,难以体现从不同方面对调整对象的规范。在《关于财政监察工作的几项规定》《国库券条例》《关于实行"划分税种、核定收支、分级包干"财政管理体制的规定》等行政法规中甚至缺少该法规生效时间的附则规定。因此,从总体上说,我国当前的财政法律规范的总体设计框架技术并不符合科学、规范的要求,有待于进一步的提高。

第二,财税法的规范构造技术有所不足。从具体条文来看,当前财税法律规范突出的是禁止性规范和义务性规范较多,而授权性规范则较少。在国务院颁布或批准的31部行政法规中,仅《企业财务会计报告条例》《海关稽查条例》以专章规定了法律责任等处罚性规范,在《总会计师条例》《国家赔偿费用管理办法》《中外合作开采陆上石油资源缴纳矿区使用费暂行规定》《进出口货物原产地条例》《中央预算执行情况审计监督暂行办法》共5部法规中针对违反本法的行为规定了处罚性规范,缺少必要的法律责任规范。由于仅单独规定了禁止性、义务性规范而缺少法律责任规范,降低了财税法律规范的刚性和权威性。

(3) 财税法律规范的名称不尽合理

在我国财税立法中,财税法规的名称过多、过杂,存在着大量名称不规范的现象。效力级别相同的财政法律规范,名称却存在极大的差别。以国务院颁布的行政法规为例,就有决定、规定、条例、办法、试行办法、准则、通则、规则、细则等多种不同的称谓,难以从其名称上看出其效力的等级差别。而有些法律规范的名称虽然相似,却具有不同的效力等级,如《税务行政复议规则(暂行)》《事业单位财务规则》《行政单位财务规则》等,虽然均以"规则"命名,但《税务行政复议规则(暂行)》是国家税务总局颁布的部门规章,而《事业单位财务规则》《行政单位财务规则》则为国务院颁布的行政法规,其效力级别同样难以根据其名称加以判定。

在财税法规、规章中,名称前的冠名也存在诸多的不规范之处。同样是国务院的财政行政法规,但在冠名上却存在很大的不同,有的冠以"中华人民共和国"的称谓,有的冠以"国务院"的称谓等等。如《中华人民共和国国库券条例》《国务院关于口岸开放的若干规定》《国务院关于农业特产收入征收农业税的规定》等。而在财政部颁布的部门规章里,甚至也冠有"中华人民共和国"的名称。这也进一步表明当前财税法律规范的名称不尽合理,具有很大的随意性。

财税法律规范"试行""暂行"现象严重。这些"试行"或"暂行"的财税行政法规,却没有规定试行或暂行的时间期限,也没有试行的范围限制,其效力具有极大的模糊状态。这也就严重影响了财税法律规范的严肃性和权威性,也影响了财税法实施的效果。

(二) 财税法律体系的完善

加强财政税收立法是实现财政政治、建设法治国家的需要,是实践科学发展观、构建和谐社会的需要,是进一步建立、完善我国公共财政体制的必然要求,是规范国家财税权运行的根本依据,是实现公民基本权利的法律保障。那么,应从如下几方面完善我国的财政法律体系。

1. 财税法律的效力位阶的提升

我国财税法律体系效力层级低下是一个不容回避的事实。在一个民主的政治制度下,公共物品及劳务的提供,不应当由国家享有唯一或最终的话语权,归根到底,应当由公民所决定。因此,财税立法权应当归属于人民全体,在代议制民主下,作为替代的立法机关则应当实际享有该立法权。人民通过立法机关制定财税法律,对财税选择赖以进行的制度和程序作出决定,以此约束财税决策的内容和规模,真正实现自己对"公共收入与支出的同意"。因此,财税法律的制定应当由作为人民代表的立法机关严格保留,根据此一财税法定主义的要求,我们应当尽量尽快提高财税法律体系的效力层级。

提升我国财政税法律体系效力层级的最终目标是全部或几乎全部的财税实体规则和主要的财政税程序规则由财税法律来加以规范。这在《立法法》第 8 条中即有所体现,即财政的基本制度只能制定法律。因此,在财税基本制度方面,目前以行政法规予以规范的领域,应当尽快由全国人大或全国人大常委会制定法律,尚未有法律规范予以规范的领域,必须由全国人大或全国人大常委会制定法律,填补立法的空白,而不能再由国务院制定行政法规。具体而言,在当前的财税法律体系中,在国债、国库管理、会计师管理等领域中已经制定了《国库券条例》《国家金库条例》《总会计师条例》等规范财政基本制度的行政法规,并规定许多配套的财政行政规章,可以在此基础上,应当尽快将其上升为法律。在当前存在立法空白的财政收支划分、财政转移支付、财政投资、财政融资、国有资产管理、财政监督等领域中,应当尽快由全国人大或全国人大常委会制定《财政收支划分法》《财政转移支付法》《财政投资法》《彩票法》《财政监督法》等。此外,为规范国家财政活动的基本原则、财政管理体制、财政职能等国家财政活动的基本事项,统领财政领域的法律规范,还应当制定《财政基本法》,对财税管理体制中所应当涉及的实体和程序性问题加以统一的规范。

当前提高我国财税法律体系效力层级的时机基本上已经成熟,有些领域可以尽快制定财税法律,如财政转移支付法、国债法、国库管理法等,有些领域可以在经过一段时间的试点之后制定财税法律,如财政收支划分法、财政投资法等,还有一些领域是否制定财税法律需要进一步的研究论证以及实践发展的检验,如财政基本法。总之,从整体上看,我国财税法律体系已经具备了进行大规模财税法律制定的基本条件和基本时机,但这一过程不可能一蹴而就,而是一个循序渐进的过程。经过逐步将已经成熟的财政行政法规上升为财政法律,陆续颁布新的财税法律填补财政领域立法的空白,我国财税法律体系便可以逐步加以完善。

2. 财政税法律体系的内部结构的完善

完善的财税法律体系应该是一个具有完整的内容结构的有机整体。完善我国财税法律体系的内部结构应当形成一个以财政基本法为统领的,以财政实体法和财政程序法骨干的,包括财政收入法、财政支出法、财政管理法、财政监督法等内容的,各组成部分层次分明、结构完整、有机联系的统一整体。

一个结构良好的财税法律体系,法律规范性文件尽可能全面、完整,才能共同发挥财政法律体系的规范作用。因此,对财税领域尚未制定相应的法律规范性文件的领域,应当尽快立法,以填补法律规范的空白地带。对当前尚未有法律规范的财政收支划分、财政转移支付、财政投资、财政监督、国有资产管理等领域,应当尽快制定相应的《财政收支划分法》《财政转移支付法》《财政投资法》《财政监督法》等法律规范,从而尽快对国家财政权限划分的规范化、财政转移支付的法定化、财政投资系统化、财政监督的强制化和国有资产管理的明确化。

一个结构良好的财税法律体系,其法律规范性文件之间应当相互配合、相互协调,以完成财税领域完整的规范体系。为此,应当解决当前财政法律规范性文件之间仍存在的矛盾和冲突之处。为达致此目标,应当对当前的财税法律规范性文件加以清理,对违反上位阶法的下位阶法予以修改,对存在矛盾和冲突的相同位阶的法律规范加以研究,确定符合上位阶法的规则,并据此对存在矛盾的法律规范加以修改。

一个结构良好的财税法律体系,其各个组成部分之间应当具有合理的逻辑联系。这在当前的财税法律体系中尤其应当受到重视。当前财税法律体系中,财政收入法、财政支出法、财政管理法、财政监督法之间自觉或不自觉的相互孤立,各个规范领域之间缺乏必要的联系,从而使得财政收入、财政支出、财政管理和财政监督也彼此分立,毫无关联。但财政收入的取得、支出、管理和对上述行为的监督必然是四位一体的。财政收入以提供行政的财源为期根本目的,则国家能够参与国民财富分配、取得财政收入必然依赖于财政资金的管理与支出的实际效果。只有国民愿意让渡必要的财产,国家才能获得其运行的必要财政资金;只有国家合理安排财政资金的管理与支出,提供国民所必需的公共产品,国民才有意愿向国家转移必要的财富,以支应甚至扩大国家的财政支出规模,两者相辅相成,缺一不可。尽管财政各领域中各个财政行为的性质、规范内容差别巨大,但其相互之间却存在相互制约、相互支应的密切关系。因此,作为各个财政整体的行为规范的财政法律规范,同样应当构建彼此之间的逻辑联系,以保证各个财政行为之间的相互联系和合作。

我们认为,结构良好的财税政律体系,应当是各个组成部分齐备、层次清晰、相互配合、构成合理的逻辑联系的法律体系。根据财政法规范的目的,财政法律体系应当形成如下的结构:

第一层次为财政基本法。本层次的财政基本法尚未制定,应当在条件成熟时予以制定。财税基本法应当规定财政与财政法的含义、财政法的基本原则、财政立法体制、财政立法基本制度、财政执法基本制度、财政司法基本制度、财政法律责任基本制度等。

第二层次为财税实体法、财税程序法。财税实体法根据所规范的财政行为的不同而分别立法。本层次的基本法律制度应当包括《财政基本法》《财政收支划分法》《国债法》《财政投资法》《财政转移支付法》《政府采购法》《财政支出法》《行政征收法》《彩票法》《预算法》《国库管理法》《国有资产法》《财政监督法》以及《增值税法》《消费税法》等税收实体法律规范。

财税程序法领域可以采取统一立法和分别立法相统一的模式,制定统一适用于财税领域的程序法,但同时在各个领域中规定单独适用的程序法。本层次的基本法律制度可以包括财政管理法、财政收入征收法、财政支出程序法、财政处罚法和财政救济法。

第三层次为国务院制定的财税行政法规。这一层次可以在第二层次的财税法律的基础上制定相应的实施条例或细则。非基本的财税程序制度以及操作细则,也可以在这一层次中以行政法规的形式予以规范。

第四层次为财政部、国有资产管理委员会等财税主体制定的行政规章。这一层次的财税行政规章应当在不违背财税法律、财税行政法规的基础上制定,其规范的事项应当主要限于具体事项的操作规范。

3. 财税法律的规范内容的增补

(1) 明确规定授权性规范。为实现财税法的财政权力授予功能,财税法不仅应当规范相关财政主体的组织机构,更应当依法授予该主体相应的职权。从授权的方式来看,为实现财政权的制约与平衡,财政法的授权规范应当以具体事项的具体授权为主,以便能够约束财政主体的活动范围,从而事先划定财政权的行使范围。但随着财政职能的日益扩张,财政所面临的社会关系也越来越复杂,财政法授权方式也可以有所调整。为使财政主体能够及时应对随时可能发生的经济形势和社会生活的变化,避免其受具体授权规范的约束而无法及时作出应对措施,在特定情况下,财政法也可以规定一定的一般性授权规范。但一般性授权规范在财政法的授权规范中不能占有较大的比例,且财政法在规定一般性授权性规范的同时,应当具体指明该规范所授权力行使的条件和程序,并为这种概括性的权力设定上限,以避免造成财政权的无限扩张而溢出法律的规制范围。

(2) 完善财税行为规范。财税法在授予相关财税主体财税权的同时,还应当为其设定相应的行为规范。财税法应当规定各种财税行为的前置条件、实体标准、程序要求和法律后果,并设置财税活动所应当遵循的具体步骤、时限等具体程序。

具体而言,在财政收入方面,应当对费用征收权、征收费用的标准、费用的征管等方面予以规定;在财政支出方面,应当对财政支出的职能、范围、标准、基本程序、财政支出的绩效评价分析、法律后果等问题加以全方位的规定,具体包括财政支出的原则、支出目的、支出决定权归属与运行、支出范围、支出监督、政府机关在财政支出方面的职责和权限、法律责任等内容;在财政管理方面,应当对立法机关和行政机关在财政管理方面的权限划分、中央和地方财政管理权限的分割、财政主管机关的设置及其管辖范围、财政管理的方式、对象、应当遵循的基本原则、程序、法律后果、不同的财政主体在财政管理权限上的相互协调和配合等内容加以规定。

(3) 健全财税法律责任制度。针对我国当前财税法律规范中法律责任规范缺失的现状,应当进一步健全财政法律责任制度。除在相关的财税法律规范性文件中,违反本法规的违法财政行为设定相应的法律责任外,还应当统一规定违法财税行为的构成要件、法律责任的追究标准、财税法律责任的具体形式、法律责任的具体形式、各种类型的法律责任的追究程序等内容予以相应的规范。从当前财税法律责任形式来看,对财税违法行为的法律责任追究以行政责任和刑事责任为主。财税违法行为与一般的违法行为存在较大的差别,则其在追究行政责任和刑事责任上,是否与其他一般违法行为具有不同的追究责任的标准,其程序设置应当作何修正等,均应当在财税法律规范中特别予以规范。为体现财税违法行为与其他一般违法行为的差别,是否可以引入政治责任、经济责任等新的责任形式,该新的责任形式的具体适用标准如何、适用主体、对象、范围、追究的程序等问题同样应当由财税法予以明确的规定。

4. 财税法律规范的立法技术的改进

为提高我国财税法律体系的质量,增强其刚性和权威性,应当提高财税法律规范的立法技术,对我国财税法律规范加以全面的完善。

(1) 财税立法语言。法律规范应当尽可能以清楚、精练、简洁的法律语言,准确的传达立法的意图,让人们非歧义性的正确理解。因此,财税法律规范所运用的法律语言,应当能够准确明白的传递财政立法主体的立法意图、目的和措施,而且还需要让适用者能够准确无误地加以理解。为此,财税法律规范所运用的法律语言,应当明确、准确,同一概念要使用统一用语,要用准确的语言,简洁凝练,避免冗长繁琐。更重要的是,财政立法语言应当适应财政领域专业性、技术性的需要,采用财政领域的专业术语,如国库、预算、财政支出、财政转移支付等,对财税立法中的数字概念,如财政支出的绩效评价、财政转移支付标准的计算和具体额度、预算编制的时效限制等,都应当法律用语和具体的数字准确地表述出来,而不能采用含糊的概念和表述,否则财政法律规范即难以准确地施行。

(2) 财税法律规范的结构框架。就单部的财税法律规范的结构框架而言,应当包括总、分结构。总、分结构作为任何法律内在逻辑结构的反映,总则无论明示还是暗示,都必须存在。财税法律规范的总则可以包括该法律的基本性规定,如该财税法律规范的立法目的、宗旨、适用条款、原则条款、定义条款等内容。而在分则部分,则将总则所规定的某些内容进一步加以细致化、特定化。

在规范构造技术方面,作为授权法和控权法的财税法律规范,其规范应当以授权性规范、命令性规范、义务性规范、禁止性规范、强行性规范、处罚性规范和附则为主。当前财税法律规范应当进一步健全授权性规范和法律责任规范。

在法律条文的设定上,由于财税法律规范是调整财政主体的行为的准则,应当通常由假定、处理、制裁三个部分组成。在假定部分中,应当具体规定规范的适用条件、行为准则的生效时间、地点和适用范围;在处理部分中,财税法律条文应当指明或规定财税主体或人们的社会行为应当做、可以做、允许做和不允许做的实际事项;在制裁部分,应当指明财税主体或人们违反财税法律规范所应当承担的法律后果,制裁的设定必须以设定的财税行为模式、假定条件为基础,而不能脱离假定、处理部分而设定制裁。同时,也不能单独设定只有假定、处理的财税法律规范,否则必然降低财政法的严肃性和强制性。

(3) 财税法律规范名称。在财税法律体系中,应当可以采取法、法规、规章、条例和实施细则等名称,并明确规定各层次法的名称。财税法律规范的名称一般包括三个部分:第一部分反映所适用的区域、第二部分反映规范的对象和内容、第三部分反映效力等级。如《中华人民共和国财政转移支付法》这一名称,"中华人民共和国"指明在中国的领土范围内适用,"财政转移支付"表明该法规范的是中央与地方在财政转移支付过程中所发生的社会关系,"法"则指明该文件为法律。

具体而言,对全国人大及其常委会通过的财税法律和国务院颁布的行政法规,其名称上应当冠以"中华人民共和国"国名。国务院各部委出台的财税行政规章,应当冠以该部委的名称,如"××部(局)"的字样。全国人大所制定的财税法律以"法"命名,国务院颁布的行政法规的名称一般称为"条例"、"规定"、"办法"等。国务院各部委所颁布的行政规章则一般称为"规章"。通过简化、统一财税法律、行政法规、行政规章的名称,即可以通过其名称确定该法律规范性文件的制定机关、效力等级和适用范围,便于将各个效力层级的财政法律、法规区分开来。在财税法律规范文件的名称中,应当尽量避免使用"试行""暂行"的用语,以免给人以立法不稳定的观感,不利于财政法的安定性和可预测性。

(三) 财税法学研究的现状与反思——以税法为例

税收是对纳税人财产权的否定和剥夺,税法的职能究竟是为征税权力的运作提供法律依据,使其具备合法的外衣,还是为了防范权力的滥用,保证纳税人牺牲的实质公平,这实际上有关税法学的立场。站在不同的立场上,税法学可以构筑出不同的理论体系和规范制度,也只有具备鲜明的立场,税法学才能对形形色色的税收现象提供及时准确的解决方案。由此,中国税法学需要明确自己的立场。

二十年来中国税法学研究也可以归纳出自己的立场,那就是确保国家财政收入和经济的高效运行,同时兼顾纳税人权益的保护。在这种立场指导下,税法学不必研究如何控制立法权力,如何规范征收管理行为,如何加强司法和行政救济等,相反,它只需安心设计各种理论和制度,以缩小纳税人的自由空间,便利税种的开征和税款的征收。所以,税法学无需斤斤计较各种程序的优化,也不必刻意钻研如何借鉴国外税收立法的科学合理之处,满足于注释和宣传税收政策就已经完成历史使命。

新世纪的中国税法学必须明确以纳税人权利为中心的立场,这既是民主法治思想的要求,也是市场经济的需要。只有这样,才有可能在研究中注重税法规范的宪法效力,重视税法基本原则的运用,推行税收债权债务关系理论,完善税收征管的程序约束,而税法学也才有机会获得突飞猛进的发展。

回顾二十年来中国税法学的生命历程,其目的绝不在于为过去的表面繁荣而窃喜,相反,我们希望以自我解剖的精神寻找中国税法学落后的成因,并为其未来的发展提供指引。虽然如此重大的课题非我们个人力所能及,需要整个税法学界群策群力,但是我们相信,只要是真诚地有志于推进税法的完善和发展,任何善意的批评和建议都是弥足珍贵的!

在我们的视野中,以下几个方面是造成中国税法学研究落后的主要原因:

1. 理论研究重视不够

税法学并不是不能够从事现行法律规范的解释工作,相反,解决税收立法、执法和司法过程中的现实问题是中国税法学的天职。税法的解释,既有利于法律自身的完善和发展,又有利于税法的普及,是一件利国利民的好事,同时也是每一个国家法制和法学发展史上一个必经的阶段。但是税法学者参与税法活动的各个环节时应该有自己独特的视角,这种视角不一定与立法者、执法者和司法者、乃至守法者的视角完全吻合,这样才能保证它作为一门研究学科得以存在的价值和意义。而且总体来说,税法学者应该比参与税法活动的其他任何主体更能把握问题的实质。要锻造税法学这种与众不同的观察问题、分析问题和解决问题的思路和方法,必须有赖于税法学理论研究的加强。只有税法学基础理论,才能将税法研究提升到一个新的高度,使之不仅关心在征纳过程中税款的计算等具体的问题,更会着意将自己置于整个国家法律体系的大环境中,关心自己在法律体系中的地位,关心自己与其他法律部门如何协调等;也只有税法基础理论才能够使税法内部发展成为相互依存、相互制约的科学体系,使概念与概念之间、原则与原则之间、制度与制度之间环环相扣却又领域分明。可以说,税法理论研究的广度和深度决定了税法学能否独立地成为一门法学学科,也决定了税法学自身研究的进展和步伐。反观中国税法学界,有关基础理论研究方面的成果寥若晨星,只是在税法基本原则、税收基本法方面有一些介绍性的论述,税收法律关系的研究才刚刚起步,税法与其他法律部门的互动研究也只是在借鉴民法债权制度方面有一些初步成果。不过,这些成果毕竟对中国税法理论的研究起到了较好的示范作用,有助于中国税法学的理性和成熟。

2. 研究方法尚显单一

这首先表现为税法学对税收学的长期依赖状态。从学科关系上看,税法学和税收学分别站在不同的角度研究同一个对象,其内在的相通性是毫无疑问的。由于税收学的研究较税法学的研究起步早、成果多,因此在税法学刚刚起步的时候有意识地合理借鉴税收学的研究成果是非常正确的,它有助于提高效率,加快研究进程。再加上税法学本身的特性所致,很多问题必须进行经济分析才能更清楚地辨析其中的利害关系,所以税法学的发展离不开借鉴税收学的研究方法和研究成果。然而,这二者毕竟分别属于法学和经济学两个不同性质、具有相对独立性的学科。税法学应该有自己独特的研究方法和研究视角,它所关心的焦点可以在某一点上与税收学相同或相通,但是在更多的方面,应该是不同于税收学的。从税法学的研究整体及其发展过程来看,税法学研究长期过分依附于税收学研究,连许多税法学研究的成果都是税收学界的人士在专攻税收学的同时附带地作为一个新领域开拓出来的,这就难怪人们善意地责怪税法和税法学"活性"不强了。的确,仅仅从税法学的角度研究税法问题会不可避免地受到学科局限性的影响。因此,应当从税法学自发的需要出发,在研究过程中合理借鉴和参考税收学的内容,而不是从税收学的角度出发去裁剪税法学,这样才能真正做到从法律角度研究税收问题。

如果说以上所述的税法学在处理与税收学的关系时过于机械的话,那么,税法学在处理自己与法学其他学科的关系时就是失之狭隘了。实际上税法学与法理学、宪法学、民法学、行政法学、刑法学、诉讼法学、国际投资法学、冲突法学等部门法学的关系非常密切。税法学应该善于站在法理学和宪法学的高度处理税法问题,税法学也应该吸收和借鉴民法学和行政法学中的具体概念、原则、制度等研究成果,此外,作为宏观调控法的一个重要组成部分,经济法的国家依法调控经济之理念也应随时指导税法学的研究和实践。总而言之,税法学不是一个孤立的学科,它必须借鉴其他法学学科乃至于政治学、经济学、社会学的成果,才能不断发展和完善。税法每天面对的都是日新月异、快速运动的社会经济生活,各种新事物层出不穷,税法学首先必须借助于相关学科的知识对其加以理解和接受后,才有可能回到自己的领地上研讨出科学合理的应对之策。如果税法学研究时带有明显的学科狭隘性,就税法论税法,而没有将其放到与其他学科的广泛联系中,或是更广阔的理论背景中加以分析,所得出来的结论必定有失允当,难以为整个国家的法律体系所认可。我国税法学研究长期以来的确表现出缺乏兼容性的弱点,很少有人主动地开拓自己的研究领域,在更广阔的天地中为税法学的繁荣和兴旺披荆斩棘、拓土开荒,相反却总是愿意亦步亦趋地围绕着现行税法,要么着力论证变革旧税制,实施新税法的合理性,要么对现行税法提出一些修修补补的意见。这充分说明了其缺乏学术远见、安于现状,同时也再一次展示了中国税法学的不成熟。

3. 研究人员知识结构不尽合理

虽然我们对于税法学机械地照搬照抄税收经济学的内容持批评态度,但是研究税法学又的确不能不掌握税收经济学,否则研究不可能深入下去。这主要是因为税收立法关于税种选择、税率确定以及减免税的幅度等方面的决策都必须要考虑它们可能带来的经济效果,而税收经济学对此已经有成熟系统的研究,因此税法学完全可以合理借鉴。比如税收经济学对各种税种之优劣比较、税收公平和效率原则的具体衡量及其演变,税收的宏观与微观经济效果、不同历史时期税收职能之发挥,以及课税的理论依据等方面都已经取得了很好的成绩,而这些对于税收立法观念的形成意义重大。① 税法学者所要做的,不是否定税收经济学,而是在充分理解和掌握的基础上超越它,以一种批判的眼光积极主动地运用这些知识填充自己的体系大厦。为了使税法学学者的眼界开阔,摆脱狭隘性的束缚,首先"当然要致力于本部门法、本学科的研究,要钻进去;但也需要顾及相关和相邻的部门法和学科,要研究它们的相互关系,为此,有时需要跳出来,站在更高、更广的角度统观整个法的体系和法律科学体系的全局"。② 要做到这一点,必然要求税法学者的知识结构不能过于单一,不能因为研究税法就不愿意涉猎其他领域。如果不具备深厚的法理学基础,如果不能够站在财政宪法的高度考察税法的本质要求,如果不能理解税法从民法、刑法、行政法或诉讼法、国际私法中借用过来的概念、制度的准确含义,税法学在这些学者眼中无非只是如井底之蛙所能看到的天空一样。其次,税法学内部的研究分工也不宜太细,研究税法学理论的学者,必须同时对各个具体税种法或程序法有深入的了解;专攻税法学各专门领域的研究人员,也不仅应当从整体上把握税法学研究状况,还应当适当掌握税法学其他部分的研究信息。而我国税法学研究人员在这些方面都比较欠缺,国际税法、国内税法和外国税法不能连为一体,不愿意横向地学习其他领域的知识,导致高质量的研究成果难以产生。

4. 可供挖掘的理论资源贫乏

同样是受"文化大革命"的影响,民法学和刑法学在停滞十余年后能够随着改革开放的春风而蒸蒸日上,行政法学也能在短时间内发展壮大,这与重视理论资源的挖掘和利用是有着很大的联系的。以民法学为例,民法已经有两千多年的发展史,国外的法典、学术史料浩如烟海,新中国成立前也有过短暂的繁荣时期,而我国台湾地区对民法学的研究也从未间断,且早已达到很高的水准,这些都是民法学能够在短时期内恢复活力的重要条件。内地民法研究恢复启动后,民法学界非常关心挖掘这些理论资源并孜孜不倦地加以学习和汲取。翻译外国著名民法典和民法学著作,校勘民国时期的历史资料,引进我国台湾地区的专门著述,使得民法学有条件站在前人的肩膀上有所突破。这是任何一个学科都不可能超越的发展规律。税法学并不是没有理论资源。从"一战"后,税法首先在德国独立以来,税法学的研究已经取得了很多颇具价值的成果,其中尤以德国、日本为胜。我国台湾地区法学界于20世纪60年代初开始重视税法学的研究,并迅速在基础理论、税收实体法、税收程序法等领域出版了大

---

① 笔者以为,从某种意义上说,税收学与税法学是站在不同的角度对同一个问题进行研究,因为税收法律关系与税收关系从来就是合二为一的整体,理论上所谓税收法律关系是对税收关系进行法律调整的产物的提法只是学者们为了显示自己学科的特定价值而人为的区分。所以,完全可以说,税法学是研究如何对税收关系进行法律规范的学科,税收学是研究如何对税法进行经济分析的学科,二者研究对象重叠,研究视角各异,研究内容各有侧重,但研究成果却在很大程度上可以共享。参见刘剑文主编:《财政税收法》(教学参考书),法律出版社2000年版,第34—37页。

② 漆多俊:《经济法基础理论》,武汉大学出版社2000年版,第10—11页。

量的文章、专著,其研究偏重于理论概括和逻辑统一,深受税收法定主义思潮的影响。① 发展至今天,我国台湾地区税法学者更倾向于站在宪法的高度,利用税收法定主义的内在要求,对各种现行立法全面进行理论检讨和得失评点。这些都是税法学宝库中的瑰宝,是我们继续从事深入研究宝贵的理论财富。不千方百计地试图挖掘其合理内核,却完全不顾其存在而只是在一些细梢末节上隔靴搔痒,这是一件十分令人痛心的事情。遗憾的是,中国税法学界很少有人专注于外国税法学名著的翻译,而我国台湾地区学者的著述则由于一些原因难以与内地读者见面。这样一来,一方面是已有资源的无端浪费,另一方面是内地税法学研究的低水平徘徊,这对有志于继续从事税法学研究的学者们提出了严峻的挑战。当然,我们没有丝毫理由责怪他人不去从事经典文献的翻译和挖掘工作,税法学者最起码应该掌握一门外语才有可能深入从事研究,其中尤以德语或日语为最佳。真正应该去尝试翻译的艰辛,为税法学的繁荣兴旺修桥铺路的,应该是税法学者们自己,而不是他人。

(四)财税法的重要性及其在中国的现状与未来

财税法学科从世界范围来看已有几百年的发展历程,但在我国还是个年轻的学科。在改革开放前,社会对其一直是从管理学科的角度来认识和应用的。20世纪80年代中期,学界开始有了财税法学的初步概念与意识。由于初期认识上的局限,理论科研、学科建设的不足,以及国家财税法治实践的滞后,财税法学科多年来一直未被认识为独立学科,而被归在经济法学科下发展。

经过了二十多来年的理论探讨和推动,国际的交流与借鉴,以及全社会财税法治意识和实践的发展,我国的财税法在近几年有了突飞猛进的发展。过去的五年,财税法的发展可谓波澜壮阔、色彩纷呈,从成品油税费改革到烟叶税条例的制定,从合并车船使用税和车船使用牌照税到制定《车船税法》,从国务院试编国有资本经营预算到《企业国有资产法》的制定实施,从转移支付法的起草到预算法的修改,从增值税转型到增值税法的起草、再到"营改增"的试点,从物业税"空转"到房产税试点,从《行政强制法》对税收征管的冲击到税收征收管理法的修改,从《刑法修正案(七)》将偷税罪改为逃避缴纳税款罪,到《刑法修正案(八)》取消税收犯罪的死刑量刑,从"月饼税"风波到"加名税"争议,各种各样的财税法信息不断撞击人们的心扉,展示着财税法的魅力。

特别是党的十八届三中全会吹响了全面深化改革的号角,中央高层对财税体制改革和财税法治的决心和信念在全会的一系列文件中展现得淋漓尽致。《决定》提出的"财政是国家治理的基础和重要支柱",是对财政在国家治理中所处地位的总概括,从根本上奠定了"理财治国"的基本思路;其次,将"优化资源配置、维护市场统一、促

---

① 杨仁泽:《现代"租税法"之评介与研究》,载台湾朝阳大学《法律评论》第33卷第4期。

进社会公平、实现国家长治久安的制度保障"的重任寄托于建立和完善"科学的财税体制",突显了财税改革与国家整体性改革的密切关系,也表明中央决策层对"财税体制改革是全面深化改革的突破口"的理念已经形成共识;最后,指出通过完善立法、明确事权、改革税制、透明预算等几个方面来建立"现代财政制度",进一步指明了财税体制改革的核心是走向法治财税。可以说,即将进行的多个方面改革都直接或间接地与财税体制改革和财税法治建设密切相关,《决定》有近一半的篇幅论及财税改革和财税法治,从头到尾都贯穿着财税体制改革和法治的精神。

在中共中央政治局通过的《深化财税体制改革总体方案》中,中央更是进一步作出了"财税体制在治国安邦中始终发挥着基础性、制度性、保障性作用","新一轮财税体制改革是一场关系国家治理体系和治理能力现代化的深刻变革"等重要论断,并且明确提出了财税改革的时间表和路线图,要求"新一轮财税体制改革2016年基本完成重点工作和任务,2020年基本建立现代财政制度"。这是对二十多年来财税法学的发展与实践的肯定与支持,使全社会对财税法学的认识与理解有了全新的评价与定位,为财税法学的大发展大繁荣提供了更广阔的舞台和空间。

从现实需要来看,我国目前的社会矛盾集中体现在民生、吏治和财富分配等领域,高房价、贪腐、收入分配不公等突出的社会问题都与财税体制的不合理、不科学以及财税法治化程度不高有着直接的关系。中央与地方在事权与支出责任上长期不相适应、财政支出方面缺乏有效监管、收入分配缺乏正义标准是导致上述问题的主要原因。而归结起来,我国现行财税制度的完善程度距离法治社会的要求还有很长的距离,根源之一就在于多年来整个社会对财税法的重视不够,没有正确认识现代财税法的价值、定位与使命。

应当看到,财税法学从传统法学的格局中脱颖而出,不仅建立了完整的学科体系,引入了先进的价值理念,而且与国家法治实践紧密联系,在财税立法、执法和司法中发挥独特作用。既是理财治国安邦之道,也是纳税人保护之法,是一门经世济用的应用法学。

六、财税法教学改革与人才培养进路[①]

财税法以财政收入、管理、支出过程中的法律关系为研究对象,是新型的交叉性应用法学学科,亦称"领域法学"。在过去的较长一段时间里,财税法学被视为行政法学或者经济法学的一个分支,未能得到充分、自由的发展,但随着经济社会的变革、财政税收活动的扩张和法治建设的深化,"理财治国"的理念引起广泛共鸣,财税法治作为现代国家治国理政的必由之路,其重要地位日渐受到中央决策层和社会各界的认

---

① 原文与耿颖合作,发表于《中国大学教学》2014年第2期,收入本书时作部分修订。

可。十八届三中全会公报指出:"财政是国家治理的基础和重要支柱,科学的财税体制是优化资源配置、维护市场统一、促进社会公平、实现国家长治久安的制度保障。"日前,中共中央、国务院印发的《党政机关厉行节约反对浪费条例》从公共财产(即通常所说的"公款")监督的角度对公务活动、公款行为进行约束,再次使财税法学科受到全社会的高度瞩目。借助这股强劲、持续的"东风",财税法被置于关键的地位,财税法学科的教学工作也随之受到越来越多的关注,形成了具有独特的价值、内容和目标的教育体系,并不断探索更加专业化的人才培养方案、创新型的教学研究方法与兼容并包的综合学科视野,从而经世致用地应对财税法人才及成果的日益增长的时代需要。在全国各地的高校及其他教学机构中,北京大学财税法学科居于较为领先的地位,堪称"北京大学法学院的优势学科、特色学科和品牌学科"。通过回顾北京大学财税法学的演进历程,总结其经验,反思其不足,可以为我国财税法学科的长远变革提供路径上的借鉴和启发。

(一)财税法学科的发展

要回答财税法学科"往哪里走",首先应解决的是这个学科的定位问题,这也决定了"用怎样的步调走"以及"能走多远"。环视世界主要国家财税法教学的情况,税法和财政法的独立化是一个普遍趋势,从封闭的法学科"牢笼"的拘囿中"解放"出来的财税法学得以建构自身的内容体系、挖掘自身的理论纵深,成为很多国家的一门"显学"。同样的,北京大学财税法学科在打破传统学科格局的过程中,逐渐拓展财税法学的发展空间,形成了独立于"部门法学"狭隘范畴、以统合各方面知识并解决问题为导向的"领域法学"。

北京大学财税法学科建设的显著特点之一是起点高,即以招收财税法博士生为学科建设的起点。1999 年 9 月,笔者在全国率先招收财税法学方向的博士研究生。到 2013 年,招收博士研究生 35 人,已毕业 28 人,其中 16 人在北京大学、中国政法大学、中央财经大学、中国社科院等大学与科研机构从事财税法教学和研究工作。另外,设立财税法学专业博士点的工作仍在推进之中。2004 年 9 月,北京大学推动了全国法律硕士研究生(财税法方向)教育的创建,培养了大批实务型财税法专业人才。到 2013 年 6 月,已从财税法方向毕业的法律硕士研究生共计 310 余人。2008 年 9 月,北京大学法学院创设全国首个财税法二级学科,即法学(财税法学)专业,并招收法学硕士研究生。从 1999 年起,已毕业财税法学专业(或方向)的法学硕士研究生 42 名,他们中有些继续深造法学博士,有些就业于中央部委或者四大国有银行、大型国有企业、"四大"国际会计师事务所、省市级以上司法机关、律师事务所等法律实务单位。2013 年 9 月,北京大学法学院开始招收法律硕士(法学)专业学位研究生,财税法和金融法、商法、国际商法、电子商务法是试点开设的五个专业培养方向。法律硕士(法学)采用推荐免试方式从本校及其他一些高校招生,经过材料审核、法学专业知识笔试、面试考核,初步录取45名同学。尽管中国人民大学、武汉大学等其他一些高校在此之前就已经开始招收法律硕士(法学)研究生,但北京大学此番专门招收财税法专业的法律硕士(法学)研究生,是一项开创性的举措。

(二)成就与经验:体系化的学科建设

经过十余年的探索和改革,财税法学科在招生层次、师资建设、课程设置、教材编纂等方面均积累了丰富的经验。以招生为主线、师资为依靠、课程为本体、教材为纲要,体系化的教学范式已现雏形。

1. 招生层次全面。在专业研究生培养上,财税法学科既包含偏重学术型的法学硕士、法学博士,又包含偏重实务型的法律硕士(法学)和法律硕士(非法学),教育规模的扩大化与内部结构的有序化并举。可以说,多层次的人才体系不仅能够满足有志于从事财税法相关职业的学生的不同要求,亦有助于实现有所差异的培养理念和目标,完成学科各梯度教育间的衔接与整体构建。

2. 师资队伍强大。财税法学是一门兼具理论性与实践性的现代法学学科,对授课教师的法理功底和职业技能都提出了较高要求。北京大学财税法学科由7名拥有高级职称的教员担任指导教师和授课教师,其中教授、博士生导师5名,副教授(副研)、硕士生导师2名。另外,还从全国人大常委会、最高人民法院、最高人民检察院、财政部、国家税务总局等中央国家机关,以及著名律师事务所、"四大"国际会计师事务所等聘请数十位法律实务人员担任兼职导师,对实务经验的补充起到了促进作用。

3. 课程设置规范、合理、多样化。课堂学习构成学生群体获取知识和讯息的主要渠道,内容充实、搭配科学的课程设置方案对财税法学人的进步无疑至关重要。通过不懈创新,本科生专业选修课"财税法学"成为"北京大学精品课程",该课程以讲授财税法学基础知识为主,辅之以适当的理论拔高和热点事件分析。"税法专题研究"和"财税法成案研究"这2门课程被列入"北京大学研究生课程立项建设计划",此外还开设"财政法专题研究""国际税法专题""行政法学专题""民法总则专题""外国税法专题""财政宪法学"等,并且拟定开设"金融税法""税收筹划与法律"等前沿性课程。这些课程从专题讨论、案例解析的角度,大大提高了研究生活学活用的能力。

4. 教材编纂特色鲜明、实用性强。教材编纂是学科发展的奠基性工作,财税法学科提出的优先教材体系建设的战略已见成效,共出版专业教材和教辅性读物16部,良好地体现了"先进性"与"适用性",基本涵盖了财税法学的主要领域。近年来,教材以外的其他财税法学读物和资料也大量涌现,形成了以若干财税法研究文库为核心、以各学者成名专著为辅助的财税法专著体系,为财税法学教育提供了充盈的精神食粮。在目前较有代表性的财税法研究文库中,包括笔者主编的"税法学研究文库"以及"财税法学研究文丛"。

（三）问题与反思：财税法学科教学现状检视

尽管当前的财税法学已取得累累硕果，但由于重视程度不够、学科资源有限等主客观原因，我国的财税法教育仍处于起步和创设阶段，离成熟还有很长路程，显现出了较多的问题。其一，在入学考核上，财税法法学硕士和法学博士侧重于理论涵养的考察，已形成较为稳定的招生模式。但对于法律硕士的招收，大部分学校均采用全国联考的方式，包括笔试和面试；在面试环节，采取类似于法学硕士的选拔方法，即让学生抽取事先准备好的问题进行解答论述。这种入学考试方式较为单一、僵化，未能充分考查学生对法律关系的判断能力、法律思维能力、口头表达能力和文字表达能力，也没有关注其对财税法的现有了解程度和兴趣方向，不甚符合财税法法律硕士的培养目标和选才标准。其二，在课程设计上，财税法课程的刚性和独立性仍较不足，更遑论建立一套涵盖面广、专业性强、层次突出的课程体系了。一方面，对于本科阶段的教学，1999 年以前财税法是经济法专业的必修课，教育部本科专业目录调整后，仅成为法学专业的选修课，甚至部分院校取消财税法的单独设课，只在其他专业课中进行基础知识的简述。另一方面，对于研究生阶段的教学，财税法方向与经济法专业其他方向相比仅有一两门专业课程的差异。即便北京大学法学院单独招收财税法法学硕士，且在法学硕士、法律硕士的课程建设上已经下了很大工夫，但无论是已有课程体系的深度还是广度，都落后于其他发达国家的财税法学科教育水平。其三，在培养方式上，法学硕士、法律硕士（法学）与法律硕士（非法学）之间存在着一定程度的混同，模糊不清的人才培养路径导致上述财税法研习者失去了各自专有的特色和应有的竞争力。此外，从具体的教学手段看，与美国、德国等财税法教育先进的国家相比，中国当前的财税法课堂上依然沿袭了以讲授式为主、照本宣科的授课方式，案例教学、自由讨论等互动式的新型教学方式并不常见，更很少引进"研讨会"或"法律诊所"等教学方式。[①] 这使得学生只能被动地接受授课教师的"填鸭式"灌输，不能调动自身的积极性和参与热情，教学效率较低，从而导致学生的学习能力缺乏锻炼、分析解决问题的能力欠缺、思考和创新意识单薄，这与法律实务职业或者法律研究工作对财税法学生的内在要求都是相背离的。其四，在师资力量上，一部分财税法教师的知识结构不太合理，不能满足财税法课程多样化设置的要求，也难以实现学生提高自身专业技能的期望。应当认识到，一位优秀的财税法任课教师须具备深厚的财税法理论能力，能从公法和私法、实体法和程序法等多个角度对财税问题进行研究；还须具备敏锐的问题意识，能把最新的财税立法、执法和司法实践融入教学之中，运用基础理论解决财税改革中遇到的问题。反观我国财税法的实际教学，教师教授的内容陈旧、理论严

---

① 张小军、赵海兰：《后危机时代中国法本法硕培养路径选择——以比较法为视角》，载《中国法学教育研究》2010 年第 4 期。

重脱离实际等问题时常可见。而从财税法实务部门聘请的导师不免会面临时间、精力上的限制,使得校外导师制度的成效实难孤立地发挥。

(四)前瞻与创新:更趋专业、复合和应用性的朝阳学科

我国正处于财税改革和法治建设的关键时期,对相关领域研究型人才、应用型人才的需求量均持续增加,再加上传统法学长期以来对财税法学科的"历史欠账",种种因缘际会将新时期的财税法学打造为"朝阳学科"。环顾其他国家的财税法教育情况,澳大利亚、新西兰等国家非常重视财税法教育,例如新南威尔士大学税法中心的税法教育就从本科到博士一应俱全,并各有侧重。本科教育目的是"使学生具备成为一流税务或商业专门人才所需要的技能、知识基础和关键能力";税法硕士(Master of Taxation)目的是通过传授高级税收知识基础以及高级税收专业技能,使学生了解该学科中更为复杂的方面,并深入了解澳大利亚税收制度,从而培养税收方面的专家型人才;应用税法硕士(Master of Applied Tax)目的是提供符合在澳洲乃至整个亚太地区企业和政府部门工作的注册会计师要求的税法教学,为他们从事税务和商业工作提供深入的学习和研究机会。美国不仅是世界法学教育的中心,也是世界财税法教育的中心,比如哈佛大学、纽约大学等均是世界闻名的税法教育机构,提供诸如 J. D.、LL. M. 和 S. J. D. 等多种税法学位,开设的课程达 60 多门。① 因此,我国的财税法教育应站在法学本科、法学硕士、法律硕士、法学博士的落脚点上,不同层次的财税法教育担负着不同的使命、目标和责任,并共同致力于一个高度专业化和应用性的现代法律学科的壮大。

1. 着眼于通识教育的财税法本科教育

本科教育应该按照以通识教育为主的原则实施,这在财税法领域也不例外。大学不仅是知识中心,更是人类社会的精神殿堂,一般的综合性大学除了法学以外,还广泛地开设诸如社会学、历史学、文学、心理学、美学等选修课程。学生从大学所获得的,不是零碎知识的供给,不是职业技术的贩售,而是心灵的刺激与拓展、见识的广博与洞明……如此,学生就会发展和珍视伦理的价值、科学的类化、审美的态度,以及各种政治、经济和社会制度所以存在的意义。② 具体到财税法教育来说,本科阶段的财税法教育既在很大程度上构成了法科学生通识教育的组成部分,其本身又应当着力于财税法基本、主干知识的传授,由此在初学者的头脑中搭建起财税法的整体框架,并潜移默化地熏陶财税法定、民主、公平等理念。同时,从综合研究的视角审视,财税法中的很多内容不仅与宪法、行政法、民法、刑法、诉讼法、经济法等其他法律领域有着紧密的联系,还广泛地借鉴了经济学、政治学、社会学、人类学等学科的研究经验、思路和方法。所以,踏实地掌握各相关部门法的基础知识,涉猎人文科学、其他社会

---

① 闫海:《财税法教育改革的思考与构想》,载《黑龙江教育》2006 年第 3 期。
② 黄坤锦:《美国大学的通识教育》,北京大学出版社 2013 年版,第 1 页。

科学的优秀成果,这种"学而不同"的开放心态有利于拓宽初学者的视野,"先放后收"、厚积薄发的研习路径保证了财税法律人的后续发展,对其今后步入实务或学术岗位都颇有裨益。

2. 为学术研究做准备的财税法法学硕士教学

法学硕士教育制度设置的初衷是为法律教育和科研机构培养学术型人才,它所预期的毕业生是学术法律人(academic lawyers),而非实务法律人(practicing lawyers)。① 财税法法学硕士的目标是通过对本专业专而精、全面而细致的学习和研究,使研究生掌握基本原理、原则、理论和思维,强调学术性和理论教育指向。作为学术型教育的过渡环节,2—3年的法学硕士一般还不能满足理论研究的需要,因此,财税法法学硕士教育的一个重要目标是为博士教育发现人才、培养人才。出于上述培养宗旨,一方面,财税法法学硕士的教学方法不能等同于本科阶段,不能简单地灌输和重复财税法基本概念、基本规定,而应注重讲授法、案例法和讨论法的结合,以专题研究为脉络对财税法的主要方面进行梳理和提炼。另一方面,考虑到法学硕士的理论水准和问题意识尚未达到博士生的高度,授课教师高屋建瓴的指导无疑富有启发意义,并可以在必要时穿插以适当的教师讲授,强调理论知识与实务知识并重,以此培养学生自主发现问题、独立分析问题和综合解决问题的能力。

3. 培养复合型专业人才的财税法法律硕士教学

相对于本科阶段的通才式教育和法学硕士阶段的学术式教育,财税法法律硕士教育更具实务教育的性质,重视培养学生的灵活运用法律知识、熟练掌握职业技能和思维、驾驭法律信息资源、联系实际解决财税法问题等"关键能力",并不单纯以研究法律理论为最终导向。2009年教育部下发《做好2010年招收攻读硕士学位研究生工作的通知》(教学[2009]12号),指出要积极稳妥地推动中国硕士研究生教育从以培养学术型人才为主,向以培养应用型人才为主的战略性转变。因此,我国财税法法律硕士的培养应定位为"掌握法学学科坚实的基础理论和系统的专业知识,具有创新精神和较强解决实际问题的能力、能够承担某一特定领域法学专业相关工作、具有良好职业素养的高层次应用型专门人才"。

财税法法律硕士的实践型人才导向落实到培养方案上,首先,培养计划逐步实现"以学生自主制定为主导,导师辅助分析培养计划可行性"。例如,英国大学的课程型法律硕士(LL.M)在入学时必须提交学习计划,由学生自己制定②;澳大利亚课程型法律硕士培养计划则从方向选择、课程选择、学分、学年设置的灵活性上满足了学生的不同需求③。个性化培养在满足学生对攻读法律硕士的知识需求的基础上,不仅能够

---

① 戴莹:《法学硕士和法律硕士培养方式之比较》,载《华东政法学院学报》2005年第3期。
② 傅晶晶:《英国法学硕士教育制度以及对我国的启示》,载《西南石油大学学报》(社会科学版)2010年第3期。
③ 王彬:《澳大利亚法学研究生教育的灵活性及其对中国的启示》,载《学位与研究生教育》2009年第7期。

激发研究生学习的积极性,增强其自主学习的意识,也保证了每个学生的优势得到最大化的发挥,即所谓"因材施教"。其次,研究方向和课程可以依托各高校具有特色的基础性法律学科,乃至人文社会科学、自然科学而设立,无需整齐划一。易言之,或复杂或边缘、或精细或高深的财税法领域,诸如金融税法、财政投融资法、房地产税法、国际税法、电子贸易税法等,均是可以开辟的财税法法律硕士方向。这便能够充分整合和利用该高等学校和科学研究机构的教育资源,提供一个更加开放的教育资源平台,供学生选择和探索最适合自己的发展方向。再次,在教育条件丰沛的前提下,法律硕士可采用开展模拟法庭、参加法律诊所、写作法律文书、代理民商事案件等多种教学方式,并协调设置核心课、选修课、集中强化课等课程类型,以回应欲从事法律职业的法律硕士知识结构要求的特殊性。比如,尝试引入澳大利亚设置"集中强化课"的做法,从教学实践中划出特定的时间段,邀请法学专家、法律实务人士等以讲座的方式进行讲学,保证法律硕士研究生对特定领域的研究现状、最新成果、热点前沿问题的了解和把握。① 最后,在培养高素质、专业型、实践型法律精英的大目标下,考虑到法律硕士(法学)接受过法学专业本科教育的学习经历,法律硕士(法学)与法律硕士(非法学)的培养方式应有所区别。其中,法律硕士(法学)教育偏重于法官、检察官、律师、财税行政机关等"典型"法律职业,法律硕士(非法学)教育则涉及与法律有关的其他行业的复合型人才,但这种区别同样不宜固化。

4. 基础理论与实践能力并重财税法法学博士教育

博士研究生教育一般被认为是高等教育金字塔的顶点,总目标是为人类社会贡献更多的智慧。② 财税法博士阶段的"教育"更准确地说是引导、启发学生进行研究,使其对财税法学科有所产出和回馈,而不是一般意义上的传授知识、技艺的"教育"。经过本科阶段的基础夯实、硕士阶段的专题提升,财税法法学博士生已经具备了足够扎实的理论知识和从实践中发现问题的能力,对经济、政治、社会、文化等各种社会科学领域现象的认识更加深入和科学。因此,财税法法学博士应站在研究的制高点,既要高度重视对基础理论的挖掘,又不能空谈理论、脱离实际,而是应将经典理论与鲜活实践相结合,关注不断变化着的前沿问题,力求以理论指导实践、以实践锤炼理论,从而为我国的财税法治建设贡献出更多的智慧成果。

财税法教育改革的前提是法学教育者、管理者正确认识财税法在学科体系中的作用和地位。展望未来,作为"治国安邦之道"和"纳税人权利保护之法",中国财税法的发展关乎国家长治久安和人民安定幸福;作为融贯古今中外、包罗世事大观的"朝阳学科",中国财税法教育的创新具有超越本学科的实践意义和引领作用。随着财税法教育客观资源的积累和重视程度的提高,以学术型人才和应用型人才并重为

---

① 王彬:《澳大利亚法学研究生教育的灵活性及其对中国的启示》,载《学位与研究生教育》2009 年第 7 期。
② 冀祥德、王崇华:《规范与特色:中国法本法硕培养反思》,载《西部法学评论》2010 年第 4 期。

发展导向,进一步优化培养环节、课程设置、师资力量和教材编撰,强调理论与实践互动、教与学结合、知识与能力统一,从而打造高质量、综合性、多层次、立体化的人才培养体系,应当成为我国财税法教育的创新方向。

◆ 本章思考与理解

1. 评价我国财税法学研究发展的历史背景。
2. 试述如何以财政法基础理论指导当前的改革实践。
3. 分析近年来我国财税法学研究成就与存在的问题。
4. 分析我国加入WTO十余年来涉外税收制度的发展变化趋势。
5. 在十八大全面深化改革的背景下加强全体国民财税法教育的意义何在?

◆ 课外阅读资料

1. 〔美〕詹姆斯·M.布坎南:《民主财政论》,穆怀朋译,商务印书馆1993年版。
2. 〔美〕理查德·马斯格雷夫:《比较财政分析》,董勤发译,上海三联书店1996年版。
3. 刘剑文主编:《财税法学》,高等教育出版社2004年版。
4. 徐孟洲主编:《税法学》,中国人民大学出版社2005年版。
5. 张怡主编:《税法学》,法律出版社2010年版。
6. 黄仁宇:《十六世纪明代中国之财政与税收》,生活·读书·新知三联书店2007年版。
7. 周刚志:《论公共财政与宪政国家》,北京大学出版社2005年版。
8. 黄俊杰:《财政宪法》,台湾翰芦图书有限公司2005年版。
9. 陈少英:《国际税法学》,格致出版社2009年版。

专题二 财税法治的思维基点与价值定位

一、作为综合性法律学科的财税法学①

当下,财税法学的研究正如火如荼地在学术界逐渐铺开并深层生长着,并呈现出乍寒回暖的学术气息和春意盎然的发展势头。整个财税法学界开始以其乐见的显学目标和财税法治作为持续发展的基本取向,并初步形成了财税法学的基本架构和学科体系。但是,正由于财税法学的年轻,财税法学研究从其进入学术界视野的那一刻起,也就同时面临着各种理论自足性的质疑和假定,并在相对薄弱的理论基础和相对闭锁的研究范式上蹒跚前行②。欲使财税法学成为一门真正科学而严谨完整,且具有相对独立性的学科体系,则很有必要注重反思和自省财税法学内在结构的逻辑性和外在特征的学理性,并在不断试错和自我调适中实现财税法学研究的理论意义和现实价值的有机统一。本部分将从命题认识、研究方法、理论反思和体系构建等四个层次,对当下财税法学研究现状作出相应的解读和分析,以梳理和归纳财税法学在中国法学学科发展中的进化规律和变迁过程。

(一)认识的命题设定:学科地位、学理基础与学术视域

伴随中国法治进程的渐进加快和法学理论研究的现代复兴,财税法学越来越成为法学界的一门显学。财税法学是一门什么性质的学科,在中国法学界并非是一个不言自明的问题,事实上,学者们的理解也一直存在分歧,特别是纠结于财税法学是否能作为一门独立学科。概言之,学科地位的独立、研究方法的创新和研究视野的拓展是当下财税法学研究面临的三大问题。作为中国法学体系中重要组成但却发展相对后进的财税法学而言,在这些问题上遇到的困惑更为明显。一般认为,广义的财政

---

① 原文发表于《暨南学报》2013 年第 5 期,收入本书时作部分修订。
② 20 世纪末,大部分学者将财税法学归入经济法学,使之成为经济法学的一个分支,也有学者将之归入行政法学。我们将这两种有关财税法学的观点通称为"分支学科论"。至于财税法学与宪法学、刑法学、民商法学、诉讼法学和国际法学的关联,在不少学者的论述中也屡有提及。确实,人们观察和思考问题总是有自己的角度和价值判断。如果将财税法规范分解到不同的法律部门,如宪法、行政法、经济法、民商法和国际法等,财税法学或许没有独立存在的价值。然而,面对一个相对完整的财税法规范体系,任何一个传统法律学科都容易陷入片面,都无法得出全面系统的研究结论。在这个意义上讲,财税法也是一门新兴的朝阳学科。参见刘剑文:《追寻财税法的真谛:刘剑文教授访谈录》,法律出版社 2009 年版,第 293 页以下。

法学包含税法学,或称财税法学,狭义的财政法学则将税法学排除在外。但无论是广义还是狭义的理解,对财税法学学科、学理与学术的领会和把握都是发展财税法学的基本命题和前提认识。简而言之,相对独立的学科地位是财税法学研究赖以生存的前提基础,综合兼容的学理方法是财税法学研究得以进行的主要途径,宽广开阔的学术视域则是财税法学研究永续发展的纵深空间。这三个方面是认识财税法学的基础命题,也是从事财税法学研究不能回避的前提设问。

1. 学科地位上的相对独立性①

有学者认为,"唯学科化"已经成为中国法学甚至是中国社会科学发展的两大瓶颈之一。但无论如何,学科作为社会科学研究的基础性组成要素,在当前和今后一段时间仍将引导和促进相关法学领域的持续发展和理论创新。目前关于法学学科的分类,主要还是以传统的调整对象作为划分部门法或学科体系的直接依据,并因此而形成一级学科和二级学科的学科体系。而在传统学科分类中,财税法学往往作为一级学科法学下的二级学科经济法学的组成部分。但毫无疑问,在财税法学研究中,相当多的研究方法和研究工具已经超过了经济法学的价值范畴,并日渐呈现相对独立性的趋势。比如,作为经济法学基础模块的宏观调控功能在财税法学中只能表现为政府干预角度,而财税法学研究更多地立论于宪政、民主和公民财产权保护原则,而这些部分的内容在经济法学中都无法完全涵盖。又比如,就财税法学中的税法学部分而言,主流的税收债务关系说在经济法学框架下无法展开和论证②;至于税收担保权和税收代位权则更多地引入了私法的概念,更是无法在经济法学视野下解读和阐释。

主张财税法学学科的独立性,并不必然要求在当前的法学二级学科中另设单独的财税法学,而是指理论研究本身应当围绕财税法学核心命题和解决财税法实际问题而展开。学科的独立性首先是反映在学者们的先行认识中,当学者们自觉逐步形成相对集中的法学研究成果后,这样就自然地产生了学科归类的必要性。大凡新学科或交叉学科的产生,往往并不以人们主观意志为存在基础,而是以在学术资源上的集中以及理论研究上的归并为客观支撑。财税法学在法学理论上与宪法学、行政法学、民商法学和经济法学等相互交叉,在财税理论上与财政学、管理学等互相融合,似乎没有完全独立的研究范围和理论方法,此种性质是否意味着财税法学无法成为一门独立的学科呢?应当认为,财税法学学科的独特性即在于其开放、包容而综合的研究范围和理论视角。从实质层面上讲,法学学科的独立性不在于研究对象和探讨范

---

① 民国时期财税法学者吴崇毅在20世纪30年代曾大胆预言:"财税法学应当成为独立之学问也",学术界"有将财政法为特殊之法学之趋势",而且"在法律观点上,则各种学问皆为相等地位"。参见杨大春:《中国近代财税法学史研究》,北京大学出版社2010年版,第125页以下。

② 税收债务关系说认为税收是一种在政府和纳税人之间在公法上的债权债务关系。该理论由来及其对中国税法的意义参见刘剑文、熊伟:《税法基础理论》,北京大学出版社2004年版,第61页以下。

围的泾渭分明,而在于理论方法和研究空间的相对集中和内在特质。[①] 当然,探讨财税法学学科的独立性并非是基于狭隘的学科利益,而是基于整个法学尤其是财税法学学科本身的。

2. 学理基础上的综合包容性

尽管各学科在客观上存在分立,但法学研究者应具有融合法学和相关学科的知识以及法学内部各学科知识的基本观念,并尽量辅助法学实践,即从学科分立到知识融合。法学研究可以呈现为两个面相的研究分野,一是基于理论法学的基础法学研究,二是基于部门法学或实践法学的应用法学研究。对于前者,需要了解哲学和相关社会科学的逻辑思维和演绎方法,而充实法学理论研究的价值基础和研究工具。对于后者,则需要借鉴和参考各种自然科学和其他社会科学的学理体系和逻辑结构,而对作为实践形态体现的应用法学进行特质掌握和准确评估。财税法学作为法学研究领域中的组成部分,既包括抽象的财税法基础理论的提炼,又包括具体的财税法实践价值的展开。而分析和探讨这些理论和现实问题,需要建基于其他部门法学、经济学、社会学和管理学的研究方法和研究工具,并且需要将这些不同学科和领域的基础学理进行有机融合并有序展开,结合法学、经济学、政治学和社会学上的不同价值追求对财税法事项进行多维评估和综合研究。

财税法学在学理上的特点,首先表现为其显著的综合包容性,也即财税法学的研究思路和学术方法是借鉴并包容各种不同学科的理论成果和经验总结。其实,不妨将财税法学定位为综合性法律学科,而不应拘泥于是否属于其他传统法律学科的分支。[②] 财税法学在学理上的这种综合兼容性,可以站在三个不同的角度来理解。其一,从理论渊源的角度来讲,财税法学是以宪政研究、人权与法治理论为其基本理论渊源的,亦穿插和包含了公共财政学和政府管理学的理论渊源因子;其二,从学术脉络的角度来讲,财税法学一般是从政府和公共机构的权力运作和行为规范来对财政公秩序作出合法性和正当性考量的,但同时也对国家干预和预算平衡等经济学说和

[①] 在德日等国,税法学的兴起正式与税法的独立性相伴而生的。德国早期的税法学是作为行政法的组成部分出现的,著名行政学家奥托·梅耶(OttoMayer)构建的行政法体系就包含税法的内容。随着德国1918年设立帝国税务法院,特别是1919年颁布《帝国税收通则》明确了税收债务关系说,德国的税法学开始从行政法中独立出来。在接受夏普建议之前,日本学界也不承认税法学是一个独立的法学学科,而是将其作为行政法学的一个分支。后随着经济社会发展,特别是纳税人权利保护观念的提出以及税收事项特质的提炼逐渐得到认可,日本税法学已经成为一门独立的法学学科。参见刘剑文:《走向财税法治:信念与追求》,法律出版社2009年版,第6页以下。

[②] 从逻辑上讲,基于财税法是综合法律部门,亦可提炼出财税法学是相对独立的学科。在现代社会中,综合性法律部门和综合性法律学科的出现是一个必然的趋势。社会问题越复杂,就越需要多管齐下,综合治理。以调整对象为标准的传统法律部门适应了简单社会条件下解决社会问题的需要,但在复杂社会条件下的某些问题未必能够产生较好的效果。而以问题为中心的综合性法律部门,恰恰适应了这种发展趋势,可以汇集多种法律手段解决问题。环境法、知识产权法如此,财税法、金融法何尝不是如此?在此基础上产生的综合性法律学科,或者称之为现代法律学科,以其现代的理念、现代的研究方法和现代的研究内容,突显其强有力的生命力和广阔的发展前景。

理论进行内化和整合；其三，从政策指引的角度来讲，财税法学研究对于现行财税制度的学理批判会使得立法机关得以郑重因应并作出政策调校，而国家财税政策的即时变动性则又使财税法学回转到本土化认同的基本立场上来。财税法学学理的综合包容性，一方面是由其研究对象涵盖面的广阔性决定的，另一方面也是财税法学系统化和理论化的内在需要决定的。

3. 学术视域上的纵横延展性

关于社会科学的研究方法，学术界素有"定量"（quantitative）和"定性"（qualitative）之争。很长一段时间以来，中国社会科学界对自己的研究方法进行反思时大多只看到定量研究比中国传统的"定性研究"更为"客观"的一面，而没有认识到它的弊端。20世纪70年代以来，社会科学家们越来越意识到定量方法的局限性，开始重新对定性的方法进行发掘和充实，在对以实证主义为理论基础的定量研究提出质疑的同时，定性研究自身逐渐也发展壮大起来。在学术视野和学理方法上，中国法学开始从相对简单的注释法学、对策法学向更为注重内在特质的价值法学和规范法学逐步转型和渐次嬗变，也即由定量的法规范解读角度过渡到定性的法价值研究层面。在此大背景下，财税法学研究也正从传统的财税规模结构定量研究和具体财税事项研究转换到提炼财税法基本原则和理论的定性研究基本框架上来。财税法学的此种学术研究路径，也就具有了工具定量和理论定性的双重特征，并相应体现出一种研究学理基础上纵横统一性和研究方法上的复合延展性。

财税法学在学术视域上的纵横延展性，可以从两个方面进行理解：一是基于财税法学的学科新兴性而生的学术前瞻性，即财税法学的学术资源和理论范畴与一般学科相比更具有前沿性和现代性的特征，这也使得财税法学在纵向的层面与法治理论关系紧密，同时在横向的层面与法制实践结合深入。二是基于财税法学的学理包容性而生的综合性和拓展性，也即财税法学的研究范围和理论方法是站在社会科学的整体高度来展开和深化，并在现代宪政国家的具体实践进程中同步变迁与发展。财税法学的学术延展性的主要表现在两个方面：一是在理论资源上在各领域均有相应的学科支持，无论是在社会科学上讲求的知识创造，还是在人文科学上探寻的人文关怀，财税法学的促进永续发展和保障基本人权取向与这些价值追求高度契合[①]；二是研究范式上在各学科上均有相应的价值判断，无论是经济学上的效率目标，还是法学上的公平目标，无论是政治学上的制衡目标，还是社会学上的和谐目标，均在财税法学的内在取向上互为援引和印证。

---

① 2007年6月9日，北京大学财经法研究中心主办了题为"二十一世纪中国财税法学科战略发展——多学科、多视角、多维度"的专家研讨会。此次会议目的在于探索法学学科间合作的新模式，整合北京大学法学学术资源，建立学术利益共同体，进一步推动中国财税法学的发展。研讨会有北京大学法学院的法理学、法律史、宪法、行政法、经济法、民法、刑法、诉讼法、环境法和国际法等学科的师生近七十人参加。此次会议实现了新兴学科和传统学科的着力碰撞，对法学教育研究的全新发展产生了深远的影响。

（二）方法的理性整合：交叉科学、关联研究与技术路线

任何一种学问都需要运用一定的方法，或遵循特定的方式来答复自己提出的问题。恩格斯曾在《德法年鉴》中指出："方法就是新的观点体系的灵魂。"财税法学是一门交叉科学，相对应地，财税法学的研究方法则具有开放性和发散性的特征。一方面，财税法学研究从财政学起步，必然会使用到财政学的研究方法，另一方面，却又属于法学的基本范畴，故财政学和法学关联分析方法成为必要。尽管我们通常所称法学方法论与此处所提到的法学研究方法并非是一个层面上的命题①，然而由于法学方法论独特的导向功能，其依然在法学理论基础的积累、法学分支学科的发展过程中发挥着不可替代的重要作用。其中实证分析和规范（价值）分析路径为法学理论研究起到了积极的启发和指引作用。另外，财税法学的财政内涵的泛同化与财税法的宪政品格，则使比较判断和宪政判断在效果评估的准据上也显得尤为必要。

1. 交叉科学中的财政方法与法学方法

学科交叉是"学科际"或"跨学科"研究活动，其结果导致的知识体系构成了交叉科学；学科交叉是学术思想的交融，实质上，是交叉思维方式的综合、系统辩证思维的体现。财税法学的存在基础即是财税事项在社会经济生活的具体行为、现象和结构，对财税事项进行法学分析，需要综合运用法学研究方法和财政经济学、管理学研究方法。一方面，是由于财税事项的特定经济规律性导致理解财税现象必须通过财税理论进行前置性的定量分析；另一方面，则是财税法学归根结底是一种建基于公平正义和权利保护的定性分析的社会科学。"在财政理论中，一般正像在政治学中一样，学者们需要更多地注意制定产生最终结果的规则和制度，而较少注意这些结果本身的形式，尽管这些结果当然同评价制度有关。只有通过改进产生结果的制度，才能够改进配置和结果，而只有意识到并理解了制度在整个民主过程中的适当作用，才能改革制度。"财政法定原则、财政民主原则、正当程序原则以及权利本位保护原则是法学研究方法最重要的价值追求和人文关怀，也是财税法学研究成其为法学研究的重要体现。但是，财政理论的这种对规则制度的理解却会"因其观察角度与思维模式的差异，在着眼于效率性的追求，往往对过高密度的宪法内涵，基本上持反对的态度，显现出与法学二者间的歧义"。即财政理论的价值追求往往与法学理论的基础取向存在方向上的非同向性。法学研究者往往会坚持正义价值并作出如下评价："两个相反的要求存在于这种关系中：其中之一要求法律尊重经济的内在规律；另一个则要求，法律不应（仅仅）受经济学理论的领导。"基于此立场，财税事项仍应纳入公平正义的基

---

① 拉伦茨和杨仁寿都对法学方法论进行过专门的研究和阐述，其基本观点和逻辑前提在于从法诠释学的角度来对法律适用进行解读。参见［德］卡尔·拉伦茨：《法学方法论》，陈爱娥译，商务印书馆2004年版，第39页以下；杨仁寿：《法学方法论》，中国政法大学出版社1999年版，第6页以下。

本法学价值之中。但正是这种冲突和协调之中的交叉视角,却使财政学的技术分析和法学的价值判断相结合,不仅使财政理论得到了制度层面上的延展,而且同时也使得财税法学研究具有客观建构的前提和基础。所以,财税法学研究中应该大量借助现有的财政理论,充分运用财政学理论与法学理论关联分析的方法,来对财税法学的概念、原则和理论作出科学提炼和综合抽象,以及对财政实践中的运行过程进行两个面相上的合理解读和有效调整。

2. 关联研究中的法学视角与相关视角

基于财税法学的综合性特点,财税法学研究也因此需要在复合的视角中展开和深入。此处涉及两重层次结构。第一层次结构是法学门类中财税法学与其他法学门类中的法学领域的关联研究。财税法是一个涉及众多法律部门的综合法律领域,它是宪法、行政法、民商法、刑法、经济法、诉讼法、国际法等法律部门中涉及财税问题的法律规范的综合体。就这一综合体仅仅涉及与财税相关的法律规范来讲,它也是一个相对独立的法律领域,它不隶属于任何现有的部门法,在某种意义上与现有部门法相并列的相对独立法律领域。而在这些所涉及的其他法学门类中,联系特别紧密的主要是私法与公法,也正因为如此,财税法学的关联研究主要结合公法学和私法学。就财税法学本身的体系组成来看,一般可以分解为财政法学和税法学两个部分。其中,财政法学在宪政和公法学上的特征尤为明显,而税法学则在公法学基础上兼具有一定的私法性。① 即便是财政法学研究,也不可避免地需要从社会契约论的角度论述;而税法学本身具有的私法品格,也使得税法更多地具有民商法的特征。

学研究的第二层次结构则是法学门类与相关门类之间的关联分析。在社会科学体系中,除了经济学中的财政学、税收学等与财税法学紧密相关外,政治学、社会学、历史学等学科门类也与财税法学有着非常重要的关联性。就经济类学科而言,经济学中关于消费、投资与财政政策的相互关系,对于掌握政府财政行为的正当性具有重要参考价值;财政收支及财政管理理论,对于预算和税收展开更为深入妥当的辨识性研究;不同税收理论,对于税收与费用的界限厘清具有相当的支持功能;等等。就非经济类学科而言,不同的学科研究方法应对财税法学研究具有基础性或辅助性的参考作用和指导功能。比如,政治学中关于政治行为和政治体制的研究与财税法学关于财税行为及财税体制的分析具有指导作用;社会学中关于社会分层和社会流动的探讨则对财税法学中的转移支付研究和人权保障具有相当的借鉴作用;而历史学强调建立在史料基础上的史学研究对财税法学实证研究亦具有关键的示范意义,等等。

3. 技术路线中的价值分析与实证分析

法学不同于自然科学,可能还在于它研究的是一种价值性事实,即具有其"价值相关性"的文化事实。即法学研究的技术路线遵循寻求法律对于人的特定功用和具

---

① 关于税法的私法性及更广义的税收法律关系性质研究,参见刘剑文主编:《财税法学》,高等教育出版社2004年版,第342页以下。

象意义。当然,在价值分析之外,法学研究还会采用实证分析的方法。"在法学领域,价值判断是指关于法律和法是什么的判断及内心确信;实证分析是指法律及法实际上而非想象中是什么的判断及分析模式。"实证分析侧重于用科学分析和逻辑推理的方法研究现实中的法律、法律规范和法律制度,而价值分析则比较注重法是否合乎客观规律,是否符合社会理想以及法的社会效益。两者分别代表着西方理性主义法学和实证主义法学各自所采取得不同研究方法和思维模式。这也是西方法学史上曾经出现的最尖锐的分歧之一。但是,随着现代西方法学派别的相互靠拢及统一法学的兴起,一般认为,两者之间并不是完全对立的,而应当是统一的、互补的,实证判断为价值判断提供认知基础,而价值判断成为实证判断的经验源泉。

财税法学理论研究也应当从实证和价值两个方面来判断。特别是财税理论与现实经济环境紧密相关,无论是从当前财政体制改革的角度,还是从现实税费制度厘清与重构的角度,实证研究和经验分析的方法都能为财税法理论研究提供数据支持和实践基础。在价值分析方面,财税法学研究的基本立场体现为政府财政权和纳税人财产权之间的冲突和协调,并在权力与权利平衡中实现公平、正义和平等的基本价值取向。在实证分析方面,中国财税实践中的具体表现和相关数据为财税法学研究提供了可藉比对和研讨的基础性素材,通过实证层面的技术分析可以为财税法理论创新和财税法制度设计提供新的思维支持。但与此同时,"所有关于法律的思考都是由一个问题引发的,即我们是否能够以限于法律存在并独立于所有立法(实证)的正义准则为准绳"。这一论点也使对财税法学的价值判断和规范分析服从更为抽象的法理原则,即财税法学应该在价值分析和实证分析的关联研究中,体现观念、理论和制度在追求正义准则的一致性。

(三) 理论的学术反思:知识自主、价值中立与效果评估

任何一门学科都需要从理论上进行学术反思,以确保学科的学术自主性、理论自足性和逻辑自洽性。对于财税法学这一新兴学科而言,学术自主性是指财税法学能在学理思路上独立形成逻辑判断,涉及知识产出自主的问题;理论自足性是指财税法学能在社会科学研究的方法和基础上能够成为内在化思维的结构和取向,涉及学术价值中立的问题;逻辑自洽性是指财税法学作为一门法学学科,能在学科理论上具有真正的法学内涵和研究价值,从而区别于一般财税常识,涉及学术常识证伪的问题。这里从三个层面上作理论反思,目的在于对财税法学研究进行自省解构和深层思辨。基于严肃的学术传统和厚重的法理氛围,理论研究应当在合理和正当的基础而深入地进行学术上的分析与探寻,毋宁在学术研究上进行粗制滥造和低水平的重复。财税法学也将在这个不断的自我证伪和试错调整进程中实现自我完善和内在补足,也从而使得新兴的财税法学从其发端起就进入社会科学正常的学术轨道和价值理性中来。

1. 财税法学研究的学术自主

从事财税法学学术研究,首先需要明确社会科学的自主性问题,并以此为基础来

认识单一政策视角对法学理论分析的误导作用。根据法国社会学家皮埃尔·布迪厄（Pierre Bourdieu）的观点及相关理论，认为真正的社会科学，要根据它的科学研究是否能够独立于各种世俗权力、独立于经济和社会权威的干预来加以判定。所谓学术自主性或学术自治，主要是指本学科内部专业化的建构。法学首先是一个专门化的学科，按照托克维尔的说法，它甚至是一个不容易普及的知识领域，它具有自家的历史传统、知识体系以及研究方法。法学之所以能够对社会事务进行不同于其他学科的解释，法律之治之所以不同于政治之治或道德之治，正是因为法学传统、知识以及方法的这种独特。而法学研究的学术性或者说法学研究的学术自主性，则是指"法学研究者与现实法律、与政治权威自觉地保持一定的距离，以一种外在的、学术的观点来对法律及其权威进行客观的描述，并在此基础上进行客观的评价的研究姿态或学术自觉"。即法学学者应不受干扰地按照既有的学术规范和科学的评价标准，基于自身的内心确认和事物发展本质规律来进行学术研究。

从严格的学术层面上谈，中国财税法学理论的发展进路似乎还是处于一种启蒙性质的普法进程中，无论是市场经济论和公共财政论发微和膨胀的20世纪七八十年代，还是讲求和张扬以人为本和建设法治国家的政治话语的当下，均能找到财政学说和法学理论上似乎自然而然的回应和宣导。① 但这里存在的一个明显的问题是，财税政策变迁与财税法理论演进具有高度的同质性，财税法理论并未成为指导财税政策制定的依据，反而为财税政策的实行寻求法理上的正当性基础。而从学术自主的角度来看，作为实然的财税政策应与应然的财税法理论具有相当的异质性，并用财税法理论来推动和辅助财税政策的出台，并在实施中验证其妥适性和合理性。应当指出的是，财税法学研究的维度，不应仅仅只是在政策指引的方面作出理论判断，更为重要的是财税法学应当从面向外部的单一对策向度研究方式进行调整②，要"从外部性的角度转向内部性的视角"，同时着力构建财税法学的法理基础和内在架构，并作为推动财税政策具有正当性的主体性依据。

2. 财税法学研究的价值中立

从事财税法学学术研究，需要知晓的是在一个什么样的学术视角下去把握人文底蕴与学术研究之间的关系，脱离了政府干预和影响的社会科学是否应当建基于人文关怀的道德基础上。③ 近代科学在精神本质上充溢着自由思想与人文性质，这里提出了一个财税法学研究者所奉行的价值观念究竟是什么的问题。这个问题就是，是

---

① 比如20世纪70年代末80年代初期的社会主义市场经济观念提出后学界相应地出现了公共财政论，而在90年代末21世纪初社会主义法治国家和人权保障观念提出后学界又相应出现了税收国家论和财政立宪论等。

② 近些年来，财税法学者参与和影响国家财税立法越来越多。比如，企业所得税的统一、个人所得税法的改革、税收基本法的起草、税收征收管理法的修改，等等。

③ 有学者认为，人文底蕴未必能推进和有益于社会科学研究。参见苏力：《也许正在发生：转型中国的法学》，法律出版社2004年版，第159页以下。

不是以维护人的尊严和自由为核心价值,还是说应当走出人文关怀,基于"专家没有灵魂"的说法,只是在法理正义和严谨学术的前提下,对事物本身的规律性作出客观的探究和提炼。法学中的理论研究在思维方式上的中立性或者"纯价值立场"实质在于,一方面要求学者在研究中不能采用实用主义和功利主义进行价值立场的随意转变,另一方面也要求学者们尽可能祛除感性情绪与激情因素而进行理性思考。①

一般认为,人权保障或曰说纳税人权利保障是建构财税法学的逻辑前提,也是财税法治的基本取向。如果赞同人文科学和社会科学首先是科学,那么作为一个基本的判断,社会科学本身就是一个需要从人文科学中汲取营养的科学属别。但是社会科学和人文科学的重要不同点在于,社会科学是对外探求社会发展的规律并加以改造,人文科学则是对内追寻人类本身特性和规律并加以挖掘。在这一要素特征上,社会科学和人文科学的界限得以突显。财税法学研究,应当注重规律性和自由性的统一,即在政府政策征询和人民权利保障方面做到适度的统一,作为法学学者而保持一定的价值中立。尽管人权或曰纳税人基本权立场是法治理论的核心基础,但政府财政权与私人财产权的冲突与协调也逐渐进入法理学界的视野,以基本权保护作为财税法学者的基本立场也应辨识和厘清利益衡平的边界。财税法学理论的发端肇始于基本权的宪法保障,但学术观点的发展也有逐渐进化和条分缕析的趋势。从学术研究的观点立场上看,价值中立也许会成为基本权保障的递进之义。

3. 效果评估中的比较判断与宪政判断

法学研究是对社会科学知识的累积创造,是对权利义务分析的价值关怀,是一个在不断反思中自我批判过程。拉伦茨也认为,要"理解"法规范就必须发掘其中所包含的评价及该评价的作用范围。法学主要关切的不是"逻辑上必然"的推论,而是"价值导向的"思考方式。所以,在财税法学研究中,效果评估或曰价值判断成为检验学术理论符合规律性的重要工具和措施手段。从法学研究的效果目标来看,"功能是一切比较法的出发点和基础",同时"在比较中考察和判断所调查的每一种解决方法时,必须以所调查的其他一切的解决办法为背景"。也即在比较分析中,立法制度和法学研究应当体现法律现象和法学思想的本质要求,这对财税法学的研究也尤为重要。在德国法和日本法中,财政法往往作为行政法研究之特别考量,这是由其长期的公法传统影响和决定的。而在英美法中,财产法的普通程序约束和宪政民主理念则是财政法的规制基础。在目前中国法治传统缺失和法学理论薄弱的现状下,合理借鉴发达国家财税法理论的实质内涵和规制取向尤为必要。

无论是在强调"行政法乃具体化之宪法"的大陆法系国家,还是在宣称私人财产

---

① 有学者认为以研究志趣与思维方式为标准,法学研究可分为法律理论研究和法律工程研究。而在法律理论研究中,纯化价值立场是其思维方式的典型特点之一。参见姚建宗:《法学研究及其思维方式的思想变革》,载《中国社会科学》2012年第1期。

不受非法侵犯的英美法系国家,宪政精神无不贯彻法律思想的始终。从法实践的角度来看,西方法治国家均已实现税收立宪和财政立宪。概括而言,财税法的基石和焦点在于财政民主和法治国原则。财政民主是指"政府按照民众意愿,通过民主程序,运用民主方式来理政府之财",法治国原则是指"防御国家权力集权化扩张和行使不受任何限制的重要工具"。财税法学研究,不能脱离财政民主原则和法治国原则,否则相关学术观念和理论就会偏离其基本的宪政要义。尽管法治对于当下中国而言,可能更多的是追求国家富强时的一个工具,但这并不影响财税法学研究中秉承的最基本的宪政法治立场。财税法学研究,一方面需要注重在横向的国家、地区和法系中寻求比较研究,立足本土法治环境批判性地探索财税法律技术规则的同一性;但另一方面,也应当自我约束在宪政精神和法治观念的基础上展开,突显财税法学研究基于对政府权力的有效控制和对公民权利的正当保障的基本立场。

(四)体系的重新建构:中国语境、问题导向与综合研究

传统意义上的法学学科体系,通常是根据法学理论的内部逻辑结构及其外部表现特征来进行梳理和归类,并在此基础上考察和判断法学学科体系设置的合理性。而中国法学学科体系,一方面受到立法者对法律规范本身划分思路的影响①,另一方面又受制于已有的既定传统学术研究框架②,此种情形下导致了法学研究视野的条条框框障碍。无论是新兴领域相关法学理论的提炼,还是问题对于现实经济生活中具体法律问题,由于无法一一对应具体的法律部门或者专门的法学学科,相关研究陷入了一种比较尴尬和难以自洽的境地。以财税法学研究为例,对于税法中的公法之债理论,确实难以单独划入行政法或者民法研究的范畴;而针对具体实践中出现的税款征收争议,若直接将税款征收事项直接划入行政法范畴而不考虑税法的特殊性则又难以解释复议前置的合理性。在当下中国社会经济变革的新时期,需要结合财税法学研究的实际特点,对财税法学体系做逻辑及法律上的重构和革新。

1. 中国语境下财税法学新体系

长期以来,中国法学界基本上在将法学分为理论法学和应用法学(或称部门法学)的基础上,同时将中国法学研究相应区分为法学理论研究和部门法学研究。在此前提下,财税法学作为二级学科经济法学的下属类别而现实存在于当前的学科体系中。但是,事物的客观存在并不因不合理的主观界定而有所改变,财税法学的体系

---

① 中国特色社会主义法律体系,是以宪法为统帅,以法律为主干,以行政法规、地方性法规为重要组成部分,由宪法相关法、民法商法、行政法、经济法、社会法、刑法、诉讼与非诉讼程序法等七个法律部门组成的有机统一整体。

② 目前在法学一级学科之下,设立了法学理论、法律史、宪法学与行政法学、刑法学、民商法学(含:劳动法学、社会保障法学)、诉讼法学、经济法学、环境与资源保护法学、国际法学和军事法学等十个法学二级学科。

构建仍遵循事物发展的客观规律而被应然归类别属。在中国语境下,财税法作为综合法律部门的逐渐被认可、财税法学学科地位的持续性强化以及财税法学研究共同体的客观形成,也使得财税法学的学术话语体系得以自然建构。有学者指出,中国学术话语体系的当代建构将表现为一项持续的任务,这项任务只有在那种唤起此议题的实体性内容本身得以充分发展,而人文学科和社会科学又有能力深入到这种内容之中并开始思想时,方才有可能逐渐地完成。财税法学研究的不断深化和拓展,则是财税法学学术话语体系自主构建的重要明证。而包含财税法总论、财政法学和税法学在内的财税法学新体系完整构建,将使财税法学学科在已然确立基础上更进一步发展。

传统观点认为,财税法学往往归入经济法学的范畴,并不具有学科设置和研究价值的独立性。但不可忽视的是,经济法学或者更进一层的宏观调控法更多的是一种总论立场对财税事项的抽象探讨,但并未揭示财税法学本身的内在规律性。比如,很多财税法律规范有时以权力制约为特定规制目的或者以纯粹的技术事项调整规则出现,比如财政法中的预算法以及税法中的税收程序法,这些法律规范并不以宏观调控或者促进经济协调发展为逻辑基础。在中国的当前语境下,财政税收事项不仅关系到经济协调与发展,还涉及政府财政权和公民财产权的相互关系。特别是在转型中国,对财政公权力进行适当控制以保护纳税人基本权成为财税立法非常重要的理念,在此基础上,财税法学研究应当脱离单一的经济协调发展的经济法研究思路,而应该围绕财政权与财产权的冲突与协调,立基于纳税人财产权的保护观点,对财政税收事项展开正当性与合理性的研究。从财产法的角度去研究财税法,将成为构建财税法学新体系的逻辑基础,也是财税法学理论研究的价值主线序言。

2. 问题导向下财税法学新定位

不可否认的是,近代大学体制不仅打造了一个"以学术为生",专事学问研究的知识群体,而且也锻造了一种追求逻辑形式注意的科学精神,但是,"经院派"及以后的"公理方法派"法学家们的做法,实际上遮蔽了古老的法学作为一门法的实践知识的性格。法学研究不能仅仅关注其价值上的功能性和逻辑上的自洽性成为分析法学,也不能只是在法律规范的文本解释和国家政策的正当性推演成为注释法学,而应当更多地解决经济发展和社会生活存在的各种现实问题而成为具有强烈应用品格的实践法学。当下中国正值经济体制改革和政治体制改革的关键阶段,而财税法治则正是此两项改革的重要突破口。在财税法学理论中,政府间财政关系与中央和地方的事权财权划分问题紧密相关,财税法制推进又关乎中国经济体制变迁的重要杠杆,而以预算公开和预算民主为要义的预算法治则是政治体制改革的重要一环,等等。基于此,整个财税法学研究在中国本土问题解决和法治实践中具有相当的指引、规范和保障功能,通过学理到政策的递进传导,实现政府财政税收行为的规范化并遵循渐进民主和终极法治的基本路向正如有的学者所言,"体系后研究由立法引导性转为中国问题引导型,就需要把握体现时代特征和社会根本的法治需求,提供能够适应或满足法制建设需要的学术产品。作为法学研究对象的现实问题具有多因多解的特征,不同法律学科因支付特性与研究理念的不同,对同一现实问题提供的解决方案亦有不同,其间甚至有功能相互抵牾或效果相互消解之处。因此,为有效解决现实法治问题,需要法学研究能够提供综合性的解决方案。"法学学科存在的意义,一方面是分类梳理和探寻具体现实社会经济本身的规律性并抽象成为价值理论,另一方面则是通过类属化地学理推导产生解决和处理现实社会经济的具体问题。财税法学作为新兴的法学学科,除了本身具有私人财产权公权保障的法理特质外,还有鲜明的应用法学功能。通过财税法来调整和规制现实经济社会中的财政税收事项,既需要解决公财政权领域的财政控权与监督问题,又需要解决私财产权领域中的量能及实质征税问题。从解决实际问题并在理论指导实践过程中进一步完善和发展财税法学理论本身,就变得非常重要。①

3. 综合研究下财税法学新发展

在现代社会中,综合性法律部门和综合性法律学科的出现是一个必然的趋势。也正因为如此,"法学家必须博才多学,能够并且善于运用相关学科的知识,丰富研究的领域和内容,扩大研究的视野。"作为现代学科的财税法学,也应在综合视野、交叉学科和多元方法的大框架内进行体现系统性、开放性和现代性的多层次、宽领域和高水平探索和研究。申言之,从研究框架来看,综合视野是指财税法学研究要立基不同领域和不同面相的分析角度;交叉学科是指财税法学研究要充分整合关联学科的相关理论资源和学术储备;而多元方法是指通过不同门类领域和学科的研究方法和分析工具来进行技术路线上的优化配置。从研究特征来看,系统性是指财税法学研究可以着眼于宏观的民主宪政、中观的财政法治和微观的税收法定;开放性是指财税法学研究注重研究人员的开放性、研究对象的开放性和合作研究的开放性;而现代性则是指财税法学研究不再拘泥于传统的以调整对象划分研究领域而是以问题导向来主导研究的选题取向。从研究技术来看,多层次是指财税法学研究应尽可能覆盖政府、社会和纳税人涉及财税事项的全部存在空间;宽领域是指财税法学研究不仅关注财税事项本身,还可拓展至与财税有关的相关事项;高水平则是指财税法学研究应告别初期的注释法学和对策法学研究而转向关注公平正义价值本身的规范研究和法理研究。

从事任何一门学术研究或者是解决实际问题,均需要理论资源、分析工具和研究方法。法学学科作为社会科学的一种,自然也不例外。在信息大爆炸和物质产品高度丰富的现代多元社会,各种主体之间的法律关系变得更为抽象和复杂。研究某一具体理论和实践问题,往往需要整合各个不同学科和领域的理论、观念、制度、范畴、工具和方法。如果延续传统部门法划分的研究思路,财政税收方面的诸多问题则难

---

① 收入分配问题是经济社会发展中的重大问题,从财税法的视角来研究和探讨分配正义,具有重要的理论和实践意义。参见刘剑文:《收入分配改革与财税法制创新》,载《中国法学》2011 年第 5 期。

以得到相对全面的法理阐释和价值研讨。比如,对于财政预算事项的分析,往往涉及宪政、分权和民主等传统宪法学领域的工具和方法;又如,对于税收课征正当性的探讨,则往往会涉及行政权力分配与约束等行政法领域的工具和方法;再如,对于税款征缴中纳税人权利保护的分析,又会涉及民法中对债的相关权利义务配置;还如,对于"营改增"政策以及税收优惠政策的评估①,还会涉及经济法中促进经济持续、协调和稳定发展的目标论证。另外,财税法学研究还会借鉴财政学、社会学、经济学和管理学中的诸多理论、工具和方法②。但只有通过系统性、开放性和现代性的综合研究,财税法学方得以其现代的理念、现代的研究方法和现代的研究内容而作为现代法学学科呈现迥异于传统法学学科的特质属性。

作为新兴法律学科的财税法学已然形成。一般而言,学科本身的发展有两种基本的形式,一种是学科的分化,另一种是不同学科的综合,而后者作为跨学科的"学科"往往是指新学科形成之前的传统学科而言的。而检视中国法学研究,不难发现目前中国法学发展正处于转型期,由传统法学向现代法学发展。传统法学与现代法学的区别主要在于三个方面:其一,研究领域的界定。传统法学主张私法与公法划分的绝对性,对研究对象先归类定性再分析研究;而现代法学则主张可以在公私法划分之间再拓展社会法等,对研究对象采取先分析研究再归类定性。其二,研究方法的选择。传统法学偏向主张传统法学方法基于权利义务的规范分析和基于公平正义的价值分析,而现代法学则更为强调经济功能的经济分析和面向规制主体的社会分析。其三,学科分类的基准。传统法学的学科分类讲究学科门类的规则性和继承性,强调后进法学门类以宪法学、法理学、民商法学和刑法学等的延展为基础,而现代法学的学科分类则以解决问题和研究范围为中心,比如按照应用性原则成立财税法学、金融法学、环境法学和知识产权法学等学科。财税法学由于具有公法和私法的双重特性,而在研究领域和方法上呈现开放性和综合性的特点,也必然划入现代法学的范围。而另一方面,财税法学除了其鲜明的现代法学特征外,还有其自身逻辑规则的学科特殊性。基于财税法强烈而生动的应用性,特别是财税政策在国家政策和经济社会领域的频繁变动性,也导致了财税法学研究本身应突显人权保障特别是财产权保障的法学学理品格和应用指导功能。就法学学理品格而言,财税法学研究不同于财税政策研究,也不同于财税理念宣导,当财税法学进入理论研究的严肃殿堂起,学术的内化要求和理性规则就必然地要求财税法学的进一步发展遵循先行恪定的学术研究规

---

① 2011年11月16日,财政部和国家税务总局发布经国务院同意的《营业税改征增值税试点方案》,同时印发了《交通运输业和部分现代服务业营业税改征增值税试点实施办法》《交通运输业和部分现代服务业营业税改征增值税试点有关事项的规定》和《交通运输业和部分现代服务业营业税改征增值税试点过渡政策的规定》,明确从2012年1月1日起,在上海市交通运输业和部分现代服务业开展营业税改征增值税试点。

② 综合性的学术研究,可以博采众家之长,充分借鉴相关部门法已有的研究成果和研究方法,使财税法学的体系和内容更加完整和丰富。参见刘剑文、熊伟:《税法基础理论》,北京大学出版社2004年版,第1页以下。

范和理论探索进路。财税法学研究是在对财税现象和过程进行财政学理论抽象的基础上对政府公共权力约束,以及纳税人权利保护进行的深层次的法理评价和价值考量。就应用指导功能而言,如果财税法学理论研究本身没有学科或类学科上的自主性,或是理论研究没有适当的和严谨的研究视角和思维理路,或是理论研究涉及的范围和深度不能提供其私财产权的公权保障赖以存在的基础平台的话,财税法学将不能成为一门真正的法学学科进而无法担当理论指引实践的辅导功能。正是基于这种立场,财税法律体系由财政基本法统率下的财政收入法、财政支出法和财政监管法三大部分约40部法律构成(见图1至图3);也正是基于这种立场,财税法学可以也必须在开放的学术研究视野中得到充分的发展和完善。

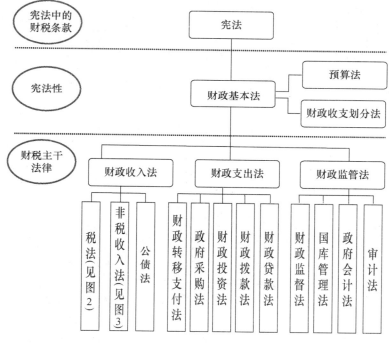

图1 财税法体系结构①

---

① 说明:(1)本图中的"财税法体系"仅就宪法和法律而言,不包括行政法规、地方性法规、部门规章和其他规范性文件。其原因在于,一方面,此已足以展现财税法的内容和谱系;另一方面,防止产生对财政法定原则、税收法定原则的误解。(2)为避免体系庞杂,本图仅展示了与财税直接相关的法律体系,而不包含《立法法》《全国人民代表大会组织法》等与财税间接相关或含有财税条款的法律。(3)本图的划分并非完全绝对,例如财政转移支付法既是财政支出法的组成部分,又可作为财政收支划分法的补充制度。(4)本图中的"财政监管法"部分系指专门的财政监督、管理法律。在财政收入法、财政支出法中同样存在有财政监管法律规范,如税法中的税收征收管理法。另,在财政收入法谱系中,税法和非税收入法的基础性前提均是私主体和政府之间存在给付关系,其中税法以强制性和非直接对价为其特征,非税收入则以非强制性或对价给付为其特征。公债法由于其体量比重较大及其存在代际转移的特性,故单列。

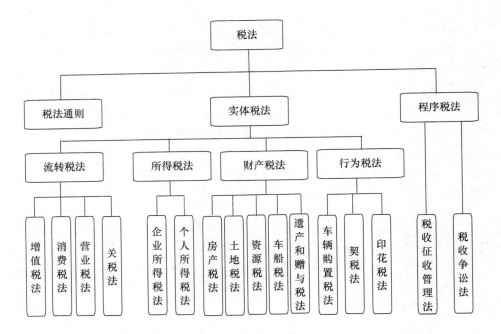

图 2 税法体系结构①

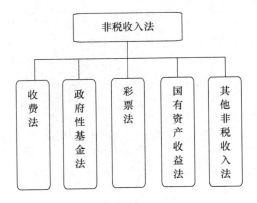

图 3 非税收入法体系结构②

---

① 说明:(1)土地税法是涉及土地的相关税法的总称,具体包括城镇土地使用税法、耕地占用税法和土地增值税法等;(2)税收征收管理法也包括税务代理等相关纳税环节的法律规范。

② 说明:(1)收费法是指调整公权力机关基于其权力特性征收费用的法律规范的总称,具体包括行政规费法、司法规费法和其他公权力机关规费法等;(2)非税收入法体系中的其他强制性非税收入法主要是指其中涉及罚款、没收等涉及财产给付的行政处罚部分,不涉及人身性或资格性的非财产给付的行政处罚部分。

二、公共财产法意义上的财税法

（一）财税法成为公共财产法的原因[①]

基于一般的法学思维，"财产法"一词通常在私法意义上使用，它所调整的是私人纳税人之间的平等财产关系。在这一语境中，所谓的财产法，主要就是指"私有财产"法。不过，随着政府行政职能的扩张和公共领域事务的复杂化，纳税人的私有财产仅由私法保护远远不够，还需要公法的有效保护。更何况，在现代税收国家中，因公权力的强大，政府通过财税行为参与社会财富总量的分配，其固有的强制特性使其更有可能成为侵害私人财产权的潜在隐忧，由此产生的损害强度、范围和影响远非一般的私人财产权冲突所能比拟。因此，私法调整私人横向财产关系，实现私人之间的利益平衡，它以民商法为主体；公法则规制纵向财产关系，保障私人与政府之间的利益平衡，它以财税法为主体。只有将两者有机衔接和结合起来，才能全面建构纳税人权利保护的规范链条，实现对纳税人财产权的完整保护，进而真切地反映现代财产法的全貌。

举一个简单的例子，当一个人挣了一百万元人民币的时候，严格地说，这笔财富还不完全是其私有财产，它必须依照相关的税收法律法规在纳税人与政府之间进行分配，税后财产才算是真正意义上的私人财产。此时，税法所调整的正是纵向财产关系，以实现国家征税权与私人财产权、公共财富与个人财富间的制度协调。在市场经济条件下，政府不直接从事生产经营，必须从私主体处汲取足以维持组织体、保障公共生活的财税资源，但出于对权力过分膨胀的畏惧和担忧，在公共财政行为的过程中施以一定的规制和约束也实有必要。也即，虽然法律确认政府具有课税权，但同时也要限制和规范政府的权力，应当要求政府遵守税收法定主义和量能课税原则，并通过法定的程序赋予纳税人抵制非法课税的权利。既然如此，税法当然也是一种财产法，而且是一种从消极、防守的角度保护纳税人私有财产的法律。除此之外，私有财产与公有财产都属于财产的范畴，故应受到财产法的平等保护。这里的"平等"并非意味着不加区分的均等对待，而是要求根据其特征和具体情形来寻求妥善、平衡的状态，适度缓解公益与私益的紧张关系。实际上，公有财产从何而来、公有财产怎样运营和管理、公有财产如何分配，这些既是典型的财产法问题，也是地道的财税法问题。财税法关注财政收入的取得、管理、分配和使用，以及相关的制度安排，本身就是在关注公有财产的保护，从另一个角度看，这也是在关注纳税人的私有财产、全体国民的"钱袋子"。正是从这个意义而言，整个财税法都可归入财产法的体系，成为现代财产法

[①] 参见刘剑文主编：《财税法论丛》，法律出版社2013年版，第179—186页，收录本书时作部分修订。

所应关注和处理的对象。

具体地说,财税法以环节为标准,可以划分为财政收入、财政支出、财政管理这三大阶段,在上述整个流程中,都或多或少地贯穿着财产法的理念和方法。

其一,财政收入。众所周知,财政收入主要有三个渠道,即税收、国有资产收益以及公债。对于国有资产收益,无论是国有企业利润,还是国有土地收入,抑或是国有资产转让收入,均为基于特定财产权而获得的收益。对于公债,其字面含义即为公共部门的借贷,代表着政府债务,也是一种财产关系。试想,如果政府借债不还或者不按时付息,就会造成对债权人财产权的侵犯;而一旦借债成功,这在短期内又会增加政府的公有财产。因此,将国有资产收益法、公债法归之于财产法,这是无可厚非和于理有据的。对于作为最主要财政收入来源的税收,税法与财产法从形式上看似乎没有联系,但其实不然;在民主和法治社会中,税法既是政府获取财政收入的正当性工具,也是纳税人维护自身合法权益的利器。税法虽然不能积极促进纳税人财产的增值,但它可以通过限制政府的征税权的方式,实现对纳税人私有财产权的消极保护,故也不失为一种广义的财产法。而且,税收收入的增加,本身就是增加了政府的财产、强化了政府的财力,私有财产与公有财产间相互博弈、此消彼长的现象在税法中表现得最为明显。

其二,财政支出。财政支出其实就是对公有财产的处分,目的是为纳税人提供公共物品和公共服务,使"取之于民"的财政收入能够切实地"用之于民"。这种处分不仅包括财产权在各主体间的转移(即财政转移支付),如从政府的一个部门转移给另一个部门、从上级政府转移给下级政府、从政府转移给私人,也包括对财产的加工、消费或减损,如政府采购、政府投资等方面。财政支出固然会受到公共政策的多方面规制,但是,其中有关对公有财产的处分仍然需要遵循财产法上的一般规则,从而保证在追求效率与公平目标的同时,又能符合基本的竞争秩序和交易习惯。从这个意义上讲,财政支出法也可称得上是一种财产法。

其三,财政管理。由于财政管理的对象就是政府,所以财政管理法更是一种典型的财产法。实务中所谓的国有资产管理,主要是指非货币性财产的管理,包括财产的产权界定、产权登记、价值评估、资产转让和纠纷处理等。而所谓的国库管理,主要针对的则为货币性财产。因此,尽管财政管理法与私法意义上的财产法不能一概而论、完全贴合,但是,这并不妨碍其具备财产法的一般共性,进而沿承了财产法的某些思路和具体制度。

当然,按照这个逻辑,在广义财产法体系中,宪法、刑法、行政法等似乎也应当有一席之地,毕竟它们都在以不同的方式保护财产权。只不过,上述法律部门与财产法的联系较为间接,远不及民商法、财税法那般紧密和成体系化,所以当前难以纳入财产法的主体框架之内。特别应当注意的是,财税法的天然流程和内在价值与财产法一脉相承,因而从财税法的角度研究公有财产保护具有得天独厚的优势。因此,财产法要拓展其公共之维、获得全新的观察立足点,将其调整范围延伸到公有财产领域,就必须侧重于与财税法的交叉研究,从而在碰撞与调整中产生智慧火花,突破传统私有财产法的狭隘局面,形成一种更为完整的审视和解决财产权保障问题的视角。

(二)公共财产法意义上的财税法价值

从公共财产法的角度观察财税法,除了换一个视角看世界之外,还能给财税法带来怎样的价值?如果不能带来什么新东西,只是满足于纯粹的换位性描述,那就没有多大的现实意义了。我们认为,在"中国梦"实现的进程中,财税法有必要更多地强调协商与合作,而不是政府与纳税人之间的对抗。将财税法定位为一种财产法或者公共财产法,而不是侵权法,有助于更好地实现这一目标,使公有财产与私人财产各尽其用、和睦共存。作为公共财产法,财税法既要处理其与私人财产法(民商法)的关系,划定私人财产征收的限度和程度,防止公共权力侵犯合法的私人财产,又要保障公共财产的安全,防止公共资金被挪用、侵吞、浪费。同时,财税法负有公平、公正、公开地分配财政资金的任务,为社会提供必要的公共品或者公共服务。

回顾财税法律制度的演进历程,法学对财政现象的关注是从税收开始的。从税收到预算,再到其他财政现象,法律逐步地将整个财税关系引入其调整的视野之中,这大致反映了财税法学兴起和发展的脉络。从制度发展的轨迹看,财税法也是以"税收法定主义"为中心而发展起来的,进而构建起了更为广泛的"财政法定主义"和其他财税法基本原则。在现代税收国家中,由于税收在整个财政收入中占有绝对比重,对国家能否以恰当的方式筹措足量的资金具有决定性的作用,故税法规则在财税法体系中最为健全。因此,对税法的理解自然会影响到整个财税法的定位。

从另一个角度看,法学之所以最先关注税收,是因为早期人们认为,税收意味着财产牺牲。确实,在表面上,税收不能还本付息,不直接对应公共服务的提供,也不能完全等量地给予每一个纳税人,因而不同于占用和使用公有财产所支付的租金,不同于向特定行政相对人收取的行政收费,这也正是长期以来税收被普遍认为具有无偿性、强制性、固定性这三大特性的缘由。在此种定性的意义体系中,如果不是因为法律的强制,征税似乎没有任何正当的名义,由此,税收表现为一种对纳税人财产权的侵犯,税法也就成为一种"侵权法",成为政府合法侵犯纳税人财产权、占用纳税人部分财产的依据。

然而,如果将税收理解为政府对纳税人财产权的侵犯,就很容易触发政府与纳税人之间的对抗,激起纳税人对政府征税行政行为的天然抵触情绪。而且,在现代税收国家中,税收占财政收入的绝大部分,各种财政行为都是以取得税收作为经济基础的,故一旦将税法定位为"侵权法",将会影响到整个财税法的属性,改变财税法的立法目标、理路和走向。因此,在实现"中国梦"的进程中,有必要换一个角度理解财税法的本质,逐步消除其对抗性,使之更为平和、温良,更有利于保护纳税人的合法权益。美国最高法院大法官霍姆斯曾经指出,税收是文明的对价。诚然,纳税虽然造成纳税人财产的直接减少,但是政府征税的目的在于合理使用这笔资金,为纳税人提供生活、生产所需的公共品或者公共服务。通过税款的集中和利用,或者能为纳税人在市场上竞争和创造财富提供治安有序、国防安全、金融稳定、物流通畅等外在环境,或者能基于公平考量使得一些纳税人的财产直接增加,如福利补助、灾难救济就属于此类。另外,纳税人向政府纳税,也是其获得一定经营权、自由权的代价,最起码,在税收国家中,纳税人无须服劳役,营业自由也有保障。从这些论据出发,税并不仅仅是国家动用垄断性强权征收的款项,而是具有内在合理性、必要性的财富转移和创造活动,税法也不仅仅是捍卫政府意愿和行为的"猛兽",而是满足纳税人公共需求、保障公共领域稳定运作的平等机制。

以上结论虽然主要出自宪法视角,但同样可以从财产法的角度得到论证。从财产法的角度理解财税法,可以将政府与纳税人视作共存于同一片时空之下的两类主体,政府依法享有公有财产权力,正是纳税人的公共空间得以扩展,并享受高质量的公共生活的必然吁求,而公有财产与私人财产间的分界线应该如何厘清则为财税法的核心命题,亦为纳税人广泛商谈和自愿同意下的产物。因此,当现代财税法回归到"公共财产法"这一法律范畴,便有利于矫正政府与纳税人之间财产关系的对抗性,缓和征纳双方的紧张和对峙格局,进而形成一种良性互动、重视协商和合作的现代财税法律文化。

公共财产法的意义构建能够给财产法及财税法的理论研究与实践操作开辟一方广阔的天地,并带来视野和方法上的改变。主要在于:

第一,税法不是侵犯纳税人财产权的法律,而是保护纳税人财产权的法律。经过严格程序和互动参与制定出来的税法,既满足了政府的正当财政资金需求,又将过分和非法的税收排除在外。因此,经由实体和程序、授权和保留、承诺和禁止等多种法律防范机制,财税法构成了一种对纳税人财产权的消极保护。

第二,如果政府是合法、正义的,那么,政府依法获得财政收入,就具有法理上的正当性。最起码,纳税人纳税不再被认为是一种牺牲或者毫无代价的奉献,而是为了获得政府供给的公共品和公共服务所支付的对价。应当认识到,政府既然有自己的利益和目的,就应该拥有财产,否则将无法履行特定的公共职责,这一点与纳税人并无差异。正因为如此,只要符合比例原则和法制要求,政府有权通过各种民主、法定的途径获得收入并予以支配。

第三,公有财产是具有特定目的的财产,其管理和使用均应满足公共性的基本要求,而不能由政府恣意支配。一方面,只要确实是政府提供公共品和公共服务所需,就有必要为之配备相应的财产。另一方面,只要不是服务于公共目标,政府就无权征收和动用公款,即公有财产只能用于履行公共受托责任,而不能用于满足政府官员的个人消费和欲望。如果过度地将私有财产从纳税人手中转移到政府,不仅会导致社会财富的堆积、浪费，有悖于财税均衡原则，而且会使政府逐渐丧失正当性，其理财的能力和态度也将受到质疑。所以，无论是财税法还是传统意义上的财产法，它们的出发点都是平等地对待不同种类的财产，这在财税法中就表现为平等地保护好私有财产与公有财产。

第四，由于对象本身的特殊性质，公有财产保护除了满足一般财产法上的要求之外，还有其特殊性，从而对一些私法规则进行了适应性的调整。例如，国家机关、事业单位的财产不得用于营利，这意味着，公用事业单位提供水、电、煤气时虽然可以收费，但只能以弥补成本为限。再如，非经营性公有财产要转变为经营性财产，以及公有财产的拍卖、变卖、减损，都必须经过行政审批；财政资金的划拨、转移支付等，还必须列入预算并经过立法机关审批。

第五，在人类社会进步发展的新阶段，纳税人应当理性、全面地看待财税现象。纳税人一方面将部分个人财产让渡给政府，另一方面又从政府处获得相关的公共品或者公共服务，甚至包括直接的财政补贴和给付。究其本质，政府之所以能够介入并分享私有财产，除了宪法所赐权力之外，主要是因为它需要履行宪法承诺，即保护纳税人基本财产权利、保护人权，促进人的全面发展。正是财产法上的这种协商与合作关系，才会促使社会不断发展和进步，并有助于解决财税实践中的诸多难题。

当然，财产法意义上的财税法仍然离不开权力制约、民主和法治。权力制约确立一种良好的权力制衡机制，民主意味着公民有权知晓公共政策、参与决定国家事务，法治强调法律对权力的控制，强调纳税人依靠法律治理国家。只有建基于这些价值基础，财产法的公共之维才有可能凸显，并进一步与财税法在理念上相互交融、协调，从而将财税法纳入广义财产法的体系。

财税法调整财政关系或者公共财产关系收入、支出和管理等，本质上是个财产法或者"公共财产法"的问题，它与私法一道构筑私人财产权的双重保障体系。公共财产法是公共财政的法学解读。财税法既表现为静态的公共财产性，又表现为动态的公共财产性。尽管财税法涉及宏观调控问题，但宏观调控的功能是极其次要的，只是在动态的税率、税惠政策调整和财政补贴等是宏观调控问题。在公共财政体制下，财政民主是公共财政的应有之义。公共财政成为服务性的政府行为，其出发点和归宿均为最大限度地保障纳税人的合法权益。公共财政必然要求财政民主，而财政民主需要法治来保障。必须通过法律明确国家财政权的范围和边界，将财政活动的普遍规则制定为法律，构建严格、规范和科学的财政权分配、财政资源分配和财政监督制度，充分保护纳税人财产权和知情权、参与权、监督权等合法权利。总之，对财税法定性为公共财产法，将可能带来财税法的理念和内容的深刻变革，增强财税法的独立性，拓展财税法发展的空间。

(三) 公共财产法视角下的现代财政制度

现代财政制度是与市场经济相适应的财政制度,而市场经济的出发点在于对私有财产权和产权进行划分,进而涉及私人财产权与公共财产权的界限确定。在历史上,财产法是私领域的法,经过发展,私有财产权逐渐被认为具有一定的社会义务。公法理论发展后,财产法的核心目的被确立为"社会国"的概念和人的尊严,财产权既是社会权利,又是宪法权利,具有对抗公权力和私权利的双重属性,也就是说,对私有财产权的保护已经远远不局限于私法的领域内,为了实现更多的目的,对私有财产权的利用者也不能封闭在财产所有人为止,"在超过财产权自由之宪法上界限时,亦即滥用私法自治时,则可不拘泥于私法约定,依常规课予相同公法负担,而为调整"。与此同时,又形成了"公共财产"的概念,"每个公民所付出的自己财产的一部分,以确保他所余财产的安全或快乐地享用"。现代财政制度,本质上即是对公共财产的收入、支出和管理进行规范的制度,经济学界所说的"公共财政",其实也是在这个维度上展开的。①

从法学的视角理解现代财政制度的公共性,关键要把握两个方面的问题:第一,财政制度的设计,要注意社会利益导向,禁止公共财产为私人所用、以及对公共财产的无度使用,我们说新近出台的《党政机关厉行节约反对浪费条例》属于财政制度、财税法范畴,就是在这个层面而言的;第二,由于财产的公共性构成了私有财产的例外,因此在公共化的私有财产(公共财产)的获得、管理和处分过程中必须有严格的实体正当性和程序正当性保护,否则就是对私有财产权的肆意侵犯,这里无论财产权是自然法意义上的权利还是法律形式主义意义上的授予权利。具言之,在实体层面,需要确保对私人财产权的限制或剥离能通过合理性检测,并符合比例原则;在程序层面,公共财产的获得、使用和管理过程中作为主体的纳税人不能缺位。

近年来,我们提出"财税法本质上是公共财产法"的命题,并对之加以论证。应当说,这对于澄清财税法的本质、强化对现代社会公共财产的保护,是大有裨益的。需要认识到,现代财税法和公共财产法是相互交叉的概念,两者有很大一部分重合,但也不能完全将二者等同起来,因为"公共财产"本身是一个集合的概念,包括自然资源在内都属于公共财产的范畴,因此应当对其进行类型化分析,通过税收、非税收入等集合起来的这部分公共财产,才属于财税法语境下的"公共财产"范畴。

就这个意义而言,现代财政制度中最主要的规范内容属于公共财产基础规范,也就是对公共财产收入、支出和管理的规范。公共财产基础规范是第一位的,同时,派生出公共财产分配规范和公共财产宏观调控规范。而这里的"规范",应当包括实体和程序两个维度。从这个进路去审视,大量的制度规范都属于现代财政制度的有机

---

① 刘剑文、侯卓:《现代财政制度的法学审思》,载《政法论丛》2014年第2期。

组成,例如对于"三公经费"的管理、对于官员贪腐的制度性"高压态势",都是如此。公共财产法的程序和实体两方面无法分开,只有做到程序上的公开透明,才能做到实体上的公平公正;只有做到程序上的有规有序,才能做到实体上的权责相当。比如在十八届三中全会前后中共中央续颁布的《厉行节约反对浪费条例》《中央和国家机关会议费管理办法》《关于党政机关停止新建楼堂馆所和清理办公用房的通知》《党政机关国内公务接待管理规定》等一系列反腐新规和李克强总理在 2013 年 3 月全国"两会"闭幕时答记者问时承诺的三个"只减不增"遥相呼应,表现了党中央对严厉管制"三公经费"的坚决态度,以及进一步改"案件反腐"为"制度反腐"的总体思路。而制度反腐,正是现代财政制度的突出表现,对公共财产的支出环节进行制度性约束、对收入和管理环节加以规制都是现代财政制度的重要方面。

三、财政控权与纳税人权利保障

(一)私人财产课税的法治化①

1. 私人财产课税理论的基础

作为私人财产分割的利器,税法一方面兼具有强烈的国家公权力色彩,体现了国家汲取能力和财政权的实现;另一方面现代税法也突破了单纯强调国家与纳税人之间的权力关系,而以债权债务关系对待之。因此,对税法本质的认识,直接关系到税收活动中税权的分配、对纳税人权利的保护等一系列基本问题。行政权力关系说和税收债权债务关系说这两大理论学说在百年的争论中,虽然后者日渐取代前者,但彼此也自有发展,某种程度上,两学说间呈现殊途同归的景象。因此,对私人财产课税,不仅要从行政法理论角度,也要从民法理论角度,才有助于正确认识私人财产课税法治化的理论基础。同时,宪政层面的要求,也是课税法治化重要的理论基础。

(1)税法行政权力关系说的革新。20 世纪初期的德国,在传统行政法学占绝对优势的背景下,权力关系说继承了传统行政法的理念,强调国家或地方公共团体在法律关系中相对人民的优越地位,强调税收中的命令服从,不注重纳税人的权利救济。因此,其以行政权力为中心构筑税法的体系,维护行政权力的优越地位,为行政权力的行使提供便利和保障,便成为其制度设计的出发点和归宿。某种意义上可以认为,税收债务关系理论对其的革新,体现的便是对传统行政法思想中"行政权力本位"的批判,它意图提供一种钳制行政权力的机制,更加重视对纳税人权利的保护。

在传统行政法过于强调保障和服务于国家行政权力的 20 世纪初期,将税法从行政法中独立出来,格外强调税收法律关系中国家或地方公共团体与纳税人之间的平

---

① 原文发表于《政法论坛》2011 年 7 月第 29 卷第 4 期,收入本书时作部分修订。

等地位,善莫大焉。但我们仍然要注意到,即便在税法已成为有别于行政法的独立法律部门的今天,在税收法律关系中,仍然随处可见国家行政权力。最突出的表现是,我们虽然否认整个税收法律关系的权力属性,但是在税收程序法领域,权力服从关系还是明显存在的。值得注意的是,行政法的发展,已从过去单纯强调"管理论"(强调国家权力发挥作用),转向现在强调"控权论"和"平衡论",从各种角度对国家权力的行使加以限制,这也导致税收行政权力关系说的理论应相应有所革新。

控权论主张,行政法调整行政主体和行政相对人的关系,重点是控制行政主体的权力,保护行政相对人权益免受行政主体滥用职权行为的侵害,在这个意义上,行政法的性质应当是"the law relating to the control of governmental power"[1](控制政府权力的法律)。而这种控权思想在英美国家深入人心。英国著名法学家戴雪极力主张控制政府的行政权力,他有一个著名的主张——不承认英国存在行政法[2],也不认为英国需要行政法。美国联邦行政程序法(APA)也是控权思想的制度结晶。众所周知,罗斯福新政使美国走出了20世纪30年代初期的经济危机,其核心特征就是政府权力强势介入国家经济、社会生活的方方面面。针对这种介入,反对派要求从法律上采取措施限制行政权力。1939年成立了由著名律师、法官和学者组成的行政程序委员会,经过长期调查、研究和论证,制定了APA草案并提交国会,历经长期的论证,于1946年通过了该法案。这也标志着,当代美国行政法占主导地位的是控权思想。

而我国,长期的计划经济时期内,行政法思想由传统的"管理论"理念一统天下。该理论认为行政法调整重点是规范行政相对人的行为,保障行政管理的顺利进行,建立和维护有利于提高管理效率、实现管理任务的法的秩序。显然,管理论指导下的行政权力运作,对相对人权益的考量很少。随着控权论等理论被引入,结合我国国情,20世纪90年代初期,平衡论的理念被提出,并逐渐为多数学者所接受。平衡论既注意到了我国行政权力发挥主导作用的现实情况,又认识到控制行政权力的重要性。与传统行政法相比,它在提出仍要保障行政权运作的同时,尤为强调对公民权的保护。通过上述分析,我们注意到,无论控权论,还是平衡论,都十分强调对行政权力的限制,对行政相对人权益的保护。这都说明,行政法的发展,早已经远离当初"传统行政法"片面追求保障行政权力运作和行政效率最优的时代了。从行政法视角看,对行政权力的运作施加限制,已是共识。这些对税法行政权力关系理论的革新

---

[1] H. W. E. Wade, Administrative Law, Oxford: Clarendon Press, 1989, p. 4.

[2] 这是因为,他认为行政权应受统一的普通法和普通法院控制,政府不能享有任何特权,他将法国的行政法和行政法院,误读为"新专制",将其与英国封建专制时代的特权法庭混淆为一体了。而17世纪的英国资产阶级革命,在法制层面的重大历史举措,便是废除了"星座法庭"等特权法庭,而将政府权力置于普通法的控制之下。这虽然是一个历史的"误读",但从中我们不难看出英国行政法学家对"控权"思想的孜孜追求。

提出了新的要求,即在国家行政权力明显发挥作用的课税环节,限制行政权力、保护纳税人财产权,建构利益协调机制,本身已是税法的题中之意。

(2) 税收债权债务关系理论的确立。税收债务关系说本质上是债的关系,即以契约的形式来解读国家与国民之间的税收关系,它体现了国民与国家法律地位的平等,或者说本质上也是人与人之间地位平等的体现。

对于税收债务关系说丰富的理论内涵,限于篇幅,本书不详加讨论,仅详述税收债务关系中的"对价"问题,因为其与本书主旨紧密相关联。一般来说,债务关系都包含"对价"。按照公共财政理论,国家在课征税款的同时,需要给纳税人提供诸如公共服务、基础设施建设等对应的行为,但这些并不能归入私法意义上的"对价"范畴。"对价"作为英美合同法上的概念,指当事人一方在获得某种利益时,必须给付对方的相应的代价。对价的一个重要特征是:需要具有真实价值,虽然毋须完全等价。从这个意义上,国家课征税款,并负有提供公共服务等法律义务,但对其衡量"价值",既不具有可操作性,也无法理上的支撑,因此,税收仍然是一种无对价的给付。

但是,课税行为虽然没有民法意义上的"对价",却并不意味着国家取得税款,不需要承担法律上的行为义务。在宪法的层次上,从保护纳税人权利、维护财政民主的角度出发,应该将税收与财政支出结合起来理解,将国家进行合乎宪法目的的财政支出,作为纳税人缴纳税收的前提条件(这也是我们认为这种法律义务近似于"对价"的原因所在)。若财政支出违反了宪法目的,破坏了税收的前提条件,纳税人得通过法律途径,甚至是政治途径予以抵制,或是要求其改正。当然,这一点的实现需要长期的努力,但这却是宪政的题中之意。

因此,从税收债权债务关系理论推演,国家针对私人的课税行为,并不能认为是单纯的"掠夺"行为,而应带有更多的"扶持"色彩,这是"法治"的要求。

(3) 私人财产课税的宪政基础。国家与国民间的利益博弈是宪政产生和发展的基础,也是现代法治国家宪政制度的重要内容。从本质上说,宪政重点关注的是国民权利和国家权力之间的对立与协调。国家权力是国家这一具有相当规模的社会共同体赖以存续的基础和前提,但(尤其是在现代社会中)国家权力有扩张和被滥用的现实危险;与之相对应的国民权利,是个人在民族国家中,具有普遍意义的成员身份的一种确认,更关键的,它是国民基本的生存和发展条件,由于国家权力在这个二元结构中的强势地位,国民权利容易受到侵害。由此,我们不难理解,宪政的要求和最终目的,在于维护个人自由,其在限制国家权力过度膨胀的同时保障国民基本权利、促进和保护人权。

具体到税法领域,私人财产权和国家征税权的对立与统一,集中体现了上述国民权利与国家权力的关系。一方面,国家需要通过获取一定的税收收入,作为支持国家和各级政府运作的物质基础,我们称现代国家为"税收国家",其实也可以看出税收对一个国家的重要性。因此,个人通过缴纳税收的形式,将一部分原属于自己的私人财产让渡给国家,不能简单被理解为个人的"牺牲",因为这既关系着国家物质力量的获得和增长、国家职能的实现,反过来也是个人实现自身生存和发展的保障。但另一方面,我们也要认识到,由于经济资源的稀缺,在国家征税权和私人财产权存在冲突情形的时候,由于国家具备的强势地位,如果宪法不赋予个人基本权利和相关救济机制,就难以形成对国家权力的制衡。在税法领域,这就具体体现为对纳税人财产权的保护,即要求我们实现私人财产课税的法治化,通过法律保护的形式实现国民权利、限制国家权力。更进一步,由于政府的存在和运作建基于纳税人的纳税活动,宪政要求政府的财政支出应受到来自纳税人方面的限制。具体在税法领域,纳税人应当有权对其所缴纳的税收的使用和政府的财政支出行为进行监督,使之被合理、正当地使用。

因此,从具体层面到抽象层面,国家和国民之间就税收产生的关系,一方面超越了原本权力关系的定义,另一方面也成为有独立特色的债的关系。

2. 税权结构与私人财产的双重保护

当我们从部门法和宪法的角度对税的本质进行了梳理之后,税就不再只是权力和掠夺的表征,也同时是权利和扶持的表征。而权力和权利这一二元结构彼此的对立和协调,在某种意义上型塑了税权的二元机构。税权的二元结构,也不再简单的是国家权力和国民权利的对立和协调,而是一种在宪政框架下,对税在宏观层面和微观层面的体系化构建,从而为私人财产保护体系的构建提供理论和制度基础。

(1) 税权二元结构的塑造。按照国家和国民、公法和私法的二元分析方法,可以将法权类型化为国家的法权和国民的法权两类。具体在税收领域,我们可以将税权区分为国家的税权和国民的税权。

从权力和权利分野的角度出发,国家的税权包括体现国家税收权力的国家征税权以及体现国家税收权利的国家税收债权,前者是税权实现的手段,后者才是税权实现的目的所在。

国家征税权,作为国家权力之一种,须受到法律的限制,即其包含的具体权力,税收立法权、执法权和司法权均在法律限制范围内。具体而言,税收立法权,受到立法主体、立法程序、立法位阶等诸多法律内容的规制;税收执法权则受到税收实体法和税收程序法的规制;税收司法权同样应受到一国有关司法制度的法律的规范,还应受到有关税收特别法的调整。更进一步地分析,从权力的本源看,国家征税权,作为国家权力之一种,是由国民让渡给国家行使的,需要受到国民意志的制约,而法律,便是全体国民意志的体现。因此,对国家征税权的实现进行全程法律"控制",殊为必要。

国家的税收债权,即为国家对纳税人的税收之债的请求权,国家在行使税收之债请求权时,除了要遵守税法规定外,还需要遵守宪法的相关规定,以进行合宪目的的财政支出作为要求缴纳税款的前提条件。换言之,基于并依据法律规定,是国家税收债权成立的形式表征，而更进一步，从权力来源角度考量，它还是基于全体国民对部分财产权利的让渡，即对税收债权的集体同意，这种集体同意的表现形式，便是法律——既包括税法，也应该包括宪法和有关宪法性法律。

国民的税权可以从宪政和法律两个层面区分，主要分为国民的税收权力和国民的税收权利两大方面。国民的税收权力，基于宪政层面，可归结为国民对税收的同意权。这种"同意权"，至少包括但不限于两方面内容：一是税种的开设、调整、撤销，以及课税程序等有关税收的内容，都需要通过法律规定，不能通过法律之外的其他规范性文件加以规定，因为只有法律保留才能体现国民对税收的"同意"；二是国家进行合乎宪法目的的财政支出，应成为纳税人缴纳税收的前提，若财政支出违反了宪法目的，或是相关级次的政府根本就未提供公共服务，这就破坏了税收的前提条件，国民可以通过法律等途径"不同意"相关具体税收，尽管这一点目前尚停留在应然层面。

国民的税收权利，是指纳税人享有的具体的基本权利，这主要体现在具体的税收债权债务关系中。国民的税收权利也可以分解为纳税人在宪法上的权利和纳税人在税法上的具体权利。前者包括财产权、平等权、生存权等，后者则包括拒绝缴纳超过法定征收期限的税款、申请复议等权利。对国民税收权利的强调，突出表现了税收过程中应注意对私人的扶持，而这种"扶持"的依据，便是相关法律法规。

国民税收权利的根据，可以上溯到国民的财产权利，再进一步回溯到个体人权；国民税收权力的根据，则可以从国民的税收权利上溯到国民的政治权力，再进一步回溯到集体人权进行分析。此处不再赘述。

（2）对私人财产的双重保护体系。作为私人财产保护的集中和抽象化，私人财产权，作为一种排他性的对世权，一般认为不仅包含了排除其他平等主体的侵害，更应包括"权利人得对抗来自公权力侵害"的内容。在私有财产领域，权利人能够充分地行使自己的权利，政府非因法定事由并经法定程序不得侵害，否则即为侵权。而在国家公权力体系中，课税权最先且最直接与私人财产权发生关联，课税行为本质上说是对私人财产权的一种强制性限制。即便从宪法层面看，国家诸如提供公共服务之类的财政支出是这种课税行为的"对价"，使得这种限制和剥夺合法化，但税收对私人财产权的限制，却是真实存在的。加之征税权的公权力特质，更使得在遭遇国家征税权不合法或是不合理的侵害时，私人财产权由于处于明显劣势而无力抵抗。既如此，通过将课税行为法治化，来规范国家公权力对私人财产的限制行为，并避免过度侵害现象的出现就凸显其必要性了。可以说，在税收对私人财产完成初次索取后，在国家征税权实现后，才形成了私法意义上的财产权保护。而"私人财产不受侵犯"，首先应该指的是私有财产不受国家征税权的非法侵犯，只有当税法构建起限制国家征税权非法侵夺的抵御体系时，私人财产权才有得以在私法的规范下获得自由行使的可能。

总之，对私人财产的课税行为，从应然层面看，制度设计和实践运作都应体现国家对纳税人的扶持作用。我们认为，私人财产课税法治化，是实现这种扶持作用的重要条件和最佳途径之一。

3. 私人财产课税法治化的要求

无论从权力与权利关系的抽象层面，还是从私人财产权保护的具体层面，实现私人财产课税法治化，是真正达致税收"扶持之手"效用的前提和最优途径。但是，课税法治化是一个系统化进程，它需要法治化理念的确立和相关制度的构建，其中，形式法定与实质公平是重中之重。

（1）税收法定原则。税收法定原则，又称税收法定主义，是税法中最为重要的基本原则，其本旨在于规范国家权力的运用，同时保障纳税人的权益，贯穿于税收立法、执法乃至可能出现的税收纠纷解决的各个环节。税收法定主义的落实，是实现私人财产课税法治化的必经途径，体现了国家通过税收，扶持纳税人生存、发展的精神。该原则最早可以追溯到1215年的英国《大宪章》，"一切盾金或援助金，如不基于朕之王国的一般评议会的决定，则在朕之王国内不允许课税"。"无代表则无税"（no taxation without representation）的思想更是在其后数百年英国、美国、法国等国的资产阶级革命中扮演了重要角色。

税收法定原则在许多国家都已作为宪法原则得到确认和规定下来，也成为法治程度的标杆之一，多集中在宪法中有关财税制度的部分，或在有关国家机构、权力分配、公民权利和义务的规定中。如《日本宪法》第84条，"课征新税或变更现行的税收，必须依法律或依法律确定的条件"，《意大利宪法》第23条，"不根据法律，不得规定任何个人税或财产税"，即属比较典型的规定。

税收法定原则在我国的现行法律依据有哪些呢？一般来说，作为国家与国民之间财产关系最基本的分割，税收法定的法律依据必须从宪法的高度加以确定。我国《宪法》第56条规定，中华人民共和国公民有依照法律纳税的义务。若从文义解释的角度出发，宪法明文规定个人依照"法律"纳税，因此可以认为是税收法定主义的表述，但从体系解释的角度出发，对纳税义务的概括性规定又不构成税收法定主义的依据。

那么法律层面上是否存有税收法定原则的依据呢？《立法法》第7条规定，全国人大制定基本法律，全国人大常委会制定基本法律之外的其他法律；其第8条中，在"只能制定法律"的事项中，于第8项规定了"基本经济制度以及财政、税收、海关、金融和外贸的基本制度"。但在第9条中，该法又给授权立法打开了口子，"本法第8条规定的事项尚未制定法律的，全国人民代表大会及其常务委员会有权作出决定，授权国务院可以根据实际需要，对其中的部分事项先制定行政法规，但是有关犯罪和刑罚、对公民政治权利的剥夺和限制人身自由的强制措施和处罚、司法制度等事项除外"。我们注意到，本条规定中的"除外"事项，并未包括"税收基本制度"。并且，《立法法》有关税收法定主义的规定，一方面，仅将规范重点放在立法层面，不足以涵摄税收法定主义应包括的多方面内容;另一方面,其本身"基本制度"、"部分事项"等表述,也语焉不详,为国务院争取税收立法权预留了缺口。因此,《立法法》有关规定,也不能统筹税收法定主义全局,只是税收法定主义在立法层面的具体适用而已。

《税收征收管理法》第3条规定,"税收的开征、停征以及减税、免税、退税、补税,依照法律的规定执行;法律授权国务院规定的,依照国务院制定的行政法规的规定执行。任何机关、单位和个人不得违反法律、行政法规的规定,擅自作出税收开征、停征以及减税、免税、退税、补税和其他同税收法律、行政法规相抵触的决定。"从内容和立法目的看,该条规定主要针对税收征收程序,规范的是税收征收和税收缴纳行为。而对于税收法定主义重要针对对象之一——授权立法问题,它不可能发挥作用。因此,从效力级次上看,该条规定不足以成为税收法定主义的法律依据。

那么,似乎我们又不得不回到存在争议的《宪法》第56条了。从法理上看,宪法的内容主要应包括国家基本制度和公民基本权利两个方面,而宪法的目的,是保护公民的基本权利。无论是公民义务的设定,还是国家机构的设置及职能,都是服务于公民基本权利的保护。我国《宪法》第13条规定了"公民的合法的私有财产不受侵犯",该条文对应宪法保护公民基本权利中的财产权。因此,《宪法》第56条既是对公民纳税义务的确认,也是对国家课税权的限制,该条文中所说的"法律",应仅限于全国人大及其常委会制定的法律。由此,笔者认为,《宪法》第56条是税收法定原则在我国法律中的依据。

当然,税收法定主义的规定,宪法应更加明确。法理上的推导毕竟不如明确的文字更为直观。

对于税收法定原则的基本内容,学界有较多的关注和讨论。如日本学者金子宏认为,税收法定主义包括税收要件法定主义、课税要件明确主义、合法性原则和程序保障原则;而北野弘久则认为税收法定主义包括税收要件法定主义和税务合法性原则两方面内容。我国学者在这个问题上基本达成共识,即税收法定主义包括三个子原则:课税要素法定、课税要素明确和依法稽征。课税要素法定,从法律位阶的角度出发,要求税法构成要素中的实体法要素必须由法律规定,行政机关未经授权无权在行政法规中对课税要素作出规定。课税要素明确,旨在给纳税人提供较为明确的预期,其要求课税要素必须由法律作出尽量明确的规定。依法稽征,要求税收行政机关必须严格依法征收,不得擅自变更法定课税要素或是法定征收程序。也有学者称其为税务合法性原则。

税收法定原则是私人财产课税法治化的基础,确保国家的课税行为真正发挥对纳税人的扶持作用。但在实然层面,大量税收政策的存在及发挥作用,就是对税收法定主义某种程度上的违反。因此,推进税收法定主义的贯彻需从以下方面逐一努力:第一,在宪法中明确规定税收法定原则,并明确其在保护公民基本财产权利中的基本地位。第二,构建科学、完备的税法体系。我国当前的税收立法呈现分散、不全、立法层次低等弊端,这既不利于税法权威的树立,也违反了税收立法与税收执法相分离的基本原则和国际惯例。因此,我国应抓紧制定统筹税法体系的"税收基本法"(或"税法通则"),并将部分税收行政法规上升为税收法律,制定一些新的税种法,并对落后于时代发展的旧法进行修改。第三,清理现行税收政策。以税收法定主义和税收公平原则为基本标准,并将其中经过税收实践检验证明是合理有效的做法通过立法的方式将其转化为法律。第四,合理配置税权,在纵向层面上以集权为前提进行适度的分权,在横向层面上确保全国人大及其常委会的税收立法权。第五,强化税收执法监督。一方面,税收执法机关不应当成为相关税法政策的制定者,这极易导致税收政策偏向于扩大税收执法机关的权利、缩小或限制纳税人的权利。另一方面,要提高税务人员的专业素养。第六,在条件成熟时建立税务法院(或税务法庭),制定专门的税务行政诉讼程序。目前,税务行政诉讼适用一般行政诉讼规则,因而人们只能在对具体税务行政行为提起诉讼的同时,顺带对其所依据的较低层次的税收政策的合法性进行审查。而针对现实生活中大量存在的税收政策侵犯不特定纳税人利益的情形,纳税人并不能单独对税收政策本身的合法性问题提请法院裁决。而且,税务行政行为因其本身的专业性和其他行政行为存在较大区别,因此,在条件成熟时考虑建立税务法院或税务法庭,同时制定专门的税务行政诉讼程序,这既能适应税务纠纷增加的需求,又能更好地保障普通纳税人的权益。

  总之,从人类法治建设的进程看,税收法定原则的产生和发展,真切地展现了近代史上阶级力量的强弱对比,对民主和宪政在资本主义国家的确立,起了极大的推动作用。而现代法治国家,税收法定原则对于整个法治环境的健全和完善、对于国民基本财产权利的保障,都有着重要的意义。因此,笔者认为,得到普遍遵守的税收法定原则,是实现私人财产课税法治化的重要基础和前提。

  (2)税收公平原则。税收公平原则,通常指纳税人的地位平等,税收负担在纳税人之间公平分配。相对税收法定原则的形式层面的要求而言,税收公平则更注重实质,即税收立法、税收执法过程中如何真正体现"公平"这一价值观念。而对公平的追求,与税收法定原则同样是私人财产课税法治化的题中之意,是法治化更高层次的要求。如果没有税收公平原则指引,单纯、片面的税收法定,有可能带来的是"恶法之治"。

  简言之,如果说税收法定主义要求的是私人财产课税形式上的法治化,那么税收公平原则则要求私人财产课税在实质上符合法治化的要求。

  我们应当如何理解税收公平原则的内涵呢?"公平"是一种价值观念,比较抽象。这也导致人们对税收公平的理解各不相同。对于"公平"的理解和掌握的标准,不同历史时期、不同社会形态或同一社会形态在不同的国家,学者们的认识往往是不同的。最早出现的是绝对公平原则,但现今人们普遍认识到,绝对公平是很难实现的,因此,税收公平原则就由最早的绝对公平原则演变成利益说、负担能力说,并从福利的角度出发使公平的意义与福利观念相结合。

利益说要求按照以税款为基础的财政支出中得到的利益来分配税收负担，但如何确定"得到的利益"殊难衡量，且财政支出和税款之间，在更大多数情况下并不存在一一对应关系。因此，利益说不适合作为税收公平原则的普遍体现。相对而言，负担能力说更具有普遍意义，庇古和穆勒引入了相对牺牲的概念，认为具有相同纳税能力者应负担相同的税收，不同纳税能力者应负担不同的税收。这种思想后来演变、发展成税法上的量能课税思想。

从法理上说，公平本身即包括经济公平和社会公平两个层次。税收的经济公平是市场机制的内在要求，是在平等的竞争条件下，由市场机制所决定的分配原则自发实现的，因而可能会使不同主体获得不同甚至是差异较大的报酬，这是一种较低层次上的公平。税收的社会公平则着眼于将人们的收入差距保持在社会能接受的合理范围之内。税法的扶持作用，主要即体现在实现社会公平上。所得税的累进税制，对纳税能力高的人多征税，对纳税能力低的人少征税，对低于起征点的免征或给予一定的补贴，对丧失劳动能力或不劳动的人给予一定的扣除，都体现了追求税收的社会公平的精神。

在税制改革的实践中，由于直接税和间接税的性质区分，人们往往能注意到直接税对实现社会公平的作用，却忽视了间接税的作用。直接税体现税收公平是比较明显的。如个人所得税采用累进方式课税，便能直接调节个人的可支配收入。有研究表明，以衡量社会分配不公正程度的基尼系数为例，在实行累进所得税的情况下，税后的基尼系数一般要小于税前的基尼系数。这说明，个人所得税等直接税有助于促进收入分配公平。间接税主要是从个人收入的使用层面减少货币的实际购买力，进而调节不同个体的可支配收入。比如，对奢侈品课加高于必需品的税率，虽然购买者所负担的税额相对于其收入来说未必是累进的，但是横向来看，奢侈品的消费者多为高收入群体，而低收入群体则基本购买税率相对较低的必需品。因此，通过税率与消费结构的吻合，间接税也具备收入再分配功能，对社会公平的实现也是有重要作用的。

税收公平原则是国家对纳税人扶持之手的基本判断标准。实践中，应当处理好税收公平原则与税收立法合法性的关系。

"税收立法"是从广义上讲的，既包括中央层次的法律、行政法规、税收政策，也包括地方的税收法规和政策。以个人所得税立法为例，我国实行的是分类所得税制，该模式下，实行源泉扣缴，并根据不同所得分别规定按年、月综合计算和按次单项计算。一般认为，实行分类课征制度是导致个人所得税在调节高收入群体时失灵的重要原因之一。其原因在于，这种制度设计给部分纳税人的税收规避留下了制度上的运作空间。在总收入相同的情况下，分多次或多月取得收入的纳税人可能不必缴税或是少缴税。

同时，纳税人可以通过故意减少当月实际所得，在月工资不变的情况下对一次所得改变发放时间或改一次性发放为多次发放等办法避税。这样看来，分类中的劳务报酬所得、财产租赁所得、稿酬所得、特许权使用费所得等，均可通过上述方法避税。这些显然都会造成所得来源多、综合收入高的人少纳税，而所得来源少、收入集中的人多纳税的不公平现象。而且，不少学者也指出，当前所得税法律制度中，对工资薪酬所得课加税率过重、起征点过低，也是对以工资薪酬为主要（甚至是唯一）所得来源的低收入群体的不公平对待。因此，在承认短期内难以完全放弃分类课征制度的同时，可以考虑构建分类综合课征的新模式，事实上，这也是世界上不少现在实施综合课征制度的国家曾经历过的发展阶段。在这种分类综合所得税制的模式下，我国可以考虑扩大超额累进税率的应用范围，以增强个人所得税纵向调节力度；调整费用扣除项目的具体内容以体现税负公平。

可以说，税收公平原则内在吻合于税收法定主义，是私人财产课税法治化在实质层面的、较高层次上的要求。保障税收公平原则的实现，需要贯彻、落实税收立法和税收执法两个层面。

在税收立法层面，有横向公平和纵向公平的问题。为实现税负的横向公平，税法对任何课税对象均应同等对待，避免对不同的社会组织或个人实行差别待遇。为此，应保证国家税收管辖权范围内的一切单位或个人，无论收入取得于本国还是外国，均应尽到纳税义务。为实现纵向公平，应考虑纳税人负担能力的差异，在制定税目、税率、征税对象与减免税范围时有所区别。

在税收执法层面，应尤其注意合法性和合理性标准的配合。税收执法的合法性标准，主要要求税收执法要做到主体法定、内容合法、程序合法、依据合法四个方面。而税收执法的合理性标准，则主要针对税务机关的执法人员，在依法征税过程中享有的法律规定范围内的自由裁量权，如税务机关在对纳税人作出处罚时，可以在法定的处罚幅度范围内，作出选择。因此，合理性标准主要是试图给税务执法人员的自由裁量权施加必要的限制，防止其滥用这一权力，给纳税人的权益造成损害。

4. 私人财产课税法治化的进路

私人财产课税的法治化由于涉及诸多方面，无论是理念的确立，还是制度的建构与协调，都决定了其必须遵循一定的进路推进。在分阶段推进的过程中，对核心理念的坚持是必不可少的。

（1）私人财产课税法治化的理念和进路。作为私人财产课税法治化的指导精神，核心理念的明确和坚持其意义自无需赘言。法律的作用之一就是调整及调和种种相互冲突的利益，或者说正义的要求便是"赋予人的自由、平等和安全应当在最大程度上与共同福利相一致"。从私人财产课税所涉及的主体及主体间基本法律关系来看，国家权力和纳税人权利之间的平衡与协调，是私人财产课税法治化的最终目的，也成为其核心理念。无论是基于纳税人与国家之间公法上的债权债务关系，还是基于社会契约论，或者是基于公共物品理论，这一系列理论都从不同侧面体现了宪政思想中对权利对正义的关注。可以说，宪政思想构成了课税法治化的基石，无论是对私人财产的双重保护，还是税权的二元结构，以及国家就公共物品的给付义务等等，都是建立在对宪政的追求和实现中。而从层次上看，则具体包括：

第一，平衡国家权力和纳税人权利的关系，确保国家税收收入和保护纳税人基本权益之间的平衡，而这种平衡本身也是正义的内在要求，或者说在个人权利和社会福利之间创设一种适当的平衡，乃是有关正义的主要考虑之一。

第二，国家和纳税人间的税收债权债务关系的思想不能仅停留在理论层面，需要在税收实践中得到强化和遵守。国家对纳税人课征税款，应强调以提供公共物品作为"准对价"。应从观念上明确，国家和纳税人之间的关系，须由管理与被管理的关系，转变为契约关系。

第三，须明确课税法治化是形式正义和实质正义的统一。既要注重形式上的"有法可依""有法必依"，更要追求"良法之治"。前者强调的是法律文本的重要性，后者则立足于通过法律真正实现公平正义和人权。

第四，宪政的思想在课税法治化的过程中，应扮演重要角色。我们强调对私人财产的双重保护、强调税权的二元结构、强调国家提供公共物品的义务，其实都是建立在宪政思想上的。

此外，在课税法治化的每个具体环节，仍有许多具体的需要遵守的理念，如税收法定原则中，对税收立法高位阶性的强调等。这些内容在本书都有涉及，这里不一一列举了。之所以将上面几点归纳出来，是因为笔者认为，这几点统筹整个课税法治化的全局，可以成为指导课税法治化各环节的理念基础，更为重要，故不惜笔墨，将其整理如上。

我国私人财产课税法治化路在何方呢？我们不妨借鉴日本著名税法学家北野弘久教授关于税收法定主义三阶段划分理论，从而得出实现我国私人财产课税法治化的三层次论。北野弘久教授主张，税收法定主义的第一个阶段是传统的税收法定主义理论，仅仅以法定的形式规定税收。对于实体的公正与否在所不问。第二个阶段是税收法律主义，在现代宪政条件下，从约束立法机关课税权并体现量能负担原则、公平负担原则等实体正义的法理出发构建现代税法。第三个阶段则立足于维护纳税人基本权利，立足于税的征收与使用相统一。因此，我们认为，完美地实现这三个层次的要求，是税收法定主义的最理想境界，也是我国税收法治建设的目标，同时也可以理解为私人财产课税法治化"三步走"或称"三层次论"。

三个层次之间是逐层深入的关系。第一层次，主要强调形式上的税收法定，要求税收活动的各个环节均要遵守法律文本的规定，既包括对税收立法的要求，也包括对税收执法、税收纠纷解决的要求。虽然其涵盖面极广，包括了税收活动的方方面面，但相对而言，其法治性要求却是较低的，因为其仅仅在形式层面控制了违反税法或其他法律行为的发生,而未对法律文本本身的合法性、合宪性、合正义性等作出判断,在某些极端的情况下,这可能导致纳税人不得不服从"恶法"的情形。这也是为何称税收要件法定等要求是、而且仅仅是课税法治化的"基本"要求的原因所在。第二层次,则要求立法者关注实质上的公平正义和量能负担原则等实质正义的实现,这是较高层次的要求。税收公平原则的基本要求,就是此处所论之"第二层次要求"。从宏观的税收法治建设而论,实质的公平正义至少应包括四方面的价值:一是分税公平,即体制性公平,指政府间的税收分配公平;二是定税公平,即制度性公平,指课税制度设计上的公平,包括传统理论所说的横向公平和纵向公平;三是征税公平,即管理性公平,指税收征收管理上的公平;四是用税公平,即权益性公平,指纳税人在税款使用中的监督权利与平等受益。分税公平和定税公平可以被视为对公平正义的实体性推进,征税公平和用税公平则可被认为是公平正义的程序性保障,但无论其具体表现形式差异为何,均体现了课税法治化在实质层面的要求。第三层次,作为法治化最高层次的要求,是从宪政的角度分析问题的。其重点关注对纳税人基本权利的保护。虽然税收债务关系不具备标准民法意义上的"对价关系",但宪政理念要求我们,应该将税收与财政支出结合起来理解,将国家进行合乎宪法目的的财政支出,作为纳税人缴纳税收的前提条件,这也正是"租税的征收与使用相统一"的题中之意。

  从现阶段看,我国的课税法治化建设,首先要力图做到的是形式上的税收法定,即税收立法、税收执法和税收纠纷解决等各个过程都实现(首先是形式上的)法治化。只有首先在形式上实现了课税法治化,我们才具备了追求实质正义和宪政层面保护纳税人权利的条件。当然,在实现第一层次法治化要求的过程中,就应该在制定每一个法律文本时,注意考察立法内容是否在实质上体现了公平、正义,是否真正有利于保护人权?各级政府或政府部门都应养成这样一个思考问题的习惯,即该项财政支出是否符合宪法目的?是否与本地区纳税人利益相关?是否有利于本地区纳税人生活质量的提高或是生活环境的改善?特别要指出的是,由于第一层次的紧迫性和初始性,笔者接下来对我国课税法治化实现程度的考察,围绕对第一层次,即形式法治要求实现状况的考察展开:一是对静态的法律文本进行分析,看实然法律制度中如何体现私人财产课税法治化的;二是从动态角度考察,我国法律变迁过程如何体现法治化要求,进而实现对纳税人权益的扶持。

  (2)静态的法律文本。从法理角度出发,法律文本由法律规范组成。所谓"令行禁止",法律规范中,最多的两种即是授权性规范和禁止性规范。本书将分别说明这两种法律规范是如何通过对私人财产课税的法治化,来体现对纳税人的扶持的。

  先以企业所得税制度为例,在企业所得税制度中,有关减、免、退税的规定与纳税人的利益息息关。私人财产课税法治化要求在税法中以法律形式将这些内容规定下来,从而给纳税人带来较为明确的行为预期,有利于纳税人合理安排自己的经营行为，并对税法上的后果有较为准确的估计。同时，减、免、退税的法律规定，本身即体现了对纳税人的一种扶持。

我国《企业所得税法》中，减、免、退税的内容规定较为完备。如该法第 26 条规定了免税的情形①，第 27 条规定了"可以免征、减征的情形"②。第 28 条则规定，小型微利企业和国家需要重点扶持的高新技术企业的减税情形。此外，该法第四章的其他诸条规定，也都是税收优惠的各种情形。这些规定，都以法治化的形式，体现了对纳税人的扶持作用。如第 28 条在扶持高新技术企业发展的同时，还有引导资金、人才流向高新技术产业的作用，体现了对整个国民经济结构优化的扶持。

如果说授权性规范较为直接地体现了对纳税人权益的扶持，那么禁止性规范对纳税人扶持的体现，就不是那般明显。禁止性规范，是命令当事人不得为一定行为的法律规定，属于禁止当事人采用特定行为模式的强行性规范。从表象上看，税法中的禁止性规范，是对纳税人行动自由的限制，似乎应当对纳税人不利，如何体现扶持的作用呢？以反避税规制为例，税法规范之所以比较严厉地打击反避税行为，固然是基于避免或减少国家税款流失的考量，但其背后蕴含的价值考量中，也包括了税收公平理念。如果具有同样税收负担能力的两人，是否采用避税手段，成为交纳税款多少的决定因素则显失公平；更进一步，假使此二人同样采取避税手段，区别仅在于前者之行为受税法特殊反避税条款规制（如转让定价之一种），而后者之行为未被特殊反避税条款涵摄，致使前者比后者少缴纳税款，不仅显失公平，更有负面效果——鼓励人们不断"创新避税手段"。因此，除特别反避税条款外，《企业所得税法》第 47 条还规定了具兜底性质的一般反避税条款。而税法对避税行为的打击，在限制、规范少数避税行为当事人的同时，也是对其他未采取这种避税行为的企业利益的保护。从更宏观的角度看，对避税这种具有负面法效果的行为给予严厉打击，能使企业经营者在商业竞争中将更多精力投入到企业经营本身，提高企业的经济效率、降低生产成本等，而非投机取巧。这能营造有序、合理的经营、竞争秩序，在提高整个经济运行效率的同时，也对经济中占绝大多数的正当经营的主体提供更好的发展机会，这难道不是一种很明显的扶持作用吗？所谓正本清源，大概便是此意。

当今社会的主题是和谐社会的建构，法治化对和谐社会建设的一个重要助力（或曰"保障"）体现在：法治化的进程体现了最大程度地填补制度漏洞，在不同社会主体之间尽量营造公平、有序的竞争环境，使绝大多数成为"社会精英"的公民，是通过诚

---

① 第 26 条规定，企业的下列收入为免税收入：（一）国债利息收入；（二）符合条件的居民企业之间的股息、红利等权益性投资收益；（三）在中国境内设立机构、场所的非居民企业从居民企业取得与该机构、场所有实际联系的股息、红利等权益性投资收益；（四）符合条件的非营利组织的收入。

② 包括：（一）从事农、林、牧、渔业项目的所得；（二）从事国家重点扶持的公共基础设施项目投资经营的所得；（三）从事符合条件的环境保护、节能节水项目所得；（四）符合条件的技术转让所得；（五）本法第 3 条第 3 款规定的所得。

实、合法的努力取得成功的。这正是和谐社会建设的题中之意。税法,作为与公民切身利益息息相关的法律制度,在和谐社会建设中,无疑扮演着重要角色,某种意义上,我们称税法乃是"顶天立地之法",可以说既是治国安邦的"为官之道",也是保护人民的"为民之法",是和谐社会建设的突破口,都包含了这方面的意思。

（3）动态的法律变迁。法律在制定之后,并非一成不变,尤其是在我国面临社会转型的大背景下,法律的变迁就更为常见了。具体到税法领域,由于其与经济领域关联紧密,而这些领域在近三十年间发展迅速。因此,税法的变迁较为频繁,既包括一些新的税种法由无到有,也包括对已有法律制度进行修改。

第一,坚持立法程序的法治化。私人财产课税法治化对税收立法在立法程序中的法治化要求,有两方面的含义,一是指立法时都应遵守的基本程序,如我们通常看到的"全国人大表决通过"就是在这个意义上说的;二是指税收立法,即对位阶有较高的要求。由于税收活动影响到国民基本财产权,甚至可能在一定程度上影响到其基本生存权。因此,《立法法》第8条规定,税收基本事项需要制定基本法律。这种立法的高位阶限制,体现了课税行为在立法程序上的法治化,是对纳税人财产权益的保护和扶持。只可惜该法第9条过于模糊的表述,又为税收领域的授权立法,留下了制度上的运作空间。在实践中,就表现为大量的低位阶的税收政策等规范性文件,在税收活动中扮演着相对税收法律更加重要、更加基础的角色。而这,无疑对纳税人权益的保护殊为不利。

以近来颇具争议的房产税改革试点为例,在程序上似乎就不甚符合法治化的要求。2011年1月底,国务院召开第136次常务会议,同意在部分城市进行对个人住房征收房产税的改革试点,具体征收办法由试点省（自治区、直辖市）人民政府从实际出发制定。重庆市和上海市据此制定征税暂行办法,自1月28日起开始对个人所有非营业房产征收房产税。我们注意到,1985年第六届全国人大第三次会议授权国务院对于有关经济体制改革和对外开放方面的问题,必要时可以根据宪法,在同有关法律和全国人大及其常委会的有关决定的基本原则不相抵触的前提下,制定暂行的规定或者条例,颁布实施,并报全国人大常委会备案。据此,国务院制定了一系列税收暂行条例,包括1986年的《房产税暂行条例》。由此国务院第136次常务会议的决定,属于转授权。此次会议同意在部分城市进行对个人住房征收房产税改革试点,具体征收办法由省级政府自行制定。而重庆和上海的房产税暂行办法也不再只是对《房产税暂行条例》实施的具体解释,而是超越解释性授权的范围,制定了全新的征税规则,即进入了立法性授权的领域。而《立法法》第10条明确禁止立法转授权,国务院无权将全国人大的立法授权转授予地方政府,国务院的此次转授权不应产生法律效力。重庆和上海根据国务院授权制定的房产税暂行办法,在法律效力上有明显瑕疵。

此次试点改革在中国改革开放的进程中并不鲜见,可以说"试点"是我国改革开放以来一直长期存在的有中国特色的制度,并且这种在部分地区"试点成功"、待"时机成熟"后推向全国的改革模式,确实有其合理性,在改革过程中也确实发挥了很大作用。但无论是改革,还是试点,都应该在法律框架内进行,不能逾越法律、行政法规的规定。国务院此次房产税改革在程序上的瑕疵是显而易见的,而且与法治化的要求相悖。

而一项法律制度,即便吻合实质正义的内在要求,如果在制定程序上有悖法治化的要求,那么它就是不完美的。即正义不仅应得到实现,而且要以人们看得见的方式加以实现。从立法程序的角度分析,授权性原则本身就暗含了禁止空白授权和转授权。前者是授权主体"对其全部或者一定领域的立法权整体、概括的授予,欠缺授权内容、目的和权限范围的限制。空白授权使立法机关的立法权旁落,立法机关实际上放弃了自己的立法职责,导致立法权与行政权不分,破坏民主政治",后者更是将法律承载的功能变相地削弱。

第二,坚持科学立法、民主立法和开门立法。毫无疑问,面向社会征求民意,这是近年来我国立法过程中出现的亮点,而民众意志在立法过程中被更多地加以考虑,也体现了税法对国民的扶持作用。税法领域,近年来至少两部与纳税人切身利益息息相关的法律,在制定或是修改过程中,听取(不仅"听",更重要的是"取"了)民众的呼声,显得尤为出彩。

2005年9月27日,全国人大法律委员会、财政经济委员会和全国人大常委会法制工作委员会就个人所得税工薪所得减除费用标准,联合举行了新中国建立以来的第一次全国性立法听证会。本次听证会至公告规定的报名期限截止时共收到4982件公众报名申请,由此可见公众参与的热情。而在本次立法修改过程中公众也确实发挥了自身的作用,有28人[①]在听证会上作为听证陈述人发表了自己的意见,另外还有18名出席听证会的旁听人提交了书面意见。原草案计划将工薪所得扣除标准由800元提高至1500元,后吸纳公众意见,调整至1600元。虽然只是100元之差[②],但切实体现了本次个人所得税法修改对民众意志的尊重,也很好地体现了税收立法环节的法治化及对纳税人权益的扶持作用。而在2011年4月出台的《个人所得税法修正草案》,采用了向社会公开征集意见,此次修正草案核心便是工薪所得的费用扣除标准,以及"工薪所得"和"个体工商户的生产、经营所得和对企事业单位的承包经营、承租经营所得"的适用级距和适用税率,这不仅体现了对民意的重视,更体现了国民就税收事项的话语权。

2011年2月通过的《中华人民共和国车船税法》,其出台过程,虽未召开公众听

---

① 包括20名公众陈述人,草案起草部门财政部、国家税务总局和国务院法制办公室代表各1人,全国总工会代表1人,4个省、自治区、直辖市财政或税务部门的代表各1人。

② 与有些法律在将草案提交全国人大审议时,最后仅仅修改3个标点符号的情形相比,可谓云泥之别。

证会,但也体现出民意的尊重。① 2010年10月的《车船税法草案》(一审稿)出台后,人们普遍认为,车船税税额幅度上调过大,纳税人负担增加过重。意见主要集中在:一是认为2.0升(含)以下小型客车税负过重,二是认为以排量为标准征税不合理。考虑到社会意见,之后出台的二审稿、以及正式通过的车船税法,对税额标准进行一定程度的下调,尤其是2.0升(含)以下小型客车的税负,下调幅度更大。1.0升(含)以下的年基准税额保持不变,仍为60至360元;1.0升以上至1.6升(含)的年基准税额由一审稿规定的360元至660元降为300元至540元;1.6升以上至2.0升(含)的年基准税额由一审稿规定的660元至960元降为360元至660元。此外,对2.0升以上至4.0升(含)排量的客车的税额幅度也作了微调。

从以上立法例,我们不难看出,在立法过程中严格恪守法治化要求,确实可以体现对纳税人的扶持作用。因此,立法程序的法治化,应该是私人财产课税法治化的重要组成部分。

从上述对我国课税法治化实现状况的考察(本文考察主要以第一层次、形式法治要求为标准),可以发现,我国税收领域的立法,近年来发展迅速,《企业所得税法》《车船税法》等的出台,《税收征收管理法》《个人所得税法》的修改,都体现了这一点。并且立法技术的规范性也有较大程度的提高。同时立法过程中,注重听取民众意见也是十分可喜的变化。这都为我国实现形式意义上的课税法治化提供了基础。但是,无论是大量税收基本法律缺位的现实,还是立法过程中越位立法、转授权立法等违反法治要求的状况,都提醒着我们,中国离税收法治,准确说是最低层次的、形式意义上的税收法治,仍存在不小的距离。

此外,我国在税收立法过程中,对实质公平、正义的关注也有诸多体现,例如个人所得税工薪扣除标准的调整,便很明确地体现了这点。在制定车船税法过程中,对小排量客车降低税负,也是追求税收调节收入这一杠杆作用的体现,本质上也是实质公平的实现。但如果没有一套机制"强迫"立法者在立法环节对实质公平进行细致的考量,那我们便只能将上述积极现象解读为"偶然"现象,因为这是高度依赖于具体立法者自身素质的,而立法者素质又是不可控的,难以得到持续保证。因此可以在成本可控、效用能得到保障的情形下,考虑将基本法律制定过程中举行听证会制度化、常态化,而在制定其他法律、或是制定基本法律时暂不具备召开听证会的条件时,应该(而非软约束性的"可以")通过网络等手段征求民意,更关键的是要建立对民意的反馈机制,这样才能保证吸纳"民意"中公正、合理的因素。此外,在法律实施过程中,也应当建立相关评估机制和机构,考察理论中的最优化状态在实践中究竟"成色几许",是否能真正满足课税法治化的第二层次要求。

---

① 我们所说的"尊重",非为简单的"征求意见"的姿态或是形式,而是实实在在地根据意见对原草案进行修改。

至于第三层次的法治化要求,必须承认与理想状态还有较大差距。最为明显的是,各级政府对"财政支出与财政收入挂钩"这一宪政层面的要求缺乏认识。实践中,"政绩观"和"民生观"的对立、博弈,某种程度上即体现了这一点。大多数政府在进行财政支出时,首先考虑的是 GDP、是"政绩",大量"面子工程"的开工建设即是较好的脚注。"居民实际收入""民生"等,似乎并不是许多官员脑海中的"关键词"。实现第三层次的法治化要求,从本质上说,就是税收要"取之于民,用之于民",从这一点看,我国的私人财产课税法治化,不可谓不任重而道远矣。

私人财产课税法治化,强调了对纳税人的扶持,体现了纳税人利益和国家利益的和谐统一。既有利于国家的稳定,社会的和谐,又保障了个人的生存和发展。我们既要注重形式上的法治化,主要是强调整个税收活动都应该尊重税收法定主义,应该围绕法律文本进行;更要注意实质的法治化要求,即在税收立法和税收执法过程中,真正注意税收公平的实现,进而更好地实现正义的价值观念、保护纳税人的人权、并促进其发展。

实现私人财产课税法治化,是发挥税收活动对纳税人权益扶持作用的前提条件和重要途径,这是一个系统的工程。而要推进私人财产课税的法治化的实现,需要在观念上,在"国富民强"和"民富国强"之间作出正确抉择,树立"民富国强"的观念,国家能真正做到让利于民,不与民争利。我们需要注意到,民富和国强之间并不矛盾,而是内在统一的。我们也需要思考:什么是国家?国家建立的根本目的是什么?笔者以为,从某种意义上说,国家是为了其国民服务的,国家强大本身并不是目的,只有国家强大了、从而得以使其国民拥有享受高质量生活的机会,才是国家强大所追求的目标。人类历史上曾有过不少片面追求"国强"而忽视"民富"的国家,离我们最近的例子大概就是 20 世纪 70、80 年代的苏联了,是为当时世界两大超级大国之一,国家实力不可谓不强。但另一方面,国内却是物资极度匮乏,国民经济濒临崩溃,百姓生活困难。这种畸形的发展,最终成为其剧变解体的重要根源。而 14、15 世纪的欧洲,也有过国家,如法国,片面追求"国富"、而忽视"民富"的情形,当时的"国富"主要表现是封建王室的富有,其在给人类留下诸如凡尔赛宫之类奢华的皇宫之同时,不也最终被资产阶级革命推翻吗?所以,民富方能国强,民富和国强须有机结合、统一。现代税法,在国家和国民之间,以税收债权债务关系为纽带,架起了一座桥梁,以私人财产课税法治化为突破口,税收活动最终起到对纳税人的扶持作用,确实是实现"民富国强"的最佳途径。

(二)纳税人权利与税法意识

1. 纳税人权利基础理论

一般认为,纳税人权利就是在纳税过程中纳税人依据税法或其他法律规定所享有的特定的权利。但对纳税人权利的理解如果不溯及本源,从税收的本质出发,从宪政的高度诠释,就无法对纳税人权利进行全面的审视,无法摆脱纳税人权利只是单纯的程序性权利的旧有观念。因此,在建构和谐社会的进程中,需要按照民主与法治的精神,有效地解决公民财产权与国家财政权的冲突与协调问题,将保障纳税人权利提到一个新的高度加以认识。

(1) 纳税人权利与纳税人基本权。从经济学角度看,税收是纳税人为获得政府提供的公共品和服务所支付的对价。在税收分配中,代表政府的税务机关和纳税人之间体现着社会经济生活的基本关系,不是单纯的征收和被征收关系,更多的是征纳主体之间的平等关系。公民为了享受国家提供的各种公共品,必然要有一定的支付;但公民须缴纳税款并不意味着他仅承担义务,是义务主体而不享有权利。事实上,权利和义务是对称的,纳税人在缴纳税款的同时,也享有相应的权利,只有纳税人才是真正的权利主体。

从政治学与法学的角度看,人民主权可以成为纳税人权利最好的注脚。人民主权思想强调主权在民,主张通过人民的代议机关实现对国家权力的限制。英国著名学者洛克认为,"人类天生都是自由、平等和独立的,如不得本人同意,不能把任何人置于这种状态之外,使受制于另一个人的政治权力"[1],同时,在国家征税权上,主张"未经人民自己或其代表同意,绝不应该对人民的财产课税"。[2] 日本学者金子宏在此基础上,形成了"课税权必须经过国民的同意,如不以国民代表会议制定的法律为根据,则不能行使课税权的宪法原理"[3],即税收法律主义。这就使得纳税人从纯粹的义务主体变成权利义务主体,从被迫承担义务转变为自愿纳税作为获得国家服务的合理对价,纳税人的权利得到确认,并受到法律的保护。在英国《大宪章》和《权利法案》、美国《独立宣言》和《美利坚合众国宪法》、法国卢梭的人民主权学说和《法国宪法》的鼓动下,世界大多数国家兴起了依法课税的思潮,并成为各国宪法中必备的重要内容。纳税,在理论上已经不再是公众对统治者臣服的表现,而成为公民在终极意义上利我的表现。纳税人的概念不仅更好地诠释了作为个体的公民的权利,还可以为公民参与国家政治生活提供事实上的合法性。对纳税人而言,"税收乃庶政之母",纳税人养活了国家公共部门,以纳税人的心态和身份行使对公共部门的监督权,比法律赋予的公民资格更具有说服力。

因此,我们认为,纳税人权利由税收的本质和目的决定,是人民主权在税收领域的具体体现,也是公民个人作为社会经济主体的价值实现。

纳税人权利,是指纳税人在依法履行纳税义务时,法律对其依法可以作出或不作出一定行为,以及要求他人作出或不作出一定行为的许可与保障,包括纳税人的合法

---

[1] 〔英〕约翰·洛克:《政府论(下篇)》,叶启芳、瞿菊农译,商务印书馆1996年版,第59页。
[2] 同上,第89页。
[3] 〔日〕金子宏:《日本税法原理》,刘多田等译,中国财政经济出版社1989年版,第48页。

权益受到侵犯时应当获得的救助与补偿。世界各国都根据本国国情,对纳税人的权利内容作了或多或少的确认,将其规定为法定权利甚至宪法权利。

虽然我国《宪法》并未明确规定纳税人权利,但在第 2 条则规定了,"中华人民共和国的一切权力属于人民"。从国家主权的角度看,这是人民主权理论在宪法中的直接表述。在理论上,虽然纳税人即便作为整体也不能等同于人民,但可以肯定的是,人民中的绝大多数都是纳税人。一方面,随着市场化进程的深入,我国财政收入结构中税收所占的比重越来越大。从财政国家的角度看,我国早就进入了税收国家的行列。另一方面,对纳税人的理解应当从广义的角度加以把握,不仅包括直接税的纳税人,还应当包括间接税的负税人。既然纳税人具有如此广泛的范围,不限于现行税法规定的名义主体,那么,可以说纳税人的主体者地位、纳税人的基本权利保护不过是人民主权理论的要求,完全可以在我国宪法中得到确证。

从宪法公民权的角度看,由于一国纳税人基本涵盖了一国的公民。因此,宪法对公民经济、政治、文化等方面权利的规定,也适用于纳税人。我国《宪法》第 56 条关于公民纳税义务的规定,也可以从公民权的角度给予全新的解释。首先,公民的纳税义务以国家进行合乎宪法的财政开支为前提,而保护公民基本权利,促进公民经济、政治、文化权利的增长,则是宪法永恒不变的主题。因此,纳税义务服务于公民权。其次,税的收与支在公民身上是不可分割的,从形式上看,公民纳税是为了保证国家权力的运行,而国家权力存在与运行的最终目的则是为了有效维护与实现公民权利,因此从根本上说,公民的纳税义务与公民权是统一的。再次,公民有权通过行使公民权监督税款的使用,公民的选举权和被选举权、检举权、批评建议权、申诉权等,都可以起到保障依法用税的作用。最后,如果税款的使用偏离了宪法的宗旨,公民可以通过行使公民权请求国家予以纠正。

由此可见,纳税人基本权利完全可以从公民权的角度得到诠释,在现阶段,实现纳税人基本权利的途径只能寄托在公民权的行使上。金人庆先生在《论依法治税》中分析认为:"在税法立法与执法过程中,要将纳税人权利放在首位,这是人民权利的具体化、法制化,是人民民主监督、民主管理国家的法律体现与制度保障。"[①]如通过行使选举权和被选举权,督促立法机关废止相关立法,或者否决相关预算;通过申诉权、检举权等,利用国家机关之间的制衡力量,督促违法开支项目的改正;如果存在违宪审查制度,还可以通过申请违宪审查,确认某些税收立法或财政开支行为无效等。

纳税人其实就是公民身份在税法领域的具体化,纳税人的基本权利在具体的税法领域中是无法体现的,只有将纳税人上升到公民的层次,才能将税收收入与税收支出之间的法律联系紧密地结合起来。因此,纳税人的基本权利其实就是纳税人作为公民所享有的权利。

---

① 金人庆:《论依法治税》,载《中央财经大学学报》2003 年第 3 期。

（2）纳税人权利体系。从纳税人权利的界定中就可以看出，纳税人权利并非一成不变的，或者说纳税人权利也不存在终极意义上的实现。因此，纳税人权利体系本身也是开放的，而纳税人权利在两个不同的层面上体现出来，这种界分也构成了对纳税人权利体系理解的始点。

第一个层面，是从纳税人与国家关系的角度出发，体现于宪法或税收基本法中的纳税人权利，即宏观层面的纳税人权利，主要以公民权的形式存在，同时附加有关国家机关的义务性规定。包括两方面的内容，即民主立法权和民主监督权。前者指纳税人有权以法律规定的形式参与税法的制定，有权对税收立法发表自己的意见；后者指纳税人有权决定和关注税款的用途并对立法、执法、司法活动提出意见和建议。从社会契约论的观点看，民主立法权和民主监督权在性质上应和公民的自由、平等等权利一样，都属于"天赋"不可剥夺的权利，应在法律中加以确认。

纳税人在宪法层面所享有的权利是比较抽象的，这些抽象的权利必须要在具体的部门法如税法中加以细化。因此，第二个层面，就是从纳税人与税务机关的关系出发，将宪法权利具体化为税法上的纳税人权利，甘功仁教授也称其为纳税人的个体权利。有的学者提出纳税人的个体权利是纳税人在履行纳税义务的过程中，依法可以作出或不作出一定行为以及要求他人作出或不作出一定行为的许可与保障。① 纳税人在税法上的具体权利是在具体的纳税人与税务机关的关系中所产生的权利，是微观层面上的纳税人权利，主要体现在《税收征收管理法》中，如对税务机关的决定不服有权申请复议或者提起诉讼等。通过对微观层面上具体权利的明确规定，可以最大限度实现法律关系主体间的平等，实现纳税人权利与税务机关权益的平衡。

在权利和权力的关系上，正如张文显教授所说："公民的权利是国家政治权力配置和运作的目的和界限，即国家权力的配置和运作只是为了保障主体权利的实现，协调权利之间的冲突，制止权利间的互相侵犯，维护权利平衡才是合法的和正当的。"② 公民权利和国家权力处于的对立统一关系之中，公民权利和国家权力的良性协调是良好法律应当具有的性格。从权利本位主义来看待二者关系，公民权利第一，国家权力第二。国家权力的存在是为了实现公民权利。权利是权力的本源，即无权利便无权力。卓泽渊教授即认为"任何国家权力无不是以民众的权力（权利）让渡与公众认可作为前提的"③，"在终极意义上，权利是权力的基础"。④

权力属于拥有权利的人民，国家只是权力的行使者，法无授权即无权力，权力只能自由裁量，因而权力是有限的，这个界限就是公民的权利。当代法治国家一般通过两种方式来限制国家权力，一种是规定国家权力的行使方式和范围，明确权力界限；

---

① 甘功仁：《纳税人权利专论》，中国广播电视出版社2003年版，第89页。
② 张文显：《法学基本范畴研究》，中国政法大学出版社2002年版，第89页。
③ 卓泽渊：《法治国家论》，中国方正出版社2001年版，第62页。
④ 同上书，第69页。

另一种是将国家权力按照一定标准划分,并合理配置给不同的国家机关,进行分权制衡。这些限制国家权力所采取的权力规定和权力制衡的规则的根本依据都是公民权利。公民权利是国家权力的基础,权利不仅不是来自于国家的恩赐,更是国家权力存在的合法性依据。英国政治哲学家格林就认为权利的性质不是根源于国家权力,而是相反。权力是为了实现效果而人为制造的手段和权利实现的一种代价。国家权力的存在和行使,应当以公民权利的保障为出发点和归宿。

2. 纳税人在宪法上的基本权利

一直以来,纳税人在税收征纳关系中被定位为纯粹的义务主体,纳税人权利被法律所忽视,被征税主体所忽视,也被纳税人自身所忽视,他们不曾想自己也拥有正当合法的权利。一个面临变革的国家,如果试图破除纳税人的义务主体身份,树立以权利制约权力的宪政结构,绝不能仅仅考虑纳税人在法律上的具体权利,而必须从宪法权利保护的观点出发,通过改变纳税人对权力的依附地位,树立纳税人无论是作为个体还是整体上的权利主体资格。

(1) 依法纳税的权利。依法纳税的权利,是指纳税人只依据法律规定的范围、依据和程序纳税,包括实体性权利和程序性权利,对于非依法律规定而对其征收的税收,纳税人有权拒绝并可请求保护,而这正是税收法定主义的宪法依据。税收法定主义起源于英国,是指税的征收和缴纳必须根据法律的规定进行,没有法律依据,任何人有权拒绝,国家不能征税,这是基于税法的侵权属性。纳税人在让渡财产时必然要有依据或者标准来衡量,否则其合法权益就会遭到侵害,而让渡财产的依据或标准就是法律,税收立法和执法只能在法律的授权下进行,税务机关不能在没有授权的情况下随意对纳税人课税。正如庞凤喜教授指出的:在"公共财政"下,"税价"是否合理,直接涉及纳税人的切身利益,如果政府随意征收,就会侵犯纳税人的合法权益,影响纳税人的正常经营。故现代各国都在宪法中明确了税收法定主义。①

当然,税务机关的执法行为在个别时候并不是完全依据法律的。一方面,是由于法律规定存在不足或者空白之处;另一方面,是由于纳税人对税务机关日常执法行为的信赖,对纳税的数额或者方式形成一种既定的模式。因此,对纳税人信赖利益的保护也是依法纳税的一种引申。税务机关不得援引法律的缺失为自身征税行为的偏差辩护,依法纳税的权利不仅仅表现在对现存法律的依据,也表现在对法律精神、原则的坚持和贯穿,这是纳税人信赖利益保护的依据。

(2) 生存权。对税款的征收,税务机关更多地从财政收入增加的角度去考虑。但对纳税人而言,财产权的让渡应以保证其基本生存为前提的,财产的牺牲不是无限的。国外的税收立法也同时关注纳税人的生存权。生存权是纳税人的基本人权之一,是一项自然权利。不论纳税人是自然人还是法人,生存都是最基本的,征收过度

---

① 庞凤喜:《论"公共财政"与纳税人权利》,载《财贸经济》1999年第10期。

势必影响到纳税人今后的生活或生产。从另一角度看,对纳税人生存权的保护也是获得长期稳定的财政收入的必然要求。

纳税人的生存权是宪法上的基本权利,是抽象的权利,但在税法实施的不同阶段确实可以得到体现。在税收立法阶段,对涉及纳税人基本生存权的财产或收益应当免于征税或者视情况从轻课征,对纳税人的个人基本生活开支以及家庭必要抚养开支等,都应该从应税所得中予以扣除。在税收执法阶段,对纳税人生存权的保护也是贯穿始终的。税法中规定的缓征、减征、免征是在纳税人无力缴付税款的情况下,税务机关对纳税人实施的保护其生存权的种种措施。同时,税收强制执行的对象不包括维持纳税人基本生活所需的财产,税收保全措施也有相应的规定,这些都体现了对纳税人生存权的保护。

由于各国经济发展水平的不同、发展阶段的差异,对生存权的理解也无法形成一致。对发展中国家而言,生存权可能是指维持生存的基本权利;而就发达国家而言,生存权却可能是体面生存的权利。所以,各国法律对生存权的规定相应地也是不同的,但都与一国现行的经济、社会、文化以及历史传统相匹配。

(3)平等权。平等权是宪法赋予公民的基本权利,包括享有参与选举与被选举,平等获得受教育、就业、社会保障等权利。平等权同样是纳税人的基本权利之一,并且贯穿于税收立法、执法和司法过程,是保证税法制度正常运行不可或缺的部分,对维护纳税人的合法权益、校正社会分配不均具有积极意义。对于平等权的理解,我们认为不应局限于单一层面或者是某两个主体之间,而应作扩大理解,即平等权是要求纳税人之间的平等、征纳双方之间的平等、司法实践中的平等以及税款监督过程中的平等多个方面。

在税收立法过程中,纳税人所享有的平等权体现为税收公平原则,虽然各个纳税人在税收征纳过程中让渡的财产多少是不同的,但这是由纳税人个人税负能力大小决定的,或者是根据从国家享受服务的多少确定征税标准。一般来讲,在不可能确定税收缴纳与政府提供的公共产品或服务之间存在直接对价关系的场合,应尽量遵循量能课税原则,这也是保证纳税人生存、发展的必然要求。

在税收执法过程中,平等权则体现为非歧视对待,即纳税人之间平等适用税法,不存在税法特权,不因主体的不同而随意减免税或增加税。

在税收司法过程中平等权也应予以坚持和体现,在司法或者是准司法的救济程序里,赋予纳税人平等权显得尤为必要,权利同权力的抗衡过程中,如果不遵循平等原则,不从宪法层面明确纳税人所享有的平等权,纳税人权利的救济可能会付诸东流,权利的实现也无从保障。

(4)参与权。日本学者北野弘久指出,参与权是纳税人在让渡私有财产权后为享有公共利益,对关系纳税人利益的有关事项发表意见的权利,包括税收立法参与权和用税决策参与权,即应当保障纳税人对税的课征与支出进行民主化管理的权利。

立法参与权着重于纳税人有权依法律规定的形式参与税法的制定、修改。当然,此处所讲的立法参与权是纳税人所特有的,不同于立法权的享有。因此,立法参与权的主体和立法主体并不冲突。用税决策参与权是纳税人为保证税款的有效使用,有权以法律规定的形式对税款的使用范围、方式、数量等相关内容发表意见,以特定的形式参与税款使用的过程,这种参与保障了国家行为的合法有效,也促进了用税决策的民主和高效。包括:

第一,税收立法参与权。一方面,由于法律的制定本身就滞后于现实,为了切实反映纳税人的意愿,保护纳税人的利益,需要根据各地不同的经济发展状况、文化习惯以及法制化的发展水平去考虑税收法律的制定。因此,赋予纳税人必要的立法参与权是现实可行的。另一方面,基于税法同纳税人切身利益极为密切的原因,税收立法活动的结果同纳税人权利的享有、义务的履行是息息相关的,纳税人应当在税收立法过程中,参与到纳税范围、税率、减免税等规定的制定中。

税收法定主义要求将立法权赋予立法机关,税收立法参与权则强调税收立法的民主决策,纳税人主要可以通过设立听证制度实现该项权利,而参与的过程中本身也要求纳税人对国家税收立法情况的了解,对某些税收法律制度具体运行方式的知晓,对即将制定的法律和构建的制度的原因和背景的了解。纳税人广泛分布于社会各个阶层。因此,让所有纳税人都参与税收立法是不现实的,而为了保证税收立法参与权的实现,国家可以通过提供相应的途径保证纳税人得以行使提出立法意见或者建议的权利,质询的权利和申请听证的权利。

第二,用税决策参与权。用税决策参与权是关系到纳税人纳税目的能否实现的权利,该权利近些年来逐渐为人们所关注。无论税收立法和税收征纳领域运作如何完美无缺,如果国家在税款使用的决定中不以纳税人的整体利益为立足点、着眼点,就不能保证税款的使用符合公共利益的需求,税收的本质也不可能得以体现。任何用税行为都关乎纳税人的切身利益,要使税款使用符合纳税人的要求,只有纳税人本身参与决策才是最为可行、有效。同时,公共资金的违法或不合理支出意味着纳税人本可不被课以相应部分的税金,将侵犯纳税人的合法权益。可见,引入用税听证制度可以有效体现用税决策参与权,切实保护纳税人的权益,提高税款使用的效率。而税收立法或预算审议的过程充分公开,将使纳税人得以了解为什么要征税以及税款流向何处的真实过程,在纳税人参与的过程中,言论自由是其表达个人意志、享有参与权的方式。

(5)监督权。纳税人享有监督权是基于如下两方面的考虑,一方面,税务机关拥有行政权力,权力的扩张势必对纳税人权益造成潜在或实际的损害,尤其在税收执法的过程中,纳税人在信息严重不对称的情况下,对其合法权益的保护尤显突出。因此,有必要通过监督的方式,以权利对权力的制衡机制保证征税行为的合法正当。另一方面,纳税人让渡财产是为了享受政府提供的公共物品或服务,这些公共物品或服务是纳税人以税款方式支付,这就涉及政府在使用税款的过程中是否合法,是否依照法定程序支付税款等问题。政府不能随心所欲地化私为公,取走资本和私人的市场收益,纳税人通过自己的代议机构——人大或者议会,处分或者支配自己的税款,监督政府对公共财力的使用。通过规范财政收支行为来约束政府行为,使无限政府变成有限政府与有效政府,根本上解决政府的"越位"和"缺位"行为。纳税人的监督权包括对税款征收的监督权、对税款使用的监督权。纳税人在宪法上的监督权是比较抽象的,但其实现的方式则应是具体的、丰富的。因此,我们认为纳税人的监督权还包括纳税人为有效行使监督权利而享有的依法结社的权利。现代社会中结社是增强个体力量的重要方式,彰显个体权利的有效途径。纳税人的结社权可以保证纳税人在合法的前提之下,自由组织各种层次、各种性质的社团,发展民间社团是遏制权力垄断较为有效的形式,应当成为宪法重点关注的对象。只要权力机关依法对待权利,纳税人享有的结社权的行使不但不会阻碍权力的行使,反而会保障税务机关权力的正常合法高效行使。

(6) 救济权。纳税人的救济权,是指纳税人基于前述实体性或程序性权利受到侵害之后向有关机关请求保护的权利,是对违法行为的一种纠正,包括对税务行政机关主张权利、对司法机关要求保护的权利,主要包括行政复议和行政诉讼,尤其是税收行政行为的司法审查。在有些国家,还存在纳税人诉讼制度。救济权的核心是保证纳税人权利的真正实现,将纳税人权利由法律权利、纸面上的权利变成为一项实有权利、现实生活中的权利。权利的运行有不同阶段,而这一环节是权利的核心部分,有保障的权利才是具有现实意义的。

纳税人权利在面对强大的行政权力时不可避免要受其侵害,不论在程序设计上如何加以防范和控制,还是在实体上赋予纳税人更多的权利,都不可能完全改变权利、权力配置之初的不对称状态,加之在权利运行、权力运用过程中各种因素的影响,这就使对权利受侵害之后的救济显得尤为必要和关键。纳税人享有救济权的意义在于使纳税人让渡私有财产权之后,在税收执法、税款使用过程中可以通过司法或准司法程序对受侵害的权利加以纠正。救济权的适用应当广泛,救济权的方式应当便捷多样。不少学者提出我国应当创设纳税人诉讼,允许纳税人对公共机关不合理征税与违法用税行为提起诉讼,允许纳税人提起禁止公共资金违法支出的请求诉讼,将征税行为、用税行为完全置于纳税人的监督之下,也有学者建议引进司法审查制度。这些建议表明,应当完善救济权的方式充分保障纳税人权利的最终实现。

3. 纳税人在税法上的具体权利

纳税人在宪法上的基本权利是纳税人在税法上具体权利的来源,税法上的具体权利是宪法权利的具体化,不能将两者割裂开来研究。纳税人在宪法上的基本权利贯穿于纳税人权利运行的整个过程。纳税人在税法上的具体权利更多的是程序性权利,税收征管中的纳税人权利是纳税人在税法上权利的主要部分,税收征管是纳税人与税务机关接触时间、范围最为广泛的过程,税务机关的行政职能也主要是发生在该过程中。因此,税收征管中纳税人权利的较其他过程中的权利更为丰富也更贴近纳税人的日常生活,主要包括:

(1)知情权。知情权,又称知悉权、了解权,是指公民从政府及其他有关机关获知的有关公共事务的管理情况的一项权利。甘功仁教授认为:广义的知情权包括政治知情权、司法知情权、社会知情权和个人信息知情权。税法中所讲的知情权应该是包含纳税人享有主动了解、知晓税法全面、准确、适时的知情权,以及享有被告知与自身纳税义务有关的一切信息的告知权。

知情权主要是通过告知制度来实现的,告知制度属于行政程序制度,税法领域中的知情权包括事前告知、事中告知、事后告知,即在税收征管过程中纳税人享有了解一切与纳税有关的信息资料的权利。事前告知是指税务机关在作出税务行政行为之前,向纳税人告知其行政行为的法律依据、事实依据和纳税人享有的权利;事中告知是指税务机关所进行的税务活动的全部过程,除涉及国家机密和商业秘密,均应向纳税人公开;事后告知是指税务机关在作出税务行政行为后,应告知纳税人其行为的结果和不服该行为所享有的救济途径等情况。我国现行的《税收征收管理法》明确规定了纳税人的知情权,即纳税人、扣缴义务人有权向税务机关了解国家税收法律、行政法规的规定以及与纳税程序有关的情况。

(2)服务与帮助权。服务及帮助权,即无偿获得专业服务及帮助的权利,是指纳税人有权免费获得税务机关提供的纳税咨询服务、纳税指导等服务。美国《纳税人权利宣言》第6条规定,纳税人有从官方税务咨询部门得到帮助的权利,"税务咨询官员可以在悬而未决的税收问题上帮助你,并且可以在你遇到税收方面的重大问题时,为你提供特别帮助"。澳大利亚《纳税人宪章》更是阐明了税务局应向纳税人提供的服务以及服务标准,包括及时诚恳的忠告,使用明白的语言提供建议,关注无行为能力和地理位置遥远的纳税人的特殊需要等。

(3)保密权。保密权,是指纳税人提供给税务机关的个人财产信息或有关的商业信息应得到严格保密,税务机关只能在法律规定的范围内使用纳税人的相关信息。保密对象包括两方面内容:个人财产信息和商业信息。前者是指个人财产状况等隐私情况,后者则包括纳税人的账簿、记帐凭证、报表、生产经营状况、在银行或其他金融机构的存款账户等商业性的信息。除非法律有规定,否则税务机关不得向任何第三人泄露纳税人的这些信息。我国《税收征收管理法》第8条第2款也规定了纳税人享有保密权。

(4)陈述与申辩权。陈述与申辩权,是指纳税人对税务机关实施的行政处理和行政处罚,享有说明和辩解的权利。陈述权与申辩权两者性质相似,并且权利的行使都是以行政处罚为条件。陈述权是纳税人对税务机关作出决定所享有的陈述意见的权利,而申辩权则是纳税人认为税务机关对自己所为的行为在定性或者是适用法律上不够准确,而进行辩解和阐述观点的权利。该权利是税务机关滥用行政处罚权的有力制约,如果纳税人有充分的证据证明自身行为合法,税务机关就无权对其进行行政处罚,即使纳税人的陈述或申辩不充分合理,税务机关也应当解释其行政处罚行为的原因,并将纳税人的陈述内容和申辩理由记录在案,以便在行政复议或司法审查过程中能有所依据。

（5）诚实推定权。诚实推定权,是指税务机关在尚无真凭实据证明某一涉税违法事实或行为存在的情况下,应首先认定纳税人是诚实的,是可以信赖的和无过错的,直到有足够证据并由执法机关来推翻这一认定为止。该项权利是人格尊严权的一部分,对于纳税人有着特别的意义。因此,在研究纳税人的权利时将其单独列为一项权利。澳大利亚《纳税人宪章》规定,相信纳税人在涉税事务上的诚信,税务局相信并支持纳税人是努力诚信的处理涉税事务的。税务局有责任向政府和社会保证每个纳税人都依法正确纳税。税务局检查某位纳税人的纳税信息并不意味着该纳税人不诚信的行为。加拿大《纳税人权利宣言》中肯定了该项权利,"诚实推定:纳税人有权被认定为诚实,除非有相反的证据"。

（6）礼遇权。礼遇权,即纳税人在税收征纳过程中,应享有受到税务机关礼貌、周到待遇的权利。英国学者米尔恩认为礼貌"要求一个共同体和任何形式的联合体的成员在相互关系中总是彬彬有礼,不仅必须不得为无端的粗暴行为,而且必须表现出对他人情感的尊重"。"不过,倘若基于正义和社会责任的坦诚之言或诚实无欺的行为,使对方感到震惊或苦恼,则不属不礼貌"。

由于征纳双方在税收法律关系中权利义务的非对等性,使得税务机关总是处于一种强势地位,纳税人则处于被动的弱势地位。因此,礼遇权是使纳税人免受税务机关粗暴、蛮横的无理待遇,保证其纳税人地位受到应有尊重的权利。纳税人的该项权利在各国的税收立法中均有体现,加拿大《纳税人权利宣言》规定了"礼貌与周到权利,即你在与我们打交道时有权得到礼貌与周到的待遇,无论我们是要求你提供信息还是安排会面或查帐"。美国《纳税人权利宣言》规定了"专业与礼貌服务的权利"——"如果你相信一个国内收入署的雇员没有以职业的态度对待你,你应该告诉雇员的上级。如果该雇员上级的回答不能令人满意,你应上书给你所在地区的税务局局长或税务服务中心主任"。

（7）减免税及退税权。从理论上讲,纳税人应依据税收法定主义按期履行纳税义务,但由于某些不可抗力的龙因致使纳税人无法按期履行纳税义务,纳税人有权经申请获取一定期限的延缓且免予滞纳处分的权利。这是对纳税人生存权的保障,正如1998年美国《国内收入署重建和改革法案》中对纳税人权利保护的规定:纳税人应纳税款不足1万元时,经国内收入署确认纳税人按期履行全部纳税义务有困难的,只要纳税人在5年内没有不填写申报表的情况,且同意遵守法律和协议规定,许诺3年内履行全部纳税义务,国内收入署应接受纳税人提出的分期纳税协议。

（8）申请复议与提起诉讼权。纳税人对税务机关作出侵害其合法权利的行政行为享有依法补救的权利，在税法的公正适用中，就演绎为纳税人享有申请复议与提起诉讼的权利。美国《纳税人权利宣言》第7条规定了上诉和公正的复议权："如果你对应纳税额或我们的某些征税行为有不同意见，你有权要求国内收入署上诉办公室复议，你也有权对国内收入署作出有关纳税义务和征税行为的任何决定提出上诉。"加拿大《纳税人权利宣言》规定了"公正的复审——如果你认为未得到公正的对待，则有权对评审提出异议。但必须在一定的时间内行使此权利。一旦你发出异议书，我们将就你的案卷作公正的复审。若结果仍不满意，则可以起诉到法庭"。我国在《行政复议法》《税务行政复议规则（试行）》中规定了纳税人申请复议的权利，在《行政诉讼法》《税务行政应诉工作规程（试行）》中规定了纳税人诉权，《税收征收管理法》也明确规定纳税人申请行政复议和提起诉讼的权利，以保证纳税人的合法权益能够受到有效保护。

（9）损害赔偿请求权。损害赔偿请求权，即对于税务机关未经授权或者没有法律根据的行政行为导致的人身和财产损失，纳税人有权要求赔偿。该违法行为包括故意的行政行为和疏忽大意的行政行为。然而，值得关注的是，政府的赔偿应该有合理的上限，避免遭遇大额的索赔要求。一方面通过赋予纳税人赔偿请求权可以使纳税人获得一定的补偿，其合法权益受到应有的保护；另一方面也应注意，税务机关因担心无法证明事实而会面临大量的赔偿诉讼，对打击逃税和避税行为畏缩不前，这会抑制税制的健康运行。

以上是纳税人具体权利的基本内容。同时也应注意，在规定纳税人权利的同时，也应对税务机关的征税工作进行必要的制约，通过对税务机关的限制性规定使纳税人得到一些有益的反射性权利。

总之，完整的纳税人权利体系既有宪法性权利规定又有具体性权利规定，在具体的权利规定里，既有实体性权利也有程序性权利，同时还包括救济性权利。我们认为，完善而成熟的纳税人权利体系应当是以纳税人宪法性权利为统领，以实体性权利为核心，程序性权利为基础，以救济性权利为保障的权利体系。就我国目前关于纳税人权利的规定，可以说已经在权利保护的认识上实现了巨大的进步，但如何将纸面上的权利落实到法治实践中，将纳税人权利从一种宣言变为法律生活，则是税收法治得以实现的关键。我们知道，从理论变为制度的过程是漫长而艰辛的，而从制度变为深入人心的理念更需要社会全体的共同努力。

4. 纳税人的税法意识与权利实现机制

（1）纳税人税法意识的优化。[①] 在我国，公民对税收根据的认识是建立在传统的"国家分配论"基础之上的，马克思主义的国家分配论认为，税收是国家凭借政治权力

[①] 原文与丁一合作发表于《中国税务报》2001年8月10日理论版，收录本书时作部分修订。

对社会产品进行再分配的形式;税法则是国家制订的以保证其强制、固定、无偿地取得税收收入的法律规范的总称。这是从国家需要、国家本位的角度来阐述税收,说明税法的本质。"所谓赋税就是政府不付任何报酬而向居民取得的东西",以此为理论依据的税收被定义为"国家以其政治权力为依托而进行的无偿性分配"。在此理论指导下,区别税与非税标志的税收"三性"(强制性、无偿性、固定性)被过分强调,成为割裂政府与公民之间权利义务平等对应关系的利器。国家成为只享有征税权力而无须承担任何代价或回报的权力主体,公民成为担负纳税义务而无权索取任何回报的义务主体。尽管现实生活中政府实际在积极履行其社会职能,公民也在享受政府提供的公共产品和服务,但税收理论上的误导,直接影响了纳税人行使权利的积极意识和政府课税中对纳税人权利的应有尊重。更为有害的是,这直接导致脱离权利的"应尽义务论"在我国税法理论界和实务界的盛行。同时我国长期以来的宣传导向也是以宣传"纳税是公民的光荣义务"为主,对纳税人享有哪些权利宣传不够,这正是忽视纳税人权利的体现,导致纳税人主体意识缺失。

而西方社会普遍流行社会契约思想,以此为基础的交换说和公共需要论是从人民需要、个人本位的角度,并结合国家提供公共产品的职能来说明税收的起源和本质,税法不过是以人民的授权为前提,将其意志法律化的结果。

从立法上看,现行宪法仅仅规定了"中华人民共和国公民有依法纳税的义务",却缺乏"纳税人合法权益受法律保护"的相应条款。这也成为不少理论界同仁将纳税人直接称呼为"纳税义务人"的依据。我国税法中对征纳双方的权利义务虽有许多规定,但对纳税人的权利以及税务机关如何为纳税人服务却规定得不够充分,税务机关行使职权在执法程序上也不够完备、规范,致使一些税务人员随意执法、滥用职权、随意侵犯纳税人合法权益的现象时有发生。有关纳税人权利的规定散见于《税收征收管理法》《行政诉讼法》《行政复议法》《行政处罚法》《国家赔偿法》等不同的法律法规中,一般纳税人难以真正把握,自我保护意识较弱。再加之我国的税收宣传一向以应尽义务论为主调,着重宣传公民应如何纳税、纳好税、不纳税应承担哪些不利后果等,而对纳税人享有哪些权利以及如何行使这些权利却强调得不够。这一方面造成我国纳税人行使权利的集体无意识状态,另一方面也使得税收执法部门因缺少权利人的监督而弱化依法行政,反过来则进一步加深了纳税人权利地位的失落。

当前,我国市场经济体制下的公共财政格局已初步建立,与之极不相称的却是纳税人权利暗弱和意识不明的现状,这极大地阻碍了依法治税方略的推进。在各经济主体的利益边界日益明晰、利益驱动机制日趋强化的今天,只讲义务而不讲权利的义务论已得不到认同。税收作为"维系一个民族命运的大血脉"(马克思语),没有纳税人真切的认同和参与,是难以畅行的。因此,彰显纳税人权利、重塑纳税人意识都应成为当前依法治税的一个重大课题。我们似乎可从以下几方面着手寻找解决问题的方案:

第一,更新税收理论。在对税收根据的认识上,我们不妨吸收西方"利益交换论"

的合理内容,以"税收是国家提供公共产品的成本费用,体现了国家与纳税人权利与义务的统一"的观点更新传统的税收理论。承认国家与纳税人之间就是一种利益的"等价"交换,市场经济条件下的税收并不是无偿的,政府是在为市场提供公共服务的前提下才取得税收的,以培养纳税人的权利主体意识。

第二,完善纳税人权利立法。首先在宪法中应补充有关纳税人权利保护的原则规定,使纳税人合法权益的维护获得直接的宪法依据;其次,加快制定税收通则法,在通则法中明确保障纳税人的合法权益是税法的立法宗旨和法律原则,同时规定纳税人所应享有的一系列基本权利。最近修订的《税收征收管理法》,在这方面有了很大改进,今后应继续改进和完善。

第三,改进税收宣传。首先要改进宣传内容,既要宣传纳税是公民应尽的义务,也要宣传纳税人在尽义务的同时享有的种种权利和利益;既要宣传税收法律法规,也要宣传税收的本质和原理,使纳税人明白税收不仅是国家的税收,更是全体公民自己的税收,从根本而言,纳税人是在为自己纳税。其次,要改进宣传方式,将新《税收征收管理法》等法律法规中有关纳税人的权利汇集成册,以手册、指南的形式免费散发给纳税人。国家在适当的时候,也应制定我国的《纳税人权利宣言》,使之妇孺皆知。健全税法公告制度,完善各种类型的咨询服务。需要强调的是,新时期的税收宣传应与税收文化相结合。社会主义市场经济的运行必将派生出一种全新的税收文化氛围,它和根深蒂固的传统文化有一个由碰撞到融合的过程,税收必须去直面这种文化交锋,从中寻找新的文化基点,借助文化传播的连续性和持久性,培养纳税人更为牢固也更为健全的税收权利意识和税收道德意识。

第四,树立"为纳税人服务"的新理念。顺应国际税收征管的新潮流,我国政府部门应树立"为纳税人服务"的新理念,视服务为天职,切实转变工作态度和工作方式。税务系统应层层设立为纳税人服务的机构,服务经费单列预算,以足够的人力、财力的投入作为服务保障。逐步统一、规范各地的服务方式和服务标准,使纳税人享受税务行政服务。在普遍化的基础上,追求为纳税人提供个性化的服务,使纳税人从政府提供的公共服务中切实感受到作为纳税人的权利和地位。

(2)纳税人权利的实现机制。[①] 由前述关于纳税人权利含义的分析来考察我国的情况,在税收立法和宪法等宏观层面,我国立法对纳税人权利的保护并没有积极进展;并且由于长期以来纳税人主体意识的缺失,纳税人本身也更为关注税款征收中的具体权利,对税收立法中的权利以及各种宪法性权利显得较为冷漠。因此可以说,宏观层面的纳税人权利无论在国家层面还是在纳税人层面都需要在微观权利的完善基础上进行扩",。但真正对纳税人具有根本性意义的,仍然是其在宪法上的以及在税收立法中的权利。如果没有这两种权利的跟进,仅仅在税款征收阶段扩大纳税人的

[①] 刘剑文、熊伟:《税法基础理论》,北京大学出版社2004年版,第133页。

权利,这种治标不治本的举措,对提升纳税人的主体地位没有太大的价值。

即使《税收征收管理法》诸多的法律条文中规定了纳税人权利的承认,如纳税人由于特殊原因,可以延期进行纳税申报、延期缴纳税款;纳税人有权按规定的要求和程序向税务机关申请减免税、退税;有权对税务机关给予的行政处罚进行陈述、申辩;有权申请行政复议和提起行政诉讼等。但同时我们也应当看到,我国对于纳税人权利的规定凌乱而不全面,大多数条文所表述的内容都可归于纳税人所拥有的合理纳税的权利和申请复议、诉讼权,对其他的一些权利或语焉不详,或根本没有涉及。而这些仅有的纳税人权利在实际执行中更是大打折扣,由于缺乏有效的保障条款来制约征税机关的随意行为,从而避免对纳税人权利的忽视或侵犯,法律对纳税人权利的规定在一定程度上还只停留于口号式的书面文字表述。以纳税人在税收征管中的权利实现机制为例,目前我国税务机关与纳税人之间还远远没有达到地位的平等,征税机关长期以来只是以管理者的身份出现,为"纳税人服务"的意识不强。税务人员在执法过程中,也常常自认为是国家权力的化身,对纳税人态度生硬,盛气凌人。纳税人尤其是城乡个体经营者和私营企业纳税人的合法权利得不到有效维护。权利的缺失使"纳税光荣义务"的履行在大多数情况下成为非自愿的行为,虽然政府一再宣传税收是"取之于民,用之于民"的,但在只看到义务看不到权利的情况下,社会民众更倾向于将税收同我国封建时代长期存在的横征暴敛的苛捐杂税联系起来。在这样的思想氛围中,偷税逃税等行为不仅不会引起人们的谴责,反而有不少的认同者。此外,我国税收制度长期以产品税、增值税、消费税、营业税等间接税为主,在这种税制下,税收的缴纳者主要是企业,而非个人,虽然从广义上讲,个人购买消费品,也是事实上的负税人。在计划经济体制下,企业的活动可以不计成本,缴纳税收的多少与企业的切身利益直接联系不大,对纳税人权利的要求也就不突出。随着市场经济体制的逐步建立和发展,对个人课税的增加使税务机关和越来越多的个人纳税人直接接触,个人作为直接纳税人缴纳了税款,在切实感受到税收义务的同时,也要求权利和义务的对等。同时企业也不再是政府的附属机构,为了自身独立的经济利益,对于保障纳税人权利的要求日益强烈。而税务机关在每年税收任务的硬性指标下,为了完成征税任务,日常征管过程中存在的一些不合乎规范的问题大多被忽视和掩盖,客观上默许了一些为保证收入而忽视纳税人权利的行为,这使得税务机关和纳税人之间的利益冲突日益表面化。纳税人的权利需要明确和加强,而现行《税收征收管理法》在此方面已不能满足需要。

此外,我国纳税人在税收立法与宪法上的权利实现机制亦不完善。虽然我国宪法只规定纳税人有依据法律纳税的义务,但反过来也可以认为是明确了纳税人纳税的依据只能是法律,而我国《立法法》也在第8条形式上确认了税收事项的专属立法权,是税收法定主义的体现。同时我国的人民代表大会制度也从逻辑和形式上保证了人民代表真正代表纳税人的意志。但宪政国家不能仅仅满足于形式上的税收法定主义,更应该强调法律内容的合宪性,如防止税收过度、公平分配税收负担、维护公民生存权等等。

纳税人在立法上的权利和税收法定主义本身,只能保证纳税人基于同意而合理分摊税收负担,但不能保障税款使用的合理合法。因此从纳税人基本权利的角度看,在宪法上,不仅要保证纳税人对税款征收的同意权,也要保证其对税款使用享有同样的权利,这种权利便是通过公民的财产权、平等权、生存权等体现出来。只有保证这些公民权利的充分实现,才能真正实现纳税人对税款征收和使用的控制。

由此可知,纳税人权利的实现并不是简单地加强税收立法可以解决的,而是需要各个方面的全面配合。纳税人的权利意识也不能满足于简单的税款征收阶段,而应当尽可能在税收立法阶段和财政支出阶段争取权利。因此从长远看,只有推行宪政,使权力置于公民权利的制约和监督之下,纳税人的权利才有可能真正实现。

5. 纳税人权利保护的两岸税法实践比较①

随着海峡两岸经贸的持续发展与合作交流的不断深入,特别是近些年来大陆地区法律制度的现代化革新步伐的加快,同样源自于大陆法系传统的大陆地区和台湾地区在法律制度的总体风格及内容品性上愈有相似性和可比性。

就两岸税法制度而言,呈现出一种相互交错融合的态势:一方面,两岸不同的政制格局使得两岸税制有着较大的实质区别;另一方面,近些年来两岸税法理论的互动发展使得各自税法领域的实践又殊途同归。

在政府组织结构上,大陆地区的财政部门和税务部门分设,以突显税务部门的业务专业性和相对独立性;而台湾地区的税务系统则统辖于财政部门,贯彻财税一体和统筹管理的国家理财原则。由于特定的经济历史条件,大陆地区的国税地税分治的格局并未在台湾地区税务部门中得以呈现,但与此同时,台湾地区也存在台北、高雄"两市"及北区、中区和南区"三区"五个"国税局"的特定设置。而台湾地区东部、南部地区与北部地区财源不均及财政失衡的情形,也同样对应于大陆地区东部沿海地区和西部地区等欠发达地区的财政格局,并均需实施财政转移支付制度得以处理。

近些年来,以纳税人权利保护为主要构成的税法理论革新在两岸税法实践中都得到了长足的发展,并深刻影响了税法实践的演进脉络与具象图景。

(1) 纳税人权利保护:共同目标下的差异化实践

台湾地区的"行政法院"通过司法判决的方式将纳税人权利保护原则实效化和强制化,使得税务机关会更加审慎评估税收执法的合理性与正当性,更是直接减少了纳税人权利受损的可能性与几率。大陆地区的税务诉讼并不发达,纳税人权利保护在司法中的案例较难寻觅。

在大陆地区,2009年11月6日,国家税务总局发布2009年第1号公告《关于纳

---

① 原文与王桦宇合作发表于《东方早报》2012年11月20日第013版,收入本书时作部分修订。

税人权利与义务的公告》(以下简称《公告》)。该公告第一次以税收规范性文件的形式,将《税收征收管理法》及相关法律法规中有关纳税人权利与义务的规定进行了归纳和整理,并将14项权利和10项义务逐一列明。

据国家税务总局的官方口径,该公告发布有三个目的:一是便于纳税人维护自身权益,二是促进纳税人纳税遵从度,三是规范税务机关的管理服务行为。尽管《公告》仅仅是一项宣示性的规范性文件和法条汇编,但仍然有着重要的跨时代意义。毕竟,《公告》明确而具体地提出了纳税人权利保护的政策语词。

其后两个月,也即2010年1月6日,台湾地区"税捐稽征法"启动立法程序,吸收税法学界的纳税人基本权保障建议,新增列条文"第一章之一纳税义务人权利之保护",首度将纳税义务人权利保护予以立法明文规定。从此,纳税不仅是人民之义务,更是受宪法保障之权利,此举在台湾地区税法实践上也无疑成为划时代的里程碑。

纳税人权利保护的基础学理,最初源自围绕人性尊严议题的法治国家、社会国家及税收国家的宪法原则。主要在于传统税法理论更强调财政收入或曰税收债权的有效实现,而突显税务机关的行政功能和征收效率。但实践中,由于税法规定的挂一漏万以及实际样态的千差万别,税务机关在税收征收时会采取有利于税收债权实践的理解,这样就导致对纳税人权利的损害。

近二十年来,世界税法发展趋势是更加迈向文明化和人权化,特别注重纳税人权利保护基础上的利益衡平原则的贯彻及和谐征纳关系的培育。就具体的法律政策规定而言,台湾地区"税捐稽征法"第11条之3明确规定了纳税人仅依法律规定纳税之基本权利,第11条之4对租税优惠政策作了比例原则限定以保护其他非优惠所及纳税人权利,第11条之5、6、7则对正当法律程序、陈情及接受解答权等作了明确规定。

在大陆地区,《公告》中宣示的权利则涵盖了知情权、保密权、税收监督权、纳税申报方式选择权、申请延期申报权、申请延期缴纳税款权、申请退还多缴税款权、依法享受税收优惠权、委托税务代理权、陈述与申辩权、特定情形下的拒绝检查权、税收法律救济权、依法要求听证的权利、索取有关税收凭证的权利。

两岸税法中的纳税人保护实践,呈现如下几个异同点。

就相同点而言,两岸都采取积极的、成文的、总则性的法律政策规定来具体明确纳税人权利保护的基本原则和要点构成。可以预估的是,在相当长的一段时间内,此种税法原则将会指导和推动后续税收立法在纳税人基本权保障方面的落实。

差异点则体现在两三个方面:

第一,台湾地区的纳税人保护原则是直接体现在"总则"一章,并依托法律条文得以阐释,而大陆地区的《公告》则仅只是国家税务总局将散列的法律条文加以汇编,并非完整意义的总览性原则。

第二,台湾地区的纳税人保护条款具有直接的执行性,比如明确规定税式支出必须经过评估且符合比例原则、不正当方法取得的非真实的自白不得作为课税与处罚的依据,等等。而《公告》暂时仅止步于现行法律规定,且多为抽象性规定,并无较为严格具体的关于课税界限及程序规则的特别表述。

第三,台湾地区的行政法院通过司法判决的方式将纳税人权利保护原则实效化和强制化,使得税务机关会更加审慎评估税收执法的合理性与正当性,更是直接减少了纳税人权利受损的可能性与几率。大陆地区的税务诉讼并不发达,纳税人权利保护在司法中的案例较难寻觅。

(2) 避税与反避税:实质课税与国库主义的两岸取向

大陆地区税法上的反避税规定,目前的实施目的主要是更多地保障税款及时足额征收。相比大陆地区的做法继续坚持适度审慎的国库主义,台湾地区的税法实践却越来越注重约束实质课税在避税案件中的滥用,在政府税收利益和纳税人权益中揣度平衡兼顾的合理正当性,从而有效保障纳税人权利。

在传统意义上税收的三个特征中,非对价性在很大程度上导致了避税行为的发生。市场经济条件下,无论是个人理财还是企业投资,均追求收益或利润的最大化。当下全球化,货物、资本、人才及资讯等跨境流动频繁,加之交易行为特质日益复杂且税务机关监管力量有限,避税也逐渐成为一些市场主体的人性选择。

在税法上,约束和规范避税行为的原则大致有四项:一是税收法律原则,二是实质课税原则,三是公平正义原则,四是税收效率原则。其中的实质课税原则往往是税务机关经常援引打击脱法避税的法源依据。

实质课税原则也称为经济观察法,是指税务机关根据交易行为的经济实质而非形式要件来辨识是否应当纳税,也即采用"实质大于形式"的标准。但此项原则的适用,又往往与税收法律原则注重规则确定性相冲突。学者们普遍认为,实质课税原则若在税收执法中过度使用,不仅会动摇税收法律原则的基础性地位,而且亦会侵害纳税人信赖利益及社会公平正义。从更深远的意义上讲,避税与反避税议题,不仅是税法上的重要课题,亦关乎经济自由秩序及社会财富公平分配。

在大陆地区,2008年1月1日新施行的《企业所得税法》第57条明确规定:"企业实施其他不具有合理商业目的的安排而减少其应纳税收入或者所得额的,税务机关有权按照合理方法调整。"与该法相配套的《企业所得税法实施条例》(以下简称《实施条例》)第六章就"特别纳税调整"作了进一步的具体规定。

新《企业所得税法》不仅进一步规范了大陆地区实践多年的转让定价和预约定价安排制度,还借鉴国际经验,第一次引进了成本分摊协议、受控外国企业、防范资本弱化、一般反避税以及对避税调整补税加收利息等规定。

2009年,国家税务总局发布《特别纳税调整实施办法(试行)》(国税发〔2009〕2号),对新《企业所得税法》及其《实施条例》反避税规定进行了细化。需要指出的是,大陆地区税法上的反避税规定,目前的实施目的主要是更多地保障税款及时足额征收。这种国库主义的反避税思路,主要体现在两个方面:一是反避税实践中"合理商业目的"界定的单方性,二是税务机关不认可协议安排绕过或抵触税法规定。在大陆地区报章报道的典型反避税税案中,几乎无一不是以补缴入库巨额企业所得税作为主旨标题的。与此同时,税务案件司法化程度不高也导致了大陆地区的反避税实践目前仍停留在立法和行政层面。

台湾地区自1971年增订"所得税法"第43条之1,提供了转移定价避税案件调查及调整之法律依据。该条之1规定:"营利事业与国内外其他营利事业具有从属关系,或直接间接为另一事业所有或控制,其相互间有关收益、成本、费用与损益之摊计,如有以不合营业常规之安排,规避或减少纳税义务者,稽征机关为正确计算该事业之所得额,得报经财政部核准按营业常规予以调整。"该条文相比大陆地区的《企业所得税法》第57条,在实体识别和程序要件上规定得更为细致。

2004年,台湾地区公布实施"营利事业所得税不合常规移转定价查核准则",并于2009年5月立法增订"税捐稽征法"第12条之一般反避税条款。与此同时,司法实践中避税案件的审理裁判也为反避税之法理研析提供了很多参考性的标准和依据。在资本公积转增资复减资避税一案(台湾"最高行政法院"2002年判字第2287号)中,终审法院认为增资减资虽属两阶段行为,但并非以公司正常经营为目的,系权利滥用行为,最终作出了维持原审法院裁判的判决。值得注意的是,相比大陆地区的做法继续坚持适度审慎的国库主义,台湾地区的税法实践却越来越注重约束实质课税在避税案件中的滥用,在政府税收利益和纳税人权益中揣度平衡兼顾的合理正当性,从而有效保障纳税人权利。

(3)税务举证责任:渐进迈向程序正义

随着交易的不断创新及税法的日益复杂,税务争议会愈加增多,举证责任重要性也格外突显。观察两岸的举证责任负担,大陆地区仍采取较为直接的推定课税方式规制纳税人程序义务,而台湾地区实践则是更多通过协力义务的妥适设置来实现税法上的程序正义。

《税收征收管理法》在"第四章税务检查"中用第54条到第59条共6个条文对税务机关的检查程序进行了简略的规定,并在"第五章法律责任"中较为详尽地规定了未配合税务机关检查和调查应当承担的法律责任。

但是,由于对税法的理解差异性的客观存在,以及交易行为本身的创新性与复杂性,可能会导致纳税人本身对是否应予申报纳税以及具体计算方式有着不同的理解。一旦此后税务机关进行税务检查或稽查,对于主观上是否有避税的恶意以及客观事实的推断与再现等事项,必然会涉及举证责任的问题。

比如,在某次税务检查或稽查中,税务机关要求提供一份财务报表或会计凭证,而纳税人由于意外或偶发原因不能提供,这样无法探知真实交易情形,是否意味着纳税人必然会被认为是有逃税或避税的嫌疑?此种情形下,若是由纳税人承担举证责任,则不可避免会产生补税和罚款的法律责任;但若由税务机关承担举证责任,则相关认定逃税或避税的事实就不一定成立。此处更为核心的问题是,此份财务报表或会计凭证是否具有绝对的证明力问题,这亦会对纳税人的责任识别和承担造成很大的影响。

在台湾地区税法学理上,纳税人的协力义务不能侵害法治国家国民基本权,亦不能逾越比例原则。作为公共利益之受托人的税务机关对课税原因事实,毕竟具有最终的阐明责任。但从逻辑上讲,纳税人不正当行使或怠于行使其作为义务,会影响税务机关行使征税权而有碍税款征收,税法上应对相关纳税人作出让其承担不利后果。

从逻辑上讲,纳税人的协力义务与税务机关的职权调查并行不悖,相互配合与补充。纳税人愈是不尽到协力义务,税务机关的职权调查义务则随之减低,从而纳税人在证据法上的负担愈为不利,此时税务机关甚至可以采取推定计税的方式,协力义务与职权调查二者间具有相互影响的替代关系。

税法上协力义务,主要有五种类型:一是申报及报告义务,二是陈述及提示义务,三是制作账簿及会计记录义务,四是说明义务,五是忍受调查义务。换言之,纳税人有提供税务相关资讯的义务。此种协力义务,原则上是对纳税人资讯权的一种强制性干预,所以其识别和认定应遵循关联性、必要性和比例性原则。与此同时,如果纳税人未尽协力义务,但若不影响征收机关的职权调查,即无处罚的必要;如若因未尽协力义务至调查困难或花费过巨,则产生证明程度的减轻,而得以推计核定,亦无需特别除以罚款。

在大陆地区,税法并未对协力义务作出具体规定。《税收征收管理法》第35条规定了不依法设置账簿、应当设置但未设置账簿、擅自销毁账簿或拒不提供纳税资料、账目混乱或难以查账、逾期不申报、计税依据明显偏低又无正当理由等6种情形下税务机关有权核定应纳税额。

在《企业所得税法》《增值税暂行条例》等单行税种法中,亦有关于特定情形下税务机关有权核定应纳税额的相关规定。推定课税是大陆地区税务机关针对税务事项举证责任分配比较常用的手段。具体而言,推定课税是指当不能以纳税人的账簿为基础计算其应纳税额时,由税务机关采用特定方法确定其应纳税收入或应纳税额,纳税人据以缴纳税款的一种征收方式。

而在台湾地区学界,其对协力义务的探讨深度影响了税法实践。台湾地区"税捐稽征法""第三章稽征"之"第六节调查"中第30条至34条即规定,按照调查程序系稽征机关为认定具体课税原因事实之程序,所认定之事实如具备法定课税要件,再从而核定税捐债务。而该法"第六章罚则"则对未给予取得及保存凭证、违反设置或记载账簿义务、拒绝调查提示文件及备询等情形作出了处罚规定。可以推断的是,随着交易的不断创新及税法的日益复杂,税务争议会愈加增多,举证责任重要性也格外突显。观察两岸的举证责任负担,大陆地区仍采取较为直接的推定课税方式规制纳税人程序义务,而台湾地区实践则是更多通过协力义务的妥适设置来实现税法上的程序正义。

☞ 本章思考与理解

1. 如何评价财税法学的学科地位？
2. 试评析公共财产法意义上的财税法价值。
3. 如何实现纳税人权利的保障机制？
4. 试述纳税人税法意识的培养。
5. 从财税法角度谈谈对当前收入分配机制改革的理解。

☞ 课外阅读资料

1. 丁一:《纳税人权利研究》,中国社会科学出版社 2013 年版。
2. 黄俊杰:《纳税人权利之保护》,北京大学出版社 2004 年版。
3. 葛克昌:《行政程序与纳税人基本权》,北京大学出版社 2005 年版。
4. 葛克昌、陈清秀:《税务代理与纳税人权利》,北京大学出版社 2005 年版。
5. 刘剑文主编:《纳税主体法理研究》,经济管理出版社 2006 年版。
6. 〔美〕路易斯·亨金等:《宪政与权利》,郑戈译,生活·读书·新知三联书店 1997 年版。
7. 〔美〕罗伯特·达尔:《民主理论的前言》,顾昕译,商务印书馆 1999 年版。
8. 〔美〕斯密德:《财产、权力和公共选择——对法和经济学的进一步思考》,黄祖辉等译,上海人民出版社 1999 年版。
9. 〔美〕卡莱斯·鲍什:《民主与再分配》,熊洁译,上海人民出版社 2011 年版。
10. 中国发展研究基金会编:《转折期的中国收入分配——中国收入分配相关政策的影响评估》,中国发展出版社 2012 年版。

专题三　财政立法与财政法改革

一、宪治与中国财政民主

无论近代社会还是现代国家,政府的运作必然是建立在一定的财政基础上的。财政作为国家主要的经济来源,不仅是政府经济收入与支出的反映,更体现了经济资源在国家和公民之间的分配,涉及一国基本的政治决定过程。所谓财政民主,就是政府依法按照民众意愿,通过民主程序,运用民主方式来理政府之财。因此,财政民主,不仅体现的是宪政主义与法治主义精神,更体现了政治民主和经济民主的统一。① 随着我国提出构建和谐社会的目标,民主法治、公平正义成为和谐社会的基本要求,财政民主成为构建和谐社会的重要基石。财政民主的践行,对实现政府行为法治与公民权利保障都具有重大的现实意义。

(一) 宪治视角下的财政民主

1. 宪治与财政的内在逻辑

国家与公民之间的利益博弈是宪政产生和发展的基础,也是现代法治国家宪政制度的重要内容。公民权利与国家权力的对立是宪政理论一切命题的基本出发点,宪政的最终目的在于维护公民自由、促进和保护人权。

在财政领域,公民权利与国家权力的关系集中表现为私有财产权与国家财政权的冲突与协调,冲突的根源在于经济资源的稀缺。较普通公民而言,国家处于强势地位,如果宪法不赋予公民基本权利,就难以形成对国家权力的制衡。宪法对私有财产权的宣示和保护,一方面是受到自由主义学说和天赋人权思想的影响,另一方面也是基于对国家权力可能不受宪法和法律制约或限制的担忧。以公民私有财产权保障作为对政府财政的控制,实际上是宪政的内在要求在财政领域的具体体现。

宪政下的公共财政应当以充分实现民主为核心,政府运作公共财政的权力是由人民授予的,政府的存在和运作来源于纳税人纳税提供的物质基础,是纳税人"养活了政府"。民主要求对政府的财政支出进行限制,即纳税人有权对政府使用税收的财

---

① 〔美〕詹姆斯·M.布坎南:《民主过程中的财政——财政制度与个人选择》,唐寿宁译,上海三联书店1992年版,第195页。

政行为进行监控,使之用得得当。在宪政下,公民(纳税人)是国家和社会的主人,他们有权依据宪法在财政方面制定规则和制度。财政收入法(或主要是税法)是国家合法剥夺公民财产权的法律,财政支出法涉及政府是否在为公民提供公共服务的重大问题,在宪政制度下,财政收支这一重大问题必须要由公民自己去决定。

2. 财政民主的宪政逻辑

财政民主,其理论依据主要是主权在民的思想,借由民主的概念,可以认为财政民主所要求的是,人民依法通过一定的程序和方式,行使对国家重大财政事项的决定权。直接的要求则是,重大财政事项必须经过代议机构的同意,或者由其制定法律予以规范。如果没有议会决定或法律授权,无论是财政收入还是财政开支,都可能被指责为违反人民的意志。因此,民主的内涵在于实现人民的自我管理和自主决策,从而推进其权利的实现与保障。

作为宪政的实现途径,财政民主是实现公民权利与国家权力和谐运作的基础,因此宪政下民主的实质是建立在公民财产权与政府财政权互动的基础上。在确保公民财产权的税收国家,财政收入必须仰赖公民的财产或财产权的让渡。公民同意是国家财政权形成的合法性基础,财政权必须以保护公民私有财产权为目的和归依,而财政民主则是公民财产权实现的制度基础。

3. 政治民主、经济民主与财政民主

民主最初体现于政治领域,即政府行为的合法性只能源于主权人民行使其自治权所授予的权威。从政治角度,实现所有公民的民主、政治平等以及基本的政治权利是国家的基本任务;从经济角度,保护人民的财产权,实现其经济活动的自由,增加其获取财富的机会,实现社会整体福利的增进是国家职责所在。

财政横亘一国政治、经济领域,构成市场经济下政府进行资源配置、提供公共物品的政府性经济组织安排和政府性经济行为的规则体系。因此,政治民主和经济民主集中在财政领域就表现为财政民主。一方面,在政治的领域中,财政民主是公民政治参与和政治沟通的权利保障;另一方面,在经济的领域中,财政民主是公民基本财产权的保护。贯彻民主原则,一是可以保证公共财政的科学性,使公共财政符合国民经济发展的客观规律,以及真正反映未来年度财政收支情况;二是有利于实现对政府财政收支行为的监督,防止出现随意性。防止政府滥用权力,就必须以公民的民主权利约束国家公共权力。

(二)财政民主的制度解构

从理论上看,财政旨在提供公共物品。在现实生活中,为防止财政活动偏离公共利益,保留公民对重大财政事项的决定权,是财政民主的核心和目的所在。财政民主一般表现为财政议会主义,即重大财政事项必须经过代议机构审批。我国《宪法》第2条规定:"中华人民共和国的一切权力属于人民。"人民行使国家权力的机关是全国人民代表大会和地方各级人民代表大会。人民依照法律规定,通过各种途径和形式,管理国家事务,管理经济和文化事业,管理社会事务。因此,从渊源上看,财政民主是宪法所规定的人民主权理论在财政法领域的落实和体现。而《立法法》第8条明确规定财政、税收的基本制度只能制定法律,从形式和程序上保证了财政的民主性。

重大财政事项由人民代表大会审查决定也是财政民主的重要体现。除了对财税方面的基本制度制定法律以外,人民代表大会的财政决定权也体现在预算审批上。根据我国《宪法》及《预算法》的相关规定,全国人民代表大会负责审批中央预算,地方各级人大负责审批本级地方预算,这表明,财政民主的基本要求在我国已得到了确认。同时,财政民主还要求赋予人民对财政事项的广泛监督权。这要求财政行为的决策程序、执行过程以及实施效果,须具备公开性、透明性等特点。否则无论预算审批或预算监督,都只会流于形式,公开透明更无从谈起了。财政民主细化到具体的财政行为,则表现为财政收入与支出行为的民主化。

1. 支出民主:以公共需要定位财政支出

政府的支出边界到底在哪里,这不是单纯用理论可以解决的问题。一般说来,财政支出是国家通过财政收入将集中起来的财政资金进行有计划的分配以满足社会公共需要,是财政职能的具体化,服务于政府职能。基于公共物品理论的分析,既然市场无法有效提供,那么财政支出就是全部公共物品(包括全部纯公共物品和部分准公共品)。只有满足公共需要的事务,财政才应提供资金支持,否则偏离公共物品的政府财政分配行为本质上不能反映公民对公共物品的偏好而不能被视作财政民主行为。因此,财政支出民主首先应当表现为在财政支出决策的达成上,主要反映为人民对政府开支的权力制约和政府经济职能执行的协调和平衡。

2. 收入民主:以公共权力定位财政收入

政府为履行公共职责所承担的财政支出,需要积极谋取财政收入。现代民主制下公共部门的任何权力都应通过公共选择程序如投票,由立法机关审批、赋予,否则就是滥权,构成对私权利的侵犯。因此,议会制之所以能够从社会中吸取更多的财政收入,其原因就在于代议制给了财产权利人参与决策的机会,使他们相信代议机构决定的合法性[①],这也是国家获取财政收入的正当性基础。

由此可见,在一个国家的"钱袋子"问题上,财政民主实践了权利与权力之间的良性互动。在财政的一系列环节中,从征税开始,到支出、绩效评估和监督,都应该在代表机构的决定与掌控之中,从而依法实现对政府活动的范围、方向和政策目标的监督与有效控制。

3. 财政分权与民主宪政

分权是西方宪政史上控制国家权力的主要手段,分权对权力的控制一直是政治

[①] 王绍光:《公共财政与民主政治》,载《战略与管理》1996年第2期。

学和宪法学研究的命题,并且权力分立也已经变成了一种关于立宪政府的普适标准。① 而在财政的层面上,民主除了意味着财政的收支民主,同样对分权提出了要求。收支的民主化在某种意义上是横向层面上的分权,而纵向层面的分权则是对中央与地方的关系提出了要求。

中央与地方的关系涉及诸多要素,由于中央与地方政府关系的实质是国家整体利益与局部利益的对立统一和动态平衡的关系,涉及经济利益的区域配置,因而财政关系就成为中央与地方的关系中极为重要的内容和敏感的领域。从实践上看,新中国成立后我国中央与地方的关系的历次调整主要是财政关系的调整。② 财政权力在各级政府间的纵向分立对政府权力制约具有重要意义。将财政权限在各级政府间进行适当的划分,有助于降低财政权力的集中和垄断程度,将减少腐败和低效率的发生。此外,纵向的财政分权还使得次中央政府之间在提供公共物品的竞争上成为可能,这种竞争可以对相关政府的权力行使产生制约。

可以说,财政权限在各级政府间的划分与公民基本权利的保障具有密切关系。财政分权的优化程度关系着公民基本权利的实现,而财政分权之下拥有相应财政权的地方政府,这种一定程度上的财政自治,是宪政民主制度的基础性结构,是保障个人自由的重要政治机制,是人民参与公共事务的基本途径。③ 因此,财政分权是民主宪政的应有之意,也是财政民主的重要内涵。

(三)财政民主的制度反思

由于财政民主事关一国基本政治制度、经济制度,其实现程度关系着一国基本的民主化、法治化进程。虽然基本的法律制度对财政民主做了初步的制度安排和宪法保障,但反观我国财政制度的发展,其民主缺失的程度还是不容忽视的。

1. 预算民主的不足与完善

新中国成立以来,我国只有两项工程是提请全国人大审议通过的,一是1956年黄河规划和三门峡水电站工程建设项目,二是1992年三峡工程建设项目。而南水北调工程投资总额达3500亿元,建设工期30年;国家大剧院50亿元的预算,都未提交全国人大审议批准。④ 这不能不说是对公民在重大财政事项的决定权方面的剥夺。由选举产生的人民代表所讨论的重大财政问题,应当是微观的、透明的、具体的,对纳税人和所有公民郑重负责的,而不只是理论上的、宏观的、抽象的。

按照财政民主的要求,我国预算制度必须从以下角度进行完善:一是保证预算的法治化。只有纳税人通过法律程序真正掌握了政府预算的决定权和监督权,才能增

---

① [美]M.J.C.维尔:《宪政与分权》,苏力译,生活·读书·新知三联书店1997年版,第90页。
② 朱孔武:《财政立宪主义研究》,法律出版社2006年版,第263—264页。
③ 秋风:《立宪的技艺》,北京大学出版社2005年版,第270—271页。
④ 李炜光:《公共财政的宪政思维——公共财政精神诠释》,载《战略与管理》2002年第3期。

强阻止和否定政治权力主观孤行的能力,从而才能够避免经济进程中政府因素可能产生的灾难性后果。① 二是合理配置人大预算权。这要求在修改《预算法》时明确规定人大对预算草案的修正权以及政府相应的制衡权,在预算的编制和审议中扩大民主的范围,增强人民代表审议的作用。三是坚持预算法定原则。包括预算主体权利(权力)法定、预算主体义务法定、预算程序法定和预算责任法定。四是强化预算监督。在我国,为强化人大对政府监督职能,有必要推进政府预算报告制度改革。同时,也要加强社会公众、新闻媒体对国家预算的监督。

值得庆幸的是,历经十年、两届人大、四易其稿、征求三十余万条意见,2014年8月31日下午,第十二届全国人大常委会第十次会议表决通过了《关于修改〈中华人民共和国预算法〉的决定》,将于2015年1月1日起施行。修改后的《预算法》在政府全口径预算管理、预算公开、地方发债权、转移支付评估和退出机制以及人大审查监督权等方面作出了详尽的规定,具有重要的意义。修改后的预算法完善了立法宗旨,明确"规范政府收支行为,强化预算约束,加强对预算的管理和监督,建立健全全面规范、公开透明的预算制度",政府从过去的管理主体转变为管理对象,新《预算法》还进一步规范和明确了人大对预算的审查和批准权,加强了预算的透明度和法制化,新《预算法》将是一个新的起点,将开启我国迈向现代财政制度的新时代。

2. 税收法定的不足

我国税法体系中法律的缺失已经是不争的事实。2007年3月《企业所得税法》的通过为税收法定主义的推进抹上浓重的一笔,立法过程的民主性是其科学性的重要保证。但随后证券交易印花税的调整则是对税收法定的打击,民主化和法治化的缺失是显而易见的。无论从主体资格,还是从立法程序,调高证券交易印花税税率的财政决策都存在较大的民主缺失。

3. 财政权限纵向配置的偏差

中央与地方的关系中最重要的就是财政关系,财政权限在中央政府和地方政府之间的恰当划分,既是对中央政府的制约,也是对地方政府的制约。而我国长期以来,中央政府与地方政府之间权责的不清晰,以及协调与争议解决机制的缺乏,使得财政分权的制约功能丧失,最终导致财政风险加大。② 在我国,财政分权领域主要是通过国务院及其部门制定相关的规定予以调整,实行的是一种行政主导的模式,尚没有一部法律调整财政分权领域的事项。③ 即使是在行政主导的调整模式下,也很少通过制定作为正式法律渊源的行政法规、政府规章的形式予以调整,而是通过制定各种"通知""办法""决定"等文件形式予以调整。目前我国调整中央与地方财政收入划

---

① 张馨:《法治化:政府行为·财政行为·预算行为》,载《厦门大学学报》(哲学社会科学版)2001年第4期。
② 失去约束的地方政府带来的财政风险如果处理不当,最终只能由中央政府来承担。
③ 规定财政预算权限划分的《预算法》是个例外。

分的主要法律规范为1993年颁布的《关于实行分税制财政管理体制的决定》,该决定的位阶仅仅是国务院的文件,并非真正意义上作为正式法律渊源的行政法规。由于宪法、法律层次调整的缺乏、全国人民代表大会及其常务委员会的长期缺席和实践中具体运作的不规范,是我国财政分权领域宪政视角缺失的突出体现。由此引发了在中央与地方财政关系安排上存在着较大的变动性,而这种不确定的财政关系使得地方对于本级财政收入的安排丧失了主动性。

从财政关系的安排上看,政府间财政收支的不匹配则成为财政民主缺失的另一问题。一方面中央与地方政府间事权与财政支出责任划分不够到位,另一方面我国的财政收益权和财政立法权又主要集中在中央,而政府间转移支付均等化程度又较低,实际上使得我国的纵向财政关系处于失衡的状态,带来了民主的缺失。

4. 财政民主制度缺失的反思

有学者结合亚当·斯密的四项征税原则对财政民主化的四大原理进行了说明,分别是:(1)民主监督下的财政,远比无人监督或征税者的自我监督来得更有效率且更具公平性;(2)以开支定税收;(3)税负的平等原则、预期的确定性原则、缴税的便利性原则和税耗节约原则;(4)立宪原理,即由民众来选择合适的公共选择机制,由后者决定税种与税负。① 学者还提出,有了基本原理,实践者才可能寻找它们在中国社会的合适表达。我们可从经济学和法学对财政民主的共同关注中找寻在财政民主问题上政治、经济、法律的共通点,从而为建构合理的财政民主制度寻求恰当并富有效率的途径。

从前文所描述的财政民主制度缺失,以及有关财政民主的若干内涵和原理,不难看出我国财政民主匮乏之处:一是预算公开和民主化程度不足②;二是税收立法的不规范;三是中央与地方财政关系不规范。其根源就在于对民主之于财政的重要性,对财政民主之于社会政治、经济发展的重要性尚未有深刻认识。

(四)财政民主的制度重构

1. 财政民主及其文化背景

从我国传统来看,"政府崇拜"文化统治了相当长的历史时期。一方面,对国家作用的强调高于对国家约束的民主制度的强调,从而导致在财政支出领域更多地由国家安排,由国家支配财富;另一方面,对国家获取收入的强调高于对公民提供公共服务的强调,从而导致在税收等领域存在法治薄弱环节,缺乏对国家支配财富的有效监督。

---

① 汪丁丁:《财政民主化的原理与表达》,载《财经》2007年第14期。
② 第十二届全国人大常委会第十次会议表决通过的全国人大常委会关于修改预算法的决定将极大地提高预算法的民主化、公开化和法治化的程度,但基于中国的国情和中国配套改革的渐进,预算法采取有限修改的原则,后续的修改空间依然很大。

财政民主的制度重构必须对公民与国家的关系有着明确而清醒的认识。提供好的公共服务是国家存在的唯一理由,财政民主意味着纳税人对其支付对价的认可,也意味着对其接收的公共服务的认可。因此,纳税人有权了解自己应该交多少钱、自己交出去的钱花在了哪里,并对上述事项拥有决定权,这就是财政民主的最通俗表达。财政民主制度重构的关键就在于合理限制国家财政权,财政民主体现了私有财产权对国家财政权的制衡。

财政民主是纳税人基于私有财产权的保护而提出的诉求,其目的在于厘清财产权与财政权之间的界限,为宪政国家中财政权的活动设定底线。国家的主要任务在于为纳税人提供安全与公正,建立起规范及保障纳税人的资源分配及权利义务关系的体系。[①] 为防止财政权过度侵犯公民财产权,宪法必须对财政权的行使进行合理的限制。例如,在国家政治事务方面,保障公民享有平等的参与权;在税收征收方面,根据公平原则或量能课税原则设计税制;在费用征收方面,依受益的不同程度,规定不同的缴费标准;在地区间财政关系方面,保证最低限度的财政均衡;在社会阶层间的财政关系方面,保障每一个群体同等的机会和待遇;在财政支出的标准方面,相同的情况相同处理,反对歧视和不合理的优待;在最低人权的保护方面,保障每一个公民的生存权,为社会弱者提供力所能及的帮助。归纳起来,即必须坚持自由平等、人权保障、社会发展等原则,通过宪政为国家财政权的行使设定方向。

2. 财政民主的路径选择

我国学界对我国民主制度进行构建的论述,无不以推崇人民代表大会制度为特征。但凡民主,最大的民主即是全国人民代表大会审议、表决。正如任何理论只有历史合理性,而不存在普遍合理性,民主没有唯一的模式,民主同样也没有极致的模式,财政民主亦然。

在财政问题上民主有所减损的最大原因无外乎财政问题的专业化和财政问题解决的效率要求。但正如民主体现的多数决定原则本身就是个利益博弈的过程,财政立法同样也充满着博弈。由于财政事项的全局性和影响广泛性,从形式上,应该对授权立法的范围和程序进行严格限定;从实质上,应当完善公民的民意表达和利益实现机制。具体而言:

(1)加强财政民主与授权立法的协调。首先,应当严格贯彻立法权保留事项,尽速对现有财政法规等进行清理,一方面将其中经实践检验具有较强适用性的部分通过立法程序为其正名;另一方面对违反上位法或不再具有调整职能的部分予以宣布废止或失效。其次,财政授权立法应有明确的授权依据,在所制定的法规等规范性文件中,必须标明授权法的全称、有关具体条款、生效时间等。再次,财政授权立法必须符合法定程序,同时不得超越受权者的权限和授权法的范围,不得同宪法、法律或授

---

① 葛克昌:《税法基本问题》,台湾月旦出版社1996年版,第11页。

权法相抵触。最后,财政授权立法应提交全国人大常委会备案,并由其从内容和程序方面审查合宪、合法性。

（2）完善财政民主的民意表达和利益实现机制。首先,应当改革预算制度,强化预算公开,以细化预算科目为基础,健全预算审批为程序保障,完善预算监督和法律责任为补充。其次,应当建立和完善重大财政决策和财政立法的事前调研,完善政策选择阶段的研究工作,不仅有利于提升财政决策的科学性,更是提供给公民更多参与表达的机会,将代议制度中的民主延伸到决策选择中。

（3）合理界定各级政府支出权限和收入范围。中央和地方政府之间以及上下级地方政府之间的事权、财政支出责任必须以明确的法律规范为依据;合理配置财政收益权、财政立法权、财政征收权和财政预算权等财政权限;同时以均等化为目标完善财政转移支付制度,从而实现政府间财政关系的均衡发展。

（4）保障财政民主对公共财政的实现。对于财政的公共性以及国家提供公共服务的职责,无论是学界还是实务界已成共识,故政府财政应以公共服务为边界。目前我国公共财政面临的最大挑战就是财政支出有相当大部分是投资于营利性行业。随着预算体系的完善,国家在市场中的投资行为也将逐步法治化,政府退出与市场进入的过渡期中,财政民主无疑可以作为"纠错"机制,有效地弥补财政公共性不足。

总而言之,财政民主更多地是一个现实问题,我国财政问题存在着诸多有待改革的症状,而其症结不仅仅是法律问题,还包括政治、经济等各方面的因素。目前,我国财政问题已经成为普通民众的重要关注对象,这种关注至少构成了财政民主的社会基础。以宪政为背景反思与重构财政民主,以公民主体意识的增强作为财政民主的基础,不仅可以对财政民主的中国适用作整体的设计,更能促进"制度性妥协"[①]的民主化和合宪性。

二、现代政府预算管理制度构建

（一）良法之治:预算公开的中国式探索

1. 预算公开的现实呼唤:让纳税人看紧政府的钱袋子

预算制度作为现代宪政国家财政体系中的核心制度,其功能和本质在于对政府财政行为进行民主化、法治化的监控,这与公共财政、民主法治的理念一脉相承。国家最佳的理财方式就是看管好政府的钱袋子,这个"钱袋子"既关系到横向维度的立法机关与行政机关间的关系,又关系到纵向维度的中央与地方间的关系;既涉及宏观层面的国家治理与长治久安,又涉及微观层面的千家万户的切身利益。要想有效控

---

① 王绍光:《美国进步时代的启示》,中国财政经济出版社2002年版,第9页。

制住这个钱袋子,就要保证钱袋子的公开、透明和民主,预算公开的重要性由此显现。所谓预算公开,意即预算的依据以及预算的编制、执行和决算的全部过程,不仅要经过国家权力机关审批,同时还要通过新闻媒介向社会广而告之、公布宣传;通过接受来自人大、公众以及舆论的多重监督,旨在从根本上遏制各种违法乱纪的行政行为,防治政府官员的贪腐现象。在中国共产党"十八大"报告有关推进政治体制改革的篇章中,提出要"加强对政府全口径预算决算的审查和监督",并将其作为支持和保证人民通过人民代表大会行使国家权力的一项重要内容。笔者认为,这一新提法具有丰富的内涵和重要的时代意义,最为关键的是强调要将政府开支的全部信息、相关文件材料置于公众监督之下,以便于公众对政府理财活动的有序参与、管控和监督。这对我国的财政工作来说无疑是一场"革命",也是一次重大的飞跃。

在预算公开的进路中,"三公"经费公开既是我国预算公开的突破口,又是当下中国民众密切关注的热点话题。通过财政信息与决策过程的公开,让纳税人得以全面了解并主动看紧政府的钱袋子,便能实现公民财产权利对政府财政权力的有效约束,而"三公"经费公开由于关涉政府公务活动及自身运行的开支状况,故在预算公开的实现过程中尤为重要、备受瞩目。

出于多种原因,我国当前仍然面临着较为突出的社会问题和社会矛盾。因此,经由科学、有效的制度设计和具体、细化的规则手段来化解这些矛盾和问题很有必要,也成为新阶段探索改革路径中不容忽视的重大命题。在这一过程中,法学家们需要植根中国的土地,研究中国的法律问题,为国家的发展贡献自己的智慧,进而提供一些切实可行的、合理化的建议,以期对现状的改善有所助益,这正是法学家的责任和使命之所在。

反观我国的预算法制实践现状,预算报告反对票创历史纪录的现象一定会进入人们的视野。2012年3月14日第十一届全国人大第五次会议闭幕会上,《2011年中央和地方预算执行情况与2012年中央和地方预算的决议(草案)》以赞成2291票,反对438票,弃权131票,未按表决器12票,未投赞成票比例20.2%,并首次超过最高人民法院工作报告的429张反对票和最高人民检察院工作报告的393张反对票,成为本次人代会获得反对票最高的报告。而2013年3月17日全国人大代表对《2012年中央和地方预算执行情况与2013年中央和地方预算的决议(草案)》表决时:反对509票,弃权127票,共636票,再创未投赞成票比例21.61%的新中国历史新高。从这一现象意味着相当大一部分人大代表群体对预算案持不赞成(至少是保留)态度。笔者认为,这对于党中央将反腐倡廉作为新阶段的工作重点来说,毋庸置疑是一件非常有意义的好事。这彰显了全国人大代表的民主意识和权利意识在提高,说明他们更加关心国家的钱袋子,亦即关心纳税人的钱袋子。实际上,国家权力机关对政府财政活动的严格"把关",本就是民主政治的题中应有之义和不可或缺的组成部分。不妨设想,如果每年全国人大关于预决算的议案都是全票通过,或者是反对票很少的话,反倒是不甚正常,从中也难觅社会的进步。多元社会有多元的表达方式,需要的是人们的真话、心里话。人大代表对预算案的"态度多元化",非但不是一件坏事,反而有可能借此成为推动人大预算权力乃至人大在整个国家权力谱系中地位提升的里程碑事件。

社会每经过一次大的事件,就会往前进一步。在2013年4月14日召开的新一届政府首次经济形势专家和企业负责人座谈会上,国务院总理李克强指出:"目前,我们要先推动预算改革,树立公信力,再谈进一步推动其他方面的改革问题。"财税改革涉及权力机构、财富结构、利益结构的优化配置。也正因为此,推进财税法治建设成为顺应历史潮流的重要举措,其中,尤其要推动我国正在修改的《预算法》成为一部"良法",成为善治、宪政的规范基础。

自改革开放以来,我国的经济体制改革取得了巨大的成就。在这一过程中,我国的确需要强调政治体制改革。邓小平在20世纪80年代初就指出,所谓政治体制改革,其实就是人事制度的改革,是干部制度的改革,是党和国家的领导人体制的改革。但是,鉴于当下的政治体制改革进展缓慢的形势,另辟一条蹊径,从看紧政府的钱袋子、控制政府的财政行为入手,通过"理财"实现"治国"之道,可以说是一种充满智慧而又有利于"打通脉门"的重要改革思路。正如美国行政法学者沃伦教授所说,"预算乃行政机构的生命之源"①,从中可见预算制度之于整个政治体制的重要地位。需要指出的是,这里的"钱袋子"不仅仅是政府的钱袋子,与此同时也是纳税人的钱袋子、全体中国人的钱袋子。我们应当培养和激活纳税人意识,树立"国家的钱就是纳税人的钱"这一理念。基于此,纳税人有正当理由要求看紧自己的钱袋子,让这个"钱袋子"以及"钱袋子"里的"钱"都是真正属于纳税人的。也就是说,"钱袋子"要是公开的、透明的,这样才能保障其所属者知悉、管理和监督它的使用状况。落实到国家财政的收入、支出以及管理这个三阶段的过程中,便是要求:在财税收入方面,收之应当合理、合法、合宪;在财税支出方面,支出应当公开、公平、公正;在财税管理方面,管制应当有规、有序、有责。

预算体制改革与预算法治是财税体制改革和财税法治进程中的核心,如果能够通过法律规范、法律原则、法律精神和民主机制将收支两条线控制住了,自然就会让相当部分的贪腐分子的寻租意图无法得逞,从而推动清廉政府、民主政府和法治政府的建设。因此,我们要想看紧政府的"钱袋子",本质上应当强调以权利制衡权力,亦即用纳税人的公民权利约束政府的行政权力、用纳税人的财产权利约束政府的财政权力。通过发挥预算公开控制公权力的作用,从而更好地实现国家与公民间的良性博弈和温和妥协,促使政府的权力真正为纳税人服务。在这个层面上,预算公开回应

---

① 〔美〕肯尼思·F.沃伦:《政治体制中的行政法》,王丛虎等译,中国人民大学出版社2005年版,第172页。

了现实的急切呼唤,在预算制度、财政体系的建构进路中扮演着至关重要的角色。

2. 预算公开的切入点:"三公"经费的公开与严格控制

我国自2011年起公布中央各部门的"三公"经费,今年又新增了对行政经费的公开,确实体现了依法行政、政府信息公开的较大进步。只有通过"三公"经费的完整公开、细化说明以及反馈总结,对"三公"消费的比例、数量和标准进行规制,才能保障《宪法》赋予公民的知情权、参与权和监督权,有效地遏制政府在预算执行过程中的随意性和自由裁量,让来源于百姓的监督落到实处。

社会民众要借助公开的预算对政府进行有效的监督,前提性条件是必须能够看懂这些政府预算收支的账目。实际上,监督政府是一件好事。一些政府官员亟需转变观念,不能畏惧或者逃避向纳税人及时、准确、完整地公开收支账目,毕竟,纳税人监督政府、监督政府官员是为了实现国家的长治久安和永续发展,而这正是我们建设和谐社会所需要的。因此,我们应当突破固有的狭隘观念、更新治国理政意识,否则的话,将有可能诱发更多的社会矛盾,甚至引起社会动荡。

在2012年3月26日召开的国务院第五次廉政工作会议上,温家宝总理强调,今年要严格控制"三公"经费,禁止用公款购买香烟、高档酒和礼品,继续实行"三公"经费的零增长。耐人寻味的是,这一消息公开之后,高端白酒股价应声下跌,2012年3月27日跌幅达到2.18%,其中贵州茅台狂泻6.37%,市值一天就蒸发了142亿元。尤其要指出的是,高端白酒乃是A股中的特殊队伍,前期连续大涨,然而在"禁止用公款买高档酒"令发布之后,白酒板块却随即下挫。这之中隐约显露出的因果关系颇值得我们深思,在一定程度上是否能够说明我国过去高档酒、高档烟的主要消费群体是官员,但实际的"买单者"却是广大的纳税人?

因此,纳税人应当学会看懂政府的账本,不能对账本上的数字心存畏惧。要认识到,数字的背后实质上是法律关系,反映了权利、义务、责任,内含了公平、正义以及诚信、法制的问题。当下,我国的"三公"经费越花越多,占政府开销的比例仍然较大。1998年,时任总理朱镕基曾一针见血指出中国的财政是"吃饭财政";自此之后,时光流逝了十余年,我国的"三公"消费问题不仅没有缓解,反而呈现渐趋严峻、愈演愈烈的态势,亟待加强法治管控。当然,在强调勤俭节约和严控"三公"消费的同时,也应当客观、理性地认识"三公"经费的性质和用途。"三公"消费准确地说应当称为"公务消费",一定范围内的公务消费确为执行公务所必需,所以,"三公"经费并非完全不合理,而是有其存在的必要性、正当性;我们所呼吁的并不是"三公"经费越少越好,而应当将追求的目标定位于"三公"经费的合理化和合法化,即制定和明确相应的标准,将"三公"经费严格地限定在满足公务需求的界限之内,从而在保证政府有效履行职责的前提下,促进政务的廉洁和清正。

具体地说,对于"三公"消费的监管,应当探索建立综合性、立体化、全过程的治理机制。在事前的预算编制阶段,设立针对"三公"经费的合理标准和明确范围,经人大审查批准,并准确、详细地体现在预算项目之中,进而为人大及公众判断每笔支出是否合理与必要提供衡量的依据和参照。在预算执行的整个过程中,"三公"消费的每个环节都应受到监督,包括审计部门的行政监督、各级人大的立法监督以及公众和媒体的社会监督,形成多元的监督体系。在后续的预算公开阶段,"三公"消费的公开要完整、准确,明晰概念,细化说明,使得民众基于普通的理解水平都能看得懂;并且建立有问有答的对话渠道和交流机制,为人们提供自由表达意见的桥梁和通道,由相关政府机关对民众进行诚恳而及时的回应,解答民众的疑惑,吸纳民众的有益建议,以激励民众监督"三公"消费的热情和决心,并且实现富有成效的监督。

3. 预算公开的目标与实现路径

依据公共财政、民主财政原则,国家在征收、管理和使用公共财产(主要即为纳税人缴纳的税金)的过程中,应当彻底公开预算账本。但是由于种种原因,当前政府账本向纳税人打开的范围和程度仍然较为受限,纳税人对政府的财政收支信息和预算决策过程知之甚少,纳税人权利的保护仍较欠缺。因此,只有充分地公开预算,对预算进行全方位的监督,才能真正保障纳税人基本财产权利的行使,符合依法理财、民主理财的要求,进而实现"理财治国"的长远目标。

(1) 控制财政权与保护财产权的必要路径

从内在机理看,或可将国家大致地类比为一个具有复杂的机构设置和人员网络的公司。要知晓和掌握一家公司的经济效益,应当看三张表,即利润表、资产负债表和现金流量表,在数据的表象背后实则一个个具体的法律关系以及双方当事人的权利、义务和责任,也可以表征和读出多类合同,如买卖合同、借贷合同、建筑合同等。同样的,要了解和控制一个国家的财政收支状况和财政行为,就需要看懂政府的账本,只有领悟、探查出这些数字所代表着的法律关系和经济活动,才能科学理财、依法治国。可以说,如若管控住了政府的预算收支和钱袋子的资金进出,中国的很多事情也就能迎刃而解。

政府的财政资金是来源于纳税人的,在代议制国家中,代议机关运用人民赋予的权力,其职责就在于代表人民看管好"钱袋子",根据我国《宪法》和相关法律的规定,人民代表大会作为立法机关和权力机关,它最主要的职权之一就是审查、批准预算。[①]面对人大的预算监督权仍显单薄的现状,提升人大在预算权配置中(相对于行政机关)的地位,是一条可行的路径,也是调整国家机器的整体结构的必由之举。[②] 诚如人

---

① 我国《宪法》第62条规定:"全国人民代表大会行使下列职权:……(十)审查和批准国家的预算和预算执行情况的报告……"第99条第2款规定:"县级以上的地方各级人民代表大会审查和批准本行政区域内的国民经济和社会发展计划、预算以及它们的执行情况的报告。"另外,《预算法》中对人大的预算审批权也有明确规定。

② 如西方谚语所言:"议会除了不能把男人变成女人和把女人变成男人外,什么事情都可以做。"与之相较,我国各级人大的权力配置,确实尚有很大的提升空间。

们通常所说的,阳光是最好的防腐剂;如果政府依法把收入和支出公开了,贪腐分子会减少许多,政务腐败现象也将得到根治。好的制度能够让坏人无法得逞,但坏的制度却可能会诱使好人变成坏人,这正是设计预算公开制度的必要性之所在。

对预算法律性质问题的讨论一向为各国学界所重视,在我国也存在着"预算是法律"以及"预算不是法律"[1]这两种观点。但是,这两种观点并非决然对立,即便是认为预算不是法律的学者,也认同其具有一定的法律效力,可以藉此发挥财政控权的作用。我们认为,预算从本质上讲应视为一个具有法律效力的文件。

依《宪法》规定,全国人大是我国最高的权力机关和立法机关,中央预算经全国人大审议通过,地方各级人大审议通过同级政府的预算案,这就赋予了预算案以约束力和执行力。但是,当前《预算法》刚性的缺失使得预算对国家机关财政资金安排与用度的约束力大为弱化,在预算执行的过程中产生了大量的财政失范行为和行政恣意现象,如大规模的超收收入和年底突击支出等。近年来,我国超收收入居高不下,2011年更是达到1.5万多亿,超收预算在某种意义上相当于脱离了人大的监督,也逃避了纳税人的控制,尤其对于超收部分的使用方面,完全是由政府自己自由、任意地支配而免受任何干涉。在社会财产总量既定的情况下,国家通过参与对纳税人财产的分配来获取财政收入,故如果国家的预算收入膨胀,这无形之中就会导致纳税人财产的减少,意味着国家变相地掠走了纳税人的财产。所以,应当从合法性的维度来审视超收收入现象,政府获得巨额超收收入,某种意义上是在"与民争利",客观上将引起侵占民生经济、侵蚀民间财富的消极结果,与"民富国强"的价值追求相悖。

需要进一步讨论的是,预算制度对公民的财产权能起到何种保护作用?笔者认为,预算收入、预算支出和预算管理共同构成了一个国家的财政体系,其实质是公民财产权和国家财政权间的博弈、互动和和谐运作。在税收国家[2]中,以私法为主的制度安排,并不足以形成对私人财产权的全面保障。为了实现公民的基本财产权利,不仅仅应当为私人财产权的积极行使提供行为规范,更应当规范和限制国家的征税权,从而为私人财产权提供消极的保障体系。因此,对于私人财产权的保护,既需要民商法等私法提供横向的积极保护,又不能缺少财税法在纵向上的消极保护。只有基于财产权保护这一共同的价值追求,在税法与私法之间相互承接与衔合,才能形成私人财产权完整的规范保护链条。毕竟,国家征税是对私人财产的一种合法的剥夺,在以参与私人财产收益分配为目标的国家征税权行使不当之时,更有可能演变成侵害私人财产权的潜在隐忧。这也正是我们强调税收法定主义,并将其作为税法领域之核心原则的缘故和初衷。在当前阶段,我们在贯彻税收法定原则、完善税收立法的同

---

[1] 熊伟:《宪法视野下的预算:预算法律说批驳》,载《江苏行政学院学报》2007年第4期。
[2] 所谓"税收国家",是指财政收入主要来自私人部门缴纳的税收的国家类型,不同于自产国家、租金国家等。有关财政国家的划界方式,参见马骏:《治国与理财:公共预算与国家建设》,生活·读书·新知三联书店2011年版,第4—5页。

时,还要从实体内容的角度出发,加大结构性减税的力度、拓宽财税制度改革的范畴,特别是注重减轻中小企业的税收负担,坚持藏富于民、让利于民的宗旨,更加倾向于公民财产权与国家财政权的博弈机制中的公民一方,最终实现民富国强、物阜民安的国家发展战略。

（2）促进财政权与财产权间的妥协平衡的优选机制

放眼整个规范体系,法律的实质是各方利益主体博弈和妥协的产物,涵盖了立法权与行政权、行政权与行政权、财政权与财产权、财产权与财产权等多重协商机制。换言之,即为国家与公民之间、公民与公民之间、公民（自然人）与法人之间的协调和磨合,从而形成一个盘根错节的利益谱系。同样的,落实到预算领域,在预算收入方面,国家依法征税和依法收费,纳税人履行法定的纳税义务,在某种程度上作出了让步;在预算支出方面,纳税人监督政府,政府基于合宪的目的使用公款,为纳税人提供优质高效的公共产品和公共服务,这也可以视为政府的一种让步和妥协或者纳税人的代价。对于上述过程,它们的背后存在着很多实现路径和外在形式,而预算公开就是其中的一种高效、完整且符合民主法治理念的方式;不管是公民的意见表达,抑或是政府的商榷交流,只有借助预算公开这一平台和对话机制,才能畅通、对等地完成整个商谈过程。从实质层面考察,预算公开说到底是为了通过预算的透明化和阳光化,监督和控制政府依法使用公共财产,这与财税法作为控权法、限权法的法律性质相契合。西方国家通常的做法是政府花钱、议会审批,议会主要的职责就是预决算审查,所以我国在改革发展的新时期应当借鉴域外经验,逐步促进人大和人大常委会的职能向预算监督方面适当转移,不断提升、优化和切实落实人大的预算权力,以适应时代需求。

同时,预算公开应当在法治和宪政框架的之下有序运行,成为财政宪法视野中的预算公开,只有上升到宪法的层次,才能通过预算公开的手段真正地控制政府权力、保障纳税人的基本权利。在将财政收入、财政支出等信息公开以后,政府的一切资金用度行为和行政活动就会被置于民众的监督之下,政府也就不敢妄自花费纳税人的钱了。一方面,在整体上,通过预算的充分公开,能够促进政府依据公共性标准科学、合理地使用"钱袋子",使得取之于民的财政资金能用之于民。公共财政学大师布坎南曾指出："在最终阶段或层次上,个人总是必须选择他的资源如何被集体使用和政府预算的适度规模,并对这一预算在各类项目上的分配作出决定。"① 只有实现财政预算公开,才能倒逼和监督政府将有限的资源配置到可以最大限度地满足公共需要的领域中去,并逐渐从传统的"管理型"政府、集权政府转变为现代的"服务型"政府、善治政府。② 另一方面,在细节上,通过预算的充分公开,能够防范政府不严格执行已经

---

① 〔美〕詹姆斯·M.布坎南:《民主过程中的财政》,唐寿宁译,上海三联书店1992年版,第95页。
② 高宏贵、魏璐:《论财政预算公开原则——以政府治道变革为视角》,载《江海学刊》2010年第2期。

人大审批的预算案,而将本应用于其他开支的预算资金挪做"三公"经费的现象,保证预算的拘束力和预算管理的实际效果。例如,如果预算支出中的某笔钱是用来买手机的,政府官员就不能用这笔钱来买白酒。这也正是我们强调通过类、款、项、目,促进预算收支分类的细化的原因,只有通过预算公开来防止政府官员浪费或者随意使用财政资金,才能控制住政府的权力,防范行政官员滥用职权、架空人大对"钱袋子"的监控。

我国当前时期一个突出的社会现象是部分官员存在着较为严重的贪腐行为,其中的重要原因之一就在于,在合理的"三公"消费以外,不合理、不正当的公款使用行为仍较猖獗。在这种环境下,如果实现了阳光理财、透明预算的话,政府的权力便能受到应有的制约,国家的长治久安也就为期不远了,一言以蔽之,解决腐败问题的关键举措就是推行公共财产的预算公开。在意识到预算公开的重要性及必要性之后,我们应当在法律中将预算公开原则加以明确,然后还要通过制定相配套的行政条例来进一步地开展细致而科学的具体制度设计,比如预算公开的主体、方式、程序、问责机制等。唯其如此,方能在宪法之治和实质正义的理念之上,维系财政权与财产权的平衡格局,确保"钱袋子"里的公共财产切实地为民所用、为民生建设和社会发展所用。

(3) 财税法学人的责任与广大纳税人的努力

预算不仅仅是看清表面的表格和数据,账本的字里行间之中实际上隐藏着预算主体的法律关系。正是在这个意义上,财税法的重要性才能得以升华,财税法才能成为国家的治国安邦之道以及纳税人权利保护之法。

中国财税法的使命和基本立场可以用十六个字概括,即"公共财政、民主政策、法治社会、宪政国家"。[①] 在国家治理的根本命题之下,预算公开问题关乎国家和民族未来的命运。

预算公开是达致理财治国的必然选择。在法治视域中,理财即为治国,这里的"法治"其实有四种表现形式,即法治是一种理念,法治是一种制度,法治是一种方法,法治同时也是一种状态。目前,法治的这四种形式在我国并没有得到全面地落实,或者说我国并没有完全实现依法理财,关于财政方面的法律制度和法律实行机制还很不完善。

财政法的教育不仅仅是大学的教育,更应当是全民的教育。简言之,要通过财政法治来监督政府、监督政府官员,并且使普通公民得以自觉、自愿地行使其作为纳税人的权利。因此,包括纳税人和政府官员在内的全体社会成员亟需转变理念,认识到法治视野下的理财就是在治国。只有这样,才能逐步解决我国现阶段面临的突出的社会矛盾和社会问题,包括官员贪腐、收益分配不公、社会诚信缺失等等。我国以前浪费了很多时间,依法理财、理财治国不但要上课,同时还要补课;"上课"是为了国家

---

① 刘剑文:《重塑半壁财产法——财税法的新思维》,法律出版社2009年版,第12—15页。

的现在和未来,"补课"是为了国家失去的过去。在这一历史进程中,尤其应当强调财税法学人的使命。为了国家的现在和未来,财税法学人们有责任、有担当为国家、为社会、为党和政府献计献策,贡献智慧,弥补因对财税法的重视不足而迷失的过去。

在推动中国财税体制改革的历史进程中,不仅需要财税法学者们行动起来,积极地为预算公开和财税法治建设献计献策,而且广大的社会公众更要树立法治化的预算公开和预算民主的理念,学会看管好政府的"钱袋子"。时代的使命和责任要求我们通过合理的制度构建,让全体纳税人都能更好地行使治理国家的权力,加入到民主参与、社会治理的行列中来,从而真正地实现民富国强的制度预设。

(二) 权力制衡:人大预算监督的归位①

在当前权力分配失衡、失范的情况下,预算监督可以称得上是一种便于操作、行之有效的权力监督方式。经由对呈现在预算案上的每笔政府收入、支出的审查、核准和执行,能直接、持续地起到控制政府行政日常活动的作用,取得比单纯控制"人"或者"事"更具效益的成果。

从本质上看,作为现代国家公共财政的核心和运行机制,预算不仅仅是由一系列数据组成的政府会计图表,更是具有政治意涵并且影响利益走向的政治过程,是包含各预算法律主体间权利、义务和责任关系的法律过程。预算法是我国最重要的民生法律,涉及民众的衣食住行和生老病死。同时,预算法又是规范政府财政收支行为的法律。预算法通过依法合理配置预算权,能够有效实现制约平衡、协调和睦的预算关系,进而更好地促进纳税人权利保障和国家的法律建设。因此,预算法是"财政宪法",是财政领域的"龙头法",是财税体制改革的"牛鼻子"。在当前权力分配失衡、失范的情况下,预算监督可以称得上是一种便于操作、行之有效的权力监督方式。经由对呈现在预算案上的每笔政府收入、支出的审查、核准和执行,能直接、持续地起到控制政府行政日常活动的作用,取得比单纯控制"人"或者"事"更具效益的成果。

因此,预算法应以预算监督为导向和主线,建立公开、透明、规范和完整的预算体制,形成深化预算制度改革的总体方案。预算法修改亟须强化各级人大和纳税人对行政预算过程的制约,进而达致政府、人大和公民间关系的合理平衡。

预算监督应从价值观念外化为整体性的制度构建,在预算审批、预算调整、预算公开和预算绩效问责等多个环节得到贯彻,并借由预算法的立法宗旨、授权性规定、国库资金管理方式、收支分类科目划定和法律责任等条款的修改加以落实。预算法修改应体现"将权力放进笼子"的思想,首要的就是转变预算法的法律定位,从将预算视为"政府管理的工具"转变为"监督政府的工具",从纯粹重视预算的宏观调控功能转变为更加重视预算所包含的维护纳税人权利、合理分配社会总财富的价值观念。

---

① 原文发表于《中国税务报》2013年5月15日第005版,收入本书时作部分修订。

立足于行政权力监督的逻辑原点,并结合有助于实现监督目标的程序性、技术性设计,能更好地矫正我国公共预算和预算法的未来发展走向。同时,相关的具体制度的纠偏是题中之意,包括减少抽象、笼统的行政授权,推动预算案的规范、完整、细致和易懂,促进更大范围的预算公开,建立国库单一账户机制,充实预算违法时的法律责任追究条款等。

预算监督有助于保证政府依法、高效履职,防范行政权力滥用和贪污腐败现象,建立一个更加负责任、有担当的有为政府,一个安全、可控的法治政府。面对寄生于公权力之上的痼疾——贪腐问题,预算监督(尤其是通过预算公开实现的监督)作为防腐、阳光政务建设中的重要一环,已被世界范围内的多数民主国家采用且运行良好。权力导致腐败、以权谋私的情形主要出现在公款管理和使用的场合。因此,防治腐败应从资金的监管入手。只有将财政信息以预算的形式公开化、透明化,才能改变政府与人大、公民间的信息不对称局面,实现对行政权力的全方位监督,使部分官员的贪腐念头在预算的威慑下消退。为了解决我国当下较为严峻的贪腐问题,提升政府的廉明度和行政绩效,有必要充分发挥预算公开与监督的作用,建构由人大的预算审批和调整、公众预算诉求的自由表达、媒体对预算报告和行为的披露等共同组成的防治腐败网络。唯有这样,一个积极、专心地致力于实现公共利益最大化的政府才有可能成为现实。

以加强预算监督为契机,各级人大应当推动工作重点向强化预算审批职能转移,实现立法权与监督权"一体两翼"、"两翼齐飞"的综合效果。立法权和监督权是宪法赋予人大的两项基本职权。自依法治国战略实施以来,全国人大更加积极地行使立法权,制定和修改了大批法律,完成了我国法律体系的基本搭建。但另一方面,人大的监督权仍然处于较为薄弱的境地,在预算实践中难以形成对行政权力的实质性约束。因此,人大在进一步完善立法的同时,应着力增强预算权,更好地履行作为民意代表机关、议事机关在民主进程中的重要职责。为此,在预算法的修改中,应明确人大的监督者角色定位,将其基本实体权能和相关程序规则加以确认;此外,在预算法修改之后,采取切实措施强化人大客观上的监督能力,这涉及机构重组与新设、工作人员编制增加和专业化人才引进等。可以说,增强人大的预算监督权力与能力,不仅是预算法的重中之重,而且对下一阶段人大工作内容的部署、财税法律制度的发展具有指导性的作用,对国家权力结构的调整也将产生深远持久的影响。

(三) 完整、规范与刚性拘束:预算修法的成果

1. 预算法的刚性原则与"修法"的基本底线①

首先,预算法是通过规范预算行为来控制政府收支的法律,预算法的修改必须坚

---

① 原文发表于《东方早报》2013 年 4 月 29 日 C09 版,收入本书时作部分修订。

持强化而不是放任甚至放松对政府收支的控制。财政是政府一切行动的物质基础，只有规范的财权才能确保规范的政府行为。同时必须明确的是，国家预算具有公共性，而一切具有公共性的领域都应当纳入法治化的轨道，接受公众的监督。因此，预算的效力必须及于政府的全部财务行为，而不能存在所谓的政府"预算外"收支。事实上，2010财政部发布了《关于将按预算外资金管理的收入纳入预算管理的通知》，决定从2011年1月1日起，把按预算外资金收入，全部纳入预算管理，一切游离于预算之外的政府收支行为均存在法律风险。在实践中，一些地方政府（包括省、市、县、乡）的非税收入中，没有将中央和地方金融企业、地方国有企业以及文化领域的国有企业上缴的利润纳入预算管理。这与预算法的原则是相背离的。同时，中国目前的财政预算中也没有完全覆盖政府债务，如政府在国有企业改革为剥离不良资产而形成的债务以及政府投资中形成的债务等均未纳入预算。这不仅违反了预算完整性原则，也隐含了极大的财政风险。可以说，无论预算法拥有多么精巧的制度设计，只要存在没有被纳入预算管理的政府收支行为，那么预算法的效力就会大打折扣。预算法的修改必须明确预算完整性的刚性原则，并建立起相应的制度体系，将所有的政府收支行为"一网打尽"。预算完整性的原则要求建立完善的预算体系。根据市场经济、公共财政的要求，明确政府的不同身份和不同职能，严格将预算分为公共财政预算、社会保障预算和国有资产经营预算和政府基金预算，并建立相应的制度，用明确和清晰的预算体系来控制政府全部的收支行为。

其次，预算法修改的关键在于建立符合宪政要求的预算权配置的理性结构。权利（力）、义务和责任是基本的法治资源，法律的专业化功能就在于通过对这些资源的合理配置以达到理想的治理效果。在预算过程中，预算主体享有包括编制权、审查权、批准权、否决权、调整权、执行权和监督权等在内的一系列权力，而这些权力同时也是职责和义务，违反了将应承担法律责任。这是预算规范性原则的要求。在上述权力中，批准权、否决权和调整权是具有决策意义的权力，必须掌握在立法机关（权力机关）的手中；编制权和执行权属于行政性的权力，可由政府享有；审查权属于事前监督权由立法机关享有，监督权一般在事中或事后实施，由审计部门享有。当然，审计部门要想更好地行使监督权，应当考虑改变其隶属关系，将目前的行政型监督提升为立法型监督，即审计机关独立于政府，直接向人大负责。中国《宪法》和《预算法》对预算权配置的规定以及实践中的预算权运行与宪政体制不合，表现为权力机关对预算案"批而不审"、行政机关"越俎代庖"和审计机关"监督不力"。预算法的修改应当强化和落实人大的预算权，合理分配好人大与政府，尤其是同政府财政部门之间的权力关系。对于决策性的预算权不宜通过授权性规范不加任何限制地整体授权给政府部门，这将导致政府或者财政部门预算权过于集中，不利于权力机关、审计机关和社会公众的监督。因此，应当通过限缩预算法中的授权性规定，充实权力机关的预算权，实现预算权的合理配置。为了保证预算职权的行使，必须明确预算法律责任，通过完善的预算法律责任体系来确保预算法的实效;通过加强"预算问责",构建全面的责任追究网络,强化《预算法》的威慑力。具体而言,首先要完善责任主体制度,如明确规定预算案如果不能通过或者被否决,编制主体应当承担的责任;其次,还可引入人大对政府的政治问责、质询等责任形式,如对绕开预算过程进行重大投资决策造成损失的负有直接领导责任的责任人,由立法机关或人民(以公益诉讼)要求其引咎辞职,将政治责任与法律责任相结合,实现预算法律制度的规范性。

第三,预算法的修改要通过程序控制来保证其规则的有效性。从法律的类型划分来看,预算法更多地具有程序法的性质,一方面,通过将预算活动划分为编制、审查、批准、执行等一系列的步骤和程序来实施财政收支计划。另一方面,预算法决定着财政资金从收入、管理到支出的流动过程。任何法律的实施最终都要依靠程序的运行。预算法要以法律的程序和形式理性确保实质正当性。财政资金的收支均须经由国库管理,完善的国库管理制度是预算法修改的重要组目标,是保证公款不被滥用的"防火墙"。在实践中,各预算单位在商业银行开设大量"财政专户",包括收入过渡账户、支出过渡账户。大量公款的流入与流出都通过这些账户处理,而且长时间地存放于这些账户。各部门设立的此类账户中绝大部分都没有法律授权,审计部门与央行国库也难以进行监督。中国于2001年启动了财政国库管理制度改革,其初衷在于引入"国库单一账户"(TSA)机制,实现财政资金的国库集中支付,但是效果并不理想。原因在于国库单一账户之外仍然存在诸多"临时性"和"过渡性"账户和"财政专户"。这对财政资金的流向监管和程序控制带来了极大阻力。因此,预算法修改应当明确构建以"国库单一账户"而非"国库单一账户体系"为核心的国库管理制度,堵塞财政资金不受监管的非法渠道,所有财政收入必须直达单一账户,所有支出必须从单一账户直达收款人的账户,这样才可以充分发挥"国库单一账户"的防火墙作用。

2. 预算法修订的成果

《中华人民共和国预算法》自1995年1月1日实施至今已逾19年。由于当时为社会主义市场经济体制建立之初,这部法律带有一定的计划经济体制色彩。随着经济社会改革不断深入、预算实践经验不断成熟,很多条文背后的理念和制度规则已经不能适应时代需要。2004年,第十一届全国人大把预算法修改列入立法规划;2011年11月,预算法修正案草案正式提交第十一届全国人大常委会第二十四次会议审议,第十一届全国人民代表大会常务委员会将预算法修改列入立法规划;2012年6月,第十一届全国人大常委会第二十七次会议对预算法修正案草案二次审议稿进行审议,并于2012年7月公开对预算法修正案草案二审稿征集意见,社会对此广泛关注,提出预算法修正案二审稿依然存在瑕疵,比如对预算控权、监督的基本理念等落实不充分;2014年4月,第十二届全国人大常委会第八次会议启动对预算法修正案草案第三次审议程序;2014年8月31日,《关于修改〈中华人民共和国预算法〉的决定》获得通过。至此,十年修法尘埃落定,修改后的《预算法》将于2015年1月1日起施行。

预算法有"经济宪法"之称,兹事体大,预算法修正案草案此前三次审议都未交付表决,此次四审首次被提请表决,反映出预算制度在国家经济、政治和社会生活中占据重要地位,所牵连的权力、利益纷繁复杂。一段时间以来,各种力量在预算法修改和权力格局重塑的探索中各尽其能,新一届政府对预算改革倾力支持,全国人大话语权力增强,社会公众积极参与,专家学者建言献策,共同营造了民主博弈、理性协商的法律氛围。特别重要的是,这个过程体现了改革成果取得的不易,以及人们对将预算法修改为一部凝聚共识、实质进步的适时良法的期冀。

此次修法,相对充分地体现了十八届三中全会的精神,与即将开展的财税体制改革总体方案相协调,回应了社会关注度高的重要问题,开启了财税体制改革的新时代。就修法内容而言,主要有如下几个方面:(1)确立了政府全口径预算的基本原则与体系。建立全口径预算管理制度是预算公开透明的重要前提,财税法学界为此奔走呼吁多年,也是此次预算法修订的重点。修订后的预算法明确将预算分为"一般公共预算""政府性基金预算""国有资本经营预算""社会保险基金预算",要求政府的支出必须以已经批准的预算为依据,没有依据的不得支出。对这四类预算,明确规定编制原则,要求后三者与"一般公共预算"衔接,并要求细化预算编制,预算支出要按功能分类编制,明确支出方向。预算法是通过规范预算行为来控制政府收支的法律,预算法的修改必须坚持强化而不是放任甚至放松对政府收支的控制,预算的效力必须及于政府的全部财务行为,而不能存在所谓的政府"预算外"收支。此次预算法初步确立了全口径预算的基本原则并建立起相应的制度体系,将所有的政府收支行为"一网打尽",体现了其立法宗旨由"为了强化预算的分配和监督职能,健全国家对预算的管理,加强国家宏观调控"到"为了规范政府收支行为,强化预算约束,加强对预算的管理和监督,建立全面规范、公开透明的预算制度"的重大进步。(2)预算公开首次入法。我国现行的预算法未涉及预算公开的问题,修订后的预算法规定,预算、预算调整、决算、预算执行情况的报告、报表,及政府举债情况、政府采购情况、预算执行和其他财政收支的审计工作报告均应公开。此外,修订后的预算法还特别规定不公开要追究法律责任,以强制力保证预算公开的刚性强度。国家预算具有公共性,而一切具有公共性的领域都应当纳入法治化的轨道,接受公众的监督。(3)地方举债权被有限放开。修改后的预算法明确了发债主体是经国务院批准的省、自治区、直辖市,并规定了发债资金的范围和用途,在一般公共预算中必需的建设投资的部分资金,可以通过举债的形式解决,资金用途只能用于公益性资本支出;若地方政府违反预算法规定举债的,对负有直接责任的主管人员和其他直接负责人员给予撤职、开除的处分。是否赋予地方政府发债权限,一直是预算法修订争议的焦点,初审稿赋予了地方政府发债权,二审稿又恢复为现行预算法不许地方自行发债的规定,到三审稿再次逆转,规定有限放开地方发债权。草案四次审议中对此的规定几经反复,体现了我国地方债问题的复杂性。新预算法通过建立地方政府债券举债融资机制、对地方政府债务实施分类管理和规模控制、理清政府和企业的责任,既解决了地方财政资金不足的问题,又通过人大控制了地方债的规模,这就起到了"开前门、堵后门"的作用。(4)完善了财政转移支付相关规定。现行《预算法》没有对财政转移支付作出规定,修改后的《预算法》对此进行了规范,如明确规定转移支付应当以一般性转移支付为主体;设立专项转移支付只能依据法律、行政法规和国务院的规定;专项转移支付不得要求下级提供配套资金;增加了专项转移支付制度的评估、退出机制,要求定期评估已设立的专项转移支付,评估认为已不适合再保留的要予以取消等。(5)人大审查监督权力在修订后的预算法中得到极大强化,两会前全国人大财政经济委员会初审中央预算草案时间由现行规定的会前30天,提前到会前45天;为确保预算的科学民主,新增条款要求县级及以下人大审查预算前要多形式听取选民和社会各界意见;明确人大审查重点内容,确保监督更有针对性。

现代预算制度作为公共财政的运行机制和基本框架,包含了诸多刚性的原则,即预算法必须保障预算具有完整性、规范性和有效性,此次预算修法,基本体现了如上基本原则,坚守住了"修法"的基本底线。预算完整性的原则要求建立完善的预算体系,这体现在新预算法对全口径预算和中央地方全程预算公开的规定中;预算法修改的关键在于建立符合宪政要求的预算权配置的结构,对人大监督权的强调体现了对这一要求的理性倾向;预算法的修改要通过程序控制来保证其规则的有效性,任何法律的实施最终都要依靠程序的运行,权利(力)、义务和责任是基本的法治资源,法律的专业化功能就在于通过对这些资源的合理配置以达到理想的治理效果,为防止预算法再次成为海市蜃楼而对预算的程序性控制亦是此次修法的亮点。

当然,罗马城不是一日建成的,预算法的完善工程和公共预算愿景的实现,远非一次修法就能完全实现,比如这次预算法修改中,仅规定了"各级预算应当遵循讲求绩效和收支平衡的原则",没有就建立和完善绩效预算管理制度、推行绩效预算作进一步的规定。此外,对于法律有明确规定或者经国务院批准的特定专用资金依然可以设立财政专户。但是,若能继续在预算问题中确立和坚守权力监督思维,并从基本的监督机制建构出发,通过理念与制度创新,循序渐进地向好的方向发展,预算所指向的治国目标就会在不远处出现。

三、中国分税制财政体制的综合平衡与协调发展

(一)财政分权与分税制

1. 财政分权的学理基础

财政体制,又称财政管理体制,经济学中的通说认为,它是"在财政管理中,划分

各级政权之间以及国家与企事业部门、单位之间的职、责、权力和相应利益的制度"①。除通说之外,还有以下三种主要观点:财政体制是划分中央与地方以及地方各级财政收支范围和管理权限的制度②;财政体制是划分各级政府财力和财权的法规③;财政体制既是财政管理制度又是财政分配关系④。据此,我们认为,学者们均是从不同角度来界定财政体制的。实际上财政体制和财政体制法的含义是不同的。国家立法时须首先界定财政体制的概念,否则会引起歧义。换言之,立法界定财政体制时,可参照但不宜直接引用上述某一种关于财政体制的定义,应综合考虑一些特殊因素,具体包括:(1)财政体制的法定含义应与社会主义市场经济体制保持一致。在计划经济体制下,政府的经济事权十分广泛并且直接延伸到经济组织内部,政府财政管理权的范围较广。在市场经济体制下,政府的经济事权一般不直接介入经济组织内部,财政体制不直接决定国家和企事业单位、个人之间的分配关系。(2)财政体制的法定含义应是具体的而不是抽象的,是明确的而不是模糊的。(3)财政体制的法定含义还应与财税法的其他法律规范相衔接。因此,财政体制可界定为划分各类、各级国家机关之间财政权的制度。相应地,财政体制法就是调整各类、各级国家机关之间财政权分配关系的法律规范的总称。简言之,财政体制法就是财政分权法,它在财政法体系中居基本法地位。各类、各级国家机关依财政体制法划定的财政权来理顺财政分配关系。

关于分税制问题,在我国除少数学者主张它仅为一种税收体制外⑤,通常将其定义为"在中央与地方政府之间以及地方各级政府之间以划分各级政府事权为基础相应划分财权和财力的一种分权式财政体制"。⑥ 应当指出的是,上述定义虽在一定意义上反映了分税制的实质问题,但并未涵盖分税制的全部内容。概言之,分税制是依法划分各类、各级国家机关之间财政权的制度。从各国分税制立法的实践看,我们认为,分税制至少应包含以下几方面的含义:

（1）分税制是一种涉及多种财政要素、多种财政行为的综合性财政体制。以法定形式划分税收收入是划分财力的关键,而财力的形式受制于财政权的划分,财政权的分配又是依据各类、各级国家机关的性质和职责的,通过分税制可以将财政权分配关系的各个方面联系起来,因此,分税制是一种含税收管理体制的财政体制。财政权由财政立法权、财政行政权、财政司法权构成,分税制立法必须划清三种不同属性的财政权并进行合理分配。

---

① 陈岱孙主编:《中国经济百科全书》,中国经济出版社1991年版,第1034页。
② 陈共:《财政学教程》,中国财政经济出版社1985年版,第393页。
③ 储敏伟:《财政学》,高等教育出版社2000年版,第360页。
④ 邓子基:《财政理论专题研究》,中国经济出版社1998年版,第275页。
⑤ 郝昭成:《财税体制突破与利益重组》,中国财政经济出版社1993年版,第177页。
⑥ 储敏伟:《分税制若干理论与实践问题探讨》,载《财经研究》1993年第12期。

（2）分税制是分设机构、划分事权、划分财政权三者相统一的财政体制。依我国宪法,财政权中的立法、行政、司法三种权力是分别由不同国家机关行使的。世界上不少国家还分设国家税务行政机关与地方税务行政机关,并设置了专门的税务司法机关。各类国家机关的职责不同,事权也不一样,划分财政权应与各自的事权相一致。机构分设的目的是为了划分事权和财政权,划分财政权和事权亦要求机构分设。

（3）分税制是市场经济国家共同选择的一种分权式财政体制。市场经济是自主、分权的经济,它为分税制的实施创造了条件,即中央和地方在政治上和经济上进行适当分权。分税制作为一种分权式财政体制与经济体制是一致的。在中央高度集权的计划经济体制下,地方并无独立的财政权,缺少实施分税制的基础。

（4）分税制是一种以配套齐全的法律体系进行保障的规范化财政体制。从一定意义上讲,市场经济是法治经济,这无疑要求构建完善的财政体制法。在市场经济国家,通常在宪法中明确规定实行分税制,并在宪法中确认各类国家机关的职责及相应的事权,为分税制提供国家基本法上的依据。在此基础上,通过法律将分税制各个方面的制度以法律形式固定下来。

2. 财政分权的立法模式与权限配置

应当进一步指出的是,各国分税制立法受诸多因素的影响,在分权措施及分权程度上是不相同的。概括起来,分税制立法可以分为相对分权与绝对分权两种立法模式。前者是将财政立法权和财政行政权主要集中于中央,同时赋予地方国家机关一定的财政立法权和财政行政权,中央与地方财政收支范围虽相对明确,但亦有交叉,上级政府对下级政府转移支付的规模较大。后者则在中央与地方之间的财政分权较彻底,中央与地方各自的财政立法权、财政行政权和财政收支范围非常明确,互不交叉,上级政府对下级政府一般性转移支付的规模不大。那么,从实际出发,我国应选择何种分税制立法模式呢?我们认为,我国现行的经济体制、政治体制和立法体制决定了我国分税制立法的模式应为相对分权式。

（1）分税制立法模式应与国家经济体制相适应。财政体制法是处理中央和地方财政权分配关系的准则,是具体的财政体制在法律上的反映。财政体制既受经济体制的制约,又构成经济体制的一部分。集权经济体制下的财政体制法所规定的中央与地方财政分权水平较低甚至不实行分权,这种立法模式现已被越来越多的国家所摒弃。在我国建立和发展社会主义市场经济体制的进程中,多种所有制并存和发展决定国家财政收入的主要来源是税收;多种利益格局并存要求实行分税制;市场机制和宏观调控都是社会主义市场经济体制的重要内容,同时发挥市场机制和宏观调控在国民经济运行中的作用,必然促使中央适当集中财政权以形成实施宏观调控的手段和财力,同时,分配给地方一定的财政权,以调动地方的积极性。

（2）分税制立法模式应与国家政治体制保持一致。我国是单一制的社会主义国家,中央与地方之间的权力划分遵循民主集中制的原则,在中央的统一领导下充分发挥地方的主动性、积极性,这决定我国财政权以中央统一为主、地方分权为辅。即与宏观调控相对应的财政权必须统一在中央,适应市场调节的财政权由地方行使。在税收体制中设置中央与地方共享税就是政治上相对分权原则的体现。

(3) 分税制立法模式应与国家立法体制保持协调。从严格意义上讲,我国实行两级立法体制。在中央,全国人民代表大会及其常务委员会统一行使国家立法权;在地方,省级(或省级人民政府所在地的市、国务院批准的较大的市)人民代表大会根据本行政区域的具体情况和实际需要,在不同宪法、法律、行政法规相抵触的前提下,可以制定和颁布地方性法规。十一届三中全会以来,为了推动改革开放政策的实施,国务院曾制定了一批税收方面的暂行条例,这并不表明国务院是立法机关,更不表明国务院制定税收暂行条例构成一级独立的中央立法,因为国务院制定税收暂行条例是根据全国人民代表大会的委托进行的授权性立法。同理,省级(或省级人民政府所在地的市、国务院批准的较大的市)人民政府根据省级(或省级人民政府所在地的市、国务院批准的较大的市)人民代表大会进行的授权性立法亦不构成一级独立的地方性立法。由于财政体制法在财政法体系中居主导地位,财政体制法的表现形式应为全国人民代表大会制定的法律。

3. 分税制立法的整全性视角与内容构建

各国分税制立法的模式虽不尽相同,但其立法内容的建构基本上是一致的,即规定在各类、各级国家机关之间主要划分财政权中的立法、行政、司法三项权力。分税制立法的核心是划分财政权,主要目的是使各级政府具有与其事权相称的财力。各级政府的财力是由各级政府财政收支范围和转移支付规模决定的,财力受制于财政立法权和财政行政权。具体而言,分税制立法至少应包括以下六大方面的基本内容:

(1) 划分事权。划分事权是分税制实施的基础,划分事权的关键是将财政立法权与财政行政权分开,将各级政府的事权分清。分清各级政府的事权首先应明确各级政府的职能,着重解决两个问题:一是明确政府应承担的社会事务、经济事务的范围,防止政企不分;二是将政府事务在各级政府间合理分配,防止权责不明。故将有关事权在各级政府间划分并不等于均分事权,要充分考虑各级政府的实际情况,遵循适度分权、受益、职能优势原则。下级政府有能力承担的事务,应由下级政府办理,上级政府所负责的事务须是不宜由下级政府承担或下级政府无力承担的事务;一项事权应分配给哪一级政府可以依据其行使事权受益范围所涵盖的行政区域决定;各级政府都有处理不同事务的优势①,在划分事权时应充分考虑到这一点。

(2) 划分国家财政级次并确定各级财政的收支范围。国家财政的级次通常是一级政府一级财政,财政支出范围是由各政府的事权决定的。划分财政支出范围一般遵循以下标准:凡是规模庞大、需要巨额资金和高新技术才能完成的经济事务或社会

---

① 于宗先主编:《经济学百科全书·财政学》,台湾联经出版事业公司1987年版,第89页。

事务方面的支出,应由中央财政承担,否则由地方财政承担;财政支出受益对象遍及全国的,应属于中央财政支出范围,仅及于某一地方的,由该地方财政承担;财政支出的计划或标准须全国统一的,属中央财政支出,需地方因地制宜的,为地方财政支出。据此,中央财政主要承担国家安全、外交和中央国家机关运转所需经费,调整国民经济结构、协调地区发展、实现宏观调控所需的支出以及中央直接管理的事业发展支出;地方财政主要承担本地区政权机关运转所需支出以及本地区经济、事业发展所需支出。① 划分财政收入的范围应遵循事权与财力相结合的原则。划分财政收入范围应以财政支出的范围为依据,确保中央集中全国大部分财政收入,因为中央政府除直接安排消耗性财政支出外,为实现宏观调控还必须安排大量的转移性财政支出。划分财政收入的关键是划分税收收入,并符合效率、适合、相当、经济等多项原则。

(3) 划分中央与地方财政收入范围。划分财政收入的范围应遵循事权与财权相结合的原则,并以财政支出的范围为依据。划分财政收入的范围应确保中央财政集中全国大部分财政收入。具体包括:第一,税收收入的划分。划分税收收入应以征收管理效率高低决定某税种归哪一级财政,同时,以对经济发展促进大小决定某税种归哪一级财政。我国目前将维护国家权益,实施宏观调控所必需的税种划为中央税,将同经济发展直接相关的税种确定为中央和地方共享税,将与地方利益关系密切、税源分散、需要发挥地方组织收入积极性,便于地方征管的税种作为地方税。第二,国有企业利润的划分。目前,中央企业税后利润全部上交中央财政,地方企业税后利润全部上交地方财政。最后,其他专项财政收入的划分。

(4) 建立转移支付制度。转移支付是指上级政府将其财政收入按照法定标准、程序划转给下级政府作为其收入来源的一种拨款形式。根据财政收支法划定的初次财政收入范围,中央政府集中了全国60%以上的财政收入,但按法定财政支出范围,全国大部分消耗性财政支出由地方直接安排。中央与地方这种纵向的财政收支差额是由转移支付来实现平衡的。此外,由于同级不同地方财政收入水平上的差距,许多贫困地区维持机关正常运转的财政支出都不能保障,同级不同地区间财政收支差额也需要转移支付来平衡。因此,转移支付对于弥补地方财政收支差额,维持整个国家各个地方财政负担的公共服务最低标准,以创造全国统一市场、实现经济稳定有重大意义。转移支付有一般转移支付和特殊转移支付之分。前者又称整体性支付。上级政府对一般转移支付资金的具体用途不予限定,由下级政府自主支配使用。后者亦称专项性转移支付,它是上级政府依照特定目的和条件对下级政府的特殊补助,其主要目的是支持某一地区难以承担的全国性或跨地区性项目,以及上级政府所鼓励发展的行业或项目,实现国家特定调控目的。

(5) 划分财政行政权。财政行政权主要是各级政府运用国家所赋予的依法组织

---

① 参见《国务院关于实行分税制财政管理体制的决定》(1993年12月15日)。

财政收入和安排财政支出的强制性的权力,如公债发行权、税款征收权等。这种权力不同于财政立法权和财政司法权。财政立法权、财政司法权虽然也具有国家强制力,但财政立法权是针对各类财政事务制定和发布法律的权力,财政司法权是针对财政案件进行审判的权力。但财政行政权应受制于财政立法权和财政司法权。划分财政行政权的总原则是,各级政府及其财政主管机关依照财税法,对属于该级财政收支事项独立行使财政行政权,上级政府对下级政府行使监督权。

(6)划分财政立法权。根据法治原则,各项财政权的划分最终表现为立法权的划分。政治体制及立法体制上的差异造成各国行使财政立法权的机关不完全相同,以及中央与地方财政立法权的分配办法各异。在西方国家,税法必须由议会制定,地方税收立法权的大小因各国国家结构实行联邦制或单一制有所不同。在我国,宪法对立法权在权力机关与行政机关之间、中央与地方之间作了划分,这种划分适用于财政立法权的划分。同时根据《立法法》的规定,在我国,财政立法权的划分主要表现为:全国人民代表大会及其常务委员会统一行使最高财政立法权,即财政的基本制度必须制定法律,财政法律是制定财政行政法规、财政地方性法规的依据;国务院根据国家权力机关授权,可进行财政委托立法,也可以制定财政法律的实施条例;法定的地方权力机关根据本地实际情况和需要,在不与法律、行政法规相抵触的前提下,制定地方性财政法规。

党的十八届三中全会,充分彰显了领导集体的改革意识和攻坚决心,为全面深化改革绘就了路线图,吹响了冲锋号。① 会议通过的《中共中央关于全面深化改革若干重大问题的决定》(以下简称《决定》),一改过去仅把财政问题视作经济环节的观念,把财政提升到"国家治理的基础和重要支柱"的高度,显示出中央的高度重视,也说明中央对财税改革作出的规划极具高度与眼光。这表明,财政问题已经不单单是经济领域的重要问题,更涉及政府职能、社会治理等诸多方面,涉及国家和纳税人、立法与行政、中央与地方、政府与市场等各方关系。强国之路,必须有财政作为支撑,这是实现中国梦的物质保障。毫不夸张地说,财税体制问题,不仅是经济问题,还是政治问题,更是法律问题,而且是直接关系到一国根本制度架构的宪法性问题。

《决定》在财税体制改革方面,着墨甚多。值得注意的是,在央地财政分权问题上,《决定》采用了"事权和支出责任相适应"的新提法,表现出中央在央地财税体制改革上的新思维。自1994年分税制改革以来,我国政府间财政关系存在的主要问题之一,就是中央和地方的事权界定模糊,并且地方税收体系不全、税基不顺。特别是省以下各级政府之间事责、事权界定不明晰,基层政府的支出责任与财力保障不匹配现象尤为严重。而《决定》的新提法正是旨在强调中央和地方权责相适应、有权必有责。具体来说,政府在实现事权的同时,也应承担相应的支出责任。尤其是地方政府

---

① 原文发表于央视网《央视网评》栏目2013年11月20日,收录本书时作部分修订。

在承担本级事权的时候,应当有相应的财权,能够按照预算承担相应的财政支出。上级政府移交下级政府事权时,应当通过转移支付保证下级政府能承担支出责任。形象地说,过去经常是"中央请客地方买单",而改革的目标就是要实现"谁请客谁买单"。同时,这一新提法将"事权"置于优先位置,表明出对"明确事权"的强调。可以预期的是,今后一个时期,中央适度上收事权,应当是一个大的趋势;从财政联邦主义的视角看,虽说越是接近纳税人的基层政府,越是能提供符合该区域纳税人真实需求的公共服务和公共产品,但是,从宏观上进行统筹协调,仍然是较高级次政府才能具备的治理能力。

应当看到,"事权和支出责任相适应"的新提法,并没有取代"财权与事权相匹配"的原有方针,二者应当是并重、递进的关系,而且在根本上应该将二者联系起来,才能分别加深对二者的理解。从长远来看,要确保地方政府能够承担起相应的支出责任,就必须合理配置财权、切实保障财力。形象地说,要实现"谁请客谁买单",离不开"谁请客谁有钱"。新提法只是在强调下一步财政体制改革的方向将更加重视事权调整,实现事权与事责的统一。

在未来的央地财税改革进程中,应侧重强化中央政府职能,弱化对地方政府的干预。例如,地方政府事权要适当上移,如教育、社保、医疗、环境等基本公共服务应由中央承担。同时,事权划分还要基于简政放权的大环境。对于一些不需要政府承担的事务,就应当放手让市场、让社会去承担。在此基础上,还应当按照事权优先原则,适当调整政府间收入划分,培育地方税收的主体税种,不要"竭泽而渔",而应"放水养鱼",不仅在国家与纳税人关系问题上,在中央和地方财政分权问题上,这一点也是适用的。此外,健全统一规范透明的财政转移支付制度,仍然是很有必要的,尤其是加大一般性转移支付的比重,并规范转型转移支付的制度运作。

对于中国财税体制改革的总目标,《决定》明确指出:"完善立法、明确事权、改革税制、稳定税负、透明预算、提高效率。"将"完善立法"放在目标的第一位,有其必然性。它充分体现了中央重视法治,强调以立法为主导的改革信号。在中央与地方财税改革的进程中,法治思维尤显重要。

通过完善立法,可以最大限度集中民情、民意、民智,从而实现公平。特别是面临来自既得利益与制度惯性的障碍与阻力,要保证改革方向不动摇,更应当坚持用法治思维指导改革进程。从过去的政府间财政关系实践情况看,之所以出现"跑部钱进"等法外现象,"财权上收、事权下沉"的分权模式固然是一个重要的原因;但是不容忽视的是,财政分权这一具有宪法性质的事项,甚至缺乏法律层面的制度规范,从而使分权的一般原则和具体标准,都具有较大的不稳定性,也是出现种种不规范现象的制度动因。因此,央地财政分权体制的改革,应当强调事权与支出责任的统一,而这种标准的确定与实施,都应当在法治的框架下进行。

(二) 财政转移支付的平衡与协调

1. 财政转移支付的理论基础

财政转移支付是现代国家政府间财政运作的主要形式之一,其规模越来越大,甚至已经成为中央政府财政支付的主要形式。财政转移支付的产生及其迅猛发展是具有深刻的理论基础的。

(1) 分级公共产品理论。萨缪尔逊在其论文《公共支出的纯理论》中给出了公共产品的严格定义:纯粹的公共产品是指这样的物品,即每个个人消费这种物品不会导致别人对该物品的消费的减少,其有两个基本特征,一为非排他性,二为非竞争性。① 依据公共产品非排他性和非竞争性程度的不同,公共产品一般分为纯公共产品和准公共产品两种。由于公共产品具有消费上的非排他性和非竞争性,市场提供公共产品难免发生"搭便车"的现象,因此,公共产品往往通过税收和预算来提供。② 根据公共产品受益范围和外溢程度的不同,可以把公共产品分为全国性公共产品、地方性公共产品以及介于二者之间的准全国性公共产品。政府提供公共产品与市场提供私人产品具有很多类似之处,一般也遵循成本受益相等的原则,因此,全国性公共产品适宜由中央政府提供,而地方性公共产品适宜由地方政府提供,准全国性公共产品则适宜由中央政府和地方政府联合提供。

公共产品层级的划分往往是理论上的,现实中的公共产品,除了非常典型的以外,往往难以完全归入某个种类,因此,一般难以严格按照这一理论来划分各级政府提供公共产品的事权职责,由此导致各级政府提供的公共产品的受益范围往往局限于本级政府管辖的范围。根据成本受益相等的原则,享受到某公共产品利益的政府就应当承担部分成本,由此导致政府间的财政转移支付。对于准全国性公共产品的提供,一般是由中央政府出资委托地方政府提供,由此导致中央政府对地方政府的财政转移支付。

(2) 财政宏观调控理论。20世纪30年代资本主义世界的大危机,使得在西方经济学中占主流地位六十余年的新古典经济学的自由放任经济政策无法应对,以美国为代表的西方国家纷纷改而采用凯恩斯的国家干预主义政策,财政宏观调控理论也由此产生。

在现代市场经济条件下,财政宏观调控的主要目标是实现资源配置的优化、经济

---

① 黄书亭、周宗顺:《中央政府与地方政府在社会保障中的职责划分》,载《经济体制改革》2004年第3期。
② 有些学者直接用产品的供给方法来界定公共产品与私人产品,公共产品即是通过税收和预算来提供的产品。参见〔美〕理查德·马斯格雷夫:《比较财政分析》,董勤发译,上海人民出版社、上海三联书店1996年版,第4页。

发展的稳定和可持续以及收入分配的公平。① 为了实现这些目标,中央政府需要集中全国大部分财政收入,通过财政转移支付来实现资源的优化配置、经济的稳定发展以及收入分配的公平。

(3) 分权与制衡理论。制衡的观念是在英国宪政发展的过程中于17世纪逐渐形成的,而分权的观念则是在英国宪政发展的基础上由孟德斯鸠在18世纪提出来的。② 美国的宪政实践则将分权与制衡的观念合二为一,发展出了联邦制宪政国家。在国家的不同部门以及上下级政府之间的分权与制衡的过程中,财政是一个非常重要的手段。立法机关控制行政机关的最有效手段是通过预算控制政府的"钱袋子"③,而司法机关独立于行政机关的一个重要前提是司法机关的财政独立于行政机关。中央政府通过集中全国大部分财政收入并进行财政转移支付可以在很大程度上控制地方政府,特别是在联邦制国家中,由于中央政府不能直接控制地方政府,财政转移支付就是中央政府与地方政府协商的一个重要法宝。④

2. 中国财政转移支付立法的指导思想

为了适应社会主义市场经济体制和财政支出制度改革的要求,规范政府公共资金支付管理,以抑制地区发展差距的拉大,平衡地区财政收支差异,实现全国范围内各级政府提供公共产品和服务能力的均等化,很有必要加强和完善财政转移支付立法。针对中国目前的实现情况,按照财政法定主义的要求,制定《中华人民共和国财政转移支付法》时,应当遵循以下几个指导思想:

(1) 财政转移支付立法与财政改革进程相适应。财政转移支付立法应紧紧围绕建立社会主义市场经济体制这一既定目标,转变立法观念,正确解决立法的稳定性与改革的多变性之间的矛盾,做到财政转移支付立法服务于财政改革。财政转移支付立法要维护把财政改革成果,保障财政改革的顺利进行、引导财政改革的深入作为中心任务。在财政转移支付立法时,要妥善处理中央与地方之间的利益关系,把国家利益、整体利益放在首位,避免不适当地强调局部利益。

(2) 财政转移支付立法的现实可行性与适度超前性相兼顾。财政转移支付立法既要体现市场经济的共同规律,又要结合中国的实际情况。法律规定既要符合客观实际,又要有适度的超前性。财政转移支付立法应正确把握社会经济和财政的运行

---

① 邓子基主编:《财政学》,中国人民大学出版社2001年版,第40—44页。
② 〔美〕斯科特·戈登:《控制国家——西方宪政的历史》,应奇等译,江苏人民出版社2001年版,第240页。
③ 1996年共和党国会和民主党总统克林顿未能就年度财政预算达成协议,致使美国政府在10月和12月两次关门达一个月之久。参见孙哲:《左右未来:美国国会的制度创新和决策行为》,复旦大学出版社2001年版,第441—469页。
④ 例如,澳大利亚中央政府和州政府就于1999年6月签署了一份《中央、州财政关系改革原则的政府间协议》。同时,德国、日本、美国、加拿大等实行联邦制或者地方自治比较发达的国家都存在中央政府与地方政府在财政转移支付问题上的协商,通过这种协商,中央政府便将自己的意志贯彻到了地方。参见梁金兰、李冬梅:《澳大利亚转移支付制度的基本经验》,载《山东财政学院学报》2004年第3期。

规律及其发展趋势,避免财政转移支付法律、法规在制定颁布后很快就落后于形势发展的不良现象。提高财政转移支付立法质量包括三个方面,一是立法内容,二是立法技术,三是立法程序。财政转移支付立法技术包括结构技术、语言技术和延续技术等方面,立法技术的好坏直接影响到立法的质量。结构技术是运用科学方法,使财政转移支付法的结构形式能够最大限度地体现立法的内容;语言技术是法律中的每个概念、每个条文都必须法律化,使之能正确表达立法者的原意,较好地体现准确、简洁、易懂等特点;延续技术可以充分把握法律条件的变化规律,为立法的修订、解释做准备。财政转移支付立法应严格遵守立法程序,立法程序是提高支付立法质量的重要保证,可以避免不按立法程序的突击立法或应急立法。

(3) 财政转移支付立法的本土化与国际化相结合。财政转移支付立法应立足于中国的国情。中国是一个多民族的发展中的农业大国,国土辽阔,人口众多,各地区之间自然条件差异很大,经济发展水平很不平衡,公共服务水平也存在着较大的差异。同时,随着中国加入WTO,经济全球化已成为当今国际发展的趋势,而财政转移支付立法已是市场经济国家处理中央与地方财政关系的普遍做法和基本准则,在国外已经有几十年的历史,积累了丰富的经验。因此,凡是国外立法中实践证明比较好且适合中国现实情况的,都应当大胆吸收。有些适合中国国情的条文,可以直接移植,并在实践中充实、完善。发达国家走过的弯路我们应当避免,他们在发展市场经济过程中根据实际情况而不断修改财政转移支付法律、法规的做法,也值得我们借鉴。

3. 中国财政转移支付立法的主要问题

国外财政转移支付立法所遵循的一个基本原则是财政法定主义,即通过宪法和基本法律来规范财政转移支付事项。按照财政法定主义的精神,我们可以简要分析一下中国目前的财政转移支付立法。目前中国财政转移支付立法存在的主要问题如下:

(1) 政府间事权、财权划分不清。事权是指各级政府基于其自身的地位和职能所享有的提供公共物品、管理公共事务的权力。财权是各级政府所享有的组织财政收入、安排财政支出的权力。目前,在上下级政府之间,很多事项难以区分清楚,许多本应由地方财政负担的支出,却由中央政府承担,而许多本应由中央财政负担的支出,却推给地方财政。上下级政府之间事权划分和财政支出范围的划分随意性很大,同样的事项,在一处由上级政府承担,在另一处则由下级政府承担,在一时由上级政府承担,在另一时则下放地方政府承担,它们之间区分的标准很模糊,或者根本没有标准可循。这种事权划分的模糊和财政支出范围划分的混乱,导致许多政府机关人浮于事,很难对其进行绩效审计和考核,由此导致了财政支出整体效益的低下。中国现行的分税制主要是划分了中央和省一级的财政,但对事权界定不够明晰,财权和事权不统一。同时,对省、市、县分别有哪些财权,应对哪些事情负责,规定还不够明确,各级政府之间扯皮很多。①

（2）财政转移支付资金的分配不规范，缺乏合理的标准。中国地区间财政资金的横向转移是通过中央政府集中收入再分配的方式实现的。但是，由于这种横向转移的过程是与中央政府直接增加可用财力相向而行的，因而对中央增加的财力是用于中央本身开支，还是用于补助某些经济不发达地区，在认识上难免不一致。另外，在财力转移上，也没有建立一套科学而完善的计算公式和测算办法，资金的分配缺乏科学的依据，要么根据基数法，要么根据主观判断，而不是依法根据一套规范的计算程序和公式来分配。②

（3）财政转移支付方式不规范，各地不平衡状况难以有效解决。中国现行财政转移支付制度保留了原有体制资金双向转移模式，即仍然存在资金由下级财政向上级流动的现象，不利于提高财政资金的使用效率，增大了财政部门的工作量，也不利于中央政府实施宏观调控。而税收返还是以保证地方既得利益为依据的，它将原有的财力不均问题带入分税制财政体制中，使得由于历史原因造成的地区间财力分配不均和公共服务水平差距较大的问题依然未能解决，不能充分体现财政均衡的原则。中央对地方的专项拨款补助还缺乏比较规范的法律依据和合理的分配标准，与中央与地方事权划分的原则不相适应。此外，财政补助分配透明度不高，随意性很大。虽然政府支出中属于补助性质的转移支付种类很多，补助对象涉及各行各业，但各项财政补助的分配缺乏科学的依据。

（4）财政转移支付立法层次低，缺乏法律权威性。纵观各国财政转移支付制度，其最大的共性就是制定具有较高层次效力的法律。③ 而中国现行政府间财政转移支

---

① 转移支付立法比较完善的国家都有明确的事权、财权划分，比如，德国政府分为联邦、州和地方（市或县）三级，各级政府在财政管理上具有独立性，宪法明确规定了三级政府的职责和支出范围。联邦政府负责国防、外交、造币和货币管理、海关和边防、邮政电讯、铁路和航空、高速公路和远程公路、社会保险、国有企业的支出和农业政策等等。各个州政府的职责是负责治安、中小学教育和高等教育、科学研究（联邦参加高校和跨地区的研究开发工作）、州内公路、地区经济结构和农业结构的改善、护岸等。各个城镇负责公共福利、文化设施、公共交通、能源的供给、垃圾和污水处理、建设规划等等。同时，德国也明确进行了税种的划分。参见赵永冰：《德国的财政转移支付制度及对我国的启示》，载《涉外税务》2001年第1期。

② 很多国家都以因素法为基础设计了比较科学的、将多种因素包括在内的转移支付标准的计算公式。如：美国考虑的因素有人均所得、税收课征率、州所得税的高低、城市人口或州人口等。意大利的共同基金60%按大区的人口分配，10%按大区的面积分配，30%按移民率、失业率和个人所得税的人均收入分配。这种以各级政府很难控制的客观因素来设计的公式确定各地转移支付额的方法比较合理，也比较公平、透明，减少了人为因素的影响。参见杨芳：《中外政府间财政转移支付制度比较》，载《岭南学刊》2000年第3期。

③ 例如，美国1972年制定了专门规范转移支付的法律——《州和地方政府补助法》，并于1976年进行了修正。德国规范财政转移支付的法律既包括具有最高效力的《德意志联邦共和国基本法》（相当于德国的宪法），也包括一些基本的法律，如《联邦财政均衡法》。日本政府间转移支付的法治化水平也比较高，每种转移支付都有相应的立法进行规范。除了具有基本法性质的《地方财政法》以外，地方交付税以《地方交付税法》作为依据筹集和分配资金，国库支出金中的各类转移支付也以相关的法律，如《义务教育法》《农业基本建设法》《土地改良法》《生活保障法》等为依据。参见丁文、张林：《我国财政转移支付法律制度之反思与重构》，载《武汉经济管理干部学院学报》2004年第4期。

付制度依据的主要是《办法》，该《办法》属于行政规章的层次，立法层次显然太低。立法层次太低会导致一系列不良后果，如法律规定缺乏权威性、制度的稳定性较差、立法的科学性和民主性难以保证等，这些不良后果已经严重制约着中国财政转移支付立法的完善以及市场经济体制改革的推进。由此可见，中国财政转移支付立法，不仅形式上的财政转移支付必须由立法机关以法律规定（如财政权力法定、财政义务法定、财政程序法定、财政责任法定）的要求难以满足，财政转移支付法治实体价值，如正义、公正、民主、自由，也由于中国目前民主和宪政建设的滞后同样难以完全实现。

4. 中国财政转移支付法的框架体系

中国进行财政转移支付立法的时机已经基本成熟，我们应当抓紧时间研究财政转移支付立法的一些核心问题，推动中国财政转移支付立法的早日出台。研究和起草中国财政转移支付法应当明确和解决以下几个基本问题：

（1）明确财政转移支付立法的宗旨。财政转移支付立法的实施要兼顾效率与公平的问题，确保中央有能力实现其宏观调控目的。一般来讲，效率问题多由地方政府来承担，而公平问题则主要依靠中央政府来承担。当效率与公平相冲突时，要全面权衡二者之间的利弊关系，在需要效率优先时，公平就让道，在需要公平优先时，效率就让道。具体而言，财政转移支付立法的宗旨应包括：① 弥补财政缺口，解决各级政府间财政的纵向不平衡；② 保证最低限度的公共服务标准，解决地方政府间的横向不均衡；③ 加强中央政府对地方政府的控制，解决地方政府提供公共产品的外溢性问题，提高公共服务效率，保证地区间经济差距的缩小；④ 实施中央政府稳定经济的政策，通过对经济的反周期补助，刺激需求，扩大就业，吸引地方财力建设符合全国利益的项目。①

（2）合理选择财政转移支付拨款决策模式。关于财政转移支付拨款决策模式，各国均有不同的做法，综合来看，实践中大致包括以下四种类型：第一，由联邦或者中央政府单独决定。如印度、巴西等国。这种做法存在明显的不利因素，即在本来准备利用拨款来促进分权化决策的同时，却把这种制度转向了中央集权化的结果。第二，建立一个准独立的、以设计与改革拨款制度为目的的拨款委员会。上述委员会的设立可以是永久性的，如南非和澳大利亚；也可以是周期性的，以便为下一周期提出建议。但是，这些委员会在一些国家，其建议往往不能受到政府的重视，因而存在着效率低下的问题。有些委员会在其方法上变得过于学术化，从而使得有关政府间转移

---

① 关于财政转移支付的宗旨，很多国家的相关法律法规中都有明确规定，例如，《德意志联邦共和国基本法》（1949 年制定，1973 年修改）第 107 条第 2 规定：联邦立法保证财政上强的和财政上弱的州之间有合理的平衡，同时考虑各镇和联合乡的财政能力和财政需要。这种立法规定应该获得平衡费的州提出平衡申请的条件和应付出平衡费的州担负平衡责任的条件，以及决定平衡费数额的标准。这种立法还可以规定联邦从联邦基金中拨款给财政上弱的州以便补充支付它们的一般财政需要（补充拨款）。参见萧榕主编：《世界著名法典选编：宪法卷》，中国民主法制出版社 1997 年版，第 160 页。

支付的制度过于复杂。第三,由联邦或者中央政府与州或省级政府组成联合委员会,对财政转移支付拨款问题进行磋商,如加拿大。此种模式使得地方政府能够较为充分地参加财政转移支付拨款制度设计和拨款决策,能够反映大多数人的意见。第四,建立一个由政府、立法机构以及民间人士参加的委员会,对财政转移支付拨款问题进行磋商。此种模式是建立一个"政府间的——立法机关的——民间的"委员会,其所有构成单位都有相同的代表人数,能够使决策保持简单而且透明,但委员会主席则由联邦政府官员担任,巴基斯坦的财政委员会就是这种模式的代表。

国外经验告诉我们,执行各级政府间复杂的财力转移支付政策,特别是确定和调整中央与地方政府的转移支付方案,组织保证是必不可少的,故需要依法设置一个专门的机构来具体负责,并以立法形式规定该机构的任务、职权和职责。为了使这一机构在中国具有相对独立性,我们比较倾向于设置一个相对独立的财政转移支付拨款委员会。

(3)合理确定财政转移支付的基本形式。国外转移支付一般分为两类:一般转移支付与专项转移支付,而且以前者为主。例如,美国实行补助金转移支付制度,其政府间财政补助分为有条件补助(Conditional Grant)和无条件补助(Unconditional Grant)两种。有条件补助是联邦政府给予州及地方政府的补助金规定特定的用途或附加一定条件,以体现中央的宏观调控政策。一般用于卫生医疗保健、收入保障、教育与培训以及交通等项目,州及地方政府不得移作他用。无条件补助就是不指定用途和用款方式,根据收入分享制度,联邦政府每年按照一定的、比较复杂和规范化的公式在各州之间分配一定数额的联邦收入(GRS),又称为收入分享。① 日本实行税收返还制度,具体采取国家让与税、国家下拨税和国库支出金三种方式实现中央财政对地方财政的补助。日本的转移支付体系以平衡各地财力、保证地方各级政府履行职能、提供行政服务为主要目的,以中央政府不指定用途、不附加条件的转移支付(日本称作地方交付税)为主。

借鉴国外成功经验,中国财政转移支付立法可规定以下两种形式:其一,一般性财政转移支付。主要用来平衡地方财政预算,满足地方政府履行职能所需要的基本开支。这种补助可根据地方财政收支差额来确定,由中央财政给予定额补助,不规定专门用途,不附加任何条件,无偿拨给地方政府由其统筹使用。其二,中央对地方的专项财政转移支付(专项补助)。这种补助在资金使用方向、用途及下级政府资金配套等方面都应该有明确规定,主要支持地方政府完成难以承担的公共服务项目或全国性的项目,鼓励那些符合国家经济政策的行业和项目的发展。重新归并现有的四种政府间的财政转移支付形式,尤其是应当尽快解决原体制补助和原体制上交当中存在的与公共服务均等化目标相矛盾的问题。依法建立以一般性转移支付为重点,

---

① 王娜加:《借鉴国际经验,完善我国的转移支付立法》,载《内蒙古大学学报》2000 年第 6 期。

以专项转移支付相配合,以特殊性转移支付为补充的复合型财政转移支付方式体系。

(4)建立科学的财政转移支付额度判定标准。简化与完善财政转移支付的法定形式,在财政转移支付额度上依法选择"因素法"。我国分税制的税收返还,实行的是中央对地方的税收按基期如数返还,并逐年递增的制度。这种做法不但起不到合理调节地区间财力分配,扶持经济不发达地区和老工业基地发展的作用,而且还会进一步拉大地区差距。因此,目前中国采用基数法确定各级地方政府的财政收支基数的做法,是不合理的。在立法时,应抛弃"基数法",采用国际上通用的"因素法"。因素法的基本特点是,选取一些不易受到人为控制的、能反映各地收入能力和支出需要的客观性因素,如人口数量、城市化程度、人均GDP、人口密度等,以此确定各地的转移支付额。"因素法"有利于提高转移支付的透明度、可预见性和客观公正性,规范中央与地方之间的财政关系,提高财政管理的科学化程度。

(5)起草财政转移支付立法所要解决的基本问题。在起草中国的财政转移支付法的过程中,应当着重研究解决以下基本问题:第一,法律草案大的框架可分为哪几个部分;第二,对各级政府的事权(支出责任)是否作出界定,如果进行界定,应当遵循什么原则,界定到什么程度;第三,是否划分各级政府的财权(收入),如果划分,应当遵循什么原则,收入的划分如何与税制改革相衔接;第四,是否对横向转移支付作出规定,如何规定;第五,如何权衡一般性转移支付和专项转移支付的比重,在法律草案中如何作出规定;第六,如何科学界定标准收入、标准支出和转移支付系数,在现有事权划分基础上,能否科学界定标准支出;第七,是否对如何清理、整合现有的专项转移支付项目作出规定,如何建立严格的专项转移支付项目准入机制并在法律草案中作出相应规定;第八,是否对财政转移支付拨款程序作出规定,如何规定。

(6)中国财政转移支付法的基本框架。《中华人民共和国财政转移支付法》可以考虑分为七章:第一章"总则",规定转移支付的宗旨、基本原则以及其他必要事项;第二章"财政收支划分",明确规定中央政府和地方政府的事权划分以及财政收入划分;第三章"财政转移支付机构",明确规定财政转移支付拨款委员会以及相关机构的职权、职责和工作程序;第四章"一般性财政转移支付",规定一般性财政转移支付的原则、标准、方法、程序等;第五章"专项财政转移支付",规定专项财政转移支付的原则、标准、方法、程序等;第六章"监督检查与法律责任",规定对财政转移支付进行监督检查的机构、职权、方法、程序以及违反财政转移支付法相关机构和人员的法律责任;第七章"附则",规定关键术语的解释、生效日期、法律解释以及相关法律法规的废止等。

❖ 本章思考与理解

1. 试述建立现代财政制度的重要性。
2. 我国应如何健全中央和地方财力与事权匹配的财政体制?
3. 试评析我国新修订的《预算法》。

4. 谈谈宪政与财政之间的内在逻辑。
5. 谈谈对现代政府预算管理制度精神的理解。

◆ 课外阅读资料

1. 熊伟:《财政法基本问题》,北京大学出版社2012年版。
2. 张千帆:《宪政原理》,法律出版社2011年版。
3. 蔡定剑:《每个人都是改革的缔造者》,法律出版社2011年版。
4. 王旭伟:《宪政视野下我国中央与地方财政关系研究》,中国社会科学出版社2012年版。
5. 周刚志:《论公共财政与宪政国家》,北京大学出版社2012年版。
6. 刘剑文:《强国之道——财税法治的破与立》,社会科学文献出版社2013年版。
7. 刘剑文:《财税法学前沿问题研究2:地方财税法制的改革与发展》,法律出版社2014年版。
8. 刘剑文:《财税法学前沿问题研究3:法治视野下的预算法修改》,法律出版社2014年版。
9. 闫海:《公共预算过程机构与权力(一个法政治学研究范式)》,法律出版社2012年版。
10. 〔美〕鲁宾:《阶级、税收和权力:美国城市预算》,林琳、郭韵译,格致出版社2011年版。

专题四 税收法律关系[1]

一、税收与征税权

(一)法学意义上的税收概念

税收作为税法的基础性概念,每一本税法著作都会花一定篇幅介绍它,因为税法学的理论体系必须由此开始。总体来说,尚显稚嫩的我国税法学,对税收概念的界定,深受财政学研究成果的影响。如有的学者认为:"税收是国家为实现其公共职能而凭借其政治权力,依法强制、无偿地取得财政收入的一种活动或手段。"[2]还有的学者认为:"税收是为了满足一般的社会共同需要,凭借政治权力,按照国家法律规定的标准,强制地、无偿地取得财政收入的一种分配关系。在这种分配关系中,其权利主体是国家,客体是人民创造的国民收入和积累的社会财富,分配的目的是为了满足一般的社会共同需要。"[3]这些都未能超越财政学对税收的界定。不同的是,为了体现法学的视角,其表述强调了"依法"或"按照法律的规定"行事。

为了更好地把握税收的内涵和外延,本书准备先从现象上对税收的特征进行观察,在此基础上再从法律的角度进行总结和提炼。一般情况下,税收具有以下明显的特征:

1. 税收的权利主体是国家或地方公法团体

国家是税收的征收主体,这在我国学界不存在异议,但其他公法团体能否成为课税主体,可能还需要一些时日才能达成共识。其实,国家也是一种公法团体。除了国家之外,在国外,有些地方公法团体和宗教公法团体也依法拥有某些课税权,如地方征收地方税,教会征收教会税,这早已是历史的事实。我国虽然承认合法宗教组织,但在政教分离原则的指导下,不可能赋予宗教组织课税权。而是否承认地方公法团体的课税权,以及从何种途径承认,这其实是我国近几年来,关于课税权力分割的一个核心话题。我国《宪法》第2条规定,国家的一切权力属于人民,人民行使权力的机

---

[1] 参见刘剑文、熊伟:《税法基础理论》,北京大学出版社2004年版,第53—70页,收入本书时作部分修订。
[2] 张守文:《税法原理》(第六版),北京大学出版社2012年版,第9页。
[3] 严振生:《税法》,北京大学出版社1999年版,第1页。

构是全国人民代表大会和地方各级人民代表大会。这说明,在宪法层面上,人民的身份是双重的:一方面作为国家的国民,参与国家事务的决策程序;另一方面作为地方的居民,参与地方事务的决策程序。因此,从尊重宪法赋予地方的权力来看,我国现行的地方税制度似乎应当正名,将有限的地方收益权扩大为宪法统领下的地方课税权。这一点对于实行自治的民族地方来说更为迫切和重要。不过,从我国现实的国情看,由于财政管理体制未能理顺,地方政府存在很大的收入冲动。如果没有强有力的权力制约机制,当前违法"乱收费"的问题,就有可能演变成合法的"乱收税"。因此,就具体的过程和步骤而言,地方课税权还有待进一步探索。

2. 税收的义务主体包括自然人和社会组织

虽然我国《宪法》第56条仅规定公民依照法律纳税的义务,但从宪法解释学的角度看,这是一种宣示性而非创设性条款。从宪法对国家职能的设定来看,公民的纳税义务是内在的必然。即使没有这一条款,也可以从宪法财产权保障的条款,推演出公民依法纳税的义务。除了公民之外,外国人在特定的情况下也会发生纳税义务,这是各国的普遍规则。对于其中的宪法理由,有的学者主张对公民进行扩大解释,将其范围延伸直至外国人。但我们认为,公民的纳税义务是在《宪法》"公民基本权利与义务"一章中加以规定的,其范围应当特定,不宜作扩大解释。确定外国人的纳税义务的宪法依据存在于《宪法》第32条。既然我国保护在中国境内的外国人的合法权益,那么外国人在一定范围内承担财产牺牲义务,也就成为宪法的必然要求了。如果不对外国人征税,这等于承认外国人在本国拥有优越于本国人的地位,这对本国人无疑是一种歧视,有违我国宪法所揭示的主权独立原则。至于对外国使馆人员的免税,则是基于国际礼让及对等互惠原则,并不是治外法权的承认。

税法上的义务主体除了自然人外,还应该包括社会组织,即法人或不具有法人资格的其他组织体。社会组织纳税义务的宪法基础,同样不是《宪法》第56条所能解决的。只有从宪法保护财产权利的角度出发,才能推演出社会组织相应的纳税义务。如果宪法不保护自然人和社会组织的财产权,这即意味着国家可以随时随意将社会财产取为己用。在这种情况下,税收根本没有存在的意义。所以纳税义务的前提只能是合法财产权的存在。这既是纳税义务存在的合法性基础,同时亦是对国家征税的一种限制,即税收只能课及财产的收益,不能损及财产本身,否则就是对财产权的严重侵害。

对公法团体而言,由于其存在的目的在于公共服务,而非营利,因此,一般情况下,税法不能以其为义务主体加以课税。这包括公立医院、公立学校、乡村自治组织等。当然,如果它们从事目的外行为,偏离了公法团体的本性,则应该如对其他私法团体一样征税。

3. 税收以财政收入为主要目的或附随目的

自从税收产生以来,税收就是以财政收入为主要目的。特别是到了近现代,税收已经成为庶政之母,其在财政收入中占据绝对地位。甚至可以说,整个国家的政治活动都是围绕着收税和用税而进行的,税收国家就是对这一现象最好的描述。税收以财政收入为主要目的不仅是一种事实表述,同时也是一种法律要求。如果税收偏离了财政收入的目的,纯粹作为一种禁止性的手段而存在,或者事实上已经出现了寓禁于征的效果,这就会与税收的宗旨背道而驰。例如,罚金、罚款、强制金、滞纳金、滞报金等①,并非为获得财政收入而课征,而是违反义务的法律结果,或对不法行为的制裁,所以不在税收概念的范围内。

税收在传统上都是以财政收入为目的的,然而,随着社会的发展,税收开始在经济、社会、文化政策中发挥一定的职能,各种与直接财政收入目的相悖的税收特别措施频繁出现。税收特别措施的特点是,相同的纳税能力赋予不同的税收待遇,税收的管制诱导作用被前所未有地加以强调,财政收入功能反倒处于次要的位置。这样的措施在我国的税收实践中比比皆是,但在宪法上常常引起合宪性的质疑,主要问题集中在其对平等原则和量能课税的违反。我们认为,尽管我国宪法中没有相关条文解释税收目的,但是在税收特别措施已经普遍适用的前提下,应当尽可能从合宪的角度为其寻找法律依据,轻易否定其存在价值是不明智的。

从我国宪法的规定来看,我国是一个福利色彩非常突出的给付国家。尽管由于物质基础的限制,国家职能还在很大程度上没有发挥,但是宪法对国家的要求却是实实在在的。如《宪法》第14条规定国家不断提高劳动生产率和经济效益,发展社会生产力;第18条允许外国投资者依照中国法律的规定在中国投资;第19条规定国家发展教育事业;第20条规定国家发展自然科学和社会科学事业;第21条规定国家发展医疗卫生事业和体育事业;第22条规定国家发展各项文化事业;第25条规定国家保护和改善生活环境和生态环境,防治污染和其他公害,等等。第十届全国人大第二次会议通过的《宪法修正案》还要求,国家尊重和保障人权。如果税收可以成为达到上述目的的有效手段,国家当然不会弃置不用。从这个意义上说,非财政目的的税收,在我国也不是没有宪法依据的。

不过,既然是一种税收,无论是增税还是减税,税收特别措施只能表现为诱导,不能成为强制,甚至是变相的剥夺。税收的政策目的可以成为税收的主要目的,但不能由此完全否定财政收入作为税收的附带目的,否则,税收就可能名存实亡。因此,税收特别措施也应当受到法律的制约,必须保证其在合法的范围内活动。如果目的与手段之间不存在比例关系,税收特别措施即可能遭受违宪的质疑。如果缺乏这层制约,将其完全置于立法或行政的自由裁量下,税法的公平正义就可能遭到任意的扭曲,这对法治国家是一个极为危险的信号。

---

① 滞纳金、滞报金、利息等虽不是税收,但在税法上被视为基于税收债务关系而产生的请求权,而与税收作相同的处理。在学理上,这被称为税收附带债务。

4. 税收以满足法定构成要件为前提

税收是一种财产权的比例牺牲,因此征税必须有法律依据,以体现纳税人的同意和对征税权的限制。自古以来,由于税收无对价给付的特征,如果没有法律的强制性作为后盾,不可能维系一个国家的财政给付。所以,依法征税是一个非常普遍的现象。

税收以法定构成要件为前提不仅要求依法征税,而且强调税收义务的发生不以行政权力的干预为前提。税收是一种法定的债务,满足法律规定的构成要件后,纳税义务即自动发生,行政机关只能确定、催缴或实现税收债权,而不能创设税收义务。从这个意义上说,在税收的存在与否的问题上,行政机关的恣意是不允许存在的,法律将判断权牢牢地掌控在自己手中,即便授权也必须受到严格的限制。也正是在这个意义上,税法与行政法存在很大的角度差异。

即便是在税收征收的过程中,法定构成要件对行政机关也会构成很大的制约。如,在税收尚未发生时,税务机关不能对纳税人采取核定、催收、保全、强制执行等措施,纳税人也不必向税务机关申报纳税。不仅税收的发生以满足构成要件为前提,税收的变更、消灭等都有相应的构成要件。一旦出现法定的税收事由,相应的法律后果自然出现。税务机关在这些问题上没有裁量权,只有依法办事的职责。这个事实充分体现了对税收权力的制约以及对纳税人权利的保护,因而是税收法治的一大进步。

税收构成要件满足后,如果随意进行减免税,就会在纳税人之间形成一种不平等状态。在一般情况下,这种做法必须具备正当的理由,否则就会损害税收的合法性基础。这里所谓的正当理由可以从两个方面观察,一是基于公平的量能课税,二是基于合乎比例的经济、社会、文化政策。前者主要针对以收入目的为主的税收,后者则针对以管制诱导目的为主的税收。如果符合上述条件,税收构成要件满足后,已经发生的税收也有可能发生变更甚至消灭。

5. 税收是一种公法上的金钱给付义务

自古以来,税收的存在形式先是实物,以后随着经济的发展才逐渐转为金钱。因此,从历史上看,税收既可能是货币税,也可能是实物税。即便在今天,货币税与实物税并存的局面也还时有出现。不过,在现代经济社会中,金钱给付已经成为税收的一般形式,而实物给付仅仅只是一种特例,不具有代表性。我国台湾地区的遗产税虽然也允许实物抵缴,但这只是在纳税人无力缴纳货币时的一种变通,遗产税的一般形式还是货币税。至于印花税的税票,其实只是一种税款缴纳方式而已,并不影响其金钱给付义务的特征。因此,我们将税收界定为一种金钱给付义务,以便更准确地概括现代税收的特点,而实物给付、劳役、兵役、登记、申报等协助义务,都不在现代税收的覆盖范围内。

现代税收之所以要限定为金钱给付义务,而不及于实物及劳务,这与税收国家的理念演变有关。在税收国家中,宪法保障财产自由、营业自由及职业自由,将财产权、营业及职业选择权全部划归私人所有,国家仅就财产权的使用收益部分与劳务职业收入部分,通过课税而参与分配。国家尽量不干预市场秩序,而在市场竞争中保持组织者和仲裁者的身份。税收之所以要限定为金钱给付义务,这固然与货币经济的发展有关,但更主要的原因还在于经济自由的理念。一般情况下,金钱给付义务对行为的自由限制最少,人们通过交纳一定的金钱,免去劳役、实物的限制,从而获得了最大的自由。从财产权的社会义务来看,虽然现代社会财产权神圣的教条已经被打破,财产权负有社会义务已经成为共识,但基于手段与目的之间的比例原则,这种社会义务应当以最少损害的方式为之。如果能够以金钱给付方式为之,自然也就保全了营业和职业自由,因而是一种最优的选择。[①]

作为一种公法上的金钱给付义务,税收与私法上的金钱之债区别是非常明显的。首先,税收义务是由公法设定的,而私法上的金钱之债一般通过私法主体之间的约定,或者是由私法直接规定,二者的法律性质明显不同;其次,税收较之私法上的金钱给付义务拥有一些优越和便利,如税收优先权、自力执行权等;最后,税收较之私法上的金钱给付义务也有一些额外的限制和负担,如税收不能放弃,禁止税收协议等。另外,我们也应注意到,税收只是公法上金钱给付义务的一种,除此之外,规费、受益费及特别公课都在其列。有关这些给付义务的比较,本书将在后文展开。

6. 税收是一种无对价的给付

税收究竟是一种无对价的给付,还是一种等价交换,这在税收学说史上曾发生很大的争论。利益交换说始于18世纪资本主义经济发展初期,由于国家契约主义发展而逐渐形成。它首先由重农主义学派所提倡,后来自亚当·斯密以后成为英国传统学派的主张。该说以自由主义的国家学说和个人主义为基础,认为国家和个人是各自独立平等的实体,因国家的活动而使人民受益,人民就应当向国家支付报酬,税收就是这两者的交换。税收义务说起源于19世纪英国所倡导的税收牺牲学说,后经德国社会政策学派瓦格纳进一步完善。该学说强调国家的权力,主张税收既不是利益的交换,也不是交纳保险费,而纯粹是一种义务和牺牲。在当时,受经济学研究方法的限制,无论是利益说或是牺牲说,大都是从定性的角度进行研究,更多地接近伦理学的风格。但随着经济学的进步,边际效用被引入税收的分析之中,税收的价格属性得到了有力的论证,从而使税收学真正归入经济学的麾下。可见,现代主流经济学对税收的态度,已经从义务说向利益说转移。

经济学成果无疑对法学具有借鉴意义,但法学分析更侧重权利义务的结构,并注意分清法律关系的不同层次。就法律层次的税收而言,纳税义务发生以后,税务机关可以凭借行政强制权,将税收归入国库。纳税人可以主张程序上的权利,但在实体上,除非发生应当退税的情形,否则纳税人无法对国家请求对等的给付。就此而言,

---

[①] 葛克昌:《行政程序与纳税人基本权》,台湾翰芦图书出版有限公司2002年版,第33页。

税收对纳税人来说无疑是一种牺牲,而这正是税收区别于公债、规费甚至受益费的地方。如果将税收界定为一种利益交换,则必须在法律上设计一种对等给付,供纳税人请求。而在事实上,国家对公众的财政给付,或者其他的公共产品提供,目前在法律上还不可能量化,不能成为一种内容确定、可供执行和救济的法律权利。因此,在法律层次上,税收对纳税人而言只能是一种牺牲或义务,是一种无对价的金钱给付。

至于在宪法的层次上,从保护纳税人权利,维护财政民主的角度出发,则应该将税收与财政支出结合起来理解,将国家进行合乎宪法目的的财政支出,作为纳税人缴纳税收的前提条件。如果财政支出违反了宪法目的,破坏了税收的前提条件,纳税人可以通过政治途径或法律途径予以抵制。不过,即使是在宪法的层次,也难以按照经济学的观点将税收作为财政支出的价格。因为一旦将其等价化,财政支出的效能就必须量化到纳税人,形成一个个具体的权利请求内容。至少在目前阶段,这一点还不容易做到。不过,纳税人对财政支出的权利,可以解释为一种宪法请求权,从违宪审查的角度予以监督。如果政府的财政开支项目违反宪法,纳税人应当可以提起宪法诉讼,请求宣告该行为违宪。至于能否效法国外的"纳税人诉讼",请求普通法院准予纳税人拒绝支付相应税款的权利,由于资料限制,现在还无法得出确切的结论。

7. 税收是一种强制性的给付

粗略看来,税收与私法上的捐赠行为具有相同之处,都是一种无对价的给付。然而仔细分析就可发现,二者之间其实还是有很大差别的。捐赠的发生尽管在法律上没有表现出对价,但在其他方面,可能存在很坚实的社会伦理基础。一种捐赠,或是出于友善,或是出于同情,或是出于情感联系,或是出于道德义务,等等。总有一种动机促使捐赠人认为,捐赠能为自己带来快乐,或者消灭自己道德上的给付义务,所以他才会愿意作出捐赠。捐赠的原因建立在当事人自愿的基础上,捐赠人对受赠人没有法律上的义务。如果当事人不愿意捐赠,任何人甚至法律都不能强迫他捐赠。这其实是宪法财产权保障的必然法理。

尽管人们也可以从取之于民、用之于民的角度,强化税收的道德色彩;尽管人们还可以从宪法的角度,设计种种强化税收与财政支出的互动关系;尽管历史上形成的良好的税收环境和纳税意识,对促进人们自觉纳税可以起到积极的作用,人们缴纳税收的动机与从事捐赠的动机还是完全不同的。税收不仅固定地、定期地发生,而且在制度设计上也不在乎人们的主观愿望。即便人们非常不情愿,只要符合法定的构成要件,税收也会自动发生,纳税人和税务机关的意志都不在考虑范围之内。从立法者的角度而言,由于税收与财政给付之间的联系较为间接,特别是由于财政支出过程中的浪费、挪用甚至贪污,使纳税人对政府陷入一种不信任状态。如果将财政收入基础建立在纳税人自愿的基础上,国家的财政开支将是无法维系的。

正因为如此,税收只能借助于国家的强制力才能最终达到目的。通过和捐赠的比较可以发现,这种强制力其实只是在发生的阶段存在区别,即捐赠是自愿发生,而税收强制发生,至于在实现阶段,二者其实还是存在许多可比性的。如,一旦捐赠成立生效,捐赠人就有义务交付捐赠物或捐赠金,如果捐赠人不履行义务,受赠人可以申请法院强制执行。同理,税收发生之后,如果纳税人自动履行债务,税收的强制性也是隐而不显的。只有当纳税人拒绝纳税时,才需要通过国家强制力予以干预。在不少国家,税务机关自身并没有强制执行权,只能向法院提出申请,由法院通过民事强制执行的途径执行。这种情形与捐赠的效力并无二致。只是在一些赋予税务机关自力执行权的国家,由于不需要通过法院,情况才有一些变化。总体来说,税收的强制性必须分阶段理解,在税收执行阶段的表现其实并不典型。

(二)国家课税权的来源

严格来说,任何有关国家权力来源的论证,都不是实证的现象描述,而是一个纯粹的理论诉求,它表达的是人类控制国家权力的理想和追求。一种先进的理论往往首先凭借其说服力使人们达成共识,然后才能成为指导实践的指南和规划。"税收国家"课税权力来源的理论也不例外。它并不是描述一个事实,而是在塑造一种信仰。正是这种信仰,使人民得以从旧国家时代的暴力阴影中走出,使权力得以和文明、进步、人权等先进理念相连接,从而赋予了现代国家课税的合法性基础。也正是这种信仰,在很大程度上成为约束权力的理论武器,使课税不至于逾越人们的基本共识,突破人们对权力的最后心理防线。

如上所述,税收是现代国家赖以生存的血液,是政府财政开支的重要物质基础。在税收国家中,无论是税收的种类还是税收收入的数量,是以往任何一个历史时期都无法比拟的。不管国家如何宣传"取之于民,用之于民",对于具体的个人来说,税收永远意味着一种牺牲。随着税收的膨胀,课税对人民的影响越来越大。人们常说,人生有两件事情是不可避免的,一是死亡,二是纳税。这在很大程度上反映了现代社会中,人们面对税收的压力和紧张。既然如此,人们有权利知道,为什么国家可以对社会民众课税?这种权力是如何来的?有没有界限?如果超出界限有什么方式可以对抗?诸如此类的问题,构成了"税收国家"中课税权力来源的理论框架。

在现实生活中,权力来源于暴力是一个非常普遍的现象。"胜者为王,败者为寇"的逻辑在各个国家的历史上,都曾是颠扑不破的真理。然而,任何身居庙堂的统治者都不会用刀剑和血腥阐释自己权力的基础,相反,他们都会寻求一种既能神化自己,又能缓和社会矛盾的名分。在这种名分的指导下,课税也就变成了天经地义的事情。例如,封建社会时期的国王总是宣传"君权神授",将自己描述成上天的代言人。这其实也是一种权力来源的理论,在人类的历史上还曾经发挥巨大的作用。不过,随着社会的进步,到今天,君主专制已经成为历史的遗迹,民主、共和、人权等成为时代的主流,"君权神授"已经无法为现代社会所接受,一种全新的人民主权理论开始在各国盛行。

人民主权论强调人民是国家的主体,是一切权力的源泉。国家的权力最终来自于人民的授予,因此应当为人民谋福利,受人民的监督。这种有关权力的论述虽然不是法学意义上的,但它挖掘的是一种政治上的合法性。如果政府不是来自于人民的合法授权,将在人们的心目中永远被打上"非法"的烙印,从而难于持续稳定地生存下去。现代宪政毫无例外地建立在人民主权论的基础上,但相比政治学而言,宪政理论更为强调国家权力与公民权利的对立统一,主张国家权力服务于公民权利,公民权利制约国家权力,使得公民权利成为宪法和宪政的核心内容。我们讨论税收国家课税权力的来源、配置及其限制,就是以上述理论作为前提的。

如前所述,国家与社会二元对立是税收国家存在的基础。国家的职责在于为社会提供必需的公共服务,如国防、教育、治安等,它本身并不直接从事生产性活动,不能通过经营获得财富,因此,其经费只能来自于社会的供给。相比国家的消极角色而言,由普通民众所构成的社会才是基础性的存在。社会成员是财富的拥有者,并在市场的引导下自由地从事生产和交易,从而使财富不断地增值。不过,在一些情况下,社会也需要国家的帮助和扶持,如维持治安,抵御外侮,裁判纠纷等。这样,国家与社会在对立中也呈现统一的趋势,问题的关键在于如何分割二者的界限,划定各自不同的活动区域。

尽管国家是一个抽象的主体,但组成国家机关的主体却是普通的个人。如果没有一定的约束,将划分国家与社会界限的权力交由国家自身,可以想象的结果是,国家会尽量地抽取社会财富,压榨民众的自由空间,其规模会越来越膨胀,权力也会越来越难以控制,从而变成真正的"利维坦"。税收国家中划分国家与社会的目的,就在于防范这种现象的发生,因此,必须将划分二者活动范围的资格确定为社会所有。只有社会主体自身才能够审时度势,从最有利于自身发展的角度规范国家的活动空间。

一般情况下,人们可以通过有效的市场机制,解决经济、社会和文化发展方面的大部分问题,只是对于实在无力解决的问题,才会诉诸国家的帮助。例如,在自由资本主义时期,由于市场的效率较高,社会生产力得到了有效的发展,国家的作用就被限制在极狭窄的领域,夜警国家、廉价政府的提法就是生动的写照。但到了垄断资本主义时期,社会的矛盾开始充分暴露出来,市场无法凭借自身的力量引导社会走出困境。在这种情况下,才不得不考虑加强国家权力,以调控经济发展,缓和社会矛盾。在很大程度上,资本主义国家由消极转向积极,最后步入福利国家状态,虽然是情势所逼,但也可以理解为社会选择的结果。

在文明社会中,税是国家提供公共产品的代价,其存在的意义即在于满足社会的公共需要。其实,公共需要也是一种个人需要,只是因为无法通过市场自身的方式予以满足,需要借助于国家的强制力量和超然地位,所以才称之为公共需要。国家的存在本身不是目的,而是为了满足公共需要,最终是为了更好地实现个人需要。既然公共需要来源于个人需要,服务于个人需要,受制于个人需要,那么,完全可以推演出公共权力来源于公民权利,服务于公民权利,受制于公民权利的结论。如果是这样,那么,税收虽然从形式上赋予了强制无偿的特征,但实际上是个人为了自我利益的自我牺牲;课税的权力虽然超出个人的意志,但是其最终的目的是利用税收服务公众。所以,税收在道德上并没有可非难之处。只有从这个角度理解,税收国家的课税权力,才能找到为自己合法性辩护的基础。

尽管人民主权论最开始只是一个理论主张,但时至今日,它已经成为民主宪政国家的行动纲领。因此,主张税收国家课税权力来源于人民,绝不是一个空洞的信条,而是实实在在的法律约束。首先,为了保证课税权不至于背离其宗旨,人民必须有畅通的渠道参与权力的运作。通过制宪所进行的抽象授权固然必不可少,但由代议制所体现的人民代表的参政议政权更是不可或缺。只有广泛地汇集人民的公意,才能最大限度地减少人们对税收的对抗情绪,树立为国理财的主人翁精神,也才能保证税法的顺利执行。其次,为了防范权力过分集中所带来的恶果,必须对课税权力建立一种相互制约的机制,而立法、执法和司法的相对分立,已经被实践证明是一种比较理想的模式。立法机关负责税法的制定、修改或废止的工作,执法机关负责税款的征收,而司法机关则负责解决税收争议,实现程序正义。再次,为了使税收最符合人民的公共需要,在政府间财政关系方面,有必要在保证全国税政统一的前提下,赋予地方权力机构一定的课税立法权。最后,为了防止课税权力背离宪法的宗旨,还必须设立违宪审查这道最后的防线。违宪审查机构不管是设立在立法机关,还是司法机关,或者在二者之外,都是为了督促权力行使不至于逾越人民授权的目的。

在宪法中,权力来源于人民还使课税权处于一个矛盾的统一体中。一方面,它预示着人民财产的牺牲和贡献,但另一方面,它又蕴含着对人民的权利和自由的尊重。首先,课税以宪法保护财产权为前提。如果宪法不允许人民保有私有财产,或者不保护私有财产,国家可以任意征用、充公或毁坏,不管制订多么完备的税法,最后的结果都是无税可征。其次,课税以宪法保护人民的自由作为前提。人民履行纳税义务后,宪法应当保障其在社会生活中的自由,除非十分必要并且依法从事,人民的自由不得被剥夺或限制。再次,课税蕴含着宪法对人民基本权利的保护。税法的内容必须遵守宪法平等权、生存权等的限制,必须量能课税,不能将人民的生活水平降至基本尊严以下。最后,课税还意味着宪法对国家课予给付义务。如果国家不能按照宪法的宗旨提供公共服务,即违背了征税的目的,必须承担相应的法律责任。正因为如此,税收国家课税的权力不是毫无限制的绝对状态,它与人民的权利密不可分。

二、税收法律关系的类型与结构

法律关系是一定的事实状态通过法律调整所形成的法律上状态。法律关系的发生、变更和消灭,都必须以法律规范的存在作为前提。以此为基础,只要有法律事实出现,就会发生相应的法律关系。由于税收法律规范的类型众多,并呈现一定的结构体系,所以,税收法律关系同样也会具备此特点。通过对税收法律关系类型的列举,即可以观察出其内部的层次与结构。

税收法律关系可以有不同的分类标准。从法律规范的性质看,税收法律关系可分为宪法关系、经济法律关系、行政法律关系、民事法律关系、刑事法律关系、诉讼法律关系等。不过从法律规范的功能来看,税收法律关系可以分为宪法关系、税收实体法律关系、税收程序法律关系。其中,税收实体法律关系和税收程序法律关系又可进行细分。本书即以此为基础展开论述。

(一)税收宪法关系

宪法是整个税法的基础,一定的税收法律事实经由宪法规范的作用,即会形成宪法关系。由于宪法的根本法地位,宪法关系也就成为税收法律关系的结构基础。这不仅体现为宪法关系受到特别程序和责任的高强度保护,而且表现为其他法律关系的发生、变更或消灭都会受到其影响或制约。

宪法关系以相应的宪法规范作为前提。在这方面,我们应当破除一种对宪法规范的狭隘看法,摒弃只有包含"税收"概念的条款才是税收宪法条款的陈旧认识。从形式上看,我国《宪法》只有第54条直接涉及税收,而这条也似乎只是简单地规定公民依法律纳税的义务,别无太多的规范意义。然而,如果结合《宪法》第2条所规定的人民主权论,再加上《宪法》第13条所规定的财产权保护原则,此处的"法律"应当作狭义的理解,即限定于立法机关所制定的法律。如果这样,《宪法》第54条也就成为我国税收法定主义的法源了。由此可知,不仅直接涉"税"条款属于宪法性税收条款,其他相关的内容都可以成为宪法性税收条款。诸如人民主权、人权保障、财产权不可侵犯、权力分立等原则,都是税收立法、执法和司法的最高法律准则。从税收国家的角度看,整个国家的宪政活动都是围绕着如何征收税收和如何使用税收而进行的。因此,完全可以说,宪法的全部条款都与税收活动息息相关,可以成为税收法律关系的规范前提。

宪法关系的主体是国家与人民。无论是国家还是人民,都可以从抽象和具体两个层次理解。从抽象的层面看,国家是一个整体,人民也是一个整体。国家不能被分割成国土、人口、制度等元素,人民也不能分割成一个一个的公民。如我国《宪法》第2条规定,中华人民共和国的一切权力来源于人民,即是从这个意义上说的。从具体的层面看,国家当然要通过国家机构予以体现。国家机构可以按横向和纵向进行区分,横向的国家机构一般包括立法机关、执法机关、司法机关,纵向的国家机构则包括中央和地方。人民的范围虽然具体包括公民、公民团体、公民代表等主体,但在税收法律关系中,则可直接转化为纳税人。狭义的纳税人概念在外延上可能与人民存在一些差异,如并非每个人都会直接发生纳税义务,但如果从广义上将间接税的负税人、费用的缴纳人等都包括在内,二者的差异其实并没有想象中那么严重。①

在抽象的宪法主体分类中,国家的权力既然来源于人民,国家更多地应该是一个义务主体,而人民则是一个权利主体。在具体的宪法主体分类中,虽然各种主题都分别享有权利,也承担义务,但是总的来说,宪法的任务仍然在于限制国家权力,保护人民的权利免受侵犯。因此,从根本上说,宪法就是人民的权利法案,而不是简单的政治宣言。宪法性税收法律关系的主要内容应该在于,规定人民在宪法上的税收权利,确认国家机构在宪法上的税收义务。这些权利和义务都是最基本的,不是对未来理想的描述,而是必须达到的要求。如果人民没有这些基本权利,就不足已成为法律主体。如果国家不履行这些基本义务,也就没有必要维持国家的存在。例如,生存权、财产权、文化教育权等,对人民来说是一种基本权利,对国家而言就是一种基本义务。至于宪法规定有关国家机构的权力,这并不意味着国家具有独立的利益,而只是为了使其更好地履行义务。

在自由主义国家时代,宪法的作用主要在于保障人民的权利不受侵犯,如课税不能产生类似征收的效果,课税应经过人民的同意,课税不能危及纳税人的生存,等等。如果税收的课征损害了人民的基本权利,则可能导致违宪的后果。至于基本权利究竟如何实现,更多地在于人民自身的努力和奋斗。而今,这种消极国家观念已经被福利国家或给付国家所取代,国家的责任不仅在于保障人民的权利不受侵犯,而且还要通过各种途径帮助人民实现这些权利。与此相适应,宪法上税收法律关系的内容则从税收课征延伸到税收使用。如果国家不按照宪法目的履行职权,其财政开支即可受到纳税人的质疑。正如日本学者北野弘久所说,纳税人的权利不仅包括形式上的税收法定主义,以及内容上的公平负担、人性衡量,更重要的在于国家使用税款的行为符合宪法目的。如果国家违反宪法目的征收和使用税款,纳税人即有权拒付税款。② 应该看到,北野弘久所谓的"纳税者基本权"虽然建立在日本宪法的基础上,但是其中内涵的人民主权和福利国家观念却是共通的,因此,对我们理解宪法性税收法律关系的内容也具有重要的借鉴意义。

从抽象的层面看,从宪法制定生效之日起,在国家与人民之间即会发生宪法关系。当宪法修改时,法律关系也会随着变更。除非废止宪法并且废弃宪政,否则,这种层面的法律关系一般不会消灭。然而,如果将作为主体的国家与人民具体化,宪法性税收法律关系的异动则可能更加丰富。例如,公民的出生、社团或企业的建立,会使其与国家之间产生宪法关系,而国家机构的成立也会使其与人民之间产生宪法关系。如果宪法修改,或者因为观念的变化而导致原有的权利义务内容发生变动,宪法

---

① 北野弘久所主张的"纳税者基本权"其实也是从这个意义上说的。参见〔日〕北野弘久:《税法学原论》(第四版),陈刚、杨建广等译,中国检察出版社2001年版,第57页。

② 同上书,第57—60页。

关系也会发生变更。当这些具体的主体因为死亡、撤销、解散而终止,或者当宪法事实上不复存在时,宪法关系自然也会因此归于消灭。说明这种现象的意义在于,在宪法上,纳税人是一个具体的主体,他与国家之间的宪法性税收法律关系一旦发生,就不能随意破坏。当纳税人的宪法权利被侵犯,或者国家不履行其宪法义务时,必须有相应的法律机制予以救济。否则,税收法律关系在宪法上就永远只能表现为一种政治关系,对纳税人没有任何保障,对国家也不会有任何约束。所以,违宪审查制度对税法的积极意义也是不言而喻的。

(二)税收实体法律关系

在税法中,实体法律规范可以分为两类,一类是以税收构成要件为中心的规范,一类是以法律责任为中心的规范。如果纳税人的行为满足税收构成要件,即会在其与国家之间发生一种权利义务关系,我们暂且称之为"税收要件法律关系"。如果纳税人未能如期如量履行纳税义务,也会在其与国家之间发生一种权利义务关系,我们则称之为"税收责任法律关系"。这二者之间,税收责任法律关系以税收要件法律关系的破坏作为前提,因此,税收要件法律关系是一种更为基础的关系,而税收责任法律关系则是为了保障税收要件法律关系而发生。因此,人们讨论税收实体法律关系时,通常只涉及税收要件法律关系,对税收责任法律关系则略而不谈。不过,税收责任法律关系对纳税人而言利害攸关,无论从哪方面看,税法研究都没有理由忽视它的存在。

1. 税收债权债务法律关系

税收要件法律关系以法律直接规定的构成要件为中心。从范围上看,税收的构成要件于前文所提的课税要素是一致的,只是理论上关注的重点有所区别而已。课税要素似乎更多地反映出以国家或税务机关为中心的语境,有一种居高临下的感觉。而税收构成要件则相对中性,它代表着一种客观标准,更能符合现代税法重心向纳税人转移的要求。从理论上说,税收要件应当分为税收发生要件、税收变更要件、税收消灭要件和税收程序要件。税收发生要件主要包括税收客体、税收主体、税收标准,具体细节则需要由税种法根据情况加以确定,税法上并没有统一的要求。有关税收减征的规定属于税收法律关系变更的要件,有关税收免征和税收时效的规定属于税收法律关系消灭的要件,而有关税收发生之后如何缴纳的规定则属于程序方面的要件。实际税收立法时,税收客体、税收主体、税收标准、减免税、纳税期限、纳税地点、纳税申报等都由税种法规范的现象,只是一种立法技术的处理,不会影响我们对税收要件法律关系的分析。

如果纳税人的某种行为或事实符合税收发生要件,则可能引起税收要件法律关系发生。从民法的角度看,这种行为既可能是法律行为,也可能是事实行为。法律行为以一定的意思表示作为前提,买卖、赠与、交换、信托等即属于此类。事实行为虽然缺乏当事人的意思表示，但法律对该行为直接赋予一定的效果，如建造房屋、创作作品。不过，从税法的角度看，至少不能将法律行为作为税收要件法律关系发生原因。这是因为，法律行为以意思表示作为前提，无论是单方法律行为还是双方法律行为都不例外。而当事人所表示的意思仅仅在于发生一定的民事后果，绝不会将发生纳税义务作为意思的内容。因此，这种行为在税法上缺乏意思表示，最多只能是一种由法律直接赋予效果的事实行为。当然，除此之外，拥有财产权的事实也可能导致税收要件法律关系的发生，如房产税、车船税等即建立在这种逻辑上，不过这与税法的思路没有冲突。总体而言，税法所关心的并不在于这些行为或状态的形式，而是形式背后所代表的经济实质。不过，受税收法定主义的约束，为了方便和规范行政执法，更为了保障税法的安定性，维护纳税人对税法的合理预测，税收要件法律关系的发生原因必须建立在一定的形式基础上。如何不断地完善形式，使其能够全面准确地概括各种经济实质，就成为税收立法的重要任务。

至于税收发生要件实现后，是否必然发生税收法律关系，这正是历史上权力关系说和债权债务关系说争议的焦点。权力关系说强调行政机关的权力干预，认为要件实现只是税收法律关系发生的一个前提。如果没有行政机关核定税收的行政行为，纳税人即不会发生纳税义务，税收法律关系同样不能发生。权力关系说将行政机关的行为视为税收义务的创设，债权债务关系说则只将其作为一种确认，认为税收法律关系的发生独立于行政机关的行政行为。只要符合税收构成要件，纳税义务即自动发生，不受行政机关是否核定税收的影响。从各国的立法实践和学说来看，尽管权力关系说至今还存在一定的影响，但在实体法上，权力关系说已经退出历史舞台，而债权债务关系说则成为普遍接受的基本观点。这个问题后文会有专门的论述，在此需要声明的是，我们在前面暂且命名的"税收要件法律关系"自此即可以转化为"税收债权债务关系"，以区别于实体法上的责任法律关系和其他程序法律关系。

2. 税收责任法律关系

责任法律关系是由于税法主体的违法行为而引起的，在税法中不是一种必然发生的法律关系。一般而言，税收责任法律关系也必须有两个最基本的前提，一是当事人违反法定义务的行为，二是税法相应的责任设定。责任法律关系的一方主体是国家，另一方则是违法行为人。国家有权利也有责任依法追究违法行为人的法律责任，而违法行为人则必须接受法律制裁。如果细分的话，责任法律关系只有部分内容属于实体法律关系，即因纳税人违反纳税义务而引起的责任关系。因为违反程序义务而引起的责任法律关系不在实体法律关系的范围内。不过，这种做法会使税法上法律关系的树状结构过于复杂，为了分析的便利，我们姑且将其混合在一起，不作严格的区分。至于责任法律关系的类型，根据法律责任的种类，税收责任法律关系又可分为行政责任法律关系和刑事责任法律关系。尽管税收法律责任的发展趋势是刑事责任日益取代行政责任，但至少在中国，二者的区别还是泾渭分明的，因此，两种相应的法律关系的存在仍然具有现实的意义。至于税收代位权和撤销权中,是否因民事诉讼而存在民事责任关系,还值得进一步研究。

(三) 税收程序法律关系

税收程序法律关系以税收债权债务关系为基础,其目的是为了保障税收债权的实现,维护纳税人的合法权利。通常情况下,税收债权债务的发生,是引起税收程序法律关系发生的最基本的原因。不过,具体而言,税收程序法律关系可以分为三个层次,即税收征纳法律关系、税收处罚法律关系和税收救济法律关系。它们和税收债权债务相联系的角度各不相同,有的非常直接,有的则显得比较间接。这样,虽然三种法律关系各有不同的内容,但其中还能体现一定的递进性,以保障程序法律关系成为一个整体。

1. 税收征纳法律关系

如果按照行政法的视角,税收征纳关系本来属于实体法律关系,不过,由于其目的在于实现税收债权,相对于税收实体法而言,可以归入税收程序法的范围。尽管如此,在税收征纳关系中,也还存在实体与程序的对立。税务机关的每一种行政权力,都必须遵循一定的程序规范。因此,税收征纳法律关系的程序性质并非绝对。

税收征纳法律关系与税收债权债务关系一般具有同步性。当纳税人的行为或事实符合税收构成要件时,税收债权债务发生,而征收缴纳方面的权利义务也同时发生。不过,由于登记、发票管理、接受检查、纳税申报等纳税人的协力义务,有助于税务机关查清纳税人是否发生纳税义务,因此,此种法律关系的发生并不以税收债权债务关系为前提,而是服从法律的直接规定。即便没有发生税收债权债务关系,只要具备法定条件,也可能发生这种协助关系。税务机关和纳税人互享权利、互负义务的状态,一定程度上可以脱离实体权利义务关系而存在。

税收征纳关系可能是一种代扣代缴关系,也可能是一种直接缴纳关系。如果法律规定代扣代缴,则在纳税义务发生时即必须缴纳税款。而此时,纳税人、代扣代缴义务人、税务机关之间也就形成一种三角程序关系。一方面,纳税人有义务向代扣代缴义务人缴纳税款,而代扣代缴义务人也有义务进行扣款。如果税款已经向代扣代缴义务人缴纳,纳税人的税收债务即告消灭,而扣缴义务人则有义务将税款如期上缴税务机关。如果代扣代缴义务人没有履行扣缴义务,税务机关仍然以纳税人为对象直接进行征收。在普通的征纳关系中,纳税人一般需要向税务机关申报纳税,而税务机关也有义务接受纳税人的申报。只有当纳税人没有履行申报义务,或者申报的内容有误时,税务机关才有必要进行调查和核定。在此过程中,纳税人必须履行协助义务,不得恶意逃避债务,否则税务机关可以采取保全措施、强制执行措施等,而纳税人则只能忍受。

税收征纳关系一般因税收债权债务关系的实现而消灭,例外的情况是,如果情势

专题四 税收法律关系

变更致使纳税人无力缴纳税款,或者缴纳税款将导致显失公平、违反生存权保障的结果,那么,征纳法律关系则有必要予以终止。如果行政机关的程序权力超过法定期限未行使,也有可能使其失效,从而终止征纳法律关系的存在。如果作为纳税人的法人终止,又没有其他财产或责任人可供实现债权,税收征纳法律关系也无法继续存在。不过,对于因协助义务、检查权等而引发的征纳关系,则可能与税收债权债务关系保持相对独立性。即便税收债权消灭,由于纳税人将来可能持续发生纳税义务,因此,税务机关仍然可以基于职权而进行税收检查,而纳税人也负有法定的协助义务。况且,从行政行为的拘束力来看,即便没有税收实体法律关系作为前提,只要税务机关作出一定的具体行政行为,税收征纳关系同样也会随之而发生。如果该行政行为违法,则只有当该行为被撤销或被宣告无效时,税收征纳关系才会随之终止。由此可知,就具体的征纳关系而言,其具有发生和消灭的过程,但就整体而言,只要纳税人存在,税收征纳关系就会源源不断地发生,从而形成一个环环相扣的链圈,以至于在外表上给人一种从来就不会消灭的印象。

2. 税收处罚法律关系

税收处罚法律关系既可能因为纳税人的原因而发生,也可能因为税务机关工作人员的原因而发生。不论其中哪种情况,都必须以违反实体法或程序法义务,导致责任法律关系发生作为前提。相比而言,税收责任法律关系是一种实体关系,而税收处罚法律关系则是一种程序关系,税收处罚的目的在于追究相关当事人的责任。根据法律责任的性质,税收处罚法律关系又可以分为行政处罚法律关系、行政处分法律关系和刑事处罚法律关系三种,它们分别以行政处罚程序法、行政处分程序法和刑事诉讼法为法律依据。

税收行政处罚关系的发动主体是税务主管机关。这种资格对它来说,既是一种权力,也是一种义务。如果纳税人或一般公众违反法定义务,导致税收行政责任关系发生,税务主管机关则必须依据法律规定进行行政处罚。在这一点上,税务主管机关应无自由裁量的空间。税收行政处罚关系发生后,税务机关必须严格遵守法定程序,保障处罚过程的公开、公平、公正。如税务机关应当履行告知义务,受处罚人则享有申辩权、听证权,等等。当税收行政处罚正式作出并送达受处罚人时,税收行政处罚发生法律效力,税收行政处罚法律关系也由此消灭。在我国,《行政处罚法》既包含行政处罚的设定限制,又包含行政处罚的实施程序,因此,它既是税收责任关系的法律依据,又是税收行政处罚关系的法律依据,属于实体和程序的混合立法。

税收行政处分法律关系的主体仅包括行政机关及其工作人员。行政处分虽然与行政处罚不同,但也是法律责任的一种形式。对受处分人而言,其利益或机会的损害可能并不亚于一般的行政处罚。因此,行政法上既要研究行政处分的形式和权限问题,也要研究行政处分的程序和救济。从法治的角度看,将行政处分这种内部行政行为排除在法律的规制之外是极为错误的。税法虽然没有专门的有关行政处分的规定,但可以直接援引行政法的内容,因此,税收行政处分法律关系也不是毫无章法可循的。税收行政处分法律关系以税务机关工作人员违反税法规定作为前提,并因为行政机关对其工作人员的处分告知而发生。这里的工作人员,一般限于从事税收征收的税务人员,但行政机关却不限于税务机关。根据受处分人员的职位,税务机关、监察机关、同级政府、上级政府等,都可能成为行使处分权的机关。

相比前两种法律关系而言,税收刑事处罚关系则显得复杂得多。首先,税收刑事处罚必须以税收刑事责任的发生为前提;其次,税收刑事处罚的被告人既包括纳税人,也包括普通公众,还包括税务机关工作人员;再次,税收刑事处罚权通常由法院行使,但法院遵循"不告不理原则",侦查和起诉职责由其他部门履行;最后,税收刑事处罚受复杂的程序限制,且本身有一套独立的上诉救济机制。由于刑事处罚对受处分人的影响既深且巨,因此,刑事处罚法律关系从立案侦查起发生,至法院判决生效后消灭,其间的过程十分漫长。通常情况下,税收刑事处罚的实体标准由刑法规定,如我国《刑法》所规定的"危害税收征收管理罪"即属此类,而税收刑事处罚的法律程序则由刑事诉讼法规定。在体系上,税法可以作一些补充性的规定,构成刑法或刑事诉讼法的特别法。在学理上,也不妨就与税法有关的特殊问题进行专门的研究。

3. 税收救济法律关系

如果排除税收刑事处罚的救济,此处所谓的税收救济也就只能取其狭义,只包括税收行政行为的法律救济。另外,受我国行政法制发展阶段的限制,内部行政行为和抽象行政行为不在救济范围之内,因此,仅具体行政行为可以成为救济的对象。根据救济渠道的不同,税收救济又可以分为行政救济和司法救济两种,在我国即表现为税收行政复议和税收行政诉讼。因此,税收救济法律关系也就可以相应地分为税收行政复议法律关系和税收行政诉讼法律关系两类。如果将来能够允许公民申请违宪审查,这对纳税人而言也是有效的救济途径。至于税收债权受到侵害的情况,税务机关可以直接行使行政权,这不属于我们所讨论的救济范围。

税收行政复议法律关系的主体包括复议机关、作出具体行政行为的税务机关以及纳税人。复议机关有权审查具体行政行为的合理性与合法性,有权根据法律的规定变更或撤销原具体行政行为。如果纳税人申请救济的理由不成立或不充分,复议机关也可以维持原来的具体行政行为。虽然从理论上说,税收行政复议法律关系从复议机关受理纳税人的复议申请时起发生,但对于涉及税款的争议,我国《税收征收管理法》第88条规定,纳税人必须足额缴纳税款才能申请行政复议,因此,从实证的角度看,税收行政复议法律关系的发生存在前置障碍,这对许多无力缴纳税款的纳税人来说十分不公平。进入复议程序后,复议机关必须在法定的期限内作出复议决定。当复议决定作出并送达纳税人时,税收行政复议法律关系也就由此消灭。

税收行政诉讼法律关系的主体包括人民法院、作出具体行政行为的税务机关以及纳税人,如果具体行政行为经过复议,且复议决定改变了原具体行政行为的内容,则可能直接以复议机关作为被告。一般情况下,当纳税人对税务机关的具体行政行为不服时,可以直接向法院提起行政诉讼。如针对税收保全措施、税务强制执行措施、税收行政处罚等。法院可以对该行政行为的合法性进行审查,并作出维持、变更或撤销的判决。当具体行政行为显失公平时,法院也可以直接改判。然而,按照我国现行规定,如果涉及税款争议,纳税人首先必须通过行政复议进行救济。只有当对行政复议决定仍然不服时,才可以提起行政诉讼。在这种情况下,税收行政复议也就成为税收行政诉讼法律关系发生的一个前置条件。当一审法院裁定准许纳税人撤诉时,税收行政诉讼法律关系即告消灭。但如果一审法院裁定驳回起诉,或者作出实体判决,由于裁定或判决并非立即生效,因此税收行政诉讼法律关系也并不消灭。只有当税务机关或纳税人在上诉期内不上诉,致使裁定或判决生效时,税收行政诉讼法律关系才会消灭。如果上诉,则只有到终审判决送达当事人时才会使诉讼法律关系消灭。

三、税收债务关系理论及其应用

税法中可能发生的法律关系既然如此丰富,那么,何种法律关系最能体现税法的特性,最能使税法区别于其他的法律部门,必然成为税法学者孜孜以求的问题。在很大程度上,关于税收法律关系基本性质的判断,实际上反映了判断者的学术立场:税法究竟是一堆传统法律规范的简单集合,还是在发展中衍生出与众不同的核心? 从实证的角度观察,每一种税收法律关系都有其不同的法律性质,在类型上分别可以归入宪法、行政法、刑法、诉讼法等领域。即便是涉及课税要件的税收实体法律关系,也一度被人们理解为"前行政法学的事实",在法学研究中没有特别的意义。[1] 这样,税法看起来无所不包,从根本法规范到普通法规范,从实体法规范到程序法规范,从行政法规范到刑事法规范,但这最多只能说多种法律部门共同发挥对税收现象的规范作用,但不能说可能存在一个区别于宪法、行政法、刑法和诉讼法的税法领域。例如,宪法虽然不断地介入税收,成为税法发展的最高法律依据,但对宪法而言,这和它介入财产权保护、介入刑事司法程序等并没有太大的区别。因此,如果税法自身没有发展出独立的空间,宪法并不能帮助其创造。在传统上,税法更多地被视为行政法的一个分支,财政权力的运作成为税法关注的核心,而真正用于规范国家与纳税人关系的税收实体法却不被重视。至于税收刑事处罚的实体标准和程序规范,刑法和刑事诉讼法已经提供通用的答案,税法实际上并没有给予太多的关注。于是,税收行政法或财务行政法几乎成为税法的同义词,税法依附于行政法的地位也就从此奠定。从这

---

[1] 〔日〕北野弘久:《税法学原论》(第四版),陈刚、杨建广等译,中国检察出版社2001年版,第8页。

个角度看,税收法律关系更多地具有权力关系的性质。

对于税收法律关系的性质,税法发达国家已经有了较为成熟的理论探讨,但如何借鉴为中国所用,则尚是一个需要结合中国现实国情和需要予以价值判断的问题。有关税收法律关系性质的争论最早起源于德国。① 鉴于作为可观察的事实现象的税收法律关系主要表现为税收征纳关系,其间征税机关的行政权力作用明显,无论是纳税义务的确定、稽核,还是税收的强制执行以及行政处罚,似乎只有行政权力的作用空间,而纳税人只是一个被动的义务主体,因此,税收法律关系在德国传统上被定性为一种典型的权力关系,其理论代表是德国行政法学界泰斗奥托·梅耶,他认为税收法律关系是"依托财产权力而产生,并在作为权力优位主体的国家或地方公共团体与人民之间形成的关系"。② 以此为理论依据的税法也就属于传统行政法的一部分,作为一种特别行政法而存在。但是,1919年《帝国税收通则》的颁布,使税收法律关系的定性发生了重大的转折和改向。该法第81条明确规定:"税收债务在法律规定的课税要件充分时成立。为确保税收债务而须确定税额的情形不得阻碍该税收债务的成立。"该法同时还以税收债务为核心,对税收实体法和税收程序法的通则部分作了完备的规定。尽管起草该法的学者贝克(Enno Becker)无意挑起一场税收法律关系的论战,但学者们却以此为契机,对税收债权债务关系理论进行了深入的论证,并在1926年3月于德国明斯特举办的德国法学家大会上公开向传统行政法学者展开论战。税收债务说的代表人物是阿尔伯特·亨泽尔,他认为,税收法律关系在性质上属于一种公法上的债权债务关系,税收债务的成立并不以行政权力的介入为必要,而是以课税要件的满足为条件。这一观点明显要将税法从传统行政法的束缚中解脱出来,力图确立税法的独立地位。尽管这场争论并不能最终确定谁赢谁输,但是税收债权债务关系的理论却由此深入人心。虽说税收债务说尚未因此取得统治性的地位,但是税收法律关系呈现二元性的特点却为许多学者所接受。深受德国税法影响的日本学者金子宏就是典型的二元论代表。他主张将税收实体法和税收程序法分别按其性质归入债权债务关系和权力服从关系。因为,"当用法技术观点来看实定税法时,则可发现很难把税的法律关系一元性地归为权力关系和债务关系,因在税的法律关系中包括各种法律关系。即不得不承认有些关系是债务关系,有些关系是权力关系。比如:更正、决定和滞纳处分等的关系从法技术上来看显然是权力关系的结构。因此,将税的法律关系一元性地给以定性的观点是不适当的。而把税的关系作为性质不同的诸法律关系的群体来理解,可以说是对税的法律关系的正确认识"③。另外,中国台湾地区的学者也大都主张税收实体法律关系属于债权债务关系,而税收程序法

---

① 刘剑文、熊伟:《税法基础理论》,北京大学出版社2004年版,第63—65页。
② 〔日〕北野弘久:《税法学原论》(第四版),陈刚、杨建广等译,中国检察出版社2001年版,第3页。
③ 〔日〕金子宏:《日本税法》,战宪斌、郑林根等译,法律出版社2004年版,第21页。

律关系属于权力服从关系。例如,陈清秀在其《税法总论》中将税收法律关系区分为债权债务关系和程序义务关系①;而张劲松在其《租税法概论》一书中也主张,实体性质的税法关系是一种租税债务关系,而程序性质的租税行政则是一种公法上的权力关系②。当然,也有主张彻底的一元论的税收债务关系说的学者。日本税法学者北野弘久认为:"我们是以法实践论为标准来考察税法学原理的,如果采用二元论的主张只会使我们整个理论背离研究的主旨。因为二元论无法解答这样一些问题:租税法律关系应以什么为中心?租税法律关系建立的基础是什么?研究租税法律关系的中心,从而将租税法律关系的性质归结为公法上的债权债务关系,是我们认为的比较妥当的研究方法。理由是因为这种观点在与传统行政法学诀别的税法学中,已将租税法律关系的性质归结为公法上的债权债务关系。至少从实践论的角度出发,也要求用债务关系说统一地把握对租税法律关系性质的认识。"③

可见,对于税收法律关系的性质,学者可谓仁者见仁、智者见智。如何识别、借鉴,如何吸收、创新则是一个需要结合中国税法实践和税法基础理论创新之需求加以认真分析和考量的问题。我们首先赞同一元论的认识方法。诚如北野弘久所言,二元论无法解答税收法律关系到底应该以什么为中心的问题,从而也就无法回答税收法律关系的本质问题。这无助于税法的体系化,也无助于税法的独立,更无助于税法理念的揭示。即使税收法律关系确实呈现权力性和债务性的双重属性,也终有主次之分,本末之别。如果采用一元论的法律关系说,那么,本书认为只有一个学说可以选择,那就是税收债务关系说。理由如下:

首先,税收债务说符合民主宪政理念和纳税人权利保护之需要,是税收宪法性法律关系的揭示和表达。即使采用一元论的观点,也有一个选择的依据问题。笔者认为宪政国家对税收立宪的客观要求决定了税收法律关系的性质应该从纳税人与国家的宪法性关系中探寻,而纳税人与国家的宪法关系其实就是税收的本质和根据之所在。前文已经述及,税收的本质在于为国家的公共财政提供财源以满足纳税人对公共物品的需求。国家的征税权力并不是税收法律关系之起点和核心,纳税人享受公共服务的权利才是国家征税权存在之本源。从宪政的民主理念看,人民主权的经济表达就是纳税人主权,即纳税人权利是国家权力的来源和服务对象。从宪政的法治理念看,纳税人依且仅依合宪性的法律承担纳税义务,而国家仅在合宪限度内享有征收和使用税款之权利。从宪政的人权保障理念看,纳税人权利保护是人权在具有侵权性的税法领域的必要延伸。因此,宪法上的税收法律关系是一种公法之债,纳税人与国家处于平等的两端,依据宪法以及合宪性的法律各自享有权利和承担义务。宪

---

① 陈清秀:《税法总论》,台湾翰芦图书出版公司2001年版,第290页。
② 张劲松:《租税法概论》,台湾三民书局1979年版,第49页。
③ 〔日〕北野弘久:《税法学原论》(第四版),陈刚、杨建广等译,中国检察出版社2001年版,第161页。

法上的税收法律关系的本质具有平等性,借用西方经济学界的"税收交换说"对税收对价的阐述,纳税人承担税收债务的同时,获得了享受国家提供公共物品的权利,而国家享有税收债权的同时也就承担了提供公共物品的义务。

其次,税收债务说有助于中国税法摆脱行政法之传统束缚,同时脱离经济法之现时影响,确立税法之独立地位。长期以来,中国税法的归属问题一直未得到很好的解决,从税法的重要性而言,它应该是一个直接立于宪法下位阶的法律部门。但是中国的税法先是因国家征税权的强调而附庸于行政法,紧接着又因国家宏观调控权力的强调而归属于经济法。事实上,无论是行政法,还是经济法,都无法包容税法所体现的国家与纳税人之间的平等的法律关系属性。尽管征税机关的权力确实在税收程序法中表现明显,但这种优越权力的存在是基于税收征管之必要。由于税收是无直接对待给付的金钱给付义务,其受益的公共性又无法分割,为保证国家财政收入的获取,也为了保证纳税义务的公平负担(打击逃避税),税法必须赋予征税机关一定的征管权力,以保障税收债权债务关系的顺利实现。因此,征管权力的存在并不能改变税收法律关系公法之债的属性,以税收债权债务关系为表现形式的税收实体法才是税法的核心,体现权力服从关系的税收程序法只是税收实体法的附属和实现保障。何况,随着纳税申报制度的推行以及纳税人权利保护在税收征管中的日益被重视,即使是税收程序法,其权力的作用性也不那么突出了。目前在西方国家,征税机关已经转变观念,从传统的权力机关向服务机关转变,如何为纳税人依法履行税收债务提供高效、便捷的服务,成为征税机关全部工作的重心。而中国在市场经济体制改革和民主法治观念的推动下,征税机关也开始向服务性机关转变。从这个意义上讲,税收的权力性和强制性将会进一步淡化和淡出,而税收法律关系的债务性和平等性将会进一步突显,一元的税收债务关系说必将成为税收法律关系理论发展的主流。中国税法据此发展为独立于行政法、经济法的独立法律部门成为可能,而以公法之债为核心的税法也有可能真正摆脱权力说的阴影,从征税之法转型为纳税人权利保护之法。

再次,税收债务说也有助于中国税法的体系化和透明化,以符合 WTO 规则之要求和税法学独立发展之需要。和其他部门法相比,税法的规则本身就具有数量众多、体系庞杂的特点,而中国的税法又因立法层次多,级别低,行政解释繁杂多变,缺乏透明度而难以符合 WTO 规则对税法透明度和统一实施的要求。法律的体系化在于法律关系的提炼和把握。税收债务关系说不仅"照亮了迄今为止的法律学上的一直被忽视的'公法上的债务'这一法律领域",而且"使运用课税要件的观念就可对公法的债务——税收债务进行理论上的研究和体系化成为可能"。[①] 运用税收债务关系说可以有效地解决中国税法体系化和透明化的问题。宪法层面确立宪法税概念和税原则,实体法上以税收债权债务关系的发生、变更、消灭为线索构筑脉络清晰、逻辑严密

---

① 〔日〕金子宏:《日本税法》,战宪斌、郑林根等译,法律出版社2004年版,第21页。

的税收债法,程序法上围绕税收之债的实现和保障,理清税收征收法、税收责任法和税收救济法之关系。如此,可以以税收债权债务关系为逻辑主线,构建一个从宪法到税收实体法,直至税收程序法的完整和谐、内在统一的税法体系。中国制定税收基本法的时机已指日可待,税收债务说无疑为税收基本法的制定扫清了理论障碍并提供了重要的理论指导。以此为契机,将目前中国现行税法规范进行有效的清理和整合,在体系化的基础上实现税法规则的透明化也就成为可能。此外,以税收债权债务关系为中心,不仅可以轻松解决中国税法体系化问题,而且可以开拓税法学独立发展的空间并构筑与其他学科有效交流的平台。一旦税收债务说成为构筑税法学理论体系的中心,税法学即可以此为理论生长的基点,获得广阔而自由的发展空间。税收之债的法定性有效地将税法学与行政法学以及税收政策学相区隔,而债的共通性又使得税法可以从私法之债的研究成果中获得理论给养,同时又结合公法的特性,来解决税法与私法相碰撞时产生的摩擦和冲突,使税法和私法在宪法的统率下和谐共存,共同服务于公民权利保障的最终目的。

我们认为,税收法律关系的性质可以从以下三个层次加以论述:

第一,税收实体法和程序法的分立是现代税法的基本结构,实体法在税法中具有独立的意义,不再是依附于程序法的附庸。就此而言,税收实体法律关系的发生、变更和消灭完全以法律规定为依据,行政行为对此只具有确认的意义,不具有创造性的法律效果。因此,税收实体法律关系是一种公法上的债权债务关系,其与权力服从关系没有直接的联系。而税收程序法则更多地受到公法上的权力服从关系的支配,税务机关相对纳税人的法律地位较为优越,而纳税人对税务机关的行政行为首先必须服从,然后才能根据法律进行救济。

第二,在现实生活中,由于税务机关掌握行政自力执法权,而司法机关又未必能够全面妥善地进行救济,因此,虽然纳税人只需依法纳税,税务机关必须依法征税,但事实上,税务机关在执法过程中还是拥有较大的自由空间。广泛存在的税收授权立法和税务机关超出解释权限变相立法等,使得税务机关对纳税人的话语霸权始终难以根治。因此,原本应该独立于税收程序法的实体法律关系仍然处处受到行政权力的掣肘。从这个意义上说,税收法律关系事实上表现出权力服从关系的特征。

第三,从原理上看,为了推进税法学与传统行政法学的诀别,税法的研究必须以实体法为核心。为了规范行政权力,落实税收法定主义,也必须清楚地认识到,税收程序只是实现税收债权的法律保障,其不能越俎代庖成为税法的中心。因此,应该以税收债务关系为基础,将程序权力置于实体法的制约之下。

总之,税收法律关系的性质在于其公法上的债权债务属性,其本质则是纳税人与国家在宪法层次上的平等性。税收债务说是构筑体系化和透明化的税法乃至税法学体系之核心。中国税法基础理论可以在税收债务说的基础上实现转型和创新。

四、"税收债务关系说"的中国意义

从 1919 年《帝国税收通则》制定至今,德国税法学已经走过了九十多个春秋。在此之前,德国虽然也有关于税法的研究,但人们早已习惯于从传统行政法的角度看待税法。体现于税收程序法中的权力服从关系,被当成税法天经地义的特征,而税收实体法律关系的发生、变更和消灭等,都必须以税务机关的行政行为为依归。在这种情况下,德国的税法不过是税收行政法的简称,其本身并不存在独立的发展空间。正是由于 20 世纪 20 年代一场关于税收法律关系性质的讨论,使得人们重新认识税法的特质与意义,现代税法学才得以首先在德国生根和壮大。然而,历史毕竟已经成为过去,到 21 世纪的今天,人们可能要问,对于 20 世纪初期曾经发挥重要作用的话题,还有必要作为一个专门的问题加以讨论吗?如日本学者村井正在 19 世纪 70 年代就曾经提到:"租税法律关系究竟是权力关系,或是债务关系之争论,在今日,说起来已属陈旧之论调。只不过该争论在过去,对租税法学之发展有不少之贡献,而有赋予历史性评价的必要而已。"另一名日本学者须贝条一也发出了"本理论除了有利于有关税法研究之体系化以外,究竟有何种实益"的疑问。①

笔者认为,同样的问题对于处在不同发展阶段的不同国家来说具有不同的意义。对于税法发达的国家来说,由于人们对税收法律关系的性质已经达成共识,而现在又不能从中挖掘出新的含义,因此即没有必要继续花费时间进行讨论,最多在必要的场合作为一个历史事件予以交代而已。但对于税法上不发达的国家而言,如果不了解现代税法学赖以建立的逻辑起点,如果不能将民主、人权和法治的视角嵌入税法研究,如果不能从税收实体法的角度理解税收法律关系的性质,其税法学的发展就永远难以脱离传统观点的羁束。中国的税法理论和实践虽然在近年来有了长足的进步,但总体上仍然处在比较、吸收和借鉴的起步阶段。因此,不能因为税收法律关系性质的话题陈旧即弃之如敝屣,不能因为这个问题在其他国家已经解决,就以为它在中国根本不成为问题。在笔者看来,税收债务关系的理论精髓在中国远远没有挖掘出来,人们对税收法律关系的理解仍然非常表面化。实际上,相关的结论对于中国税法的学科发展、法律实践和税法的体系化都具有十分重要的意义。

(一)债务关系说与中国税法学的发展

"债务关系说照亮了迄今为止的法律学上的一直被忽视的'公法上的债务'这一法律领域;使运用课税要件的观念就可对公法上的债务——税债务(Steuerschuld)进行理论上的研究和体系化成为可能。因此债务关系说对税法的概念给以了全新的界

---

① 〔日〕村井正:《现代租税法之课题》,陈清秀译,台湾"财政部"财税人员训练所 1989 年版,第 71 页。

定和独立的体系。即,当税法作为权力关系来提倡时,则税法不是独立的法学科而是特别行政法的一种罢了。只有把税债务观念作为税法的中心,税法才能成为有别于行政法的独立法学科。另,把构成税债务内容的课税要件的领域作为一门研究对象,并不单单是因为被其他法律学科所遗漏的缘故。我们在研究这一领域的同时也应强调这领域的重要性。这正是向我们提供了把税法作为一门法学的独立学科进行研究的契机。"① 尽管这段话是金子宏对德国税收债务关系理论的评价,但用到今天中国税法的发展上同样十分贴切。

长期以来,中国税法学研究存在两个明显的误区。第一个误区是,过于抬高税收程序法在税法中的地位,忽视税收实体法的重要性,甚至直接将税法定位为行政法的一个分支。由此引发的结果是,由于担心缺乏专业优势,不少税法学者干脆放弃税收程序法的研究,直接照搬行政法学的研究成果,使税收程序法的一些特殊问题遭到漠视。另一个方面的后果是,由于习惯于行政法学的命令服从模式,税法的逻辑结构也被定位为征税权与纳税义务之间的单项支配关系。这种以权力为中心的税法观虽然可能符合形式的法治国家原则,但从实质的法治国家原则出发,其与中国当前民主宪政的发展趋势是明显相悖的。第二个误区是,税法学逐渐蜕变成税收政策学,在理论上始终未能跳出权力关系说的樊篱。当不少税法学者放弃程序法转入实体法时,却发现同样缺乏从事研究的分析工具。面对庞大多变的实体税法规范,税法学不自觉地在定位上与税收政策学重合在一起,成为一种事实上的政策诠释工具。在当前的中国,政策是一个超法学的概念,支配政策产生、变更和消灭的动力不是法律,而是权力。因此,即便在税收实体法领域,税法学也没有能够做到拒绝权力的干预。税收实体法律关系虽然在形式上符合债权债务关系的特征,但实际上仍然是一种权力服从关系。

在这种情况下,为了使税法学研究正本清源,为了使税法获得适度的生存空间,就必须从税收法律关系的性质入手,在观念上与权力关系说彻底划清界限,重新树立税收债务关系说的理论旗帜。笔者认为,在很大程度上,税收债务关系理论可以帮助中国税法学走出上述误区。

首先,债务关系理论可以使税法摆脱对行政法的依附,将其重心转移到税收实体法律关系上来。债务关系说一直宣称,税收实体法是税法的基础,税收程序法只是实现税收实体债权的法律保障。税收实体法律关系的发生、变更和消灭不受税收程序法的制约,相反,税收程序法律关系的发生、变更和消灭却必须考虑实体法上债权债务的效力状况。因此,只有从债务关系的角度考察整个税法,清除权力关系模式对税法的支配性影响,使税收程序法的功能仅限于服务于税收债权的实现,中国税法的发展才能获得独立的空间。

---

① 〔日〕金子宏:《日本税法》,战宪斌、郑林根等译,法律出版社2004年版,第21页。

其次,债务关系理论可以帮助税法学厘清与税收政策学的关系,为税法学研究提供理想的分析工具,使债权债务成为税收实体法的核心范畴。从税收之债的构成要件,到税收之债的发生、变更、消灭;从税收主债务,到税收责任债务、连带债务、附带债务;从税收权利能力到税收行为能力,税收实体法的解构方式完全转移到传统的法学思维上来。即便对于税收程序法而言,也完全可以用税收之债的实现加以统括。这样,无论是对研究者还是对学习者,税法从此不再是一个完全陌生的领域,而是一门可以全面贯彻法学思维的新兴学科。除了思维方法的启发之外,债务关系说对税法学的意义还在于,它可以使税法学彻底摆脱权力干预的阴影,走上独立自主的发展道路。在这种理论中,权力不是税法依赖的前提,也不是税法关注的重心。相反,通过对税收之债法定主义的宣传,还可以起到制约行政权力的目的。而这点恰恰是税收政策学所无法比拟的。税法学与税收政策学的界限由此得以彻底厘清。

未来若干年内,除了继续加强基础理论之外,中国税法学的主要精力将集中于税收债法的研究。从学术发展的规律看,中国税法研究向传统法学的形式回归恐怕无法逾越。就此而言,我们认为这是一种可喜的进步,它代表着中国税法学日渐成熟的过程。然而,正如本书在介绍中国实务界对税收债务关系的态度时所言,建立形式上的税收债法体系在中国并不需要太多的理论勇气。在很大程度上,这只是一个思维转型和规则梳理的技术过程,对传统权力关系说的冲击未必见得十分巨大。相反,税收债务关系说中所蕴含的民主、法治、宪政等先进理念,却可能要经过很长时间的努力才能真正渗透于中国税法。实际上,即便在权力关系说的体系框架下,也一样可以兼容税收债务关系理论,只不过主次完全颠倒而已。因此,不能满足于形式上税收债法体系的建立,必须从思想上确立债务关系理论的主导地位。

(二)债务关系说对中国税法实践的指导

有关税收债务关系理论的实践意义,日本学者的认识存在明显的分歧。如金子宏即认为,如果将税收法律关系性质的理论,原封不动地纳入法律解释论的层面,往往都会带来各种结论上的误导。因此,权力关系说与债务关系说的对立,只适合从基本原理的层面进行探讨,不适合直接用于解决具体问题。[①] 北野弘久则认为,立足于债务关系说的理论来构造具体的实践性问题(租税立法、适用和解释税法的方式),对维护纳税者的人权具有重大的意义。因此,在研究税收立法以及税法解释、适用的基本方法中,是否立足于债务关系说分析租税法律关系的性质,是目前最具有现实意义的问题。[②] 而村井正虽然也认为债务关系说与权力关系说的争论仅具有原理上的意

---

① 〔日〕村井正:《现代租税法之课题》,陈清秀译,台湾"财政部"财税人员训练所1989年版,第72页。
② 〔日〕北野弘久:《税法学原论》(第四版),陈刚、杨建广等译,中国检察出版社2001年版,第162页。

义,但同时又觉得,在一些具体问题的解决方式上,其背后常常隐藏着某种理论的支持。因此,税收法律关系的性质虽然不能直接导出法律解释层面的结论,但其对法律实践的间接影响还是客观存在的。①

据笔者的观察,关于税收法律关系性质的结论首先的确是一个法学理论问题。从这个层面看,税收债务关系说可以解决税法区别于其他法律部门的特性,可以为税法学创造独立的学术空间,可以为税法研究提供观察问题的独特视角,可以帮助税法从保障国家权力运作向维护纳税人权利的全面转型。然而理论如果不能应用于实践,如果不能为具体问题的解决提供思路或答案,这样的理论也会因为缺乏生命力而被抛弃。实际上,选择权力关系说或者选择债务关系说,甚至选择折中的二元并立说,对税收立法、适用和解释的指导意义可能会明显不同。因此,税收债务关系说的确立不仅仅是一个理论问题,同时也是一个法律实践问题。

在税收债务关系理论中,税收债权债务是其中的核心范畴,也是与法律实践发生作用的联结纽带。关于公法上债权债务关系存在的可能性,目前在法学上已基本成为共识,因此无需进行太多的论证。② 从特性上看,税收之债与私法之债之间既存在相通之处,也存在明显的差异。相通之处在于,二者都符合债的形式属性,都属于特定主体之间请求为特定行为的法律关系。③ 相异之处在于,"第一,税收债务是法定债务,而不像私法上债务那样依当事人的意志而确定债务内容。第二,在现行法的结构中,税收法律关系是公法上法律关系,因它而产生的法律诉讼,全部作为行政案件,适用行政案件诉讼法。第三,税收作为满足公共需求的手段不仅具有很强的公益性,而且税收的课赋和征收还必须公平地进行。作为这一特征的反映,税收债权人的国家,拥有私法债权人所没有的种种特权"④。

可以断定,如果去掉税务机关在税收征收中所拥有的特权,税收之债与私法之债在形式上几乎不存在区别。在理论上,税收之债的发生、变更和消灭遵循法定的要件,不以税务机关的行政行为为转移。因此,税务机关的特权仅仅是实现税收债权的一种方式,对债权本身原则上不产生任何影响。基于这种思考,税法既可以通过赋予税务机关行政特权的方式实现税收债权,也可以通过其他私法的途径达到目的,如我国《税收征收管理法》所规定的税收代位权和撤销权就是此种类型。另一方面,既然

---

① 〔日〕村井正:《现代租税法之课题》,陈清秀译,台湾"财政部"财税人员训练所1989年版,第72、73页。
② 〔日〕美浓部达吉:《公法与私法》,黄冯明译,台湾商务印书馆1988年第3版,第84—86页。
③ 对于私法之债的共性,我国台湾学者王泽鉴认为:"契约、无因管理、不当得利及侵权行为之构成要件、指导原则及社会功能各有不同,不足作为债之关系之构成要素。其所以构成债之关系的内在同一性者,乃其法律效果之形式相同性,易言之,即上述各种法律事实,在形式上均产生相同之法律效果:一方当事人得向他方当事人请求特定行为(给付)。此种特定人间请求特定行为之法律关系,即属债之关系。"参见王泽鉴:《民法学说与判例研究(4)》,中国政法大学出版社1998年版,第90、91页。如果以此为标准,即不难发现,债的概念在公法上有广阔的应用空间,表现为金钱请求权的税收即为典型例证。
④ 〔日〕金子宏:《日本税法》,战宪斌、郑林根等译,法律出版社2004年版,第23—25页。

税收是一种债权,就应当遵循债法中一些共同的规则,如允许税收与其他金钱给付义务抵销,税收长期不行使即可能因时效届满而消灭,税收优先权对私法优先权并无绝对的更优效力,等等。当然,国家除作为税收债权人外,也可能成为债务人。如按照我国法律的规定,当纳税人生产的产品出口时,国家有义务退还一定比例的增值税和消费税。为了体现对双方权利的平等保护,纳税人对国家也应该享有抵销权,这样更利于保障纳税人债权的及时实现。

(三)债务关系说与中国税法的体系化

体系化是人类思维把握客观对象特性的一个过程。为了更深入地了解思维对象的特性,无论是社会科学还是自然科学,都在尽量找寻客观对象的体系化规律。法律的体系化有助于人们的学习和观察,有助于法学内部的对话与交流,同时也是学科发展一个必经的阶段。迄今为止,法学的各个分支学科都在努力构筑自己的体系,如民法的体系以民事法律关系为中心,刑法的体系以犯罪和刑罚为主轴,行政法的体系以行政行为为内核,等等。税法的体系同样也是税法学高度关注的话题。

和其他部门法相比,税法的规则本身就具有数量众多、复杂多变的特点,从外表上很难把握其体系化特征。因此,长期以来,体系凌乱成为中国税法难以克服的一个问题。由于这个问题的存在,税法学研究实际上一直游离于法学的门槛之外,在制度建设上无法取得实质性的进展。当税法学在话语上无法与法学其他分支交流时,不仅税法研究自己会迷失方向,整个法学领域也都会拒绝承认税法学的存在。笔者认为,造成这个现象的原因主要在于,税法学缺乏自己的核心范畴和分析工具,无法给整个税法勾勒出一条清晰的脉络。如果税法学偏重于税收行政,其成果最多只能反映行政法的特色。况且,以行政权力为中心构筑税法的体系也与时代发展的潮流不相吻合。如果税法学偏重于税收政策,则更容易陷入规则的汪洋大海中。除了按所得税、流转税、行为税和财产税等进行简易的分类外,税收政策学似乎无法替代法学对税法进行体系化的努力。

从显性的层面看,税收债务关系说可以解决中国税法的体系化问题,构筑与其他法学分支自由交流的宽阔平台。至少在实体法上,税收债权债务关系可以成为贯穿始终的逻辑主线。当符合法定的构成要件时,税收债权债务关系自动发生。税收之债的构成要件包括征税主体、纳税主体、代扣代缴主体、征税对象、征税对象的归属、征税标准等。当符合法定的构成要件时,税收债权债务关系也可能发生变更。税法上的对减税条件的规定即属于此种类型。税收债权债务关系还会因为法定构成要件的满足而消灭。税法对免税、清偿、抵销的规定即是为实现这一目的。这样,用税收债权债务关系的发生、变更和消灭就可以将税收实体法的大部分规则串联在一起,其脉络十分清楚明晰。除此之外,有关责任债务、连带债务、附带债务的规定,也可以从相关法律关系发生、变更和消灭的构成要件的角度进行理解。至于税收责任法、税收征收法、税收处罚法和税收救济法等,都可以视为税收债法的外围领域,是实现税收之债的法律手段。例如,税收征收必须以税收债权债务关系发生作为前提,税收责任的追究要么是直接违反了税收债法,要么是妨碍了税收之债的实现。而税收救济法的设置也是为了化解因国家税收债权的实现而带来的矛盾和纠纷,减少税收债权债务关系运作过程中的差错。

债是法学领域中历史悠久、众人皆知的一个概念。以税收债权债务关系为中心构建税法的体系,首先可以理顺税法内部的复杂关系,将各种法律关系建立在税收债权债务关系的基础上。这样,人们也就不再需要套用行政法的定式来模拟税法的体系。其次,税收债权债务关系可以帮助税法建立与私法交流的平台。实际上,除了形式上的相似之处,税收之债与私法之债在很多方面都会发生交集。以债法的通用思维结合税法的公法特性,解决二者交集所遇到的各种问题,这是最为简易可行的思路。再次,由于人们对债的发生、运作过程十分熟悉,当税法引入债权债务关系的概念后,可以节约许多学习和理解方面的成本。不用花费多少口舌,原本对税法抱有畏难情绪的人可以很快进入状态。这对税法的推广和普及也是大有好处的。

除此之外,我们也认识到,如果仅仅将债理解为相对人之间的给付请求关系,无论权力关系说、债务关系说,还是折中的二元并立观点,都能为税收债法提供一定的生存空间。在权力关系说中,如果存在法定的构成要件,即便赋予行政行为对税收的创设性效力,这种税收也可以视为形式上之债,只不过债的发生原因除当事人行为和法定规定外,还多了一个行政行为。不过可以想象,当债权人对债务人拥有绝对支配地位时,尽管从形式上看符合债的特征,但其实质上已经蜕变成一种权力服从关系。因此,通常论述债权债务关系时,一般都将以行政行为作为前提的税收关系排除在外。从二元论的角度看,虽然其认为程序法律关系是权力服从关系,但至少承认实体法律关系是一种债权债务关系,因此,在其理论体系中纳入债的概念当然更不存在困难。只不过相比债务关系说而言,二元论下的税收债法仅仅是一个形式体系,从理念上割裂了税收债权的发生与实现之间的联系,对行政权力的运作缺乏有效的制约机制。这一点从北野弘久关于责任债务的独立性中可以得到论证。

五、税收债法研究的方法与价值

加入 WTO 后,我国现行法律制度正在进行一系列重大改革,其中核心问题是市场准入制度和税法制度的改革。税法作为国家征税之法及纳税人权利保护之法,在现代民主法治国家中居于举足轻重的地位,而税收债法则是税法的核心,是税法的基本理念、价值和原则最直接的体现。WTO 体制对于中国税法的影响将首先表现在对我国税收债法理念和制度的挑战和冲击上。自从 1919 年德国首次在其《税法通则》中提出"税收之债"的概念以来,税收债法的理论和实践在世界各国和地区得以展开和发展,以日本、法国、意大利、瑞士、美国和英国为代表,后起的国家和地区如韩国、新加坡以及我国的台湾和香港、澳门地区,也都逐渐接受税收之债的理论,并指导税收法治实践,且逐渐形成各具特色的税收债法制度。目前,关于税收债法的理论研究以德国和日本为代表,已形成较完善的理论体系,我国台湾地区在这方面也有众多的研究成果。但是我国税法学界,受传统观念影响较深,尚未对税收之债的理论予以重视,虽然税收立法中也开始体现税收之债的理念和精神,但尚没有学者对这些立法动态进行学理上的探索,对税收债法的许多重要的基础理论缺乏深入、系统的研究,特别是税收债法制度在我国尚没有真正建立。因此,在我国入世以后,引进世界先进的税法理论,创建具有中国特色的税收债法制度就成为摆在我们面前的紧迫任务。

税收债法是规制国家和纳税人之间税收实体关系的法律规范,深入研究 WTO 体制下税收债法的建构在我国具有重大的理论和现实意义:(1)在理论上有助于从根本上改变我国税法学理论研究的立论基础、研究思路、学术范式和思维模式,能够对我国税法学基础理论的创新起到举足轻重的推动作用。严格意义上讲,税法学研究首先是对税收法律关系的研究,税法学理论学的核心就是税收法律关系理论。在税收法治和税法学的历史发展长河中,关于税收法律关系一直存在着"税收权力关系说"和"税收债务关系说"两种相互对立的理论,但 20 世纪 20 年代,随着《德国租税通则》的颁布实施,"税收债务关系说"的影响日益加强并逐渐成为主流学说。而加强税收债法研究,既能拓宽我们研究的视野,又能迎合税法研究的国际潮流。(2)有助于从理论上解释我国税收立法中体现 WTO 体制下税法发展趋势的税收优先权、税收代位权、税收撤销权和税收担保等制度,我国《税收征收管理法》及其实施细则移用民法制度解决税收问题的这些立法现象,是传统的税法理论所无法解释的,而税收债法的理论则可以圆满地对这些新的立法动态予以解释,从而论证了这些制度存在的合理性和必要性。(3)在税收执法和税收司法实践中有助于在 WTO 体制下确保国家税收债权的充分实现,有助于切实保障纳税人的合法权益,税收之债的理论,其实质是在税法中贯彻平等原则,对国家和纳税人均给予同等的保护,并在具体的法律制度设计中着重对纳税人的保护。应当指出的是,长期以来,我国对纳税人权利的规定不够系统和全面,在税收执法中对纳税人的权利重视不够,这反过来又影响了征税机关对税款的征收。因此,应在借鉴西方发达国家经验的基础上,重新构建我国的纳税人权利体系,既要保证国家税款的依法征收,又要尊重纳税人的权利,从而实现国家和纳税人权利义务的均衡和互动,而这种效果是传统的税法制度所无法达到的。(4)有助于在 WTO 体制下完善我国的税法制度,并进而推动我国税收法治建设的进程。税收债法理论和制度的建构将对我国税法的现代化起到革命性的推动作用。我们应正确认识税收的本质,确立税收法律主义,在税收领域贯彻纳税人和国家(政府)、征税机关之间具有平等的思想,必将能够推进我国的税收法治,进而税收法治必将会对整个社会的法治状况起到很好的促进作用,使税收法治成为法治社会的突破口和强有力的推动器。

税收债法的研究应以税收之债的理论为主线,在借鉴国内外关于税收债法理论、民法债法理论的最新研究成果和相关法律制度建设成功实践经验的基础上,紧密结合 WTO 规则与我国的税收法治建设的实践,充分发挥理论对实践的指导作用和实践对理论的检验作用,并以此为基础来探讨在 WTO 体制下建构我国税收债法的理论和实践问题。

加强税收债法的研究,可重点从以下几个方面的问题着手:(1) WTO 体制下中国税收债法基础理论研究。依据 WTO 的理念和精神确证税收是一种公法上的债,即税收之债,以税收之债为理念,构建我国税收债法理论体系,从根本上改变我国税收理论受传统的国家权力关系说的影响和束缚。税收之债是作为税收债权人的国家请求作为税收债务人的纳税人为特定给付的法律关系。国家和纳税人是平等的法律主体,其权利义务均应由法律明确规定。税收征纳实体法实质是税收债法,核心是对于税收之债成立所必须具备的要件即税收要素的规定。税收要素主要包括税收债务人、征税对象、税率、税基和税收特别措施等。对税收之债的理念、理论基础、要素、效力、变动、保全和法律保障等相关理论问题予以详细研究,在此基础上形成一个关于税收债法基础理论的完整体系。(2) WTO 体制对我国税法制度冲击研究。WTO 体制是以市场经济规则为基础的多边贸易体制。其提倡的贸易自由化、非歧视、公平贸易等原则必将对我国尚不完善的市场经济造成冲击,也会对我国的税法制度造成很大挑战,如何在 WTO 体制下完善我国的税收债法将是要着重探讨的问题之一。WTO 规则与税收债法在基本理念上是相通的,税收债法的基本制度是符合 WTO 的基本原则的。税收债法在许多具体制度上都充分体现了 WTO 的国民待遇原则、公平竞争原则和透明度原则。(3) 税收债法比较研究。世界各主要发达国家和一些发展中国家对此都纷纷建立起自己的税收债法体系,并努力与 WTO 的规则相协调。实践证明,建立在 WTO 体制下的税收债法体系是符合社会历史发展规律的,是有利于推进各国在 WTO 体制下的税收法治建设的。通过对西方主要发达国家、法制建设较健全的发展中国家以及我国的台湾、香港和澳门地区的税收债法制度予以比较研究,特别是比较研究其在 WTO 体制下新的发展与走向,探讨 WTO 体制与税收债法之间的内在逻辑联系,以此为基础总结和探讨对我国税收债法制度建设的借鉴意义。(4) 我国税收债法制度的现状分析。从总体来讲,我国税收债法制度尚未建立,但立法中已经有一些体现税收债法理念的具体制度,如税收优先权制度、税收代位权制度、税收撤销权制度,但这些制度是十分零散的,没有形成一个系统,而且这些制度本身也仅仅停留在原则规定的基础之上,如何具体适用仍没有在立法上予以解决,因此,离建构一个具有中国特色的税收债法体系还有相当长的距离。故很有必要对我国的税收债法制度的现状予以详细、全面的分析与评价。(5) WTO 体制下建构我国税收债法的指导思想、具体制度设计与立法建议。在 WTO 体制下建构我国的税收债法制度需要在

WTO 基本原则和基本规则的指导下,以税收之债的理论为基础,以我国的税收法治建设的实践为检验标准,以邓小平理论和"三个代表"重要思想为指导,建构既符合 WTO 规则和世界税法发展趋势,又具有中国特色的社会主义税收债法体系。WTO 体制下的我国税收债法将主要以全国人大及其常委会通过的法律为载体,以国务院的税收行政法规为补充。税收债法的体系将主要由商品税债法、所得税债法和财产税债法所组成。这些税收债法相互协调、相互配合,形成了一个有机联系的统一整体。首先根据 WTO 体制下税收之债的理论和税收债法制度的建构对我国的一些具体的税法制度提出完善的建议,这其中主要包括税收债权成立制度、税收债权运行制度、税收优先权制度、税收代位权制度、税收撤销权制度和出口退税制度等。在此基础上,紧密结合税收法治实践大胆创新,建构一个符合中国国情的税收债法制度体系,同时,对我国现行税收债法制度的完善提出具体的立法建议,供立法机关在立法时予以参考。

总之,税收债法理论与 WTO 规则的接轨及其与中国的本土资源相结合,将产生一个既符合世界税法理论发展趋势,又符合中国国情、具备中国社会主义特色的全新的税收债法制度和税法学体系。这一全新的税收债法制度和税法学体系不仅将在我国的法学领域独树一帜,而且在世界税法学领域,也将散发出其东方巨人所具有的独特魅力。

☛ 本章思考与理解

1. 税收的现代性对税收法律关系有何影响?
2. 略论税收法律关系的性质。
3. 试述税收法律关系平等性及其意义。
4. 谈谈税收债务关系说的理论渊源及实践意义。
5. 加强税收债法研究对我国有什么现实意义?

☛ 课外阅读资料

1. 〔美〕施蒂芬·霍尔姆斯、凯斯·桑斯坦:《权利的成本——为什么自由依赖于税》,毕竞悦译,北京大学出版社 2004 年版。
2. 〔美〕布伦南、布坎南:《课税的权力》,殷乃平译,台湾"财政部"财税人员训练所 1984 年版。
3. 〔日〕北野弘久:《税法学原论》(第四版),陈刚、杨建广等译,中国检察出版社 2001 年版。
4. 〔日〕金子宏:《日本税法》,战宪斌、郑林根译,法律出版社 2004 年版。
5. 〔日〕村井正:《现代租税法之课题》,陈清秀译,台湾"财政部"财税人员训练所 1989 年版。

6. 葛克昌:《税法基本问题(财政宪法篇)》,北京大学出版社2004年版。
7. 许善达等:《中国税权研究》,中国税务出版社2003年版。
8. 刘剑文:《税法学》(第四版),北京大学出版社2010年版。
9. 张劲松:《租税法概论》,台湾三民书局1979年版。
10. 张晓君:《国家税权的合法性问题研究》,人民出版社2010年版。

专题五 税法原则

一、税收法定主义及其适用[①]

(一)税收法定主义的理论源流与内涵解析

税收法定主义是一项历史悠久的法律原则,前资产阶级国家在一定程度上贯彻着税收法定原则。但是,只有资本主义社会开始,这一原则的内容才更加丰富和完备,以至形成较以前做法有严格区别的现代西方特有的税法基本原则,成为推动近代法治的先驱。作为民主和法治原则等现代宪法原则在税法上的体现,税收法定主义对保障人权、维护国家利益和社会公益举足轻重。

税收法定是税法至为重要的基本原则,或称税法的最高法律原则。指国家征税必须有法律依据,且依法征税和依法纳税。其实质是国家征收权行使的法定方式。在此,应特别指出的是,这里所指的法律仅限于国家立法机关制定的法律,不包括行政法规。[②]

1. 税收法定主义的历史发展及其意义

西方税收法定原则的确立,是资产阶级和其他阶层人民大众反对封建特权斗争的结果,肇始于英国。

在近代以前的奴隶社会和封建社会,奴隶主阶级和封建领主以及国王君主为了满足其奢侈生活或筹集战争费用的需要,巧立名目,肆意课税盘剥劳动人民。国家税法虽然也有确定性,但当时法制不健全,君主意志即是法,他们可以随意地以命令形式向人民横征暴敛,无须经过严格法定形式。

后来,在不断蓬勃发展的市民阶级抵抗运动中,逐渐形成了"无代表则无税"(No taxation without representation)的思想;其萌芽初现于1215年英国《大宪章》的规定:"一切盾金或援助金,如不基于朕之王国的一般评议会的决定,则在朕之王国内不允

[①] 原文发表于《经济法论丛》(第1卷),法律出版社2000年版,第36—42页,收入本书时作部分修订。

[②] 刘隆亨主编:《以法治税简论》,北京大学出版社1989年版,第153页。

许课税。"①此后,1629年的《权利请愿书》规定,"没有议会的一致同意,任何人不得被迫给予或出让礼品、贷款、捐助、税金或类似的负担"②,从而在早期的不成文宪法中确立了税收法定主义。这一宪法原则是如此根深蒂固,以至于1640年英王查理一世为了通过税收来筹集对付苏格兰军队的军费不得不两次召集议会,由于议会与之对立而导致了英国内战的爆发,并将查理一世葬送在断头台上;直至"光荣革命"胜利的1689年,英国国会制定"权利法案",重申"国王不经国会同意而任意征税,即为非法",正式确立了近代意义的税收法定主义。

18世纪下半叶,英国人又因"印花税"和"茶叶税"等激怒了其北美殖民地人民,点燃了美国独立战争的导火线;1776年,美国在《独立宣言》中指责英国"未经我们同意,任意向我们征税";并随后在1787年制定的《美国宪法》的第1条规定:"一切征税议案应首先在众议院提出,但参议院得以处理其他议案的方式,表示赞同或提出修正案。"(第7款第1项)③"国会有权赋课并征收税收,进口关税,国产税和包括关税与国产税在内的其他税收……"(第8款第1项)④

在法国,1788年巴黎的议会否定了国王抽税及修改司法程序的通令;法王路易十六为了筹划税收方案,解决财政问题,迫不得已在1789年重新召开自1614年以来就未曾开过的三级会议,不料引发了法国大革命,而路易十六也步了查理一世的后尘。就在这一年,法国发布了《人权宣言》,其中虽未直接规定征税问题,但规定人民财产不得任意侵犯,也就包括了征税问题。⑤ 以后,《法兰西共和国宪法》第34条规定"征税必须以法律规定"。

西方其他国家也都或早或晚地将税收法定主义作为其宪法原则加以确认,尤其是倡导并实行法治的国家,多注重在其宪法中有关财税制度的部分,或在有关国家机构、权力分配、公民权利和义务的规定中,对税收法定主义予以明确规定。⑥ 如日本,

---

① 有学者认为,"这是世界历史上第一次对国王征税权的限制"。参见刘隆亨主编:《以法治税简论》,北京大学出版社1989年版,第152页。然而,"所谓'盾金'和'援助金',都是具有强烈封建色彩的上缴金,并非近代意义上的税收,且一般评议会也不过是封建贵族的代表机构而已,因此这个规定尚不能解释近代意义上的税收法律主义。但是,对国王的课税权加以限制,且国王课税权要依一般评议会的赞同而得以行使这一点,的确对税收法律主义的形成和发展给予了极大影响"。〔日〕金子宏:《日本税法原理》,刘多田等译,中国财政经济出版社1989年版,第48—49页。
② 许善达等:《中国税收法制论》,中国税务出版社1997年版,第331页。
③ "税收议案必须首先在议会提出。税法应当在立法机关的下院提出,这一传统来自英国。在那里,由于人民直接选举下院成员,而不选举产生上院——贵族院,故下院更倾向于反映人民的意愿。在美国,这一规则却有所不同,因为人民既选举产生众议院,又选举产生参议院。此外,参议院得以修正税收议案,甚至可以达到将其完全改写的程度。"See the Constitution of the United States of America With Explanatory Notes, Adapted from The World Book Encyclopedia, World Book, Inc., 1986, pp.25—26.
④ "'Duties'是对进入美国的货物所征的税。'Excises'是对销售、使用或生产,有时还对商业程序或特权所征的税。例如,公司税、烟草税和娱乐税都是'excises'。'Imposts'是一个一般性税收术语,包括了'duties'和'excises'。"The Constitution of The United States of America With Explanatory Notes, p.27.
⑤ 刘隆亨主编:《以法治税简论》,北京大学出版社1989年版,第152页。
⑥ 张守文:《论税收法定主义》,载《法学研究》第18卷第6期。

《明治宪法》规定:"课征新税及变更税率须依法律之规定";《日本国宪法》第84条规定:"课征新税或变更现行的税收,必须依法律或依法律确定的条件。"[1]又如意大利,其《宪法》第23条规定:"不根据法律,不得规定任何个人税或财产税。"此外还有埃及、科威特等国。[2]

以上历史发展表明:其一,税收法定主义始终都是以对征税权力的限制为其内核的,而法治的本质内容之一也在于权力的依法律行使,故税收法定主义因其对国家权力的限制和对公民权利的保障而成为滋养现代法论主义精神的源泉之一。其二,税收法定主义在各国最终都是以宪法明文规定的形式而得以具体体现,并进而贯彻到税收立法中去的,故"人类争取人权,要求建立现代民主宪政的历史,一直是与税收法定主义的确立和发展密切相关的"[3]。

2. 税收法定主义的基本含义和具体内容

税收法定主义,又称为税收法律主义[4]、税捐法定主义[5]、税收法定主义原则[6]和税收法定原则等,其基本含义是,征税主体征税必须依且仅依法律的规定;纳税主体依且仅依法律的规定纳税。"有税必须有法,'未经立法不得征税',被认为是税收法定原则的经典表达。"我们试将"税收法定主义"这一名词分解开来,以对其含义作进一步理解:

(1)"税收"概念之含义。税收之定义,即本书中所指:"是人民依法向征税机关缴纳一定的财产以形成国家财政收入,从而使国家得以具备满足人民对公共服务需要的能力的一种活动。"这一定义不仅突出了"人民"在整个国家税收活动中的主体地位和主动性作用,与人民在反抗封建君主、争取确立税收法定主义的斗争过程中的地位和作用是相符的,而且淡化了传统理论中税收的强制性和无偿性的特征,使之更易为纳税人所接受。

(2)"法"概念之含义。税收法定主义中之"法"并非是从我们前指其抽象的、整体的意义上来使用的,而是仅指法律,即最高权力机关所立之法。至于为何非得以法律的形式,而不以法的其他形式来规定税收,笔者以为,简单来说,起码有以下三个原因:第一,税收对人民而言,表面上或形式上表现为将其享有的财产权利的一部分"无偿"地转让给国家和政府(实质上表现为人民因这一转让而获得要求国家和政府提供公共服务的权利),因此,以人民同意——人民的代议机关制定法律——为前提,实属天经地义、无可厚非,否则便是对人民的财产权利的非法侵犯。第二,政府是实际上

---

[1] 〔日〕金子宏:《日本税法原理》,刘多田等译,中国财政经济出版社1989年版,第49页。
[2] 张守文:《论税收法定主义》,载《法学研究》第18卷第6期。
[3] 同上。
[4] 〔日〕金子宏:《日本税法原理》,刘多田等译,中国财政经济出版社1989年版,第48—49页。
[5] 陈清秀:《税捐法定主义》,载《当代公法理论》,台湾月旦出版公司1993年版,第589页。
[6] 饶方:《论税收法定主义原则》,载《税法研究》1997年第1期。

的税收利益最终获得者,并且作为权力机关的执行机关,又是满足人民对公共服务的需要的实际执行者,倘若仅依其自立之行政法规来规范其自身行为,无疑可能会导致其征税权力的不合理扩大和其提供公共服务义务的不合理缩小的结果,以其权利大于义务的不对等造成人民的义务大于权利的不对等,故必须以法律定之,排除政府侵犯人民利益的可能性——哪怕仅仅是可能性。第三,从历史来看,税收法定主义确立的当时,尚无中央与地方划分税权之做法,将税收立法权集中于中央立法机关,乃是出于建立统一的、强大的中央政府的需要,因此排除以税收地方性法规开征地方性税种的可能,以免因税源和税收利益划分等原因导致中央与地方之间以及地方相互之间的冲突而不利于国家的统一。所以,就"法"概念之含义而言,"税收法定主义"之表述没有"税收法律主义"之表述明白准确。

(3)"定"概念之含义。对税收法定主义中之"定",我们可以从以下两个层次三个方面来理解:第一层次,当我们将税收法定主义定位为税法的基本原则时,可将"定"理解为"依据",即国家整个税收活动必须依据法律进行,包括征税主体依法律征税和纳税主体依法律纳税两方面,并以此指导作用于税法的立法、执法、司法和守法的全过程。第二层次,当我们将税收法定主义仅定位为税收立法的基本原则时,一方面,可将"定"理解为税收法定主义本身必须以法律(宪法)形式加以明文规定,从税收法定主义的早期历史发展来看就是如此;另一方面,可将"定"理解为"立法"之"立",也就是说,在立法技术发达、立法形式多样的现代社会,"定"早已突破其最初作为"制定"的外延,而扩展到除此以外的认可、修改、补充、废止、解释和监督等诸形式,换言之,税收活动得以进行的依据并不仅仅限于立法主体"制定"的税收法律,还包括立法主体对税收法律的认可、修改、补充、废止、解释和监督。当然,就此而言,"税收法律主义"之表述又没有"税收法定主义"之表述全面准确。

(4)"主义"概念之含义。如前所述,就"税收法定"之意,有称为"主义"者或"原则"者抑或"主义原则"者,故有必要加以辨析,以示其异同。所谓"主义",是指"对客观世界、社会生活以及学术问题等所持有的系统的理论和主张"。原则是指"说话或行事所依据的法则或标准"[1];法的原则则是相对于法的规则而言的,是指"可以作为规则的基础或本源的综合性、稳定性原理和准则"[2]。再来看英文"doctrine"和"principle"二词,虽前者主要作"主义"解,后者主要作"原则"解,但并非绝对,二者均可互译,视不同语境而定。由此来看,将税收法定主义作为税法或税收立法的基本原则,或者直接将其称为"税收法定原则"并无很大不妥;假如说有区别的话,则"主义"的抽象层次和逻辑顺序要高于"原则",可以将税收法定主义作为税法的基本原则,而将税收法定原则作为税收立法的基本原则。本专题虽是税收立法研究,但对税收法定

---

[1] 参见《现代汉语词典》,商务印书馆1978年版,"主义"词条,第1497页;"原则"词条,第1408页。
[2] 张文显:《法学基本范畴研究》,中国政法大学出版社1993年版,第56页。

主义的探讨又不仅仅限于税收立法领域,故仍采"税收法定主义"之表述。但"税收法定主义原则"之表述则略显累赘且重复,当弃之不用。

此外,还需说明的是,税收法定主义的基本含义中的征税主体,既非仅指国家,亦非仅指政府,而是指作为实质意义的征税主体的国家(立法机关为代表)和作为形式意义的征税主体的征税(行政)机关之综合体;纳税主体则为以纳税人为主,包括其他负有纳税义务的纳税主体在内的综合体,从最广义上可以将其理解为"人民"的代名词。

关于税收法定主义的内容,学者们概括表述不一。有的认为包括"课税要素法定主义、课税要素明确主义、合法性原则和程序保障原则"[1];有的认为包括"课税要素法定原则、课税要素明确原则和程序合法原则"[2];又有的认为包括"税种法定、要素明确、严格征纳和程序法定"等内容[3];还有的则根据法律的具体规定,将税收法定主义的内容作多项分解列举[4]。经过比较分析,笔者认为,可以将税收法定主义的具体内容归纳为如下三个部分:

一是税收要素法定原则。这里提出的税收要素与传统的课税要素是有些差别的。传统税法理论认为,"所谓课税要素(Steuertatbestand),系指构成纳税义务成立的必要条件"[5],似乎仅与纳税主体相联系,而与征税主体毫无瓜葛。笔者未采其意且换称为"税收要素",乃是因为"课税"二字意味着征税主体对纳税主体的单方和单向动作,是传统税法理论关于税收法律关系主体双方权利义务不对等以至主体地位不平等的观点的间接体现,而我们既主张现代税收法律关系中各方主体地位的平等性及其间权利义务的双向流动[6],当然采"税收"二字较采"课税"二字为妥。此外,虽"对征税权力的限制"作为税收法定主义起源之因并延续至今,但在现代社会,法治之意既应作用于国家,亦应作用于人民,而使其相辅相成、互伴互制,故以"税收"二字内涵税收法律关系各方主体,以示"不仅征税主体依且仅依法定之税收要素征税,而且纳税主体须依且仅依法定之税收要素纳税"之意。

至于税收要素为何,众说不一。笔者认为,所谓税收要素,是指所有税种之税收(法律)关系得以全面展开所需共同的基本构成要素的统称;税收要素既经法律规定,则为税法要素,是各单行税种法律共同具有的基本构成要素的统称。本书试从以下几方面来把握税收要素之含义,进而确定税收要素的具体内容:税收要素主要是针对

---

[1] 〔日〕金子宏:《日本税法》,战宪斌、郑林根等译,法律出版社2004年版,第59—63页。
[2] 张守文:《论税收法定主义》,载《法学研究》第18卷第6期。
[3] 饶方:《论税收法定主义原则》,载《税法研究》1997年第1期。
[4] 参见刘隆亨主编:《以法治税简论》,北京大学出版社1989年版,第152页;罗玉珍主编:《税法教程》,法律出版社1993年版,第4—5页;刘剑文主编:《财政税收法》,法律出版社1997年版,第156—157页。
[5] 〔日〕金子宏:《日本税法》,战宪斌、郑林根等译,法律出版社2004年版,第111页。
[6] 刘剑文、李刚:《税收法律关系新论》,载《法学研究》1999年第4期。

税收实体法,亦即各单行税种法律而言的,但并不排除其中的程序性规定,如纳税环节、期限和地点等;税收要素是所有完善的税种法律都同时具备的,具有一定共性,仅为某一或某些税种法律所单独具有而非普遍适用于所有税种法律的内容,不构成税收要素,如扣缴义务人等;虽然税收要素是所有完善的单行税种法律都必须具备的,但并非要求在每一部税种法律的条文中都必须对诸税收要素——予以明确规定,有时可以通过其他非税种法律的形式对某一税收要素作出规定,如《税收征收管理法》第五章就对违反税法行为的法律责任作了较为集中的规定,因此,尽管某些税收要素没有在单行税种法律中得以体现,但却规定在其他适用于所有税种法律的税收程序性法律中,笔者仍然认为它们是税种法律的基本构成要素,是在税收实体法律的内容体系中不可或缺的有机组成部分。综上所述,笔者认为,税收要素具体包括征税主体①、纳税人、税率、纳税环节、期限和地点、减免税、税务争议和税收法律责任等内容。

  该原则要求税收要素必须且只能由立法机关在法律中加以规定,即只能由狭义上的法律来规定税收的构成要件,并依此确定纳税主体纳税义务的有无及大小。在税收立法方面,立法机关根据宪法的授权而保留专属自己的立法权力,除非它愿意就一些具体而微的问题授权其他机关立法,任何主体均不得与其分享立法权力。行政机关不得在行政法规中对税收要素作出规定,至于部委规章、法院判决、习惯等更不得越雷池半步。

  立法机关之所以严格保留税收要素的立法权,是因为税法同刑法一样,均关系到相关主体的自由和财产权利的限制或剥夺,凡涉及可能不利于国民或加重其负担的规定,均应严格由人民选举出来的立法机关制定,而不应由政府决定。税收法定主义是"模拟刑法上罪刑法定主义而形成的原则"②,同罪刑法定主义的法理是一致的。国家和政府如果没有相应的税种法律所规定的税收要素为依据而向人民征税,意味着对人民的财产权利的非法侵犯,就如同未依明确的法律规定并经法定程序便对犯罪嫌疑人定罪处刑,无异于对人民的人身权利的践踏一样。因此,税收法定主义与罪刑法定主义在近代资产阶级反对封建阶级的斗争中分别担负起维护人民的财产权利和人身权利的重任。

  二是税收要素确定原则。其基本含义是,税收要素须由法律明确定之。依据税收法定原则的要求,税收要素、征税程序等不仅要由法律作出专门规定,而且还必须尽量明确,以避免出现漏洞和歧义,给权力的恣意滥用留下空间。所以,有关税收要素的法律规定不应是模糊的一般条款,否则便会形成过大的行政自由裁量权。在某种意义上说,税收要素是税收(法律)关系得以具体化的客观标准,各个税收要素相对

---

  ① 传统税法理论中课税要素虽含税法主体,但仅指纳税主体,此为其一大缺漏。税收法定主义本就源自于对征税主体的征税权力的限制,又怎能将其排除在税收要素之外呢?且并非所有税种的形式意义的征税主体都是一致的,其中大部分为税务机关,但也包括海关和财政机关等。

  ② 〔日〕金子宏:《日本税法》,战宪斌、郑林根等译,法律出版社2004年版,第59页。

应于税收法律关系的各个环节,是其得以全面展开的法律依据,故税收要素确定原则构成税收法定主义的主要内容。

税收要素须以法律定之,这一点无须多言。关键是,法律如何对税收要素加以明确且无歧义的规定。因为,如果对税收要素的法律规定或太原则化或含混不清以至不明白确定,便会给行政机关创造以行政法规对其进行解释的机会,等于赋予行政机关以自由裁量权,从而破坏了这一原则。故税收要素确定原则对于那些立法技术尚不发达,习惯于以原则性语言进行立法的国家,如我国,其现实意义尤为重要。

当然,税收要素的绝对明确也是很难做到的。为了实现税法上的公平正义,在一定的条件下和范围内使用一些不确定的概念也是允许的,如"在必要时","基于正当的理由"等。但是,不确定概念的使用,应该做到根据法律的宗旨和具体的事实可以明确其意义。

三是程序法定原则。前两个原则都侧重于实体方面,这一原则则侧重于程序方面。其基本含义是,在税收要素及与其密切相关的、涉及纳税人实体权利义务的程序法要素均由形式意义上的法律明确规定的前提下,征税机关必须严格依据法律的规定征收税款,无权变动法定税收要素和法定征收程序。据此,没有法律依据,征税机关无权开征、停征、减免、退补税收。依法征税既是其职权,也是其职责,征税机关无权超越法律决定是否征税及何时征税,不允许征纳双方之间达成变更税收要素或征税程序的税收协议。在税收法制建设中,也有类似情况,要么在立法时不注重对程序问题作出规定,要么是有一些规定却又不依照执行,结果是由于程序缺失或不当,致使实体法上的权利和义务未得到有效的保障。

其实,"程序法定"作为一个单独的原则,和税收法定主义有着共同的历史渊源。程序的实体意义最初表现在起源于 1215 年英国《大宪章》的"正当过程"(Due Process)条款,其第 39 条规定,"除依据国法之外,任何自由民不受监禁人身、侵占财产、剥夺公民权、流放及其他任何形式的惩罚,也不受公众攻击和驱逐"。这一原则经过历代国王的反复确认,到 14 世纪末成为英国立宪体制的基本标志,其实质在于防止政府专制。由此来看,程序法定原则与税收法定主义有异曲同工之处;甚至可以认为,当程序法定或程序正义(procedural justice)作为一个单独的更高层次的基本原则,作为法治体制、社会正义及基本价值的核心的时候,税收法定主义不过是其延伸至税法领域的一个产物罢了。

税收法定主义的程序法定原则具体包括以下三方面内容:税种及税收要素均须经法定程序以法律形式予以确定;非经法定程序并以法律形式,不得对已有的法定税种及税收要素作出任何变更;在税收活动中,征税主体及纳税主体均须依法定程序行事。以上三部分内容相辅相成,缺一不可,共同构成了程序法定原则的完整内容。

只不过,为了保障公平正义,该原则的适用在如下几种特殊情况下应当受到限制:(1)对于纳税人有利的减免税的行政先例法成立时应适用该先例法;(2)征税机关已通常广泛地作出的有利于纳税人的解释,在相同情况下对每个特定的纳税人均应适用;(3)在税法上亦应承认诚实信用原则和禁止反悔的法理,以进行个别救济,因而在个别情况下,诚信原则应优先适用。

(二) 税收法定主义的现实意义与中国实践[①]

公民最重要的两项权利是人身权和财产权。保护人身权的法律主要是刑法,与之相应的是罪刑法定主义以及无罪推定原则;而保障财产权的法律部门则是财税法和传统的民法。传统民法从横向的角度调整财产关系,财税法从纵向的维度在国家和其国民之间分配财富。在我国,与纳税人人身权密切相关的罪刑法定主义和无罪推定原则已深入人心,而与纳税人财产权密切相关的税收法定主义才刚开始引起人们的关注,肇始于税收法定主义的诚实推定原则更是鲜为人知。笔者认为,在尊重和保障纳税人基本权利,构建和谐税收征纳关系的今天,应当旗帜鲜明地坚持税收法定主义,大力推进社会主义民主法制建设。

1. 坚持税收法定主义,符合宪法尊重和保障纳税人基本权利的精神

税收法定主义起源于中世纪的英国,1215 年的《大宪章》被公认为其源头。后来,1628 年的《权利请愿书》和 1689 年的《权利法案》,正式确立了现代意义的税收法定主义。它的产生有深刻的政治目的和动机,是各方利益主体相互妥协的结果,但其本质上有利于促进纳税人权利保障这一内核。从人类历史的发展进程看,税收法定主义在各国的确立是和各国人民争取自身权利的历史进程联系在一起的,并体现在各国的宪法中。例如,1787 年《美国宪法》第一条规定,"一切征税议案首先应当由众议院提出","国会有权赋课并征收税收"。《法国宪法》第 34 条规定,"各种性质的赋税和征税基础、税率和征收方式必须以法律规定"。

可以看到,人类争取人权,要求建立现代民主宪政的历史,一直是与税收法定主义的确立和发展密切相关的。在现代社会,坚持税收法定主义,仍然是民主宪政的基本要求。因为税收法定主义要求对国家征税权的行使,施加合理的限制,以保障纳税人的合法财产权益不受国家征税权的过度侵犯。税收法定主义中的"法"是指狭义上的法律,其本旨在于规范国家权力的运用,同时保障纳税人的权益。税收法定主义的落实,是实现私人财产课税法治化的必经途径,体现了国家通过税收,扶持纳税人生存、发展的精神。

2004 年,我国对宪法进行了重要修改,其中两个最为引人关注的变化是:宪法明确规定"公民的合法的私有财产不受侵犯"和"国家尊重和保障人权"。税收,是国家对公民私有财产权的依法"剥夺"。税收法定主义则要求国家"剥夺"公民私有财产时严格依据法律规范进行。这既限制了征税机关的活动范围,又能保障公民合法私

[①] 原文发表于《中国税务报》2012 年 2 月 22 日第 005 版,收录本书时作部分修订。

有财产权不受侵犯。从本质上看,税收法定主义体现了保障纳税人权利的要求,是对宪法中"尊重和保障人权"条款的落实。宪法是一国的根本大法,在社会生活中应当具有最高权威,2004年修宪时加入的保护合法私有财产和保障人权条款,是具有鲜明时代特征的宪法条款,体现了我国宪法的与时俱进。而在税收领域,要体现这两项宪法原则,就应当坚持税收法定主义。

2. 坚持税收法定主义,体现了财税民主的价值观

坚持税收法定主义、确保基本税收制度必须制定法律,同时严格对国务院的授权立法进行严格限制,是财税民主和财税法治实现的衡量指标之一。我国的法律体系是由宪法、法律、法规、规章组成的效力由高到低排列的"金字塔"结构,处于不同效力位阶的法律渊源虽然从形式上看,只是立法权主体的不同,但不同法律规范制定过程实际上反映的是人民参与程度和人民意志代表程度的差异,即民主性差异。由此可见,坚持税收法定主义,是以严格的法定程序确保民主性和代表性在税收领域最大限度地实现。

具体说,由于税法不仅关涉对公民财产权的剥夺,同样也关涉剥夺的这部分财产如何被合理地运用于公共物品和公共服务的提供,因此强调法律的形式具有更为重要的意义。只有法律是人民意志的充分体现,纳税才会是人民的自愿决定;只有税收的使用能够切实体现人民的真实需求,公共服务才具有正当性和公共性。

3. 坚持税收法定主义,是建设法治国家的客观要求

人们一定会问:有关税收的规范为什么主要应是法律而不是行政法规呢?除上述理由外,还有以下理由。

重大税收事项以法律确定是立法法的要求。根据我国《立法法》第8条规定,基本经济制度以及财政、税收、海关、金融和外贸的基本制度,只能由全国人民代表大会立法。这是税收法定主义的直接法律依据,对这一条款的遵照与执行,本身就反映着法治的实现程度。

法律具有其他渊源不可相比的优势。法律的制定程序严格,税收立法采用狭义法律的立法模式进行,有利于在更高层次实现财政民主和保护纳税人权利。税法规定税收领域的基本事项,对所有的税法主体和税收行为都有约束力和指导效力,因而也更容易确保税收活动的宏观秩序。由于法律具有稳定性和可预测性,一旦立法程序完成,在具体的执行过程中,立法机关自己也必须受其约束,不能随意变动法律。税收法律更易于协调各阶层的利益冲突,便于纳税人调整自己的生产、生活。法律的稳定性和可预测性还会增加税法制度的被遵从度。

我国现行税收立法采用授权立法制,其立法依据导源于1984年和1985年全国人大及其常委会颁行的授权立法条例。授权立法的积极作用毋庸置疑,但其消极作用也显而易见:级次不高,稳定性不够,名称各异,结构分散,冲突严重,不利于保障纳税人合法权益和税务机关依法行政,更冲击了税收法定主义原则,增加了执法的难度和

成本。《立法法》第 11 条规定,"授权立法事项,经过实践检验,制定法律的条件成熟时,由全国人民代表大会及其常务委员会及时制定法律。法律制定后,相应立法事项的授权终止"。有鉴于此,对税收授权立法的扬弃,改变授权立法的模式,回到由全国人大及其常委会制定税法,自是必然。收回授权立法并非对授权立法的全盘否定,授出再收回,是对授权立法逻辑规则的遵从。

税法实践为提升法律位阶积累了丰富的立法实践,效力位阶提升是税法发展进步的经验模式。以《企业所得税法》为例,我国的企业所得税经历了工商所得税、依据企业性质分别立法的企业所得税和统一的企业所得税三个阶段,2007 年统一的《企业所得税法》颁布。由此可见,我国多年的立法实践,延续着从条例到法律的发展进程。有关企业所得税的每一次变革,都对企业所得税的征管、企业的发展乃至经济社会的发展起到了重要的促进作用。从条例到法律的变革,一方面固然是因为企业所得税本身具有重要的地位和作用,另一方面也体现着对税收法定主义的遵守。

对法律的重视不排斥行政法规等其他渊源。不同的法律渊源,在各自的效力范围内都发挥着促进税收法制的作用。从税法的发展和现状看,即便制定了特定的税种法,也需要相应的实施条例来细化和具体化,同时还需要行政规章的配套,才能有效实施。我国这种"金字塔"式的法规体系,其源头的渊源位阶越高,整体权威性越高、效力范围越广、可预期性越强。坚持税收法定主义并不是说对一切税收问题都必须制定法律,而是强调税收行为必须满足合法性的要件,必须获得法律的明确许可或立法机关的专门授权。对于税收基本制度,应由全国人大及其常委会制定法律,国务院进行执行性立法、补充性立法和授权性立法。

4. 坚持税收法定主义,有利于提高税法的权威性

当前,我国税法体系中仅有 4 部法律,而有约 30 部税收行政法规、约 50 部税收行政规章和超过 5500 部税收通告。在实践中,发挥最主要作用的是这些税收通告。由此可见,我国税收规范性文件的效力层级较低,与之相应的便是实践中,这些规范性文件的稳定性非常欠缺,进而影响税法规范的权威性。坚持税收法定主义,要求对这些大量存在的低位阶规范性文件进行清理,将不合时宜的规范性文件废止,同时因时制宜地将部分经过实践检验、证明运行效果较为理想的税收规章、税收通告上升为法律或行政法规,以提高其稳定性和权威性。

2011 年,全国人大常委会宣布,中国特色社会主义法律体系初步形成,我们在政治、经济、社会和文化生活的主要方面已经做到了有法可依。税收活动在社会生活中的重要性毋庸置疑,即便是从与其他部门法律的协调与配合角度出发,也应该更多地由全国人大及其常委会来制定法律,以期达到法律渊源之间的协调与平衡。

总之,税收领域坚持税收法定主义,对税收立法、执法、司法和守法,健全和优化中国特色社会主义法律体系,更好地尊重和保障纳税人的基本权利,构建和谐的税收征纳关系,意义重大而深远。

二、税收公平原则[①]

税收公平原则,通常指纳税人的地位必须平等,税收负担在纳税人之间进行公平分配。资产阶级革命强调公民一律平等,其中包括公民在纳税方面的平等。法国的《人权宣言》中规定,"税收应在全体公民之间平等分摊"。因此现代各国的税收法律关系中,所有纳税人的地位都是平等的,因此,税收负担在国民之间的分配也必须公平合理,现代各国宪法或税法中都明确规定了税收公平原则。税收公平原则是近代平等性的政治和宪法原则在税收法律制度中的具体体现,这亦是各个时期西方国家所标榜的税法基本原则。但对于"公平"的理解和掌握的标准,不同历史时期,不同社会形态或同一社会形态在不同的国家,学者的认识也是不同的。

亚当·斯密认为,个人为支持政府,应按个人的能力,即以个人在国家保护下所获得的利益,按比例缴纳税收,此即为课税公平的意义。这一公平观念后经瓦格纳引申,并加入社会政策观念,便形成了"课税公平原则",即根据社会政策的观点,按纳税能力的大小,采用累进税率课税,以求得实质上的平等,并不承认财富的自然分配状态。同时,对最低生活费免税,并重课财产所得税。瓦格纳还以每单位所得效用将随所得的增加而递减为前提,主张公平的税收负担应以相同的牺牲为依据。这是瓦格纳的社会政策的公平,而不是亚当·斯密的自然正义的公平。此后,福利经济学派的艾吉沃斯从福利的观点,认为税收公平相当于边际牺牲。于是税收公平原则就由最早的绝对公平原则演变成利益说、负担能力说,并从福利的观点,使公平的意义与福利观念相结合。

"利益说",亦称"受益标准",即纳税人应纳多少税,应根据每个人从政府提供的服务中所享受的利益多少来确定,没有享受利益的人就不纳税。而"负担能力说",是指以纳税人的纳税能力为依据征税。纳税能力大者应多纳税,纳税能力小者少纳税,无纳税能力者则不纳税。

近代学者马斯格雷夫认为,税收公平应是,凡具有相等经济能力的人,应负担相等的税收;不同经济能力的人,则负担不同的税收。也就是说公平的概念包括横向公平与纵向公平两个方面。横向公平是指经济情况相同、纳税能力相等的人,其税收负担也应相等,如当两个人税前有相等的福利水准时,则其税后的福利水准亦应相同,即应实行普遍纳税原则。纵向公平是指经济情况不同、纳税能力不等的人,其税收负担也应不同。在税法中,对所得适用累进税率征税,体现了纵向税收公平,其目的在于探讨不同等福利水准的人应课征不同等的税收。

利益说要求按照从以税款为基础的财政支出中得到的利益来分配税收负担,这

[①] 原文发表于《法学评论》1996年第3期,收入本书时作部分修订。

的确可以适用于公路使用的课税和社会保险方面,以及许多城市设施的建设。但利益说不适用于大多数的公共产品,如国防和教育等,因此对税收公平而言,只是提供了一个解决局部问题的补充办法,不宜作为税收公平原则的普遍体现。相比而言,负担能力说能够较好地做到这一点。

负担能力说的代表人物是穆勒和庇古,他们引入相对牺牲的概念,认为凡具有相同纳税能力者应负担相同的税收,不同纳税能力者应负担不同的税收。这个观点被税法学界和税收立法者引进税法的观念中,并发展成税法上体现税收公平原则的量能课税原则。

所谓税收负担能力,是指各纳税人的经济负担能力,其基础有所得、财产和消费三种。西方学者认为,把消费当作税收负担能力的尺度不适。消费税依其课税对象的选定方法容易产生累退性。若只对奢侈品课税,虽然可以避免累退性,却无法保证充裕的财政收入;若将课税对象扩及生活必需品和准生活必需品,税收收入倒是可以保证,但税收负担又易变成累退性。对财产课税的效果当然会比对消费课税好,因为财产代表了一种支付能力,并且已成为个人收入的一个重要来源,但是如果只对个别财产征收财产税,同样无法满足财政的需求;如果对所有的财产不加区别地征税,由于相同价值的财产在不同收入阶层的纳税人中有不同的效用,因此也不一定符合公平原则。另外,财产课税还很难做到对低收入阶层的税前扣除等,而对富裕阶层征税过重也会影响其投资和生产的积极性。故而选择所得作为衡量税收负担能力的标准最为合适,因为所得是一种可以用货币衡量的收入,易于度量,且稳定规范,可以作为现代社会支撑纳税能力的基础。加之所得是一种扣除各项费用之后的纯收入,能够真实反映各类纳税人真实的收入状态和纳税能力,且可以根据最低生活费标准进行税前扣除,还能适用累进税率和根据不同性质和来源的所得使用不同的征税办法。故以所得为依据设计税收负担可以实现水平和垂直的公平,特别是无负担能力不纳税的观念可以保障纳税人的生存权。

纳税能力的测度有主观和客观两种标准。客观标准以纳税人拥有财富之多少为衡量其纳税能力的标准。由于财富多少可由收入、支出和财产来量化,故纳税能力的衡量亦可分为收入、支出和财产三种标准。主观标准以纳税人因纳税而作出的牺牲来衡量,细分为均等牺牲、等比例牺牲和最小牺牲三种。20世纪以来,由于生产社会化和垄断的形成,社会整体利益显得十分重要,为了配合国家对社会经济生活的干预、管理,一些学者又提出,征税不仅要考虑各纳税人的负担能力,还要考虑国家政策因素。

在我国实行税收公平原则,应从以下两方面着力:第一,在征税规模上,既要保证国家税收与国民生产总值同步增长,又要保证国家税收的增加不妨碍国民经济的发展。但由于客观经济情况复杂,所造成纳税人收入过分悬殊,征税对象的多样性所造成纳税人负担能力差异,故国家在制定税目、税率及确定征税对象与减免税范围时应有所区别,不能一刀切,以真正体现税收的纵向公平。第二,为实现税负的横向公平,税法对任何社会组织或者公民个人应当一视同仁,排除对不同的社会组织或者公民个人实行差别待遇。同时应当保证国家税收管辖权范围内的一切单位或者个人,无论收入取得于本国还是外国,都要尽纳税义务。因此应依法确立所得为衡量纳税能力标准,使不同的纳税人的竞争条件大体平等。在条件成熟时,应进一步完善个人所得税法与企业所得税法。

三、量能课税原则及其适用限制

(一)量能课税原则的学理之争

在西方税收思想上,税收公平的衡量主要依据利益原则和负担能力原则。但在绝大多数情况下,税收与财政支出之间的利益联系并不能准确衡量,因此负担能力说逐渐取代利益说。可以说在学术渊源上,量能课税最早只是一种财税思想;但其影响早已超越经济学,而开始为法学所关注。许多税法学者在学理上将量能课税直接上升为法律的原则,作为税法的基本原则,认为其对税法具有普遍的约束力,甚至上升为宪法原则,并在内容上结合法学的特点进行具体化。

日本学者北野弘久认为,量能课税是一项立法原则,而不是解释和适用税法的指导性原则。如果已经成立的税收立法违反了这项原则,将导致违宪和无效的后果。量能课税原则是从日本《宪法》第13条关于"尊重个人"、第14条关于"法律面前人人平等"、第25条关于"健康且富有文化性的最低限度的生活",以及第29条关于"生存权保护"的规定抽象出来的,因此它不再单纯是财政上的原则,而是宪法规定的原则。量能课税原则要求,不仅要考虑课税物品量的税负能力,更应考虑其质的税负能力。[1]

我国台湾地区学者葛克昌则认为,税法不能仅仅被视为政治决定的产物,更不能经由形式上的立法程序即取得正当合法依据,相反,它必须受正义等价值观念的拘束,而量能课税正是税法体现伦理要求的基本原则。量能课税不仅应成为针对税收立法的指导理念、税法解释的准则,同时还是税法漏洞补充的指针和行政裁量的界限。量能课税原则还使税法成为可理解、可预计、可学习的一门科学。[2]

台湾地区学者陈清秀也认为,量能课税是基本的课税原则,它使得税负衡量与国家给付相分离,从而使税法脱离等价交换的逻辑前提。国家有权自由决定如何使用税收收入,而不必对纳税人履行等额补偿的义务。量能课税原则从宪法平等原则导出,因此具有宪法上的效力依据。同时量能课税原则是税法解释适用的基准,也是税

---

[1] 〔日〕北野弘久:《税法学原论》(第四版),陈刚、杨建广等译,中国检察出版社2001年版,第95—113页。

[2] 葛克昌:《量能课税与所得税法改革》,载台湾《中原财经法学》1995年第1期。

法漏洞补充的依据。如果量能课税原则被破坏,必须经由另一个合乎事理的原则加以正当化,否则即会构成对税收正义的违反。① 而就量能课税而言,究竟它能作用于税法的所有领域,还是只对某一局部发生作用,衡量税收负担能力的标准究竟是什么,也是没有解决的问题。

在经济学上,所得税被认为是符合量能课税的最优税种。相对于所得税而言,在量能课税方面,财产税存在值得商榷之处。而间接税不考虑纳税人的生活保障,不考虑与收入有关的费用开支,不考虑纳税人个人与家庭的各种特殊需要,较之所得税也存在一定的欠缺。

因此如果将量能课税作为一个普遍原则,那么,衡量税负能力的究竟是所得税的标准,流转税的标准,增值税的标准,还是财产税的标准?如果以所得税为标准,其他税种都会出现违反量能课税原则的结果。如果不同的税种确定不同的标准,这实际上等于放弃了标准。在西方税法发达国家,由于所得税法不仅占据绝对优势,而且还在不断强化其作为主体税种的地位,法学家们实际上是在以所得税法的标准衡量税负能力。但在发展中国家,特别是中国,所得税并不是主体税种,与商品流通有关的各种间接税才是税收的支柱。但几乎所有的著述都不自觉地将所得税的标准推广到整个税法领域,由此也就引发了我们对量能课税原则适用限制的思考。

(二)量能课税原则的适用限制

虽然量能课税原则的各项主张在宪法中都能找到相应的依据,但各种依据综合起来的是否就能催生出一个宪法上的量能课税原则,实在值得怀疑。并且量能课税原则并没有明确的法律依据,除少数发达国家外,各国普遍存在的间接消费税,使量能课税的效力实际上局限在非常狭窄的领域。即便在同样属于直接税的财产税领域,各种针对潜在收益课税的举措也使得财产税的量能课税因素大打折扣。

因此,笔者主张,税法应当恢复平等主义作为普遍原则的地位,将量能课税从整体上作为一种有待追求的财税思想。即便在所得税领域,也应当明确其法律依据,规范负担能力的衡量标准,使之统一在税收法定主义体系下,避免法律适用过程中的恣意和轻率。至于在具体的税法建设中,立法者如何实践税收平等主义,除了所得税领域直接受量能课税限制之外,应有相当的自由裁量空间。

在很大程度上,一国究竟采行直接税制为主还是间接税制为主,并不由人们的主观意志所决定。税制的发展除了受财税思想影响外,更主要的是受一国政治、经济、社会条件的制约。对发展中国家而言,直接税虽然有许多优越性,但其要求的条件过于苛刻,因此,选择间接税也许是一个更为明智的举措。而在一个间接税占主导地位的国家里,将量能课税原则作为宪法原则,将使得整个间接税法因为违反量能原则而

---

① 陈清秀:《税法总论》,台湾翰芦图书出版有限公司2001年版,第23—33页。

无效,这种宪政危机将无可避免地引发财政危机。而如果将量能课税视为一种财税理想,仅在有限的领域作为法律原则,这种折中的想法也许在现实社会中更具有可行性和生命力。

四、实质课税原则

(一)实质课税主义的基本内容

实质课税源自德国的经济观察法,它由税收公平原则所导出,是解决税收规避的一种法律方法。实质课税法有经济的实质主义和法律的实质主义。两种实质主义强调,在适用税法时,必须认定课税要件事实,如果课税要件事实的"外观与实体"或"形式与实质"不一致,则不能依照外观或形式,而只能依照其实体或实质加以判断。二者的区别在于,法律实质主义强调,当形式与实质不一致时,必须依据与实质相对应的法律关系,判断其是否符合课税要件。而经济实质主义则强调,税收负担有必要维持实质的公平,即便法律形式或名义相同,只要其经济的实质有差异,就应作不同的处理。也有人主张没有必要将法律的实质主义与经济的实质主义对立,二者都是实质课税法的有机组成部分。在具体案件上,如发生"法对法"的问题时,应从法律的实质主义理解实质课税。如发生"法对经济"的问题,则应从经济的实质主义理解实质课税。[①]

对于实质课税的理论依据,学说和实务都倾向于从税收公平及量能课税原则中抽象。如德国学者 Kruse 认为,量能课税原则必然要求经济观察法,税法上有关经济观察法的规定仅具有提示功能,即使没有法律明文规定,经济观察法也应当被适用。[②] 日本学者田中二郎也认为实质课税原则源于税收公平负担原则,属于税法解释适用上的基本原理,并不以税法明文规定为必要。在以公平税负原则为基础解释税法时,不论法律是否作了具体规定,都必须注重经济的实质。[③]

但如果仅将实质课税主义理解为税法解释应倾向于经济的实质,而非单纯的法律形式,那么它在税法上当然具有广阔的应用空间。例如,违反法律强制规定和公序良俗的行为,在民法上属于无效法律行为。如果这些行为发生经济上的效果,则会产生经济的实然与法律的应然之间的矛盾。对此我国的税法实践尚无明确的态度。但应当承认,税法所要把握的,是蕴涵纳税能力的经济事实,而不是外在的法律形式。因此,只要纳税人的行为满足税收构成要件,即成立税收债务,不必考虑其行为是否

---

① 〔日〕吉良实:《实质课税主义(上)》,郑俊仁译,载台湾《财税研究》1987 年第 2 期。
② 陈清秀:《税法之基本原理》,台湾三民书局 1994 年版,第 199—200 页。
③ 〔日〕田中二郎:《租税法》,有斐阁 1982 年版,第 82、83、115 页。转引自陈清秀:《税法之基本原理》,台湾三民书局 1994 年版,第 202 页。

违反强行规定或善良风俗。

如果当事人未违反禁止性规定或公序良俗,但其行为存在其他方面的瑕疵,也会引发实质课税主义的适用。在这些情况下,如果当事人对无效或事后归于无效的法律行为,无视其无效的法律后果,仍然使其经济效果发生或存续,又会使法律的应然与经济的实然发生分离。

如果当事人故意使其内心意思与外部表示不一致,则依其情形可能成立心中保留或虚伪表示。虚伪的法律行为,双方当事人并无意实现其经济效果,其不仅在民法上无效,在税法上亦毫无意义。除了虚伪的法律行为外,事实行为也可能虚伪,其税法效果也应同等处理。

(二)实质课税主义的评价与检讨

自1919年德国《帝国税收通则》明文规定经济观察法以后,实质课税主义在理论上和实务上所引起的纷争接连不断。无论是其产生地德国,还是继受地日本,抑或深受德日影响的我国台湾地区,实际上都远未形成一个为各方接受的统一意见。从思想上看,实质主义相对于形式主义的僵化机械是一个进步。但在法学领域,对实质的把握又是通过各种法律形式得以实现的。因此,对税法而言,如何评价实质课税主义是一个非常关键的问题。

从历史上看,实质课税主义在德国的产生既有历史传统,又有现实需要。德国机械地坚持税法依附于民法,而经济观察法正好可以满足这一要求,应对各种形式的税收流失问题。

从理论上看,经济观察法导源于对法律实证主义的反动,在当时也可以代表着一种进步。但如果不对实质课税主义加以限制,就有可能使法度和纲纪失去生存空间。对实质课税主义的探讨,并不是完全否认其理论意义和实践价值,而只是想探明需要一种什么样的实质课税主义,在民主和宪政的旗帜下,应该如何对实质课税主义施加限制。

而讨论实质课税主义必须以坚持税收法定主义为前提,不能脱离税收法定主义的体系要求。毋庸讳言,税收法定主义与实质课税所依赖的税收公平主义存在矛盾。一般而言,税收法定主义着眼于税法的形式理性,通过各种形式要件防范税收权力的滥用,而税收公平主义着眼于税法的实质理性,希望税收能由全体纳税人公平负担。因此笔者主张,在效力范围上,实质课税主义最多只能作为税收立法的原则,不能成为贯穿税收立法、执法和司法的基本原则。为了保障纳税人对税法秩序的信赖,维持税法的安定性和可预测性,税收法定主义应优先于实质课税主义而适用。

同时,实质课税主义在税法中应更多地以个别立法的形式加以肯定,而不是制定过于宽泛的一般性条款。只有在具体的税收实体法中对税法上的概念进行明确的规定,才不至于出现因为行政机关滥用权力而违反税收法定主义的现象。

综上,笔者认为:第一,实质课税仅仅作为影响立法的一项原则,何种情况对经济实质课税,何种情况只对法律形式课税,由立法者酌情决定。第二,在借用概念的解释上,以尊重其在司法中的本来意义为原则,如果赋予其特别含义,则需要由立法机关决定。第三,税法解释时可以从量能课税的角度考虑行为的经济实质,但不能超出法律条文的文义极限,否则就变成了漏洞补充。第四,对于无效行为经济后果的课税属于法律解释问题,只要立法者没有明文规定无效行为不课税,其经济效果应与有效行为同等对待。第五,虚伪行为的否认是法律解释的一般原则,税法就此仅是沿用。第六,关于经济财产归属的确定,按照税收法定主义的要求,应由立法者加以判断。总之,只有将实质课税置于税收法定主义的制约下,形式正义与实质正义才可能真正协调一致。

◆ 本章思考与理解

1. 实质课税原则与税收法定主义有何关系?
2. 试述税收法定主义的历史形成。
3. 如何理解税收公平原则?
4. 简论量能课税原则在税法中的地位及适用。
5. 评析实质课税主义对税收规避的调整。

◆ 课外阅读资料

1. 陈清秀:《税法总论》,台湾元照出版有限公司 2006 年版。
2. 黄茂荣:《税法总论》,台湾植根法学从书编辑室 2005 年版。
3. 刘剑文、熊伟:《税法基础理论》,北京大学出版社 2004 年版。
4. 张守文:《税法学》,法律出版社 2011 年版。
5. 张守文:《财税法疏议》,北京大学出版社 2005 年版。
6. 〔美〕路易斯·亨金等:《宪政与权利》,郑戈译,生活·读书·新知三联书店 1997 年版。
7. 〔美〕罗伯特·达尔:《民主理论的前言》,顾昕等译,商务印书馆 1999 年版。

专题六　中国税收立法问题

一、税收立法基础理论

（一）税收立法的基本概念①

税收立法，作为一种国家行为，应该是与国家诞生相伴相随的。然而在新中国，税法学研究不过是20世纪80年代才真正开始的，而立法学研究还要稍晚，至于将二者结合起来进行专门的、较全面的系统研究则是进入90年代以后的事了。本专题试图在充分借鉴和运用立法学理论的基础上，在重新界定税收立法研究中的基本概念的前提下，积极运用比较的研究方法，对我国税收立法中的基本问题作一分析探讨，以期能为跨世纪进程中的中国税收立法的理论研究与应用实践垫石铺路，愿以抛砖之力收引玉之效。

为了能够科学地开展税收立法问题研究，同时也为了明确作为理论研究者正确使用概念和范畴的"自我意识"和"社会责任感"，避免因对概念和范畴理解的不一致而引起无谓的争论②，笔者以为，首先应对税收立法研究中有关的基本概念予以"正义"，即"对一定的语言文字所表示的概念的含义以及与其相关的词义、语义作出确当的诠释和表述，包括澄清问题或释疑"。③ 只有这样，才能够与同行"求得共同的出发点或前提"，并为税收立法研究"提供较确定的范围或界限"。④

1. 税收和税法的概念

笔者在考察税收的起源和税法的本质的基础上，对税收和税法的概念予以界定。

（1）税收的起源和税法的本质

在税收漫长的发展历史过程的早期，"纳税"似乎是人与生俱来的义务，而"征税"似乎也是国家顺理成章的权利（权力）；但是，这一观念的合理性在14、15世纪文

---

① 原文发表于徐杰主编：《经济法论丛》（第1卷），法律出版社2000年版，第82—144页。收入本书时作部分修订。
② 诚如有学者所言，"如果大家都有范畴意识，善于对概念、范畴进行语义分析，找出同一概念范畴的语义差度——人们用同一范畴所表达的实际思想内容的差别，争论即可澄清、消失或解决"。参见张文显：《法学基本范畴研究》，中国政法大学出版社1993年版，第5页。
③ 周旺生：《立法论》，北京大学出版社1994年版，第4页。
④ 同上书，第9—11页。

艺复兴运动兴起后开始受到挑战。这一挑战最初来源于对国家起源问题的探讨。荷兰伟大的法学家和思想家格老秀斯(Hugo Grotius)把国家定义为"一群自由人为享受权利和他们的共同利益而结合起来的完全的联合"①,提出了国家起源于契约的观念。英国思想家霍布斯(Thomas Hobbes)认为,国家起源于"一大群人相互订立信约","按约建立"的"政治国家"的一切行为,包括征税,都来自于人民的授权;人民纳税,乃是因为要使国家得以有力量在需要时能够"御敌制胜"②。英国资产阶级革命的辩护人、思想家洛克(John Locke)在试图以自然法学说说明国家的起源和本质问题时,提到:"诚然,政府没有巨大的经费就不能维持,凡享受保护的人都应该从他的产业中支出他的一份来维持政府。"③18世纪,法国启蒙思想家孟德斯鸠(Montesquieu)在其代表作《论法的精神》中专章(第十三章——笔者注)论述了"赋税、国库收入的多寡与自由的关系"。他认为,"国家的收入是每个公民所付出的自己财产的一部分,以确保他所余财产的安全或快乐地享用这些财产"。④ 而作为社会契约观念集大成者的卢梭(Rousseau)则将国家起源于契约的理论作了最为系统的表述。对他而言,社会契约所要解决的根本问题就是"要寻找出一种结合的形式,使它能以全部共同的力量来维护和保障每个结合者的人身和财富","每个结合者及其自身的一切权利全部都转让给整个的集体"。⑤

因此,在古典自然法学家们看来,国家起源于处于自然状态的人们向社会状态过渡时所缔结的契约;人们向国家纳税——让渡其自然的财产权利的一部分——是为了能够更好地享有他的其他的自然权利以及在其自然权利一旦受到侵犯时可以寻求国家的公力救济;国家征税,也正是为了能够有效地、最大限度地满足上述人们对国家的要求。无论如何,纳税和征税二者在时间上的逻辑关系应当是人民先同意纳税并进行授权,然后国家才能征税;国家征税的意志以人民同意纳税的意志为前提,"因为如果任何人凭着自己的权势,主张有权向人民征课赋税而无需取得人民的那种同意(指'由他们自己或他们所选出的代表所表示的大多数的同意'——引者注),他就侵犯了有关财产权的基本规定,破坏了政府的目的"。⑥ 所以,人民之所以纳税,无非是为了使国家得以具备提供"公共服务"(public services)或"公共需要"(public necessity)⑦的能力;国家之所以征税,也正是为了满足其创造者——作为缔约主体的人民对公共服务的需要。

---

① 〔美〕E.博登海默:《法理学——法哲学及其方法》,邓正来、姬敬武译,华夏出版社1987年版,第40页。
② 〔英〕霍布斯:《利维坦》,黎思复、蔡廷弼译,商务印书馆1985年版,第128—142页。
③ 〔英〕洛克:《政府论》(下篇),叶启芳、瞿菊农译,商务印书馆1964年版,第88页。
④ 〔法〕孟德斯鸠:《论法的精神》(上册),张雁深译,商务印书馆1961年版,第213页。
⑤ 〔法〕卢梭:《社会契约论》,何兆武译,商务印书馆1980年版,第23页。
⑥ 〔英〕洛克:《政府论》(下篇),叶启芳、瞿菊农译,商务印书馆1964年版,第88页。
⑦ 相类似的词还有:公用事业(public utility,public services 也可译作公用事业)、公共事业(public concern)、公共品(public goods,或译作公共物品、公有物)、公共产品(public products)等。

19世纪末以来至20世纪中叶,随着资本主义从自由走向垄断,西方资本主义国家也逐步从经济自由主义转向国家干预经济的凯恩斯主义;与此同时,作为国家宏观调控的经济手段之一的税收和法律手段之一的税法,其经济调节等职能被重新认识并逐渐加以充分运用。今天,在现代市场经济日益向国际化和全球趋同化方向发展的趋势下,世界各国在继续加强竞争立法,排除市场障碍,维持市场有效竞争,并合理有度地直接参与投资经营活动的同时,越来越注重运用包括税收在内的经济杠杆对整个国民经济进行宏观调控,以保证社会经济协调、稳定和发展,也就满足了人民对经济持续发展、社会保持稳定的需要。

再来看西方以社会契约论为基础的关于税收本质理论的交换说和公共需要论。交换说认为国家征税和公民纳税是一种权利和义务的相互交换;税收是国家保护公民利益时所应获得的代价。"交换"(exchange)是经济分析法学派运用经济学的理论和方法来分析法律现象时所使用的基本经济学术语之一。该学派认为,两个社会行为主体之间的相互行为,可以分为三种类型:第一种是对主体双方都有利的行为;第二种是对主体双方都不利的行为;第三种是对一方有利而对另一方不利的行为。经济分析法学家们把第一种行为称为交换,而把后两种都称为冲突。从这个意义上说,税收也可以被认为是交换的一部分;这种交换是自愿进行的,通过交换,不仅社会资源得到充分、有效的利用,而且交换双方都认为其利益会因为交换而得到满足,从而在对方的价值判断中得到较高的评价。① 而且在这种交换活动中,从数量关系上看,相互交换的权利总量和义务总量总是等值或等额的②;所以不存在一方享有的权利(或承担的义务)要多于另一方的情况,也就不产生将一方界定为"权利主体"而将另一方界定为"义务主体"的问题。③

公共需要论与交换说又有所不同。经济分析法学派的代表人物波斯纳(R. A. Posner)认为,"税收……主要是用于为公共服务(public services)支付费用的。一种有效的财政税(revenue tax)④应该是那种要求公共服务的使用人支付其使用的机会成本(opportunity costs)的税收。但这就会将公共服务仅仅看作是私人物品(private goods),而它们之所以成其为公共服务,恰恰是因根据其销售的不可能性和不适当性来判断的。在某些如国防这样的公共服务中,'免费搭车者'(free-rider)问题妨碍市场机制提供(公共)服务的最佳量:拒绝购买我们的核威慑力量中其成本份额的个人会如同那些为之支付费用的人们一样受到保护"。⑤ 所以,由于公共服务的消费所具

---

① 张文显:《二十世纪西方法哲学思潮研究》,法律出版社1996年版,第208—209页。
② 张文显:《法学基本范畴研究》,中国政法大学出版社1993年版,第85页。
③ 传统税法理论正是这么做的:将征税主体称为"权利主体",而将纳税主体称为"义务主体"。
④ "revenue tax"指财政税,意即为增加国家财政收入而征收的税,区别于为保护本国工商业而征收的税。有学者将其译为"财政税收",易造成是指"财政和税收的合称"的误解。参见〔美〕理查德·A. 波斯纳:《法律的经济分析》(下),蒋兆康译,中国大百科全书出版社1997年版,第625页。
⑤ Posner, *Economic Analysis of Law*, Little, Brown and Company, 1986, 3rd ed., p.453.

有的非竞争性和非排他性的特征,决定其无法像私人物品一样由"私人部门"生产并通过市场机制来调节其供求关系,而只能由集体的代表——国家和政府来承担公共服务的费用支出者或公共需要的满足者的责任,国家和政府也就只能通过建立税收制度来筹措满足公共需要的生产资金,寻求财政支持。

马克思主义认为,国家起源于阶级斗争,是阶级矛盾不可调和的产物,是阶级统治、阶级专政的工具。

与此相联系,马克思主义国家税收学说认为,税收既是一个与人类社会形态相关的历史范畴,又是一个与社会再生产相联系的经济范畴;税收的本质实质上就是指税收作为经济范畴并与国家本质相关联的内在属性及其与社会再生产的内在联系;税法的本质则是通过法律体现的统治阶级参与社会产品分配的国家意志。由此,国家分配论和国家意志论成为我国税收和税法本质学说的支配观点。根据这一理论,税收作为分配范畴与国家密不可分,为了维持这种公共权力(国家——引者注),就需要公民缴纳费用——捐税;税收是国家凭借政治权力对社会产品进行再分配的形式;税法是国家制定的以保证其强制、固定、无偿地取得税收收入的法规范的总称。

(2) 税收和税法的概念

通过对上述马克思主义的国家分配论和国家意志论与以西方社会契约思想为基础的交换说和公共需要论进行比较,可以发现:前者始终是从"国家本位",即国家需要的角度来阐述税收的缘由,从而说明税法的本质的。而后者却主要是从"个人本位",即人民需要的角度,并结合国家提供公共需要的职能来说明税收的起源和本质。而税法不过是以人民的授权为前提,将其意志法律化的结果,从而保证其对公共服务的需要能够得到持续的、质更高量更多的满足。由此看来,后者似乎更符合我国"人民当家做主"和"人民主权国家"的实质。所以,我们在"人民主权国家"思想总的指导下,以社会契约论中的合理因素为参考,借鉴交换说和公共需要论的观点,将税收概念定义为:税收是人民依法向国家缴纳一定的财产以形成国家财政收入,从而使国家得以具备满足人民对公共品和公共服务需要的对价;进而将税法概念定义为:税法是调整在税收活动过程中国家、征税机关和纳税主体等各方当事人之间产生的税收关系的法律规范的总称。

2. 税法概念的使用和表现形式

出于研究的实际需要,在参考立法学理论的基础上,我们还必须明确税收立法研究中有关税法概念使用和表现形式的如下问题。

(1) 税法概念的使用和表现形式的统一规范。法的概念的使用和表现形式所造成的"疑义、异议和混乱"状况[①]在税法学研究中也普遍存在,如税法、税收法律和税

---

① 周旺生:《立法论》,北京大学出版社1994年版,第38—40页。

收法规等。为了消除这种状况,笔者建议,根据周旺生先生的意见,对下列概念作出界定:其一,在表现有关税收的各种规范性文件的总称和抽象的、整体意义上的法的情况下使用"税法"一词。其二,在单指作为税法的形式或其法的渊源的一种,即全国人大及其常委会所制定的有关税收的规范性文件的情况下,使用"税收法律"一词。其三,对于"税收法规",则既可指作为税法的渊源中处于法律之下的效力层次的税法的形式,如税收行政法规、税收地方性法规等,即将"税收法规"一词在具体意义上使用;又可指税收行政法规、税收地方性法规、税收自治法规、税收行政规章以及其他税收法规的总称,即将"税收法规"一词在综合的、整体的意义上来使用。

(2)《立法法》所调整的税法的形式。《中华人民共和国立法法》于2000年3月15日由第九届全国人大第三次会议通过。该法第2条规定:"法律、行政法规、地方性法规、自治条例和单行条例的制定、修改和废止,适用本法。国务院部门规章和地方政府规章的制定、修改和废止,依照本法的有关规定执行。"由此可知,《立法法》所规范法的范围包括:法律、行政法规、地方性法规、自治条例和单行条例、行政规章。因此,笔者认为,《立法法》所调整的税法形式为:税收法律,指全国人民代表大会及其常务委员会依法制定的有关税收的规范性法律文件;税收行政法规,指国务院依法制定的有关税收的规范性法律文件;税收地方性法规,指省、自治区、直辖市和省、自治区的人民政府所在地的市以及国务院批准的较大市的人民代表大会或者它的常务委员会依法制定的有关税收的规范性法律文件;税收自治条例和税收单行条例,指自治区、自治州、自治县人民代表大会依法制定并经批准机关批准的有关税收的规范性法律文件①;税收行政规章,包括税收部门规章(指国务院有关部委包括国务院授权的国务院直属局依法制定的有关税收的规范性法律文件)和税收政府规章(指省级人民政府以及省、自治区的人民政府所在地的市和经国务院批准的较大市的人民政府依法制定的有关税收的规范性法律文件)。

此外,在如"税收法定主义"等特定用语中"法"之概念如何界定?本书将在后文有关的专题研究中加以论述。

3. 税收立法研究中的基本概念

(1)立法和税收立法。立法的概念也是多种多样的,不同国家、不同学者的理解都不尽相同。② 在我国,立法是指特定的国家机关,依据法定职权和程序,运用一定技

---

① 根据《宪法》第115条、第116条和《民族区域自治法》第4条、第19条的规定,民族自治地方的自治机关有管理地方财政的自治权。民族自治地方的自治机关在执行国家税法时,除应当由国家统一审批的减免税收项目外,对属于地方财政收入的某些需要从税收上加以照顾和鼓励的,可以实行减税或免税。据此,民族自治地方的人大有权制定有关如何行使税收权的自治条例或单行条例。

② 古今中外对立法概念的使用、界说和解释的代表性观点,参见周旺生:《立法学》,北京大学出版社1988年版,第128—156页;周旺生:《立法论》,北京大学出版社1994年版,第45—63页。

术,制定、认可、修改、补充、废止、解释和监督①法的活动。② 据此,我们将税收立法的概念界定为:税收立法是指特定的国家机关,依据法定职权和程序,运用一定技术,制定、认可、修改、补充、废止、解释和监督税法的活动;简言之,是特定的国家机关就税收所进行的立法活动。

　　就税收立法概念的使用,需明确以下两个问题。第一,本书是采"'活动说'、'过程说'和'结果说'相结合而以'活动说'为主导的立法概念说"③来给税收立法概念定义的,即把税收立法看作是动态的。而很多税法学者却是从"结果说"的角度或者说从所谓"静态"的角度去理解"税收立法"的,也就是将税收立法与税收立法的结果即税法混同起来,就如同将经由立法产生的经济法、行政法等各个部门法中的具体的规范性法律文件称为经济立法、行政立法一样,这都是对概念的错误用法,因为"在中国,'结果说'便失去了其在英美法系所具有的价值"④。第二,税收立法是否有税收国内立法与税收国际立法之分? 这必须首先从明确税法与国际税法之间的关系入手。笔者认为,应当在界定税法和国际税法的概念的内涵和外延的过程中明确其相互关系⑤:税法是指一国有关税收的法规范的总称,从法的渊源上看,包括该国国内税法(具体又有税收宪法性规范、税收法律、税收行政法规、税收地方性法规、税收自治法规等)和该国缔结或者参加的国际税收协定⑥(是国际税收条约和其他国际条约中有关税收条款的统称)以及该国承认或者接受的国际税收惯例等。国际税法是调整国家涉外税收征纳关系和国际税收分配关系的法规范的总称;既可以针对单个国家而言,也可以针对两个或两个以上国家而言——在这个意义上,我们将前者称为狭义的国际税法,将后者称为广义的国际税法。狭义的国际税法包括该单个国家的涉外

---

　　① 中国学者和立法工作者对"制定、认可、修改、补充和废止"作为立法的形式或方式的问题的认识,基本上是一致的。但是,解释和监督是否也是一种立法的形式或方式,则看法不一。我们赞成将立法解释和立法监督作为立法活动的形式或方式的意见。参见李步云主编:《中国立法的基本理论和制度》,中国法制出版社1998年版,第20—22页。
　　② 参见李步云主编:《中国立法的基本理论和制度》,中国法制出版社1998年版,第20页;周旺生:《立法论》,北京大学出版社1994年版,第62页;马怀德主编:《中国立法体制、程序与监督》,中国法制出版社1999年版,第9页。
　　③ 周旺生:《立法论》,北京大学出版社1994年版,第46—48页。
　　④ "'结果说'在英美法系国家有其存在的价值,因为这些国家的法是由立法主体制定的规范性法律文件和判例法两者组成的。将这些立法主体制定的规范性法律文件有时与'立法'视为同义语,也是将规范性法律文件与判例法相区别的一种方法,不可一概否认。"参见周旺生:《立法论》,北京大学出版社1994年版,第63页。
　　⑤ 刘剑文、李刚:《二十世纪末期的中国税法学》,载《中外法学》1999年第2期。
　　⑥ 国际税收条约多采用"协定"的形式(尤其是双边税收协定),故统称为国际税收协定。"协定一般是政府部门为解决有关技术和行政方面比较具体的问题达成的协议。它不如条约、公约那么正规,一般不具有国家元首授权的形式,也不需要立法机关的批准。"万鄂湘:《国际条约法》,武汉大学出版社1998年版,第9—10页。

税法①、该国缔结或者参加的国际税收协定以及该国承认或者接受的国际税收惯例等;此时,税法完全包括国际税法,因为一国国际税法之正式的法的渊源必同时包含于该国税法之法渊源中。广义的国际税法则包括所涉各国的涉外税法、其缔结或参加的国际税收协定以及其承认或者接受的国际税收惯例等;此时,国际税法和其中任何一国的税法存在着交叉关系,其所交叉部分即为狭义的国际税法或称"该国的国际税法"②。在上述两种情况下,都存在着一国国内税法与国际税法的划分,其所交叉部分为"该国的涉外税法"。以上是就部门法的角度而言的,从部门法学的角度来看,税法学理应包括国际税法学,因为法学研究的范围必然大大超过具体部门法的法规范的内容。其次,在立法活动的诸形式或方式当中,"认可"法是指赋予某些习惯、判例、国际条约、国际惯例或其他规范以法的效力。由此,结合前述税法(学)包括国际税法(学)的观点来看,税收立法应该也有国内税收立法和国际税收立法之分。国内税收立法是指就国内税法所进行的立法活动;国际税收立法则包括涉外税收立法和税收国际立法,前者指各国就其国内税法中涉外税法所进行的立法活动,包括赋予国际税收协定和国际税收惯例以法的效力,后者则指两个或两个以上国家就彼此间的税收分配关系进行协调并缔结国际税收协定的活动。然而,需要说明的是,尽管西方一些国际法学者有时将"造法性条约"称为"国际立法"③,但这不过是"比拟之词"。而且,国际社会也没有一个统一的最高立法机关来制定法律,更没有一个处于国家之上的司法机关来适用和解释法律或是这样一个行政机关来执行法律;无论是条约法还是国际习惯法,都必须有主权国家的"认可"才能生效,从而起到"立法"的作用。④所以,"国际税收立法"和"税收国际立法"等概念中"立法"一词的含义,与本书对立法概念所下定义并不完全相同;笔者也只是借用"立法"一词来"比拟"主权国家间为协调其税收分配关系而缔结国际税收协定的活动。

(2)其他基本概念。以本书前述对"法"及"立法"概念的定义为基础,借鉴立法学有关知识,我们还需在税收立法研究中界定以下常用的重要概念:

第一,税收立法权。立法权是指特定的国家机关依法享有的制定、认可、修改、补充、废止、解释和监督法的权力。⑤ 税收立法权则是指特定的国家机关依法享有的制

---

① 涉外税法是指一国国内税法中具有涉外因素的税法规范,其和所对应的非涉外税法的交叉部分即为既适用于涉外纳税主体又适用于非涉外纳税主体的税法规范,如《个人所得税法》和《税收征收管理法》等,也就是所谓的"相对的涉外税法"。参见张勇:《国际税法导论》,中国政法大学出版社1989年版,第3页。

② 有的学者认为,国际税法的"国别性"相当明显,与其称之为"国际税法",不如称之为"某一国的国际税法"。参见何江主编:《法学知识》,群众出版社1985年版,第387页。

③ 王铁崖主编:《国际法》,法律出版社1995年版,第13页。

④ 参见梁西主编:《国际法》,武汉大学出版社1993年版,第13页;王铁崖主编:《国际法》,法律出版社1995年版,第13页。

⑤ 参见周旺生:《立法论》,北京大学出版社1994年版,第320—324页;李步云主编:《立法法研究》,湖南人民出版社1998年版,第303—304页;马怀德主编:《中国立法体制、程序与监督》,中国法制出版社1999年版,第9—12页。

定、认可、修改、补充、废止、解释和监督税法的权力;简言之,是特定的国家机关依法享有的进行税收立法的权力。

第二,税收立法主体和税收立法机关。有学者将立法主体(Legislative body)界定为"是在立法活动中具有一定职权、职责的立法活动参与者,以及虽不具有这样的职权、职责却能对立法起实质性作用或能对立法产生重要影响的实体。现代意义上的立法主体就是各种有权参与或实际上参与立法活动的机关、组织和人员①的总称"。其中,立法机关(Legislature)是主要的立法主体,"是指国家政权机构体系中地位最高的,最主要的,以议事形式进行立法活动的,制定、认可和变动法律的立法主体"。② 笔者比较倾向于赞同这一观点。但考虑到我国理论界和实务界长期以来约定俗成的习惯做法,笔者建议对立法主体作狭义和广义理解:狭义者仅包括立法机关和依法或依授权而享有立法权的行政机关,广义者还包括前述定义中的"虽不具有这样的职权、职责却能对立法起实质性作用或能对立法产生重要影响"的组织和人员③。本书出于研究的实际需要,仅采立法主体之狭义理解④,实际上本书前面对"立法""税收立法"和"税收立法权"等概念的界定也一直是这样做的。

承继本书前述对有关概念的定义,我们将税收立法主体界定为在税收立法活动中依法享有税收立法权的特定的国家机关,主要可以分为立法机关和行政机关两大类。具体而言,包括:全国人大及其常委会,国务院,国务院有关部委(包括国务院授权的有关国务院直属局),省、自治区、直辖市人大及其常委会,省级人民政府,省、自治区的人民政府所在地的市和国务院批准的较大市的人大及其常委会,省、自治区的人民政府所在地的市和国务院批准的较大市的人民政府,经济特区市的人大及其常

---

① 有学者认为,"在我国,任何个人都不是立法主体",并以"国家主席"和"国务院总理"为例加以说明。参见李步云主编:《中国立法的基本理论和制度》,中国法制出版社1998年版,第32页。我们认为,这一观点不可取,其偏误就在于将立法权作为立法主体固有的质的规定性,但实际上立法权应当是与立法机关紧密相连的,是其固有权能和本质特征之一;立法权与立法主体二者的关系应是"凡享有立法权者必为立法主体,但凡立法主体并非都享有立法权"。而且在今后的立法活动中,"法学家"或者说"作为立法者的精英人物"应当发挥越来越重要的作用,《中华人民共和国合同法》的制定即为实证。参见郝铁川:《论法学家在立法中的作用》,载《中国法学》1995年第4期;周旺生:《立法论》,北京大学出版社1994年版,第312—319页;马怀德主编:《中国立法体制、程序与监督》,中国法制出版社1999年版,第174—194页。

② 周旺生:《立法论》,北京大学出版社1994年版,第288、311页。

③ 国外对参加立法活动的人员或称为Legislator,译为立法者,主要指议员、立法委员、立法机关中从事立法工作的人员,也指他们的总称,还指其他立法人员;或称为Legislative officer,译为立法官员,指议会、政府中立法工作机构的人员和他们的总称。参见周旺生:《立法论》,北京大学出版社1994年版,第287页。

④ 有学者认为,从阶级社会文明史的宏观角度看,对立法机关大致可作三种理解:第一种,广义的立法机关,包括一切有权进行立法活动的国家机关、组织和个人,即本书所指广义之立法主体;第二种,中义的立法机关,指有权立法的国家机关,即本书所指狭义之立法主体;第三种,狭义的立法机关,仅指有权立法的国家代议机关,即本书所指之立法机关。参见李林:《立法机关比较研究》,人民日报出版社1991年版,第1—4页。笔者认为,以本书所指之立法主体(又分狭义与广义)与立法机关之区别来说明上述三种立法活动的参与者的做法比较合适。

委会和其人民政府①,自治州、自治县人大及其常委会,特别行政区立法主体②等。

第三,税收立法权限。立法权限,顾名思义,就是立法权的界限或限度,是指立法主体行使立法权的界限范围,"包含两层相反相成的意思:一层意思是指立法权可以和应当达到何种界限,另一层意思则指立法权不能超出何种界限"③。具体到税收立法权限,主要是指立法主体是否享有税收立法权,在多大范围内和多大程度上行使税收立法权等问题。

第四,税收立法体制。关于"立法体制"的概念,主要有一要素说、二要素说和三要素说三种。一要素说认为立法体制就是指立法权限的划分。④ 二要素说认为立法体制"一般是指有关国家机关立法权限的划分及其相应机构设置的系统或者体系"。⑤ 三要素说又分两种观点,第一种将立法体制界定为"是有关立法权限、立法权运行和立法权载体诸方面的体系和制度所构成的有机整体",并认为,"其核心是有关立法权限的体系和制度"。⑥ 第二种则认为,"立法体制是参与立法的主体具有什么影响立法的手段、在立法过程中如何运作的制度",其三方面要素即为:参与立法的主体、影响立法的手段和立法的运作机制。⑦ 本书倾向于赞同三要素说中的第一种观点,第二种观点究其实质和第一种观点是一致的,只不过是从不同角度对立法体制的内容作了重新划分,但其表述及划分不及第一种观点规范和合理。出于研究的实际需要,在税收立法体制中,本书着重研究有关税收立法权限的体系和制度的问题。

(二) 税收立法的体系

1. 税收立法研究的体系

税收立法研究是税法学研究与立法学研究的交叉部分。倘若完全借助于立法学的学科体系,我们可以将税收立法研究的体系确定如下:一是税收立法原理篇,包括税收立法的基本概念、税收立法的指导思想和基本原则、税收立法的历史发展等;二是税收立法体制篇,包括税收立法权限的体系和制度、税收立法权运行的体系和制度、税收立法主体等;三是税收立法程序篇,包括税收立法程序制度、税收立法程序构

---

① 全国人大或者其常委会自1992年起相继授权深圳、厦门、汕头、珠海市人大及其常委会和其人民政府,根据本特区的具体情况和实际需要,遵循宪法的规定以及法律和行政法规的基本原则,制定在本特区范围内适用的地方性法规。
② 由于特别行政区实行不同于内地的政治体制,其立法主体的构成比较复杂,目前香港特别行政区的立法主体包括立法会(立法机关)和特别行政区政府(行政机关)等。
③ 周旺生:《立法论》,北京大学出版社1994年版,第341页。
④ 参见沈宗灵主编:《法理学》,高等教育出版社1994年版,第275页;李龙主编:《法理学》,武汉大学出版社1996年版,第293页;张文显主编:《法理学》,法律出版社1997年版,第341页;孙国华主编:《法理学教程》,中国人民大学出版社1994年版,第341页。
⑤ 应松年、朱维究主编:《行政法与行政诉讼法教程》,中国政法大学出版社1989年版,第134页。
⑥ 周旺生:《立法论》,北京大学出版社1994年版,第132页。
⑦ 李步云主编:《中国立法的基本理论和制度》,中国法制出版社1998年版,第91—92页。

成等;四是税收立法技术篇,包括税收立法语言、税收立法预测和立法规划、税法的整理、汇编和编纂等;五是税收立法解释篇;六是税收立法监督篇;七是单行税法立法篇,包括税收基本法立法、税收征收管理法立法、税务代理法立法及税种法立法等;八是税收立法比较研究篇,包括就上述各篇内容所进行的中国国内不同法域之间的比较、中国与外国之间的比较、外国相互之间的比较等,其中最主要的是税收立法体制的比较,当然,该篇也可不独立成篇,而将其内容相应分配于上述各篇。

2. 税收立法研究的部门法学属性及其主要内容

从以上来看,税收立法研究似乎属于立法学的成分更多一些。但笔者认为,税收立法研究虽然是以立法学的有关理论为基础,但仍然主要属于税法学。因为,其一,税收立法的特殊性在于"税收",而非"立法"。事实上,对上述税收立法的所有内容都进行研究并非不可能,而属不必要。对某些于税收立法中并无明显特殊性的、普遍适用于各部门法立法的理论和制度,如立法技术、立法解释和立法监督等,就没有必要再重复研究而单纯只为构建所谓"完善"的税收立法研究体系。其二,前文税收立法研究述评表明,税收立法研究一般主要是由税法学学者(或税收经济学学者)来进行的,立法学学者很少就税收立法问题作出专门的研究。其三,前文述评还表明,税收立法研究也多集中在税收立法体制和单行税法立法等两个主要方面,其中又主要是关注于税收立法权限划分的问题上,因为这一问题不仅仅取决于立法体制如何,其特殊性更主要的是由中央和地方之间税权划分的模式决定的。综上所述,笔者认为,税收立法研究主要属于税法学范围;同时限于篇幅,本书拟运用比较研究等方法,着重于探讨税收立法的基本概念、税收立法的基本原则、税收立法体制等具有"税法特殊性"的内容。

二、税收国家与税收立宪

(一) 税收国家理念的确立

我们国家目前应当树立"税收国家"的理念。"税收国家"是指财政收入中主要依靠税收收入的国家。在人类社会发展过程中,国家分为所有者国家、税收国家和企业者国家。在所有者国家中,国家取得财政收入主要依靠国家所拥有的土地、财产及主要资源。在企业者国家中,国家取得财政收入主要依靠国有企业和国有资源。在税收国家中,国家取得财政收入主要依靠税收收入。随着社会主义市场经济体制的建立和发展,我国加入 WTO 之后,税收在国家财政收入中所占的比重大,为 90% 以上,称之为"税收国家"十分有必要。

税收国家理念有几个要件:第一,税收国家的经济基础是市场经济和公共财政;第二,税收国家的形式特征是以税收作为国家财政收入的主要来源;第三,税收国家是以法治作为保障的。

税收国家与税收法治具有密切关系:税收法治可以使税收国家的存在获得正当化的途径;税收国家是税收法治的经济保障和自然延伸。

树立税收国家的理念,应从以下几方面入手:第一,坚持税收法律主义观念,提高税法的刚性。目前应将成熟的税收行政法规不失时机地上升为法律。第二,在全社会树立纳税人权利观念。第三,树立为纳税人服务观念。要让政府明白"纳税人是喂养政府的奶娘"这个道理。如果政府能够明白这个道理,我们政府的宗旨、目的都会为纳税人的福利而服务。第四,在纳税人和税务机关之间,在纳税人和国家之间树立平等观念。第五,树立全局观念。建设小康社会的基础要靠税收,我们要考虑税收收入和税收支出的关系,让纳税人形成宏观的观念:一个是税收立法的完善,另一个是对税款用途的监督。第六,树立法治观念。一切按法律办事,依法征税、依法纳税的风尚就能很好地形成。这个问题解决了,小康社会就有了保障。

(二) 税收立宪问题研究

1. 税收立宪的必要性

在现代国家,人民与国家的基本关系就是税收关系。税收牵涉人民的基本财产权与自由权,不得不加以宪法约束。世界各国宪法均有关于税收立宪的条款,近代资产阶级的宪政实践则是直接从税收立宪开始的。我国自确立社会主义市场经济体制以来,税收在社会经济和人们日常生活中的作用越来越重要,税收与人民的基本财产权和自由权的关系也日益密切,国家与公民个人和企业之间的关系逐渐朝着税收关系的方向发展。

依法治国,建设社会主义法治国家作为我国现代化建设的目标之一已经写入宪法,而税收法治无疑是法治国家建设的重要一环。税收立宪不仅是税收法治的根本前提,而且是近代法治和宪政的开端与标志。世界各国无一不将税收立宪作为本国迈向法治国家和宪政国家的第一步重大举措。我国在法治国家和宪政国家建设取得一系列重大成果之后,更应该及时进行税收立宪,以进一步推动我国的法治国家和宪政国家建设。

2. 我国现行宪法关于税收立宪规定的缺陷

目前我国《宪法》关于税收的条款只有一条,即第56条:"中华人民共和国公民有依照法律纳税的义务。"从税收立宪的起源及其本质来讲,税收立宪重在规范国家征税权、保护人民的基本财产权和自由权,而我国《宪法》的这一条规定显然是从维护国家权利、保证人民履行义务的角度出发的,很难说我国已经进行了税收立宪。

通过考察世界各国宪法可以发现,大多数规定税收法定原则的国家,同时也规定了类似我国宪法中的人民的纳税义务。因此不宜把规定人民基本纳税义务的条款解释为规定国家依法征税义务的条款。

我国的《立法法》虽然在某种程度上涉及了税收法定原则,但这并非税收立宪,而且其并非是从国家与人民基本关系的角度来规定的,考察世界其他国家也并无这种税收立宪之先例,因此,《立法法》的规定无法代替税收立宪的作用。

我国宪法关于税收立宪的缺失导致了我国税法领域行政法规占主导,而法律占次要地位的局面,这一立法现状在世界各国都是罕见的。在我国加入WTO、融入世界经济一体化的时代潮流之时,大力加强税法领域的法治建设势在必行。

税收法定原则,是人民民主和法治原则在税法上的体现,对保障人权、维护国家利益和社会公益举足轻重。在我们这样一个人民民主专政的社会主义国家,在宪法中缺失这样一条重要的规范,不能不说是我国宪法的一个重大缺陷。纵观世界各国宪法,像我国宪法仅规定人民的纳税义务,却没有规定国家征税权行使的也不多见。因此,为提高我国宪法在世界上的形象,税收立宪也是势在必行。

3. 税收立宪事项及形式的确定

税收立宪的第一步是确定哪些税收事项入宪。考察世界各国税收立宪的制度,税收法定原则是税收立宪的首选事项,是税收立宪的基本标志。税收法定原则的基本含义是:基本税收要素必须由法律予以确定。至于哪些要素属于税收基本要素,世界各国宪法规定不一,但税收种类和税率是大多数税收立宪国家所规定的税收基本要素。另外,关于税收的减免也是较多国家所规定的税收基本要素之一。如《韩国宪法》(1987年)第59条规定:"税收的种类和税率,由法律规定。"《秘鲁共和国宪法》(1979年)第139条规定:"税捐的设立、修改或取消,免税和其他税收方面好处的给予只能根据专门法律进行。"

税收立宪的第二个基本事项是税收公平原则。税收公平原则的基本含义是:税收必须根据每个人的税收负担能力由全体纳税人公平负担。如《意大利宪法》(1948年)第53条规定:"所有人均须根据其纳税能力,负担公共开支。"

税收立宪的第三个基本事项是征税权的划分,即中央政府和地方政府在征税方面权力的划分。几乎所有实行联邦制的国家宪法中均有关于联邦与地方税收权限划分的条款,如马来西亚、奥地利、俄罗斯、南斯拉夫、美国、加拿大等,其他实行地方自治的国家的宪法一般也有关于中央与自治地方税收权限划分的条款,如日本等。

税收立宪的第二步是确定立宪的方式,考察世界各国宪法,税收立宪的基本形式有两个:一是分散式,即分散在宪法的不同章节中予以规定;二是分散加集中式,即既在宪法的不同章节中予以规定,又由专门的财政章节予以规定。进行税收立宪的国家中,60%采用的是第二种方式,即在公民基本权利义务一章规定公民的纳税义务,然后用专门的财政章节来进行税收立宪。

根据我国宪法的实际情况,笔者建议,关于税收立宪的内容可以首先考虑税收法定原则和税收公平原则。税收法定原则是税收立宪的基本标志,没有这一条,不能算真正的税收立宪。公平是税收合理性的基础,世界各国税法无不强调公平原则。公平问题是近年来我国社会的一个热点问题,随着社会主义市场经济建设的不断推进,公平与效率二者的对比关系也将逐渐发生变化,在税收立宪中首先规定税收公平原则也具有示范作用。

关于税收立宪的形式,根据我国宪法目前的结构,一步实现以专门的财政章节形式进行税收立宪还很困难,而且专门的财政章节所实现的目标是财政立宪,而我国目前尚不具备财政立宪的现实可能性,因此,可以首先考虑采用分散立法的形式。在第二章"公民的基本权利和义务"中规定公民的纳税义务,具体表述可以不变,世界大多数国家关于公民纳税义务的规定与我国的基本相同。在第三章"国家机构"的第一节"全国人民代表大会"中增加全国人大及其常委会制定税法的专属权力,实现税收法定原则和公平原则入宪。考虑到全国人大和全国人大常委会在立法权划分上的现实情况,可以规定全国人大和全国人大常委会均有税收立法权,但基本的税收制度应由全国人大确定。在条件成熟时,应考虑设置专门的财政章节,最终实现财政立宪。

(三)《立法法》与税收立法

2000 年 3 月由第九届全国人大第三次会议审议通过,并于 2000 年 7 月 1 日起实施的《中华人民共和国立法法》,是规范立法活动的一部宪法性法律。在此之前,规范立法活动的法律规范散见于宪法、法律、行政法规当中。由于这些法律规范不统一、不完善和过分原则化,不仅造成了操作上的困难,而且导致大量无权立法、越权立法、借法扩权、立法侵权等立法异常现象。具体到税法领域,税法的立法层次低、行政法规越权、立法程序不规范等问题也不同程度地存在,既影响了税法自身的权威性、严肃性,也影响了税收的执法、司法和守法。《立法法》颁布实施后,以往规范不足的情况将在很大程度上得到弥补。有关立法的各项制度,包括立法权限制度、立法程序制度、立法解释制度、立法监督制度、立法程序制度等将有更加明确、具体的规定。特别是《立法法》对税收立法体制的确立,在很大程度上将影响税法未来的发展。本专题从《立法法》出发,依据《立法法》的相关规定,探讨分析了税法的两个基本问题,以期能对我国税收法制的完善有所裨益。

1.《立法法》与税收法定主义

(1)《立法法》与税收法定主义的统一

税收法定主义是税收立法的最高原则。该原则是伴随着市民阶级反对封建君主恣意征税的运动而确立的。在"无代表则无税"的思潮下,形成了征税须经国民同意,如不以国民代表议会制定的法律为依据,则不能征税的宪法原则。该原则要求税法主体的权利、义务必须由法律加以规定,税收要素必须且只能由法律予以明确规定。征、纳税主体的权利(力)、义务只能以法律为依据,没有法律依据,任何主体无权决定征税或减免税收。这里的"法律"仅指由代表民意的国家立法机关制定的规范性法律文件。

《立法法》与税收法定主义的统一,主要通过《立法法》规定的税收立法体制表现出来。正如前文分析,税收法定主义的基本要求是公民依照法律纳税、国家依照法律征税,这里的"法律"应当是由代表民意的立法机关所立之法,在我国应当是由全国人大或全国人大常委会所立之法。换言之,即应当由全国人大和全国人大常委会享有税收立法权,其他任何机关非经全国人大或全国人大常委会授权不得行使该项权力。在这一点上,《立法法》与税收法定主义是一致的,或者说《立法法》体现了税收法定主义原则,确立了税收法定主义所要求的具体的立法权限制度。

首先,《立法法》确认了全国人大及其常委会的税收立法权,并且明确规定立法的表现形式是"法律"。《立法法》第7条规定,全国人民代表大会和全国人民代表大会常务委员会行使国家立法权。全国人民代表大会制定和修改刑事、民事、国家机构和其他的基本法律。全国人民代表大会常务委员会制定和修改除应当由全国人民代表大会制定的法律以外的其他法律;在全国人民代表大会闭会期间,对全国人民代表大会制定的法律进行部分补充和修改,但是不得同该法律的基本原则相抵触。《立法法》第8条规定,下列事项只能制定法律:……(八)基本经济制度以及财政、税收、海关、金融及外贸的基本制度。其中,"……税收……的基本制度",包括了税收的立法制度、征管制度等。《立法法》的规定表明,税收立法权是我国国家立法机关的专属权力。

其次,《立法法》确立了税收授权立法制度。根据该法第9条的规定,对有关税收的基本制度,如果"尚未制定法律的,全国人大及其常委会有权作出决定,授权国务院可以根据实际需要,对其中的部分事项制定行政法规"。同时,经济特区所在地的省市人民代表大会及其常务委员会根据全国人大的授权决定,也可以制定税收地方性法规,在经济特区范围内实施(第65条)。值得注意的是,对行政机关的授权,全国人大和全国人大常委会都有权作出决定,而对地方主要是经济特区的授权,只有全国人大才有权决定,全国人大常委会无权决定。此外,《立法法》在第10条对授权立法作了原则规定,要求"授权决定应当明确授权的目的、范围,被授权机关应当严格按照授权目的和范围行使该项权力。被授权机关不得将该项权力转授给其他机关"。这说明,《立法法》所规定的税收授权立法维护了税法权威性,同税收法定主义是一致的。

最后,《立法法》确立了法律优先原则,即在多层次立法的情况下,除宪法外,由国家立法机关所制定的法律处于最高位阶、最优地位,其他任何形式的法规都必须与之保持一致,不得抵触。根据该原则,行政机关和地方权力机关根据授权所立立法,必须遵循国家立法机关所制定的税收法律,不得与其抵触,效力在"法律"之下,而且,"授权立法事项,经过实践检验,制定法律的条件成熟时,由全国人大及其常委会及时制定法律。法律制定后,相应的立法事项的授权终止"(第11条)。当然,根据授权而制定的行政法规或地方性法规也相应终止。法律优先原则从另一个侧面体现了税收法定主义的要求,维护了税收法律的权威。

(2)《立法法》与税收法定主义的不协调

《立法法》与税收法定主义既有统一的一面,但同时也存在着不相协调的一面,正是这不相协调的一面,造成了税收立法与税收法定主义的背离,从而影响了我国税收法制建设。

首先,关于税收立法权行使监督的问题。尽管《立法法》明确规定税收立法权属国家立法机关专有,其他任何机关非经立法机关授权不得行使该项权力。但对于其他机关未经授权而行使该权力的情形缺乏应有的监督机制,或者即使规定了监督主体或监督方法,但由于操作性差而致乏力。如《立法法》第87条、第88条规定,对超越权限的行政法规全国人大常委会有权撤销,但该撤销程序如何启动及运行却没有相应规定;又如第90条规定,国务院等国家机关认为行政法规(当然包括税收行政法规)、地方性法规、自治条例和单行条例同宪法或者法律相抵触的,可以向全国人大常委会书面提出进行审查的"要求";其他的国家机关、社会团体、企业事业组织以及公民可以就违宪或违法的上述规范性文件提出进行审查的"建议"。但对上述"要求"和"建议"启动受理的步骤、方式、顺序、时限等程序问题,缺乏具体规定。立法监督的缺乏,必然导致立法越权、立法侵权、立法冲突等诸多弊端。在《立法法》颁布实施之前,我国税收立法实践中的立法异常现象就是一个明证。而在《立法法》颁布实施以后,现实中的立法异常现象仍不能得到有效的根治,从侧面也很能说明问题。

其次,关于税收的授权立法问题。根据《立法法》第8条、第9条的规定,税收立法权并不属于法律绝对保留的事项,也就是说,国家立法机关虽然拥有专属的税收立法权,但在特定情况下可以授权行政机关立法,甚至也可授权特区地方国家权力机关立法(第65条)。显然,该规定的范围过宽。因为,正如前文分析,税收立法权包括了多项内容,其中的征税权,既是税收立法权的核心,同时也是国家主权的组成部分,按民主宪政的通例,有关国家主权的立法事项理应是单一制国家中最高代表机关和联邦制国家中联邦代议机关不可推卸、不得转让的最重要的专有立法事项,它是不能被授予其他主体代为行使的。如果把诸如此类的立法权授予行政机关,可以想见,既是税法制定者,又是税法执行者的行政机关,出于自身利益考虑,将有可能不合理地扩大其税收权力而造成公众税收负担的加重。这不仅从根本上违背了税收法定主义的要求,也背离民主政治的原则。

再次,关于税收授权立法的监督问题。像前文论述的税收立法权行使缺乏监督一样,税收授权立法也存在同样的问题。对此,我们可以用税收授权立法实践加以说明。1984年我国进行工商税制改革时,全国人大常委会曾根据国务院的请求,授权国务院在改革工商税制进程中"拟定有关税收条例,以草案形式发布试行,再根据试行的经验加以修订,提请全国人民代表大会常务委员会审议"。这里,授予国务院只有拟定草案的权力,只是试行,而且还要经全国人大常委会"审议",足见立法机关对税收立法权的审慎态度。这本来是正确的,也是必要的。但是紧接着1985年全国人大通过的《关于授权国务院在经济体制改革和对外开放方面可以制定暂行的规定或者条例的决定》,把税收立法权一揽子授出,姑且不论按授权立法原则这种"空白授权"或"空白委托"是无效的,单就立法机关在事实上放弃税收立法权就是不合法的。这次授权的最直接结果是,现行的大多数税收法规都是行政机关制定的,不仅有明显越权现象,而且其中的某些法规还是经国务院再授权由财政部或国家税务总局制定的。① 对这种不合法情况,如果说《立法法》颁布之前是无法可依,而在《立法法》颁布以后,因没有规定相应的强有力的监督机制,仍然是"无法可依",或者是"有法不依"。② 这是《立法法》的遗憾,也是税收立法的遗憾。

2. 《立法法》与税法体系

税法体系是由不同形式的税法规范所构成的有机联系的统一整体,税法形式及其相互间有机联系的方式是税法体系的基本内容。一国立法对具体的税法形式的权限、效力、地位和具体内容的规定,是税法体系构成的决定因素。从这个意义上来说,研究一国立法中关于税法形式的相关规定,有助于构建层次分明、内容完善、统一的税法体系,从而有利于税收的司法、执法和守法。反之,研究一国现行的税法体系,可以发现一国税收立法中存在的问题和缺陷,进而可以为税收法制的健全提供根据和目标。

我国《立法法》对税法体系并无专门的规范,但《立法法》作为规范立法活动的基本法律,对一般法形式的规范理应适用于税法。

首先,关于税法的表现形式。《立法法》第2条规定,"法律、行政法规、地方性法规、自治条例和单行条例的制定、修改和废止,适用本法。国务院部门规章、地方政府规章的制定、修改和废止,依照本法的有关规定执行"。可以看出,立法之"法"是法律、行政法规、地方性法规、自治条例和单行条例。至于规章,《立法法》尽管将其区别于上述之"法",但仍然承认规章也是"法"的一种形式,具体到税法领域,可以认为法律、行政法规、地方性法规、自治条例和单行条例、规章都是其表现形式,即都是税法体系的构成部分,适用《立法法》的有关规定。此外,《立法法》是根据宪法制定的,宪法也是我国法律体系的组成部分,而且宪法也明确规定了"公民有依照法律纳税的义务"。因此,宪法也应该是我国税法的一种表现形式。

值得注意的是,《立法法》在第8条、第9条中,将制定法律的权限赋予全国人大和全国人大常委会,并提出"基本法律"和"其他法律"的概念,但二者具体的区分标

---

① "空白授权"无效和被授予的权力不能再转授,是现代公认的法律原则。
② 例如,《立法法》第90条规定,公民认为法规、规章违宪或违法,可以向全国人大常委会书面提出审查要求。但是如何提出审查建议?人大机关如何受理?人大机关不受理怎么办?这些问题不明确规定,监督权力就是虚设,可以说无意义。

准,《立法法》没有涉及,至于税法体系中是否也应该有"基本法律"和"其他法律"的区别,自然也没有立法上的根据。

其次,关于税法形式的权限。税法形式的权限是指税法形式包含的内容或事项。税法的形式不同,包含的内容或事项也不同,抑或说,税法形式所具有的效力不同,它所规定的内容或事项也不同。根据《立法法》的规定,"法律"是由全国人大或全国人大常委会制定的,主要规定"税收的基本制度",并且此项内容只能由法律规定。"行政法规"是由"国务院根据宪法和法律制定"的,它可以规定的内容包括:为执行法律的规定需要制定行政法规的事项;《宪法》第89条规定的国务院行政管理职权的事项;根据全国人大及其常委会的授权决定而制定行政法规的事项。(第56条)

"地方性法规"是由地方国家权力机关制定的,它可以规定的内容包括:为执行法律、行政法规需要根据本行政区域的实际情况作具体规定的事项;属于地方性事务需要制定地方性法规的事项。(第64条)此外,经济特区可以根据全国人大授权制定法规,在本经济特区内实施。(第65条)

"自治条例和单行条例"由民族自治地方的人民代表大会制定,可以依照当地民族的特点,对法律和行政法规的规定作出变通,但不得违背法律或者行政法规的基本原则,且可以变通的内容受到宪法和其他法律的限制。

"规章"分部门规章和地方规章,前者主要由国务院各职能部门制定,规定应当属于执行法律或者国务院的行政法规、决定、命令的事项。(第71条)地方规章由省级政府和较大的市的政府制定,具体规定:为执行法律、行政法规、地方性法规的规定需要制定规章的事项;属于本行政区的具体行政管理事务。(第73条)

《立法法》的规定表明,不同的税法表现形式具有不同的权限范围。每一表现形式都应在法定的权限范围内适用,超越权限的税法形式是违法的,因而也是无效的。

最后,关于税法形式的地位及相互关系。税法形式的地位及相互关系是税法体系的核心内容,它决定着税法体系的层次性和内容的完整性。从《立法法》的相关规定可以看出,税收法律应当是占主导地位的(这也是税收法定主义的要求),而行政法规、地方性法规、规章等,不过是对法律的细化或说明,仅占辅助的或次要的地位。当然,这里的"主导"不是指数量上的优势,而是指有关"税收的基本制度",包括税收的实体制度和税收的程序制度都应当由法律规定,即使不能面面俱到或详细地规定,也必须对税收的有关实体内容和程序内容应当遵循的一般性原则和准则作出规定或限定。同样的,"辅助的或次要的地位"也不是指数量上应占较少比例,而是指行政法规、地方性法规等的内容都必须以法律的规定为前提;不得违背法律的基本原则或超越法律规定之外。即使有授权,也必须在授予的权限范围内。

三、税收立法权限体制

(一) 税收立法权限体制概述

经过前面研究,我们发现,税收立法中的诸问题逐渐都聚焦于税收立法体制上,尤其是有关税收立法权限的体系和制度的问题上,而且这一问题历来就是学者们研究的重点之一,故本书在此拟以税收立法权限体制为中心,扩展开来,对与此相关的问题一并加以探讨和分析。

1. 立法权限体制概述。

税收立法权限体制应当是从属于一国整体立法(权限)体制的,故于税收立法权限体制研究之前界定立法体制的有关内容,提供一个研究的理论基础,甚为必要。需要说明的是,如前所述,笔者赞同立法体制三要素说,但出于研究的实际需要和篇幅的限制,笔者将着重于(税收)立法体制中(税收)立法权限划分的问题。

综观世界各国的立法权限体制,大致有如下三类[①]:第一类,按立法权是否在权力机关、行政机关和司法机关之间划分,分为:一为一元立法权限体制,简称一元制,指立法权由一个政权机关甚至一个人行使的立法权限体制;二为多元立法权限体制,简称多元制,指立法权由两个或两个以上的政权机关共同行使的立法权限体制;三为制衡立法权限体制,简称制衡制,是建立在"三权分立"原则的基础上,立法权原则上属于议会,但行政机关与司法机关二者之一或二者共同有权对议会立法起制衡作用。第二类,按立法权是否在中央和地方两级政权机关之间划分,分为[②]:一为一级立法权限体制,简称一级制,指立法权仅由中央一级政权机关行使的立法权限体制;二为两级立法权限体制,简称两级制,指立法权由中央和地方两级政权机关共同行使的立法权限体制。第三类,除上述五种以外的其他立法权限体制,主要包括:一为综合立法权限体制,简称综合制,即兼具第一类之一种和第二类之一种的立法权限体制。实际上大部分国家的立法权限体制都非仅限于前述两类中之单独一种,而是两类的结合;二为特殊立法权限体制,简称特殊制,指不宜用前述六种中任何一种来界定的立法权限体制。

我国学者对我国立法权限体制的表述,历来存在着争议,目前尚无定论。概括来说,争论可以分为两大部分[③]:第一部分围绕着"级"的概念进行,包括"一级立法权限体制"说,"两级立法权限体制"说,"多级或多层次立法权限体制"说,"中央集中统一

[①] 周旺生:《立法论》,北京大学出版社1994年版,第125页。
[②] 有的学者按此标准将立法权限体制划分为中央集权模式、地方分权模式、集权分权模式和分权集权模式等四种。参见吴大英、任允正、李林:《比较立法制度》,群众出版社1992年版,第272—274页。
[③] 马怀德主编:《中国立法体制、程序与监督》,中国法制出版社1999年版,第17—19页。

领导的、多级（多层次）并存、多类结合的立法权限体制"说等四种观点①。第二部分围绕着"元"的提法展开，包括"一元二层次三分支的立法权限体制"说，"一元两级多层次的立法权限体制"说②，"一元二级三层次四分支的立法权限体制"说③等三种看法。上述争论的分歧主要在于三个方面④：一是对立法权理解的差异，这是争论的根本焦点和分歧所在；二是对立法体制内容及我国立法体制特色理解的分歧，表现为表述的角度、侧重点的不同；三是对词语理解的不同，集中在"级""元""层次"等词上。

经过比较分析，笔者倾向于赞同"一元二级三层次四分支的立法权限体制"的表述，但又稍有不同。其具体内容，本书将在后面结合税收立法权限体制加以说明。

2. 我国的财政体制及税收管理体制

税收立法权限体制虽从属于一国立法（权限）体制，但同时也深受该国财政体制，尤其是税收管理体制的影响；换言之，一国立法权限体制构建了其税收立法权限体制之整体框架，而其财政体制及其税收管理体制在一定程度上则决定了框架内各部分的具体内容。所以，为全面、准确地界定我国税收立法权限体制，亦有必要对我国的财政体制及税收管理体制作大致了解。

财政体制，又称财政管理体制，是划分各类、各级国家机关之间财政权的制度。基于对财政权理解的不同，可以对财政体制作狭义与广义两种解释：狭义者中，财政权仅指财政管理权，亦即财政行政权，故财政体制实际就是财政行政（执法）体制；广义者中，财政权由财政立法权、财政行政（执法）权和财政司法权构成，财政体制亦包括了财政立法体制、财政行政体制和财政司法体制。严格意义上的财政体制仅指狭义者，但理论界和实务界一般取其广义解释。税收管理体制是财政体制的重要组成部分，是划分税收管理权限的制度。与财政体制相类似，税收管理体制亦可作狭义与广义两种理解：狭义者，是指在中央和地方（包括政府和主管税收工作的政府机关）之间划分税收管理权限的制度；广义者，除划分税收管理权限外，还包括税收立法权限的划分。严格地讲，税收管理权与税收立法权应属于两个不同的范畴，前者是一种行政权力。但由于与本书采取财政体制广义者同样的原因，本书亦采取税收管理体制之广义解释。由此可见，财政体制、税收管理体制都包含了税收立法权限体制在内，并依次形成一个纵向的效力等级关系；与立法体制、立法权限体制相对应，共同决定和制约着税收立法权限体制。

财政体制受经济体制的影响而形成集权式和分权式两种基本形式。1994 年，根

---

① 周旺生：《立法学》，北京大学出版社 1988 年版，第 259—272 页。
② 郭道晖、周旺生、王晨光主编：《立法——原则·制度·技术》，北京大学出版社 1994 年版，第 102—103 页。
③ 李步云主编：《中国立法的基本理论和制度》，中国法制出版社 1998 年版，第 107—109 页。
④ 马怀德主编：《中国立法体制、程序与监督》，中国法制出版社 1999 年版，第 19—20 页。

据《国务院关于实行分税制财政管理体制的决定》,我国进行了财税体制改革,所确立的分税制财政体制(简称"分税制")便是一种分权式的财政体制。分税制是依法在各类、各级国家机关之间划分财政权的制度,根据其分权措施和分权程度的不同,分为相对分权和绝对分权两种立法模式。与我国的政治体制、经济体制和立法体制相适应,我国应选择相对分权的分税制,即将财政立法权和财政行政权主要集中在中央,同时赋予地方国家机关一定的财政立法权和财政行政权,中央与地方财政收支范围虽相对明确,但亦有交叉,上级政府对下级政府转移支付的规模较大。① 其反映在税收上,即为"根据事权与财权相结合原则,将税种统一划分为中央税、地方税和中央地方共享税,并建立中央税收和地方税收体系,分设中央与地方两套税务机构分别征管"。② 我国税收管理体制便依此而建立。

我国的税收管理体制,最初是根据1977年11月国务院批转财政部的《关于税收管理体制的规定》而建立起来的,此后又陆续根据有关规定不断进行调整完善。如国务院1981年颁布的《关于平衡财政收支,严格财政管理的决定》、国务院1989年批准并转发国家税务局的《关于清理整顿和严格控制减税免税的意见》等,直至1994年工商税制改革而确立了目前的税收管理体制。需要说明的是,我国税收管理体制中的关税管理体制和农业税管理体制,分别由海关总署和财政部制定,故本书在此探讨的实际上是工商税收管理体制,限于篇幅,对关税管理体制和农业税管理体制不作讨论。③

3. 税收立法权限体制的分类

按照不同的方式,可以对税收立法权限进行不同的划分。按照前述立法权限体制的划分,亦可将税收立法权限体制分为三类。按照前述财政管理体制和税收管理体制的类型,可以划分为集权式和分权式两种,其中分权式又分为相对分权式和绝对分权式。也有的按照集权和分权关系的不同处理方式,将税收管理体制划分为中央集权型、地方分权型和集权分权兼顾型。以上是对税收立法权限体制分类的最主要方式,除此之外,还有其他方式:按照税种或税类的不同,如流转税类、所得税类、财产税类和行为税类等,将某一税种或某一税类的税收立法权赋予特定的立法主体。④ 根据税收要素来分配税收立法权,即将不同的税收要素在不同的立法主体之间进行分配。最常见的模式是中央政权机关保留有关确定纳税主体、税基和程序的立法权,但确定税率的立法权同地方政权机关分享。

4. 我国的税收立法权限体制

由以上可以看出,我国税收立法权限体制受"双重领导":形式上受立法权限体制制约,实质上由税收管理体制决定。姑且暂不论其合理性与否,我们沿用我国立法权限体

---

① 刘剑文:《试论我国分税制立法》,载《武汉大学学报》(哲学社会科学版)1998年第4期。
② 参见《国务院关于实行分税制财政管理体制的决定》(1993年12月15日)。
③ 张忠诚主编:《中国税收制度改革》,中国财政经济出版社1994年版,第134—138页。
④ 许善达:《中国税收法制论》,中国税务出版社1997年版,第47页。

制的表述,将我国税收立法权限体制界定为"一元、二级、三层次、四分支、多主体",并综合前述两方面的因素,力求对我国税收立法权限体制的主要内容作一准确的描述。

(1)"一元",指我国的权力机关,即依法享有立法权的各级人大及其常委会是唯一的税收立法机关。其中,根据我国《宪法》第58条规定:"全国人民代表大会和全国人民代表大会常务委员会行使国家立法权。"奉行宪法至上原则(Doctrine of Constitutional Supremacy),全国人大及其常委会作为最高国家权力机关及其常设机关,居于一元制的最高层次,其所享有的立法权的效力等级最高,是最严格意义上的和最完整的立法权;借用民法上的概念,其立法权为"原始取得",除此以外的其他立法主体所享有的立法权均为"继受取得"。根据《宪法》第62条和第67条,全国人大及其常委会享有制定、修改、补充和解释国家基本法律的权力。而税收事关公民的基本财产权利,且依前述税收法定主义之宪法原则,无论如何应当属于须以国家基本法律予以规定事项之列,即属于全国人大及其常委会立法权限范围。

(2)"二级",指税收立法权由中央和地方两级立法主体行使。根据我国目前的税收管理体制,中央享有所有税种、大部分税收要素及主要税收程序的税收立法权;(省级)地方则主要就下列事项享有税收立法权:就部分税收要素行使地方税收立法权,如在税收法律、税收行政法规所确立的幅度税率范围内确定适用于本地方的税率;就屠宰税、筵席税、牧业税等税种,依照国务院制定的相应条例,决定在本地方范围内开征或停征,并确定其税率等税收要素;就税收的某些征收管理程序制定在本地方范围内实施的办法、细则等税收地方性法规。

(3)"三层次",指立法权限在每一级又分为三个层次。在中央一级,全国人大及其常委会构成第一层次;国务院是第二层次;财政部及国家税务局、海关总署等为第三层次。在地方一级,省、自治区、直辖市人大及其常委会制定税收地方性法规,批准省、自治区的人民政府所在地的市及经国务院批准的较大的市的人大制定的税收地方性法规,批准民族自治地方制定的税收自治法规为第一层次;省、自治区、直辖市的人民政府制定税收行政规章为第二层次;省、自治区的人民政府所在地的市和经国务院批准的较大的市的人民政府制定税收行政规章为第三层次。

(4)"四分支",指中央一级的税收立法权延伸到地方,形成省级地方税收立法权、民族自治地方税收立法权、经济特区地方税收立法权和特别行政区地方税收立法权等四个分支。本书主要讨论第一分支,后三分支属于特殊情形,一般不涉及。

(5)"多主体",指税收立法权由多个主体行使。实际上,前面四点已共同说明了这一点。但仍需指出的是行政立法权的问题。笔者认为,行政机关享有的立法权是委任立法权,或称授权立法权,授权的方式包括宪法的授权①、法律法规的授权以及最

---

① 宪法是由最高国家权力机关制定的,从这个意义上说,行政机关及其他立法主体的立法权均直接或间接来源于最高权力(立法)机关的授权。

高国家权力机关的特别(直接)授权等,"授权立法,对权力机关而言,是立法权的一种行使方式,对行政机关而言,是获得立法权的唯一途径"①;行政机关作为立法主体之一与一元制并不矛盾,一元制下可以允许多个立法主体的存在②。国务院作为最高国家行政机关,其所享有的税收立法权在所有行政机关的税收立法权体系中居于最高层次,其法律依据主要是《宪法》第 89 条,以及全国人大和其常委会的两次特别授权,即 1984 年第六届全国人大常委会第七次会议授权国务院在实施国营企业利改税和改革工商税制的过程中,拟订有关税收条例,以及 1985 年第六届全国人大第三次会议授权国务院在经济体制改革和对外开放方面(当然包括税收)可以制定暂行的规定或条例。

(二) 域外税收立法权限划分概况③

1. 美国

美国是联邦制国家,又奉行"三权分立"的宪法原则,其立法体制为一元两级多主体的制衡制:"一元"为议会,美国联邦议会和绝大多数州议会均实行两院制,由参议院和众议院组成;"两级"为联邦和州,国会行使联邦立法权,州议会行使州立法权;"制衡"则是立法、司法和行政机关之间的相互制约。

根据《美国宪法》第 1—4 条和第十修正案以及联邦最高法院的有关宪法解释④,美国的联邦和州两级立法主体在税收方面的立法权限划分如下:第一,联邦享有"征税"事项的"授予立法权"和从其引申出来的"建立银行和公司"与"帮助和管理农业"等事项的"默示立法权",其中,根据《美国宪法》第 1 条第 7 款第 1 项"一切征税议案应首先在众议院提出"的规定,"一个税收议案在众议院开始其立法历程并完成其立法程序后才提交给参议院。此外,参议院在税收立法过程中与众议院是平等的伙伴关系,并且时常对众议院通过的议案文本作出广泛的和根本性的修改"。⑤ 第二,联邦不得行使"对任何州输出的商品征税"和"统一全国间接税税率"等事项的立法权。第三,州不得就"对进口货和出口货征税"等事项行使立法权。第四,联邦和州都可以就"征税"事项行使立法权。

美国"行政机关的最显著特点是它拥有立法权和司法权","之所以有此权(指立

---

① 陈斯喜:《论我国立法权限的划分》,载《中国法学》1995 年第 1 期。
② 李亚虹:《对转型时期中央与地方立法关系的思考》,载《中国法学》1996 年第 1 期。
③ 参见许善达:《中国税收法制论》,中国税务出版社 1997 年版,第 353—358 页;李步云主编:《立法法研究》,湖南人民出版社 1998 年版,第 452—485、498—579 页;李刚:《试论行政机关立法权的若干问题》,载《南昌大学学报》1998 年第 3 期。
④ 美国宪法第十修正案规定了联邦和州立法权限的划分的准则:联邦拥有宪法第 1—4 条所列举的"授予的权力",和根据美国联邦最高法院所作宪法解释而从授予的权力合理引申出来的"默示的权力";州拥有"保留的权力"。美国宪法还规定了禁止联邦或者州行使的立法权,以及联邦和州可以共享的立法权。
⑤ Joeseph A. Pechman, *Federal Tax Policy*, revised de., W. W. Norton & Company, Inc., 1971, p. 38.

法权——引者注），仅仅是由于立法机关的委任"，"可以说，立法机关行使固有的立法职能，行政机关行使从属的立法职权"。① 所以，授权立法或称委任立法，是美国为了逾越宪法规定的严格的三权分立原则的障碍，通过司法判例而使行政机关享有和行使立法权所采取的灵活变通的办法。②

在税收立法方面，比较早的司法判例是1892年的"菲尔德诉克拉克"案。尽管最高法院认为"国会不得授予立法权……是普遍承认的一条原则，它对于维护宪法所规定的政体及其完整性至关重要"，但最高法院在其初期的一些判决里的确始终如一地确认了授权，只是把授权的意义减少到最低限度。"菲尔德"案就涉及确认国会可以授予总统在其他国家提高其农业产品关税时，制定报复关税的权力；因此，行政部门仅仅被授予了"查明和宣布在其基础上立法意愿可能生效的事件"的权力。③ 对税收立法权的委任标准，在1928年的"小 J. W. 汉普顿及其公司诉合众国"案中得到了进一步的说明。最高法院在该案中确认了国会通过1922年关税法中的"灵活税率条款"而授予总统在必要时变更税率的权力的做法，驳回了申诉人认为"税率属于立法事项，故上述条款违背了宪法的分权原则"的主张。最高法院认为，国会在税法中已经规定了一个基本的标准，即：总统所规定的新税率必须达到美国产品的生产费用和进口同类产品的生产费用的平衡。国会由于无法及时掌握足够的信息以确定美国产品的生产费用和进口同类产品的生产费用的差别，且这种差别亦在不断变化，为了实现国会所规定的政策和原则，税率必须作相应调整，国会必须把这种变更权力委托行

---

① 〔美〕伯纳德·施瓦茨：《行政法》，徐炳译，群众出版社1986年版，第7页。

② 为了使行政机关能够更富成效地行使职能，必须使其具备立法（与司法）方面的权力。对此，美国人有两种选择：一是修改宪法，从而改变作为其"立国之本"的三权分立原则；二是不修改宪法，而通过司法判例来重新解释立法机关的授权问题。美国人选择了比较折中的后一种方式，既坚持了三权分立原则，又解决了委任立法的难题。参见吴大英等：《比较立法制度》，群众出版社1992年版，第322—324页。委任立法是否意味着对分权原则的破坏，在美国，"当代主要的观点认为分权原则是一个政治原则，适用于政府最上层三个机关之间，行政机关是下级机关，不由宪法设立，不受分权原则的限制，可以同时行使立法、行政、司法三种权力。但是行政机关的权力不能破坏最上层政府机关之间的权力平衡；否则就是破坏分权原则，违反宪法规定"。参见王名扬：《美国行政法》（上），中国法制出版社1988年版，第291页。我国有学者认为，长期以来，中国人对"三权分立"的学说和原则存在着误解，在反对"三权分立"的同时，又主张运用被误解了的"三权分立"学说去改革中国立法体制。实际上，西方启蒙思想家"所倡导的分权，是要把整个国家权力按其性质分为几类。每一类权力主要由一类机关行使，同时别的机关也在一定程度上享有或参与行使或能制约这种权力，行使各类权力的机关之间应当或有权相互检查、监督、制约、平衡，从而使整个国家政权得以按照资产阶级的民主制度的轨道运行，而不是要把各类权力截然分开，分别交由不同的机关行使，相互之间都不能与闻、不能制约或互不关联"。基于此，该学者提出了"作为综合性权力体系的立法权"的观点，认为立法权"不是也不可能由一个机关来驾驭，而总是由诸多立法主体来行使，不能把一种立法权、一种立法主体认作整个立法权、行使全部立法权的主体"。这一观点似乎能够较为合理地解释西方实行"三权分立"国家的立法体制的现状，并可以用来指导构建我国的立法体制。参见周旺生：《立法论》，北京大学出版社1994年版，第293—303、323—326页。

③ 〔美〕欧内斯特·盖尔霍恩、罗纳德·M. 利文：《行政法和行政程序法概要》，黄列译，中国社会科学出版社1996年版，第8—9页。

政机关行使。①

2. 法国

法国立法体制的突出特点是"中央的总统集权",即在中央与地方的纵向权力关系上,强调的是中央集权,而不注重地方分权;在立法权与行政权的横向权力关系上,强调的是总统的行政权,而不注重议会的立法权。

《法国宪法》第34条逐一列举了法律事项,作为议会立法的权限范围,其中包括"各种性质的赋税的征税基础、税率和征收方式";第37条则规定,凡在第34条列举范围以外的事项都属于条例的范围,而(狭义的)行政条例,即我们所称的行政法规,则是基于行政机关单方面的行为而制定出来的,又分为命令(由总统和总理制定)和规定(由其他行政机关制定)两种。第34条所规定的议会立法权限,在第38条和第16条中又一次受到限制:根据这两条的规定,本来属于法律的事项,也可以由条例规定,总统制定的条例甚至可以变更和废除现存的法律。此外,还有一种行政法规,行使按照法律规定属于立法机关的权力,其效力和法律相等,称为法令;由于法令是行政机关所制定的普遍性规则,其法律制度和行政条例相同,所以包括在(广义的)条例范围之内。由此可知,法国行政机关享有的立法权由两部分组成:一是基于自身职能而固有的行政立法权;二是基于法律特别授权而享有的授权立法权。②

法国的税收收入绝大部分集中在中央财政一级,这是法国税制的一大特点。其本土的地区议会、省议会和市议会虽说可以行使地方立法权,如省议会根据省长的提议作出各项决定,向本省范围内各地区分配地方税款等,但大多是有关税收程序方面的立法事项。总体说来,地方政府的税权由国家立法权决定,有些税种或税率的立法权留给地方政府,但非常有限。1981年底,法国政府颁布"权力下放法"。1983年,地方政府税收占国内生产总值的比重上升到3.2%,1984年上升至3.8%,但地方政府税收收入占中央和地方税收收入总额的比重仍然没有超过20%。③

3. 英国

英国的议会由上院(贵族院)、下院(平民院)和国王(或女王)共同组成,是最高立法机关,行使国家的最高立法权。其中,财政法案只能向下院提出并由下院审议和通过;征税必须得到下院的批准。1911年的议会法规定,上院只能将财政法案拖延1个月生效,而不像其他法案可以拖延两年;1949年的新议会法则规定,下院可以将财政法案径送国王批准成为法律,而无需经过上院,实际上剥夺了上院就财政(税收)方面的立法(参与)权。

一般认为,英国也是奉行"三权分立"的国家。"但是这种理论(指分权理论——

---

① 王名扬:《美国行政法》(上),中国法制出版社1988年版,第295页。
② 王名扬:《法国行政法》,中国政法大学出版社1988年版,第139—142页。
③ 邓子基、巫克飞:《西欧国家税制改革比较研究》,中国财政经济出版社1993年版,第225—226页。

引者注)是对英国宪法的误解。英国可以说从来没有实行过三权分立制度,行政机关从来不只行使行政权力。"然而,英国的行政机关并无固有的立法权,其权力来源有二:一是法定权力,即议会通过法律授予的立法权;二是英王的传统特权。其中,"英国政府根据英王特权所制定的行政管理法规不是委任立法……不能作为行政机关权力的最后和全部根据"。① 因此,可以认为英国行政机关行使的立法权主要是根据议会授权的委任立法权。在法律与行政法规的关系上,英国与法国相似,"仅从数量上来看,大部分立法也是由行政机关而不是立法机关制定的"。"例如,1891年,各种行政规章和命令在数量上就多达议会立法的两倍。……到1920年……各种行政立法和规章则已达到议会立法的5倍之多。"②由此来看,英国政府享有的委任立法权的范围如此之大,"甚至,处于下议院严密控制之下的敏感的税收权力,也已经遭到了一种很大程度的侵蚀。根据1958年《进口税法》的规定,财政部有权确定货物应征收的税种和税率,只要下议院明确肯定应开征该税或者提高税收。而根据1972年《欧洲共同体法》的规定,只要共同体作出决定,英国财政部也有类似权力"。因此,"政府为了应付某种紧急情况或实施某种需要事先保密的政策起见,有时从议会得到用行政管理法规规定租税或变更税率的权力,特别是关于进口税的征收和税率需要随时调整,往往委托行政机关决定"。③ 所以,"英国税收立法的一个特别之处就是,政府通过每年的预算法案及相应的财政法来修改、补充或扩展四个主要税收立法(指1970年的所得和公司税法,1970年的税收管理法,1968年的资本课税扣除法和1979年的资本利得税法——引者注)和此前各年的财政法中的有效条款"。④

英国地方各级议会都是自治的、独立的。彼此间互不隶属、互不管辖,各级议会都只能在议会法赋予的权限范围内,就自己的职权事项制定有关地方法规,如课征地方赋税等财政事项。英格兰等四大区的政府则是地方税的征收机构,郡和教区及社区应征的税款也由区政府代征。通常,地方税按《地方政府财政法令(1988)》执行。该法令确定了收入归地方当局的税种的税基和程序,并确定每个地方当局按年决定税率的程序。

4. 日本

根据第一次世界大战后制定的"和平宪法"建立的日本立法体制,是一种中央集权和地方自治共存的立法体制。国会是"国家唯一的立法机关"(《日本宪法》第41条),统一行使国家立法权;与此同时,宪法还赋予地方较大的自治权,自治单位可以在法定范围内行使条例制定权。

在行政机关的立法权方面,"法律……在一定范围委任行政机关制定规范,作为

---

① 王名扬:《英国行政法》,中国政法大学出版社1987年版,第97—104、108页。
② 〔英〕威廉·韦德:《行政法》,徐炳等译,中国大百科全书出版社1997年版,第561页。
③ 王名扬:《英国行政法》,中国政法大学出版社1987年版,第116页。
④ 邓子基、巫克飞:《西欧国家税制改革比较研究》,中国财政经济出版社1993年版,第119页。

这种意义上的行政立法的规范制定是基于议会制定法的授权,即所谓委任立法"。依据宪法,日本内阁制定政令只限于两种情况:第一,为实施宪法和法律的规定,可以发布行政命令;第二,根据法律的特别授权,可以发布授权政令。此外,行政机关还可以制定行政规则,无需议会制定法的法律或条例的授权,作为行政机关的当然权能。比如,当法律通常只是确立抽象的规范,而委任立法的政令等又未表明具体解释标准时,作为租税行政厅就应行使其行政职能,补充、解释法律规定的抽象性规范的意义内容,同时有必要发出具有协调下级行政厅的实施方针,使其趋于一致目的的通知。① 由此来看,日本行政机关行使的立法权与法国相似,也是由基于立法机关或法律授权的委任立法权和基于自身职权的行政立法权两部分组成的。②

《日本宪法》第92条规定了地方公共团体实行自治的原则。所谓地方公共团体,"是指……在国家法律范围内具有管理财产的能力以及对居民拥有课税及其他统治支配权的团体"。③ 然而,《日本宪法》第84条又明确规定了"税收法律主义",则赋予地方以课税(立法)权似乎构成了对宪法原则的违反。但《日本宪法》在其第13条中规定:"全体国民都作为个人而受到尊重。对于谋求生存、自由以及幸福的国民权利,只要不违反公共福利,在立法及其他国政上都必须受到最大的尊重。"也就是说,法律以及经由法律授权的其他法规范,如地方性法规,只要符合"公共福利"的要求,地方自治体就可以通过地方立法活动限制或调整国民的某项基本权利。④ 因此,地方政府的课税权是作为地方政府自治权的一个环节由宪法直接赋予地方政府的一项权能,地方政府并能根据这一职能自主地筹措地方政府资金。由此形成了日本税法之"自主财政主义"的基本原则。⑤

5. 比较结论

以上笔者主要是选取了英美法系的美国和英国,大陆法系的法国和日本等四个国家作为代表,对其立法权限体制及税收立法权限体制作了一个简要的说明。可以发现,问题主要集中在立法机关和行政机关(其中又尤其是中央立法机关和中央行政

---

① 〔日〕室井力主编:《日本现代行政法》,吴微译,中国政法大学出版社1995年版,第60页。
② 有的日本学者认为,行政规则不具有法规性质,"不是行政法上的法源","而且不具有影响国民权利义务(法的地位的变动)的法律效果(外部的效果)"。英国行政法学家威廉·韦德也认为,"纯粹的行政规则,例如关于……免除纳税人税收的规则,在任何意义上都不属于立法的一种"。参见〔英〕威廉·韦德:《行政法》,徐炳等译,中国大百科全书出版社1997年版,第571页。从这个意义上来看,似乎可以将行政规则排除在立法之"法"的范围之外,如此则日本行政机关的立法权的性质就不同于法国,而倾向于美国和英国了。然而,又有日本学者认为,"即使是作为行政规则进行讨论的规范,也有不少与国民的权利义务有重大的关系"。如此看来,行政规则又属于法的范围。可见,日本学者对此存在着争议,未形成一致的意见。参见〔日〕室井力主编:《日本现代行政法》,吴微译,中国政法大学出版社1995年版,第69—75、62页。本书采后一种观点。
③ 〔日〕宫泽俊义:《日本国宪法解释》,董璠舆译,中国民主法制出版社1990年版,第659页。转引自李步云主编:《中国立法的基本理论和制度》,中国法制出版社1998年版,第430页。
④ 李步云主编:《立法法研究》,湖南人民出版社1998年版,第545—546页。
⑤ 〔日〕金子宏:《日本税法》,战宪斌、郑林根等译,法律出版社2004年版,第127页。

机关)之间以及中央国家机关与地方国家机关之间税收立法权限的划分等两个方面。总的观点是,任何一个国家,不管其政治体制、经济体制和立法体制如何,税收立法权限在立法机关和行政机关之间以及中央与地方之间都不存在绝对的划分;换言之,都是一种相对的集权或分权模式,只不过集权或分权的程度和方式有所不同罢了。

首先,在立法机关和行政机关之间立法权限划分方面,主要是两种情况①:一种以英美法系的美国和英国为代表,立法权为立法机关所享有,行政机关享有的立法权是委任立法;另一种以大陆法系的法国和日本为代表,立法机关和行政机关都享有立法权,且行政机关享有的立法权部分来源于立法机关的授权,部分来源于其自身职权。其次,在中央与地方之间立法权限划分方面,也是相对的分权模式,只不过中央集权的国家,如法国,更偏重于集权,而实行联邦制的国家,如美国,更偏重于分权;而且,一般认为,地方政权机关的立法权均来自最高立法机关的委任。所以,其中最关键的问题在于委任立法,而各国在委任立法的产生和迅速发展方面的原因具有很大的共同性:其一,现代社会中,国家立法内容的复杂性、专业性和技术性,导致立法机关在立法时间、立法技术和立法程序等方面的有限性;其二,为了适应情况变化的法律的灵活性,以及出于立法机关对地方(区)多样化情况变化考虑的局限性;其三,紧急情况需要;其四,为制定法律积累经验而进行试验的需要。② 即使是洛克也认为,"为了社会之利益,有些事务必须由行政机关自由处理。……行政机关在立法机关能制定出有关法律以前可以为了公共利益而运用其特权"。③ 这种"行政特权"可以认为包括了行政机关的立法权。而税收立法权在各类及各级国家机关之间进行分配的主要原因也不过以上几点:第一,税收及税法的复杂性、专业性和技术性;第二,灵活多变的经济形势,要求国家不定期地随时运用税收等经济杠杆和税法等法律手段及时加以调整,尤其是在外贸领域;第三,考虑到各个地方的具体特殊性,以及为充分调动和发挥地方的积极性和主动性而赋予地方财政自主权的需要;第四,为制定税收法律积累经验而先以税收行政法规或税收地方性法规进行试验的需要;第五,即使是已制定的税收法律,由于客观情况的变化,也需定期予以调整,如由于通货膨胀的原因而调整税率等税收要素;第六,以以上诸方面的需要,由于最高立法机关在立法时间、立法程序、立法技术等多方面的限制的原因,不可能及时或全面地予以满足。因此,最高立法机关无法包揽所有税法的立法权,而必须进行两方面的委任:一方面委任行

---

① 李刚:《试论行政机关立法权的若干问题》,载《南昌大学学报》1998 年第 3 期。
② 参见〔日〕南博方:《日本行政法》,杨建顺等译,中国人民大学出版社 1988 年版,第 51 页;〔日〕室井力主编:《日本现代行政法》,吴微译,中国政法大学出版社 1995 年版,第 61 页;〔美〕E. 博登海默:《法理学——法哲学及其方法》,邓正来、姬敬武译,华夏出版社 1987 年版,第 402—405 页。
③ 参见〔美〕E. 博登海默:《法理学——法哲学及其方法》,邓正来、姬敬武译,华夏出版社 1987 年版,第 53 页;〔英〕洛克:《政府论》(下篇),叶启芳、瞿菊农译,商务印书馆 1964 年版,第 98—99 页。

政机关,一方面授权地方政权机关。

(三)我国税收立法权限体制之完善

1. 我国税收立法权限体制之评价

笔者认为,可以从整体框架和内部结构两方面来对我国税收立法权限体制进行客观、历史和科学的评价。

一方面,从总体上看,应当认为,我国已初步构建了一个横向关系与纵向关系相结合的税收立法权限体制整体框架。首先,就横向关系而言,主要是中央立法机关与中央行政机关,即全国人大及其常委会与国务院之间的税收立法权限划分关系。应当认为,由全国人大及其常委会享有税收立法权并授权国务院行使委任税收立法权,这一方式对我国特定时期的税法体系完善和经济体制改革起到了积极的作用,具有一定的合理性。所以,1993年,国际货币基金组织(IMF)法律事务部专家小组在考察了我国税收法律制度之后认为,"无代表则无税"的原则并不意味着通过税法的立法机关必须自己起草法律;税法起草的技巧和专业知识集中在行政机关,因此,国务院起草税法比全国人大或其常委会起草税法更具优势;而且由于全国人大在立法时间、立法程序等其他方面的局限性,"期望人大成为起草税法的主体也许是不现实的";但是,由国务院主持起草的税法应经全国人大或其常委会审议通过并正式颁布。[①] 其次,从纵向关系来看,主要是中央与省级地方之间的税收立法权限划分关系。我国是一个中央集权的国家,曾经实行过相当长一段时期的高度集中的计划经济体制,所以,在目前经济体制转轨时期,不仅已确立了分税制财政体制,中央与地方在税收立法权限方面有一定的划分,而且呈现出加大地方分权的范围和力度的趋势,相对而言,也是一种历史进步。所以,我们应当在总体上肯定我国税收立法权限体制整体框架的合理性,以及在体制转轨时期所发挥的积极作用。

另一方面,从内部结构看,在税收立法权限体制整体框架内,各部分的具体内容分配不尽合理;换言之,各部分的结构比例失调,可以概括为两点:

第一,税收授权立法已不合时宜。在我国,全国人大及常委会授权国务院税收立法权,是基于适应改革开放政策的需要。《宪法》规定税收立法权是全国人大的固有权力,但全国人大可以授权国务院立法。因此,改革开放之初,考虑到我国法制建设尚处于起步阶段,对建立现代税制的经验和条件都不够,当时迫切的改革需求无法等待全国人大繁琐漫长的立法程序,于是,由全国人大及常委会授权国务院行使税收立法权,便成为了当时最为可行、又不违反基本法律的一项"解决方案"。全国人大及常委会通过两次授权,将设立税种的整体立法权授权国务院,这是改革开放刚刚起步的特殊历史背景下的特殊选择,意为"暂行"。然而,这一"暂行"的权力,却被行使了长

---

① 许善达:《中国税收法制论》,中国税务出版社1997年版,第285—287页。

达三十年之久。这三十年间,"中国特色的社会主义市场经济法律体系"已经建成,"依法治国"也成为治国理政的国家战略。但事关所有公众利益的税收立法权,仍不能遵循税收法定原则,代表全体人民行使最高权力的全国人大对于税收立法和监督的基本权力仍然"旁落",这不能不说与我们过去近三十年间在"依法治国"领域取得巨大成就形成了鲜明的对比。此外,在最高立法机关内部,全国人大与其常委会之间立法权限的划分不甚明了。宪法规定,全国人大"制定和修改刑事、民事、国家机构和其他的基本法律",全国人大常委会"制定和修改除应当由全国人民代表大会制定的法律以外的法律",但对基本法律和基本法律以外的普通法律没有规定其具体事项范围,或是划分的具体标准,也表现出一定的随意性。给人造成的逻辑误解是,因为是全国人大所立之法,所以是基本法律,如个人所得税法;因为是全国人大常委会所立之法,所以是普通法律,如税收征收管理法;而非因为是属于基本法律的事项,所以应由全国人大立法,因为不属基本法律而为普通法律之事项,所以可由全国人大常委会立法。

第二,税收立法权过度集中于中央,地方行使的税收立法权限过小。与上述全国人大及其常委会与国务院之间税收立法权限划分不明相反,中央与地方之间税收立法权限的划分比较明确;之所以如此明确,主要是因为在中央与地方之间就税收立法权限方面没有什么实质性的分权,绝大部分税收立法权集中在中央。1993年《国务院关于实行分税制财政管理体制的决定》指出:"中央税、共享税以及地方税的立法权都要集中在中央,以保证中央政令统一,维护全国统一市场和企业平等竞争。"同年,《国务院批转国家税务总局工商税制改革实施方案的通知》提出:"中央税和全国统一实行的地方税立法权集中在中央。"目前我国没有在宪法和法律中对地方税收立法权问题作出规定,但这两个行政文件显然明确表述,否定地方享有独立的税收立法权。据此,我国地方政府经过中央的授权,仅享有非常有限的税收立法权,其主要包括四个方面:第一,省级政府可以对一些地方税,如城市维护建设税、房产税、车船税和城镇土地使用税等,制定实施细则。第二,省级政府可以在特定情形下对部分税种予以减税、免税,比如对残疾、孤老人员和烈属所得减征个人所得税等。第三,省级或省级以下税务机关可以在其权限范围内制定适用于本管辖区域的有关税收征管的具体程序规则。第四,省级政府可以在相应的幅度内,对契税、车船税和娱乐业营业税等地方税税种,自主确定本地适用的税率。这种高度集中税收立法权的做法,在一定程度上削弱了公民参与本地区事务治理的权利,不利于发挥和调动地方的自主性和积极性。因此,有必要向地方下放部分税种的立法权,落实"在中央的统一领导下,充分发挥地方的主动性、积极性的原则"。

2. 我国税收立法权限体制之完善

通过上述对我国现行税收立法权限体制的分析,我们找到其症结所在,概括起来,主要就是"税收立法权回归人大,以法律形式合理确定地方的税收立法权"。因此,对症下药,就是要限制国务院的税收立法权限,同时赋予地方以开征地方税种的税收立法权;换言之,我国应当构建一个横向协作配合关系和纵向效力从属关系相统一,且内容构成合理、结构比例协调的税收立法权限体制。

(1) 在人大收回税收立法权方面,应遵循以下路径。

其一,对已存在且正在生效的税收行政法规,应认可其有效性和拘束力,允许国务院在遵循减轻税负原则的基础上对现有税种予以修改,并留待全国人大逐步、逐级、逐层地清理。首先,从法理上讲,立法机关收回税收授权之后,只能产生向后禁止新的授权立法的法律效力,而不会溯及性地使得国务院及财税行政主管部门制定的税收行政法规、规章都自然归于无效,也即,在全国人大或其常委会制定新法律替代前,各个税种暂行条例依然保持原有的规制力。其次,在废止1985年授权后至新法律出台前,鉴于全国人大会期较短、事务繁多,不具有根据经济社会态势及时调整税收法律制度的客观条件,如果一味等待人大立法,可能会延误或遗漏适时的发展机遇,所以,行政机关有权力修改落后于形势的税收法规条例。但需注意的是,为防止行政机关借修改税收规范之名而行课征新税之实,须确保修改后的税收法律规范以不增加纳税人的税收负担为底线。此外,全国人大亟须加快步伐,条分缕析地清理和整治现存的行政法规、规章和其他规范性文件。借这个契机,可重新梳理税收制度脉络、引入新的税法思想,并改变当下法律规范质量良莠不齐、内部彼此冲突的境况,建构一个结构完整、逻辑清晰、层次分明、上下位阶的法律互相协调的税收法律体系。

其二,对尚未开展立法的税收领域,应推动全国人大积极行使税收立法权,也可在一定层面上对国务院进行有限度、有针对性的立法授权。当下,我国的房产税、"营改增"扩围还未尘埃落定,遗产税、环境税等税种是否开征、何时开征、怎样开征仍处于理论探讨阶段,因此,全国人大应结合未来收回税收授权立法的趋向,主动在这些新事项的立法上有所作为,从而在一次次锻炼中得到提升,也使税收法定的理想转化为触手可及的现实。一方面,虽然全国人大在专业性上恐难以独自承担税收立法的复杂工作,但是,这不足以成为阻碍人大在税收立法中起主导作用的正当理由。全国人大不仅可以在法律制定的合适时期听取专家学者的建议和意见,乃至采取委托专家立法的措施,而且完全可以在保持自身统率地位的前提下,将财政部、国税总局、海关总署等相关行政部门纳入税收立法进程中,由此方能既更大程度地利用行政机关的人才、资源优势和实践经验,又避免部门立法的狭隘和局限。另一方面,根据《立法法》第9条规定,在某一领域的立法条件尚不成熟的情况下,让国务院先行探索是合理措施,对国务院进行适当的税收立法授权并不违背税收法定原则的本质要求。且细节性、实施性的问题本就适宜由行政机关制定细则,以形成多层次、立体化的税收法律结构。

在税收立法授权过程中,我们应特别关注如下几个问题:一是,在授权的同时必须对授权行政机关立法的目的、范围、内容等加以严格限定,实行具体、个别的授权而非笼统性的授权;二是,增强税收授权立法的全过程监督和结果反馈,使每次授权都能成为权责关系明晰、始终如一的郑重托付;三是,授权之后,仍须快速跟进税收立法步伐,待时机成熟时将相关基本事项以全国人大或其常委会立法的形式颁布推出,防止税收行政法规的长期放任实行架空立法机关的税收立法权。

其三,要从根本上取得人大收回税收立法权的成效,需要推进我国人大制度的深层次改革,提高立法机关的专业能力。试想,即便将税收立法权交还全国人大,但若它没有足够的税法人才储备和组织协调机制,这个"非巧妇"亦无力做出一顿丰富的"法律菜肴"。因此,加强全国人大的能力建设应成为解决立法授权问题乃至改造整个权力架构的治本之策,这方面的具体措施包括,调整人大代表组成结构、增加全国人大及其常委会的专门机关的专业人员编制等。否则,全国人大获得名义上的税收立法权后,将可能再度陷入行动乏力、操作迟缓的尴尬境地,无法产生实际效益,这从《税收征收管理法》等多部法律的修改或制定被全国人大研究多年至今仍未出台的现象中就可见一斑。

(2) 为实现"统一税法与适度分权、全国市场统合与地方因地制宜"的有机结合,在确定地方立法权限方面应注意以下几点。

第一,地方税收立法权的赋权方式。考虑到我国的政体,地方税收立法权应由中央授权,但是,只能由全国人大及其常委会通过决定授权,不宜通过国务院的行政决定进行。第二,地方税收立法权的范围。中央税、中央地方共享税以及维护全国统一市场和公平竞争的地方税等主要税法的立法权仍应掌握在中央手中,地方仅有权在全国普遍征收的地方税以外,结合本地实际情况,单独开征某些税源分散的、具有地方特色的税种。同时,有条件地赋予省级乃至省以下各级政府对其管辖的地方税的税率调整权和税收减免权。第三,地方税收立法权的主体。地方税收立法权只能由地方各级人大及其常委会行使,不宜由地方政府实施。相应的,需重新界定税收法定主义的外延和内涵,这里所指之"法"应包括地方人大及其常委会制定的地方性税收法规。第四,地方税收立法权的约束。为了维护税法体系的统一性,地方税收立法权必须受到一定的限制,比如在程序上,地方税收立法不得与中央税收立法相抵触,地方税收立法应报中央备案,必要时报全国人大及其常委会审批等;在实体上,地方税收立法不得加重纳税人的税负,不得妨碍既有税种的征收等。

1994年的分税制改革,主要侧重于改变我国税收的结构,对事权划分关注不够,支出责任混因此应以法律形式赋予地方更多的税收立法权,并对其进行必要的限制和监督,乱的现象在实践中频频出现。随着现代给付行政的发展,经济建设和民生福利都需要政府给予更多的财政扶持。但是,现阶段我国地方政府(特别是基层政府)承担了较重的政府职能,各级政府财权与事权、支出责任不相匹配,影响了公共生活的质量和水平。因此,要想合理配置中央与地方的财权,首要一步是对中央与地方的事权进行系统的梳理和调整。具体说,应当确定中央事务、地方事务、中央与地方共同事务、中央委托事务、中央引导和鼓励性事务的边界,适当上收部分事权(包括基础养老金、食品药品安全等基本民生保障项目和流域管理等跨地区项目),并以事权为限确定地方政府的支出责任,防范上级政府加重下级政府支出负担的摊派行为。这不仅有利于中央与地方发挥自身优势,各负其责,各尽其职,还能在保证基本公共品供应的前提下,促进地方间的竞争和自我提升。以明晰和调整事权为逻辑起点,接下来需思考财权的重新分配,即对各级财政收入的规模作出适应于事权的调适,对税收、财政转移支付和政府债等诸种收入来源的比例加以平衡。

在财税法治进程中,中央与地方间财权与事权的配置占据着辐射全局、关乎根本的地位。直面历史遗留和实践中的种种问题,我们应当遵循法治化的改革思维,全面反思地方税收权力的建构,以法律的形式合理确定地方的税收立法权、税收收益权。强调"财权与事权相匹配",就是指"地方政府有多少事,就应获得多少钱";强调"事权与支出责任相适应",就是指"地方政府有多少事,就应花多少钱",只有将财权与事权、支出责任三者串联起来,才能准确把握财政体制的全貌。依循中共十八届三中全会公报的指引,将财权适当下放、事权适当上收、支出责任清晰和固定化,进而保证财权与事权、支出责任相挂钩、相匹配,是一种可资尝试的整体方案。

总之,税收立法权限体制是整个税收立法体制的核心,其不足与缺陷是导致目前中国税收立法中存在的诸多问题的根源所在;只有对其不断地加以改进和完善,才能进一步解决税收立法中的问题,从而解决由税收立法所产生的税法体系的问题,使我国税法的功能和作用得到更好的发挥,以有效地保证广大人民对公共服务的需要与国家财政收入的实现。

四、税法通则的制定

宪政制度是法治的根本,税收立宪是税收法治的前提。无论是否制定税法通则的国家,有关税收的基本问题在宪法中都有所规定,尤其是没有制定税法通则的国家,更是将税法的基本问题通过宪法来明确。在税法通则中,应当对公民的生存权、发展权、平等权等基本人权和知情权等基本政治权利进行更进一步的明确。

(一)税法通则的地位与模式

1. 关于税法通则的地位

有学者认为,对税收的共同性问题进行规定,并在税法体系中处于宪法性法律规范之下并统领、约束、协调各单行税收法律、法规和其他规范性档的法律规范的法律文件,应当命名为"税收基本法"。但在对其具体定位上,学界远未达到共识。汤贡亮教授称其为统率各单行税收法律、法规的"宪法性法律";华国庆教授进一步阐明税收基本法是我国治税的根本大法,是诸单行税法的"母法",在税法体系中具有最高法律地位和最高的法律效力。而与其相向的观点例如熊英教授则认为,税收基本法与其他税收法律是一般法与特别法的关系,全国人大常委会制定的《税收征收管理法》与将来由全国人大制定的《税收基本法》二者的效力等级是一样的,称税收基本法为"母法"是不合适的。①

当我们对宪法和立法法的法律文本进行研究时发现,宪法和立法法对基本法律的制定主体作出了特别规定,但对基本法律的效力没作出明确规定,对基本法律是否应当具有特别的效力在实践中也没有引起足够的重视。笔者认为,基本法律相对于非基本法律而言应当有特别的效力。

这一特别的效力主要由以下两方面的因素决定的:一方面,是由它的制定主体即全国人民代表大会在宪法中的特别地位决定的。这就决定了全国人大制定的基本法律的效力高于全国人大常委会制定的非基本法律的效力。而宪法的以下规定则进一步表明了基本法律的这一特别效力:第一,《宪法》第62条第11项规定,全国人民代表大会有权改变和撤销全国人大常委会不适当的决定。第二,《宪法》第67条第2项规定,全国人大常委会制定和修改除应当由全国人民代表大会制定的法律以外的其他法律。第三,《宪法》第67条第3项规定,全国人大常委会在代表大会闭会期间对代表大会制定的法律进行部分补充和修改,但不得同该法律的基本原则相抵触。立法法也有类似的规定。显然,代表大会的意志是高于常委会的意志的。另一方面,基本法律的特别效力是由权力机关立法的民主原则决定的。很显然,由全国人民代表大会全体组成人员讨论和决定的法律,其民主性和民意代表性要高于只由最高权力机关全体组成人员不足二十分之一的代表讨论和决定的法律。正如韩大元教授所谈到的那样,民主性和民意代表性高的法律,其效力当然要高于民主性和民意代表性相对较低的法律。

所以从宪法的规定和基本精神来看,基本法律是介于宪法和非基本法律之间的法律层次,其效力低于宪法而又高于全国人大常委会制定的非基本法律。但是由于宪法及相关法律对基本法律的规定不够明确,全国人大不仅有权制定基本法律,还有权制定非基本法律,全国人大常委会的立法活动还存在不规范的一面,这些都使各类法律的效力等级呈现出一定的复杂性。

通过对基本法律和非基本法律的比较研究,笔者认为目前采取"税收基本法"的名称,一方面容易引起混淆,在我国的立法实践中,采取"基本法"这一名称的只有香港和澳门的基本法,在其他法律领域并没有"基本法"这一名称,采取"基本法"的名称也面临如何对"基本法"进行定位,以及如何处理"基本法"与其他法律的关系等问题。另一方面,作为税收基本法,不可避免地必须要规定例如税收体制、税权分配等涉及政治体制、宪法制度改革的问题,而目前通过此类法律在立法实践中存在着较大

---

① 熊英:《完善税收规范体系的法律思考》,载《中国司法》2003年第12期。

的难度。笔者认为,制定一部《税法通则》能够比较妥当地弥补目前税收立法的缺失与不足,并能够为将来的税制改革奠定法律基础。税法通则应当规定各个税种法以及税收征收管理法所无法规定和解决的问题,如税法的基本原则、税收的基本要素、税收执法的基本原则和基本程序等对于税收实体法和税收程序法具有统领作用的共同性的制度。其效力低于宪法中的税法规范,高于其他单行的税收法律、法规,在税法体系中起到统领、约束、协调各单行税收法律、法规和其他规范性档的作用。

2. 关于税法通则的模式

综观国外立法例,各国(地区)对税法通则立法的态度不外乎制定或者是没有制定。制定的国家和地区主要有德国、日本、韩国、俄罗斯、我国香港地区等。没有制定的国家主要有美国、法国等。制定税收通则的国家其税法体系主要是宪法+税收通则+单行法规的模式。比如德国,除了在《基本法》专章规定联邦和各州、共同任务及财政制度,还在 1976 年制定了《税收通则》,共 9 章 416 条,此外还有各个单行的税收法规。需要注意的是,《基本法》是德国的宪法性文件,《税收通则》具有税收基本法或税法通则的性质。德国的税收通则秉承了大陆法系的一贯做法,将税法领域的基本事项、个别税法无特别规定的以及税法和其他法律部门的关系,比如与民法和刑法的关系,都加以统一的规定。

而没有制定税法通则的国家其税法体系主要是宪法+单行法规的模式。在这种模式的情况下,对于单行法规可以采取法典化或是非法典化的模式。美国就在宪法之下对其税收法规法典化,进行了系统的收集和归类整理。《美国法典》第二十六编即为《国内税收法典》。其中包括所得税、财产税及赠与税、雇佣税、各种货物税、酒烟和某些其他货物税、程序和执行、联合税收委员会、资助总统选举活动和信托基金法典共九个分编。美国虽然进行了法典化,但是其税法典所起的主要作用是对现有税收法律、规则和规章的系统收集、总结,并没有将这些规定进行重新的整合,更类似于税收法规条目的检索卡片的归类排列。

对于已经制定税法通则的国家,大致有三种基本模式:第一种是"发展式",以俄罗斯 1991 年制定的《联邦税法体制基础法》为代表,其篇幅较小,结构简单,规定比较原则性,其实施依赖其他配套立法;第二种是"发达式",以德国 1976 年颁布的《税收通则》为代表,其内容包罗万象,不仅注重程序方面规定,而且具体细致,无需另外配套立法即可实施,相对的结构也就较为复杂;第三种是"中间式",日本在 1962 年颁布(2006 年 3 月 31 日修订)的《国税通则法》和韩国在 1974 年颁布(2007 年 12 月 31 日修订)的《国税基本法》较为典型,相对于德国的《税收通则》来说规模较小,但是对程序等规定也较为重视,操作性比较强。

这三种模式不仅在内容的规模上有所差异,而且对于内容的编排也存在不同。就德国而言,其在税收通则中对税收法律关系的公法上的债权债务关系性质予以明确,并以此构建了"租税债法"一章,将纳税义务的成立、连带债务人、税款的让与、出质、扣押和消减等都统一在租税债务关系中加以规定,将税收实体法的共性提炼到税收法律关系性质的高度。而日本的《国税通则法》,则没有明确税收法律关系的性质,更没有以此来构建税收实体法的共性问题,只是简单地分为总则和其他章节,具体包括国税缴税义务的确定;国税的缴纳与征收;纳税的延期与担保;国税的退还与退还加算金;附带税;国税的更正、决定、征收、退还等的期间限制、不服审查与诉讼等。可见其具体章节的排列是以税收机关行为为中心来构造的。有日本学者认为这种排列体现出日本的税法是"征税之法",而不是"权利之法"。韩国的《国税基本法》虽然不像日本完全以税务机关行为为线索进行编排,但是也没有对税收法律关系的性质加以明确,只是简单地排列了税法领域的基本问题,除了总则以外,具体包括国税征缴和税法适用;纳税义务;国税同一般债权的关系;课税;国税还给金和国税还给加算金;审查和审判等。而俄罗斯的《联邦税法体制基础法》仅26条涉及税收制度的基本原则、税收法律的制定程序、收入的分配和各级国家权利机关权限、税种、税收等术语的定义、税收优惠的种类、纳税人和税务机关的权利义务和责任及征收程序等。条文较为松散,排列的逻辑性也不是很强,虽然涉及的税收领域的内容较为全面,但是没有涉及其他部门法的相关制度的规定,需要配套的立法。

制定税法通则固然可以借鉴国外的立法经验,但更重要的是要从我国的实际情况出发,不能盲目照搬和简单套用而简单地全面否定我国已有的税法体系。所以在下一步的立法工作中应把握如下思路:第一,以税法通则为核心来组织税法体系的完善,将税法通则立法与主要实体税收法规上升为法律的立法工作结合起来;第二,在处理税法通则与税收征收管理法的分工时,把税收征收管理法定位在规范税收执法和救济等程序性问题上,以突出其程序的性质,其他税收基本问题主要由税法通则规制;第三,以扭转我国税收立法过于原则性的倾向为目标,在下一步立法中,注意立法技术和制度设计的考虑,努力提高我国税法的适用性和可操作性;第四,在充分考虑整体篇幅的前提下,彰显税法不仅是"征税之法",更是"权利之法"。

(二)税法通则的核心内容与法治精神

1. 税法通则对法治精神的响应

随着"依法治国"原则在宪法中的确立和后WTO时代的到来,税收法治的要求越来越明晰。

(1)税法通则是税法实施的重要保障。首先,税收法治要求增强税法的透明度。增强税法透明度首先要从立法开始,立法的指导原则和一些基本概念的统一需要通过税收通则法来实现。目前这些原则的缺失使本来立法层次就很低的税收领域的立法缺乏统一的规范性。其次,目前对于税法解释没有法律规范约束,造成对于现行税法规则的解释的随意性,增加了税法的不确定性,违背了税收法治的要求。再次,通过制定税法通则可以明确税务执法活动的原则和要求,明确社会各机关、团体、企事业单位及个人的护税、协税义务,进而规范税收执法领域。另外,目前我国还没有建立专业化的税务执法保障体系,公安、检察和税务机关对于税务违法案件的处理权限不够明确,部门之间的涉税案件的移送也还存在各种问题,这些都需要税法通则予以明确。最后,在税务救济领域,虽然已经制定了《税务复议条例》,但是在税务诉讼领域和税务赔偿领域是否应该存在相对于一般行政领域的独特性,以及对这些独特性的规范还没有明确,这也需要税法通则法来解决。因此说,制定税法通则可以强化税法的系统性、稳定性和规范性,进而增强我国税收立法、执法和司法的依法治税水平。

(2) 税法通则是彰显权利观念的必然结果。宪政制度是法治的根本,税收立宪是税收法治的前提。无论是否制定税法通则的国家,有关税收的基本问题在宪法中都有所规定,尤其是没有制定税法通则的国家,更是将税法的基本问题通过宪法来明确。

我国现行宪法为税法功能和基本原则的明确提供了基础,宪法对平等权的强调对于在税法上确立公平原则具有指导作用,但是这种基础作用更多的是建立在逻辑推演的基础之上。和其他市场经济国家的宪法相比,我国宪法中存在财政税收权利观念的制度缺失,也未对税法的基本原则、纳税人的基本权利等作专门的规定,就明文规定而言,我们国家的宪法中的涉税条款显得不够清晰和明确。

宪法除了应该明确公民的生存权、发展权、平等权等基本人权和知情权等基本政治权利外,还应该明确各级政府之间以及各个政府的机构部门之间的事权划分,并确立事权与财权相一致的原则,在此基础之上进一步确定转移支付的力度和原则。也就是说在宪法中应该明确涉税问题中有关公民基本权利的部分和基本的权力体制问题。因为宪法在整个税法体系中处于基础性地位,它必须对这些基本问题有所响应。但是这也不等于税收通则法在基本问题领域没有任何作用的余地,其作用主要体现在对税收立宪精神的制度化和具体化。而且宪法的修改程序较为复杂,有些问题需要首先在税法通则中加以明确,以利于税收法治的实现。但我们必须清醒地认识到这些基本问题规定在税法通则中的难易程度恐怕与在宪法中明确不相上下。因此,我国要制定详细的包含有关"税收立法权限、立法程序、税收管理体制、征税机关的设置、管辖权的划分"等基本问题的税法通则就必须先在宪法中明确有关事权划分以及财权与事权相一致的原则,或者至少这一问题得到某种政治上认可。否则,税法通则中所要明确的有关问题只能通过拆分,各个明确解决。

(3) 税法通则是协调相关法律的重要法案。可能会有人主张通过税收征收管理法来解决相关问题,无需制定税法通则。但在没有税法通则的情况下,通过税收征收管理法来解决一些问题仅是迫于一时之需,但从税收法律体系的系统性和规范性来说,应该制定税法通则。因为就立法的逻辑来讲,税收征收管理法的名称决定了其主要解决的是税收征收管理过程中的问题,其不能完全解决税法各个环节中有关各项原则和基本规范;而且其程序性限制其担当税法总则的重任。比如,就税法的原则而言,目前我国宪法和税收征收管理法中虽然都没有规定税法的基本原则,但是通过宪法和具体的税种法,学者们大致推导出税法的基本原则应该包括税收法定原则、税收公平原则、税收效率原则等。税收征管过程中所体现的原则更多的是效率原则,当然法定原则和公平原则也必然会有所彰显,但就社会政策原则则是通过具体的税种法立法过程中税种、税率的设计体现的原则,如果规定在税收征收管理法中就会有逻辑上的不协调。再如,税收征收管理法中可以规定具体的税收征收管理权的配置问题,但是如果规定税收立法权的配置则在内容上会显得不伦不类。因此说,税法通则要解决的有关问题不应通过税收征收管理法来规定。日本、韩国都分别制定有税收通则法和国税征收法,税法通则中主要规定有关税收的基本问题,而国税征收法则规定有关税收的征收程序,主要包括滞纳处分的程序和强制措施的程序。

再者,我们国家在制定行政许可法之后,行政领域的立法重点将是行政程序法。就税法通则与行政程序法的关系而言,如果税法通则中涉及有关税收征收程序的规定,要遵循一般行政程序的要求。这是由于税收征收机关的行政性,税收征收程序不可避免地具有行政程序的特点,它基本上可归属于行政程序。但由于税务行政的独特性,税法通则中的有关税收征收程序的规定可以说属于一般行政程序的特别法,具有优先适用的特点。我国目前还没有制定《行政程序法》,德国在制定《税收通则》时行政程序法也没有出台,后来的行政程序法在很大程度上都是参考《税收通则》来制定的。因此,税法通则中关于一般程序的规定和行政程序法具有很高的统一性,而且有相当的重复性。但我国与德国在此的情况并不相同,我国的行政程序法的制定已经日趋成熟,预计行政程序法将早于税收通则法出台,而且,我国的《税收征收管理法》没有作出规定排除一般行政程序适用的规定,也不会出现像台湾那样因在行政程序法之前施行的税捐稽征法排除其适用,而影响行政程序法应有功能并使税收征纳活动缺乏更严格的程序保障规定的情况。

因此,如果要在税法通则中规定有关税收征收程序的规定,也仅仅是就税收领域的特殊程序作出规定,而行政程序法的一般规定则应补充适用于税收程序活动。当然,可以在税收通则法中比照行政程序法的规定,明确税收征缴和适用的一般原则,进而将行政程序法的基本原则所蕴涵的理念、价值融入到税收征收程序中。

2. 税法通则的核心内容

(1) 税法基本原则相互关系探析。税法通则对税法基本原则作出规定是必要的,但通观他国税法,概出于各种考虑,并不将很多所谓的税法原则都纳入其中。

究其原因,首先由于使用立法语言很难精确地表达一项一般性原则的含义,且立法者对每一原则的含义都有不同的见解。例如,"税收公平原则"的含义在学者中就没有一个定论。如个人所得税法累进税率的设计,对不同收入水平的人按照不同税率进行征税,有些人认为这种税很不公平,而另一些人则认为这种税恰恰追求的是实质公平,这些分歧主要源于对"公平"的不同理解。

其次,税法的具体规定和税收基本原则之间的潜在矛盾可能会导致税收制度的不确定性。在西方国家,如果税法条文的规定模棱两可,字义可作多种解释,在司法时法院会作出有利于纳税人的解释。纳税人可以依据税收基本原则质疑具体税法的条文规定,拒绝履行纳税义务,这样就会造成税法执行的不确定性。我们知道,税法的确定性是非常重要的,它是纳税人从事其日常业务的前提和基础。

而且,在其他国家税法实践中发现,税法基本原则之间经常发生冲突。例如,税收公平原则和税收效率原则就经常发生矛盾。公平的税收制度建立在量能课税原则基础之上,该原则要求对不同种类的收入一视同仁,但这一制度可能使扣缴工作很难进行,造成征收上的低效率。将工资和薪酬与其他种类的收入区别对待(我国个人所得税中即是如此)违反了税收公平原则,但从税收效率的角度来讲又是必要的。

还有一个极端的例子,假使一项税收立法完全贯彻了税收法定主义原则,但该项法案的具体制度设计却明显背离了税收公平原则,也即假如这项立法是完全符合法定程序的"恶法",立法者在实行"多数人的暴政",此时,税法基本原则之间的关系应如何确定?

有鉴于此,税收通则法所包含的税收法定主义原则、税收公平原则、税收效率原则在立法时只要作一般性的表述可能就已经很充分了,无需定义每一具体原则,也无需明确肯定哪一具体原则更重要。这可为正在转型的我国税法改革留有回旋的余地。

(2)税权的复合特征。从经济权力和经济权利复合存在的理念出发,国家的税权包括税收权力和税收权利,前者是国家的征税权,后者是国家的税收债权。而站在民主国家的立场上,国家的权力来自于人民,国家的税权无非也是代表人民来行使的,这里的"人民"即是指国民的整体。当然,国民个人同样也可以享有税权,即有关税收的权利,但必须在具体的税收征纳过程中。在具体的税收征纳过程中,享有税权的征税主体包括税务机关、海关等税收稽征部门,税权的内容包括税权的征税权和税收入库权,而纳税主体则享有税收减免权、退税请求权等税权。如果从立法、执法与司法的法律运作流程来分析,税收立法机关的税权是税收立法权,而税权执法机关的税权就是指征税主体的各项权利,税收司法机关的税权就是税收司法权。狭义的税权则把主体限制在国家或政府,其具体内容包括税收立法权、税收征管权和税收收益权。

如果从微观和宏观两个层面来考察税法的实施过程,我们会发现,在微观层面,税法的实施过程就是税收的征纳过程,就是把实体法上抽象的税收之债转变为程序法上具体的税收债权的过程,是税收之债请求权的实现过程,是通过国民对税收债务的履行而把国民财产所有权转变为国家财政权的过程,是税收由对人权转化为对世权的过程。这个过程分为抽象的税收阶段和税收由抽象转为具体阶段两部分。在此过程中,作为税收法律关系内容的税法主体间的权力(利)与义务关系,呈现为征税主体的权力责任结构和纳税主体的权利义务结构的复合。

首先,在抽象的税收阶段,国家对符合课税要素的特定纳税人,有请求其履行税收债务的权利,因而国家的税收权利一般被认为具有债权性质,只不过税收债权不同于私法上的债权,而是一种公法上的债权。之所以是公法上的债权,是因为享有请求权的债权人,毕竟是为社会公众提供公共物品的国家。在此阶段的权利与义务关系中,国家是权利主体,是债权人;国民是义务主体,是债务人。但如果把这个阶段放在整个财政收支过程来分析,把国家对公共产品的提供看作国民对税收债务履行的对等支付或对价,此时国家就是义务主体、是债务人,而国民(全体纳税人整体)就是公共物品的享有者,是权利主体,是债权人。

以此角度来考虑,国家和国民之间就是一种互负给付义务和请求权利的平等之债,在对特定人的请求权以及请求权的内容方面与一般的债的原理是一致的,从而体现为一种实体法上的债权债务关系。我们从税收法律关系的权力(利)义务结构层面分析,税收权利和分享公共品的权利是第一性的因素,纳税义务和提供公共品的义务是第二性的因素,前一类权利是后一类义务存在的依据和意义;税法的任务,开始由传统意义上的使国民单纯履行纳税义务而转向保护其分享公共品的权利,国家在取得税收权利的同时,也负有给付公共品的义务和接受监督的责任。权利是目的,义务是手段,税法设定义务的目的在于保障权利,此时,税法的权利本位法思想得以充分展现。

其次,在税收由抽象转为具体的阶段,国家要求每个具体的纳税人履行税收债务。此时国家不是一般的消极等待债的履行,而是依法定制;同时,国家还确定由专设的征税机关来负责接受和督促纳税人债务的履行;并且,这些征税机关享有税收债务人并不享有的专门的征收权、管理权和处罚权。可见,在这个阶段的债权人与债务人的地位并不是平等的,而且这种债的履行实际上在特定的时空阶段针对债务人个体是无偿的和无对等给付的。在此阶段,征税机关实施了一系列的行政管理行为,因而不可避免地存在着行政权力的渗入。但这些权力是辅助税收实现的权力,并不是直接针对税收的权力。因为纳税人的纳税义务是否成立以及义务的多寡,并不是依据税收征收管理法的规定以及行政权力的自由裁量,而是由税收债法(税种法)来加以规定的。纳税义务(税收之债)对应于国家对债的请求权,对应于国家的税收权利;行政权力的强制性只及于纳税人,而不是及于税收本身。即使税收征收管理法上规定了税收保全和强制执行措施等,这也只是国家基于税收之债的公法性而规定的一些债的保全措施。行政权力本身并不能创设新的纳税义务或税收债务,这同早期税法学说中采用的德国教授奥托·梅耶的"查定处分"是根本不同的。

我们从税收法律关系的权力(利)义务结构层面分析,行政权力的介入并没有改变税收作为实体法上的债权的性质以及债权人和债务人双方的平等性,也没有改变税法作为权利本位法的现实。但作为辅助债权实现的外来一方,它使税收法律关系的权义结构内增添了新的内容。在国家和征税机关层面,它们之间是一种代理与被代理的关系,国家是被代理人,征税机关是国家的代理人,代理国家行使税收债权,代理关系所指向的对象是税收利益。可见,征税机关行使课税权来源于这种代理关系或法律授权,其背后是国家与国民之间的债权债务关系或"契约关系"的存在。在征税机关和纳税人层面,征税机关作为代理人行使代理权,代理国家行使对纳税人的税收债权。征税机关的这种公权力的介入,使征纳主体间的权力(利)与义务关系,呈现如下的复合特征。征税机关为保证代理权的实现,享有对税收的征收权、管理权和处罚权,它们具有行政权力的属性,可以理解为税收权力。如上所言,这些权力是辅助税收实现的权力,并不是直接针对税收的权力,在税收权力和税收权利的复合结构中居于次要和从属地位。在权义结构中居于次要和从属地位并不是否定这类权力对保证税收债权实现的重要性。在更加强调依法行政和依法治税的当代中国,如何保证和监督这种行政权力的运行,是税收法治建设的重要内容。在此时,征税机关和纳税人之间基于税收程序法上的规定而形成税收行政法律关系,征税机关是行政主体,在税法上享有税款征收权、税务管理权、税务稽查权、获取信息权、强制执行权和违法处罚权等多项税收权力,这多项税收权力都是基于保障税收债权这种税收权利而产生的,这两种权力(利)的复合结构可以概括为税收职权;纳税人是行政相对方,根据罗豪才教授现代行政法"平衡论"的一般原理,纳税人在税务行政诉讼法律关系中也可以成为监督行政法律关系的一方主体。纳税人基于税收债权债务关系的一方平等主体和监督行政法律关系的一方监督主体,纳税人享有限额纳税权、税负从轻权、诚实推定权、获取信息权、接受服务权、秘密信息权和赔偿救济权等多项税收权利。基于税收权力的制约要求和税收权利与义务的对等性,征税机关在享有职权的同时也负有依法征税、提供服务、保密和依法告知的职责;纳税人负有依法纳税的义务、接受管理的义务、接受稽查的义务和提供信息的义务。因此,在税法实施过程的微观层面,从税收的抽象阶段到具体阶段,税收法律关系的权义结构就表现为征税主体的权责结构和纳税主体的利义结构的复合。

在宏观层面,税法的实施过程就是税收的宏观调控和社会稳定目标的实现过程。具体表现在作为宏观调控主体的国家运用税收本身具有的"内在稳定器"的功能,降低国民收入增减对经济波动反应的灵敏程度。与此相联系,国家还可以通过开、停税种,调整征税范围、税率,适时减、免税收等调控手段来防止经济过冷或过热,从而实现税收配置资源的职能。同时,由于税收是调节各类主体收入再分配的重要工具,加之累进税制的实行和所得税、社会保障税、遗产税与赠与税的综合开征,以及税收收入主要被用作转移支付和其他公共物品支出,税收亦有助于促进社会分配公平和社会稳定目标的实现。

我们知道,税收宏观调控法律关系的参加者是税收调控主体的国家和公民。从税收法律关系的权义结构层面分析,国家享有税种的开征停征权、税目税率调整权、税收减免权等职权,基于税收法定主义和社会本位法理念,税收宏观调控职权的来源应理解为全体人民的同意和授权,它的行使范围在税法上就体现为国家税权的配置和运作应以保障个人的私权为界限,或国家财政权同国民财产权之间的平衡和协调。这些职权也是税收权力和税收权利的复合,因为税收债权是基础性、本原性的税收权利,而税收权力是在税收宏观调控条件下国家的经济权力在税收上的体现。公民享有税收宏观调控范围内的经营自由选择权或市场对策权。换句话说,就是国家和公民在税收宏观调控方面的主从博弈过程中,公民得依法从事相关的市场对策行为,并自主决定享受最大税收利益或承担最轻税收负担,这从另一个角度分析就是税收筹划。同时,国家负有贯彻调控法定原则,依法调控,不得滥用和超越调控权,不得弃权等职责;公民负有接受调控的义务。

(3) 财政联邦主义的诠释。自1994年分税制财政体制改革以来,对科学、规范的财政管理模式的讨论就从来没有停止过。税收管理体制是分税制的重要内容,它是指中央和地方之间各种税收权限划分的有关制度和办法。税收权限的划分讨论的基础应是我国确立的"事权与财权相结合"的分税制的原则。

目前我国在税收管理体制上存在很多的问题。最大的问题就是事权、财权和立法权不能相适应。随着改革开放,中央给了地方很多政策,也就是相应的地方的事权在不断地扩张,但是财权却在集中。从企业所得税的中央地方分享比例的政策调整就可见一斑。而且地方政府缺少独立决定组织税收收入的权力,因为税收立法权高度集中于中央的状况在新财税体制出台之后并没有太多的改变,这相应地导致直接税收收益(财权)不能满足地方政府的事权要求,而转移支付制度又不完善,迫使地方政府只能利用收费来解决短期的财政压力,使得财税政策往往只是针对短期问题,税费的关系也总是难以理顺。同时税收收益本身的数额对经济发展的作用被弱化,地方政府通过税收获取财政收入能力降低,直接提供公共物品的能力相对减弱,导致政府转而利用税收优惠刺激经济发展的意识强化,不惜低税竞争,以试图综合解决地方经济问题。但却陷入越贫困的地区通过转移支付获取收入的能力越低,越依靠税收获取财政收入,给予税收优惠的能力越低,越没有办法通过税收政策招商引资,地区综合经济水平越低,也越贫困的怪圈。

这样的问题,迫使我们思考理顺税收管理体制的方式。事权与财权相结合应该是我们首先明确的基本原则,这一原则在1993年发布的《国务院关于分税制财政管理体制的决定》中有所规定,应该适时地在宪法中予以明确。在这一原则基础之上,我们来讨论税法通则对税收管理体制的设计。这里以纵向立法权为例说明。

需要明确的问题有:税收立法权在现有的法律框架中是否有明确的规定,如何规定;税收立法权和其他立法权是否可以割裂来讨论;政治体制对税收立法权的影响决定我们在多大程度上可以借鉴"财政联邦主义";赋予地方税收立法权主要解决什么问题,事权与财权要相适应是否一定要通过赋予税收立法权的方式来实现;如果不通过立法权解决,而通过管理权等途径解决其效果有何不同;赋予地方税收立法权的方式可以有哪些,我们从中进行选择的因素有哪些;地方立法权对解决财政困难的实际效果的可能性如何;如果赋予地方立法权,如何处理税收政策在地方经济调节与国家宏观调控中的角色定位。

从目前的宪法规定来看,对于中央和地方的立法权实际上已经有规定,这一规定也通过《立法法》进一步的清晰和明确。即地方在不同宪法、法律、行政法规相抵触的前提下,可以制定地方性法规。但就税收领域的基本制度应该由法律来规定,尚未制定的,可以授权国务院根据实际需要,先制定行政法规。等于承认地方在税收基本制度之外,享有立法权,但立法的内容应符合合法性要求。而对于"基本制度"目前没有法律的明确解释,但通过《税收征收管理法》第3条的规定,可以窥见一斑。即"税收的开征、停征以及减税、免税、退税、补税"领域立法具有专属性,地方不具有相应的立法权。从具体来讲,1994年的税制改革将筵席税和屠宰税两个税种的管理权已基本下放给地方。但受此两个税种性质所限,地方并没有获得多少实际利益;中央并没有授予地方调整地方税种基本税制要素的权力,因此地方并没有享有真正意义上的独立的税收立法权。这些是我国税收立法权纵向分配的现状。

税收立法权与其他各类立法事项一样,本应统一规定在宪法或《立法法》等宪法性法律中,但由于税收立法的特殊性,决定税收立法与其他的立法活动相比,在立法主体的规定、立法权限范围、立法程序及立法的基本原则方面,都有其特殊性。特殊性表现在税法较其他法域更受宪法基本价值观,特别是基本权理念的约束,因此要求税法应当具有高度的正义性,以保证负担分配的合理与平衡;同时税收立法活动中的诸多要素也较之其他立法过程受到更多的限制。《立法法》第8条规定的法律保留原则正体现了这一点。我们在讨论赋予地方税收立法权的同时,更应该注意的是强化税收立法中的法定原则等税法的基本原则,这也是税收通则法的立法责任。因此,税法通则中对税收立法权的规定不能脱离我国立法的整体制度,而应是在此基础上强化税收立法的主体、权限和程序的规定,保证这一基本制度作用的发挥。

税收管理体制是和各国政体、历史传统等因素紧密相关的。立法权限的划分,不可能突破政体和国家结构形式的制约。虽然按照公共物品理论,赋予地方一定的税收立法权存在一定的必要性。但我们国家是单一制国家,不能一味地追求地方的税收立法权,批判目前高度集中的税收立法权。那种认为转移支付制度会引起民主上的危机的观点也是建立在联邦体制下的民主之上的。因此,我们在对美国、德国、日本等国家的制度进行比较分析的时候,一定要关注税收体制背后的制度,才可能有效的移植相关的规定。比如,美国之所以采取财政联邦体制,和其联邦国家的政治体制是相统一的,各州通过宪法对联邦政府的权力加以界定,各州的事权明确,匹配的财权也与其地方民主自治的传统紧密相关,地方的官员由地方的选民选举决定而不是统一由中央指派,自然公共品提供的地域性色彩就十分的浓厚。我国应该考虑中国在政治体制上与美国的不同,不能一味地认为美国的财政联邦体制才是最佳的选择。

很多学者和实践工作者主张应该赋予地方立法权,但所提的地方立法权很大程度上是指突破了目前《税收征收管理法》规定的范围的立法权。最主要的原因就是解决地方财权的问题,从而有效实现事权。也就是希望通过赋予立法权达到事权与财权相结合。但赋予地方税收立法权是否可以解决这一问题,有待论证。台湾地区曾有学者对赋予地方税收立法权是否可以明显改善地方财政的困窘进行调查统计。得出的结论是,无论是处于政治或经济压力,如果中央主导地方税减免的决策权,而仅赋予地方其他税权,那么中央政府买单,地方政府付账的现象就会成为地方财政的梦魇。另一方面,如果地方减免税权力的限制很小,又会产生对地方税收竞争以及地方公共物品提供能力的担心,地方还有可能转嫁财政压力。另外,如果选取的税种如同筵席税和屠宰税这样,其实际也无法实现增加地方财政收入的效果。而如果是选取税源较为丰厚的税种,又会对整体经济产生很大的影响,即便是最终决定赋予地方立法权相信在税种的选取方面也会有所限制,而这种限制实际上就已经在很大程度上减弱了立法权解决财权的能力。因此,立法权的赋予并不能有效地解决目前的财权问题。

还有学者认为,不赋予地方税收立法权是导致地方目前乱收费行为的根源。但实际上试图通过赋予地方立法权来解决税外费用的规范化问题,并没有量化的分析调查和具体统计结果的支持,只是学者们的假想。地方政府很可能因为利益集团的压力不采取开征税种或增加税率的方式来解决财政来源,而是选择费用这一隐性手段,避免正面的冲突。因此,就如同地方或是单位的"小金库"问题一样,清理整顿之后并不会对正常的资金运用带来障碍,税费问题关键还是在于理顺税制;增强税收立法过程的民主性,在立法中体现中央与地方利益的协调;规范行政权的行使;拓展公民的权利救济能力的制度建设上。

赋予地方税收立法权的另外一个主要的理由是为了使地方政府更好地行使对地区经济的调节职能。因为我国地区幅员辽阔,中央政府不可能有效的运用税收政策来调节地区经济,有些政策甚至是与地区经济发展相背离的。但这种调节往往会演变为地区之间的低税竞争。而如果对减税或增税的税种不加控制的话,更是违背了WTO对建立公平统一市场的原则,进而影响国家对整个宏观经济的调控能力。比如,国家目前的政策是鼓励西部建设,但如果东部地区在税收优惠上有很大的权力,很可能因为地方税收立法权的行使影响整体政策的效果。因此,归根结底在于我国的中央集权政治体制要求地区的局部利益应该服从中央利益,而非完全意义上的地区自治。也因此,在税收通则法中,在对税收基本问题作出界定的时候,应该考虑影响国家收入和通商、有可能导致双重课税、对公共道路或其他交通设施的利用征税、关乎地区间商品流通等税收问题都应属于中央立法权范畴。

学界和实务界惊人一致地认为要赋予地方税收立法权的观点,实际上值得我们仔细调研商榷。笔者认为,在赋予地方立法权方面,不能完全否定其意义,但是具体设计时考虑到上述问题的存在,可能选取的方案就是通过设定税率浮动的范围来达到调节地区经济、一定程度上调控地区间财政收入的目的。法国的税收立法权就属于这种情况。税收的开政权、征税范围、税收收入的归属都由国家统一规定,立法权高度集中于中央。地方政府要严格执行国家的政策法规,但地方在税率的制定和地方税的减免等方面有一定的自主权。

如果我们保持现有的税收立法权体制不变,或者仅仅是采取上述浮动税率的情况下,那么我们要调动地方的积极性,地方的事权和财权相结合的原则将通过什么制度加以保障呢?英国的税收立法权集中于中央,但其却可以实行严格的分税制,主要通过税收体系按中央收入和地方收入划分税种归属来实现。笔者认为,英国的做法使我们更加明确了一种观点,即税收立法权和税收收入可以区别对待,因此,我们可以通过收益权的明确来保障事权与财权的结合。税收收益权,也称税收分享权或税收归属权。有学者认为税收收益权是征管权的一项附随性的权力,对此我不敢苟同。统一的征收制度并不影响税收入库权和最后通过转移支付等制度最终形成的收益权。如果我们确立了事权与财权一致的原则,就可以据此设定地方和中央的收益分享比例,进一步完善转移支付制度,并应规定根据事权的变动而导致的分配比例调整的程序启动机制和程序运行机制,从而切实实现事权财权一致的原则。这种"于地方分权之中,仍寓中央统筹之意"的做法,即将税收立法权与税收收益权加以区别的做法,在民国初期就曾采用过。至于税收的征收权则可以根据现实的需要调整。目前的国税、地税两套征收体制给征收带来了很多的问题,但是其有存在的历史合理性。从发展趋势看,在进一步理顺中央和地方事权的基础上,也可以考虑建立统一征收,分别入库的制度。这与精简机构的思想也是统一的。税法通则对此可以采取原则规定,仅对征税权确定的立法权限加以规定,为未来的发展预留法律的空间。

综上,事权与财权相结合的原则有待于宪法的规定和税收通则法的进一步强化。而税收立法权问题,我国目前的宪法制度已经赋予了地方一定的税收立法权,税法通则应该在此基础上明确"税收领域基本制度"的含义,选取合适的税种和可以接受的税率浮动范围,来厘清地方税收立法权行使的范围,并规定具体的立法主体、立法程序和立法的基本原则,以保障在统一的税收制度之下,地方通过税收来调节经济的能力。而地方的财权则通过宪法中和基本法中对事权和财权相结合的原则的确立来保障。具体可以采取理顺征管制度和完善转移支付制度的方式来实现,进而通过税法通则规范的税收制度保障我国经济的平衡、发展,在维护中央集权的政治制度下,增加地方发展的活力。

（三）税法通则的立法架构与价值追求

1. 立法理念上的现代性

随着信息时代的来临，社会关系的分层开始模糊，各种复杂的社会问题远非任何单独的部门法所能调整，法律部门的关系也出现融合。在这种形势下，较之相互隔绝的传统部门法，综合性部门法应是一个更优的选择。税法将是一个以问题为中心的开放体系，而不是一个以调整对象为标准的僵化领域，这正是税法为实现多个部门的价值取向和运行目标而作的有益统合。现代性的税法运行目标可以体现宪法层面的国民财产权合理保护的目标；体现经济法上加强宏观调控、资源合理配置和经济持续、稳定、协调发展的目标；体现社会法上的对弱势群体的保护和对弱势群体利益分配的倾斜的目标；体现行政法上的依法行政、依法治税等目标。因此，突破部门法界限并体现多个部门法价值取向的现代税法的运行目标，是税法现代性的最有力注解。

2. 逻辑结构上的系统性

从税法调整的内容看，税法体系既要包括国家各级机关税收立法权限、管理权限的划分，国家与社会成员在征纳税中权利和义务的确定，对税务机关执法行为的监督制约制度，也要包括不同税种不同征税对象以及税目、税率、程序、法律责任的确定等，只有这些方面都完整、充实，才能形成健全的税收法律体系。

作为税收法律体系，其内部要有严密的相互联系，相互制约的机制。制定任何一个税收法律、法规或规章都要有高一层次的法律或法规为依据，依次为税收规章、税收法规、税收法律、税收通则法、宪法。

税收法律体系的各部分构成一个完整的整体，相互联系，不可分割。其中税法通则处于主导统领地位，实体法是核心，救济法和处罚法是对税收法律体系的保障，程序法是对所有涉税事务的执行程序加以规定。以上税法体系中亟待构建的首先是税法通则的立法，这是整个税法体系的灵魂所在，没有灵魂的统率，税收立法将如一盘散沙，税收执法将变形走样，税收守法会无所适从。

3. 具体的结构模式设计

税法通则应该主要解决税收领域的基本问题，明确税法的基本原则、基本概念；细化宪法中关于税收管理体制的规定；而对于程序法在税收通则法中则仅作原则性规定，具体的规定，比如退税的问题、委托代征的问题以及强制措施等问题则规定在税收征收管理法中，在理顺税收征收管理法和税法通则就基本问题规定的基础上维持税收征收管理法原有的立法框架；可以考虑将税务复议中的基本规则和税务诉讼相较于一般行政诉讼的独特点纳入税法通则。当然，还需要注意的就是原则性和具体性的平衡。每个部分的规定应该注意不是简单地重复已有的立法内容，主要明确立法的宗旨和精神，以便在税法通则基础上各个税收单行法规的细化。比如对于税务行政复议的规定，或者说对于税务救济程序的规定，主要是明确税务救济程序设置的立法宗旨,以保护纳税人的权利和税务机关的征收管理权。

但基于我国的政治理念、经济体制和立法模式正在转轨的客观现实,现在制定税收基本法未必是毕其功于一役的选择。笔者认为,制定税法通则,在条件成熟时再制定规模宏大、体系完备、架构科学的税法典当是我们今后努力的方向。

☛ 本章思考与理解

1. 简评我国税收立宪的必要性与可行性。
2. 试析我国当前深化税制改革的必要性与紧迫性。
3. 我国制定税收通则法的重点与难点何在?
4. 简述我国税收立法权分配模式的完善。
5. 谈谈对全国人大收回税收立法权作用的认识。

☛ 课外阅读资料

1. 田毅、赵旭:《他乡之税》,中信出版社 2007 年版。
2. 刘剑文主编:《税法学》(第 4 版),北京大学 2010 年版。
3. 〔美〕边沁:《道德与立法原理导论》,时殷弘译,商务印书馆第 2000 年版。
4. 廖益新、李刚、周刚志:《现代财税法学要论》,科学出版社 2007 年版。
5. 李培传:《论立法》,中国法制出版社 2013 年版。
6. 陈敏译:《德国租税通则》,台湾"财政部"财税人员训练所 1985 年版。
7. 刘剑文:《走向财税法治——信念与追求》,法制出版社 2009 年版。
8. 施正文:《税法要论》,中国税务出版社 2007 年版。
9. 翟继光:《财税法原论》,立信会计出版社 2008 年版。
10. 葛克昌:《国家学与国家法》,台湾月旦出版社 1996 年版。

专题七 税收实体法律制度改革

经过三十多年的改革开放,特别是近二十年来社会主义市场经济的迅速发展,我国社会各方面条件已发生重大变化,现行税制不适应经济形势发展的矛盾越来越突出。从建立符合产业发展规律的消费型增值税制度,到扩大个人住房房产税改革试点范围,从建立统一高效的企业所得税制度,到加快建立综合与分类相结合的个人所得税制度,涉及税收制度的每一次改革,都因与全体纳税人权益直接相关而成为社会各界热议的重点。党的十八届三中全会审议通过的《中共中央关于全面深化改革若干重大问题的决定》(以下简称《决定》)对此高度重视,对涉及税制改革立法工作的指导思想目标、原则、和推进措施等重大问题均进行了清晰明确的部署,提出"深化税收制度改革""稳定税负""逐步提高直接税比重"等改革目标,并将增值税、所得税、房地产税、资源税等具体税种的改革纳入到我国财税体制改革的议程之中。此后,2014年6月30日中共中央政治局召开的会议审议通过了此前6月6日召开的中央全面深化改革领导小组第三次会议上已审议的《深化财税体制改革总体方案》,此次会议提出,新一轮财税体制改革2016年基本完成重点工作和任务,2020年基本建立现代财政制度,重点推进3个方面的改革,深化税收制度改革的重要性再次被强化,《方案》提出,要"优化税制结构、完善税收功能、稳定宏观税负、推进依法治税,建立有利于科学发展、社会公平、市场统一的税收制度体系,充分发挥税收筹集财政收入、调节分配、促进结构优化的职能作用"。

深化税制改革的目标是要按照建立社会主义市场经济体制的要求,在流转税和所得税双主体并重,其他税种辅助配合的税制结构基础上,建立起一个能适应经济波动并进行有效调节、体现国家产业政策、促进国民经济持续快速健康发展和满足国家财政经常性预算正常需求的税制体系。我国当前的税制改革,要适应我国经济和社会发展的需要,形成配比科学的税制结构,在调整优化现行流转税的同时,逐步提高直接税比重,大力发展和完善财产税体系。要按照税收中性原则,建立起规范的消费型增值税制度;要通过房产税、遗产税等税种的开征,发挥税收的二次分配和促进公平正义的作用;要通过对所得税的改革和完善,建立起更公平高效的企业所得税制度和综合与分类相结合的个人所得税制度。

一、增值税的转型改革①

2008年11月5日召开的国务院常务会议批准了财政部、国家税务总局提交的增值税转型改革方案,通过了《中华人民共和国增值税暂行条例(修订草案)》,决定自2009年1月1日起,在全国范围内实施增值税转型改革。这是我国应对全球经济危机、扩大内需、深化税制改革的重大举措。2011年11月16日,财政部和国家税务总局发布了经国务院同意的《营业税改征增值税试点方案》的通知(财税[2011]110号),决定从2012年1月1日起,在上海市交通运输业和部分现代服务业开展营业税改征增值税试点。在随后的几年里,增值税试点不断扩围,所涉及的行业也不断增加。

我国从1980年开始实行增值税试点,1984年正式颁发了《中华人民共和国增值税条例(草案)》,增值税成为我国税制体系中的一个独立税种,1993年《中华人民共和国增值税暂行条例》的颁布标志着规范的增值税制在我国正式施行。要深刻认识我国实施三十余年的增值税制度改革的必要性,就不能不对其改革的历史背景和时机选择进行分析,准确把握改革动向,对可能的影响进行科学预估,从而保证改革初衷的实现。

(一) 增值税转型改革的背景分析

自1980年开始增值税试点以来的三十余年里,增值税由初期的一个征收范围有限的小税种逐步发展成为占我国财政收入最大比例的主体税种,但随着社会经济的发展与和谐社会的建构,增值税制在实施中日益暴露出与我国经济、社会、法律生活不相符合的弊端。

首先,从增值税法律体系看,如今在执法中真正发挥作用的主要是财政部、国家税务总局等部委先后围绕增值税制度及其实施下达的规范性文件,这些规范性文件在各地的解释和执行宽严程度不一,不仅降低了法律法规的严肃性和权威性,也削减了法律的统一性和公平性。

其次,从增值税制度本身来看,和规范的增值税立法相比,现行的增值税存在诸多弊端。(1)在征税范围方面,增值税的覆盖面没有包括全部流通领域,致使企业购入劳务、接受服务的支出中所含的已征税款,除加工、修理修配外得不到抵扣。(2)在纳税人方面,我国目前划分一般纳税人和小规模纳税人,对经营规模的确认方面主要采用年销售额作为衡量指标,由于标准高,从而将占我国经济总量相当数量的小规模纳税人排除在增值税规范课征范围之外,而过高的征收率不仅无从体现增值税中性、减

---

① 原文发表于《中国税务》2009年第1期,收入本书时作部分修订。

少重复课税等优点,反而加重了小规模纳税人的税收负担。同时,小规模纳税人按工业和商业两类分别适用不同的征收率,也加大了实际征管中区分经营类型的困难。(3)在"不准抵扣项目"上,对外购固定资产所含增值税款不予抵扣,存在一定程度的重复征税,不利于高新技术企业、资源开发企业和国有大中型企业的技术改造与技术创新;而抵扣不彻底造成我国出口产品以含税价格进入国际市场,削弱了产品的国际竞争力,制约了我国进出口贸易的发展。可以说,增值税改革中最亟需解决的问题就是由生产型向消费型转变,也是改革呼声最高的。(4)在税收优惠方面,我国部分商品的增值税率过高,而不当的进口免税的规定实际上造成了国内商品的不利竞争地位。以进口设备免征增值税为例,该政策以生产型增值税为背景,主要是为了鼓励相关产业扩大利用外资、引进国外先进技术,但执行中也暴露出可能带来税负不公的问题,同时由于进口免税设备范围较宽,不利于自主创新、设备国产化和我国装备制造业的振兴。

转型改革之前的增值税制度,是对当时立法背景下经济形势的反映,尤其是选择采用生产型增值税,一方面是出于财政收入的考虑,另一方面则是为了抑制投资膨胀。然而,随着我国社会主义市场经济体制的逐步完善和经济全球化的纵深发展,推进增值税转型改革的必要性日益突出。

(二)增值税转型改革的时机选择

2004年9月14日,财政部、国家税务总局正式启动增值税改革试点,对东北地区老工业基地实行增值税转型试点改革,当时采取的是"增量抵扣"方式,改革试点领域也限定在八大行业。同年年底,将"增量抵扣"方式转变为"全额抵扣"。2005年,试点方案又从"全额抵扣"再度转为"增量抵扣"。2007年7月,新增中部六省的26个老工业城市作为进行增值税改革试点。试点工作运行顺利,达到了预期目标。2008年7月,内蒙古东部五盟市成为第三批试点。2008年8月,汶川地震受灾严重地区又纳入试点范围,主要涉及四川、甘肃和陕西三省被确定为极重灾区和重灾区的51个县(市、区)。由此可见将改革由试点推广至全国时机已经成熟。

随着增值税转型试点的逐步推行,2008年国务院政府工作报告提出,要研究制定全国增值税转型改革方案。而第十一届全国人大第一次会议审议同意的全国人大财经委关于预算草案审查结果报告,明确提出争取2009年在全国推开增值税转型改革,增值税法也列入人大的立法规划之中。可以说增值税条例的修订或者增值税法的制定呼之欲出。

"万事俱备,只欠东风",全球性金融危机则成为此次增值税改革最强劲的刺激之一。美国的次贷危机引发了全球性经济危机,全球经济增长出现明显放缓势头,甚至部分国家出现经济衰退迹象,作为全球制造业中心的中国自然不免牵涉其中。

同时,由于我国对出口的依赖程度较高,伴随人民币不断升值的压力,对以加工出口贸易为特点的中国企业形成了巨大压力。

2011年11月16日,财政部和国家税务总局发布了经国务院同意的《营业税改征增值税试点方案》的通知(财税[2011]110号),同时印发了《交通运输业和部分现代服务业营业税改征增值税试点实施办法》《交通运输业和部分现代服务业营业税改征增值税试点有关事项的规定》和《交通运输业和部分现代服务业营业税改征增值税试点过渡政策的规定》,明确从2012年1月1日起,在上海市交通运输业和部分现代服务业开展营业税改征增值税试点。在随后的几年里,增值税试点不断扩围。2012年7月31日,财政部和国家税务总局联合印发通知(财税[2012]71号),确定将交通运输业和部分现代服务业营业税改征增值税,试点范围由上海市分批扩大至北京等8个省(直辖市)。2013年12月9日,财政部、国家税务总局联合发文《关于将铁路运输和邮政业纳入营业税改征增值税试点的通知》(财税[2013]106号),明确自2014年1月1日起,在全国范围内开展铁路运输和邮政业营改增试点。2014年4月30日,财政部、国家税务总局联合发布《财政部 国家税务总局关于将电信业纳入营业税改征增值税试点的通知》(财税[2014]43号),决定从2014年6月1日起电信业正式纳入"营改增"范围。下一步,改革试点将逐步扩大到金融、建筑、不动产和现代生活服务业等行业。

正是在这样的背景下,国家为扩大内需,拉动经济而实施积极的财政政策。将生产型增值税变更为消费型增值税,一方面,对于增强企业发展后劲,提高我国企业竞争力和抗风险能力,克服国际金融危机对我国经济带来的不利影响具有十分重要的作用;另一方面,改革将带来财政直接减收1200亿元,将成为我国历史上单税种改革力度最大的一次,也体现了国家保持经济持续平稳较快发展的决心和信心。

(三)增值税转型改革的基本特点

此次增值税改革主要以《增值税暂行条例》的修订为表现形式,针对原有增值税制的主要问题进行了逐一修订。

1. 突出了增值税由生产型向消费型的转型。《增值税暂行条例》第10条规定,在不能从销项税额抵扣的进项税额项目中,删除了固定资产,增添了国务院财政、税务主管部门规定的纳税人自用消费品与不能抵扣项目的运输费用。这意味着,条例在总结试点地区、行业改革经验的基础上,自2009年1月1日起,在维持现行增值税税率不变的前提下,允许全国范围内(不分地区和行业)的所有增值税一般纳税人抵扣其新购进设备所含的进项税额,未抵扣完的进项税额结转下期继续抵扣。而不再采用试点时的退税办法,转型改革后企业抵扣设备进项税额时不再受其是否有应缴增值税增量的限制。

关于纳税人自用消费品主要是指应征消费税的小汽车和游艇等,以免纳税人将自用消费品与生产资料相混淆,侵蚀国家减税政策的合理效用。

同时,现行增值税征税范围中的固定资产主要是机器、机械、运输工具以及其他与生产、经营有关的设备、工具、器具,因此,改革后允许抵扣的固定资产仍然是上述范围。房屋、建筑物等不动产没有纳入增值税的抵扣范围。

2. 平衡了增值税不同纳税主体的税负水平。增值税转型主要是针对一般纳税人,小规模纳税人(包括个体工商户)由于是按照销售额和征收率计算缴纳增值税且不抵扣进项税额,其增值税负担不会因转型改革而降低,因此,为了平衡小规模纳税人与一般纳税人之间的税负水平,同时考虑到小规模纳税人混业经营的普遍性,新条例第12条将小规模纳税人增值税征收率降低为3%,也不再区分工业和商业。

3. 调整了增值税优惠政策。新条例取消了来料加工、来料装配和补偿贸易所需进口设备的免税规定,如前所述,转型改革后,企业购买设备,不管是进口的还是国产的,其进项税额均可以抵扣,原有政策已经可以用新的方式替代,原来对进口设备免税的必要性已不复存在。同时,外商投资企业采购国产设备增值税退税政策也是在生产型增值税和对进口设备免征增值税的背景下出台的,新条例实施后,这部分设备一样能得到抵扣,因此,外商投资企业采购国产设备增值税退税政策也相应停止执行。

4. 延长了增值税纳税申报期限。为了方便纳税人纳税申报,提高纳税服务水平,缓解办税服务厅的申报压力,将纳税期限延长一档为一个季度,纳税申报期限从10日延长至15日,将进口货物自海关填发专用缴款书之日起的7日内缴款延长为15日,改变了与海关法矛盾的问题。明确了纳税地点为交易地点,同时明确了对境外纳税人如何确定扣缴义务人、扣缴义务发生时间、扣缴地点和扣缴期限的规定。

5. 统一了增值税规范文件的效力级次。条例的修订有很大一部分是将过去散见在各类税收规范性文件中的相关规定统一上升为条例的性质。如,条例第8条将农产品的扣除率由10%变更为13%,此规定在《关于提高农产品进项税抵扣率的通知》(财税[2002]12号)中即已修改。又如条例第8条规定运费的扣除率为7%,虽然是对原条例内容的增补,但从1998年7月1日起,增值税一般纳税人购进或销售应税货物支付的运输费用的扣除率已经国务院批准由10%降低为7%。

可见,增值税条例的修订,不仅回应了我国经济发展的现实需求,也遵循了税收法治的原则,统一了目前散见于各类规范性文件的增值税政策,为将来由条例上升为法律奠定了基础。

(四)增值税转型改革的主要影响

增值税有三种类型:消费型、收入型、生产型。从世界各国实施增值税的实践来看,不同类型的增值税对财政收入、经济结构、投资规模、物价以及进出口贸易等所产生的效应也不相同。从生产要素角度考虑,对资本品的投入和对新技术投资的刺激也是经济发展的主要因素。比较三种类型的增值税,从财政收入效果看,在税率相同情况下,生产型增值税收入最多,消费型增值税收入最少;从鼓励投资角度看,消费型增值税效果最好,生产型增值税效果最差;从便于征管的角度看,收入型增值税效果最差。而选择何种类型增值税,要考虑多方面因素。首先,经济发展水平和社会专业化程度是决定增值税类型的基本因素;其次,政府政策取向是决定增值税类型选择的现实因素之一;第三,社会历史条件与国际环境也是影响增值税类型选择的一个现实因素。

1994年我国选择实行生产型增值税,主要着眼于当时的经济发展水平,广泛的税基,不用提高税率就能达到既定的财政目的,对于保障财政收入、调控国民经济发展发挥了积极作用,这对于经济较落后的发展中的中国而言无疑是一种较为实际的选择。但生产型增值税不允许企业抵扣购进固定资产的进项税额,存在重复征税问题,制约了企业技术进步的积极性。消费型增值税对税前扣除充分,最能体现按增值额课税的初衷,彻底消除了重复课税因素。

它对于促进产业结构调整,推动企业技术进步,支持高科技发展无疑会起到积极作用。随着这些年来经济社会环境的发展变化,增值税由生产型向消费型的转变也日益成为我国税制改革的重点之一。此次增值税转型改革,对我国从宏观经济到企业微观发展诸方面都将产生深刻的影响。

首先,从对国家经济发展的影响来看,我国的经济增长主要依靠出口、投资、内需,受全球金融危机及世界经济下滑,特别是受美国、欧洲、日本经济衰败的冲击,我国的出口遭受严重影响,大规模地增加政府投资,确保经济增长和就业,成为目前最主要的应对策略。而增值税转型在客观上起到减税的效果,作为拉动投资的举措之一,将刺激相关企业的固定资产投资,一定程度上有助于防止经济增速过度下滑。有研究指出,中国的税收乘数约为0.74,这一减税措施有望带动2009年企业支出增长800亿—1000亿元人民币,相当于拉动GDP增长0.3个百分点。

其次,从对国家财政收入的影响来看,增值税是我国第一大税种,是我国税收收入的重要来源,2007年国内增值税收入超过1.5万亿元,约占全年税收收入的31%。从理论上看,采用消费型增值税将会使税基缩小,从而直接减少财政收入,增添财政压力。那么考察我国目前的财政状况,2003—2006年年均超收2040亿元,2008年政府工作报告显示,2007年全国财政比年度预算超收7239亿元,其中中央财政超收4168亿元。而预估增值税转型带来税收减收1200亿元,国家完全有能力承担。同时增值税转型作为国家积极财政政策的其中一环,其给国家财政存量带来的直接影响逊于4万亿元财政投资计划。

当然由于增值税是共享税,在考虑中央财政对增值税转型承受能力的同时,应当对省、市、县和乡四级财政的承受能力给予充分考虑。增值税转型将使部分地方政府产生财政局部危机,由于部分县和乡对个别重点税源企业存在财政依赖,因此,可能导致部分地方政府财政收入在一段时期内难以保持稳定,甚至可能对出口和投资产生负面影响,所以必须考虑通过中央转移支付对省、市、县级财政进行财政救济从而化解地方财政压力。

再次,从对行业的影响来看,此次增值税转型是"全行业"实行抵扣,行业间对固定资产投入的比重存在差异,不可避免地对国民经济各行业原有的利益分配格局形成冲击,导致行业间流转税负担的结构性调整。根据国家统计局的统计口径,我国产生国民收入和进行固定资产投资的行业中属于增值税征税范围的是农林牧渔业、采矿业、制造业、电力燃气自来水的生产和供应业、批发和零售业五个大类行业,由于农林牧渔业是实行增值税免税政策,因此其他四个行业将直接受益于增值税转型。而增值税转型也可以理解为固定资产投资越多越有利,虽然增值税改革可能对各个行业的发展都产生一定的作用,但从对行业投资的刺激看,转型后的消费型增值税将特别有利于促进基础产业、资本密集型行业和技术密集型行业投资的增长,同时企业在生产扩张阶段比生产平稳阶段获益多。而我国目前的企业构成以劳动密集型企业为主,转型之后将有可能加大资金需求和劳动就业的压力。

最后,从对企业的影响来看,增值税转型有利于激活企业的投资行为,进而拉动内需增长,促进社会经济发展;有利于企业进行更大规模的固定资产投资和开展技术创新;有利于促进内外资企业公平竞争,增强企业的国际市场竞争力;有利于调动企业向资本和技术密集型产业投资发展,优化投资结构和流向。而对小规模纳税人税负的减轻,也在一定程度上配合了国家对中小企业发展的支持。

综上所述,增值税转型改革不仅回应了我国经济发展的内在需要,也回应了全球经济危机给我国经济增长带来的外在挑战。增值税转型改革对国家经济生活的影响是多方面的,任何一次税制改革都涉及利益再分配问题,除了增值税制度本身的改革外,还必须考虑相关的配套机制,尤其是增值税中央与地方财政分成比例以及在此基础上的转移支付制度,从而弥补和减轻增值税转型改革带来的负面影响。

二、所得税法改革

(一)应税所得的法律问题

1. 应税所得的学理评析

对法人和自然人的所得依法课税,是现代世界各国税法的基本制度和国际惯例。但对作为所得税法客体的应税所得如何界定和分类,这既是一个涉及所得税立法的实践问题,又是一个长期困扰各国税法学界的理论问题。

何谓"应税所得"?在各国税法学界至今众说纷纭,尚无统一定论,其主要的代表性观点有以下四种,这四种观点虽各有其合理之处,但亦均有所不足。

(1)"流量学说"。代表人物是费雪。他认为所得是特定课税期间内所消费的财产及劳务之货币价值。① 该学说有一个显著特点:所谓在特定课税期间内所消费的财产及劳务之货币价值,并不包括未消费部分之价值,即不包括个人的储蓄,换言之,如果对储蓄课税,尔后对储蓄所产生的所得再行课税,无异于重复课税。笔者认为,这种观点有不妥之处,因为未消费部分的所得是一类所得,而储蓄所产生的收益是另一类所得,对两类所得课税,并无重复现象,况且如不对未消费的储蓄课税,而仅课征消费部分价值的税,则这种所得税与消费税没有什么两样。同时,有能力储蓄的人,大多数为收入比较丰厚的人,如对其储蓄免税,从公平赋税原则来看,是相矛盾的。但是,费雪这一观点对于资金不足、急需积累资本的发展中国家,是可以借鉴的。若就鼓励储蓄不在于对储蓄本身免税,而在于对储蓄所生利息免税而言,费雪的观点也有不足之处。

(2)"周期性学说"。代表人物是普伦。他认为所得具有重现性,是可供消费的收入。该学说比流量学说具有进步性,因为周期性学说可供消费的含义,包括已消费和未消费两部分,即把储蓄列为课征对象,这样能符合公平赋税的所得税法原则。但是,该学说的不足之处在于何种所得具有重现性,何种所得又不具有重现性则非常模糊,使征税机关征税困难重重。同时,该学说排除了偶发所得,而偶发所得在实践中往往数额巨大,若对此不征税,不符合课税公平及普遍原则,也不符合对此征税的国际惯例。

(3)"纯资产增加说"。代表人物是美国的西蒙斯。他在《个人所得税》一书中指出,"所得是人们的货币表现的经济力量在一定时间起讫点上的净增加"②,换言之,应税所得是一定期间资产增加额减去同一期间内资产减少额之后的余额。按这种观点解释,纳税人在一定期间内任何原因造成的所持资产的净增额都应列入应税所得的范围,不但包括经常性、连续性所得,也包括临时、偶然的一次性所得。这一学说比流量学说和周期性学说更完整,因为该学说坚持经济能力是纳税能力的基础,而纯资产的增加表明纳税人经济能力的增强,取得收益所支付的必要费用应予扣除,同时,无论所得来源如何,只要表示重现性或偶发性所得的均应包括在内,这符合现代所得税法的赋税公平及普遍原则,但该学说将非市场的消费项目包括在内,既不合情,又在税务行政上难以处理。

(4)"所得源泉说"。美国最高法院1920年对此作了解释,所得"系出自资本或劳动或同时出自两者的收益";英国学者塞利格曼1925年也解释说,所得是"用来满足需要,并可用金钱衡量的经济物资的流入"。依据这种学说,所得发生的形态应具备循环性和反复性的条件。应税所得应为连续不断的收入,如工薪、经营利润、股息、利息、租金等,扣除相应费用后的纯收入,不应包括销售资产的利得、继承所得等一次

---

① 刘剑文主编:《新编中国税法原理与实务》,武汉出版社1994年版,第67页。
② 高尔森主编:《国际税法》,法律出版社1992年版,第19页。

性所得。这种学说同纯资产增加说一样,基本上符合现代所得税法发展的趋势。

应当指出,世界各国在确定所得税法客体的应税所得时,很少拘泥于某一学说,而是依据本国的政治经济和社会状况,建立各自的所得税法理论体系。

2. 应税所得的概念界定与基本分类

在探讨应税所得的定义前,有必要区分与之相联系的一般所得、总所得的概念。一般所得是全部所得,但并非所得税法上的总所得。这在于各国的所得税法中,一般有征税所得和非征税所得的区别。非征税所得,如国债利息,对纳税人来讲,虽然也是所得,但它却不包括在总所得的范围内,故这种所得也就是无须纳税的所得。总所得是指各种征税所得之和,然而,各国税法却又并非按总所得征税,而是按应税所得征税。

综观各国所得税法,应税所得通常规定为:自然人或法人在一定期间内对劳动、经营、投资或将财产、权利提供他人使用而获得的连续性收入中扣除为取得收入所需必要费用后的余额。但是,社会经济活动以及人们从事的业务是多方面的,纳税主体取得的所得也是形态不同,种类繁多。对此,所得税立法时有广义与狭义两种解释:广义的解释视一切收益为所得,不论其来源、方式及是否合法;狭义的解释认为,所得仅限于运用资本,从事营业和提供劳务取得的收益、利润和报酬等。由此可见,在税法上对之作出概括规定,是明确应税所得的重要法律依据。但是,这并不能解释各国应税所得的全部含义,其基本理论,尚需通过对各国的所得税法的基本条文作出相应的解释,才能完整地体现出来。

笔者认为,应税所得是指法人或自然人在特定时间(通常为1年)所具有的合法来源性质的连续性的以货币形式表现的纯所得。从这一概念我们可得出应税所得具有以下法律特征:

(1) 应税所得一般应是连续性的所得。如前所述,埃德温·坎南在指出应税所得为合法所得的同时,也强调应当将偶然性的所得排除在应税所得之外,而只计入经常性的所得。对于企业(公司)所得税来说尤为重要,否则非连续性的所得亏损就不可能用以后年度的盈余弥补。但在第二次世界大战以后,不少学者主张将偶发性的所得,如特许权使用费等,纳入应税所得范围进行征税。[①] 从各国税法的实际规定看,一些一次性或偶然性的所得都是作为应税所得计征所得税的。但总体上看,大多数国家的应税所得均以经常性或连续性的所得为主。关于应税所得须是连续性所得的问题,我国《企业所得税暂行条例》《外商投资企业和外国企业所得税法》是这样规定的,但《个人所得税法》既有连续性所得的规定,又有偶发性所得的规定。应当指出的是,对偶然性、临时性所得不征税,有损于税法公平原则。

(2) 应税所得应为货币所得。税法所规定的所得,仅限于经济上的所得,而不包

---

① 高尔森主编:《国际税法》,法律出版社1992年版,第19页。

括精神上的所得。精神上的所得如荣誉性、知识性的所得和体质上、心理上的收益，都不属于应税所得范围，对此，各国税法都有明确规定。① 而经济上的所得包括现金所得和实物所得。实物所得如不能用货币衡量和计算其价值，则无法按率计征。因此，各国都规定，应税所得应当是能以货币示其价值的所得。所得税额通常以本国货币为计算单位，所得税额为外国货币的，要按外汇牌价或其他方式折合成本国货币缴纳税款。纳税人取得的应税所得，如有实物或有价证券，则应当按照当时取得的市场价格或其他方式折合成金额计算纳税。可见，应税所得是指货币所得或能以货币衡量和计算其价值的所得。

（3）应税所得须是纯所得。各国税法规定的应税所得，通常分为经营所得、财产所得、劳动所得、投资所得和其他所得五类。纳税人在取得上述任何一项所得的过程中，均会有相应的物化劳动和活劳动的投入和支出。因此，只有在依法作了合理扣减消耗和支出后，才能依法课征所得税。从各国所得税法的规定看，对股息、利息和特许权使用费这类投资所得，大多数国家都并不扣减费用，而按毛收入金额降低税率，采取预提所得税的方式征收，这是因为这类投资所得的支付者往往有固定的营业场所，而取得者都比较分散，并且这些所得都还有可能分散在其他国家，不便于按通常的程序和方法计征。故各国一般都采取单独规定比公司所得税税率低的比例税率，按毛收入金额（不扣除任何费用）征收预提所得税。这种通过以规定低比例税率计算征税的简单方法，一方面保证了有关国家分享征税的权力，另一方面在确定税率时已考虑了计算征税后应扣除成本费用的因素。因此，这种预提所得税的税基仍然是对这类投资活动的净收入的征税。

基于不同的应税所得理论，各国所得税法规定的应税所得的范围大小不一，如日本所得税法将应税所得分为：利息所得、红利所得、不动产所得、事业所得、酬薪所得、退职所得、山林所得、转让所得、临时所得、杂项所得十类。② 美国《国内收入法典》将应税所得分为利息、股息、个人服务所得、租金和特许权使用费、不动产处理的所得、购入的动产出售所得，保险所得，某种飞机、商船和铁路机车所得几类。③ 无论各国所得税法对应税所得是采取列举法，还是概括法，但从总体上可以归结为以下五类。

（1）经营所得，亦称营业利润，在一些国家税法中称之为事业所得。是指个人或公司从事工业、农业、畜牧业、建筑业、金融业、服务业等一切生产性或非生产性经营活动所取得的纯收益。按照各国税法的规定，确定纳税人某项所得是否为经营所得，依据是在纳税人取得该项所得的经济活动是否为其主要经济活动。如日本判断某些所得是否为营业所得，要考虑纳税人的活动规模、形式、对象以及范围等因素，以社会

---

① 汤贡亮：《中国税制新论》，航空工业出版社1994年版，第140页。
② 〔日〕金子宏：《日本税法》，战宪斌、郑林根等译，法律出版社2004年版，第150页。
③ 〔美〕麦克丹尼尔：《美国国际税收概论》，中国财政经济出版社1985年版，第35页。

一般观念作出最终决定。律师的所得多数情况下不属于酬薪所得,而属于营业所得;因山林的采伐或转让发生的所得,尽管其采伐或转让是为营业进行的,但取得山林后经过5年时,其采伐或转让的所得也不属于营业所得,而构成山林所得。又如我国内资企业的生产、经营收入,是指纳税人从事主营业务活动取得收入,包括商品销售收入、劳动服务收入、营运收入、工程价款结算收入、工业性作业收入、利息收入、保险收入,以及其他作为企业主营业务的收入。

(2) 财产所得,指纳税人凭借拥有的财产或通过销售财产所获取的收益。财产所得又分为两类:一类是不动产所得和动产所得,即纳税人从拥有的不动产(如土地、铁路、矿藏等)和有形动产(如机器设备、船舶、飞机、艺术品等)出租所取得的租金收入;另一类是因财产(包括各种动产和不动产)的转让过程中所产生的溢余收益,这类所得通常称为资本利得。目前各国对不动产和有形动产所得来源地的确定,主要根据国际惯例中的属地原则和属人原则,采用财产所在地标准和财产所有者标准。世界各国对于财产收益来源地的确定,一般认为转让不动产、有形动产所得的来源地应以不动产所在地为依据,但对于那些无特定物质形态的无形动产的各种权利,各国税法的规定标准不一。例如,对于转让公司股份所得,有的国家主张以公司的所在地为所得来源地,而有些国家则认为应以转让者所在地为所得来源地。但 UN 范本(《联合国关于发达国家和发展中国家避免双重征税的协定范本》)在 OECD 范本(《经济合作与发展组织关于对所得和资本避免双重征税协定的范本》)的基础上规定,转让一个公司的股票取得的收益,应由该公司财产中主要不动产的所在国征税;在其他情况下,转让股票取得的收益应由股权比重达到一定百分比的居民公司所在的居住国征税。对于股票的转让收益由哪国征税,OECD 范本并未提及。

(3) 劳动所得,指个人从事劳务活动所获取的报酬,通常是个人所得税法的纳税客体。劳动所得分为独立劳动所得和非独立劳动所得。非独立劳动所得,也称工资、薪金所得,是指因雇佣关系或相当于该关系所取得的工资、薪金、奖金、津贴等工资性报酬,也包括由雇佣关系而取得的退休金、抚恤金、年金等。我国将其规定为"个人因任职或者受雇而取得的工资、薪金、奖金、年终加薪、劳动分红、津贴、补贴或者受雇的有关其他所得"。① 独立劳动所得,也称劳务报酬所得,是指自由职业者从事专业性劳务取得的报酬。我国个人所得税法将其定义为"个人独立从事设计、装潢、安装、制图、化验、测试、医疗、法律、会计、咨询、讲学、新闻、广播、翻译、技术服务、介绍服务、经纪服务、代办服务等所得"。② 劳动所得并非需要以货币形式表示,货币以外的资产或其他经济利益,只要具有劳务对价性质,也包括在劳动所得之内。如日本判例表明,无息贷款中相当于利息的金额、增加资本投资的付款、发给通勤用的出租汽车公

---

① 参见《中华人民共和国个人所得税法实施条例》第5条。
② 参见《中华人民共和国个人所得税法实施条例》第8条。

司的车票、负担职工入学学习的授课费,都属于劳动所得之列。然而,并非因雇佣关系或相当于雇佣关系所支付的金钱或经济利益均构成劳动所得,如出差旅费、服装费等因执行公务直接需要的给付,不应包括在劳动所得之列。① 由于劳务活动本身是产生所得的来源,对在本国发生的劳务所得行使地域管辖权,乃是国际上普遍接受的原则。由于劳务所得类型的不同,国际上对于劳务所得来源地的确定,主要采用以下三种原则或标准:一是劳务地点标准,也就是劳务行为发生地原则。目前各国对于一项劳务所得来源地的确认,主要采用劳务行为发生地标准,即非居民或非公民在哪个国家提供劳务,由此获得的劳务报酬即为哪个国家境内来源所得。二是劳务所得支付地点标准,即以支付所得的居民或常设机构等所在国为准。三是停留时间标准,即跨国纳税人在一国境内停留一定期间,该国就可以判定该纳税人在此期间所取得的所得是否来源于本国境内。

(4) 投资所得,指法人或自然人通过直接或间接投资形式所取得的股息、红利、利息、特许权使用费等项收益。股息、红利是因占有公司资本股份或合资经营等非债权关系产生的分享利润的权利取得的所得。日本所得税法规定,因法人资本或出资减少及其他一定理由,股东从法人接受货币或其他资产金额的合计额中,超过与该股东的股票或出资相对应的资本等金额部分,由于具有处分利润累积金的性质,因此视为利润分红或盈余金分配,作为红利所得课税。利息是由种种债权取得的所得,包括存款、贷款利息、各种债券利息以及因垫付款、延期付款所取得的利息。构成利息所得核心的是储蓄存款利息,但消费信贷契约贷款利息不包括在利息所得之内。特许权使用费是指工业、商业或科学设备和有关情报供人使用,以及将专有技术、专利、商标、设计、图纸、配方、程序和著作权提供给或允许他人使用而收取的作为报酬的各种款项,日本将其列入杂项所得之内。投资所得是纳税人凭借占有资产而产生的利润追索权所获得的收益,属无形动产所得。当各种权利的提供者和使用者同在一个国家时,其所得来源地是极易划分的,但如果他们分别在不同的国家,对这类所得来源的确定就会出现极大的分歧。目前世界各国对这类投资所得来源地的确定,一般采用以下三个标准或原则:一是权利使用方所在地标准。目前各国对于贷款利息、特许权使用费等主要采用权利使用方所在地标准。二是支付方所在地标准。目前世界各国对于股息、债券和银行存款的利息大多采取支付方所在地标准。三是常设机构所在地标准。

(5) 其他所得,除以上四类主要应税所得外,一些国家规定的应税所得还包括保险赔偿金、终身劳保津贴、投机行为所得、博彩收入等,少数国家也将遗产继承所得、财产赠与所得等列为应税所得范畴。

---

① 〔日〕金子宏:《日本税法》,战宪斌、郑林根等译,法律出版社 2004 年版,第 150 页。

3. 我国应税所得的法律调整

原《企业所得税暂行条例》规定,企业所得税的应税所得是指内资企业来源于中国境内、境外的生产经营所得和其他所得,具体分为生产经营所得和其他所得两大类。修改后的企业所得税法明确规定了企业的应纳税所得额,即企业每一纳税年度的收入总额,减除不征税收入、免税收入、各项扣除以及允许弥补的以前年度亏损后的余额。新企业所得税法首次提出了不征税收入的概念,并规定了何为免税收入。不征税收入,从性质和根源上是不属于企业营利性活动带来的经济利益,不负有纳税义务,永久不列为征税范围;而免税收入是属于政府根据经济政策目标的需要,在一定时间免予征税,而在一定时期又可能恢复征税的收入,属于税收优惠。从理论上看,国家与纳税人之间已成立税收之债,免税属于纳税义务的消灭,"对法定应纳税额不予征收",是国家单方消灭其与纳税人之间的债权债务关系。《企业所得税法》对两者进行了准确的界定,纠正了长期执法实践中两者的混淆。同时,企业所得税税前成本费用等支出的扣除办法和标准,直接影响企业的实际税负,直接关系到企业所得税的税基。现行《企业所得税法》对税前扣除标准进行了统一和规范,如第8条规定,企业实际发生的与经营活动有关的、合理的支出,包括成本、费用、税金、损失和其他支出,可以在计算应纳税税额时进行扣除。这样的规定有利于企业生产经营过程中发生的成本费用的扣除,有利于以"净所得"实际衡量企业的税收负担能力,真正实现税收公平。新企业所得税法对税前扣除标准的统一,体现了立法的科学和公平。对内资企业而言,降低了税收负担,实现了公平竞争,有利于企业发展;对外资企业而言,虽然其税收负担略有增加,但其费用扣除范围也在一定程度上扩大了,如将允许税前扣除的企业研发费用由实际发生额的50%提高至按实际发生额的150%,有利于外资企业参与高新技术的研发,提升其科技竞争力。

现行《个人所得税法》采取列举的方式,将个人应税所得分为11项:工资、薪金所得;个体工商户的生产、经营所得;对企业事业单位的承包经营、承租经营所得;劳务报酬所得;稿酬所得;财产转让所得;偶然所得;经国务院财政部确定征收的其他所得。原《个人所得税法》将应税所得分为工资、薪金所得;劳务报酬所得;财产租赁所得;其他所得。新旧个人所得税法相比,新《个人所得税法》在工资、薪金所得中增加了"受雇有关的其他所得",这是因为随着市场经济的发展,人们受雇佣的单位增多了,受雇的方式多样化了,收入的形式也越来越多了,这样原个人所得税法的规定就显得过于简单,难以包含人们获得的所有工资、薪金收入。1980年《个人所得税法》未涉及承包、转包所得的纳税问题,新《个人所得税法》对此作出了规定。在劳务报酬方面,新《个人所得税法》增加了对"第二职业"的规定,其征税范围比1980年《个人所得税法》要宽。有关利息、股息、红利所得问题,新《个人所得税法》在外延上大大扩展了1980年《个人所得税法》所定义的"存款、贷款及各种债券的利息收入及投资的股息、利息收入",它不仅包括因现金债权、股权而取得的利息、股息、红利所得,而且还包括了个人因持有实物债权而取得的这类所得。为了适应我国股份制和证券业的发展,新个人所得税法增加了对"个人转让有价证券、股权、房屋、机器设备、车船等所得"的财产转让所得的规定。此外还增加了"个人得奖、中奖、中彩等所得"的偶然所得的规定。

综上所述,应税所得虽是所得税法的一个基本理论问题,各国学者对此亦有不同的主张,但世界各国对其法律界定并未拘泥于某一学说,而是根据自己的国情,建立其所得税法理论和体系。在我国,经过不断地税制改革和突破创新,应税所得的法定范围基本上与国际接轨,我国应继续规范和扩大企业应税所得范围,并结合我国国情和国际所得税法的发展趋势,进一步完善个人所得税法,规范和调整其应税所得,从而构建我国所得税法理论。

(二)对个人所得税法改革的理性解读[①]

2011年,第十一届全国人大常委会第二十一次会议表决通过了全国人大常委会关于修改《个人所得税法》的决定。根据决定,个税工薪所得减除费用标准由每月2000元提高至3500元,将工薪所得税率结构由9级超额累进税率修改为7级,并将第一级税率由5%降至3%。此次个人所得税法的调整引发了社会各界的高度关注。

此次修改个人所得税法,实行提高工资薪金所得减除标准与调整工资薪金所得税率结构联动,其目的除简化与完善税制外,还要减轻大多数纳税人的税收负担,尤其是中低收入者的负担,同时适当增加高收入者的负担,从而在一定程度上达到调节收入分配,缓解初次收入分配压力,刺激消费需求,实现经济社会可持续发展的目标。

1. 对个人所得税的调节功能的认识

此次修正案草案只能称之为"个人工薪所得税改革",它所涉及的主要是现行个人所得税的一个征税项目——工资薪金所得。其余的税目,基本未纳入这次调整范围,按照这种模式征收个人所得税,对调节收入分配功能有限,目前社会舆论对个人所得税调节收入分配功能有些夸大化了。

具体来说,目前我国个人所得税有11个税目,包括工资薪金所得、个体工商户生产经营所得、企事业单位承包承租经营所得、劳务报酬所得、稿酬所得、利息股息红利所得、财产租赁所得、财产转让所得等。分类税制下,每个税目都有不同的税率,适合在个人收入比较单一的情况下采用。但是随着社会发展,个人的收入越来越多元化,比如大学教授,除了在学校的工薪所得之外,可能还有在外面讲课获得的劳务所得、稿酬所得等。所以,如果征收个人所得税仅仅聚焦在工薪所得上,对那些收入多元的人更有利,这不利于体现公平原则,没有实现量能课税。

我国进行收入分配改革,目前最重要的还是要改变初次分配不合理的现状,如果

---

① 原文发表于《中国税务》2011年第8期,收录本书时作部分修订。

希望充分发挥个人所得税收入再分配作用,就应该加强对高收入群体、行业的税收征管。高收入阶层的收入大部分并不是来自工薪所得,而是财产性收入。2010年5月31日,国家税务总局曾经发文加强五类高收入的税收征管,包括财产转让所得,利息、股息、红利所得,规模较大的个人独资企业、合伙企业和个体工商户的生产、经营所得,劳务报酬所得和外籍个人取得所得。2011年4月18日又发布了《关于切实加强高收入者个人所得税征管的通知》,重点强调对高收入者收入的调节作用以及对高收入行业和人群的个人所得税监管。这些措施,正是为了调节富人的收入;这些措施真正实施下去,才能真正让富人多缴税。

要调节收入分配,公众不能对个人所得税工薪费用减除改革抱有太大的期望,否则会脱离中国的现实。这次个人所得税法修改是在不得已的状态下选择的一种"次优"改革方式,仅仅是局部的改革和调整,对调节收入分配的功能有限,与理想的状态还有一定的距离。个人所得税改革是我国税制改革的重要组成部分,而税制改革是收入分配体制改革的一部分。因此,不要期望通过此次工薪个税的改革来达到完全调节收入分配的目的。

2. 对减除费用标准的测算

关于减除费用标准的测算,一直是一个争议颇多的问题,这不仅是一个关于国家财政收入增减和纳税人收入增减的经济问题,而且也是一个关乎公民基本人权,比如平等权、生存权和发展权的法律问题。在目前我国收入分配不公,收入差距不断扩大,社会深层次矛盾突显,民众的感性多于理性的背景下,个人所得税法要规定一个足以服众的减除费用标准是不太可能的。减除费用标准的调整需要综合考虑诸多因素,结果只能是相对合理。

一般来说,国际上关于减除费用标准的确定有两个通行的衡量标准:一个是居民基本的生活支出,另一个是占工薪阶层人均工资的比重。

第一个标准主要是从人权的角度,也就是公民的生存权角度考虑。据国家统计局资料,2010年度我国城镇居民人均消费性支出(包括基本生活支出和非基本生活必需品支出)为1123元/月,按平均每一就业者负担1.93人计算,城镇就业者人均负担的消费性支出为2167元/月。2011年按城镇就业者人均负担的消费性支出增长10%测算,约为2384元/月。综合考虑各方面因素,决定将工资、薪金所得减除费用标准从2000元提高到3500元。调整后,工薪所得纳税人占全部工薪收入人群的比重,由原来的28%,下降到7.7%左右。

第二个标准,是减除费用标准占工薪阶层人均工资的比重。从国际通行标准来看,国外个人所得税减除费用标准不超过其工薪阶层平均工资的40%。当然不是说一定要照搬国外的标准,但是对于国际上长期通行的标准应该适当予以借鉴参考。从这个标准来看,我国目前的工薪阶层平均收入即在3000元左右,根据决定,减除费用标准已能够全额覆盖工薪阶层的平均工资了,相比发达国家已经比较高了。

从另一个角度看问题,个人所得税减除费用标准的提高应该是适度的,否则,税收就会大幅度减少,进而影响到公共品的提供和个人所得税法的综合改革。同时我认为,个人所得税减除费用标准改革应当综合考虑多种因素,在确定一个合理标准后,由全国人大常委会授权国务院根据CPI指数随时予以调整,并报全国人大常委会备案。

3. 减除费用标准是否应当全国统一

关于减除费用标准是否全国统一也存在诸多争论。我认为,还是应当基于我国法制统一、纳税人平等权和税收征管有效等方面因素综合看,全国统一适用较适宜。其一,我国是法制统一的国家,在税法的适用问题上也应保证全国统一,这有利于法律的执行。其二,从人权和宪政的角度看,纳税问题涉及纳税人的基本权利问题,基于发展权、平等权的考虑,全国统一比较合理。其三,个税问题上全国统一也有利于税收征管,如果全国不统一,可能会导致税收的逆向流转。其四,发达地区收入水平比较高,就该让发达地区的减除费用标准相应地提高?这只是表面的问题。从公共品提供和权利义务相一致的角度考虑,发达地区享受的公共品也多一些。

4. 个人所得税法改革的方向

结合我国的实际情况,个人所得税法改革应当从以下五个方面进行:

第一,要将分类所得税立法例逐步转向分类综合所得税立法例。分类所得税制虽然计征方便,但不能较好地体现税收公平原则,不能有效地消除纳税人负担差异;综合所得税制虽然可以消除这一差异,但又对不同来源的收入实施税收歧视。而分类综合所得税制综合了上述两类税制的优点。在我国,将工资、薪金收入,承包、转包收入,财产租赁收入,财产转让收入等合并为综合收入,在作合理的费用减除后,适用累进税率,其余收入适用比例税率,这样就可以充分发挥分类综合所得税制的优点。

第二,完善纳税主体制度。世界各国个人所得税的纳税主体主要包括个人和家庭。从公平角度看,以家庭为纳税主体对非劳动收入如股息、利息、红利会较公平地对待,因为以个人为纳税主体时对这些所得的源泉扣缴根本不考虑其实际纳税能力,在以家庭为纳税主体的情况下将这些所得并入家庭总收入再对某些项目进行扣除,能更好地体现综合纳税能力。从效率角度看,对个人征税影响的是个人的投资与劳动力决策,对家庭征税的影响则更广泛。选择以家庭为纳税主体,可以实现相同收入的家庭缴纳相同的个人所得税,并且可以以家庭为单位实现一定的社会政策,如对老年人的减免,对无生活能力的儿童采用增加基本扣除的方法等。

第三,进一步扩大税基,降低税率。扩大税基,实际上就是开辟新税源,从而增加财政收入。这是20世纪80年代以来各国所得税制改革中普遍采用的一项重要措施,特别是在降低税率导致税收收入减少的情况下,这些措施的重要性更显而易见。应根据经济生活的发展,进一步扩大税基,其措施:一是根据新情况增加一些新的应税所得,如农业生产经营所得、期货交易所得;二是取消或降低一些费用扣除,如对企业事业单位的承包所得、承租所得的费用扣除可适当降低;三是对个人购买国债和国家发行金融债券的利息征收预提税。此外,还应降低税率,减少税率档次。

第四,规范税前费用扣除,实现量能课税原则。世界各国扣除制度中的扣除项目一般包括成本费用、生计费和个人免税三部分内容。成本费用扣除形式多采用按实列支或在限额内列支的方式。生计费用减除是扣除制度的核心内容,各国大多根据赡养人口、已婚未婚、年龄大小等因素进行扣除。个人免税主要是为了体现量能、公平的原则而设置的对某些所得给予照顾性的减免项目。《个人所得税法》对生活费给予的扣除,不应是固定的,而应是浮动的,即应随着国家汇率、物价水平和家庭生活费支出加减诸因素的变化而变化。

第五,要实行有效的个人收入监控机制。为了加强税源控制,堵塞税收漏洞,可以借鉴美国的税务号码制度,即达到法定年龄的公民必须到政府机关领取纳税身份号码并终生不变,个人的收入、支出信息均在此税务号码下,通过银行账户在全国范围内联网存储,以供税务机关查询并作为征税的依据。尽快建立中国"个人经济身份证"制度,使我国个人的一切收入、支出都必须直接在"个人经济身份证"账号下进行,使公民的各项收入均处于税务机关的有效监控之下,促进公民依法自觉纳税,减少偷逃税款的行为。

(三) 全球化与企业所得税立法的统一[①]

1. 企业所得税制度改革背景

从1978年开始实行改革开放至今,我国的政治经济形势已经发生了巨大的变化,社会主义市场经济体制初步建立。从国际上看,我国加入了WTO,中国成为世界市场的重要组成部分。这成为中国进行企业所得税制度改革的重要时机,但也使得改革面临重重的挑战。

(1) 经济全球化是企业所得税制改革的内在驱动力

随着社会主义市场经济建设的发展和对外开放程度的加深,中国已经处于不同于改革开放初期的经济发展和国际投资环境之中。尤其是加入WTO之后,中国与其他国家、地区之间,经济开放程度不断提高、交融,相互依存程度日益加深,国外的商品、资金、技术、劳动力、信息等生产要素更加无限制的进入中国市场,在中国与其他国家和地区之间更为自由、迅速、大量的流动。

为适应这种全球化的背景,各国普遍采取了经济开放政策以促进本国经济的发展,为国际贸易和投资的快速发展提供了制度条件。各国不仅采取各种措施取消贸易和投资的限制和障碍,国际组织,尤其是世界贸易组织更是通过促进各国减让关

---

① 原文发表于《法学杂志》2006年第5期,收入本书时作部分修订。

税、取消其他贸易壁垒和消除国际贸易上的差别待遇,实现充分利用世界资源、扩大商品生产和交换、促进各缔约国的经济发展,实现市场机制在世界范围内有效地发挥作用。促进市场机制的全世界范围内的形成,其关键在于市场主体法律地位的平等,只有机会均等、公平竞争,才能最终使资源得到优化配置,实现效益的最大化。因此,任何超国民待遇的鼓励措施和次国民待遇的限制或禁止措施从理论上说都是背离市场经济要求的。WTO体制中所蕴含的自由、公平、平等以及经济全球化的趋势要求对我国内外有别的企业所得税制重新予以反思。

我国的社会主义市场经济的建设,同样蕴含着对竞争平等、权利义务一致的基本内涵。尽管国民待遇或无差别待遇原则只是要求国家给予外国人以不低于本国人的待遇,但这并不意味着外资企业在税收方面所享有的"超国民待遇"有其合理性。但从国民待遇原则的根本价值追求而言,国民待遇原则所要实现的是本国人与外国的平等竞争,构建相对公平的投资环境。尤其在加入WTO之后,对外资企业的市场准入限制已经相继取消,国内市场对外资进一步开放,内资企业也逐渐融入世界经济体系之中,面临越来越大的竞争压力,如继续采取内、外资企业差异性的税收待遇,则很不利于我国的民族企业参与市场竞争,不利于我国民族企业的发展。从这个意义上说,对外国投资者一般不给予特殊的税收待遇,而是完全按国内企业的标准予以对待,既不歧视,也没有额外的税收优惠,才能对国内市场、全球市场上的所有企业,无论其资金来源和所有制性质,实现税收负担上的平等。在此全球化的背景之下,内外有别、税收待遇差异明显的企业所得税制度更面临修改的紧迫性。

毫无疑问,在全球化的背景之下,各国之间、各个市场主体之间的利益纠葛也更加纷繁复杂。世界经济一体化的形成,不仅带来了资源的频繁的流动,更使国家之间、国家与市场主体之间、市场主体之间的各种利益,尤其是税收利益,形成相互牵制、甚至此消彼长的竞争态势,引发了国家之间、国家与市场主体之间的利益冲突。一个国家税收制度的改革,所影响的并不仅仅是本国的经济发展、财政收入和本国国民的税收利益,对其他国家的经济发展,同样可能产生直接或间接的影响。因此,我国在着手进行企业所得税制改革时,更是面临各种挑战,尤其是如何在经济全球化背景下更好地维护国家的主权和国家的利益,如何在顺应全球经济一体化的趋势的同时,站在国际的视角上全面地考虑促进经济资源的全球流动,合理、合法地维护本国利益之间的平衡。

因此,经济全球化的大背景下,企业所得税制的改革成为我国当前的重中之重。我国对外资的超国民待遇是违反国民待遇原则的精神实质的,我国加入WTO已经十几年了,长期违背这一原则将有损我国的国际声誉。因此,企业所得税制的改革应当遵循WTO原则及国际税收惯例,对不公平的税法规则予以修改,以便尽可能地和WTO主要成员国的通行税制衔接,为在多边贸易体系下开展国际经济交往创造良好的税收环境。

（2）中国经济的整体发展是企业所得税制度改革的经济背景

中国经济正在由计划经济体制向社会主义市场经济体制平稳过渡，经济处于高速增长时期，年均经济增长率约为9%。根据国家统计局公布的数据，2005年中国国内生产总值182321亿元，按可比价格计算，比上年增长9.9%，略低于上年的10.1%增速。2006年，中国国内生产总值为2.5万亿美元，中国对外贸易规模达1.76万亿美元，城乡居民收入加速增长。

企业的整体效益近年来有较大提高。以国有企业为例，据中国国有资产监督管理委员会（SASAC）公布的数字，2006年前7个月，大型国有企业的利润总额为4970亿元，较去年同期上升了15.2%。与过去几年一样，这个速度超过了国内生产总值的增长幅度。中国财政部公布的数字显示，2005年，全部国有企业的利润额达到了9050亿元，较前一年上升了25%。国家统计局的调查数字显示，国有企业中，亏损企业的比例从1998年的40%降到了2004年的35%，同期，亏损国企的亏损额从1150亿元降到了660亿元；盈利国企的利润额则从520亿元增加到5310亿元。另据财政部的数字，近年来，对亏损国企的补贴在逐年减少，目前的补贴额为200亿元，仅相当于国企利润额的2%。由于企业利润增势较好，2006年全国规模以上工业企业实现利润增长31%，增幅同比提高8.4个百分点，相应2006年预缴企业所得税增长29.4%。2006年我国企业所得税、外商投资企业和外国企业所得税共完成7081亿元，增长28.5%，增收1570亿元。

经济的高速增长，企业的整体效益的提高，也带来了国家财政收入的良好的增长势头。以2006年为例，根据《关于2006年中央和地方预算执行情况与2007年中央和地方预算草案的报告》中的数据，2006年全国财政收入39343.62亿元（不含债务收入，下同），比2005年增加7694.33亿元，增长24.3%，比预算超收3920.24亿元，其中，中央财政本级收入超收2542.47亿元，地方财政本级收入超收1377.77亿元。按规定解决出口退税历史陈欠613亿元后（账务上以退库处理），全国财政收入为38730.62亿元，比2005年增加7081.33亿元，增长22.4%，比预算超收3307.24亿元，完成预算的109.3%。全国财政支出40213.16亿元，比2005年增加6282.88亿元，增长18.5%，完成预算的104.8%。国家财政收入的大幅度增长，使国家有足够的财力去应对企业所得税法改革所带来的种种问题。

可以说，在我国经济平稳健康发展、企业的整体盈利率提高、财政收入逐年稳步上升的背景下，国家财政和企业的承受能力都比较强，是改革最佳时机。

2. 艰难的企业所得税改革之路

自20世纪80年代以来，为适应改革开放的需要，我国按不同的资金来源和企业性质分别立法，实行不同的企业所得税制度。1991年4月9日，第七届全国人民代表大会第四次会议通过了《中华人民共和国外商投资企业和外国企业所得税法》，同时废止了《中华人民共和国中外合资经营企业所得税法》《中华人民共和国外国企业所得税法》,该法根据十年来我国的实践经验和国际上的通常做法,本着完善税法,为实际需要进行了合理调整和补充,实现了统一税率、统一税收优惠待遇、统一税收管辖权的"三统一"。统一税率就是把原税法对合营企业所得税实行30%的比例税率,另按应纳所得税额附征10%的地方所得税;对外国企业所得税实行20%至40%的五级超额累进税率,另按应纳所得税额附征10%的地方所得税,统一改为企业所得税实行30%的比例税率,地方所得税税率为3%,合计为33%的税率。统一税收优惠待遇就是把原税法对合营企业不分行业,只要经营期在10年及以上的,都给予两年免税、三年减半征税的定期减免税优惠,改为按照产业政策,统一限于生产性企业;对合作企业和外资企业由原来仅限于从事农业、林业、牧业等利润低的行业给予定期减免税,扩大到从事生产性项目的企业。统一税收管辖权就是在税法上对法人居民纳税义务与非居民纳税义务的确定,统一明确以企业总机构所在地为准。把原税法仅明确合营企业负有全面纳税义务,其境内、境外所得要汇总纳税,改为外商投资企业的总机构设在中国境内,负有全面纳税义务,就来源于中国境内、境外所得缴纳所得税;外国企业负有限纳税义务,就来源于中国境内所得缴纳所得税。1993年国务院将适用内资企业的《国营企业所得税暂行条例》《集体企业所得税暂行条例》和《私营企业所得税暂行条例》统一合并为《中华人民共和国企业所得税暂行条例》,至此,我国形成了分别适用于内资、外资企业的两套所得税制度。

第十届全国人大第二次会议以来,共有541位全国人大代表提出16件议案,要求制定统一的企业所得税法。1994年,财政部开始着手对两税合并进行调研。1997年东南亚金融危机爆发之后,面对东南亚国家放宽外资投资优惠条件的压力,两税合并方案暂时搁浅。2001年中国加入世贸组织,我国大幅度降低关税水平,失去关税保护的中国民族企业此时所承受的不公平的所得税待遇重新受到重视,两税合并的被重新提到议事日程。根据党的十六届三中全会关于"统一各类企业税收制度"的精神,结合我国经济社会发展的新情况,财政部、国家税务总局和法制办共同起草了《中华人民共和国企业所得税法(征求意见稿)》,于2004年书面征求了全国人大财经委、全国人大常委会法工委、预工委、各省、自治区、直辖市和计划单列市人民政府以及国务院有关部门的意见,并分别召开了有关部门、企业、专家参加的座谈会,直接听取了意见。同年8月,财政部、国家税务总局把旨在将该企业所得税法的草案提交给国务院,计划于次年3月提交人大立法。12月7日,时任财政部部长金人庆宣布,合并内、外资企业所得税法将是2005年的税制改革4大工作重点之一,一场围绕内外资企业所得税并轨的利益博弈随即展开。2005年1月,54家在华跨国公司,针对两法并轨可能对跨国公司的影响,联合向财政部、商务部和国家税务总局同时提交一份名为《在华投资的跨国公司对新企业所得税法的若干看法》的报告,报告提出希望两法并轨后,继续给予外资公司一定的税收优惠政策,要求"对外资企业优惠政策应有一个5到10年的过渡期"。这54家跨国公司的名单里包括了几乎所有公众熟悉的跨国公司:微软、摩托罗拉、戴尔、宜家、三星等。2005年8月15日,商务部发布1—7月全国吸收外商直接投资情况报告指出,2005年1—7月,全国新批设立外商投资企业22772家,同比下降7.63%,实际使用外资金额327.07亿美元,同比下降1.16%。为防止两税合并对我国吸引外资造成太大的冲击,商务部建议企业所得税的合并应当缓行。其后,在跨国企业、各部委、地方政府的重重阻力下,两税合并进展缓慢。经过商务部、财政部、国家税务总局、地方利益团体、跨国公司等多方利益博弈,2006年,两税合并终于在全国人大常委会2006年立法计划获得通过,企业所得税法被列入2006年内初次审议的法律草案中。2006年3月的全国政协会议上,政协提案组将《关于尽快统一内外资企业所得税的提案》列为本次政协会的一号提案。2006年12月24日,第十届全国人大常委会第二十五次会议对《企业所得税法(草案)》进行了审议,提出了修改意见,并作出将该草案提请十届全国人大五次会议审议的决定。企业所得税"两法"合并经过了一次又一次的磨难,终于突破重重阻力送到了立法机关的案头。在让我们欣喜的同时,也让我们看到了改革的艰辛,公平的来之不易。

3.《企业所得税法》的制度创新

《企业所得税法》不仅实现了并行的内、外资企业所得税法的统一,在此基础上也根据新的经济形势的变化进行了完善和补充,进行了新的制度构建。从总体上说,《企业所得税法》实现了以下的八项制度创新。所谓制度创新,包括两个层面的:有的是针对我国既有的制度,有的则是针对国外制度而由我国独创的。

(1) 确立以法人为标准的纳税主体制度,引入居民、非居民的概念

根据《企业所得税法》第1条规定,企业所得税的纳税义务人为"除个人独资企业和合伙企业外的企业和其他取得收入的组织",不再区分内外资企业,按照国际通行做法,将取得经营收入的单位和组织都纳入征收范围。同时采用"登记注册地标准"和"实际管理机构地标准",将企业分为"居民企业"和"非居民企业"(第2条),承担不同的纳税义务。并且为了增强企业所得税与个人所得税的协调,避免重复征税,法律明确排除个人独资企业和合伙企业的适用。由此,无论资金来源如何,只要不具备个人独资企业和合伙企业的法律形式的企业,都应当无差别的适用《企业所得税法》。具体而言:

《企业所得税法》关于纳税人的界定,改变了以资本的来源作为区分标准的做法,而是"凡是在中华人民共和国境内的企业以及其他取得收入的组织"都应当依法缴纳企业所得税。由此,《企业所得税法》统一了其适用对象,确立了无差别的企业所得税的纳税主体,对所有的企业纳税人,无论其资金来源、经济属性、规模、所属区域,均应平等地根据其经济收益能力加以考察,均给予平等的适用和保护,从而实现企业间税收负担的平等分配。

《企业所得税法》关于纳税人的界定,改变了以往内资企业所得税以独立核算的三个条件来判定纳税人标准的做法,只要是我国境内的企业和其他取得收入的组织,

均作为企业所得税的纳税人。虽然2000年1月1日起个人独资企业和合伙企业不再缴纳征收企业所得税,但《企业所得税法》以法律形式明确排除了个人独资企业和合伙企业的企业所得税纳税义务。一方面虽然这两类企业也从事商品生产经营活动,但企业不拥有独立财产,无法准确衡量其税收负担能力;另一方面,这两类企业一般经营规模较小,如同时征收企业所得税和个人所得税,则存在双重征税,加重其不合理经济负担。因此个人独资企业和合伙企业不适用《企业所得税法》,不仅在法理上具有合理依据,也与我国相关立法相统一,符合国际立法惯例。

将非法人的个人独资企业和合伙企业排除在企业所得税的纳税人之外,也体现了我国在企业所得税主体法人标准上的选择。以法律形式对组织进行区分主要是法人和非法人,目前我国存在着多种形式的企业,并且取得收入的组织也形式各异,不全都具有法人资格。虽然在税法上并没有强调纳税人的法人地位,但实行法人所得税制是国际通行做法,有利于更加规范、科学、合理的确定企业纳税义务。同时在非法人企业中,一部分属于历史遗留问题,如全民所有制、集体所有制企业;一部分是属于改革开放之初为吸引和便利外商投资而采用灵活多样化的企业形式和投资方式;还有一部分则属于常设机构,但即使是常设机构纳税,真正的主体仍然是外国企业,主要还是法人。同时《企业所得税法》中"居民企业在中国境内设立不具有法人资格营业机构的,应当汇总计算、缴纳企业所得税"的规定,也暗含了对法人标准的偏好。因此随着市场主体立法的健全和公司治理结构的完善,以法人作为企业所得税纳税人将成为企业所得税法进一步完善的方向。

《企业所得税法》采用类似《个人所得税法》对纳税人的分类方式,将企业划分为居民企业和非居民企业。第2条规定,依法在中国境内成立,或者依照外国(地区)法律成立但实际管理机构在中国境内的企业为居民企业。依照外国(地区)法律成立且实际管理机构不在中国境内,但在中国境内设立机构、场所的,或者在中国境内未设立机构、场所,但有来源于中国境内所得的企业为非居民企业。

此规定上借鉴了国际通行做法,突破了长期以来我国企业所得税的规范囿于经济所有制性质或资本来源性质的不合理框架。而对纳税人以居民标准进行区分,无论从实质的经济联系,还是法律联系来看,对一国的税收收入和国家主权都具有重要意义。但我国也只在《个人所得税法》中采纳国际惯例,采用住所和居住时间两个标准将自然人纳税人分为居民和非居民。而在企业所得税领域,很长一段时间是依照经济所有制性质,后以内外资形式区分纳税人。虽然在原涉外企业所得税制度中区分了外商投资企业与外国企业不同的纳税义务,实质是按照属人和属地管辖权,对居民纳税人和非居民纳税人的不同纳税义务进行了区分。对于总机构不设在境内的外商投资企业是否具有居民地位却未予明确。此次《企业所得税法》首次在企业所得税领域明确了"居民企业""非居民企业"的概念与区分,体现了与国际惯例的衔接,也与过去的立法不存在冲突。

从立法表述看,结合我国的实际情况采用了"登记注册地标准"和"实际管理机构地标准"相结合的办法认定居民企业,这种区分标准不仅较好地解决了居民企业的认定问题,而且比较灵活,符合我国经济发展的实际情况,有利于税收管辖权的行使。

(2) 确立具有国际竞争力的税率制度

所得税主要有两方面的功能,一是财政功能,通过征收所得税为国家提供稳定可靠的财政收入来源;二是调节功能,通过所得税结构的合理设计和安排贯彻国家经济政策和社会政策。而税率作为直接关涉纳税人税负和国家财政收入的因素,则成为所得税发挥作用的主要手段。税率的确定应当考虑保护人民基本财产权、人民经济活动的自由和人格发展的自由,侵犯人民基本权和自由的税率不符合现代法治国理念。在考虑到企业的实际税负、周边国家的税率、财政负担能力以及外资的心理承受能力等因素,《企业所得税法》规定税率为25%,并规定符合条件的小型微利企业,减按20%的税率征收企业所得税。国家需要重点扶持的高新技术企业,减按15%的税率征收企业所得税。

从税率形式上看,25%的比例税率在一定程度上兼顾了公平和效率的要求,可以保证各类企业有平等的竞争环境,从而促使企业提高效率。简明的税率也便利了征管,改变了原企业所得税制度的不合理和不科学。我国过去内资企业所得税名义上33%的统一比例税率,但又规定了两档低税率,实际上是三级全额累进税率,导致全额累进税制固有的因转换级次而额外增加税负。

从税率水平上看,25%的税率降低了8个百分点,不仅从国内企业和财政的角度考虑比较适宜,也符合世界性减税的潮流。(1) 20世纪80年代中期开始的世界性税制改革的重要内容是公司(企业)所得税的税率下调,2005年全球43个国家的综合税率为29.49%。比较主要发达国家和我国周边国家企业所得税的基准税率,企业所得税基准税率一般在25%—35%之间。因此25%的税率在保证我国企业国际竞争力的同时,也充分考虑了国际税率水平,仍具有对外资的吸引力。(2) 从企业所得税财政收入职能看,税率降低对财政收入的影响是显著的。但由于内资企业的税基会有较高速度的增加,内资企业所得税收入减少将与外资企业所得税的增加大体相当,并且近年我国财政收入每年都以较大幅度增长的趋势看,国家完全可以承受25%的统一企业所得税税率,不存在束缚进行税法改革的财政压力。对企业而言,税率的降低有助于刺激投资,扩大企业再生产。同时低税率有利于鼓励企业诚信纳税,减轻征管负担。从企业所得税调节功能看,降低税率,改变过去税率过高附加缺乏明确目标而复杂混乱的税收优惠的情况,使得税制清晰准确,并且有利于不同类型的企业在一个平等的起点进行竞争。

(3) 确立了科学规范的征税客体制度

所得税是对纯所得课征的租税。收入的多少不能完全反映纳税人纳税能力的大小,只有采纯所得才能够实现所得税的公平,实现量能课税。纯所得,也称应税所得,是指在一定期间内,法人运用资本或劳力,或两者合并运用所获得之经常的或临时的收益,其价值可以货币单位计算,依法减除各项费用后之纯净余额,足以增加其纳税能力。

确定应税所得是所得税法的重要内容。《企业所得税法》明确规定了企业的应纳税所得额,即企业每一纳税年度的收入总额,减除不征税收入、免税收入、各项扣除以及允许弥补的以前年度亏损后的余额,首次提出了不征税收入的概念,并规定了何为免税收入。不征税收入,从性质和根源上不属于企业营利性活动带来的经济利益、不负有纳税义务并不作为应纳税所得额组成部分的收入,永久不列为征税范围。在理论上不征税收入是纳税人的纳税义务自始不成立。而免税收入是属于政府根据经济政策目标的需要,在一定时间免予征税,而在一定时期又可能恢复征税的收入范围,属于税收优惠。从理论上看,国家与纳税人之间已成立债收之债,免税属于纳税义务的消灭,"对法定应纳税额不予征收",是国家单方消灭其与纳税人之间的债权债务关系。《企业所得税法》对两者进行了准确的界定,纠正了长期的执法实践中两者的混淆。

同时,企业所得税税前成本费用等支出的扣除办法和标准,直接影响企业的实际税负,直接关系到企业所得税的税基。在原企业所得税制度下,内、外资企业的扣除差异,是造成内、外资企业实际税负差异的重要原因。《企业所得税法》则支出扣除进行了统一和规范,如第8条规定,企业实际发生的与经营活动有关的、合理的支出,包括成本、费用、税金、损失和其他支出,可以计算应纳税税额时进行扣除。这些规定有利于企业在生产经营过程中所发生的全部费用和成本得以实际扣除,有利于以"净所得"实际衡量企业的税收负担能力,真正实现企业的税收公平。

《企业所得税法》关于税前扣除标准的统一,体现了立法的科学和公平。对内资企业而言,改变企业所得税法改革之前的费用限额扣除方式,降低了税收负担,实现了公平竞争,有利于企业发展。对外资企业而言,虽然其实际的税收负担略有增加,但新的优惠政策在一定程度上也扩大了外资企业的费用扣除范围,如原可抵扣其实际发生额50%的企业研发费用则提高至按期实际发生额的150%进行抵扣,有利于外资企业参与高新技术的研发,提升科技竞争力。

(4) 实行国际化的税收抵免制度

法律性双重征税,是指两个(或以上的)国家对同一纳税人同一所得进行征税。严格来讲,如果是两个以上国家对统一纳税人的同一笔所得进行重复征税,其应称为法律性多重征税。但由于双边与多边的机制、原理基本一样,为了表述方便,这里所有的双重征税、双边协定等说法都同时包括了多边的情形。随着经济全球化和跨国投资的发展,对于跨国投资所得,投资国与投资者母国,基于本国的税收管辖权,均有权征税。国际所得的重复征税造成的负面影响是明显的。一方面,纳税人要承担两个国家的税收负担,增加了其跨国贸易、投资的成本和不确定性。另一方面,国家虽然可能短期内增加了税收收入,但长远看,跨国投资的减少必将减少税源,削弱国家的经济实力,不利于发展经济和增加财政收入。因此,避免法律性双重征税,为货物、资本、劳务跨国自由流动铲除税收障碍,促进跨国贸易和投资的发展,成为世界各国的共识。

避免法律性双重征税主要有两种方式:一是双边方式,即国家间通过签订税收协定,协调税收管辖权,避免双重征税。目前,多边税收协定的数量非常少,其中,北欧五国的多边税收协定是最典型的,另外,一些区域性经济集团,如非洲国家、东南亚国家等也签订了类似于多边税收协定的税收协议。但税收协定并不能穷尽所有可能的避免双重征税方式。二是单边方式,一些国家在本国税法中规定了避免双重征税的方法,增强制度的可操作性,作为对税收协定的补充。

为更好消除国际性双重征税,《企业所得税法》第23、24条则规定了境外所得的税收抵免制度,对我国居民企业或者非居民企业在我国境内设立的机构场所来源于境外并已经缴纳了税款的所得,在对该所得征税时,允许从应纳税额中扣除在国外缴纳的税款数额。我国规定的税收抵免制度为限额抵免,即企业或常设机构所扣除的国外缴纳的税款的数额不得超过根据《企业所得税法》计算出来的应纳税额,改变了原企业所得税制度中对特定类型的国外所得可以采取扣除法,体现了公平课税的原则。同时继续沿用分国不分项的抵免方法。

(5) 建立以产业为导向的普适性税收优惠制度

税收优惠,是对部分特定纳税人和征税对象给予税收上的鼓励和照顾,实施财政政策的重要手段。政府通过税收优惠能够通过引导企业从事国家所鼓励的经济行为,鼓励和引导社会投资、增加就业、优化经济结构和资源配置、调节收入分配、促进经济发展,从而实现国家的宏观经济目标,总体上社会整体发展。针对原企业所得税制度优惠政策不统一、内容不合理、重点不突出的问题,《企业所得税法》专章规定税收优惠,构建统一适用于内、外资企业的、以产业优惠为主、区域优惠为辅的税收优惠制度,从四个方面对税收优惠重新整合和完善:

第一,保留一些原有的税收优惠措施。如保留对农林牧渔业、公共基础设施投资的税收优惠(第27条)。对小型微利企业,仍给予低税率优惠(第28条第1款)。

第二,扩大一些原有税收优惠的范围。如取消对高新技术产业的15%低税率优惠的区域限制(第28条第2款);增加对创业投资等企业的税收优惠(第31条);将环保、节水设备投资抵免企业所得税政策扩大到环境保护、节水节能、安全生产等专用设备(第34条)。

第三,改变税收优惠的具体措施,将直接优惠为主改为间接优惠为主。如劳服企业、福利企业所支付的残疾人员工资(第30条第2款)、资源综合利用企业生产符合产业政策的产品所取得的收入(第33条)、企业的研究开放费用等允许其加计扣除(第30条第1款),允许企业的固定资产缩短折旧年限或加速折旧(第32条)。

第四,取消一些原有的税收优惠政策。如取消对新设立和过渡期结束后的生产性外资企业定期减免税优惠政策以及产品主要出口的外资企业减半征税的优惠政策等。

同时为改变有关主管部门、地方政府出于吸引资金或地方保护主义考虑而制定的行业性、地区性的税收优惠政策的状况,《企业所得税法》将税收优惠的制定权集中于中央,仅赋予民族自治地方有限的税收优惠政策的调整权,从而实现税收优惠的规范和统一。

通过整合和完善新的税收优惠政策,产业导向和区域导向更为明确,重点更为突出,在保持政策的稳定性和连续性的基础上,通过对高新技术产业提供税收优惠,有利于促进技术创新和科技进步,推动产业升级,实现国民经济的可持续发展。

(6) 建立体系化和规范化的反避税制度

反避税工作是国家税务管理的重要内容,也是各国维护国家税收主权和税收利益的主要手段。随着我国对外开放日益深入和扩大,一方面部分跨国企业往往利用境内外税制差异和境内地区间税收优惠的差异等,通过企业集团内部关联交易的转让定价、资本弱化等方式将利润转移到国外,造成我国税收流失。另一方面,内资企业避税现象也在逐渐增多。

为了防范各种避税行为,《企业所得税法》专章规定特别纳税调整,主要包括以下内容:一是引入"独立交易原则",作为转让定价税制的核心原则,要求关联方之间的交易应当符合独立方在类似情况下从事类似交易时可能建立的商业和财务关系。几乎所有引入转让定价立法的国家都在立法中明确独立交易原则,表明转让定价的判断和调整都必须符合该原则。二是明确纳税人提供相关资料的义务,纳税人应在关联交易发生的同时准备证明其符合独立交易原则的资料,在税务机关调查时,纳税人承担协力义务并证明其关联交易的合理性。三是借鉴反避税的国际立法经验,结合我国反避税实践适时补充一般反避税规则和防止资本弱化等限制性条款,强化企业所得税征管,切实维护国家税收权益。同时立法还增加了对资本弱化、避税地等具体避税行为的防范措施。

在立法体例上,我国采取个别性反避税条款和一般性反避税条款并立模式。个别性条款可以重点打击、合理防范,但涵盖面窄、有滞后性,导致法律漏洞可以为避税所用;一般性条款可以避免因我国经济发展阶段不能在短期内制定出大量详密的个别性反避税条款带来的问题,还可以有效防止税务机关自由裁量权的滥用。这种概括式与列举式结合的立法模式,基本涵盖了目前对主要各种避税行为进行规制的方法,比如转让定价、预先定价、避免资本弱化、反避税地等,还以一般反避税条款的确立为规制避税行为提供了兜底保障。

在程序上,立法增加了有关的核定程序、预约定价安排、补征税款、加收利息等条款以及纳税企业所承担的提供纳税资料和关联业务往来报告表等协力义务,从而有效地强化了反避税措施,使得反避税规范形成体系化,有利于防范和制止避税行为,维护国家利益。

(7) 统一企业所得税的税收征管制度

企业所得税的征管是纳税主体与征税主体权利实现与义务履行的程序保障。《企业所得税法》在保证法律的稳定性、连续性的同时,针对企业所得税征管特点,既注重内资企业与外资企业在法律适用上的一致性,又重视法律条文的简洁性、明确性、实用性、涵盖性。不仅体现了立法技术的进步,而且将法律变动的灵活性与法律实施的具体情况结合起来,有利于更好地配合企业所得税实体法部分的施行。

在原企业所得税制度中,内、外资企业纳税地点存在较大差异。《企业所得税法》首先明确了居民企业的纳税地点为企业登记注册地,如登记注册地在境外的,则以实际管理机构所在地为纳税地点。对非居民企业取得《企业所得税法》第3条第2款所规定所得的,则以机构、场所所在地为纳税地点。非居民企业在中国境内设立两个或者两个以上机构、场所的,经税务机关审核批准,可以选择由其主要机构、场所汇总缴纳企业所得税。非居民企业取得《企业所得税法》第3条第3款规定的所得,以扣缴义务人所在地为纳税地点。对总、分支机构的所得纳税地点,立法明确规定,居民企业在中国境内设立不具有法人资格营业机构的,应当汇总计算、缴纳企业所得税。

《企业所得税法》原则上持否定态度,除国务院另有规定外,企业之间不得合并缴纳企业所得税,主要是因为企业之间合并缴纳企业所得税存在诸多弊端。首先,集团内所有公司必须使用相同的纳税年度,并且选择合并纳税方式后就很难在以后年度更改。其次,在一定程度上会影响国家的税收收入,也容易使企业有意识地进行税收筹划,逃避国家税收。再次,由于合并纳税在技术处理上比较复杂,需要辅之以先进的监控审核手段,有可能会增加税收成本。针对这种情况,《企业所得税法》原则上不允许采取企业间合并缴纳企业所得税。

原企业所得税制度对总、分支机构的税地点规定混乱,造成了企业纳税不便,且各地税务机关对分支机构征税存在诸多争议。《企业所得税法》明确规定居民企业在中国境内设立的不具有法人资格的所有营业机构,应当汇总计算、缴纳企业所得税。非居民企业在中国境内设立两个或者两个以上机构、场所的,经税务机关审核批准,可以选择由其主要机构、场所汇总缴纳企业所得税。对于独立企业而言,只有经过国务院批准才能汇总缴纳企业所得税。

除此以外,企业所得税法对纳税年度的起算时间、企业所得税的纳税方式以及企业终止经营活动后的汇算清缴等作出明确的规定。

(8) 建立本土化的企业的信赖利益保护制度

信赖保护原则是德国行政法的基本原则。信赖利益保护在税法上应得到承认和实施,即应在适当的范围内保护纳税人的信赖利益。所谓信赖利益保护,是指在税收征收实践中,纳税人基于善意的动机有理由相信税务机关所为的某些行为会产生相应的法律后果;据此,纳税人实施了相应的行为,在此情况下,尽管事实上纳税人的行为与税务机关的要求不符,基于纳税人的主观善意仍然得承认其据此所获得相应利益。《企业所得税法》实施后,对内、外资企业税负均有重大影响,尤其是依据原企业所得税制度享有税收优惠的企业。因此,对外资的税收优惠必须实行"老企业老办法,新企业新办法"。为实现新、旧企业所得税制度的衔接,保持现行企业所得税优惠政策的连续性,对于在新法生效之前成立的外资企业,可以继续享受当前的税收优惠政策,直到优惠期满。《企业所得税法》第57条规定,对企业所得税法公布前已经批准设立的企业,依照当时的税收法律、行政法规规定,享受低税率优惠的,在本法施行后5年内,逐步过渡到《企业所得税法》规定的税率;享受定期减免税优惠的,在《企业所得税法》施行后可以继续享受直到期满为止,但因未获利而尚未享受优惠的,优惠期限从《企业所得税法》施行年度起计算。法律设置的发展对外经济合作和技术交流的特定地区内,以及国务院已规定执行地区特殊政策的地区内设立的国家需要重点扶持的高新技术企业,可以享受过渡性优惠;国家已确定的其他鼓励类企业,可以按照国务院规定享受减免税优惠。

法不溯及既往是法治的基本原则,也是 WTO 基本原则。税法禁止溯及既往是针对税法实施前的交易和行为,而不是税法施行之前取得市场主体资格的纳税人。诚如日本学者金子宏的观点,"就过去的事实和交易所产生的纳税义务这一内容,对纳税人有利的变更,其溯及立法是被承认的。但是。对纳税人不利的变更,其溯及立法原则上是不允许的"。因此,纳税人按照《企业所得税法》执行,并不是溯及企业继往的交易和行为,也不是对法律实施前的交易行为产生的所得按照新的立法征税,并没有违反税法的禁止溯及既往原则。同时《企业所得税法》第57条第1款规定的过渡性优惠政策只是税率和减免税的过渡,企业所得税的成本、费用以及应纳税所得额的核算,还是依据新规定执行。而从法律的事实来看,过渡期的规定是防止原享有税收优惠的企业的实际税负水平在《企业所得税法》颁布后发生大幅度的增加的必然要求。这也有利于给外资企业以缓冲期,以便减轻"两法合并"对外资企业所造成的巨大冲击,同时可以在一定程度上实现税法的稳定性,保护企业的信赖利益。

企业所得税法律制度改革作为我国财税法律制度完善的重要环节,一方面体现了我国既有的积极稳妥的渐进式方案,而这种渐进式改革是符合我国国情的,且有利于政策的连续性、保证新机制的平稳确立,实现"积极改革、平稳转换"的目的;另一方面,在渐进式的税制改革方式下,《企业所得税法》在若干重要的制度方面实现了突破和国际接轨,不仅有利于推进企业所得税制度的完善和平等竞争的税收法治的构建,同时还对我国整体产业结构和区域经济均衡发展起到促进作用。而《企业所得税法》的立法本身也为我国财税立法的改革提供了经验借鉴的模式,其制度创新的影响是深远的。

4. 对《企业所得税法》的总体评价

《企业所得税法》是一部既适合中国国情，又参考国际通行做法的现代法。其制定与实施，无疑在实现内、外资企业的平等税收负担；引导企业资金的流向，调整产业结构，实现区域均衡发展；构建和谐社会，建设公平竞争环；深化企业所得税制度改革等方面将产生重大的深远影响。

（1）统一适用的企业所得税法构建平等竞争的税收法治环境

健全与完善的市场经济必然有平等的要求，市场主体间的竞争地位和竞争机会的平等是保障市场交易顺利进行、市场秩序得以维护的根本保证。竞争地位和竞争计划的平等表现在法律上即是对市场主体的权利义务的平等和法律的平等保护。税法要求的平等，不仅仅是税收负担分配上的平等，同时也包含通过税收的开征实现税收的经济公平和社会公平。税收通过课税机制的建立，在一定程度上建立机会平等竞争环境，在这种机会平等的基础上，市场主体能够按照经济能力通过自身的努力来参与市场竞争，进而实现社会有序发展的目标，促进经济效率，贯彻机会平等原则。

《企业所得税法》不再对投资资金的来源加以区分，而是尽量考虑企业的经济收益能力，不再根据企业的所有制性质进行区别对待，而是强调对所有企业均平等的根据其经济收益能力加以考察，着眼于企业间的平等的税收负担的分配，统一了内外资企业的差异性税收待遇，统一税率，统一税前扣除项目标准，给予所有企业尤其是民营企业以同样的税收待遇，减轻了内资企业的税收负担。同时，改变原企业所得税制度下以所有制性质确定税收优惠对象，保证内资企业与外资企业能够平等地享有各种优惠措施。

加入 WTO 之后，对外资企业的市场准入已经相继取消，国内市场对外资进一步开放，内资企业也逐渐融入到世界经济体系之中，面临的是全球市场的竞争。本次企业所得税的合并，将实现内资企业与外资企业的无差别待遇，促进平等竞争机会的形成，促进统一、规范、公平竞争的市场环境的建立。

（2）内外资企业税收负担的适度调整对财政收入的影响

"两税合并"后，对内、外资企业均会产生一定的影响。对于内资企业来说，内资企业的名义税率降低，加上费用的税前扣除标准的调整，如取消计税工资的限制，提高捐赠支出的税前扣除标准等，提高了内资企业可以进行税前扣除的成本、费用，增加了税前扣除额，实际上降低了企业的税收负担。对于外资企业而言，尽管外资企业的名义税率同样从 33% 降低了 8 个百分点，但由于地方所得税的减免和享受各种税收优惠，外资企业的实际税收负担大约为 10%—13%，因此，"两税合并"后，外资企业的实际税率升高。加上原来普遍对外资企业适用的税收优惠为特定产业、特定区域的税收优惠所取代，也使得企业税收负担也有所增加。但由于对"两税合并"之前设立的外资企业还保留 5 年的税收优惠的过渡期，加上《企业所得税法》颁布后，一部分外资企业可依据新法的规定享受高新技术企业、微利企业的低税率优惠和其他形式的税收优惠措施,因此,外资企业的即期财务成本不会受到大的影响。

总体而言,企业所得税的税率降至25%左右,扩大了企业的税前扣除标准,企业的税收负担率低于OECD国家目前的平均税率,也低于中国周边的一些国家和地区的平均税率,对外资企业而言仍有一定的吸引力。从财政收入而言,由于内资企业税收负担有所降低,外资企业的税收负担增幅不大,《企业所得税法》实施后,企业所得税的税收收入将有所降低。但通过降低内资企业的税收负担,可以促进内资企业平等参与市场竞争,促进内资企业的发展,从长远来看,有利于扩大企业所得税的税源,扩大企业的税基,从而最终有利于增加企业所得税的税收收入和财政收入。

(3) 新税收优惠体系促进产业结构和区域经济的均衡发展

统一后的税收优惠政策将其政策的目标转移到产业发展和区域调整上来,以贯彻国家的产业政策。对我国当前发展较为薄弱的基础产业、高新技术产业和环保产业等给予不同程度的税收优惠,强化了税收优惠政策的产业结构调节效果,在客观上能够引导资金投至产出周期长、资金回报慢的项目,使税收优惠政策能够实现国家的宏观产业政策,促进我国产业政策的合理化,提高资金的总体使用效率。

同时,配合我国经济发展重心向中西部转移的战略部署,对区域性优惠政策加以调整,区域发展导向逐步从目前的沿海地区转向中西部地区。除在经济特区和浦东新区新税法实施后设立的高新技术产业的税收优惠在过渡期予以保留外,在东部沿海地区的区域性低税率优惠政策和定期减免优惠政策均被取消,但对西部大开发地区的所得税优惠政策,在2010年到期之前继续执行。因此,能够吸引资金进入能源、原材料丰富但资金缺乏的西部地区,以便加快中西部地区优势产业的发展,促进西部地区产业结构的优化,实现东、西部地区间的平等竞争,促进区域经济的均衡发展。

(4) 企业所得税法合并推进相关法规的成熟化和透明度

"两税合并"是在原有的内资企业所得税制度和外资企业所得税制度的基础上发展起来的。在制定新企业所得税法的过程中,除对原来的《企业所得税暂行条例》和《外商投资企业和外国企业所得税法》的内容及实施情况进行系统的研究、分析,从而确定其中有效的法律条文、应予以修改完善的条文以及应当废止、补充的条文外,对财政部、国家税务总局所出台的企业所得税法方面的大量税收行政规章和各地针对本行政区域的情况而出台的相关规范性文件同样应当加以清理,将适应经济形势发展的具有合理性的规范性文件内容补充到新企业所得税法中,将已不适应经济形势发展、存在矛盾与冲突的规定予以废除或修改。新企业所得税法制定的过程同样是原有企业所得税法规清理的过程,两税合并之后,原有的企业所得税法规都将得到清理,企业在缴纳企业所得税过程中所要适用的法规将大幅度减少,原有的矛盾和冲突的规定将得到修正,法规的体系化和透明度得以提高。由全国人民代表大会通过《企业所得税法》,提高了企业所得税法的效力位阶,其权威性和法律拘束力也都将进一步提高,将更有利于企业在作出经营决策时预见其所可能承担的税收负担。

(5) 企业所得税立法适应新的经济形势的发展

1994年税制改革所建立的内外有别的企业所得税制度执行已有十多年的时间。其间经历了社会主义市场经济体制的建立、经济的高速、健康发展,国际经济全球化的趋势也更为明显,企业所得税法实施的整体社会、经济背景已发生了重大的变化。为适应当前经济形势的发展,本次《企业所得税法》的制定不仅根据新的社会、经济形势进行了完善、修订和补充,将适应经济形势发展的具有合理性的规范性文件内容补充到新企业所得税法中,将已不适应经济形势发展、存在矛盾与冲突的规定予以废除或修改。如适应当前节约型经济建设的要求,对环保、节能节水、安全生产等专用设备给予一定比例的投资抵免;适应资本弱化、避税地避税等新型的、不断推陈出新的避税措施,《企业所得税法》中规定了反资本弱化、反避税地避税的相关规则,采用了国际通行的预约定价安排,并制定了一般反避税条款作为对避税的一般防范性规定。新企业所得税法能够满足社会、经济的新形势发展,能够对税收征纳行为进行有效、及时的规范和调整。

(6) 企业所得税立法实现各方利益的平衡与协调

《企业所得税法》的制定过程是围绕内外资企业所得税并轨的利益博弈的过程。内资企业、外资企业、各中央主管机关、地方政府均有其自身的利益诉求。商务部和各地方政府以"两税合并将阻碍引入外资,导致出现大规模撤资"为由,反对进行两税合并;财政部、国家税务总局则主张当前是完成两税合并的有利时机,应当积极推动两税合并。外资企业则以两税合并将提高其税负水平,要求给予一定的过渡期。部门利益、地区利益和私人利益的相互冲突与碰撞,导致两税合并的重重阻力。新企业所得税法本身即是商务部、财政部、国家税务总局、地方利益团体、跨国公司等多方利益博弈和协调的结果。作为多方利益博弈的结果,在《企业所得税法》中实现了各方利益的兼顾与平衡,如对在《企业所得税法》颁布前设立的外资企业给予5年的过渡期,保障其现有的税收优惠利益;继续执行西部大开发地区的企业所得税优惠政策,以利于西部的扩大招商引资,促进西部的发展;适度降低企业所得税税率、扩大内资企业的税前费用扣除,降低内资企业的税收负担,有利于其平等地参与市场竞争等等。可以说,在企业所得税法的立法过程中协调了不同的甚至相互对立的价值追求和利益主张,使各方利益的代表充分表达和展示了权利主张,从而实现了各方利益的平衡与协调,进而真正实现了企业所得税立法的公平与正当,有利于提高《企业所得税法》的遵从度。

三、非法收入的课税问题

(一) 非法收入的实质课税[①]

对于非法收入课税问题一直有两种观点:传统观点认为,对收入课税就意味着承认该收入合法;另一种观点则认为收入的合法与否与课税无关。

难道国家对非法收入收税就意味着"使非法变合法"?笔者认为不应该把这一问题意识形态化。由于传统观念的长期影响以及现今媒体的宣传,人们心中形成了一种固定的思维模式,即"合法收入方可征税,征税的就是合法收入"。实际上,目前在美国、日本、德国等国家都对非法所得课税,但这绝不意味着非法收入在这些国家合法。

德国《税法通则》第40条规定:"满足全部课税要素或部分课税要素的行为,不因其违反法律上的命令或禁止性规定,或者违反善良风俗的情况而妨碍对其行为的课税。"也就是说,对收入是否纳税应基于实质课税原则予以判断,只要满足课税要件就应该纳税,不管其是否合法。

传统观念的影响以及目前我国法律没有明确的规定对非法收入征税,这两方面因素造成了人们目前对这个问题的看法,即"收入一旦征税就意味着合法"。

传统观念中,人们一直将合法与课税作为内在逻辑连在一起,但随着社会的进步,人们的思路应该更开阔一些,笔者认为二者是应该分离开的。因为,非法收入不课税至少从直观上造成了我国的一部分税源流失,同时也造成了一种税收上的不公平——诚信的纳税人通过合法经营取得收入需要纳税,但不法分子通过非法渠道获得的巨额财富却不必纳税。

西方绝大多数国家都遵循一个很重要的原则——实质课税原则(对于某种情况不能仅根据其外观和形式确定是否应予课税,而应根据实际情况,尤其应当注意根据其经济目的和经济生活的实质,判断是否符合课税要素,以求公平、合理和有效地进行课税),即不管形式如何只根据实质课税。

其实我国的印花税法就使用了这一原则,即只要签订合同就要缴纳印花税,不管其合同是否无效。在这里,"签订合同"就是实质,有了实质行为就要课税。

对制假、贩假的企业,其在生产、销售中已经缴纳了增值税、消费税、营业税、所得税等等税金,但一旦这些企业的非法行为被相关部门认定,其之前交纳过税金绝不会影响司法部门对其非法行为的判定,"该怎么罚还要怎么罚",企业依然要承担法律责任,假若其收入未申报纳税,还要加处一条偷税罪。从税务部门的职责来看,首先要保证税款不流失;从社会角度来看,对非法收入课税在一定程度上可以维护社会的公

[①] 原文发表于《中国纳税人》2006年第2期,收入本书时作部分修订。

平性。

对非法收入课税并不意味着对非法行为的纵容,反而是更严厉的打击。不但要对非法收入进行罚没,而且还要对这部分非法收入课以重税,这在某种程度上可以对非法行为造成一种威慑。

首先,作为纳税人的企业不可能主动告知税务部门其获取的收入是非法的。而税务部门作为行政机关,在征税时也无力核查该收入是否合法。从征管的角度上来讲,如果税务机关的对每一笔收入都要鉴定其来源是否合法,将会占用大量的人力、物力、财力,不但增加了税款的征收成本,更影响了税款的征收效率,反而会使得许多该征的税征不上来。事实上,对行为性质的判定应该由司法机关来进行。

从我国的立法上来说,也不是完全没有规定"非法收入"的问题。我国的企业所得税法和个人所得税法都规定有"其他所得"项目,这实际上是为今后留下的一个"缺口"。也就是说我们可以通过对该项目进行司法解释来解决这个问题。

国务院修改了《个人所得税法实施条例》,其中有一条就是:"年所得12万元以上的纳税义务人,在年度终了后3个月内到主管税务机关办理纳税申报。"这里就没有规定该所得必须是合法收入。

目前我国税法需要解决的问题,应该是规定课税要件,只要满足这些要件的收入就应该成为计税依据进行纳税,而不是对合法或非法收入进行规定。相应地,如果满足要件的收入没有纳税自然就是偷税、漏税。

当然,在短期内,我们可以通过对"其他所得"进行解释甚至出台一系列相关司法解释的方式来暂时解决这一问题。但是从长远来看,最终是应该通过立法来解决问题。当然,这并不需要在实体法中明确规定非法收入也应纳税,以免给人们造成一些不必要的误会。其实可以在将来我国制定《税法通则》(税收基本法)中,将此作为一个原则性的规定,即只要收入满足法律规定的课税原则就应课税。

另外,对于主动申报或是核定征收问题,肯定有一部分是征不上来的,即使是合法收入的税款都无法全额征收。在加大征管力度方面,一方面要加快征管手段现代化,比如通信、网络等;另一方面也要加强征管的力量,包括建立专门的班子;第三个方面自然就要加大税法的宣传教育。

(二)以择校费为例看非法收入的课税[①]

根据财政部、国家税务总局于2006年1月发布的《关于加强教育劳务营业税征收管理有关问题的通知》(财税[2006]3号)的规定,国内学校超过规定收费标准的收费,以各种名义为由另外收取的费用以及各种赞助费、支教费等超过规定范围的收入,不属于免征营业税的教育服务收入,应当按照有关税法的规定征收营业税。该规

---

① 原文发表于《中国税务》2006年第4期,收入本书时作部分修订。

定的公布引起了轩然大波。有学者甚至提出,加征"择校税",可能成为学校乱收费的"法律依据",从而导致学校乱收费合法化,让"超过规定收费标准的收费以及学校以各种名义收取的赞助费、择校费等"变得名正言顺。那么,对非法收入的课税,是否将表明国家对此种收入的合法性的认可? 或者说,国家对某种收入的征税是否表示此种收入是法律所认可的合法收入? 为此,有必要从税法理论上加以关注。笔者认为,征税行为是国家取得财政收入的行为,与国家对收入的法律性质的判断并不存在直接的关系。对非法收入能否进行征税,其关键的问题在于对收入的可税性与合法性的判断。因此,我们从以下两个方面对此问题进行分析。

1. 择校费的可税性判定

公共财政理论主张,税收是纳税人满足自身对公共物品的需求,依合宪性的法律向国家承担的一种公法上的金钱给付义务。一般认为,凡是列入征税对象的行为或事物,都意味着国家承认了其合法性。但从现代税法的实质课税理论来看,税法在判定某种收入能够加以课税时所关注的是该收入足以表征纳税人的纳税能力,即实质上的经济事实。而其衡量的基础,仅在于某项经济事实的发生。只有某种经济事实的发生使征税对象增值,从而能够重新评价纳税人的纳税能力,并有必要基于此种经济增值而重新配置所增值部分(收益)在各主体之间的分配,包括国家与财产所有人之间以及财产所有人之间,税法才会据此评价财产所有人是否将因此而承担相应的纳税义务。同时,税收是国家参与社会财产的分配与再分配的方式,在财产所有权既定的情况下,财产不可能也没有必要自我实现权利的重新分配。只有在财产实现收益的情况下,国家才可能基于该收益而参与财产的重新分配。故一项经济利益必须具备收益性才是"可税"的。应税收入的收益性表明该收入不具有公益性。如果某一主体的行为具有明显的公益性,是在为社会公众提供公共产品或公共服务,即使其取得收益,国家也不得对其征税。

反观"择校费"的收益性,无疑,我们不难看到学校所收取的择校费是其所取得的能够以货币价值来衡量的在学校固有财产上的经济增值。它的取得必然使得学校占有的社会总体资源有所增加。问题在于作为学校收取的费用,是否具有公益性从而排除其收益性的特征。一般而言,学校的存在在于为社会提供教育服务的公共物品,具有鲜明的公益性。但并非学校所提供的教育服务都属于公共物品的范围。根据我国现行有关规定,学校所提供的具有公益性特征的教育服务仅限于提供学历教育的服务。为此所收取的费用具有公益性的色彩,不具有收益性,不具有可税性。除此以外的其他服务具有营利性。公益性的组织从事以营利为目的活动而产生的收益,则因为收益的非公益性而应该纳入征税范围。择校费的收取名义上是学校所提供的学历教育劳务所收取的费用,但从其实质来看,择校费既不是为弥补学历教育服务所支出的成本而收取,又非用以满足提供学历教育的必要开支,或者说,择校费的收取并不为学校提供教育服务的公共物品而存在的。因此,择校费可以排除公益性而具有收益性的特征。

基于税收法律主义的要求,纳税义务在税法所规定的金钱给付义务的构成要件实现时即告发生。因此,只有满足税收构成要件,才会发生纳税义务,此即所谓"构成要件合致性原则"。① 由于税法"侵权法"的特性,必然要求税收构成要件必须由法律明确加以规定,以使"国民对国家之干预在一定程度上可以预见并可以预测"。② 从税收政策的考量,税法并不将所有的财产收益纳入其征收的范围之内。只有在税法有明文规定的情况下,该项收入才需要承担相应的税收负担。

那么,择校费是否属于某税种的征税范围从而应当承担纳税义务呢?根据《营业税暂行条例》之规定,在我国境内提供应税劳务、转让无形资产或者销售不动产的单位和个人,为营业税的纳税义务人,应当依照营业税条例的规定缴纳营业税。同时,该暂行条例规定,学校和其他教育机构提供的教育劳务,免征营业税。但其实施细则将该免税项目的范围限定为普通学校以及经地、市级以上人民政府或者同级政府的教育行政部门批准成立、国家承认其学员学历的各类学校提供教育劳务取得的收入,根据有关的规定,该收入应当指学校开展教学及其辅助活动所取得的收入,包括:通过学历教育向单位或学生个人收取的学费、培养费、住宿费和其他教学收入。如前所述,择校费与学校提供的教育劳务并无直接的关系,应当不属于可以免交营业税的教育收入的范围,因此,择校费属于营业税的征税范围,应当承担相应的纳税义务。

2. 择校费的非法性与纳税义务的成立

对择校费属于营业税征税对象的情况下,学校理应为其收取的择校费依法纳税。那么,存在的争议在于,择校费实质上的非法性是否影响其纳税义务的成立,以及国家的这一征税行为是否意味着国家间接认可择校费的合法性,甚至是否直接"授予学校收取择校费的权利"呢?

关于择校费的非法性能否影响其纳税义务的成立问题,我们不妨从法律规范的范围来加以关注。就纳入法律规范的社会生活的整体来说,不同领域的法律规则基于不同的价值选择,其调整和规范的社会关系与经济行为也有所不同。即使是同一经济行为,不同领域的法律规则从不同的角度出发也对其形成多层面的调整和评价。市场经济下各个市场主体的经济行为往往同时为民法、行政法和税法所关注。但由于税法与民法、行政法在"基本结构上,确实存在某种程度的本质差异"③,其关注的焦点存在较大的差异。税法关注的是,市场经济下经济主体财产与自由权保障与作为对价的财产的无偿让渡,其对经济主体行为的调整更多的是其行为乃至由行为所获得的收益的可税性,以及经济主体与国家之间的财产转移的条件与方式。因此,税

---

① 陈清秀:《税法总论》,台湾翰芦图书出版有限公司2001年版,第223页。
② 蔡震荣:《行政法理论与基本人权之保障》,台湾五南图书出版公司1992年版,第59—87页。
③ 李建良:《论行政法上之意思表示》,载《台北大学法学论丛》2002年第50期。

法在认定某种收入是否应当纳税时,并不以该收入的合法性判断为前提。从某种意义上说,对经济行为的基础价值判断,即该行为是否符合善良风俗、是否符合社会整体利益、是否破坏了社会秩序,是民法、行政法、刑法等基础法律所关注的。所谓"合法"也主要是针对民法、行政法、刑法等基础法律而言的,也只有民法、行政法、刑法等基础性法律才具有评价某种行为社会价值的功能。税法仅仅是确认某种收入可税性并保障财政收入的实现,因此,税法对某种收入的关注,主要在于该收入的经济性质而非法律性质,税法也无意完成对该收入乃至产生该收入的经济行为的法律价值的判断。就某种收入而言,在纳入税法评价的领域时,该收入是一种中性的,无所谓合法、违法之分。违法或合法的判定并非是税法的价值判断的范围,而是属于民法、行政法、刑法等基础性法律的判断范围。一旦将某种收入的合法性判断权赋予税法,则税法的意义将被无限制地扩大,对税法的自身发展反而不利。课税依据理论主张,税收是纳税人为其所享受的公共物品而支付的对价。无论纳税人所从事的是合法还是非法的经济活动,都无可避免地享受了国家所提供的公共物品,则都应对此支付对价,即缴纳税收。因此,择校费本身合法与否的法律性质的判定并不属于税法判断的范畴,税务机关只需确认该经济价值增长的存在的事实,并根据税法的规定判断该经济价值的增长是否属于征税范围,即有权要求纳税人缴纳税款。取得该经济价值的行为是否有效、是否合法、是否将招致法律的否定,则不属于税务机关认定的范围。因此,择校费作为学校取得的经济收入之一,不管学校是否有权收取,都不属于税务机关判断的价值范围。择校费既然构成学校的收益之一,其纳税义务当然成立,税务机关应当对其进行纳税。

但是,税务机关对其进行征税,是否将导致择校费的非法性的剥夺呢?如前所述,不同领域的法律规范形成了对不同层次的社会关系的规制,进而形成了不同层次的法律规范秩序。不同的法律规则在授予不同甚至同一主体的权利或权力、责任与义务上的功能存在较大的差异。民法确认市场主体本身的主体资格及其所享有的权利与义务;行政法则授予国家机关包括公共服务机构一定的行政权力,同时规范该权力的行使、保护公民的合法权利;税法的存在则在于授予国家征收税款的权力,同时划定国家征税权与公民财产权的合法界限、保护公民的财产权和自由权不受国家征税权的非法侵犯。因此,税法的规则设计仅仅授予国家的征税权力,以及相应的纳税主体权益,授予行政机关以及其他公共服务机构的权力是远远超出税法能够规制的范围。当然,若授予行政机关以及其他公共服务机构一定权力的税法违背了税法自身的价值追求,应当属于无效的立法。税务机关对某种收入征税的事实仅仅表明税法确认了国家对该收入的征税权,并不直接包含国家对该收入的合法性的认可。笔者认为,税务机关对择校费进行征税,仅仅表明国家享有对该择校费的征税的权利,并不意味着直接授予学校征收此种费用的权力。作为教育公共服务提供者之一的学校是否享有收取此种费用的权利及其范围都只能由行政法所授予。因此,对择校费征税的事实不可能导致择校费的合法性。

基于税收法定原则,纳税义务于税收构成要件满足时成立。税务机关仅有权依法根据税收构成要件满足的情况进行征税而无权随意开征税款,也不得少征税款。由于具有收益性的择校费本身满足了营业税的构成要件,尽管其具有道德上的可责性甚至具有一定的非法性,但在纳税义务已然成立的情况下,对择校费本身进行征税恰恰是对税收法治的尊重。税务机关根据税法的规定进行征税,无需也无权判断收入的合法性,税务机关的征税行为不是道德判断的行为,更不会是对合法性的认可。

四、房产税法的改革

(一)房产税的制度变迁与反思

房产税是以房产为征税对象,以房产价值或房租收入为计征依据的一种税。据统计,世界上 130 多个国家和地区都征收房产税,且多数国家都将其作为地方政府的主要财源和调节分配的重要工具。我国现行房产税制度的主要依据是 1986 年国务院制定的《房产税暂行条例》(以下简称《条例》)。按照规定,房产税面向城市、县城、建制镇和工矿区的房产征收,按照房产余值或租金收入计算缴纳,但"个人所有非营业用的房产"等五类房产免征房产税。2011 年起,上海、重庆两地启动房产税改革试点,核心内容就是取消"个人所有非营业用的房产"的免征待遇,对个人自住房的保有环节开征房产税。①

近年来,房产税改革一直是社会关注的热点话题。《中共中央关于全面深化改革若干重大问题的决定》(以下简称《决定》)提出"加快房地产税立法并适时推进改革",更是将其推到了风口浪尖。客观地说,房产税改革意义很大,分歧很多,难度很高,又涉及人民群众直接利益和普遍关切,因此在推进上必须慎之又慎。然而,房产税改革在理论和实践上确实面临着诸多难题,例如,其主要目的究竟是调节收入分配还是调控房价?与土地产权制度是否存在矛盾,与土地出让金、城镇土地使用税等又如何协调?在税率、免征额等税制设计上怎样兼顾"提高"与"调低"?如何推进不动产登记、财产评估等配套制度建设?未来应选择哪条改革路径?这都是下一阶段房产税改革需要重点关注的问题。

新中国成立后,房产税的发展可以大致分为四个阶段:第一阶段是制度初创期。1950 年 1 月,政务院在《全国税政实施要则》中明确提出了 14 种全国性税收,房产税是其中之一。1951 年 8 月,政务院公布《城市房地产税暂行条例》,对城市房地产正式征税,以房价为计税依据,税率为 1%。在 1973 年的工商税制改革中,对企业征收的

---

① 刘剑文、陈立诚:《论房产税改革路径的法治化建构》,载《法学杂志》2014 年第 2 期。

城市房地产税被并入工商税中,房地产税征税范围缩小到居民、房产管理部门和外侨的房地产。20世纪50年代中期至80年代,我国的房产税制相当简单、粗疏,并且随着绝大多数房地产被收归国家和集体所有,以及土地转让和房屋出租被严格控制,房地产税实际上已经处于"名存实亡"的状态。第二阶段是正式确立期。1984年,国务院决定对企业恢复征收房地产税,并将其拆分为房产税和城镇土地使用税两个税种。1986年9月15日,国务院发布《房产税暂行条例》,正式开征房产税。不过,该条例仅适用于国内纳税人,外籍个人、涉外企业仍然按照1951年的《城市房地产税暂行条例》执行。直至2008年废止《城市房地产税暂行条例》,才结束了房产税"内外有别"的格局。这一阶段奠定了我国现行房产税制的基本框架,但仍带有较为浓厚的计划经济色彩。随着20世纪90年代房地产市场的日渐活跃,相关制度问题开始逐渐显现。第三阶段是改革探索期。1996年,国家税务总局在《全国税收发展"九五"计划和2010年远景目标纲要》中就提出要改革房产税和城镇土地使用税。2003年10月,《中共中央关于完善社会主义市场经济体制若干问题的决定》提出:"实施城镇建设税费改革,条件具备时对不动产开征统一规范的物业税。"然而,物业税一直处于"空转"之中,并无实际进展,改革思路又逐渐回到房产税上。2004年起,财政部、国家税务总局开始在北京、重庆等地开展房产税模拟评税试点工作。2010年,面对楼市快速上涨的压力,国务院批转国家发改委《关于2010年深化经济体制改革重点工作的意见》,明确提出要"逐步推进房产税改革"。第四阶段是改革推进期。2011年1月底,根据国务院常务会议精神,上海、重庆开始房产税改革试点,对部分个人所有非营利住房开征房产税,标志着房产税改革已经正式启动。此后,国务院在《关于深化收入分配制度改革若干意见的通知》《关于2013年深化经济体制改革重点工作意见的通知》等指导性文件和多次公开表态中均提出要"扩大个人住房房产税改革试点范围"。

总体上看,我国的房产税制具有浓厚的行政主导色彩,其主要依据是行政法规、规章,税制变革也历来由行政机关推动。在现阶段的房产税改革中,其典型路径就是在不修改现行法规的情况下,依据行政机关的内部决定进行地方试点,即所谓"行政试点"模式。行政试点作为我国推行改革的一种惯用方式,在一定程度上起到了有效的"试错"功能,减少了决策失误带来的不必要成本,也积累了宝贵的实践经验,有利于促进税制与经济社会发展相协调。但与此同时,对试点模式正当性、合法性的质疑与批评也在与日俱增,如认为国务院对地方政府进行税收立法的转授权不符合《立法法》规定,以及地方政府规章不能成为房产税征收依据等。

(二)可能的改革路径

在符合法治要求的前提下,房产税改革主要有两条可选路径:一是由国务院修改《房产税暂行条例》,二是由全国人大及其常委会制定《房产税法》。二者看似相近,但立法主体不同的背后实际上存在着民主性、科学性与立法成本上的重大区别。

一般来说,立法的位阶越高,其制定程序越正式、规范、透明,法案的科学性也越有保障。相应地,其耗费的立法成本也更加高昂,所需时间一般也更长。划分法律位阶,就是为了合理配置立法资源,对重要性不同的事项采纳不同的立法程序。进一步看,法律的制定机关同时也是最高民意代表机关,因而天然地具有民主性。行政法规的制定机关是最高行政机关,但它与民意的联系是间接的,且很容易因为兼具立法与执法的职能而导致权力膨胀。

洛克曾一针见血地指出:如果同一批人同时拥有制定和执行法律的权力,这就会给人们的弱点以绝大诱惑,使他们动辄要攫取权力,借以使他们自己免于服从他们所制定的法律,并且在制定和执行法律时使法律适合于他们自己的私人利益。因此,制定法律还是行政法规,不仅仅是程序和位阶上的区别,二者本质上存在行政主导与立法主导的根本性差异。

《决定》提出"加快房地产税立法并适时推进改革",有观点认为这一表述仅仅是指由国务院修订《房产税暂行条例》。其实这是一种误读,没有准确地理解《决定》的精神。应当看到,《决定》在第27条"推动人民代表大会制度与时俱进"中写入"落实税收法定原则",在第五部分"深化财税体制改革"中将"完善立法"放在改革目标的首位,并且在第九部分"推进法治中国建设"中着重强调了"完善规范性文件、重大决策合法性审查机制"、"加强对行政执法的监督"等要求。这些前后呼应的提法明确地表明,法治中国离不开一个在立法与监督上积极发挥更大作用的人民代表大会制度。从对房地产税改革的表述本身来看,《决定》使用的是"加快立法"并"适时推进改革",而非"加快改革"并"适时立法",这也传达出重视房产税立法的清晰信号。同时,房产税改革还需要和土地增值税、城镇土地使用税、耕地占用税的改革一起统筹考虑,整体推进房地产税制改革。本书认为,《决定》已经为未来的房产税改革指明了路径,那就是落实税收法定原则,通过全国人大制定《房产税法》的方式来推进改革。

需要说明的是,以立法形式推进房产税改革,与扩大房产税试点并不矛盾。在法律出台之前,全国人大及其常委会可以授权国务院,允许其批准地方进行改革试点。问题的关键在于,如何判断是否应当试点以及如何对试点进行法律控制。

一般认为,试点的主要原因是全面推行的条件尚不成熟,如财政负担能力、征管能力、配套制度等方面有所欠缺,或是对改革的目的、方案等还存有疑虑。不过,我国的经济体制改革进程似乎已经形成"试点依赖",几乎所有的重要改革都要以试点形式开启。客观地说,"摸着石头过河"曾经是、现在是,将来也仍是改革的重要思路,但绝非唯一思路。在有些情况下进行试点可能是没有必要的,或者至少是缺乏经济效率的。目前,对房产税制根本性变革所需要解决的土地财政惯性问题,很难期望试点来撼动。改革面临的主要问题,如功能定位、税制的公平性、产权问题等,也已不是主要靠"试错"能解决的,而更多地要依靠顶层设计。在这个过程中,房产税试点仍然是必要的、有益的,但却不必急于扩大试点。面对复杂的矛盾,还是应当多一些耐心,在立法过程中解决问题。

对于税收这一涉及千家万户利益的重要事项，改革时应当慎重为之、全盘考量。税改试点虽然只是针对部分地区，但仍然会直接关系到该地区人民的财产权保护，故应当受到法律在实体和程序上的严格控制。对于减轻税负的试点，审查标准可以相对宽松，但要注意地区间的公平性问题，避免形成政策洼地；对于加重税负的试点，则应当慎之又慎，按照税收公平原则进行实体审查，避免对纳税人权利的过分侵犯。同时，在地方制定试点方案的过程中，还应当受到"正当行政程序"原则的约束，保证公共决策遵循它所影响的公民的利益和意见，使之成为"一种人们能够认可和认同的决策，一种人们能够看到自己的利益得到促进、自己的意见得到尊重的决策"。

● 本章思考与理解

1. 试述增值税扩围改革的主要内容及其法律意义。
2. 如何理解非法收入的可税性问题？
3. 试析我国企业所得税改革的重大意义。
4. 如何看待我国个人所得税改革？
5. 试述我国房产税改革的法律模式与价值取向。

● 课外阅读资料

1. 葛克昌:《所得税与宪法》，台湾翰芦图书出版有限公司2009年版。
2. 全国人大常委会预算工作委员会编:《增值税法律制度比较研究》，中国民主法制出版社2010年版。
3. 杨小强:《建筑与房地产增值税国际比较》，经济科学出版社2014年版。
4. 刘剑文:《〈企业所得税法〉实施问题研究：以北京为基础的实证分析》，北京大学出版社2010年版。
5. 夏琛舸:《所得税的历史分析和比较研究》，东北财经大学出版社2003年版。
6. 〔美〕休·奥尔特、布赖恩·阿诺德:《比较所得税法:结构性分析》（第三版），丁一、崔威译，北京大学出版社2013年版。
7. 陈少英:《公司涉税法论》，北京大学出版社2005年版。
8. 姜浩:《美国联邦公司税法制度研究》，中国政法大学出版社2009年版。

专题八 税收征管法律制度

一、税收征管中的诚信问题

我国税收宣传月活动从 1992 年起至今已连续开展了十多年。通了过多年的努力,依法纳税、诚信纳税的观念正逐步深入人心。全国税收宣传月作为税收宣传的固定形式,也为越来越多的人所熟识。这项活动的开展对提高全社会的纳税意识、宣传税收法律法规、营造良好的依法治税环境,都起到了重要的推动作用。但也应该注意到,要实现依法诚信纳税,仅靠税务机关,以及每年一次的税收宣传月活动是不够的,需要全社会多方面的共同努力。

(一)影响公民依法诚信纳税的因素

从经济上看,中国老百姓的收入普遍不是很高,而税法是涉及老百姓的财产及利益的。在经济不是很发达的情况下,老百姓肯定首先考虑自己最基本的利益,而不是纳税。可见,依法诚信纳税目前在我国还没有建立起牢固的经济基础。

从政治上看,长期以来我们国家比较忽视对纳税人权利的保护,更多强调的是纳税人的义务。没有树立和宣传"国家要给纳税人提供公共产品,而公共产品的资金来源是纳税人"的观念。国家给人的感觉是抽象的、空洞的。作为一个民主与法制的国家,当然强调纳税人的义务,但更重要的是应该强调纳税人的权利。因为一旦权利与义务失衡,就会导致经济上的失衡。政府应该让纳税人体会到,他们在尽义务的同时,也在享受权利。

从历史文化的角度看,我国历代王朝在制定法律时,都较少考虑人民的权利。中国几千年的历史中,多少次农民起义都是为了反对统治者的苛捐杂税。这种传统文化背景下,使人往往把税收与暴政联系起来。老百姓"天生"对税收就有一种逆反心理。

目前我们国家尚未建立起完整的税收法制,税收立法比较落后,是依法诚信纳税存在问题的一个重要原因。自 1992 年中共十四大明确提出建立社会主义市场经济体制的改革目标以来,我国已初步建立了基本的法律体系,但财税方面,特别是税法的立法还很滞后,与市场经济的要求相差甚远。整个税法体系中,行政法规占主导,甚至没有一部统率各层次和各门类法律法规的税收基本法或曰税法通则。

市场经济强调保护合法的私有财产。税法与民法都涉及私有财产的保护,但方式有所不同。民法是从积极意义上保护私人财产权,税法上则是从消极意义上,即国家通过限制政府的征税权,来保护私人财产权。前面我们提到,我国税法体系中,大量都是行政法规,其效力、档次级别都较低。在老百姓看来,行政法规就是政策,政策就意味着稳定性差,容易变化。这让他们很难提高对税法的信任度和遵从度。因此税法只有通过全国人大或全国人大常委会制定,并且充分考虑了纳税人的承受能力,才会得到老百姓的自觉实施。

其实,诚信问题不光发生在纳税方面。试想在社会充斥着企业欠债不还、假冒伪劣商品肆虐等诚信缺失问题的情况下,纳税人的诚信意识怎么可能风景独好呢?如果诚信形成了一个体系,既是一种道德准则,又是一个法律准则,那么在纳税方面,纳税人就会较好地做到诚信。

(二)诚信纳税的国际借鉴

许多国家有良好的诚信纳税氛围,一方面是因为这些国家有坚实的经济基础,另一方面是这些国家都有完善的税收法律体系,特别是实行了税收立宪。纵览世界各国宪法,均有关于税收立宪的条款,并且内容翔实,对税的开征、减免退都有详细、明确的规定。相比之下,我国现行宪法关于税收立宪规定存在诸多缺陷。

目前我国《宪法》关于税收的条款只有一条,即第56条:"中华人民共和国公民有依照法律纳税的义务。"从税收立宪的起源及其本质来看,税收立宪重在规范国家征税权、保护人民的基本财产权和自由权,而我国宪法的这一条规定显然是从维护国家权利、保证人民履行义务的角度出发的。我国宪法关于税收立宪的缺失,导致了我国税法领域行政法规占主导,而法律占次要地位的局面,这一立法现状在世界各国都是罕见的。在我国加入WTO、融入世界经济一体化的时代潮流之时,大力加强税法领域的法治建设势在必行。纵观世界各国宪法,像我国宪法仅规定公民的纳税义务,却没有规定国家征税权行使的也不多见。因此,为提高我国宪法在世界上的形象,税收立宪也是势在必行。

此外,诚信纳税在这些国家做得好,与市场经济发达有关。税是市场经济的产物,只有市场经济很发达才有税的问题。发达国家"国家无产人民有产",意即国家是人民的国家,国家是纳税人的国家,国家的财产就是人民的财产。而我国长期以来实行计划经济,统收统支,人民的需要由国家给予满足,个人的劳动所得相应的都上交国家,不存在税的问题。正是因为受"税收无用论"的长期影响,很多人对税收存在的必要性缺乏应有的认识。国家有产人民无产,也使很多人认为反正财产是国家的,不要白不要,以致贪污、受贿行为严重。如果国家财产是人民的、是纳税人的,政府在分配、使用国家财产时,就会受到纳税人严密的监督。

(三) 依法诚信纳税目标的实现

构建依法诚信纳税是一个系统工程。应把依法诚信纳税放到整个社会的诚信建设中进行,并且此项巨大工程应靠国家来完成。

首先,诚信不仅仅是对纳税人的要求,也应该是对征税机关、征管人员的要求。过去主要从纳税人角度强调诚信。其实实现依法诚信纳税存在一个博弈的关系,即纳税人诚信,税务机关也应该诚信;税务机关诚信,纳税人才能诚信。不能只让纳税人诚信,税务机关不诚信。《税收征收管理法》规定,税务机关应当广泛宣传税收法律、行政法规,普及纳税知识,无偿地为纳税人提供纳税咨询服务。税务机关、税务人员必须秉公执法,忠于职守,清正廉洁,礼貌待人,文明服务,尊重和保护纳税人、扣缴义务人的权利,依法接受监督。构建和谐社会,也应该包括征税人和纳税人之间的和谐关系。税务部门作为政府机关应该认真思考如何以纳税人为本,如何按照法律为纳税人服务。

其次,不能将诚信仅仅视为道德规范问题,更重要的是要将其上升到法律规范层面。

在税收立法方面,要提高税法的规格和档次,把现在的行政条例不失时机地上升为法律,例如加快"两法"合并等。要做到这一点,必须贯彻税收法定原则。税收法定原则的基本含义是指,征税主体征税必须依且仅依法律的规定;纳税主体依且仅依法律的规定纳税。有税必须有法,"未经立法不得征税",被认为是税收法定主义原则的经典表达。税收法定原则的税收要素明确原则,要求对纳税人、征税对象、税率、减免税在法律中作出明确的规定,以避免出现漏洞和歧义,给权力的恣意滥用留下空间。以《个人所得税法》为例,关于个人所得中的"其他所得"条款就比较含糊,不符合税收要素明确原则。而有关个人所得税扣除额的规定也已滞后于形势的发展,给政府侵犯纳税人权利留下了余地。据了解,目前许多地方政府不严格遵照法律执行《个人所得税法》,以致个人所得税扣除额五花八门,使老百姓对法律的效力产生了深深的疑惑,从而在一定意义上动摇了他们依法诚信纳税的根基。税收法定原则的程序法定原则,其基本含义是,税收法律关系中的实体权利义务得以实现所依据的程序性要素须经法律规定,且征纳主体各方均须依法定程序行事。显然,一些征税机关在收税过程中,不符合法定程序的行为,也影响了纳税人对税法的遵从度。

此外还应贯彻税收公平原则。税收公平原则指纳税人的地位在法律上必须平等,税收负担在纳税人之间进行公平分配。该原则有"利益说"与"能力说"之分。"利益说"依据社会契约论,认为纳税人应纳多少税,应依据每个人从政府提供的服务中所享受的利益,即得到的社会公共产品来确定,没有受益就不纳税。"能力说"则认为征税应以纳税能力为依据,对能力大者多征税,能力小者少征税,无能力者不征税。而能力的标准又主要界定为财富,即收入。目前,一些税收法律法规超出了纳税人的承受能力,税负太高,从而间接地造成了少纳税、避税、偷税现象的发生。

从以上分析可以看出,我国形式意义上的税收法定还没有完全做到,离实际意义上的法定差距更大。例如目前我国个人所得税主要是工薪阶层缴纳的,一些非工薪但收入很高的人纳税很少。解决这种贫富倒挂问题,须改变我国税法中存在的不合理规定,真正实现法律维护公平、正义的目的。

具体而言,在税收执法方面,应建立征税人和纳税人之间相互信任的关系。《宪法》规定:"中华人民共和国的一切权力属于人民。"政府机关是国家权力的组成部分,其权力基于人民的授权而形成,因而没有理由不为纳税人服务。在国外,税务机关往往会对纳税人作出承诺,即纳税人服务宣言。这让纳税人感到政府是人民的政府,是纳税人的政府,进而愿意纳税。我们的征税机关也应改变工作态度、方法,真正把为纳税人服务落到实处。

在税收司法方面,应解决缺位问题。在国外,很多国家都有专门的税务法院、税务审判庭,来处理税务机关和纳税人之间的纠纷。而我国基本没有这样的机构,纳税人诉讼成本非常高。在我国,税务机关对纳税人进行处罚后,纳税人要先按照税务机关的处罚决定执行,才能提起诉讼。这对纳税人来说是非常不利的。因为许多纳税人在缴完罚金后,就没有钱再去打官司了。这在某种意义上说,是剥夺了纳税人的诉权。当然,我们应该理解国家这样做的初衷,是为了首先保证国家税款不流失。但这种做法忽略了纳税人的权利。我们应该借鉴国外的经验,税务案件最终应由法院来判决,法院判决处罚多少就是多少,以保证纳税人的诉讼权。为此,应对《行政许可法》《行政复议法》《行政诉讼法》等进行修改。

在守法方面,在宣传上应改变税法宣传的思路。不能总是空喊口号,应把地方建设与纳税人纳税联系得更紧密、更具体,让老百姓感到纳税贴近自己的现实问题。宣传内容也应包括征税机关的职责,税法宣传不能只针对纳税人。建议将"税收宣传月"的名称改为"税法宣传月"。宣传的内容应该是法律,而不是收税。宣传的目的应让纳税人依法纳税,征税机关依法征税。培养诚信纳税应该从小做起,应把依法诚信纳税内容写进小学、中学教科书。此外,应把税法宣传当作整个社会的任务,而不仅仅是税务机关或财政机关的任务。一方面要充分发挥民间的作用和力量,如大学、网站等,另一方面关于税法宣传的倡导问题,建议由全国人大常委会通过决议,由国家税务总局、司法部组织实施。

二、税收征管中的行政强制制度[①]

作为中国行政程序立法的三部曲(行政处罚、行政许可、行政强制)之一,旨在避

---

① 原文与侯卓合作发表于《税务研究》2012年第4期,收入本书时作部分修订。

免权力滥用的《中华人民共和国行政强制法》(以下简称为《行政强制法》)历经五次审议,终于走完从起草到通过的12年立法之路,于2012年1月1日起施行。社会各界一般认为,这是一部给行政机关制定规矩的法律,是一部"控权法"。该法的施行,对我国行政机关依法行政,保护相对人的合法权益,意义重大。

行政强制法的实施,如何适用到税务机关的征管活动中,既是理论问题,也是实践中需要解决的问题。税务机关从事的税收征管活动系具体行政行为。税收征管活动中的查封、扣押和冻结,也属于行政强制行为。我国较长一个时期里,在法律层面仅有《中华人民共和国税收征收管理法》(以下简称为《税收征收管理法》)中有限的几个条文规制税务强制行为,这给税务机关行使自由裁量权留下了较大的空间。而在实践层面,税收强制行为的不规范性表现得比较突出。因此,《行政强制法》的出台,不啻为规范税收强制行为带来了福音。

当然,我们探讨《行政强制法》在税收征管中的适用之前,需要厘清几个理论上的问题:第一,《行政强制法》的规定能否直接适用到税收强制行为中?具言之,其与《税收征收管理法》规定不一致时,以何者为准?第二,《税收征收管理法》未作规定的税收强制行为,得否直接适用《行政强制法》?只有从法理上解决了上述问题,才能在税收征管领域中正确地理解和适用《行政强制法》。

因此,本文有必要先从法理层面分析《行政强制法》和《税收征收管理法》的关系入手,在此基础上,结合相关法律条文,探讨《行政强制法》在税收征管领域中的具体法律适用问题。

(一)《行政强制法》与《税收征收管理法》的关系

我们在从法理上分析《行政强制法》与《税收征收管理法》二者关系时,我们需要弄清《行政强制法》的适用范围是否包括了税务行政行为。这决定了《行政强制法》是否有适用于税收征管行为的可能性。只有对前一个问题得出肯定答案之后,我们才能进一步从法理上分析当两部法律存在冲突时,应当采取何种立场进行协调和解决。

1.《行政强制法》的适用范围

从《行政强制法》适用范围的规定看,税收征管活动中的税务强制行为,是受该法规制的。

《行政强制法》对其适用范围的规定,采用"概括纳入加列举排除"的方法,以尽可能地扩大适用范围。只要属于行政强制行为,原则上都适用该法。该法第2条规定:"本法所称行政强制,包括行政强制措施和行政强制执行。行政强制措施,是指行政机关在行政管理过程中,为制止违法行为、防止证据损毁、避免危害发生、控制危险扩大等情形,依法对公民的人身自由实施暂时性限制,或者对公民、法人或者其他组织的财物实施暂时性控制的行为。行政强制执行,是指行政机关或者行政机关申请人民法院,对不履行行政决定的公民、法人或者其他组织,依法强制履行义务的行为。"这是对其适用范围的概括规定,而税收征管活动中,查封、扣押等行政行为,系前引法条中"强制履行义务"的行为,属行政强制执行在税收征管中的适用,自然应受该法规制。此外,我们注意到,该法第 3 条排除适用该法的情形中,没有包括税收强制行为。①

因此,税收征管应当受《行政强制法》调整,是毫无问题的,即当《行政强制法》的规定与《税收征收管理法》的规定不发生冲突时,应当适用《行政强制法》的规定。但是,当《行政强制法》与《税收征收管理法》出现冲突时,应当优先适用何种法律呢?

2.《行政强制法》与《税收征收管理法》冲突解决的法理基础

由于立法实践的原因,不同法律对同一个问题的规定出现不一致,是比较常见的现象。对此,应当如何解决呢?法学界所达成的共识可以概括为三项原则:第一,上位法优先于下位法;第二,特别法优先于一般法;第三,新法优先于旧法,后法优先于先法。这三项原则在单独适用时是不存在问题的,直接援用便好。据此,就《行政强制法》与《税收征收管理法》的关系来看,其一,二者是平行法,均为全国人大常委会制定的法律,不存在上位法与下位法的问题;其二,就税收强制领域而言,《行政强制法》是一般法,《税收征收管理法》是特别法;其三,就颁布时间看,《行政强制法》是新法和后法,《税收征收管理法》是旧法和先法,不过,二者都是我国现行法律体系中有效的法律。但是,现实中有一种情形比较特别:当《行政强制法》与《税收征收管理法》发生冲突时应当如何适用呢?如果是简单援引上述三项原则,不能解决现实中法律适用的问题,需要进一步分析。

我们应当如何准确理解"新法优先于旧法"原则呢?新的一般法和旧的特别法冲突时如何适用法律,之所以成为需要讨论的问题,原因在于:依据"特别法优先于一般法"原则,应适用特别法,即适用《税收征收管理法》;依据"新法优先于旧法"原则,则应适用新法,即适用《行政强制法》。两个原则所指引的方向是相反的。此时,人们往往会倾向于考量这两个原则是否存在"位阶"上的差异。例如,黄茂荣先生认为,"后法优于前法的原则,须受'特别法优于普通法'原则的限制"②,即其主张"特别法优先于一般法"原则位阶较高;与之相对的观点则认为"新法优先"原则的位阶更高,此种观点的一般表述方式为,"同一效力层级的法律,首先是新法优于旧法,而后才是特别法优于普通法。新法优于旧法是无条件的、绝对的,特别法优于普通法是有条件的、

---

① 《行政强制法》第 3 条规定:"行政强制的设定和实施,适用本法。发生或者即将发生自然灾害、事故灾难、公共卫生事件或者社会安全事件等突发事件,行政机关采取应急措施或者临时措施,依照有关法律、行政法规的规定执行。行政机关采取金融业审慎监管措施、进出境货物强制性技术监控措施,依照有关法律、行政法规的规定执行。"

② 黄茂荣:《法学方法与现代民法》,中国政法大学出版社 2001 年版,第 171—172 页。

相对的"①；自然也有持"折中论"的"第三条道路"，即认为解决两原则竞合问题时，应具体问题具体分析，持此种观点的学者一般指出"在实践中还有可能存在特别法优先与后法优先原则竞合的情况，即新的一般法与旧的特别法之间发生冲突的问题"，而对具体的解决办法不作原则性的阐述，以留下具体问题具体分析的空间。②

从逻辑上讲，事实上，所谓"新法优先于旧法"，就是一个"伪命题"，至少这样的表述是不准确的。易言之，对"新法优先"和"特别法优先"二者谁位阶更高的讨论，其实是没有意义的。所谓"新法优先于旧法"，只适用于新的一般规定与旧的一般规定之间，或者新的特别规定与旧的特别规定之间；而在新的一般规定与旧的特别规定之间，或者新的特别规定与旧的一般规定之间，根本不存在"新法优先"规则的适用问题。其原因在于：法条是由假设和处理两部分组成的逻辑结构，而法律规则中的"假设"，与作为其调整对象的、真实发生的事实构成，必然是存在一定距离的。从认识论层面看，针对同一个问题，一般法和特别法不可能作出事实构成完全相同的"假设"，正是由于特别法相对一般法而言，其"假设"与规范对象的事实构成更加接近，法理上才有所谓"特别法优先"的原则；而所谓"新法优先"，其实是就相同的"假设"而论的，即，只有在同为一般法或者同为特别法时，讨论新法、旧法才是有意义的。③ 否则，针对不同事实构成作出的规定，何来新、旧之分。

依据《立法法》第85条的规定，法律之间对同一事项的新的一般规定与旧的特别规定不一致，不能确定如何适用时，由全国人民代表大会常务委员会裁决。而在实践中，报送全国人大常委会裁决的情形是很少见的，且报送全国人大常委会裁决需要一个过程，应该区分司法裁判和行政行为。在司法裁判时，待人大常委会裁决后，方能适用法律进行裁判；而在行政行为中，由于行政行为具备一定的即时性要求，尤以行政强制行为为甚，此时应当依据"特别法优先"的原则为一定行政行为。此时，又涉及行政机关为行政行为时是否构成法律上的"信赖利益"，即行政机关是否因其依据特别的法律规定为行为，而得以在与一般法律规定冲突时免责？由于我国行政机关在社会生活中的强势地位，其较少成为法庭上的被告。因此，这尚未成为一个问题，但随着依法行政理念的日益深入，应当重视这一问题，以防患于未然。

需要注意的是，法理上对法律冲突的解决原则中并没有"基本法优先于一般法"这一项。我国法学界有关基本法和一般法的划分标准看法不一，但以法律的制定机关划分是唯一的共识：全国人民代表大会制定的法律称为基本法，全国人大常委会制定的法律称为一般法。不过，从法理上讲，除宪法外，基本法与一般法的法律效力是

---

① 乔宪志、金长荣主编：《法官素养与能力培训读本》，法律出版社2003年版，第462页。
② 参见胡玉鸿主编：《法律原理与技术》，中国政法大学出版社2002年版，第172页；刘莘主编：《国内法律冲突与立法对策》，中国政法大学出版社2003年版，第234—235页。
③ 从认识论层面言之，新法、旧法之分，可视为对同一个问题的认识、态度发生变化；而一般法和特别法对同一个问题的认识本身即存在外延上的不一致，对其进行新、旧的比较，没有意义。

一样的。

可见,当《行政强制法》与《税收征收管理法》对同一问题的规定不一致时,从理论上说,应当"由全国人大常委会裁决";而由于这种"全国人大常委会裁决"的情形在实践中极少出现,在全国人大常委会未作出裁决时,税务机关应依据特别法,即《税收征收管理法》的规定作出行政行为。

3.《行政强制法》在税收征管领域适用的一般原则

当行政强制法规定的有关事项,并未被税收征收管理法规定时,税务机关应依据《行政强制法》的有关要求为税务强制行为,即《行政强制法》可直接适用于税务行政行为;而当《行政强制法》对同一事项的规定和《税收征收管理法》冲突时,并不能直接依据《行政强制法》的"新"规定,而应由全国人大常委会裁决,在此之前,依据《税收征收管理法》为税务强制行为。

和上述理论分析相一致,在实践中,《行政强制法》的出台,对税收征管活动的影响,主要有两种情形:一种是两部法律的规定存在冲突;另一种则是《税收征收管理法》没有规定或者规定不明确时,《行政强制法》的规定能起到补充作用。

(二)《行政强制法》与《税收征收管理法》的法律适用

《行政强制法》和《税收征收管理法》中,对一些问题的规定,可能存在冲突。这种冲突的表现形式具有多样性。既可能是《税收征收管理法》中规定了的程序要求未被规定到《行政强制法》中,如税收强制执行是否需要超过复议和诉讼期限;也可能是《行政强制法》就某个问题作出了新的程序要求,如税收强制执行是否需要催告程序;还可能是两部法律在某一问题上的规定,在大体相同的情况下,存在细微的区别,如税务行政机关的直接强制执行权有无?如何行使?

1. 税收强制执行是否需要超过复议和诉讼期限

《税收征收管理法》第88条第3项规定,当事人对税务机关的处罚决定逾期不申请行政复议也不向人民法院起诉、又不履行的,作出处罚决定的税务机关可以采取强制执行措施,或者申请人民法院强制执行。在该条规定中,税务强制执行须以超过复议和诉讼期限为前提。但在新出台的《行政强制法》中,则没有规定强制执行需要超过复议和诉讼期限,而只要求在行政机关"决定的期限内"不履行义务,便得启动行政强制程序。该法第34条规定:行政机关依法作出行政决定后,当事人在行政机关决定的期限内不履行义务的,具有行政强制执行权的行政机关即可依法强制执行。

两相比较,税收征收管理法的规定无疑是更有利于保护纳税人权利的,而"超过复议和诉讼期限"的规定,针对的是税务行政处罚(而非一般纳税义务)的强制执行,并不会导致国家税款的流失。因此,针对税务行政处罚的强制执行,应依据《税收征收管理法》的规定,以超过复议和诉讼期限为前提条件。

另一方面,我们注意到,《税收征收管理法》中,仅在逾期不履行税务行政处罚决定这一种情形下,规定了超过复议和诉讼期限的时间条件。对其他情形下的税务强制执行,也没有作出特别的时间要求:除上述针对不履行税务行政处罚的强制执行措施外,其他税务强制行为无须超过复议和诉讼期限;这和《行政强制法》的规定是一致的。

2. 税收强制执行是否需要催告程序

当《行政强制法》针对同一具体问题作出《税收征收管理法》中未设计的制度安排时,是应该理解为属于对原来没有内容的新规定,还是属于对同一问题的不同规定? 我们认为,两部法律中的相关条文均是在调整同一问题,新增加的制度安排可认为是针对这个问题作出了不同于原来规定的新规定。因此,这种情形应属于两部法律对相关问题的规定不一致,而非新法规定了旧法未规定的内容。

《税收征收管理法》第32条有关滞纳金征收制度中没有催告程序的规定。① 而《行政强制法》第35条则明确要求行政机关在作出强制执行决定前,应当事先书面催告当事人履行义务,并规定了书面催告应包括的内容。② 这其实是一般规定和特别规定之间不一致的表现,《行政强制法》中的有关规定,是针对所有行政强制行为而言,目的是避免行政机关滥用行政强制的权力,依行政法理论,即时强制可分为对人身及人身自由的强制、对住宅事务所等进行的强制和对财产的强制三种③;行政法理论一般认为,催告制度的功用主要是发挥在对人身强制和对住宅进行的强制方面,而在代履行和执行罚时并无须事先催告之程序。在税收征管领域,税务强制执行主要是以财产为对象的,因此,《税收征收管理法》没有规定财产类的税收强制行为需要经过催告程序,是有一定合理性的。

但是,《行政强制法》对财产类行政强制设定催告程序,也是有着积极意义的,能督促行政机关依法行政,避免其滥用权力。正因为如此,新出台的《行政强制法》规定的催告制度,很显然是针对所有行政强制行为的,这可以从《行政强制法》第35条的有关规定中(如"涉及金钱给付的")看出。具体到税务行政强制是否需要设计催告程序,涉及纳税人权利保障和国家税权保护二者间的利益衡平。我们倾向于纳税人权利在这个问题上更重要,因为催告程序能彰显纳税人的知情权,以及保障税收程序的公开透明。

基于上述分析,本书的观点是:一方面,在报送全国人大常委会裁决之前,税务机关可以依据《税收征收管理法》的规定,在为税务行政强制行为之前,无须催告;另一

---

① 《税收征收管理法》第32条规定,"纳税人未按照规定期限缴纳税款的,扣缴义务人未按照规定期限解缴税款的,税务机关除责令限期缴纳外,从滞纳税款之日起,按日加收滞纳税款万分之五的滞纳金"。

② 《行政强制法》第35条规定,"行政机关作出强制执行决定前,应当事先催告当事人履行义务。催告应当以书面形式作出,并载明下列事项:(一)履行义务的期限;(二)履行义务的方式;(三)涉及金钱给付的,应当有明确的金额和给付方式;(四)当事人依法享有的陈述权和申辩权。"

③ 姜明安主编:《行政法与行政诉讼法》(第三版),北京大学出版社、高等教育出版社2007年版,第332页。

方面,从应然层面看,税务行政强制行为之前,税务机关催告,有利于保护纳税人权利和督促税务机关依法征税。因此,《税收征收管理法》修改时应该顺应《行政强制法》的新规定,将催告程序纳入税务行政强制程序的范畴。

3. 税务行政机关的直接强制执行权有无？如何行使？

《税收征收管理法》第 40 条明确赋予了税务机关直接强制执行权,该条第 1 款中规定,"经县以上税务局(分局)局长批准,税务机关可以采取下列强制执行措施"。《行政强制法》第 46 条规定,具有强制执行权的行政机关可以强制执行。在这个问题上,两者之间并不矛盾。

但有一个问题值得注意:如果法律赋予行政机关有直接强制执行权,行政机关还能不能向法院申请执行？在此,我们分以下两种情形来讨论。

一种情形是有些法律赋予行政机关选择权,如《税收征收管理法》第 88 条第 3 款规定:"当事人对税务机关的处罚决定逾期不申请行政复议也不向人民法院起诉、又不履行的,作出处罚决定的税务机关可以采取本法第 40 条规定的强制执行措施,或者申请人民法院强制执行。"因此,对于税收行政处罚决定的强制执行,虽然税务机关有权执行,但如果其向法院申请执行,法院同样是有义务执行的。

另一种情形则是更加常见的、法律没有规定税务机关申请人民法院强制执行的情形。实务界倾向于认为,税款征收案件,只要符合强制执行的标准,税务机关都可以申请人民法院强制执行。依据最高人民法院《关于人民法院执行工作若干问题的规定(试行)》,人民法院负责执行的涉税法律文书主要包括:(1)人民法院行政判决、裁定;(2)依法应由人民法院执行的行政处罚决定、行政处理决定;(3)法律规定由人民法院执行的其他法律文书。显然,《税收征收管理法》第 88 条规定的税务处罚强制执行,属于"法律规定由人民法院执行"的情形,但除此之外的其他税收强制执行,法律并未规定可以由人民法院执行。人民法院的活动,属于国家司法权的组成部分,只有在法律规定的时候才能发挥其作用,否则便是和国家机关设置的基本理念相违背的。由税务机关实施税务强制执行行为,效率较高;如任其置本身所具有的强制执行权不用,而诉诸法院进行强制执行,实际上是司法资源的极大浪费。从《行政强制法》的制度设计看,其明确了有强制执行权的行政机关自己为行政强制行为、无强制执行权的行政机关申请法院强制执行的原则。《税收征收管理法》第 88 条赋予税务机关在涉及税务处罚强制执行时的选择权,属于特别规定,在这种情形时仍应该适用《税收征收管理法》的相关规定。应该说,两部法律在这个问题上基本仅有此一点(有实质意义)区别。

因此,除《税收征收管理法》第 88 条情形外,其他的税务强制执行,有强制执行权的税务机关不得向法院申请执行。

(三)《行政强制法》对《税收征收管理法》的补充功用

《行政强制法》中的有些制度安排,在《税收征收管理法》中是没有的。我们认为,在此种情况下,税收征管行为应当直接适用《行政强制法》的规定。由于《行政强制法》制定时间较晚,其立法目的中制约行政机关权力行使的色彩比较浓。因此,该法的这些"新规定",能很好地补充《税收征收管理法》中的不足,进一步规范税务机关的行为。我们选取几个具体制度进行分析。

1. 有关强制执行中的和解制度

《税收征收管理法》中没有执行和解的规定,而《行政强制法》第42条则规定,实施行政强制执行,行政机关可以在不损害公共利益和他人合法权益的情况下,与当事人达成执行协议。这即是有关执行和解的规定。这是一般法中的规定,其能否适用到具体的税收征管行为中?是需要进行适配性考量的。我们从法理和实践两个维度进行分析:第一,从法理上说,《行政强制法》作为行政强制领域的一般法,对于税务行政中出现的强制行为,有适用的空间;第二,从实践层面分析,税收征管领域中的执行和解,有助于建立和谐征税的秩序,既能提高征税效率、保障国家税款收入,又能体现对纳税人的尊重。而且,《行政强制法》中"执行协议应当履行。当事人不履行执行协议的,行政机关应当恢复强制执行"的规定,也有力地保证了国家税款不致流失。当然,这里主要是理论上的讨论。由于我国当前税收征管活动中,征纳双方间建立在信赖基础上的良性互动关系尚未建立,这会消解税收征管中执行和解制度的积极作用。因此,如何在税收征管中适用《行政强制法》执行和解的相关规定,仍值得进一步研究。

需要强调的是,《行政强制法》中有关执行和解的规定,针对的是"实施行政强制执行"的行为,具体到税收征管中,对应的是查封、扣押、冻结等税务强制执行行为,并非指征税活动本身可以"和解"。

2. 有关强制执行中的程序制度

《行政强制法》的立意便是制约行政机关在行政强制中滥用权力,故其规定了较多的程序性要求,以规范行政机关的行为。而我国《税收征收管理法》制定相对较早,限于立法当时的认知水平,其对程序规则的重视程度相对要低一些。于是,《行政程序法》中有关的程序要求,便能很好地补充《税收征收管理法》的不足,规范税收征管行为。

例如:对查封、扣押、冻结措施的程序规定。《税收征收管理法》中,仅在40条第1款第2项、41、42、43、79条有规定,除了前提条件和审批权限外,上述税务强制执行程序几乎为空白。国务院制定的实施细则,也只在第63到69条中有简略的规定。其中涉及的内容主要有,税务机关查封、扣押财产时,应当通知纳税人或其家属到场。查封、扣押的财产应当与债务相当。税务机关处理纳税人财产时,应当先考虑由法定机构拍卖,再才能考虑直接变卖等。① 这样的规定无疑是比较粗疏的。

而《行政强制法》则在其第 22—33 条、用两节的内容详细规定了查封、扣押、拍卖的程序。如第 24 条对查封、扣押决定书载明事项的规定,第 26 条对查封、扣押财物委托第三人保管的规定等,都弥补了《税收征收管理法》的不足。此外,《行政强制法》第 16—21 条还以"一般规定"的形式对行政机关采取强制措施作出原则性规定,这些规定也是税务机关在采取税收强制行为时,应当注意遵守的。

3. 有关强制执行中的罚款和滞纳金制度

税收征管中的滞纳金制度,规定在《税收征收管理法》的第 32 条,即"纳税人未按照规定期限缴纳税款的,扣缴义务人未按照规定期限解缴税款的,税务机关除责令限期缴纳外,从滞纳税款之日起,按日加收滞纳税款万分之五的滞纳金"。而该法中有关罚款的规定,散见于第五章"法律责任"中,在该章对纳税人和扣缴义务人法律责任的规定中,罚款是一种最常见的形式。我们应当对税收征管中罚款和滞纳金的性质,有一个清晰的认识:学理上虽然将其称为"执行罚",但其实际上并非处罚手段,其惩罚性不突出;本质上看,罚款和滞纳金应当属于一种执行措施,属于行政间接强制之一种,其目的在于督促行为人履行义务。因此,税收征管活动中,一旦行为人开始履行义务,滞纳金或加处的罚款,即不再征收。② 事实上,行政法学界对这个问题也有论述,一般认为其乃行政强制中的执行罚,或曰强制金,是行政强制执行机关对拒不履行义务者,科以新的金钱给付义务,以迫使其履行义务的强制执行措施。其与行政处罚中罚款的主要区别是,执行罚目的不是对义务主体进行金钱处罚,而是通过罚缴一定数额的金钱,促使义务主体履行义务。③ 因此,《行政强制法》中也有对这部分内容的规定,并涉及与《税收征收管理法》相关规定之间的关系、以及如何在税收征管实践中适用的问题。

《行政强制法》对罚款、滞纳金制度的规定,核心是第 45 条。与税收征管实践现在依据的《税收征收管理法》中的制度安排相比,两者区别不大。但《行政强制法》中对罚款、滞纳金制度,新增加了若干规定,这些规定能在税收征管实践中,起到补充作用。具体说,该法第 45 条规定:"行政机关依法作出金钱给付义务的行政决定,当事人逾期不履行的,行政机关可以依法加处罚款或者滞纳金。加处罚款或者滞纳金的标准应当告知当事人。加处罚款或者滞纳金的数额不得超出金钱给付义务的数额。"其新增加了将罚款或滞纳金标准告知当事人和加处罚款、滞纳金数额不得超出金钱给付义务数额的规定。将标准告知当事人的规定,能避免行政机关在实施强制行为时的随意和任性,也有助于行政相对人监督行政机关权力的行使。而加处罚款、滞纳

---

① 刘剑文、熊伟:《税法基础理论》,北京大学出版社 2004 年版,第 458—459 页。
② 同上书,第 471 页。
③ 姜明安主编:《行政法与行政诉讼法》(第三版),北京大学出版社、高等教育出版社 2007 年版,第 331 页。

金数额不得超过本金的规定,体现了此二者的本质属于行政强制、而非行政处罚,故不宜采用过高的标准,以免产生惩罚性的实际效果。这是对制度本质的准确理解和对制度的正确运用。而且,该项规定在实践中也具备相当积极的意义:有许多经营困难的大型企业,陈年积欠税款较多,这些滞纳税款被课处的滞纳金额,有时已经超过原欠缴税款,成为制约企业恢复正常经营的重要因素,而对这些企业的欠税,也经常出现"征不上来"的现象。现实生活中,有些地方的税务局面对这种情况,可能会采用部分减免这些企业的滞纳金、利息的方式,以达致国家税款收入和企业正常经营的和谐统一;但这种做法无疑是违背税收法定原则的,存在"合理不合法"之嫌。《行政强制法》中有关罚款、滞纳金上限的规定,可以在法律框架内,避免欠税企业负担过重,能提高企业清理陈年欠税的积极性。

依据一般法理和上述分析,《行政强制法》中,罚款、滞纳金标准应告知当事人和罚款、滞纳金数额不得超过本金的规定,应当在税收征管实践中得到遵守。

4. 有关税务行政机关的法律责任制度

有义务即有责任,此为一般法理。但我们注意到,《税收征收管理法》中"法律责任"一章,对纳税人、扣缴义务人责任的规定明显较多,几乎占到 20 个条文;而对税务机关及其工作人员责任的规定,则相对较少,仅在第 76 条、第 79—85 条、第 87 条涉及这方面内容。这确实在一定程度上导致税务机关在进行税收征管活动时存在较多不规范现象。《行政强制法》的出台,在税收征管中涉及强制执行的环节,比较好地弥补了相关的制度漏洞。该法对行政机关在实施行政强制行为时、需要承担行政责任的情形,作了总括性的规定。这部分内容集中在《行政强制法》的第六章"法律责任"。具言之,这里面既有行政强制机关承担责任的一般情形,如第 61 条规定实施强制行为如果存在没有法律法规依据、违反法定程序等情形,需要承担法律责任;也有比较具体的要求,例如同是该法第 61 条规定的,在夜间或法定节假日实施强制行为的,需要承担法律责任。条文数量虽然有限,但由于其采用了"概括加具体列举"的立法结构,所以仍能为税收征管活动提供规范性依据,发挥重要的补充作用。将这些规定具体应用到税收征管环节的税务强制执行中,能更好地保护纳税人权利,规范税务机关的行为。

(四)《行政强制法》对税收征管的积极意义

我们应该清醒地认识到,《行政强制法》的施行对规范税收征管活动,是很有意义的。这也再次说明税法是一个具有综合性、现代性的部门法,我们在研究税法制度时,不能将视野仅仅局限在狭义税法部门的范围内,而应注意研究相邻近的部门法规范,如行政法、经济法等。

宏观上言之,行政强制法的出台对税收征管的积极意义主要表现在两个方面。一方面,在税收征收管理法中没有规定的问题上,行政强制法的规定,可以直接适用,如有关强制执行的程序要求、对强制执行机关责任的规定等。这些新规定,能督促税务机关在税收征管活动中依法征税,也有利于保护纳税人的权利,进而构建和谐征管的秩序。另一方面,当两部法律对同一问题的规定出现不一致时,即便依据特别法优先的法理,并不能直接适用行政强制法中的有关"较好的"规定;但这些规定却能促使税收征收管理法的更新和优化,因为这毕竟代表着立法者的一种态度。从这个意义上说,行政强制法对税收征收管理法的修改、完善,发挥着指引作用。

三、反避税法律制度[①]

经济活动的复杂化和国际化是当前经济发展的主要趋势,同时也给纳税人通过交易环节的安排逃避纳税义务提供了更加便利的条件。从国家税收法治建设的角度来说,完善反避税相关法律制度不仅是有效保障国家税收收入的需要,同时也是借助完善的法律制度保证纳税人权利实现的手段。

中国反避税法律制度在实践中不断发展:在《税收征收管理法》初步对反避税作出原则性规定的基础上,《企业所得税法》专章对反避税制度作出了系统的规定,并在第47条引入一般反避税条款。《企业所得税法实施条例》及后续的规范性文件中对相关事项作了进一步明确。中国政府也藉由程序税法和实体税法的协同配合,搭建起了中国反避税法律制度的大致框架。中国反避税个案的平均补税金额,已由2006年的383.62万元增加到2010年的1461.54万元,年均增长39.71%,补税超过千万元的案件155个,超过亿元的案件12个。2011年,反避税工作对税收增收贡献239亿元。各种数据见证了中国反避税工作近年来取得的巨大成就。在既有成绩的基础上,中国反避税法律制度的进步发展,需要更为深入的法理省思和对现存制度缺陷的不断优化。

(一)反避税法律制度的演进

1. 演进脉络

中国反避税立法工作起步较晚,大致分为三个阶段:

(1)摸索和起步阶段(1987—1991)。1987年11月,针对"三资企业"利用转让定价等手段进行避税导致税收大量流失的现象,深圳市政府借鉴国际反避税立法经验,制定了《深圳特区外商投资企业与关联企业交易业务税务管理的暂行办法》,1988年1月1日起在深圳特区施行。[②] 这是中国第一部关于反避税的规范性文件。1991年4月9日,第七届全国人民代表大会第四次会议审议通过《外商投资企业和外国企业所

---

① 原文与王桦宇合作发表于《涉外税务》2013年第2期,收入本书时作部分修订。
② 《深圳特区外商投资企业与关联企业交易业务税务管理的暂行办法》于1988年1月1日起施行,财政部、税务总局于1988年1月4日以"(87)财税外字第376号通知"将上述暂行办法转发全国参照执行。

得税法》,并于1991年7月1日起施行。《外商投资企业和外国企业所得税法》第13条规定:"外商投资企业或者外国企业在中国境内设立的从事生产、经营的机构、场所与其关联企业之间的业务往来,应当按照独立企业之间的业务往来收取或者支付价款、费用。不按照独立企业之间的业务往来收取或者支付价款、费用,而减少其应纳税的所得额的,税务机关有权进行合理调整。"该法第一次创立了中国规制转移定价的反避税法律制度。

(2) 规范和发展阶段(1992—2007)。1992年,全国人大常委会审议通过《税收征收管理法》,将转移定价管理制度的适用范围从涉外企业扩大到所有企业,并进一步完善了关于限制转让定价避税的立法规定。2001年4月,中国人大常委会修改《税收征收管理法》,保留了原来的反避税规定。该法实施细则在进一步规范转移定价制度的同时,完善了预约定价制度,明确了对关联企业违反独立交易原则的转让定价行为的追溯调整期限。2003年,国家税务总局发布《关于贯彻〈中华人民共和国税收征收管理法〉及其实施细则若干具体问题的通知》(国税发[2003]47号),补充规范了关联企业间业务往来的追溯调整期限,并明确了该法《实施细则》第56条"追溯10年"涉及的四种特殊情形。2004年,国家税务总局发布《关联企业间业务往来预约定价实施规则(试行)》(国税发[2004]118号),具体规定了预约定价安排的操作规程,规范了预约定价安排的程序、内容、方法和谈判双方的责任等问题。2006年,国家税务总局发布《国际税收情报交换工作规程》(国税发[2006]70号)。

(3) 转型与完善阶段(2008—)。2007年,全国人民代表大会制定新的《企业所得税法》,并于2008年1月1日起施行。该法及其实施条例第六章规定的"特别纳税调整",不仅进一步规范了中国实践多年的转让定价和预约定价安排制度,还借鉴国际经验,第一次引进了成本分摊协议、受控外国企业、防范资本弱化、一般反避税以及对避税调整补税加收利息等规定。2009年,国家税务总局发布《特别纳税调整实施办法(试行)》(国税发[2009]2号),对新《企业所得税法》及其实施条例反避税规定进行了细化。2012年3月1日起,又有两项新的反避税规范性文件正式实施,分别是《特别纳税调整重大案件会审工作规程(试行)》(国税发[2012]16号)和《特别纳税调整内部工作规程(试行)》(国税发[2012]13号)。这两项规程将成为自国税发[2009]2号文出台以来,中国转让定价立法实践中的重要发展。

2. 框架概要

目前中国反避税主要制度框架是建立在《企业所得税法》和《税收征收管理法》两部税收法律及其配套规定基础上的。与此同时,国家税务总局、财政部等部委出台了一系列实施办法和具体操作规定。以上共同构成了我国反避税法律制度的基本内容。

(1) 法律、行政法规的相关规定。中国现行法律法规涉及反避税的主要规定有:其一,《税收征收管理法》及其实施细则的规定。《税收征收管理法》第36条规定:"企业或者外国企业在中国境内设立的从事生产、经营的机构、场所与其关联企业之间的业务往来,应当按照独立企业之间的业务往来收取或者支付价款、费用;不按照独立企业之间的业务往来收取或者支付价款、费用,而减少其应纳税的收入或者所得额的,税务机关有权进行合理调整。"该法《实施细则》第51条至55条则分别对关联企业、关联企业之间的业务往来、特别纳税调整及其时效等具体情形作出了规定。①

其二,《企业所得税法》及其实施条例的规定。《企业所得税法》借鉴国际惯例,在第六章"特别纳税调整"中制定了8个条款,进一步完善和加强了对企业和关联方税务管理的规定,对防止关联方转让定价也作了明确规定,同时还增加了许多新的制度,如成本分摊、预约定价、资本弱化、受控外国公司、一般反避税条款、核定程序及对补征税款加征利息等。《企业所得税法》不仅在内容上更加丰富,而且在法律层面上也扩大了税务机关对企业进行反避税调查和纳税调整的外延范围,标志着中国反避税制度的规范化和系统化。②

(2)国家税务总局、财政部等部委制定的相关规范性文件。为了增加反避税条款的可操作性,国家税务总局在2009年制定了《特别纳税调整实施办法(试行)》(国税发[2009]2号),共13章118条,对《企业所得税法》及其实施条例的特别纳税调整条款进一步解释和细化。此外,《关于企业关联方利息支出税前扣除标准有关税收政策问题的通知》(财税[2008]121号)、《非居民享受税收协定待遇管理办法(试行)》(国税发[2009]124号)、《关于如何理解和认定税收协定中"受益所有人"的通知》(国税函[2009]601号)、《关于企业重组业务企业所得税处理若干问题的通知》(财税[2009]59号)、《关于企业清算业务企业所得税处理若干问题的通知》(财税[2009]60号)、《关于加强非居民企业股权转让所得企业所得税管理的通知》(国税函[2009]698号)、《关于印发〈非居民企业所得税核定征收管理办法〉的通知》(国税发[2010]19号)、《关于发布〈企业重组业务企业所得税管理办法〉的公告》(国家税务总局公告2010年第4号)、《关于非居民企业所得税管理若干问题的公告》(国家税务总局公告2011年第24号)、《关于认定税收协定中"受益所有人"的公告》(国家税务总局公告2012年第

---

① 其中,第53条规定:"纳税人可以向主管税务机关提出与其关联企业之间业务往来的定价原则和计算方法,主管税务机关审核、批准后,与纳税人预先约定有关定价事项,监督纳税人执行。"依据该法《实施细则》第54条的规定,纳税人与其关联企业融通资金所支付或者收取的利息超过或者低于没有关联关系的企业之间所能同意的数额,或者利率超过或者低于同类业务的正常利率的,税务机关有权进行调整。

② 这些基本制度的规定借鉴了OECD转让协定指南的大量内容,其中争议最大的就是一般反避税条款的设置。关于一般反避税条款是否会抑制经济活动的自由程度,以及其对税收法定原则的破坏,学界仍有相当的争议。从当前各国立法的基本情况来看,对一般反避税条款的采纳程度还是相对较高的。在现实生活中,避税的现象层出不穷,如转移定价法、成本调整法、筹资避税法、融资租赁法和税收优惠滥用法等,而且随着社会生活的发展,还不断有新的避税方法出现。因此,一般条款的必要性日益凸显。从法理论角度来说,一般反避税条款不应仅仅被理解为《企业所得税法》上的一个孤立的条文,而应该是一套规则体系,既包括法律上对何为节税、何为税收筹划、何为避税的规定,也包括法院通过司法活动来规制相关的边界。在具体应用这一条文的时候,应当对一般反避税条款进行限制性的解释。在实践中,如果不对一般条款加以限制,就相当于全面引进了实质课税原则,在客观上使税收机关在法律规定的课税要件之外获得广泛的自由裁量权,这对纳税人利益的保护是很不利的。

30号)等规范性文件也在不同涉税领域从不同方面规定了反避税的相关内容。①

（3）国际税收协定。在G20伦敦峰会期间,"避税天堂"问题引发了国际社会的高度关注,经济合作与发展组织发布最新税收表现评估报告,菲律宾等四国因拒绝履行国际通用税收标准被列入"避税天堂"的黑名单,另有38个国家和地区被列入会名单,其中包括瑞士、卢森堡、比利时等。在国际经济交往日益频繁、全球经济一体化逐渐形成和跨国公司快速扩张的环境下,税源国际化的趋势日益凸显,反避税措施更多地需要通过国家间的国际合作来实现,因此,国家间的税收协定中也通常会包含反避税的内容。这些内容在适用上具有更高的可操作性,也是中国反避税制度的重要组成部分。近年来,中国政府在原有税收情报交换协定国基础上,又与阿根廷、百慕大群岛、泽西岛、马恩岛、根西岛、巴哈马等国家和地区政府等订立了税收情报交换的协定。② 与此同时,中国政府还在原有税收协定国基础上,又与尼日利亚、塔吉克斯坦、巴巴多斯、芬兰、香港特区、新加坡、土库曼斯坦、尼泊尔、美国、捷克、英属维尔京群岛、马耳他、澳门特区、叙利亚、乌兹别克斯坦等国家或地区政府新订或补订了避免双重征税和防止偷漏税的协定。③

---

① 这些规范性文件还包括:《企业年度关联业务往来报告表》(国税发[2008]114号)、《关于强化跨境关联交易监控和调查的通知》(国税函[2009]363号)、《关于执行税收协定股息条款有关问题的通知》(国税函[2009]81号)、《关于执行税收协定特许权使用费条款有关问题的通知》(国税函[2009]507号)、《关于〈非居民享受税收协定待遇管理办法(试行)〉有关问题的补充通知》(国税函[2010]290号),等等。

② 具体法律性文件为:《中华人民共和国政府和巴哈马国政府关于税收情报交换的协议》(国家税务总局公告2011年第14号);《中华人民共和国政府和根西岛政府关于税收情报交换的协定》(国家税务总局公告2012年第5号);《中华人民共和国政府和马恩岛政府关于税收情报交换的协定》(国家税务总局公告2012年第6号);《中华人民共和国政府和泽西岛政府关于税收情报交换的协定》(国家税务总局公告2012年第7号);《中华人民共和国政府和百慕大群岛政府关于税收情报交换的协定》(国家税务总局公告2012年第8号);《中华人民共和国政府和阿根廷共和国政府关于税收情报交换的协定》(国家税务总局公告2012年第9号);等等。

③ 具体法律性文件为:《中华人民共和国政府和尼日利亚联邦共和国政府关于对所得避免双重征税和防止偷漏税的协定》(国税发[2009]64号);《中华人民共和国政府和塔吉克斯坦共和国政府对所得和财产避免双重征税和防止偷漏税的协定》(国税发[2009]92号);《中华人民共和国政府和巴巴多斯政府关于对所得避免双重征税和防止偷漏税的协定议定书》(国税发[2010]64号);《中华人民共和国政府和芬兰共和国政府对所得避免双重征税和防止偷漏税的协定》(国家税务总局公告2010年第22号)、《内地和香港特别行政区关于对所得避免双重征税和防止偷漏税的安排》第三议定书(国家税务总局公告2011年第1号);《中华人民共和国政府和新加坡共和国政府关于对所得避免双重征税和防止偷漏税的协定》第三议定书(国家税务总局公告2011年第3号);《中华人民共和国政府和土库曼斯坦政府对所得避免双重征税和防止偷漏税的协定》(国家税务总局公告2011年第10号);《中华人民共和国政府和尼泊尔王国政府关于对所得避免双重征税和防止偷漏税的协定》(国家税务总局公告2011年第11号);《关于〈中华人民共和国政府和美利坚合众国政府关于对所得避免双重征税和防止偷漏税的协定〉第十九条解释的主管当局协议》(国家税务总局公告2011年第16号);《中华人民共和国政府和捷克共和国政府对所得避免双重征税和防止偷漏税的协定》(国家税务总局公告2011年第31号);《中华人民共和国政府和英属维尔京群岛政府关于税收情报交换的协议》(国家税务总局公告2011年第37号);《中华人民共和国政府和马耳他政府对所得避免双重征税和防止偷漏税的协定》(国家税务总局公告2011年第54号);《内地和澳门特别行政区关于对所得避免双重征税和防止偷漏税的安排》第二议定书(国家税务总局公告2011年第58号);《中华人民共和国政府和阿拉伯叙利亚共和国政府对所得避免双重征税和防止偷漏税的协定》(国家税务总局公告2011年第59号);《中华人民共和国政府和乌兹别克斯坦共和国政府关于对所得避免双重征税和防止偷漏税的协定》(国家税务总局公告2011年第79号);等等。

(二) 反避税法律的法理省思

中国的反避税法律制度应当符合现代税法的基本原则,在法理上取得制度设计的妥适性和正当性,才能在技术规范和正义逻辑上获得自洽一致,才能在有效保护纳税人权益基础上促进国家税收权益合法实现。反避税法律制度在执行中相对较好地贯彻了税法基本原则,并能积极采纳税法学界的通说观点,也取得了不少成绩和良好效果。但仍需要进一步增强依法征税并注重规则的技术性和程序性,在加强跨国公司税收执法的同时拓展国际化视野。

1. 法理探讨

反避税法律制度可以说是税法制度中最为复杂的制度,其中突出表现出了税收法定主义与纳税人权利保护、实质课税原则等基本价值的冲突。而关于避税的含义和形态的界定,也一直是中国税法学界探讨的热点问题。

(1) 避税的概念解析。避税,就字面而言是规避税收的简称,相近似的概念还有逃税、节税、漏税等。从广义的角度来说,避税是指纳税人为达到延迟、减轻或者免除税负的目的,所采取的一切合理和不合理的行为。① 合理避税是指纳税人依据税法规定所作出的符合税法规范的旨在迟延、减轻或者免除纳税义务的各种正当行为。不合理避税则是指行为人利用税法上的漏洞和空白,通过人为的异常的民事行为或者法律关系上的安排,迟延、减轻或者免除纳税义务的各种不正当的行为。② 这种避税行为有违税法权威及其公平性原则,是税法反避税制度的主要规制对象。狭义的避税就是限于指这种不合理避税的行为。③ 中国学者们在此问题上的观点也基本一致。④ 中国反避税实践也应贯彻严格的法定主义立场和正当程序原则,在认定避税上作出认真评估和合理判定。

(2) 税法与民法的视角。中国学者也慢慢开始接受这样一种民法观点和税法观点。税法课征的对象是经济活动的结果,因此税法不可避免地要对民事活动进行税法上的再次评价,因此也不可避免还会造成税法上的法律评价与民法上的法律评价相冲突的现象。对避税行为的评价即是如此。单纯从民法的角度来看而不考虑税法的约束,纳税人根据自己的意愿自主地安排自己的经济活动是民法契约自由原则的

---

① 亦即将合理避税和不合理避税纳入其下合并讨论,其中合理避税被称为合法避税,也即通常所称的节税概念。

② 这种行为具有形式上的合法性特征,实质上是利用了法律上尚未作出禁止和限制的漏洞规避税法的适用以减少税款的交纳。

③ 联合国税收专家小组对避税所下的定义是:避税可以认为是纳税人采取利用法律上的漏洞或者含糊之处的方式来安排自己的义务,以致减少其本应担的纳税数额,而这种做法不受法律的约束。

④ 如有学者认为,所谓避税行为,或称税收规避行为,是为了规避税法,避免纳税义务成立,而采取的各种正当的和不正当的行为。这是广义的避税行为的概念,这一概念又可以分为狭义的避税行为和节税行为。所谓狭义的避税行为,是指相关主体为了降低或免除税负,利用税法规定的罅漏而实施的避免纳税义务成立的各种行为。

基本内涵。而税法引导下的国家公权力的介入，将其评价为具有负面效应的规避法律的行为就有可能导致对民法自由原则的僭越以及对公民财产权利的侵害，因此需要严格的法律约束和严谨的制度设计。对于利用私主体契约自由来移转税收负担是否具有合法性，除了程序税法要作出原则性规定外，具体反避税执法时也需要根据具体的情事审慎处理。

（3）税收公平与信赖保护。中国学者普遍赞同设立反避税制度，正是基于这样一种认识：如果具有同样税收负担能力的两人，一个采取避税手段而另一个没有，导致前者少缴税、后者多缴税，这样会违反税收公平原则。从纳税人信赖利益出发，反避税制度可能存在侵害纳税人权利的问题。一方面，税法关系本身纷繁复杂，不能苛求纳税人准确理解、把握自己的行为是否是避税行为，从善意人推定出发，应推定纳税人在进行税法上未作规定的行为时，是相信自己的行为非为避税行为，从而产生合理信赖，而这种信赖受法律保护。另一方面，反避税条款的存在，使税务机关具有较大的自由裁量权，如不对其进行严格的限制，会侵害纳税人权利。中国反避税制度中预约定价安排，实际上也是出于保护纳税人信赖利益的考虑，《税收征收管理法》也应对此作出明确规定。

（4）反避税制度与实质课税。实质课税原则是对反避税制度最为有利的税法原则，秉持实质课税主义，如果放任税收规避行为的蔓延，对国家税收无疑会带来巨大的损失，对其他纳税人也显示公平，因此，当行为的法律形式与经济实质不一致时，应当抛开法律形式的束缚，直接针对经济实质课税。① 但在具体的制度建设中，一味采实质课税原则会在无形中扩张行政机关的自由裁量权的寻租的空间。因此，中国学者对这一原则的引用上采取较为保守和谨慎的态度，防止造成税收权力的扩张侵害人民合法的财产权利。在《税收征收管理法》修改和反避税实践中，应注意实质课税原则的约束性使用，防止公权力的不当扩张。

2. 数据分析

（1）反避税执法数据。2006年至2010年，中国反避税个案的平均补税金额，已由2006年的383.62万元增长到2010年1461.54万元，年均增长39.71%；补税超过千万元的案件155个，超过亿元的案件12个。2011年，反避税工作对税收增收贡献239亿元。各种数据见证了我国反避税工作在短短几年取得的巨大成就，反避税防控体系基本形成。2011年国家税务总局确定了行业联查和集团联查工作重点。② 2011年反避税调查立案248件，结案207件，调整补税24亿元。平均个案补税金额1180

---

① 刘剑文、熊伟：《税法基础理论》，北京大学出版社2004年版，第147页。
② 其中行业联查主要针对百货零售、汽车配件、电脑代工、房地产等行业开展，并确定重点分析汽车、货代、制药、零售业等行业经营特点，研究行业避税模式，提升行业整体利润水平。集团联查重点分析和突破大案要案，对多家跨国集团实施全国联查，统一调整方案和原则，共享相关信息，以此规范跨国集团的转让定价政策。

万元,补税金额超亿元的案件 8 个,超千万元的案件 129 个。国家税务总局定点联系企业调查立案 38 户,结案 27 户,补税 2.5 亿元。虽然不能以补税总金额的多寡作为反避税工作实绩的唯一评价依据,但毫无疑问,中国反避税法律制度在实践中已经取得了一定的成效。接下来,反避税执法应加强技术上的专业性和程序上的合法性,特别是借由修订《税收征收管理法》来加强程序立法。

（2）反避税工作模式。随着信息网络技术的发展,税收征管也逐渐走向了计算机高科技导向的体系建设。中国国家税务总局在此基础上提出了建立"管理、服务和调查三位一体,统一规范的反避税防控体系",出台了一系列通知明确各级税务机关在特别纳税调整工作中的相应职责和操作流程。中国税务机关通过完善内控机制,进一步规范和加强了特别纳税调整管理,提高了特别纳税调整重大案件的调查调整质量,加强了执法监督。[①] 中国税务机关对内规范反避税案件办理过程中的工作流程和相应职责;对外则通过关联申报审核、同期资料检查和对已调查户的跟踪管理等手段,促使企业改变定价或税收筹划模式,主动提高利润水平。2012 年国税总局进一步细化了受控外国企业管理、一般反避税管理、避税港避税的具体操作程序和相应职责等内容。同时,各级税务机关通过强化关联申报审核、同期资料管理,为各行业/集团的转让定价调查与双边磋商奠定较为坚实的基础。但与此同时,中国反避税法律制度的规则完善和细则补充,特别是程序税法,仍需要更进一步的加强。

（3）预约定价安排。目前向中国申请双边预约定价安排和转让定价相应调整双边磋商的企业超过 120 户,涉及 15 个发达国家。申请双边磋商的企业既有生产制造企业,也有服务业等第三产业的企业。关联交易类型既涉及有形资产的购销,也涵盖无形资产转让和使用、提供劳务和融通资金等。就 2011 年来说,中国与日本、韩国、美国、新加坡、丹麦、挪威、瑞典等 7 个国家就 29 个案件进行了 10 次双边磋商,双方达成一致案件 7 件,正式签署 5 件,通过双边磋商实现税收增收 7 亿元,为跨国公司消除国际双重税收负担约 32 亿元。[②] 预约定价工作的有效开展证明了中国反避税法律制度的执行取得了不错的表现。下一步,要推动《税收征收管理法》的及时修改,继续提升了税务机关涉外执法能力和税务管理国际化水平。

（4）国际合作与交流。中国国家税务总局积极参加 OECD、联合国、IFA 和 SGATAR 等国际会议,参与规则制定,重点参与编写联合国《发展中国家转让定价手册》,提出市场溢价、成本节约、市场型无形资产等维护发展中国家权益的观点。受 OECD 邀请,中国国家税务总局派员为发展中国家进行反避税培训,在培训中将成本节约、

---

① 反避税问题的复杂性在于其多涉及跨国大型企业,其业务范围广、经营活动复杂,在具体进行纳税调整时存在技术上的困难。

② 天津市国家税务局配合国家税务总局在双边磋商中成功运用成本节约和市场溢价等转让定价理念,改变了某集团在中国子公司的定价政策,大幅提升了该集团在中国子公司的利润水平,在预约定价安排期间预计增加税款 22.4 亿元。

市场溢价、营销型无形资产、合约加工等转让定价理念以及中国在反避税案件上的处理经验做了详细介绍和有效推广。① 目前,在中国经营的跨国公司和外资企业数额巨大,交易方式更呈现多样化的趋势,如何有效通过国际合作与交流,提高税务机关反避税工作的专业能力将成为税收征管新的挑战。

(三) 反避税与预先定价税制②

避税是纳税人滥用法律形成的可能性谋求不正当减轻税负的脱法行为。对避税行为的规制则不可避免地涉及各种有针对性的反避税措施。在所得税领域,最经常被采用的避税手段是"转让定价",即高价买低价卖,把利润转移到海外税率低的关联公司,将成为在华跨国公司最常用和有效的税务工具。

跨国企业避税对我国社会经济发展产生严重的负面影响,一是严重损害我国税收权益,造成税款外流;二是影响税收调控作用,扰乱经济秩序;三是外方投资者利用避税手段蚕食中方资产;四是扭曲了公平竞争的市场机制。

而依据世界各国经验,预先定价(Advanced Price Arrangement,简称 APA)制度被认为是防止转让定价避税的最有效方式。所谓预先定价,是税务管理部门与纳税人之间对未来一定时期内的关联交易定价事先约定一系列标准的安排。我国 APA 制度规定,一般适用于 2 至 4 个未来连续年度,即签订了 APA 的跨国企业至少在未来 2 至 4 年内,将免于被税务机关稽查的风险。20 世纪 90 年代,美国、日本等国家开始运用预先定价来解决转让定价税收管理的问题,随其优势的逐渐显现,目前已有二十多个国家实行了预先定价制度,其中一些国家已将双边或多边安排作为谈签预先定价的主要方向。

1. 预先定价的概念解析

预先定价最早是在美国于 1990 年初开始试行。③ 随后,加拿大、澳大利亚、日本等许多国家纷纷出台预先定价税制。经济合作发展组织(OECD)对预先定价制亦颇为推崇,它先后两次分别于 1995 年 7 月和 1999 年 10 月在其转让定价指南中专门论述了预先定价。我国也于近年开始了这方面的试行工作,我国税务主管部门在 1998 年的《关联企业间业务往来税务管理规程》中在第七章调整方法的选用中,大胆引入

---

① 福建省、吉林省、陕西省等国家税务局在反避税案件的调查中通过国际反避税信息中心(JITSIC)渠道获取了重要的参考信息,有效提高了调查案件的质量和进度。
② 原文与熊晓青合作发表于《涉外税务》2003 年第 6 期,收录本书时作部分修订。
③ 美国当时用的预先定价一词英文是 Advance Pricing Agreements,意为预先定价协议,后来经济合作发展组织(OECD)将其改良为预先定价安排(Advance Pricing Arrangements),显得更为科学合理一些,因为预先定价还包括协议之前的磋商、协议之后的跟踪执行、监管等一系列的制度安排。

预先定价。① 厦门市国家税务局亦于当年首先开始了试点,他们与有关企业签订了我国的第一个单边预约定价协议。后来,深圳市地方税务局等税务部门相继跟进,在预先定价方面进行了有益的尝试,为我国全面引入预先定价制度提供了丰富的实践资源。2002 年 10 月 15 日起实行的《中华人民共和国税收征收管理法实施细则》(以下简称《征管法实施细则》)第 53 条规定,纳税人可以向主管税务机关提出与其关联企业之间业务往来的定价原则和计算方法,主管税务机关审核、批准后,与纳税人预先约定有关定价事项,监督纳税人执行。根据此条规定,有关税务主管部门起草的预先定价②的具体管理办法将于近些时候出台。因此,从税法理论角度探寻预先定价税制产生的实践与理论动因,研究预先定价税制与传统转让定价税制的不同,为即将开展的我国预先定价税制的实践提供理论上的储备,应是不无积极意义的尝试。

从制度层面论,"预先定价税制"一词能够较好地概括预先定价所包含的一系列制度,预先定价税制可定义为跨国纳税人与一个或多个具有税收管辖权的国家和地区内税务主管部门就其与关联企业间受控交易涉及的转让定价的原则和方法等涉税问题事先进行磋商、达成协议、执行协议、跟踪监管及相应调整等一系列活动和安排的制度总称。

从法律关系的角度论,预先定价法律关系是指签订预先定价协议的纳税人与税务主管当局在整个预先定价安排中形成的权利义务关系。预先定价法律关系的主体是纳税人与一个或多个具有税务管辖权的国家和地区。根据主体数量的不同,预先定价可分为单边预先定价、双边预先定价和多边预先定价。单边预先定价是指纳税人与一个具有税收管辖权的国家和地区内的税务主管当局签订预先定价协议,而双(多)边预先定价则是纳税人与多个税务当局签订的预先定价协议;单边预先定价协议有可能出现重复征税问题,双(多)边预先定价协议则能够有效解决此问题。

预先定价之所以在世界范围内受青睐,是有着其深刻的实践和理论方面的动因的。通过分析,可以从中发现预先定价税制产生的历史必然性,有利于更好地认识和把握预先定价税制相对于传统转让定价税制的先进性,由此推动预先定价税制在中国的实际运行。

2. 预先定价税制产生的实践动因

预先定价税制的产生最直接的实践动因是为了解决传统转让定价税制面临的困境。

---

① 尽管将预先定价作为转让定价的一种调整方法在学理上不一定完全说得通,但在当时缺乏立法支援的情况下,能将预先定价通过"其他合理的调整方法"引入到我国,实在也是大胆而巧妙的制度设计,这使我国在引入预先定价方面至少提早了 5 年(从 1998 年至 2003 年)。

② 本书在此用预先定价而不用预约定价,理由如下:第一,从英文直译过来,用预先比用预约更符合原意,英文"Advance"一字没有预约但有预先之意,如预先付款;第二,汉语中预先与预约意义不同,预约是指约定一个确定的时点做某事,预先是把原先某个确定时点要做的事提前做了;第三,目前《征管法实施细则》用的词是预先约定,简单地缩写成预约似不可行,因为预先与预约词义不同。

专题八 税收征管法律制度

转让定价本身是一个中性的概念,有其合理的一面,比如能够优化整个跨国集团内部的资源组合,实现集团整体效益最大化,但是与此同时,转让定价直接影响到利润乃至税收利益的转移,尤其是跨国集团国际转让定价更关乎国家之间税收权益的让渡,因此,绝大多数国家都针对此制定专门的转让定价税制,以规制关联方之间以避税为目的的转让定价行为。

从总体上说,对转让定价进行规制可以分为两种原则思路,一种是公平交易原则(Arms Length Principle),简言之,即是独立企业之间进行交易的原则;另一种是所谓的"公式法"(Formulary Method),它是指一个税收管辖权之内的应税所得总额由综合管辖权内外关联方所得乘以一参数,该参数为管辖权内的薪金总额、财产和销售额除以整个的薪金总额、财产和销售额。① 但很多国家认为该方法过于武断和任意,所以目前绝大多数国家采用公平交易原则对转让定价进行税法上的规制。

但在实务中,运用公平交易原则有许多困难。首先,所谓公平的市场价格在现实的经济生活中很难找到,经济主体之间的完全竞争几乎是不存在的,倒是独占或寡占的情形相当普遍。② 其次,有些关联方之间的交易在非关联方之间很难找到,比如某些无形资产的交易。再次,对税企双方来说,要找到合适的独立交易方面的信息是很困难的。公平交易原则的适用本身就有上述困难存在,而传统的转让定价税制在适用公平交易原则时,又是采用事后审计的模式,这种事后的判断一般要追溯3至5年,长一些要追溯10年甚至无限期。因此,无论是纳税人还是税务机关,在时过境迁之后,要证明当时的交易是否符合当时的公平交易价格都不是件容易的事。转让定价的事后调整模式给纳税人和税务机关双方带来管理上的沉重负担,尤其是,这种事后的判断是对实际交易的经济实质进行税法的解释和适用,因此很容易造成双方各执一词的局面;另外,税务机关经常困扰于纳税人的不愿意提供资料,因此无法有效地进行转让定价的调查、审计和调整。基于转让定价事后调整模式遭受的困境,与其说转让定价是科学,不如说它是一门艺术。

近些年来,为了打击愈演愈烈的国际避税,不少国家改变了过去认为转让定价行为合法,只能对其进行调整不能进行处罚的看法,纷纷出台了规制转让定价的罚则,罚则中强调纳税人不按规定提供资料将受到重罚。从1994年美国率先制定处罚条款以来,截止到2001年已有澳大利亚、加拿大、法国等国跟进,合计共有11国已在本国转让定价税制中加入了处罚条款。在加大处罚的风潮中,人们对转让定价税制的改良又前进了一步,一种新的转让定价税务管理模式——预先定价制浮出水面,引领

---

① See Richard L. Doernberg,"International Taxation", In a *Nutshell*, 4th Ed, West Group, ST. PAUL, MINN. 1999, p. 227。

② 巴瑞、布鲁斯威尔:《国际租税之规避》,郑锦城译,台湾"财政部"财税人员训练所1985年版,第23、258页。

着转让定价的最新发展。

由于传统的转让定价税制本身的复杂性,且属事后调整模式,缺乏确定性和可预测性,无利于避免双重征税且审计过程繁琐冗长充斥敌意,预先定价税制应运而生,它将传统转让定价审计变成了事先的协议,并配之以相应的管理制度,从而使税收义务更具有预测性和确定性,不仅有利于增强跨国纳税人对其商业活动的合理预期,更好地保证交易安全;而且能更好地避免或消除对跨国纳税人的双重征税,降低征纳双方的税收成本;对防范跨国纳税人的避税行为提供了更为有效的监控手段和资源。这就是预先定价税制产生并流行的实践层面的直接动因。

3. 预先定价税制产生的理论动因

从上述实践层面的分析看,似乎很容易得出这样一种结论:预先定价只是将转让定价审计从事后搬到了事前,因此有人认为这只是一种时间上(timing)的不同制度安排而已。笔者认为,预先定价的产生除了上述实践层面的动因,更有其深刻的理论动因。

(1) 对纳税人的尊重导致传统转让定价税制向预先定价转变。

传统转让定价税制中,纳税人是潜在的、先验的公平交易原则的破坏者的形象,纳税人在其实际交易完成后,须接受税务机关认为其交易不符合公平交易原则的审计。在这种情况下,纳税人很难感受到尊重,且对这种事后戴着有色眼镜的转让定价调查很难怀有好感。在这种氛围下,税企双方的合作较难达成。实践中经常出现纳税人不愿意向税务机关提供转让定价证明文件的情形,成为困扰税务机关的痼疾。纳税人不合作的原因,除了纳税人有可能的避税动机之外,很多是出于传统转让定价事后审计的模式缺乏对纳税人的尊重使然。

预先定价则较好地解决了这个问题。在预先定价中,纳税人被假定为诚实守信、愿意与税务机关合作的纳税人。在纳税人实际受控交易发生之前,税企双方心平气和地坐在一起,经过协商,将有关转让定价原则和方法谈妥并签订协议,并保证如果纳税人执行协议,则不再对其进行转让定价调整。正是在这种尊重纳税人的基础上,纳税人才愿意交出过去不愿意交给税务机关的自家的商业秘密,税企双方才能在这种合作的气氛下得到一个双赢的结果。

预先定价对纳税人的尊重还体现在纳税人掌握预先定价的主动权,纳税人是整个程序的发动者和启动者,只要符合条件,纳税人可以申请预先定价甚至有权申请双(多)边预先定价。

在预先定价税制中,税务机关更多的是充当了服务者的角色,只要纳税人提出预先定价申请,税务机关就须与纳税人甚至和有关国家税务当局进行磋商、谈判并签订协议;并且,预先定价协议是一家企业一份协议,有多少家企业提出申请,税务机关就必须签订多少份协议,充分体现了税务机关为纳税人服务的精神。另外,如果纳税人不是出于自愿,税务机关不能强迫纳税人申请预先定价。

（2）对税收效率原则的偏重导致了预先定价的产生。

税收制度的设计经常在税收效率与公平原则之间取舍，选择税收公平，可能会影响效率，反之则影响公平。传统的转让定价税制似更倾向于税收公平原则，对不按公平交易原则进行的转让定价进行调整重在一个事后的合理判断，尤其是这种调整涉及国家间税收利益的调整，更要力求公平，因此转让定价调整的周期相对都比较长，少的一两年，长的可达十年，甚至数十年，成本高、效率低。预先定价则加重税法效率原则的运用。它缩短了传统转让定价审计的时间，一般预先定价协议一两年时间即可谈成，并降低了纳税人税收遵从的成本，大大缩减了税务机关事后审计的成本。

（3）税收法定原则对实质课税原则的影响导致了预先定价税制的产生。

实质课税原则，大陆法系国家又称之为实质课税法、实质课税主义、经济观察法、反滥用税法；英美法系亦有类似的说法，如实质重于形式（substance over form）、反伪装（sham）、商业目的条款（business international taxation in purpose）。① 日本税法学者吉良实将实质课税主义定义为：在解释税法及认定课税要件事实之际，在有所谓"法形式或名义、外观"与"真实、实况、经济性之实质等"出现差异时，应首重实质甚于形式，以此作为课税基础之原则。② 实质课税原则是解决税收规避、非法收入等税收难点问题的有效武器。在转让定价领域内公平交易原则的运用就是实质课税原则的具体适用。但实质课税原则在转让定价领域的适用，与其在其他领域内的适用一样，容易在使用不当的情况下，造成对税法稳定性和可预测性的冲击，尤其是容易与税法最基本原则——税收法定原则相冲突，这也正是实质课税原则经常遭到诟病的重要原因之一。

具体说来，实质课税原则与税收法定主义两者的冲突主要表现在，前者侧重追求实质正义，后者侧重追求形式正义；税收法定主义强调税法确定性和可预测性，实质课税原则需要税法的灵活性和弹性；再有，税收法定主义强调限制征税主体的权利，偏重于保护纳税人的权利，而实质课税原则重在防止纳税人对税法的滥用，偏重于赋权与征税机关等等。

但在实质课税原则与税收法定主义发生矛盾冲突的表面，我们仍然可以看到两者具有深层次的统一性，如两者都追求正义，都保护正当权利的行使并防止权利的滥用，两者的最终目的都是为了保障所有纳税人乃至国家的税收权益等等。因此实质课税原则与税收法定主义在一定程度上是可能相互影响的，当然在这种相互影响中，税收法定主义更占据主导与统率的作用。这一点，可以从预先定价对传统转让定价税制突破和改良上得到证明。首先，预先定价协议使税收法定主义的形式课税原则得到体现，税法的确定性和可预测性得到保证，使得只要纳税人按照预先定价的协议

---

① 巴瑞、布鲁斯威尔：《国际租税之规避》，郑锦城译，台湾"财政部"财税人员训练所1985年版，第212页。

② 〔日〕吉良实：《实质课税主义》，郑俊仁译，载《财税研究》1987年第3期。

进行转让定价的安排,其纳税义务就是明确的可预知的,从而减少其税收遵从的风险和成本,而这正是税收法定原则所追求的目标。与此同时,实质课税原则在预先定价中还保留其"英雄本色",预先定价税制遵循的基本原则仍然是正常交易原则,是实质课税原则在转让定价领域中的实际运用。

综上所述,可以认为:预先定价的产生具有实践和理论层面的双重动因。在实践中,它针对传统转让定价税制的事后审计带来的低效、税企双方合作难等难点问题,以事先协商的模式予以相当程度的突破和解决。在理论上,预先定价再现了纳税人权利的税法主旨,说明尊重纳税人、强调税企合作、突出税务机关对纳税人的服务意识是解决传统转让定价困境的有效出路;同时在税法原则的层面上,凸现了税法效率原则、税收法定原则的价值,体现了效率与公平、形式正义与实质正义的相互影响和在更高层次上的统一。

(四) 中国反避税法律制度的现存问题及完善建议

反避税法律制度作为各国各地区谋求税收权益公平、解决跨国公司不合理转移利润的主要措施和手段已经被发达国家所普遍采用。随着中国经济越来越多地融入全球化格局以及国家间税收竞争的逐步加剧,中国作为最大的发展中国家在反避税立法上仍存在着一些实际问题。国际反避税的客观需要以及中国经济的持续发展,迫切需要中国反避税法律制度特别是程序税法为此作出适应性的调整和有效的变革。

1. 当下问题

(1) 与现行实体税法规定存在冲突。首先,《税收征收管理法》与新《企业所得税法》及其《实施条例》对关联企业的界定、及对避税行为主体和表现形式的认定范围及其法律后果的规定不一致。其次,《税收征收管理法》反避税的规定与《增值税暂行条例》《消费税暂行条例》《营业税暂行条例》等税收法规中的核定征收规定有较大不同。程序税法与实体税法的规定不一致,在实践中容易产生争议。

(2) 缺乏更为细致的相关程序规定。《税收征收管理法》中没有关于反避税的启动、调查、决定和结案等各个环节的相应程序性规定。该法实施细则也没有作更进一步的补充规定。比如,对税务机关反避税措施的形式要件、审批时限等缺乏具体的程序性规定,也会在实践上出现争议甚至导致税务机关滥用职权。

(3) 举证责任制度需要进一步补强。《税收征收管理法》没有对举证责任的规定。该法《实施细则》第51条第2款规定:"纳税人有义务就其与关联企业之间的业务往来,向当地税务机关提供有关的价格、费用标准等资料。具体办法由国家税务总局制定。"这一规定没有具体明确纳税人的举证义务,而在税法上举证责任通常由税务机关承担。而该法实施条例规定具体办法由代表税务机关一方的国际税务总局制定,不甚合理。①

（4）遗漏违法界定及法律责任规定。《税收征收管理法》列举了多种税务违法行为应当承担的法律责任,但并没有具体界定避税违法行为及其应承担的法律责任。一方面,《税收征收管理法》及其实施条例并没有对企业利用转让定价少缴税款的行为进行定性;另一方面,也没有对企业因转让定价等而导致少缴应纳税款的行为作出加收滞纳金和处罚的规定。这使得利用转让定价少缴税款的企业可以通过纳税调整或事后补缴的方式免除滞纳金和罚款责任,影响和削弱了税法的预防性和威慑力。②

（5）反避税立法需要适应中国经济转型的新挑战。目前,中国经济处于一个面临各方面挑战的时代,其转型发展出现了三个转变:一是资本输入国转向资本输出国;二是从世界工厂变为世界市场;三是从要素驱动型转向项目驱动型。相对应,反避税立法应相应转变规制思路:一是从关注境外投资监管到海外投资与境外投资并重;二是更加注重无形资产定价和特许权使用费的监管与规制;三是加强税法规定通用性及技术性以适应不同行业反避税工作的要求。③

2. 对策建议

中国反避税法律制度的进一步完善,既包括《税收征收管理法》等程序税法的及时修改,也包括《企业所得税法》等具体税种实体税法的有效调整。这里着重谈从程序税法角度的建议与对策。

（1）税法原则要在程序税法中具体规定。对于税收法定原则、税收公平原则、税收效率原则、信赖保护原则等,除了在总则性条款上加以进一步明确外,还应在具体的执行性条款中予以配套和补充。要将纳税人权利保护原则更加具体地列入《税收征收管理法》中,保障反避税立法的正当性和妥适性。就实质课税观点而言,基于其在税法学界的争议以及避免其在实际执法中的滥用,建议以在反避税实践中根据情事贯彻实质课税,暂不宜直接明订条款增补进《税收征收管理法》。

（2）预约定价制度应在程序税法中确立。预约定价制度作为转让定价调整的重要组成部分,已经成为中国反避税的重要措施。《企业所得税法》的规定明确了预约定价制度在企业所得税反避税中的重要地位,但在其他税种的反避税中仍只能依据法律效力较低的其他规范性文件。《税收征收管理法》应对预约定价制度作出确立性规定,并予以适当展开。

（3）适当扩大避税主体及避税行为范围。在程序税法中加强与《企业所得税法》

---

① 实践中,税务机关获得相关资讯的渠道并不太完善,另囿于经费和人力的限制,会导致反避税调查无法获得足够的证据。
② 葛克昌、刘剑文、吴德丰主编:《两岸避税防杜法制之研析》,台湾元照出版公司2010年版,第197—206页。
③ 杜铁英:《国际反避税形势及我国面临的挑战》,载《涉外税务》2012年第10期。

有关规定的衔接,将避税主体扩大到自然人股东等企业以外的主体,为其他单行税种的反避税立法作为铺垫。就避税行为的界定而言,可以采取《企业所得税法》及其实施条例类似的办法,对成本分摊协议、受控外国企业和防范资本弱化等重要避税行为分别进行规范,并建立一般反避税制度。

(4)明确反避税执法主体、程序及要件。在程序税法中进一步明确反避税的执法主体、选案、启动以及调查的程序和要件,并就反避税与其他税收征管活动的相互关系进行阐明。就预约定价安排事项而言,程序税法应作出更为清晰的的程序性规定。这其中,预约定价的申请程序、协商程序以及有关作出决定的税务机关、协商期限、确认方法和标准等,要特别制定利于实际操作的规定。

(5)具体规定举证责任的均衡合理分配。合理分配纳税人与税务机关举证责任,不仅涉及税收征纳关系中权利义务分配的正当性,而且还与反避税工作的实际效果紧密相关。在程序税法中明确规定纳税人承担提供关联业务资料的义务,为其有无转让定价等行为承担举证责任。同时可以考虑规定由纳税人为其在国家税务机关主管部门规定的特定地区设立受控外国企业及其开展的境外业务承担报告义务,并为其在该地经营活动具有合理商业目的承担举证责任。[①]

(6)类型化界定避税行为及其法律责任。《企业所得税法》第48条、该法实施条例第121条和第122条确认了避税行为与逃避缴纳税款、节税等行为的区别。[②]但仍有必要对避税行为进行归纳作出类型化的界定以适应不同行业产业的避税行为的认定,结合学理上类型化观察法之基本观念[③],在构成要件上进行设计,并能与逃税和节税进行合理区分。另外,对于不同避税行为对应的法律责任,也应作进一步的具体规定。

(7)确实注重与行政法制度的衔接一致。主要是涉及《行政处罚法》和《行政强制法》的衔接。在反避税执法中,税务机关的相关行为均属于行政行为之一种。对于行政处罚事项,应特别注意行政相对人权益保护,贯彻法律保留原则和比例原则,严

[①] 关于税法上纳税人协力义务及其举证责任,参见葛克昌主编:《纳税人协力义务与行政法院判决》,台湾翰芦图书出版有限公司2011年版,第3—22页;陈清秀:《税法总论》,台湾元照出版公司2012年版,第485—498页。

[②] 《企业所得税法》第48条规定:"税务机关依照本章规定作出纳税调整,需要补征税款的,应当补征税款,并按照国务院规定加收利息。"《企业所得税法》第121条规定:"税务机关根据税收法律、行政法规的规定,对企业作出特别纳税调整的,应当对补征的税款,自税款所属纳税年度的次年6月1日起至补缴税款之日止的期间,按日加收利息。""前款规定加收的利息,不得在计算应纳税所得额时扣除。"第122条规定:"企业所得税法第48条所称利息,应当按照税款所属纳税年度中国人民银行公布的与补缴期间同期的人民币贷款基准利率加5个百分点计算。""企业依照企业所得税法第43条和本条例的规定提供有关资料的,可以只按前款规定的人民币贷款基准利率计算利息。"

[③] 关于类型化观察法及其与经济观察法的区别,参见陈清秀:《税法总论》,台湾元照出版公司2012年版,第240—248页。

格执行《行政处罚法》的有关规定。① 对于行政强制事项,要注重纳税人权利保护,严格执行《行政强制法》的有关规定②,并及时修改《税收征收管理法》中与行政法制度规定不一致的部分。

四、《税收征收管理法》的修订

(一) 税收征收管理法修订背景

自2008年被列入立法规划始,我国《税收征收管理法》(以下简称《税收征收管理法》)的修改,便引发了社会各界的广泛关注。2001年《税收征收管理法》的修订与实施在市场经济建设过程中发挥了重要的意义,但该法距今已十余年时间,期间,随着市场经济体制的完善、法治建设的发展和国际经济全球化趋势愈加明显,《税收征收管理法》实施的整体社会、政治和经济背景已发生了重大变化,修法已到了必要的时点,具体而言:

第一,修订税收征收管理法是适应新情况、新问题的需要。近年来,我国的经济领域出现了很多新的现象、活动和组织。比如我国资本市场近年大量涌现的企业重组、并购,以及"大小非解禁"等涉及的税收问题,都需要在税收征收管理法的修订中有所体现和解决。此外,随着全球经济一体化程度的日益加深,国际经贸活动发展速度迅猛,我国已由一个单纯的技术、资金引进国,成长为一个同时向国际输出资本与技术的国家,因此,我国对外税收协定的价值取向较过去有所变化,这也需要通过修订税收征收管理法加以明确。可以说,修订税收征收管理法,是当前维护我国税收主权,保护我国税收权益的现实需要。

第二,修订税收征收管理法是顺应税制改革变化的需要。近年来,我国的税收实体法经历了多次改革,个人所得税法多次修订,企业所得税法和车船税法出台并实施,以及增值税、营业税和消费税条例修订等,税收征收管理法并没能跟得上这些税收实体法的改革步伐,难以适应其新的需要,目前这类问题十分突出。如涉及境

---

① 《行政处罚法》第27条规定了"应当依法从轻、减轻或者不予处罚的情形",对行政机关行使行政处罚的裁量权作了相应的指导性规定,一方面有利于约束行政机关滥用行政权,另一方面也有利于对行政相对人的保护。现行《税收征收管理法》对相关事项并没有作出具体明确的规定,实践中均由各地税收机关自行参考斟酌。《税收征收管理法》修订应考虑与《行政处罚法》的衔接,就纳税人税收违法行为的不同情形作出行政处罚方面的指导性规定。另外,就《行政处罚法》第29条规定的时效及起算时间规定,《税收征收管理法》修订也宜作出明确的衔接性规定。

② 《行政强制法》第42条规定了"行政机关与当事人达成执行协议",明确了行政机关可以在不损害公共利益和他人合法权益的情况下,与当事人达成执行协议。执行协议可以约定分阶段履行;当事人采取补救措施的,可以减免加处的罚款或者滞纳金。《行政强制法》还规定了"罚款和滞纳金数额封顶原则",明确加处罚款或者滞纳金的数额不得超出金钱给付义务的数额。现行《税收征收管理法》未对罚款和滞纳金减免和数额封顶作出规定,此次修订应对罚款和滞纳金减免和数额封顶作出衔接性规定。

外非居民企业股权转让的税收征管问题,在现行的税收征收管理法中就找不到法律依据。

第三,修订税收征收管理法是协调其他法律法规变化的需要。近年来,与税收征收管理法相关的其他法律制度陆续出台和修订,如刑法将偷税罪改为逃税罪并取消最高可以判处死刑的虚开增值税专用发票罪等,此外,行政许可法、行政处罚法和行政强制法也在 2001 年《税收征收管理法》修订后出台并实施,如何使税收征收管理法与这些法律法规更好地衔接和协调,将是下一步修订税收征收管理法重点考虑的问题。尽管国务院有权修改税收征收管理法实施细则,但如果不从根本上修订其上位法,也就是税收征收管理法,那么这种对细则的修改空间将十分有限,修改的效果也不理想。

第四,修订税收征收管理法是适应征管改革的需要。近年来,税务机关在一定程度上改革和探索了税收征管模式,比如部分地区试行税源专业化管理改革,以及在征管中广泛采取纳税评估手段等,这些改革迫切需要法律依据的支撑。因此,必须通过修订税收征收管理法将这些征管模式和制度加以法制化。

第五,修订税收征收管理法是保护纳税人权益的需要。近年来,随着纳税人权利意识的不断提高,保护纳税人权益已成为各级税务机关工作领域中的一项重要内容。通过构建征纳双方平等的法律关系保护纳税人权益,应是修订税收征收管理法遵循的一条主线。

2013 年 6 月,国务院法制办掀起征求意见稿的"盖头",面向全社会征集意见。法治昌明之国度,立法活动全过程纵有千般利益博弈,本质上都无法洗去"为民立法"的色彩,一国民众,方才是"立法"这一事物本质上的"母体",萨维尼所谓"法律的民族精神"之论,其实便在此种维度上展开;而具体的立法机关、或是制定法律案的行政机关,称其为"助产士",或许更为恰切。就此而论,本次修法向全社会公开征集意见,而且还是在拟定议案的阶段便如此操作,是值得赞赏的;但从另一个角度而言,征求意见稿中的诸多内容,却存在较多的瑕疵与不足,无论是税收复议前置条件的维持、税务代理业务上可能存在的行业歧视等具体制度,还是征管理念、对纳税人权利保护力度等抽象精神,都有着进一步修改的空间。

(二) 税收征管制度的基本理念与制度性经验[①]

1. 发达国家税收征管制度的基本理念

宏观上看,发达国家税收征管立法中最为突出的两大理念便是保护纳税人权利和改进纳税服务。进一步考察,此二者可谓"一体两面",前者从纳税人角度出发,后者则建基于税务机关的立场,两相结合,实质上反映的是"税收国家""人本""服务型

---

① 原文发表于《行政法学研究》2014 年第 1 期,收录本书时作部分修订。

政府"等理念。如果说一部法律应当有其"精神气质",那么税收征收管理法的精神气质应当就是这些方面。

历史地考察,国外税务行政经历了一个理念上的变迁,即由强制向服务的根本性转变。发达国家传统的税务行政以强制管理为中心,即税务机关在税收征管中居于主导地位,纳税人被动地听从税务机关的行政命令和处分通知。在这种模式下,纳税人的遵从在很大程度上依赖税务机关的执法强度和惩处的严厉性来维持;当税务机关不堪行政重负而促使申报赋课方式向纳税人自我评估申报演进时,这种传统的管理与服从式的关系模式就不适应形势发展的需要,新型的以服务为主旨的税收征纳关系就应运而生。在名称使用方面便能体现这一理念的变革,例如,美国、加拿大、意大利、韩国等国税务机关的名称被冠以"service",部分国家直接称纳税人为"client",制定的战略计划则为"corporate business plan";并将商业领域的企业文化、管理战略、顾客服务等引进日常税务管理,向纳税人宣布其服务承诺,制定并公布其经营计划,税务局长每年代表整个税务机关向纳税人致以公开信,承诺不断完善纳税人服务,打击避税、实现公平高效行政。①

上述理念体现在征管制度建设方面,发达国家的主要做法包括四个方面:一是普遍制定纳税人宪章,明确纳税人的权利与义务。美、英、澳等国先后制定了纳税人宪章,并向全社会公布。其中,英国的纳税人宪章明确规定,纳税人有获得尊重、诚实推定、公平对待等九项权利,以及诚实、尊重税务机关工作人员等三项义务。OECD 财政事务委员会公布的一项实践备忘录中提出了便于成员国参照遵从的《纳税人宪章范本》,其中列举了六组最重要的纳税人权利,包括被告知、获得帮助和听证的权利;上诉的权利;仅支付合法合理的税额的权利;确定性权利;隐私权;机密和秘密权。② 二是严格规定税务机关的相关职责与义务,切实保障纳税人权利。其中,注意保障纳税人的知情权是这些国家的普遍做法。③ 如,上述国家普遍制定政府信息公开法,规定在保护个人隐私和商业秘密的前提下,纳税人有权查看政府涉税事项的文件。美国规定,财政部门必须向社会公众提前公布税收部门的规章草案,并根据社会公众的意见和建议加以修改。在保障纳税人保密权方面,美国规定,联邦国内收入局的工作人员对纳税人申报信息负有保密义务,否则将根据情节轻重程度承担民事、行政和刑事责任;荷兰规定,税务机关不得向公众透露任何与特定纳税人相关的信息④;德国规定,除法律另有规定和纳税人同意外,税务机关及其工作人员必须保守税收管理中知

---

① 曾飞:《国外纳税服务的经验及借鉴》,载《税务研究》2003 年第 12 期。
② 丁一:《国外税收征管的最新趋势》,载《税务研究》2008 年第 2 期。
③ 任强、杨顺昊:《国外纳税服务的经验及启示》,载《经济纵横》2010 年第 6 期。
④ 〔荷〕Ivor Lacroix:《税收征管与纳税人分类管理》,载《中国税收征收管理法修改国际研讨会论文集》,全国人大常委会预算工作委员会在武汉市召开"中国税收征收管理法修改国际研讨会"(2012 年 4 月 26—27 日,以下略)。

晓的个人隐私或者商业秘密。三是明确涉税行政复议和诉讼的规定,保障纳税人得到及时和有效的救济。各国都非常注意保护纳税人的行政复议权利,规定纳税人在行政复议前可延迟纳税,但最终证明纳税人有缴税义务的则需要加收利息。各国都规定,纳税人对行政复议不服的可在规定时限内提出行政诉讼。① 四是明确规定税务部门开展纳税服务。如美国在联邦国内收入局内部设立了纳税人权益保护机构和援助中心,对符合条件的纳税人提供援助,以及对税收申报问题给予解答等。②

2. 发达国家税收征管的制度性经验

税收征管的过程,主要表现为税务行政机关与纳税人之间的互动。如前所述,各发达国家经历了由管理到服务的理念变迁,在理念的指引下,具体制度建设方面也颇多建树。限于篇幅,本文无法穷尽列举发达国家在税收征管领域的制度性经验,仅择其要端,作一分析。

(1) 涉税信息管理与征管信息化建设

首先,涉税信息管理。学者们普遍认为,纳税信用体系基本程序法律制度应该是在我国税收征收管理法中亟待填补空白的制度。③ 在这个问题上,比较法经验值得审视,总体上看,各国开展涉税信息管理的主要做法包括三个方面:

第一,纳税人有提供涉税信息的义务,但也有例外的规定。德、英、荷、澳等国均规定,纳税人通过电子申报的方式,主动向税务机关申报有关涉税信息;税务机关有权要求纳税人配合,提供涉税信息、资料和文件。美国则主要通过规定纳税人提交年度申报表、扣缴义务人提交有关信息申报表等方式,收集涉税信息。例外情形主要涉及纳税人可不提供其获得的专业咨询意见。澳大利亚规定,纳税人可以不提供律师、会计师向其提供的专业咨询意见。④ 虽然各国在这一问题上的规定,在表述上存在区别;但本质上是一样的:电子申报或者纸质申报并没有本质区别,纳税人都需要提供相关涉税信息,否则,无法自行申报。而纳税人不向税务机关提供专业咨询意见的做法,是有道理的,如同犯罪嫌疑人不能告诉法官"律师告诉我应当怎么说"一样,否则咨询意见就没有意义了。这体现了"保护纳税人权益"的理念。

第二,第三方有义务提供有关涉税信息。德、澳、英、荷等国规定,税务机关可以依法向涉税信息第三方出具通知书,要求其提供具体的涉税信息。银行作为扣缴义务人要向税务机关报告利息所得税扣缴情况、纳税人姓名和纳税识别号等。澳大利亚还规定税务机关在纳税审计时,纳税审计人有权要求纳税人开户银行提供有关涉税信息。当然,第三方涉税信息的提供也有例外情形,对此各国的规定有所不同。

---

① 美国、德国还有专门的税务法院或财政法院受理涉税诉讼。
② 〔美〕Cindy Hustad:《美国税收管理》,载《中国税收征收管理法修改国际研讨会论文集》。
③ 涂京骞、涂龙力:《修改〈税收征收管理法〉的指导思想及需要商榷的几个问题》,载《涉外税务》2009年第9期。
④ 〔澳〕Michael Bersten:《澳大利亚的税收征管》,载《中国税收征收管理法修改国际研讨会论文集》。

例如,德国规定,第三人有权以会被起诉或受到伤害、需要保护职业秘密、以及是纳税人亲属等理由,拒绝提供信息和文件资料;美、荷、德等国规定,律师、税务顾问等依法有权拒绝提供第三方信息。这体现了纳税人私权利和国家公权力之间的一种衡平。①

第三,税务机关与其他政府部门之间交换涉税信息的做法不尽一致。一种做法是部门之间依法交换信息。如澳大利亚规定,除保密法规定的例外情形外,澳大利亚交易报告与分析中心、证券与投资局、联邦警察局要向税务机关提供纳税人涉税信息;同时,澳大利亚税务机关要向统计局、企业监管局、社会保障机构提供纳税人的信息。美国联邦国内收入署主要从公开的渠道收集有关信息,也可以经高级官员批准,商请联邦其他部门协助提供具体的涉税信息。德国规定,经联邦参议院批准,联邦政府部门可以向税务机关通报可导致拒绝或限制某项税收优惠的具体行政行为、补贴或类似的扶持措施和从事非法雇佣的线索等。另一种是税务机关不与其他政府部门交流涉税信息。如英国规定,除特定条件外,税务机关不能向政府其他部门提供纳税人的涉税信息。需要指出的是,税务机关工作人员在获得与使用纳税人、第三方和其他政府部门提供的涉税信息时,要严格遵守保密的规定,否则要承担相应的民事、行政和刑事责任。

其次,征管信息化建设。各国进行税收征管信息化建设主要采取了三种方式:一是建立统一的税收征管计算机信息系统,夯实税收征管基础。美、澳、荷等国建立了专门的税收征管计算机信息系统,并不断更新完善。德国则规定全国范围内应使用统一的税收征管电子处理程序,还专门设计了纳税申报的软件系统,免费提供纳税人使用。税务机关与纳税人通过软件系统实现电子信息交流。其次,确定个人税收身份识别编号,方便税收征纳双方处理涉税事务。个人所得税是税收征管的重点与难点,美、德、澳等国通过税收信息化建设,极大提高了个税的征管效率。最后,广泛采用信息化手段,开展税收风险分析和税收审计。美、德、澳、英、荷等各国普遍采用数据自动处理程序,通过计算机软件进行税收风险分析,自动处理低风险的案例,密切监管高风险的案例,并适时开展税收审计,以节约征管资源、降低征管成本、提高征管效率。

(2) 纳税评定、税务检查与税务稽查

首先,纳税评定。从法律制度设计的逻辑看,税收程序包括一般程序和特殊程序,前者包括税收管理制度、税收确定制度、税收征收制度和税收检查制度;后者包括税收处罚制度和税收救济制度。事实上,应纳税额的确定制度是整个税收程序制度

---

① 〔荷〕依沃·拉克洛柯斯:《税款征收管理的税务信息管理和信息技术的发展》,载《中国税收征收管理法修改国际研讨会论文集》。

的中心,对各类税收征管制度都具有极为重要的影响。① 由此可见,几乎所有的税收程序活动都是指向或围绕应纳税额的确定程序而展开的。我国现行税收征管制度的一个重大不足,便是没有明确提出"税收确定"的概念,没有明确区分税收确定行为与税收征收行为,而是直接用税款征收行为涵盖了两类性质完全不同的税收法律行为,导致有关税收确定的基本程序制度在税收征收管理法上严重缺失。② 因此,我们有必要借鉴发达国家的立法经验。从国际上看,税收确定的方式包括申报纳税方式、核定征收方式、预约定价和信件裁定等特殊税收确定方式。纳税评定是申报纳税中的一个环节,对防范纳税风险具有重要作用。③ 根据纳税评定遵循的程序、采用的方法和法律效果的不同,纳税评定包括简易评定和普通评定两种形式:简易评定是一种简单、快速的纳税评定程序,是在收到纳税申报后,及时对其进行形式审查并作出相应处理的一种纳税评定。纳税人每期递交纳税申报之后,征税机关都必须及时对其进行形式审查。

审查的内容包括纳税申报表格是否填写完整,附送资料是否齐全,是否签名,是否存在计算错误,是否适用法律不正确等。如果对纳税申报进行形式审查后没有发现问题,税务人员就填入纳税评定清单,由主管税务人员签字之后,纳税评定的程序就告终结,有关税收确定的效力从签字之日起发生。普通评定是纳税评定的一般形式,指征税机关根据已获得的涉税信息,主要运用数据信息对比分析方法,对经过简易评定的纳税申报进行分析、评估、审查和判断,提出确定应纳税额的意见或移送稽查部门处理。普通评定的工作内容和工作流程包括:根据宏观税收分析和行业税负监控结果以及相关数据设立的评定指标及其预警值,对纳税申报进行对比分析,筛选确定重点评定对象;对所确定评定对象中的问题或疑点进行深入案头分析和评估,必要时可进行通讯核查或税务约谈;对评定确认的问题要求纳税人自行改正或通过实施税务检查予以确定。

其次,税务检查与税务稽查。税务检查(Audit),在有些国家也被称为"税务审计"。美国、法国、德国等国规定,税收管理部门对纳税人纳税情况进行检查,如果发现纳税人有严重违反税法的行为,会移交到另一个部门进行税收违法犯罪调查,这个部门类似于我国的税务稽查部门。因此,税务稽查是对涉税违法行为的调查,而不是对纳税人申报纳税情况的检查,更不是帮助纳税人自查。纳税人自查是在申报过程中或者申报后一定期限内对自己申报行为的纠正,是纳税人的自主行为,大部分国家

---

① 因为税收管理制度是为应纳税额的确定提供健全的纳税环境和涉税基础信息;税收征收制度必须以通过税收确定程序所作出的税收确定处理为前提和依据,使税收确定处理所确定的应纳税额得以实际履行;税收检查制度是为确定应纳税额而查明应税事实和取得证据材料;税收处罚制度多数是解决纳税人因虚假申报应纳税额而承担法律后果的问题;税收救济制度则通常是解决应纳税额确定中产生的争议。
② 施正文:《我国纳税评定制度的法律构建》,载《中国税务》2012年第9期。
③ 罗一帆:《对深化税收征管改革若干问题的认识》,载《湖南税务高等专科学校学报》2012年第5期。

规定了纳税人有进行申报纠正的权利和义务;而税务稽查是对纳税人履行纳税义务是否合法的继续调查,目的是纠正已经发生的税收违法行为。实际上,税务检查与税务稽查是不同的。从美国、日本等发达国家的情况看,税务稽查和日常的税务检查存在如下区别:一是发生的阶段不同。前者是在税款征收程序终结之后对已经发生的税收违法行为的调查,是事后的监督方式;后者则是在税收确定过程中,为查明应税事实而实施的职权调查行为,是事前的事实查明行为。二是调查的事实对象不同。税务稽查是对纳税人已经履行的纳税义务行为、税务机关行使征税权和采取税收强制措施等情况的调查;税务检查则是为确定应纳税额而对纳税人与纳税义务相关的经济活动进行的调查。三是目的不同。税务稽查是纠正已经发生的税收违法行为;税务检查是查明尚不明确的应税事实,从而确定纳税人应当缴纳的税款数额。四是实施机关不同。税务稽查一般由专门的稽查机构实施,而税务检查则由负责日常税务确定与征收的机关实施。

通过国际比较,可以发现,我国现行的税务稽查制度有着明显的不足,例如,税务稽查的职责不明、稽查与征管机构间的职能划分不清、税务稽查刚性不足等问题,这就需要对发达国家的相关制度有所了解,便于借鉴。

美国。美国税务机构的设置分为三级,即联邦、州和地方。美国重视税务稽查,特别是在州和地方税务机关中,稽查工作占有特别重要的地位。[①] 联邦税务机构以国内收入局为主,它行使征收税费、评定税负、税务稽查等职能。国内收入局中的税务稽查部门分为稽查部和刑事调查部。前者主要职责是一般的稽查,即检查处理民事欺骗性质的涉税违法案件;后者则主要是侦办刑事欺骗性质的重大涉税违法案件。在税务稽查过程中,若稽查部发现社会违法案件存在严重的犯罪行为时,就会移交给刑事调查部,由其查办。美国税务稽查人员拥有很大的执法权力。例如,稽查人员有权查阅纳税人的账簿,扣押有关材料,冻结银行存款,监视、跟踪纳税人等。稽查人员在危机状况时,有权向司法机关申请逮捕令,逮捕涉税违法犯罪的纳税人。法律还赋予了稽查机关在一定条件下可以窃听纳税人的电话、用录音作证的权力,从而有效地打击了税收违法行为。

德国。德国税收管理体制有其自身的特色,即实行税务征收、税务稽查和税务违法案件调查分立的模式。征收局的主要职能是处理联邦、州、地方的税收管理工作和中小企业的稽查工作。征收局负责日常税收检查工作,如果发现涉税违法现象,则要移交给稽查局处理。除此之外,稽查局还要负责大型企业的日常稽查。税务违法案件调查局,即税务警察的职能是侦查稽查局移送的重大犯罪案件和公民举报的违法犯罪案件。它拥有刑事侦查权,经过侦查,作出如下处理:构成犯罪的案件由法院审理,未构成犯罪的案件由征收局处理。征收局、稽查局和违法案件调查局这三个机构

---

① 胡孝伦:《对美国税收管理经验的借鉴》,载《涉外税务》2007 年第 3 期。

的职能虽然有所不同,但是它们之间相互联系、分工合作。这样,既避免了各机构之间重复稽查,节省了人力和物力资源;又提高了办案的效率和准确度。德国征收局、稽查局和税务违法案件调查局的执法权限各不相同。征收局稽查处的执法权限主要包括检查纳税人的纳税申报表和查阅纳税人的账簿等。稽查局不仅可以检查纳税人的生产经营场所,而且还可查看纳税人的存款状况等。税务违法案件调查局拥有的权力包括税务检查权、侦查权和起诉权。税务检查局同征收局稽查处和稽查局所行使的职权大致相同。侦查权是指税务违法案件调查局可以行使警察在刑事侦查中使用的手段。① 因此,税务违法案件调查局行使着警察、检察和行政执法等职能。②

日本。日本税务机关的建制分为厅、局、署三级。税务稽查工作由税务机关中调查查察部下设的调查课和查察课来执行。调查课和查察课在调查对象、行使职能、工作性质等方面各不相同。调查课主要是对一般纳税人行使税务稽查职能,追究涉税违法行为人的行政责任,来保证税收收入。而查察课主要是对性质恶劣、具有故意行为、金额巨大的逃漏税案件进行刑事侦查,追究其刑事责任,以打击犯罪。查察课在机构组织上隶属于同级税务机关,但是业务关系上却由国税厅的查察部领导。税务警察虽然与警察一样拥有刑事侦查权,但与一般警察不同,表现在税务警察隶属于税务机关,且不配备枪支。

(3)税收强制措施

总体上看,有关国家对于纳税人不及时履行纳税义务的,税务机关依法审慎实施强制措施。税收征管强制措施是在纳税人未按税务机关确定的应纳税额履行纳税义务的情况下采取的强制其进行税款缴纳的措施,是税收征收程序的组成部分。

美国。为了提高税收征收效率,完成税款及时入库的任务,美国税法赋予了税务机关自主灵活的强制执行权。对于负有缴纳国税义务人财产的查封和扣押这种情形,税务机关无须经过司法机关授权或批准,即可对自己作出的行政决定强制执行。只有税务机关向法院申请执行时,司法执行程序才会启动。美国税收债权的强制执行是行政主导模式,司法执行作为最终的执行程序,在一般情况下不会被启动。联邦税务局会给纳税人提供各种机会,促使纳税人主动履行纳税义务。只有当这些手段都无效时,才能启动强制执行程序。美国税法在对税务机关授权的同时,也对其进行了严格的限权。美国税收强制执行程序的规定是相当完备的。③ 联邦税务局完成上述程序之后,其强制执行权还必须遵守一些限制。

---

① 例如,德国规定,对调查对象实行24小时以内的拘留、对嫌疑人的生产经营场所和住宅进行搜查、扣押证据、监视居住等。起诉权是指调查局对违法案件调查后,若认为构成重大犯罪,则可以直接向法院提起诉讼,而不用移交检察机关。

② 汪代代:《外国税收征管制度比较与借鉴》,载《山东省农业管理干部学院学报》2004年第5期。

③ 例如,美国规定,在税收核定完成之后60日内,税务局应当尽快向纳税人下达催缴税款通知,纳税人在收到通知21日后仍未清缴,强制执行程序才可以启动。不过,在执行程序正式启动30日内,税务局必须再次通知纳税人,即"强制执行预告",使纳税人知晓税务局准备强制执行的意图。

德国。1953 年,联邦德国颁布了《联邦行政强制执行法》,但德国的税收强制执行制度独立于该法之外,有关税务方面的金钱债权的强制执行适用税法的有关条款。德国税收证券的执行适用特别的立法——《税收通则》。《税收通则》第 6 章的强制执行对税收债权执行的有关问题作出了全面的规定,共分为通则、金钱债权的强制执行、金钱债权之外其他给付的强制执行和费用四节,每一节规定的内容非常具体细致。德国税收强制执行方式区分为两种:一种是通过扣押执行金钱债权或执行不动产;另一种是通过代执行、执行罚或直接强制的方法强迫相对人履行作为、容忍或不作为的义务。德国的税收强制执行制度采用以行政机关为主、以法院执行为辅的分权模式。德国认为行政行为就是行政执行的充分基础,无须法院的执行名义。法律赋予了税务违法案件的调查局非常大的权力,同时又十分注重权力的相互制衡。法院虽不能监督行政行为的合法性,但法院可以监督每项执行措施是否符合法律规定,使税收执法符合效率、公平原则。

日本。当纳税人不履行纳税义务时,通过处理纳税人财产强制实现税收债权的程序,称为滞纳处分或强制征收。滞纳处分分为狭义滞纳处分和交付要求。狭义滞纳处分是指国家或地方政府通过扣押纳税人的财产,以满足税收债权的程序。它由财产的扣押、财产的折抵、分配折抵财产等一系列处分行为构成。日本税收征收机关拥有强制征收权和自力执行权。在扣押纳税人财产时,法律规定征收人员拥有调查权限。征收人员为进行强制执行认为必要时,还可以搜查纳税人或与其有一定关系的物品、居住场所或其他场所。搜查与一般质问、检查不同,它是一种强制调查。[①] 日本实施强制执行必须履行纳税告知和督促程序。[②] 从发布督促状之日起 10 日以内没有交纳完毕的,便实施扣押。日本除了根据《国税征收法》实施强制执行外,有时还根据《民事执行法》进行强制执行。为调整二者的关系,日本制定了《关于滞纳处分和强制执行等程序调整的法律》。

☛ 本章思考与理解

1. 试论加强税收征管诚信的渠道。
2. 简述我国税务代理的现状与制度完善。
4. 谈谈税收征收管理法的修订背景与时代意义。
4. 行政强制制度在税收征管中是如何适用的?
5. 略论各国反避税立法的发展趋势。

[①] 日本《国税征收法》(昭和三十四年[1959 年]法律第 47 号)是关于国税滞纳处分的基本法。关税及地方税的滞纳处分根据关税及地方税法的规定,比照国税征收中的滞纳处分办理(关税第 11 条、地税第 68 条、第 72 条之 68 第 6 项等)。

[②] 必须注意的是,这里同样适用比例原则等有关行政的基本原理,禁止超过必要限度的及无益的财产扣押。

课外阅读资料

1. 黄俊杰:《税捐正义》,北京大学出版社 2005 年版。
2. 盖地:《税务筹划学》,中国人民大学出版社 2013 年版。
3. 钟典晏:《扣缴义务问题研析》,北京大学出版社 2005 年版。
4. 施正文:《税收程序法论——监控征税权运行的法律与立法研究》,北京大学出版社 2003 年版。
5. 司马军、桑洪义主编:《税收征收管理的国际比较》,经济科学出版社 1995 年版。
6. 熊伟:《美国联邦税收程序法》,北京大学出版社 2006 年版。
7. 黄士洲:《税务诉讼的举证责任》,北京大学出版社 2004 年版。
8. 〔美〕维克多·瑟仁伊:《比较税法》,丁一译,北京大学出版社 2006 年版。
9. 葛克昌:《行政程序与纳税人基本权》,北京大学出版社 2005 年版。
10. 葛克昌、陈清秀:《税务代理与纳税人权利保护》,北京大学出版社 2005 年版。

专题九 税收保全制度[①]

一、税收优先权

《税收征收管理法》第45条规定:"税务机关征收税款,税收优先于无担保债权,法律另有规定的除外;纳税人欠缴的税款发生在纳税人以其财产设定抵押、质押或者纳税人的财产被留置之前的,税收应当先于抵押权、质权、留置权执行。纳税人欠缴税款,同时又被行政机关决定处以罚款、没收违法所得的,税收优于罚款、没收违法所得。"这说明我国税法已经通过一般法的形式对税收优先权予以肯定,其目的在于加强税收征管,保障国家税收权益。然而正如有的学者所言,这是一个存在诸多矛盾的问题。例如,与其他债权相比,税收为什么享有优先权?与其他物权相比,税收权利是否优先?与其他非民法上的财产权相比,税收权利是否优先?此外,当各类权利发生冲突时,存在权利行使顺序上的优先与劣后的区分,这样是否会损害其他主体的利益?如果债权优先于税收权利,是否更公平、更有效率?这些问题涉及传统公法与私法的许多理论,尤其是同宪法、民商法、劳动法、社会保障法等密切相关,但我国学界对之尚缺乏深入系统的研究,实务界对其复杂性更是认识不足,因此必然带来理解和适用上的重大偏差。本文以税收优先权为主题,即希望梳理税收与公法、私法上各种金钱请求权的关系,为正确把握《税收征收管理法》第45条的精神提供一条合理思路,同时亦供将来修改立法参考和借鉴。

(一)税收优先权的基本理论

1. 税收优先权的含义

国家征税,行使的是一种依法律而产生的金钱给付请求权。[②] 如果债权的观念可以理解为特定主体之间一方请求另一方作为或不作为的权利的话,那么这种形式绝非私法所独有,而应为公法、私法所共通。[③] 在这个意义上,税收即是一种公法之债。

[①] 参见自刘剑文、熊伟:《税法基础理论》,北京大学出版社2004年版,第312—329页。收入本书时作部分修订。

[②] 实物缴付农业税是一个例外,但不少国家和地区通过实行折征代金,其税负的计算和衡量可以表现为货币。另外,遗产税实物抵缴制度也只是该税种的一个特别处理办法,其一般形式仍然是金钱给付。

[③] 〔日〕美浓部达吉:《公法与私法》,黄冯明译,台湾商务印书馆1974年版,第84页。

尽管这种债相对于私法之债存在很多特殊之处，但是无论是税收之债还是私法之债，都是以债务人的责任财产作为担保的。当债务人的财产面临数个请求权而不足以清偿所有债务时，即便是公法之债，同样也会面临给付不能的风险。因此，探讨税收优先权是具有现实意义的。

所谓税收优先权，是指纳税人未缴纳的税收与其他未偿债务同时存在，且其剩余财产不足清偿全部债务时，税收可以排除其他债权而优先受清偿的权利。① 一般情况下，税收优先权仅仅是指优先于普通债权，但当税收优先权与其他同样可以优先受偿的权利竞合时，清偿顺序的确定则还须有所区别。

2. 税收优先权的类型

与民法优先权形式相对应，税收优先权也可以分为一般优先权与特别优先权两种。一般优先权是指基于法律的规定，对债务人的全部财产优先受偿的权利。特别优先权是指对债务人的特定财产优先受偿的权利，并依其客体的不同可分为动产优先权和不动产优先权。日本有学者认为，"进行滞纳处分（广义），当税收债权与其他债权发生竞合时，税收原则上应优先于其他债权"②。这种理解抛弃了传统的分类标准，很容易引起混淆和歧义，因此不足为取。

税法上的优先权的确主要是一般优先权，如日本《国税征收法》第8条规定："国税，除本章另有规定外，就纳税义务人之总财产，优先于一切公课及其他债权征收之。"韩国《国税征收法》第5条规定："国税、加算金及滞纳处分费，优先于一切公课及其他债权征收之。"日本《地方税法》第14条、韩国《地方税法》第31条也有相同的规定。③ 我国《税收征收管理法》第45条确立的也是一般优先权。然而税法上并非绝对不可能出现特别优先权。特别优先权的设立与否并不是一个理论问题，而仅仅取决于立法政策的选择。事实上，在我国台湾地区就存在着特别税收优先权的立法例。如其《税捐稽征法》第6条规定："土地增值税之征收，就土地之自然涨价部分，优先于一切债权及抵押权。经法院执行拍卖或交债权人承受之土地，其拍定或承受价额为该土地之移转现值，执行法院应于拍定或承受后5日内，将拍定或承受价额通知当地主管机关核课土地增值税，并由执行法院代为扣缴。"这就是一种仅仅就"土地自然涨价部分"享有的针对一切债权和抵押权的特别优先权。我国《海商法》规定的船舶优

---

① 税收优先权究竟是一种公法上的权力，还是一种私法上的权利，颇费思量。区分二者的不同性质不仅在理论上具有条分缕析的作用，在实务上也有助于辨明选择救济的途径和形式。我们主张，税收优先权应视其优先的对象不同而分别定性。当税收优先权是指优先于公法上的金钱给付请求权时，可定位为公法上的权力，通过公法的途径予以救济；当税收优先权是指优先于私法上的金钱给付请求权时，可定位为私法上的权利，适用私法的形式予以救济。本书主要处理税收对私法债权的优先权，为行文的便利，一概称其为"权利"。

② 〔日〕金子宏：《日本税法》，战宪斌、郑林根等译，法律出版社2004年版，第477页。我国也有学者持相同的见解，参见张守文：《论税收的一般优先权》，载《中外法学》1997年第5期。

③ 郑玉波：《民商法问题研究》（一），台湾三民书局1984年版，第621页。

先权中,船舶吨税的优先权同样是一种就船舶价值优先受偿的特别优先权。①

其实,诸如土地税、房屋税、契税等对特定不动产所有权变动或持有所课征的税收,纳税义务的发生、金额与缴纳期限,均可为交易当事人所预知,有无滞纳税款也可在交易当时查明,因此符合公示原则,便于就不动产之售价设立特别优先权,即使优先于一切债权也不会妨害交易安全,值得将来立法时加以考虑。

3. 税收优先权的适用范围

税收债权可以分为主债权和从债权两种。主债权是指符合税收构成要件后所发生的税收本金,从债权则是指因主债权附带产生的从属的债权。日本《国税通则法》称之为附带税,包括滞纳税、利息税、加算税以及过怠税。② 德国《税收通则》也有急报金、利息和滞纳金的规定。我国台湾地区学者站在债务人的角度称其为"附带债务",内容包括滞报金、急报金、滞纳金和利息。③

我国台湾地区税法肯定滞纳金、利息、滞报金、急报金、短估金等都具有优先受偿权,而罚金因具有制裁性质,并非以财政收入为目的,与税捐的性质不同,所以不享有优先受偿权。④ 只是有学者认为,上述滞纳金、滞报金、急报金及短估金都具有行政处罚的性质,为了贯彻罚锾不在准用之列的立法宗旨,也应将其排除在优先受偿权的适用范围之外。⑤ 另有学者则更加清楚地将税收优先权的适用范围表述为:"税收优先权应及于并仅能及于本税及租税附带债务中有迟延利息性质者。"⑥按此标准,在附带债务中,纯属于行政罚或刑事罚性质者,如罚锾、罚金,因其用意仅在制裁,不在收入,而税收优先权创设之本意在于保全税收收入,所以不宜优先受偿。对纳税人课以滞报金或急报金之目的,在于督促其履行申报义务,而短估金则是对纳税人违反所得税预估申报规定所作的处罚,它们都具有行政罚的性质,所以也不宜使其有优先受偿的权利。利息是因纳税人迟延给付而加计的负担,具有填补损失的性质,应当优先受偿。滞纳金是税法对滞纳税收的人在一定期间内加征的。就其督促纳税人履行纳税义务而言,滞纳金具有行政罚的性质,但就其是在滞纳税收之后,按滞纳金额加征而言,却含有金钱债务之迟延利息性质,所以也应当优先受偿。需特别注意的是,因滞纳金、急报金、短估金本身并无迟延利息性质,因此对其所加征的利息和滞纳金,也不宜优先受偿。

我国税法没有滞报金、急报金和加算税等督促纳税申报的附带义务形式,所得税

---

① 参见《海商法》第 21—23 条。

② 这些请求权虽被称为税,但它们不是本来意义上的税。只是因为将它们作为本税的附带税,与本税合在一起征收比较方便。参见〔日〕金子宏:《日本税法》,战宪斌、郑林根等译,法律出版社 2004 年版,第 389 页。

③ 张劲心:《租税法概论》,台湾三民书局 1979 年版,第 127—129 页。

④ 参见台湾《税捐稽征法》第 49 条。

⑤ 黄茂荣:《税捐法论衡》,台湾植根法学丛书编辑室 1991 年版,第 87 页。

⑥ 许智诚:《我国租税债权之保全与强制执行》,台湾联经出版事业公司 1986 年版,第 104 页。

预期申报程序中也没有短估金的规定,但对不按期申报的纳税人直接处以罚款,而对不按期缴清税款的纳税人则处以高比例的滞纳金。如《税收征收管理法》2001年修订生效以前的标准为,从滞纳税款之日起,按日加收滞纳税款2‰的滞纳金①,累加起来,相当于年息73%。如此高的比例能否实现姑且不谈,但其惩罚和制裁的性质的确展露无遗。如果说罚款和罚金因其制裁性而不应优先受偿的话,那么这种形式的滞纳金恐怕也很难找到优先受偿的理由。在修订《税收征收管理法》的过程中,不少专家反映滞纳金规定不合理,因此最后确定每日万分之五的比例,相当于年息18.25%。不难看出,新修订的滞纳金标准仍然高于银行贷款利息,其超出部分无疑也带有罚息和制裁的性质,但其主要部分的确相当于纳税人超期占用税款的利息利益,除了督促纳税人及时缴税之外,它更多地具有填补税款被纳税人违法占用期间之损失的作用。由于无法将滞纳金中的利息和处罚截然分开,因此扩充理解《税收征收管理法》第45条的规定,将税收的优先权及于滞纳金应该是可以接受的。②

(二) 我国优先权立法现状

我国《民法通则》和《担保法》对优先权制度均未作出规定,2006年8月27日颁布的《企业破产法》第113条则规定,税收债权仅优先于普通破产债权受偿,亦即破产财产在优先清偿破产费用和共益债务后,应首先清偿破产人所欠职工工资和医疗、伤残补助、抚恤费用,所欠的应当划入职工个人账户的基本养老保险、基本医疗保险费用,以及法律、行政法规规定应当支付给职工的补偿金后,破产人所欠税款和破产人所欠缴的除上述以外的社会保险费用一并受偿。《商业银行法》还规定,商业银行破产清算时,在支付清算费用、所欠职工工资和劳动保险费用之后,个人储蓄存款的本金和利息应当优先于税收支付。③ 另外,《海商法》确立了船舶优先权,具有优先权的海事请求依次包括以下几项:(1) 在船上工作的在编人员的工资、社会保险费用等给付请求;(2) 在船舶营运中发生的人身伤亡的赔偿请求;(3) 船舶吨税、港口规费的缴付请求;(4) 海难救助的救助款项的给付请求,第(4)项请求若后于前三项发生,则应优先于前三项受偿。④《民用航空法》也有类似的关于民用航空器的优先权规定。从立法体例上看,我国现行民事立法与德国法保持一致,并不承认优先权为一种独立的担保物权,只是肯定某些特定债权的优先受偿顺序。⑤ 值得注意的是,上述立法内

---

① 参见1995年修订之《税收征收管理法》第20条。
② 《税收征收管理法》第40条第2款规定:"税务机关采取强制执行措施时,对欠款所列纳税人、扣缴义务人、纳税担保人未交纳的滞纳金同时强制执行。"这并不是滞纳金具有优先受偿权的法律依据,而仅仅说明税务机关的强制执行权只及于税款和滞纳金,不包括罚款。
③ 参见《商业银行法》第71条。
④ 参见《海商法》第21—23条。
⑤ 我国台湾地区的立法例也属于这种类型。台湾"民法典"对优先权没有规定,但在特别法中,如海商法、矿厂法、强制执行法及平均地权条例等,都有优先权的规定。

容既涉及民商法上的优先权,也规定了税收优先权。但这些税收优先权的规范适用范围相对狭窄,缺乏一般性的效力。修订后的《税收征收管理法》第45条的规定突破了这一限制,成为有关税收优先权的一般性规定,也为有关税收优先权的讨论奠定了立法基础。

(三) 税收优先权与私法交易安全的价值冲突

1. 税收优先权的存在必要性

税收应否优先于债权,尤其是否应优先于附有担保物权之债权而征收,法理上虽质疑之声不断,但基于税收的特殊性质,的确有予以肯定的现实必要性。诚如日本有关文献所示:"租税系国家或地方公共团体存立之财政根据,从而租税征收之确保,乃国家或地方公共团体活动之基础,固不待言。然而就租税之征收系基于国家权力且无直接对价之本质言之,关于其征收乃含有一般私债权所无之特殊问题,特别是经济混乱时期,租税之滞纳现象往往会增加,因而招致国家财政危机。……基于上述原因,从而关于租税之征收,自古以来各国皆对之采取与一般债权不同之特殊制度。其一即为对于租税之征收赋予自力执行权;其二乃承认租税具有一般之优先权。吾人调查各国之制度及沿革,基于租税系为供给国家之一般需要,依法律而当然成立,与得选择能提供担保者而成立之私债权根本不同,并虑及租税之征收具有大量性与反复性,难以要求其践行烦琐手续等事由,认为上述二原则在国家财政之确保上有其不可或缺之必要性。"①

除了日本的文献以外,我国台湾地区学者施智谋对于税收优先权必要性的论述也颇具启发意义,他认为:"租税债权的优先受偿性与一般担保物权的优先受偿性不同,它并不存在于某特定标的物上,它的效力只有在租税债务人无完纳能力而受强制执行或破产宣告时始发生。……租税债权与一般债权的性质是不同的。一般债权的发生,多半基于买卖或借贷,在纳税义务人支付能力恶化时,原可停止其信用之贷予,而减少债权数额之增加,如债权人不出此策,则应自负其危险。而租税债权的发生,则是根据法律之规定,租税债权之债权人,无法减少其债权数额之增加。再者,一般债权之债权人对其债务人(亦即租税债务人)行使求偿权之机会较多而快,而租税债权之行使,须受一定程序与时间限制,其求偿之机会不但较少,而且显缓慢。基于上述两种考虑,在租税法上有承认租税债权优先性之理由与必要。"②

基于上述引证,不难看出,当指向同一债务人的财产给付请求权竞合时,设立税收优先权有两个最基本的理由,一是基于税收的公益性,二是基于税收的风险性。

(1) 设立税收优先权的公益性理由。西方财政学在研究课税的理论依据时向来

---

① 刘春堂:《租税优先权研究》,台湾租税研究会1981年版,第36—37页。
② 颜庆章:《租税法》,台湾月旦出版社1995年版,第85页。

坚持税收是一种公共收入,它是进行公共支出、提供公共物品的物质基础。如果税收遭受给付不能的风险,则必然危及财政支出,并进而影响国家机关的正常活动。这种基于公共需要的公共物品提供过程其实是与私人需要相吻合的,是满足私人需要的一种特别的形式。① 在这个意义上,税收无疑是一种公共利益的体现,税款请求权也就具有强烈的公益性。

法学的研究成果也表明,公共利益是从个人利益中提取而来,并最终转化为个人利益,因此公共利益与个人利益是一致的。只是公共利益一旦从个人利益中分离出来就具有相对独立性,与单个的社会成员很难形成直接的一一对应关系,二者势必频频发生冲突。在这种情况下,法学应当坚持公共利益优先于个人利益的本位观,以保证从整体上促进个人利益的发展。② 税收即是一种由个人利益集合而成并最终服务于个人利益的公共利益,税收的征收过程代表这种集合,财政的支出活动则代表着这种服务。基于上述原理,当纳税义务发生之后,税收必须优先于纳税人的个人利益;当国库的税收债权与其他公法或私法债权竞合时,一般情况下税收也应优先于其他债权。

从税收与私法债权的关系来看,在税收国家时代,税收是国家的物质基础,一国内政、外交、国防、教育等事业的推动与展开,均有赖于税收维持。由于私法债权的保障和实现,有赖于以税收为主要收入的国家司法制度之建立及司法权之行使,所以,税收可以视为一种保护私法债权的最基本之共益费用。③ 而共益费用的支出有利于所有的债权人,私法一般赋予其最优先之受偿权,如清算费用、破产费用、保存费用等的优先受偿都是基于这一法理,税收更加不能例外。"可见租税乃公益之所需,非私人债权所可比拟,因之租税应有优先权较妥。"④

(2) 设立税收优先权的风险性理由。如前所述,税收是一种法定的公法之债,必须严格遵循税收法律主义原则。该原则除了要求在立法阶段采纳法律的形式和应能课税以外,在征收阶段则要求税务机关依法履行职责,应收尽收,既不能滥用职权,也不允许消极懈怠。⑤ 因此,税务机关虽然代表国家行使税收债权,其权力却同时受到很大的制约和限制。这种状况固然是法治国家的必然要求,但与私法债权相比,其不能获偿的风险自然大大增加。

首先,税收是一种缺乏对待给付的债权。就私法上债的关系而言,大部分都具有直接具体的对待给付,所以债务人履行给付义务的愿望自然较强。但税收债权则因符合法定课税要件而发生,纳税义务人并不享有与其所缴税收相当之对待给付。尽

---

① 张馨:《公共财政论纲》,经济科学出版社 2000 年版,第 491—571 页。
② 叶必丰:《行政法的人文精神》,湖北人民出版社 1999 年版,第 142 页。
③ 刘春堂:《租税优先权研究》,台湾租税研究会 1981 年版,第 37 页。
④ 郑玉波:《民商法问题研究》(一),台湾三民书局 1984 年版,第 621 页。
⑤ 陈清秀:《税捐法定主义》,台湾月旦出版公司 1993 年版,第 589—637 页。

管西方经济学的公共经济学利用边际效用价值之分析工具,试图论证纳税人缴税与国家提供公共产品之间存在等价交换关系,使财政学成为一门真正的经济学,并且已经取得了引人注意的成绩①,但是这种思维方式及其结果要为法学所接受和容纳,还十分困难。虽然无论是从宪法还是从统一的财政法的视角观察,税收的确是财政支出的基础,纳税人也应该基于纳税而享有各种权利,但是无论如何这绝不是一种一一对应的等价交换关系,否则就无法解释贫困阶层纳税较少却反而有可能享受更多的帮助和救济的现象。"实际上,国家财政支出之决定并不受对纳税人应有相当利益,或对等价值给付之拘束。课税乃基于平等原则(公平原则),其衡量标准为个人之负担能力,而非依国家对国人之利益。量能课税原则本身,有意创设纳税人与具有财务给付潜能之国家间距离,以确保国家对每一国民给付之无偏无私,不受其所纳税额影响。"②也正因为如此,纳税人的个人利益与体现为公共利益的税收之间,天然存在矛盾和冲突。纳税人既渴望享受公共服务,又不愿意依个人负担能力缴纳税款,这种"搭便车"心理十分普遍。所以,税收债权履行的可能性自然较私法债权薄弱。而承认税务机关的自力执行权,并赋予税收优先受偿权,只不过对履行可能性较小的税收债权的效力增强,谋求与私法债权实质上的平等而已,并无不合理之处。③

其次,税务机关与纳税人之间信息不对称。税务机关是国家税收债权的代表,负责税务管理和税款征收。但由于一国纳税人人数众多、形式各异,且税法本身以及作为其基础的私法都十分复杂,加之纳税人出于经营或逃税目的而有意隐瞒,税务机关要想获得征税所需的充分必要的信息事实上是不太可能的,由此也就导致了纳税人与税务机关之间严重的信息不对称。尽管税法上设置纳税信息登记制度,要求纳税人履行协力义务,并通过奖励和惩罚机制督促其依法纳税,但以税务机关有限的人力和物力仍然无力改变上述信息失衡的局面。私法上的债权人对自己债权的发生、变更和消灭可以做到了如指掌,对债务人的资力状况也相对清楚得多。而税务机关对税收债权的发生变化过程不可能与私法债权人等同而论。有些时候纳税义务已经依法产生,但税务机关却毫不知晓,如果不存在纳税人故意以诈欺手段偷逃税款的情节,税收债权因时效届满而消灭的几率较私法债权无疑大得多。从这个视角而言,税收与私法债权同样处于不平等地位,因此,赋予税收优先受偿的效力不失为一种公平的选择。

最后,税收的保障手段限制较多。税收之债与私法之债虽然法律性质不同,但是它们在形式上具有很多共通性,因此,现代税法都在积极寻找利用私法行使保护税收债权的途径和渠道,如要求提供担保等。④ 但是税务机关行使这些权利时,不可能像

---

① 张馨:《公共产品论之发展沿革》,载《财政研究》1995年第5期。
② 葛克昌:《量能原则与所得税法改革》,载台湾《中原财经法学》1995第1期。
③ 刘春堂:《租税优先权研究》,台湾租税研究会1981年版,第40页。
④ 参见《税收征收管理法》第38条、第48条、第50条。

普通的民事主体一样遵循意思自治原则,相反却必须受到种种限制。如税务机关并无选择纳税义务人的自由,同时在一般情况下也不能要求纳税人就税收之清偿提供担保。只有当税收可能遭受不测之损害时,税务机关才可责令纳税人提供担保,或者同意纳税人的担保申请。由于民事担保可以自由设定,纳税人如果在税收债务发生以后以有限的财产随意设定担保物权,而税务机关却只能与普通债权人平等受偿,税收债权必然落空。只有赋予税收法定优先权,同时辅之以税收担保,才可以防患于未然,确保税收利益不受侵蚀。

2. 税收优先权与私法交易安全的冲突

承认税收具有优先受偿权的理由,乃是因为税收是提供公共服务所需资金,具有强烈的公益性质,且税收债权并未如私人债权一样具有直接的对待给付,任意履行的可能性较低。[①] 然而,如果过分强调税收债权优先于私法上的债权受偿,也可能妨害交易安全。一般情况下,私法债权如需通过抵押权等担保物权加以保护,必须履行登记公示的程序,使第三人知悉其风险,并据以判断是否与债务人进行交易。而税收债权的存在与否并无类似物权登记之公示制度,再加之纳税义务可随时因某种所得或行为之发生而发生,第三人无从知悉这种优先权所保障的债权数额。[②] 因此,私法交易安全应当成为设立税收优先权时最重要的考虑因素。在这方面,我国台湾地区税收优先权的立法过程颇具典型意义。

我国台湾地区目前并无关于税收优先权一般性条款,仅在《税捐稽征法》《关税法》《营业税法》《海商法》《奖励投资条例》中有一些特别的规定,其内容涉及土地增值税、关税、营业税、船钞,以及破产、重整过程中的税收。按我国台湾地区学者的理解,这些规定以外的税收,"现行税法"既然未设规定,就应当解释为仅具"普通债权"的性质,与其他普通债权立于平等地位,依比例受偿,而抵押权、质权等担保物权则应优先受偿。[③]

其实我国台湾地区"行政院"于1975年5月送请"立法院"审议的现行"税捐稽征法草案"中,曾设有税收优先受偿之规定,即"土地税及房屋税之征收,就该土地或房屋售得之价金内,优先于一切债权及抵押权;其他各项税捐之征收,除左列债权外,优先于其他债权。一、有抵押权、质权、留置权等物权作担保之债权,其担保物权设定于税捐开征或逃漏税捐案件查征之前者。二、依法优先于担保物权之债权"。其理由可从"草案"的总说明得知:"依法应征收之税捐,为公权之行使,自应较债权为优先,

---

① 陈清秀:《税法总论》,台湾三民书局1997年版,第527页。
② 有的学者即据此认为,如果是税收具有优先受偿的效力,甚至优先于具备公示方式的担保物权,不仅违反近代私法债权人平等原则及物权公示原则,杜绝担保物权人实行权利之途,在现实上更是威胁担保物权交易的基础,严重地破坏物权法秩序。参见刘春堂:《租税优先权研究》,台湾租税研究会1981年版,第35页。
③ 王泽鉴:《民法学说与判例研究》(4),中国政法大学出版社1998年版,第355—356页。

惟债权依其受偿之先后,可分为普通债权、担保债权及优先债权三种。税捐究应居于何种地位,现行有关法律,尚乏一致之规定。税捐如优先于一切债权而征收,足以影响社会交易之安全,但如与普通债权同等处理,则税收亦将缺乏保障,甚至形成故意取巧逃税之途径。本草案参酌实际情况,规定税捐之征收,除土地税及房屋税等就不动产课征之税捐,可在交易当时,即查明其有无欠缴,无虞影响交易安全,爰参照实施都市平均地权条例第32条规定,明定应优先于一切债权外,其他各税,其地位与有担保之债权同,依发生之先后,决定受清偿之顺序。"

然而,台湾地区"立法院"在审议这条规定时认为,当时一般公司都将其不动产、动产等向银行设定抵押,以取得融资。当公司营业困难,拍卖其提供担保的财产时,如果稽征机关就公司欠缴之税捐优先受偿,必然导致银行之债权受到损失,最终影响融资渠道的畅通和整个信用体系的安全。虽然该条后段规定,普通税捐与附担保物权的债权的受偿顺序,由担保物权设定于税捐开征或逃漏案件查征的时间先后决定,但事实上税捐之开征及逃漏案件之查征,第三人无从知晓,且税捐又可分期缴纳,究竟以哪一个开征期为准,更欠明了,这将对不知情的善意第三人造成损害,足以影响交易安全。因此税捐之优先受偿权不宜过分扩大,除土地增值税优先受偿的规定保留外,其余都予以删除。① 大陆地区虽然没有采纳台湾地区的做法,而是原则上赋予税收优先于普通债权的效力,但是在肯定税收优先权的同时如何保护其他债权人的利益,以及如何维护交易安全和秩序,却同样具有现实的意义,值得我们深入研究和探讨。

3. 税收优先权与交易安全保障间的平衡

(1) 税收优先权的效力限缩。为实现国家税收权利与交易安全之间的平衡,有必要对税收优先权作出部分的修正。对此,民法上通过对优先权效力加以限制,从而保护其他债权人以及第三人利益的做法,非常值得税法效仿。在民法上,优先权同样不需以登记或占有的方式公示,因此优先权人也常常与其他一般债权人、担保债权人以及取得优先权标的物的第三人发生利益冲突。为了克服这一缺陷,法国和日本的民法都对优先权的效力作了必要的限制。如对于一般优先权,《法国民法典》第2104条及2105条规定,应先就债务人的动产价金受偿,不足部分才能就不动产受偿;《日本民法典》第335条规定,当动产不足以清偿时,只能先就无担保不动产价金受偿,不足部分才能就有担保不动产受偿。对于不动产优先权,法国和日本均要求进行登记,否则只能对抗一般债权人,而不得对抗有担保的债权人。至于当债务人的财产被第三人取得后,享有优先权的债权人是否享有追及权,法国、日本两国的立法、判例和学说都不一致。从法理上说,既然主张优先权的担保物权性,就应当承认其追及力,但这种做法可能对第三人的利益造成很大的影响,因此两国都显得十分谨慎。如《法国

---

① 许智诚:《我国租税债权之保全与强制执行》,台湾联经出版事业公司1986年版,第98—100页。

民法典》对追及权未作肯定,而《日本民法典》第 333 条则规定当债务人的动产被第三人善意取得时,优先权人对该动产不享有优先权。① 税收优先权绝大多数是一般优先权,当税务机关行使权利时,如果税款优先于抵押债权,为了与抵押权人的利益相协调,的确可以参考上述动产、无担保不动产、担保不动产的变价受偿顺序。与此同时,还必须对税收优先权是否具有追及权斟酌再三。尽管法国法院曾有判例主张,就一般优先权而言,税务署对直接税的优先受偿权具有追及权;就不动产优先权而言,战争受益特别捐就不动产有追及权②,但是笔者认为,由于民法上善意取得制度的存在,税收优先权无公示的特点使得税务机关很难举证证明第三人的恶意,因此赋予税收优先权追及第三人的效力并无实效,从保护交易安全考虑,不宜加以肯定。

（2）税收优先权的产生时间与交易安全。确定税收优先权产生时间的不同标准在很大程度上与私法交易安全有关。税收优先权产生时间可以考虑与纳税义务同时发生,或者当税务机关核定税收时才发生。③ 一般情况下,当税法规定的税收要素满足时,纳税义务即时发生。但除了代扣代征等源泉征收方式以外,纳税义务一般经过一定的期间才届至清偿期。只有当纳税人在清偿期内未缴清税款造成滞纳时,税务机关才以行政行为核定税额,通知纳税人限期纳税。

不难看出,税收优先权与纳税义务同时产生对国家税收债权的保障最为有利,因为纳税义务是自动发生的,无需任何人为的形式,如果税收优先权如影随形,税款随时可以处于其护卫之下,不会出现效力真空。但是也正因为这样,它对纳税人的交易相对方是最不公平的。按日本学者新井隆一的理解,符合课税要件而产生的税收刚开始仅仅是一种"抽象的纳税义务",必须通过纳税申报或课税核定才能使之明确,变成一种"具体的纳税义务"。④ 在此之前,尽管纳税义务存在,但即便是纳税人,或是税务机关,对其具体数额实际上都难以把握,更何况作为纳税人的交易相对人的普通债权人！在这种模式下,普通债权人即使想通过担保物权加强自己的债权效力也未必能如愿以偿。因为在设定或行使担保物权时,债权人几乎不可能知道已经发生的税收数额。因此,一旦纳税人欠税超过纳税人提供的抵押物、质物,或债权人留置的物品的价值,这种担保物权就起不到任何作用。

相比而言,税收债权从课税核定之时才享有优先受偿权,对私法上的普通债权人所提供的保护较为周到,同时对税收债权的实现也具有现实意义。依照该标准,税收发生之后至课税核定之前的这段时间里,税收不仅滞后于当时设定或行使担保物权

---

① 陈本寒主编:《担保法通论》,武汉大学出版社 1998 年版,第 134 页。
② 金世鼎:《民法上优先受偿权之研究》,台湾五南图书出版公司 1985 年版,第 901—906 页。
③ 如果论者对税收法律关系持权力关系的观点,则二者没有任何区别,因为纳税义务的产生时间即是税收的核定时间。我们持债务关系观点,因此才设计这二者的区别,以供讨论。参见〔日〕北野弘久:《税法学原论》（第四版）,陈刚等译,中国检察出版社 2001 年版,第 158—167 页。
④ 〔日〕新井隆一:《租税法基础理论》,林遂生译,台湾"财政部"财税人员训练所 1984 年版,第 53—56 页。

的债权,甚至连优先于普通债权的效力都不存在。前者人们或许还能予以理解,但后者是否会导致税收债权难以实现而影响国家财政支出的物质基础?笔者以为这种担忧完全不必要。除非能够确立税收一般优先权的追及效力,否则税收优先权与纳税义务同时发生并不比从课税核定时发生具有更大的现实意义,因为未经核定的税收事实上是无法行使优先权的。① 而税收优先权的追及力对私法交易安全影响过大,不宜轻率采纳,所以遵循税收优先权从课税核定时起发生并不会严重损害税收利益,相反会更好地体现对私法交易秩序的尊重和维护。如美国《联邦税法典》就是这种做法的代表,该法第 6321 条规定:"经通知缴纳税款后,纳税义务人怠于或拒绝缴纳时,就该应缴之额,联邦政府对属于该人之全部财产,不问动产或不动产,有留置权。"②而按第 6322 条:"除法律别有规定外,此留置权,或自核课之日起,至履行核定税额之日止,或因罹于时效而消灭。"③这说明,该方案是有现实可行性的。

（3）欠税信息披露与交易安全。现行《税收征收管理法》设计了欠税定期公告制度,并允许抵押权人、质权人向税务机关请求提供有关债务人的欠税情况。④ 这种做法无非是给公众提供一种获取纳税信息的渠道,以抵消或减缓税收无公示特点对其他债权人的消极影响。尽管其维护交易安全的用意值得称许,但效果恐怕难以令人乐观。欠税公告除了对纳税人的声誉有负面影响之外,对纳税义务本身并不产生任何法律效力,因此,税务机关缺乏及时公告欠税的动力和压力。而对纳税人的债权人来说,欠税公告所披露的信息也是残缺不全的,很难据此准确地判断自己的交易风险。因为这些信息只是某个税务机关在某一时点的工作成果,并不代表所有的欠税都已查清,更不代表将来不会欠税。再加之纳税义务的管辖权并不由同一税务机关行使。⑤

如果欠税信息不能集中,而是让债权人在全国税务机关提供的公告中自行查找,这完全不可能起到实际作用。⑥ 至于对未公告的欠税信息允许抵押权人或质权人查询,其弊端除如前所述之外,是否有悖于税务机关的保密义务,也是一个值得研究的

---

① 这里的区别在于,如果税收优先权与纳税义务同时发生,且其具有追及效力,那么,对于在课税核定之前发生的有损税收优先权的债务清偿和财产分配,税务机关可以从第三人处追回财产,以满足自己的债权。

② Tax Lien 是美国税收优先权制度的主要形式,虽然译为税收留置权,但其内容却与大陆法系国家留置权的概念大相径庭,主要体现为一种以优先受偿为内容的担保物权。

③ 许智诚:《我国租税债权之保全与强制执行》,台湾联经出版事业公司 1986 年版,第 44—45 页。

④ 参见《税收征收管理法》第 45 条第 3 款、第 46 条。

⑤ 如根据我国税法的相关规定,增值税由纳税人主管税务机关行使管辖权,而所得税由所得取得地税务机关行使管辖权,财产税由财产所在地税务机关行使管辖权,欠税信息的发布自然也难以集中统一。

⑥ 我国台湾地区学者许智诚为了使租税债权也具备公示性,以调和租税优先权与交易安全的冲突,曾有过设立租税滞纳总登记的设想,即各地稽征机关于租税滞纳后,将同一纳税人所有负税情形,集中登载于滞纳总登记簿上。经过登记的税收,其优先权具有追及力。如果担保物权设定于滞纳总登记之后,则其清偿顺序滞后于税收。但未经登记的税收仍能优先于普通债权而受偿。参见许智诚:《"我国"租税债权之保全与强制执行》,台湾联经出版事业公司 1986 年版,第 109 页。

问题。① 所以,至少就目前的研究水平而言,欠税公告尽管具有督促纳税人缴清欠税的功效,但并不是一个十分理想的协调税收优先权与私法交易安全的方案。

(4) 税收优先权与抵押权、质权的竞合。《税收征收管理法》第45条规定,纳税人欠缴的税款发生在纳税人以其财产设定抵押、质押或者纳税人的财产被留置之前的,税收应当先于抵押权、质权、留置权执行。从总体上说,笔者觉得这是一条不太成功的立法,具体反映在对交易安全考虑不周、缺乏可操作性和前瞻性等方面。为了行文的便利,本节先从税收优先权与抵押权、质权的竞合谈起,至于其与留置权、私法优先权的竞合则在后文中依次论及。

日本税法重视税收优先权与抵押权、质权的协调有一个发展过程。明治三十年(1927年)制定的旧国税征收法曾规定:国税劣后于其法定缴纳期限1年前设定的质权或抵押权所保护的债权,但优先于此外所有的公租、公课及私债权。这条对税收债权保护极为周到的规定在当时遭到了私法学者的强烈反对,认为税收优先于其法定缴纳期限前1年以内所设定的抵押权有违物权公示原则,有害于私法秩序之安定。此外,相对于税收债权,对抵押权、质权以外的担保物权也要给予某种程度的保护。为了解决这个问题,昭和三十四年(1959年)《国税征收法》全面修订,并自次年起施行。修订后的《国税征收法》原则上是以税收法定缴纳期限为基准来决定税收与有担保债权的优先顺序②,同时对于税收与抵押权、质权以外的担保权及非定型担保之间的优先顺序也作了规定。此外,在昭和五十三年(1978年)制定临时登记担保法时,《国税征收法》中有关税收与担保债权优先顺序的内容也作了修改。③

从我国《税收征收管理法》第45条不难看出,我国是以欠缴税款发生时间作为基准,以判别税收优先权与质权、抵押权竞合时的效力顺序的。欠缴的税款是纳税人发生纳税义务,但未按照法律、行政法规规定的期限,或者未按照税务机关依照法律、行政法规的规定确定的期限,向税务机关申报缴纳的税款或者少缴的税款。纳税人应缴纳税款的期限届满之次日即是纳税人欠缴税款的发生时间。④ 不过,欠缴的税款发生时,法律并未规定任何公示程序,纳税人之外的第三人无从知晓其数额。本书既然主张将课税核定时间作为税收优先权的发生时间,当然同样也会赞同将其作为判别税收优先权与抵押权、质权竞合时效力顺序的标准。如果税收优先权先于质权或抵

---

① 《税收征收管理法》第8条规定:"纳税人、扣缴义务人有权要求税务机关为纳税人、扣缴义务人的情况保密。税务机关应当依法为纳税人、扣缴义务人的情况保密。"

② 当时的税收征收制度调查会在其调查结果中指出:"将近代担保制度中的公告原则和税收的特征作比较研究时,可以认为,以在纳税人财产上设定担保权的第三人能够具体知晓税收债权存在的时期,作为决定税收债权与附担保债权优先劣后的时期,以此调整两者间的关系,至少从现状上说,是较为妥当的处理办法。"参见〔日〕金子宏:《日本税法》,战宪斌、郑林根等译,法律出版社2004年版,第478页。

③ 〔日〕金子宏:《日本税法》,战宪斌、郑林根等译,法律出版社2004年版,第478页。

④ 参见国家税务总局《关于贯彻〈中华人民共和国税收征收管理法〉及其实施细则若干具体问题的通知》第7条,国税发[2003]47号。

押权产生,则税收的效力更优;如果抵押权或质权先于税收优先权产生,则抵押权或质权所担保的债权更优。只有当抵押权、质权设定于课税核定之后时,该核定税额才优先于抵押权、质权所担保的债权受偿。

日本《国税征收法》虽然也如我国《税收征收管理法》一样,并未明确税收优先权的发生时间,但它在处理抵押权、质权与税收优先权的效力顺序时,却更多地体现了对交易安全的保护。尽管各税种的法定缴纳期限分别由各税收法律规定,但是,如果纳税人按时申报、如期缴税,则根本不会发生滞纳税款的问题,也不可能出现税收优先权与担保物权的竞合。只有当纳税人逾期申报时,才会出现法定缴纳期限后才确定数额的税收,这种确定税额的方式就是税务机关的课税核定。此时,法定纳税期限则依法转换为更正通知书、决定通知书或纳税告知书寄发日。如属提前请求的税收,也必须通过课税核定行为才能进行,此时,法定纳税期限则转换为税务机关的请求期限。经过这种转换,不难发现,日本税法判定抵押权、质权与税收优先权竞合时效力顺序的基准,完全可以用另一种表述方式替代,即,当纳税人的财产上存在质权或抵押权时,如果抵押权、质权设定于课税核定之后,该核定税额则优先于抵押权、质权所担保的债权受偿。

(5) 税收优先权与留置权的竞合。留置权在民法中是一种效力最强的担保物权,它以直接占有担保物为前提,具有优先于抵押权的效力。① 按我国《税收征收管理法》第 45 条的规定,如果留置行为发生于纳税义务发生以前,留置权的效力也优于税收优先权,这与人们通常的理解是一致的。但是,对于纳税义务发生以后的留置行为,该法规定留置权所担保的债权劣后于税收受偿,这明显存在不合理之处,主要表现为没有充分考虑留置权所担保的债权的特殊性。

在日本旧《国税征收法》中,税收优先权与留置权的关系也如同其与先取特权一样未予规定,但现行法规定,如果留置权人能够在滞纳处分手续中证明其留置权存在于纳税人财产上的事实,当依滞纳处分而将该财产变价时,国税对变价价款,在留置权担保的债权后受偿。② 依此规定,留置权在所有的担保物权中效力是最强的,它不仅优先于质权、抵押权、先取特权以及为担保而进行的临时登记,而且优先于一切税

---

① 瑞士和日本民法认为留置权是一种独立的担保物权;德国民法不认为留置权是物权,而仅视其为债权的一种特别效力;法国民法也不承认留置权为物权,但将其视为双务契约中的同时履行抗辩权;意大利民法与法国的立场相同。我国法律对留置权的态度主要从瑞士的立法例,即赋予留置权人以留置、变价、优先受偿等具体权能,是法定的独立的担保物权。由于各国立法对留置权的态度不一,本文只能以中国的相关法律规定和学理观点作为讨论的出发点。

② 有学者认为,此规定只适用于依照滞纳处分对该财产进行估价的情形。理由是,当对留置财产进行滞纳处分以外的强制估价手续时,对于动产,若留置权人拒绝交还财产,则不得执行该程序;若交还财产,则丧失了优先受偿权,与税收优先权也不会竞合。对于不动产,如果竞买人不偿还以留置权作担保的债权,就不能获得留置权人的交还许可。这样,该不动产的拍卖价格属于已扣除上述留置债权的金额,也不会产生与税收优先权的竞合。参见〔日〕金子宏:《日本税法》,战宪斌、郑林根等译,法律出版社 2004 年版,第 356 页。

收债权。笔者主张参照日本立法例,使留置权所担保的债权优先于税收受偿,而不论留置权与税收优先权的产生孰先孰后。在私法上,留置权一般都优先于质权和抵押权,其理由大多是因为合同债权与留置标的物之间特殊的利益关系。[①] 留置权即使滞后于纳税义务产生时间,留置债权与留置物之间的特殊关系也不会改变。如果使税收优先于留置担保债权受偿,对留置权人影响太大,不利于既定的私法交易的安全和稳定。

即使留置权所担保的债权优先于税收受偿的做法难以一步到位,判断二者效力顺序的基准也不应该是欠缴税款发生时间,而宜规定为课税核定时间,具体理由与抵押权、质权相关内容相同。

二、税收代位权

代位权制度在民法上历史悠久,属于债权保全制度的一种,它指的是债权人以自己的名义行使债务人对于第三人之权利的权利。[②] 按照传统的债的相对性理论,债务人是否行使对于第三人的权利,应依债务人的自由意思,债权人不得干涉。但债的关系成立后,债务人对于第三人的以财产作为标的物的权利,也应加入债务人的责任财产,作为债务履行的一般担保。因此,依照诚实信用原则,债务人应当及时行使对于第三人的权利,以增加自己对债权人所欠债务的清偿能力。如果债务人客观上能够行使对于第三人的权利而怠于行使,使自己本应增加的财产没有增加,从而危害债权人债权的实现,法律就应允许债权人代为行使债务人的权利,使债务人的财产得以增加,进而使自己的债权得以实现。

在具体的税收法律关系中,纳税并不是"等价交换",而是一种纯粹的牺牲。因此,相对于私法债务而言,税收容易激发人们的抗拒心理。正是因为如此,各国税法大都赋予税务机关行政特权,如税收核定权、强制执行权、税务调查权以及行政处罚权等,这些都是私法债权人所不具备的优势。不过尽管如此,如果纳税人对于到期的债权怠于行使权利,致使国家税收难于全额清偿,上述任何一种特权都无能为力。因为,除非其本身存在税法上的义务,税务机关不能针对第三人行使权力。而税收代位权的设立,一方面有助于保存和增加纳税人的责任财产,另一方面也有助于增加其他行政措施的实效,因而仍然具有不可替代的功效。

(一) 税收代位权的由来

自从1919年《德国租税通则》颁布以来,关于税收是公法之债的观点已为西方各

---

① 如加工承揽合同的履行使得留置物发生增值,加工费已经内在为留置物价值的一部分,这对任何一个债权人都是有利的。

② 张广兴:《债法总论》,法律出版社1997年版,第197页。

国税法学者所接受。① 将税收界定为公法之债有助于扩展税法的研究空间,有利于国家税收法制的健全。税收代位权制度即是一例。在民法债法上,基于债的相对性原则,债的法律效力一般仅及于债的法律关系的当事人。但由于债的担保、债的责任制度对债的保障作用有其局限性,民法债法便突破了债的相对性原则,扩展了债的效力,设立了债的代位权制度,使债在一定条件下可以约束债的当事人以外的民事主体,使债的效力能够最终得到实现。民法债法上关于代位权制度的设立是从《法国民法典》开始的,该《法典》第1166条规定:"债权人得行使其债务人的一切权利和诉权,唯权利和诉权专属于债务人个人者,不在此限。"②《西班牙民法典》《意大利民法典》《日本民法典》都仿照《法国民法典》规定了代位权制度。将作为公法之债的税收和民法上的债进行类比,就很容易引申出税收代位权制度。税收作为一种公法之债,它也应具有债的一般属性,即税收之债也应遵循相对性原则,只能约束税收法律关系主体,主要是税务机关和纳税人,而不能对税收法律关系以外的主体产生约束力。纳税人的纳税义务实现的方式主要有纳税人自动缴纳税款,以及税务机关采取税收保全措施、强制执行措施等。但当纳税人不自动缴纳税款,其财产又明显不足,而又怠于行使其权利使其财产减少时,税务机关采取税收保全措施、强制执行措施就失去了对象,国家税款就有无法实现的危险。这时,税收之债和私法之债一样,也须突破债的相对性原则,扩展债的效力,设立税收代位权制度,对纳税人怠于行使权利的行为予以限制,使税收之债的效力能够最终得到实现。日本税法即规定了这一制度。《日本地方税法》第20条第7项规定:"民法有关债权者的代位与诈害行为取消权的规定,地方团体征收金的征收准用。"③我国法上本无代位权制度,《合同法》第一次规定了合同之债的代位权,第九届全国人大常委会第二十一次会议审议通过修订的《税收征收管理法》在《合同法》规定的基础上,规定了税收代位权制度。

(二) 税收代位权的性质

税收代位权制度源自民法债法上的代位权制度,因此,探讨税收代位权的性质也必须从考察民法债法上的代位权的性质入手。在民法债法上,代位权是直接以债权人的名义行使的,这与以被代理人的名义进行的代理不同。代位权是为了债权的保全,而由债权人代替债务人行使其权利,不是扣押债务人的权利或就其收取的财产有优先受清偿的权利,因此是实体法上的权利,而不是诉讼法上的权利。④ 代位权也不是债权人对债务人和第三人的请求权。它是在债权中包含的、除请求权以外的权能。

---

① 〔日〕北野弘久:《税法学原论》,陈刚、杨建广等译,中国检察出版社2001年版,第159页。
② 王利明、崔建远:《合同法新论》,中国政法大学出版社1996年版,第396页。
③ 吴炳昌:《日本地方税法》,经济科学出版社1990年版,第81页。
④ 史尚宽:《债法总论》,中国政法大学出版社2000年版,第463页。

这种权能又被称为保全权能。① 也有学者认为,债权人代位权是债权的从权利,是一种以行使他人权利为内容的管理权。② 代位权行使的效果,是使债务人与第三人的法律关系发生变更,但此种变更是基于债务人权利的结果,与民法固有的权利人凭单方的行为发生法律效果的形成权也不相同。因此,有学者认为代位权是从属于债权的一种特别权利,属广义的形成权。③ 代位权和同属债的保全制度的撤销权也不相同,代位权是法律对债务人的消极行为给予的限制,而撤销权是法律对债务人积极行使其权利的行为给予的限制。笔者认为要将代位权界定为某一种特定的权利似乎是比较困难的,我们可以把它界定为一种综合性的权利,这样既有助于我们正确认识代位权的性质,又便于进行相关的具体制度设计。笔者认为代位权是从属于债权的一项特殊的权利,它兼具管理权、请求权和保全权能的特征。因其具备管理权的特征,债权人在行使代位权时,应负有善良管理者的注意义务;因其具有请求权的特征,在有些情况下,债权人可直接要求债务人的次债务人直接向其履行义务④;因其具有保全权能的特征,它可在担保制度和民事责任制度以外给债权人的债权提供保全,使其债权最终能够得到实现。以上对民事债权代位权性质的探讨,同样适用于对税收代位权性质的界定。前文已述及,税收是一种公法之债,它应该具备私法之债的一般特征,应仅约束纳税人和税务机关,而不应及于其他民事主体。但纳税人的行为影响到国家税收债权的实现时,税法便扩展了税收之债的效力,设立了税收代位权制度,因此,和民事债权代位权一样,税收代位权也是从属于税收债权的一种特别权力,它同样具备管理权、请求权和保全权能的特征。因其具备管理权的特征,税务机关在行使税收代位权时,应负注意义务,由于税务机关这一主体的特殊性,这一注意义务就显得格外重要;因其具备请求权的特征,税务机关应有权要求纳税人的债务人直接向其履行义务⑤;因其具备保全权能的特征,当纳税担保、税收保全措施和强制执行措施等制度无法保证纳税义务实现的时候,税收代位权制度就可以保证纳税义务的实现,使税收债权能得到最终实现。须注意的是,税收毕竟是一种公法之债,和私法之债相比有其特殊性,税收代位权也是如此,这在具体的制度设计中会体现出来。⑥ 而税收代位权又是从属于税收之债的一种特殊的权力,具有强烈的债权属性,这就与税务机关

---

① 王利明、崔建远:《合同法新论》,中国政法大学出版社1996年版,第395页。
② 杨立新:《民法判解与适用》(第4辑),人民法院出版社1999年版,第35页。
③ 王家福主编:《民法债权》,法律出版社1991年版,第178页。
④ 关于我国司法解释对传统代位权制度"入库规则"的修正,下文会详及。
⑤ 我们认为,这也是税收代位权与民事代位权的不同之处。
⑥ 这里需要进一步研究的问题是,税收代位权是一种公权还是私权。在既定的公私法两分的体制下,要准确界定税收代位权的性质是件很困难的事。这一界定必将要和对税收、税法的认识相联系。我们认为,对税收债的属性与权力属性认识的模糊,对税法公法属性与私法属性认识的模糊,正反映了当今社会法律演变的趋势,即"公法的私法化"。因此,对税收代位权只能从公权和私权两个角度去认识,进行具体的制度设计,忽略其任一方面的特性,都会影响到具体的制度设计,使税收代位权制度发挥不了其应有的作用。

行使的其他税收行政权力,如采取税收保全措施、强制执行措施的权力有所不同。①
同时,税收代位权与税收撤销权也不同,税收代位权针对的是纳税人消极不行使其权利的状况,而税收撤销权针对的是纳税人积极处分其财产导致其责任财产减少的情形。

(三) 税收代位权的成立要件

《税收征收管理法》第50条明确肯定了税收代位权制度。我国《税收征收管理法》虽然确认了税务机关对于纳税人之债务人的代位权,但并没有直接规定该项权利的成立要件,而是规定援引《合同法》有关代位权的内容。②《合同法》第73条第1款规定:"因债务人怠于行使其到期债权,对债权人造成损害的,债权人可以向人民法院请求以自己的名义代位行使债务人的债权,但该债权专属于债务人自身的除外。"据此,相关司法解释认为,"债权人依照合同法第73条的规定提起代位权诉讼,应当符合下列条件:(1)债权人对债务人的债权合法;(2)债务人怠于行使其到期债权,对债权人造成损害;(3)债务人的债权已经到期;(4)债务人的债权不是专属于债务人自身的债权"③。这些规定明确了代位权的行使要件,对于法官在审判实践中,正确审理代位权诉讼,保障债权人正确行使代位权,具有重要意义。但是我们也应该看到,这些规定原本是专门就民事代位权而言的,它们是否适合于税务机关针对纳税人的债务人行使代位权,还需做进一步的研究。因此,下文结合上述规定,设计出税收代位权的四个构成要件,希望能借此平衡税务机关、纳税人以及纳税人的债务人三者之间的关系。

1. 纳税义务发生并且确定

根据《合同法》的规定,代位权的行使必须基于合法的债权债务关系。虽然这本是针对民法代位权而作的要求,但是只要对"债"的外延稍作扩张,即可适用于税收代位权。因为,作为一种金钱请求权,税收同样也符合"债"在形式上的特征,所以,税收同样可以理解为一种债,只不过,其体现的是一种公法上的权利义务关系而已。其中,税务机关代表国家行使税收债权,而纳税人则负有相应的税收债务。

受税法的特殊性所致,税收之债可以分两个层面进行操作和理解。当纳税人的

---

① 由此可知,税法与民法、行政法的关系十分密切。只有将税法研究建立在民法和行政法已有研究成果的基础之上,税法研究才会深入。
② 公法对私法规定的援用,在德国、日本和我国台湾地区的税法中早已经成为不争的事实,而在我国大陆尚属首例。由于税收请求权与私法金钱之债存在形式上的相似性,因此,私法上的很多制度都可以为税法所借用。如优先权制度、担保制度、保全制度等等。如果税法没有特殊的规定,私法的规定是可以直接为税法所援用的。这样对节约立法资源、提高立法效率非常有益,同时还有利于税法条文的精炼和简明。最为值得一提的是,它可以利用人们在私法领域已经形成的法律意识提高对税法的遵从度,保障人们对法律制度理解的统一性和规范性。
③ 参见最高人民法院《关于适用〈中华人民共和国合同法〉若干问题的解释(一)》第11条。

行为或某种事实状态符合税法所规定的纳税义务构成要件时,纳税义务自然发生,纳税人不能以未经税收主管机关核定为由推脱责任。由于此时的税收债务并未臻精确,因此除了就源扣缴的情况外,税法不可能在纳税义务发生时即要求纳税人实际清缴税款,相反,一般都设计一个税收债务的确定程序,给纳税人适当的时间差,使其能够自主计算和清偿债务。这既是税收征收技术的必然要求,又体现了对纳税人自主纳税意识的尊重,因而成为各国税法的通例。如,我国增值税相关法规规定,增值税纳税义务发生的时间按销售结算方式确定,但纳税期限却由主管税务机关根据纳税人应纳税额的大小分别确定,短则为1日,长则达1个月。如果纳税人采取直接收款方式销售货物,不论货物是否发出,其收到销售款,或取得索取销售款的凭据,并将提货单交给买方的当天,纳税义务当即发生。但除非纳税期限届满后纳税人仍不纳税,否则,税务机关不能追究该纳税人的责任。

正因为如此,税收代位权的成立首先要求纳税义务发生并且确定,对于已经发生但还没有确定的税收债权,税务机关不能行使代位权。纳税义务确定的途径有两种,一种是纳税人的主动申报,另一种是税务机关依职权加以核定。一般而言,在法定或税务机关依法确定的纳税期限内,纳税义务只能通过纳税申报予以确定。纳税人向税务机关递交的纳税申报表中,有关课税对象、税率适用、税收减免的信息都会详细载明,应纳税额当然也可以通过计算而加以确定。如果纳税人超过纳税期限仍然未进行纳税申报,税务机关才能根据自己所查到的证据直接进行税收核定,从而确定应纳税收的数额。这种已经发生的纳税义务通过法定程序予以确定的过程,就是人们在学理上经常提到的"抽象的纳税义务"转化为"具体的纳税义务"的过程。

如果纳税义务实际并未发生,但纳税人由于认识错误而主动申报纳税,或者虽然发生纳税义务,但申报的数额远远高于法定标准,使得纳税义务形式上确定,但是客观上缺乏存在的基础。在这种情况下,税收代位权由于未能满足"纳税义务发生并且确定"的要件而不能成立。但如果税务机关基于形式上确定的税收而行使代位权,至少它不需要为纳税义务的存在而再次举证,如果纳税人不能在诉讼过程中举出充分的反证予以抗辩,人民法院即可据此认为税收债权债务关系的成立。即便税务机关因此而败诉,它也不应该为此而向纳税人承担责任。如果税务机关错误地核定了纳税人实际并未发生的纳税义务,并据此而行使代位权,只要纳税人能够举出充分的反证予以抗辩,税务机关败诉自不待说,它还应该赔偿因此而给纳税人带来的损失。

税务机关对纳税义务的核定对外表现为一种纳税决定。如果纳税人对该行为不服,依照《税收征收管理法》第80条之规定,纳税人可以依法申请行政复议,对行政复议决定不服的,还可以依法向人民法院提起诉讼,但必须先依照税务机关的纳税决定缴纳税款。在这种情况下,纳税义务的确定时间究竟从纳税决定作出并送达时开始起算,还是等所有的救济程序终了、纳税决定得以维持时开始起算,我们认为,这取决于纳税决定作出并送达后本身的效力状况。如果纳税决定作出并送达后立即生效,那么纳税义务从此时起就应视为确定;如果纳税决定作出并送达后,要等待某种程序终了之后才生效,那么,纳税义务也要等到该程序终了之后才能确定。而根据行政法法理和各国行政法实践,具体行政行为自作出并送达后立即生效,不受行政救济程序的影响。所以,纳税义务也应自纳税决定作出并送达之后即视为确定。从维护公共利益的角度考虑,只要税务机关依照税法规定核定了纳税人的应纳税额,也应当认为纳税义务从纳税决定作出并送达时确定。因为在税收争议中,税务机关所作具体行政行为在被证实违法或不当之前,都应推定是维护公共利益的体现。如果一概不允许税务机关行使代位权,势必会损害其所体现的公共利益,影响国家税收秩序的正常运行。

2. 纳税义务已逾清偿期

税收代位权针对的是纳税人怠于行使民事权利,消极损害国家税收的行为。在纳税人的纳税义务未到期的情况下,税务机关很难确定纳税人是否有足够的责任财产缴纳税款,或者说在纳税义务到期之前,纳税人的资产状况从理论上说均可能出现转机。如果允许税务机关行使代位权,将过分干预纳税人的处分权,造成税务机关与纳税人的利益失衡。

从另一个角度而言,纳税义务的清偿期对于纳税人来说也是一种期限利益。当纳税义务还未到期时,如果税务机关可以通过行使代位权而干预纳税人的民事处分权,这无异是对纳税人法定期限利益的剥夺。因此,这种现象在全力追求税收法治的现代社会里不应该出现。

由于清偿期对税收代位权的成立如此重要,本书稍着笔墨对税收的清偿期与纳税义务的发生、确定作一对比的分析。

在就源扣缴的情况下,纳税义务的发生、确定和清偿是同时进行的。如,当工资薪金超过免税标准而需由发放单位代扣代缴个人所得税时,发放工资薪金的时间既是纳税义务的发生时间,也是纳税义务的确定时间,还是纳税义务的清偿时间。但其他形式的纳税义务却未必能实现如此的步调一致。例如,在申报纳税的情况下,纳税人在递交申报书时可能同时会清缴税款,然而只要纳税申报的时间并未逾越纳税期限,税务机关就不能强迫纳税人在申报纳税的同时,立即清缴税款。此时,纳税义务的清偿期与法定纳税期限的终点是重合的。所以,尽管纳税人已经进行了纳税申报,但如果纳税人当时并没有清缴税款,而且没有超出法定纳税期限,税务机关对纳税人的民事债权也不能行使代位权。

又如,在核定纳税的情况下,纳税义务已经超出了法定的纳税期限,因此,当税务机关通过纳税决定而确定税收债权时,纳税人应当在税务机关指定的期限内足额清缴税款。如果税务机关在此限期内发现纳税人怠于行使民事债权,即使有可能危及税收,笔者认为,税务机关也应该等期限届满后才能行使代位权。这主要是因为,纳税决定所附的限期本来就是为了给纳税人合理的准备时间,在这段时期内,纳税人也可能转而积极行使自己的债权,用以清偿税收义务。如果剥夺纳税人这个机会,直接由税务机关代位行使债权,这一方面是对纳税人的不尊重,另一方面也徒增不必要的成本,降低了税收征管的效率。故此,在核定课税的情况下,纳税义务的清偿期应是纳税决定所指定的限期。

再如,如果纳税人在法定的纳税期限内申请延期纳税,并已经获得税务机关的批准,那么,纳税义务的清偿期也应相应后移。除非税务机关依法撤销其对纳税人延期纳税的批准,否则,在延期的纳税期限届满前,税务机关不能行使代位权。

当然,并不是说在任何情况下,税务机关都必须待纳税义务到期之后才能够行使代位权。在特殊情况下,税务机关出于保全纳税人权利之目的,也应可以在纳税人的债权未到期之前主张代位权。如,当次债务人破产时,纳税人作为债权人不申报债权;债权到期时,纳税人将对次债务人丧失诉讼时效等。所以应该允许税务机关实施保全行为,主要是因为,如果必须等到履行期限届满以后,税务机关才能主张代位权,则可能导致丧失如数征缴国家税款的机会,而一旦出现这种情况,代位权已经没有任何意义了。① 只是,这些在我国《税收征收管理法》《合同法》以及《企业破产法》中都没有规定,因此有待于在将来的立法修改中予以完善。

3. 纳税人怠于行使到期民事债权

"纳税人怠于行使到期民事债权"包含着如下几个层次的含义:

其一,纳税人对第三人享有民法上的债权,不管其成立时间在纳税义务成立之先还是后。从理论上说,税收代位权的标的本可以是非常广泛的,不仅包括纳税人对第三人的债权,同时也可以包括纳税人对第三人的物上请求权,担保物权,以财产利益为目的的形成权(如合同解除权、买回权、选择之债的选择权等),损害赔偿请求权等。②

但我国《合同法》只选择了债务人对第三人的债权,所以税收代位权的标的也不能逾越这个范围。不仅如此,税务机关可以代位行使的权利还不能包括某些专属于纳税人的权利,如基于扶养关系、抚养关系、赡养关系、继承关系产生的给付请求权和劳动报酬、退休金、养老金、抚恤金、安置费、人身保险、人身伤害赔偿请求等权利。③因此,我国税收代位权的标的范围相对来说还是比较窄的。在现实生活中,对于已经证券化的债权,如存单、票据、债券等等,税务机关固然可以对之行使代位权,以增加纳税人的责任财产,或使税收直接从中受偿,但是由于税务机关拥有税收保全和强制执行的权力,而上述债权又已经具备较高的流通性,因此,税务机关完全不必通过复杂繁琐的代位权程序,直接扣押、变卖这些证券资产就已经足够。

---

① 王利明:《论代位权的行使要件》,载《法学论坛》2001年第1期。
② 张广兴:《债法总论》,法律出版社1997年版,第200页。
③ 参见最高人民法院《关于适用〈中华人民共和国合同法〉若干问题的解释(一)》第13条。

其二，纳税人该项债权已经到期。纳税人所享有的附停止条件的债权，在条件成就前尚不发生效力；而已经生效的债权，在履行期限届满之前，纳税人也无法行使权利。所以，只有当纳税人对第三人的债权已经到期，税务机关才可能成立税收代位权。至于判断债权到期的标准，应当根据债权的种类分别确定。合同债权应当首先尊重双方当事人对债务履行期限的约定，合同未定履行期的，经纳税人催告后，债务人仍不履行的，即可视为已经到期。对不当得利、无因管理和财产损害赔偿之债，最好也设计一个催告程序。如果债务人经催告仍不履行债务，催告期满即可视为债权到期。在现实生活中，当纳税人为逃避税收而不愿行使债权时，催告程序反而可能成为阻碍税务机关行使代位权的一道屏障。只要纳税人不进行催告，债权就视为未到期，税务机关就不能行使代位权。所以，面对这种情况，应当赋予税务机关代位催告的权利。如果纳税人的债务人受催告后仍不履行债务，税务机关才可针对此项债权行使代位权。

其三，纳税人对该项债权怠于行使权利。何谓"怠于行使"，学理上有不同的理解。有的学者认为，"怠于行使"是指应当行使而且能够行使权利却不行使，其表现主要是根本不主张权利或迟延行使权利。① 但根据相关司法解释，"怠于行使"是指纳税人能够通过诉讼或仲裁的方式向次债务人主张权利，但一直未主张权利。② 这样，"怠于行使"的含义虽然在外延上狭窄了许多，但它提供了一种客观明确的标准，有助于税务机关和人民法院较为准确地判断案情。事实上，纳税人是否通过诉讼或仲裁外的方式向其债务人主张权利，税务机关很难举证；另一方面，税务机关行使代位权对第三人并无益处，所以他完全可能与纳税人串通起来，编造纳税人曾经主张权利的假证，共同对抗税收代位权。不过，由于未能对纳税人怠于行使权利的各种情况类型化，也有可能导致税务机关动辄突破债权相对性，从而使纳税人及其债务人的利益受损。例如，当纳税人因疏忽或交通、通讯中断等原因而未及时行使债权时，一律按现行规定行使代位权，就会给纳税人造成不应有的损失。在税务机关举证责任大大减轻，并对纳税人抗辩理由提出特别要求的情况下，如果毫不顾及纳税人未能行使债权的客观原因和主观状态，就会明显有失公正。

严格意义上说，防止纳税人怠于行使权利的规则，还必须要求纳税人及时行使权利。如果纳税人在债权到期很长时间之后，才考虑通过诉讼或仲裁向债务人主张权利，当然也应该构成怠于行使权利。所以，权利行使的及时性是判断怠于行使权利的另一要件。所谓及时，就是指纳税人的债权到期以后，尽管不存在任何行使权利的障碍，但纳税人未在合理期限内主张权利。当然，如果债务到期以后，债务人确有正当理由需要迟延履行，纳税人也可以与其协议推迟履行。只要这种协议不以逃避税收

---

① 江平主编：《中华人民共和国合同法精解》，中国政法大学出版社1999年版，第61页。
② 参见最高人民法院《关于适用〈中华人民共和国合同法〉若干问题的解释(一)》第11条。

为目的,即可认定有效,税务机关不能以纳税人怠于行使权利而提起代位权诉讼。

4. 国家税收因此受到损害

如何理解债务人怠于行使权利的行为已经对债权人造成损害,即便从民法角度而言,学理上亦有不同见解。一种观点认为,给债权人造成损害是指给债权人造成现实的损害,其含义是指因为债务人不行使其债权,造成债务人应当增加的财产没有增加,使债权人的债权到时会因此不能得到全部清偿,即有消灭或者丧失的现实危险,进而对债权人的债权也就产生不利的影响。① 根据这一观点,只要债务人怠于行使其债权即可,不考虑债权人对债务人的债权是否到期,怠于行使的结果是否会减少债务人的财产。第二种观点认为,所谓对债权人造成损害,是指债务人已经构成对债权人的迟延履行,因怠于行使自己对第三人的权利,会造成自己无力清偿债务,债权人因债务人的行为而使自己的债权有不能实现的危险,即债权人有保全债权的必要。② 因此判断是否造成对债权人的损害也要考虑债务人是否已经构成迟延。

上述债务人在税收代位权关系中即为纳税人。联系税法的特点,认定纳税人怠于行使权利的行为已经对国家税收造成损害应遵循严格的标准。虽然税收作为国家财政收入的主要来源,须力求如数征缴,但这并不意味着税务机关可以任意突破债务的相对性规则,因为这样会直接影响到第三人的权益。在纳税人的纳税义务尚未到期之前,纳税人怠于行使权利的行为不一定必然会减少其责任财产。如果税务机关认为这种行为会使其税款面临不能如数征缴的危险,也仅仅是一种推测,纳税人如果举证证明自己仍有足够的财产能够如期足额缴纳税款,则会轻易地推翻税务机关的主张,置诉讼中的税务机关于不利之地。同时,如果认为税务机关在纳税期限到来之前,可以仅凭推测认定纳税人到期不能如数缴纳税款,实际上改变了税务机关与纳税人之间的税收履行期限,使纳税人的纳税义务提前,剥夺了纳税人的期限利益,有损纳税人的正当权利。

因此,我们认为,判断纳税人怠于行使权利是否对国家税收造成损害的标准,首先应当建立在纳税人迟延履行纳税义务的基础上。其次,在纳税人怠于行使权利与其不能缴纳税款之间必须存在因果关系,即纳税人因怠于行使对第三人的权利,已经造成或可能造成无力缴纳税款的结果。强调这种因果关系,一方面是为了使损害判断标准更加明确,使代位权的行使更具有可操作性;另一方面,怠于行使债权造成无力缴纳税款的事实,本身表明纳税人具有过错,即主观上具有不愿意缴纳税款、损害国家税收利益的故意或过失。在此情况下,作为负责征缴税款的税务机关,完全有理由也有必要行使代位权,以保障国家税收利益的实现。

在具体的税收征管实践中,由于税务机关是根据自己调查收集的资料,判断纳税

---

① 龙翼飞主编:《新编合同法》,中国人民大学出版社1999年版,第80页。
② 参见最高人民法院经济审判庭:《合同法解释与适用》(上册),新华出版社1999年版,第314页。

人的行为已经造成或可能造成无力缴纳税款的结果，而这种判断完全可能因为人为的原因或信息不全而出现错误，所以，法院在审理税收代位权诉讼的过程中，一方面应要求税务机关对此举证，另一方面，如果纳税人能举出反证，证明自己仍然有足够的能力清偿税款，法院应当据此判定税收代位权不成立，从而驳回税务机关的起诉，或否定其诉讼请求。

正因为设定税收代位权的目的在于保全国家税收债权，因此，依照目的与手段相一致的比例原则，这种代位权的范围不得超过纳税义务本身。税务机关只需达到保全自己债权的目的即可，不能超越纳税义务的范围而去干涉纳税人的民事法律关系。如果纳税人对第三人的债权属于可分之债，税务机关必须严格遵守上述要求。只有当纳税人对第三人的债权属于不可分之债，出于现实需要的考虑，税务机关在行使代位权时，才可以特例超出纳税义务的范围，代纳税人行使全部债权。

（四）税收代位权的行使程序

1. 行政程序与诉讼程序的选择

依《税收征收管理法》第50条和《合同法》第73条的规定，税务机关应当通过向人民法院提起诉讼的方式行使税收代位权。有的学者认为，由于内在规定性的制约，通过诉讼方式行使税收代位权存在许多难以克服的障碍，如案件性质难以确定，给法院立案工作带来困难；税务机关作为原告的诉讼主体资格将受到很大质疑；诉讼的高成本影响税务机关行使权利的积极性，等等。因此，税法引入代位权制度时应作适当变通处理，将税务机关通过诉讼方式行使代位权，改为由税务机关直接依行政程序行使。这样，税收代位权就变成了税务机关一项新的行政执法权。① 笔者认为，该观点虽然看到了税收代位权的特殊性，但其结论却不甚妥当。首先，从税收代位权法律关系的结构看，尽管税务机关对纳税人可以通过行政程序征税，但纳税人与第三人之间却只存在民法上的债权债务关系。如果税务机关因纳税人怠于行使债权而需要启动代位程序，那么它所享有的权利恐怕不宜超过被代位人本身的权利范围。其次，从税收法定和依法行政的角度看，纳税人的债务人并不负有公法上的义务。如果税务机关直接对其进行行政执法，缺乏法律依据。最后，从保护民事主体合法利益的角度看，第三人作为私法上的债务人，与纳税人享有平等的民事地位和诉讼权利。如果将这种私法上的债务通过税收代位权而转变成为一种公法上的义务，这对第三人来说是无法接受的。鉴于税务机关代位行使的是一种民事权利，我们赞成现行立法的规定，即通过诉讼程序实现税收代位权。

毫无疑问，《合同法》第73条规定的代位权诉讼是指民事诉讼，因为它本身就是

---

① 徐孟洲、魏俊：《税务机关的代位权、撤销权及其行使》，载中国政法大学经济法研究中心《海峡两岸经济法学术讨论会2002年论文集》，第315页。

针对民事代位权而言的。当税收代位权也要通过诉讼才能实现时,这种诉讼是否也属于民事诉讼呢?笔者认为,答案应该是肯定的。

众所周知,行政诉讼虽然是一种国家行政机关参与的类型,但行政机关在诉讼中总是作为被告出现的;而在税收代位权诉讼中,税务机关作为公法上的税收债权人,必须以原告身份参与诉讼。行政诉讼的作用在于,保护行政相对人的合法权益,保障和监督国家行政机关依法行使职权①;而税收代位权诉讼的目的在于,增加纳税人责任财产,保障国家税收如数征缴。这两种诉讼形式截然不同,因此,税务机关无法通过行政诉讼行使税收代位权。

鉴于税务机关是代纳税人之位行使债权,而纳税人与第三人之间又是一种民事关系,因此,笔者认为,税收代位权只能通过民事诉讼的方式行使。但是,由于税法的公法属性及作为原告的税务机关的特殊身份,税收代位权诉讼中又有许多与普通民事代位权诉讼不同之处。下文将逐一予以阐述。

2. 税收代位权诉讼的当事人

在税收代位权诉讼中,税务机关代位行使纳税人的债权,处于主动地位,是诉讼开始的提起者,故在诉讼中作为原告无疑。纳税人的债务人是税务机关行使代位权的直接指向,在诉讼中处于被动地位,其作为案件的被告也没有问题。关键问题是纳税人是否应作为诉讼当事人参加诉讼以及其在诉讼中的地位。

《合同法》颁布之后,学者们对民事代位权诉讼中直接债务人的诉讼地位意见不一,有的主张将其列为有独立请求权的第三人②;有的主张作为无独立请求权的第三人③;还有的认为应当将其列为共同原告④。结合税收代位权诉讼的特点,笔者认为,可以将纳税人列为无独立请求权的第三人参加诉讼。

我国《民事诉讼法》第56条规定,无独立请求权的第三人是对当事人双方的诉讼标的虽然没有独立的请求权,但是案件的处理结果同他有法律上的利害关系,可以申请参加诉讼或者由人民法院通知他参加诉讼的人。如果某人既不同意本诉中原告的主张,也不同意被告的主张,认为不论是原告胜诉,还是被告胜诉,都将损害他的民事权益,其在诉讼中则为有独立请求权的第三人。实际上,这种第三人是为了维护自己的权益,以独立的实体权利人的资格提起了一个新的诉讼。⑤ 就税收代位权诉讼而言,税务机关向次债务人主张的是纳税人的权利,因而不管是税务机关胜诉还是次债务人胜诉,该裁判结果都与纳税人有着法律上的利害关系。但纳税人并不符合有独立请求权的第三人之构成要件,因为代位权是法律赋予税务机关的一项权利,只要符

---

① 林莉红:《行政诉讼法学》,武汉大学出版社1999年版,第22页。
② 戚兆波:《代位权诉讼主体》,载《人民法院报》1999年8月11日第4版。
③ 丁建明:《也谈代位权诉讼主体》,载《人民法院报》1999年8月11日第4版。
④ 彭志鸿:《论债权人代位权和撤销权》,载《律师世界》2000年第2期。
⑤ 江伟主编:《民事诉讼法学原理》,中国人民大学出版社1999年版,第353—361页。

合构成要件的规定,代位权诉讼就有着正当的法律依据,纳税人对该诉讼标的不可能存在独立的请求权。

当然,无独立请求权的第三人只是纳税人参加税收代位权诉讼后的称呼,如果不是税务机关申请或法院依职权主动追加纳税人为第三人,纳税人并不是必须要参加诉讼的。从理论上说,第三人的缺位不会影响诉讼当事人的完整性,因而对诉讼的进程毫无影响。

3. 税收代位权诉讼中的举证责任

税收代位权诉讼也应当遵循"谁主张,谁举证"的原则,举证责任的主要承担者为税务机关。如,税务机关应当证明如下事实:(1)纳税人的纳税义务已经发生。(2)纳税人的纳税义务已经确定。(3)纳税人的纳税义务已逾清偿期。(4)纳税人拥有到期债权。(5)纳税人怠于行使到期债权。对于这点,实践中应允许税务机关采用推定的方式举证。只要税务机关能够证明纳税人与次债务人之间债务已到期,次债务人未向纳税人履行债务,且纳税人未向次债务人为诉讼或仲裁上的主张,即可视为纳税人怠于行使债权。①(6)纳税人怠于行使到期债权的行为致使国家税收遭受损害。

针对税务机关提起的代位权诉讼,纳税人作为无独立请求权的第三人也可以提出抗辩。纳税人需要举证的抗辩事由大致包括:(1)纳税人不负有纳税义务;(2)纳税人的纳税义务虽然已经发生,但并未确定;(3)纳税人的纳税义务虽然已经确定,但并未到期;(4)纳税人的对外债权不存在,或者虽然存在,但是未到期;(5)纳税人已通过诉讼或仲裁的方式积极主张债权;(6)纳税人已经积极行使了自己的权利却因客观情况未实现债权;(7)纳税人因客观情况未行使到期债权。

纳税人的债务人作为诉讼的被告,可以以其对纳税人的抗辩事由对抗税务机关,并就抗辩事由负完全的举证责任。如,证明对纳税人的债务不存在;或虽然存在,但未到期。除此之外,他还可以证明纳税人并没有怠于行使债权,而是积极主张权利,只是由于客观原因而未能实现债权;或者纳税人未能行使债权是由于客观的困难,等等。至于其能否通过证明纳税义务并未发生,或并未确定,或未到清偿期,而推翻税收机关的代位权,笔者认为,由于税收代位权对纳税人的债务人有所妨害,因此,只要该债务人具备这个举证能力,法律没有必要加以否认。

需要特别指出的是,在税收代位权诉讼中,法院不仅要审查民事债权是否合法存在,而且要审查纳税义务发生、确定以及清偿的各种情况,这对法院现有的民事、行政审判庭分设体制有一定的冲击。不过只要在法院内部稍作调整,这个问题是不难解决的,刑事附带民事诉讼就是一个典型的例子。

---

① 韩林成、张伟:《论债权人的代位权》,载《政法论丛》2000年第1期。

(五) 税收代位权行使的效力

1. 税收代位权行使对纳税人的效力

税务机关行使代位权之后,纳税人不能就已被代位行使的债权进行处分。如果允许纳税人在税务机关行使代位权后抛弃、免除或让与相关权利,税收代位权的目的将会落空。因此,税务机关提起代位权诉讼后,只要已经合法通知纳税人,纳税人不得实施妨碍税务机关行使代位权的处分行为,即不得为抛弃、免除、让与或其他足以使代位权行使失去效力的行为。由于税收代位权是以纳税人欠缴税款,且纳税人对外债权已经到期为前提的,所以这种要求并不会对纳税人构成很大的妨害。这既是保障国家税收征缴的必要措施,也是维护诉讼的严肃性和程序的安定性的必然要求。

税收代位权行使后,不管其实体的结果如何,都应该由纳税人承担。但我国司法实践却赋予代位权人直接受偿权,如果纳税人的债务人已经向税务机关依据自己的债务而相应给付,这种给付即具有债务清偿的效力。在给付的范围内,纳税人与该债务人之间的债权债务关系消灭,纳税人不能再向该债务人请求履行债务。

至于代位权诉讼结束后,判决的既判力是否及于纳税人,笔者认为应以肯定为佳。纳税人应当承受判决的后果,即使该判决结果对纳税人不利,他也不能基于自己的债权另行提起诉讼。为了避免不利的后果,纳税人自然会积极主动地参与诉讼,这对诉讼的顺利进行十分有利。同时,如果税务机关在诉讼过程中因为过失而招致败诉的结果,他也应对纳税人承担损害赔偿责任。所以,承认判决对纳税人的既判力,对纳税人并不会产生实质性的危险。

2. 税收代位权行使对税务机关的效力

在税收代位权诉讼中,税务机关作为原告代纳税人向次债务人主张权利。基于这一特征,税务机关在行使权利时,不能损害纳税人的合法权益。例如,由于代位权诉讼涉及纳税人与次债务人、税务机关与纳税人之间的双重法律关系,因而税务机关的诉讼请求额不应超过纳税人所负担的应纳税额,同时也不应超出纳税人对次债务人所享有的债权数额。① 与此同时,税务机关毕竟不同于一般民事代位权诉讼中的原告,它是公益的代表和执行机关,因此其在诉讼过程中的处分权也应受到限制。例如,在民事诉讼中,原、被告双方都享有自行和解权或请求法院调解的权利,这是民事诉讼的处分原则使然。② 然而和解或者调解往往是在一方当事人作出让步的基础上进行的,是权利人放弃部分实体权利后的妥协结果。而税务机关担负的是如数征缴国家税款的职责,不能以损害国家税收利益为代价与纳税人达成和解或请求调解,所

---

① 对于这一问题,最高人民法院《关于适用〈中华人民共和国合同法〉若干问题的解释(一)》第21条已经明确规定:"在代位权诉讼中,债权人行使代位权的请求数额超过债务人所负债务额或者超过次债务人对债务人所负债务额的,对超出部分人民法院不予支持。"
② 江伟主编:《民事诉讼法学原理》,中国人民大学出版社1999年版,第316—319页。

以,其和解权、请求调解权应被完全禁止。

按照传统民法理论,债权人对代位权诉讼之利益既不能直接受偿,亦不享有优先受偿权。这就意味着,即使代位权得以实现,债权人最终仍不能获得清偿的可能性是客观存在的。例如,在债务人存在其他债务的情况下,如果其他债务亦到期,不论相关债权人是否提出清偿要求,债务人均有可能同时清偿或只清偿其他债权人,导致代位权人要么不能获得清偿,要么无法获得充分清偿。即使其他债权均未到期,债务人仍可能拖延清偿代位权人,或征得其他债权人同意而提前清偿。在代位权人为唯一债权人时,债务人亦有可能以转移财产、肆意挥霍等行为逃避债务的履行。① 所以,为避免国家税款流失,税收代位权诉讼不妨遵守最高人民法院《关于适用〈中华人民共和国合同法〉若干问题的解释(一)》第20条所确认的规则,即只要法院审理后认定税收代位权成立,就可判决由次债务人向税务机关履行清偿义务,税务机关与纳税人、纳税人与次债务人之间的相应的债权债务关系即予消灭。不过,从正本清源的角度看,这与传统的代位权理论存在很大的偏差,而且对纳税人的其他债权人也可能会造成损害,因而其实效还有待观察。

3. 税收代位权行使对次债务人的效力

税收代位权诉讼开始后,次债务人得以对抗纳税人的一切抗辩,都可用来对抗税务机关,例如债务不成立、无效、得撤销,债务未届履行期、纳税人应为同时履行,等等。至于纳税人得以对抗税务机关的抗辩,次债务人是否可以用来对抗税务机关,本书在前文已经作了肯定性的回答,此处不再赘述。

当次债务人依法院判决直接向税务机关清偿后,在清偿的范围内,次债务人与纳税人之间的债权债务关系即予消灭,次债务人不需再向纳税人为相应的给付。如果税务机关请求的数额低于纳税人对次债务人的债权,判决执行后,次债务人对纳税人的债务并非全部消灭,纳税人仍然可以就剩余部分向次债务人请求偿还。

如果次债务人对纳税人的债务不可分,税务机关必然就其整体行使税收求偿权。纳税人的债权实现后,除了直接清偿税收之外必定还有剩余。毫无疑问,这部分剩余归属于纳税人,次债务人应当直接向纳税人为给付。

三、税收撤销权

税收撤销权,是指税务机关对欠缴税款的纳税人滥用财产处分权而对国家税收造成损害的行为,请求法院予以撤销的权利。2001年颁布的《税收征收管理法》规定了税收撤销权制度。这一制度的规定在我国税法上进一步确立了税收的公法之债的

---

① 贾玉平:《论债权人代位权》,载《法学评论》2001年第4期。

属性,揭示了税法与民法债法的密切关系,具有重大的理论价值。① 撤销权是民法债法上传统的制度,国内的研究也比较成熟。而对税收撤销权,本文欲在民法债法关于撤销权的原理的基础上,拟对税收撤销权的由来、性质、构成要件、行使方式、效力、除斥期间等问题进行论述。

(一) 税收撤销权的由来

税收撤销权制度源于民法债法上的撤销权制度,而债法上的撤销权又源于罗马法上的废罢诉权,也叫保罗诉权。根据废罢诉权,债务人实施一定的行为将会减少债务人的现有财产,从而有害债权人的债权,且债务人具有故意,第三人也明知债务人实施行为具有加害债权人的故意,债权人就有权请求法院撤销债务人处分财产的行为。② 撤销权在大陆法上分成两部分,即商法或者单行破产法所规定的撤销权,以及民法或者债法所规定的破产以外的撤销权。③《德国商法典》规定破产上的撤销,《民法典》规定破产外的撤销;瑞士以联邦法、奥地利以撤销条例对撤销权作特别规定;英国有关于诈欺移转的法律和债权人与债务人和解条例;《日本民法典》与《破产法》分别规定撤销权;我国 1929 年《民法典》规定了撤销权,同时在破产法中规定破产上的撤销权。④ 民法债法规定撤销权突破了债的相对性原则,扩展了债的效力,以确保债的效力的最终实现。将作为公法之债的税收和民法上的债进行类比,就很容易引申出税收撤销权制度。税收作为一种公法之债,它也应具有债的一般属性,只能约束税收法律关系主体,主要是税务机关和纳税人,而不能对税收法律关系以外的主体产生约束力。纳税人的纳税义务实现的方式主要有纳税人自动缴纳税款,以及税务机关采取税收保全措施、强制执行措施等。但当纳税人不自动缴纳税款,而又滥用其财产处分权使其责任财产减少时,税务机关采取税收保全措施、强制执行措施就失去了对象,国家税款就有无法实现的危险。这时,税收之债和私法之债一样,也须突破债的相对性原则,扩展债的效力,设立撤销权制度,对纳税人滥用财产处分权的行为予以限制,使税收之债的效力能够最终实现。日本税法即规定了这一制度。《日本地方税法》第 20 条第 7 项规定:"民法有关债权者的代位与诈害行为取消权的规定,地方团体征收金的征收准用。"⑤我国当代民法上本无撤销权制度,《合同法》规定了合同之债的撤销权,完善了对合同之债的保全制度。《税收征收管理法》在《合同法》规定的基础上,从税收的公法之债的属性出发,规定了税收撤销权制度,完善了税收保全制度,有助于防止欠缴税款的纳税人滥用财产处分权的行为,保障国家税款的及时足额

---

① 原文与魏建国合作发表于《税务研究》2001 年第 9 期,收入本书时作部分修订。
② 陈朝璧:《罗马法原理》(上册),商务印书馆 1936 年版,第 197 页。
③ 孔祥俊:《合同法教程》,中国人民公安大学出版社 1999 年版,第 320—321 页。
④ 张广兴:《债法总论》,法律出版社 1997 年版,第 206 页。
⑤ 吴炳昌:《日本地方税法》,经济科学出版社 1990 年版,第 81 页。

入库,提高纳税人的税法意识。

(二) 税收撤销权的性质

上文已述及,税收撤销权和民法债法上的撤销权具有密切的关系,因此,思考税收撤销权的性质,也应从分析民法债法上撤销权的性质入手。关于民法债法上撤销权的性质,传统民法学说中有请求权说、形成权说、折中说即请求权和形成权说、责任说等学说。所谓请求权说,是指债权人的撤销权为对于因债务人的行为而受利益的第三人直接请求返还的权利。形成权说是指债权人的撤销权的效力在于依债权人的意思而使债务人与第三人之间的法律行为溯及既往地消灭。折中说是指撤销权兼具请求权和形成权的性质,债权人行使撤销权的行为一方面使债务人和第三人之间的法律行为溯及既往地消灭,另一方面又可使债务人的责任财产恢复到行为前的状态。责任说是指债权人并不需请求受益人返还财产,而是将该财产视为债务人的责任财产。通说从折中说,即认为撤销权兼具请求权和形成权的性质。这也是我国民法学界公认的观点。① 税收撤销权的行使会产生类似于民法债法上撤销权行使的法律效果,即同样可以使纳税人和第三人之间的法律行为溯及既往地消灭,也会产生第三人对财产的返还效果。由此可知,税收撤销权是类似于民法债法上撤销权的权利,而和税务机关享有的其他税务行政权力有所区别。它是从属于税收债权的一种特别权利。另外,税收撤销权和税收代位权也不同。税收撤销权针对的是纳税人积极处分其财产的行为,而税收代位权针对的是纳税人消极怠于行使权利的行为。

(三) 税收撤销权的成立要件

1. 纳税义务发生并且已经确定

关于纳税义务发生、确定的条件,税收代位权与撤销权的要求并无二致。不同的地方在于,在税收代位权制度中,我们强调纳税人的期限利益,认为在纳税义务的清偿期届满前,税务机关不能向纳税人的债务人行使代位权。这主要是考虑到,我国《合同法》虽然没有规定代位权人的直接优先受偿权,但最高人民法院《关于适用〈中华人民共和国合同法〉若干问题的解释(一)》对此却给予了肯定的回答。如果税款尚未届至清偿期,而税务机关却可以通过代位权直接受偿,这会损害纳税人的期限利益,违背依法行政的基本要求。而在税收撤销权中,由于撤销权行使的后果是使全部利益重新归于纳税人,税务机关并不能直接从中优先受偿,纳税人的期限利益也不会因此而受到损害,所以,笔者认为,当纳税义务确定以后,即使尚未届至清偿期,如果纳税人放弃到期债权,无偿转让财产,或者以明显不合理的低价转让财产,损害国家

---

① 参见王家福主编:《民法债权》,法律出版社1991年版,第182—183页;史尚宽:《债法总论》,中国政法大学出版社2000年版,第475—479页。

税收,且第三人知道的,税务机关可以立即行使撤销权,不需等到纳税义务的清偿期届满。

2. **纳税人有减少财产的行为**

根据《税收征收管理法》第 50 条和《合同法》第 74 条第 1 款的规定,只有当纳税人放弃到期债权、无偿转让财产、以明显不合理的低价转让财产时,税务机关才能行使撤销权。在税收实践中,为了防止税务机关滥用权力,对上述条款必须从严解释,不能作扩大的理解。既然税收撤销权的目的不在于增加纳税人的责任财产,纳税人实施的非以财产为标的的行为,如身份行为、提供劳务行为等,第三人虽然可能因此获得利益,但其并未损及纳税人的责任财产,因此不得被撤销。另外,纳税人在正常的经济交往中所实施的行为,如清偿到期债务、支付正常对价等,虽有可能导致其责任财产减少,但税务机关不得对此予以干涉。否则,就会违背设立税收撤销权制度的初衷。

在理论上,纳税人增加负担的行为也可能导致税收债权受损。按照《破产法》第 35 条的规定,人民法院受理破产案件前 6 个月至破产宣告之日的期间内,破产企业对原来没有财产担保的债务提供财产担保,或者对未到期的债务提前清偿的行为无效。破产企业有前款所列行为的,清算组有权向人民法院申请追回财产。由于破产债权中包括国家的税收债权,因此,这种制度对税收债权的实现也具有一定的积极意义。不过,受税收法定主义的限制,在没有法律明确规定的情况下,这种做法不能类推到税法的全部领域。在目前的情况下,即便纳税人通过上述方式增加负担,税务机关也难以行使撤销权,第三人从中所受的利益只能予以维护。

对于纳税人拒绝受领某种利益的行为,如放弃继承、拒绝受赠等,能否被撤销的问题,笔者认为,税收撤销权的目的是恢复纳税人的责任财产,而不在于增加纳税人的责任财产。① 纳税人拒绝受领的"增加财产",本来就不属于纳税人责任财产的范围。税收债权的责任财产,应当限于纳税义务发生之时纳税人现存的财产,而不能包括纳税人将来可能取得的财产。当纳税人拒绝受领增加的财产时,仅仅涉及其与第三人之间的关系,与纳税义务相对应的责任财产并未减少。既然纳税人的信用不会减损,国家的税收利益也不会受到损害,那么,对纳税人拒绝受领某种利益的行为,税务机关不得行使撤销权。

3. **纳税人的行为有害于国家税收**

所谓有害于国家税款的征收,是指由于纳税人与第三人的活动,导致纳税人财产减少,不能如期足额缴纳税款,从而对国家税收利益造成损害的情形。纳税人放弃到期债权,无偿或低价转让财产的行为,本来属于民法意思自治的范畴,如果不存在无力履行债务的情形,税务机关对此无权干涉。至于无力履行债务的标准,理论上有资

---

① 王家福主编:《中国民法学·民法债权》,法律出版社 1991 年版,第 183 页。

不抵债和支付不能两种主张,我国《合同法》对此没有作出规定。学者们一般主张,为便利债权人举证,以支付不能为认定标准较为可取。不过,在税法中,当税务机关行使撤销权时,税收债务有的已至清偿期,有的还未至清偿期。如果一概采用支付不能作为标准,将无法解决清偿期未至的情形。因此,笔者主张兼收并蓄,按不同的情形分别对待。

第一,对于已经届至清偿期的,一旦纳税人未按时履行纳税义务,纳税人的前述行为即可被认为有害于国家税收。如果纳税人认为自己仍然具备支付能力,可以举出反证推翻税务机关的指控。第二,对于尚未届至清偿期的,如果纳税人已经资不抵债,税务机关也可以行使撤销权。不过,由于税务机关无法精确掌握纳税人的财产信息,因此,对税务机关的证据要求不宜过高,纳税人应当分担部分举证责任。只要税务机关能够提供初步证据,证明纳税人的财产与税收债务不相称,法院就应当予以采信。如果纳税人认为自己不存在资不抵债的事实,并以此为由对抗税务机关的撤销权,则不妨由纳税人举出反证。

一般而言,除了证明纳税人无力清偿税款的事实外,税务机关还必须证明该结果与纳税人的行为之间存在因果关系,否则税收撤销权也不能成立。所以,纳税人的行为在何时发生,对于税收撤销权的成立至关重要。有学者认为,危害债权的行为必须发生在债权成立之后。在债权成立之前,债务人的行为并无危害债权的可能性。[①] 笔者赞同这种观点,但根据税法的特性,只有在税收债务确定之后,纳税人减少财产的行为才会发生损害税收债权的可能。税务机关作出征税决定之前,纳税人已经合法转让给第三人的财产,税务机关不得行使撤销权。当然,如果纳税人的责任财产在纳税义务届满时得以恢复,使税收债务的履行不至于发生困难,税务机关更没有行使撤销权的必要了。

4. 纳税人和第三人的恶意

纳税人和第三人的恶意,笼统地讲,是指其故意损害国家税收的主观状态。在民法中,大陆法系将债务人的行为分为有偿行为和无偿行为。对于无偿行为的撤销,通说认为不考虑纳税人和第三人的主观因素[②],只有在有偿行为的情况下,如果属于明显不合理的低价,才需要考虑纳税人与第三人是否存在恶意。至于判断债务人与第三人恶意的标准,存在观念主义和意思主义两种立法例。前者只要求债务人认识到,其行为可能使其丧失偿还能力,妨害债权的实现。而后者则要求,债务人不仅必须认识到其行为有害债权,而且在主观上还要有损害债权的意思。我国合同法基本采纳观念主义。如果将其推广到税收撤销权,当纳税人以明显不合理的低价转让财产时,税务机关的撤销权应以纳税人的恶意为成立要件,以第三人的恶意为行使要件。

---

① 江平主编:《中华人民共和国合同法精解》,中国政法大学出版社 1999 年版,第 63 页。
② 张广兴:《债法总论》,法律出版社 1997 年版,第 207 页。

所谓纳税人的恶意,是指纳税人明知自己的行为可能引起或加重其无资力状态,危及国家税收,仍然从事该行为。纳税人的恶意应当以行为时为准。如果行为当时不知道自己的行为有害于国家税收,尔后才转为恶意,则不成立诈害行为。所谓第三人的恶意,是指第三人在受益时知道纳税人的行为有害于国家税收利益,但仍然进行该行为。否则,应当认定其为善意第三人。至于第三人是否知道纳税人的故意,在所不问。对第三人的恶意,原则上应由税务机关举证证明。如果税务机关能够证明,根据当时的具体情势,纳税人有害于税收债权的事实应为第三人所知,则可推定第三人为恶意。如果仅有纳税人的恶意,而第三人为善意时,税务机关不得行使撤销权。

5. 税收撤销权只能限于税收债权的范围

在民法上,债权人行使撤销权的范围是以自己的债权为限,还是扩展到全体债权人的债权,无论在理论上还是实践中都有不同的回答。有的学者认为,行使撤销权的范围应以全体债权人的债权额为限。① 但我国《合同法》第74条明确规定,撤销权的行使范围以债权人的债权为限。根据《税收征收管理法》对《合同法》条文的援用,税收撤销权也只能限于已经确定的税收债权。这即意味着,即便纳税人的财产减少或者债务增加,造成无法偿还包括税收在内的诸多债务,税务机关在行使撤销权时,也只能以已经确定的税收债权为限,而不能行使其他债权人的权利。

除此之外,人民法院在确定税收撤销权的效力范围时,还应当注意被撤销的标的是否可分。无论纳税人转让财产属于有偿还是无偿,只要被撤销行为的标的是可分的,税务机关就只能在税收债权的范围内行使撤销权,不得波及全部,以保障交易的自由与安全。如果被撤销行为的标的不可分,则只能全部撤销。当然,如果纳税人分别从事了几项处分其财产的行为,仅仅是税务机关主张撤销的行为无效,纳税人其他的财产处分行为仍然有效。

6. 税收撤销权的期限限制

撤销权属于事后的否定权。为了稳定交易秩序,保障交易安全,无论是当事人之间的撤销权,还是当事人之外的第三人的撤销权,都应该有一定的期限限制。即便的确存在可撤销的事由,如果权利人不及时行使权利,超过一定的期限后,其权利也会自然消灭。例如,《合同法》第75条规定:"撤销权自债权人知道或者应当知道撤销事由之日起一年内行使。自债务人的行为发生之日起五年内没有行使撤销权的,该撤销权消灭。"《税收征收管理法》虽然没有直接准用该条文,但考虑到其属于撤销权制度不可分割的组成部分,因此对税收撤销权也应当适用。至于税收撤销权是否超过法定期限,在具体的诉讼中不妨由纳税人或第三人举证。只有证明税务机关的行为有违法律规定,第三人的利益才能够得到充分的维护。

---

① 郭明瑞、房绍坤:《新合同法原理》,中国人民大学出版社2000年版,第219页。

(四) 税收撤销权的行使程序

和税收代位权一样,税收撤销权也应该通过民事诉讼的方式行使。但税收撤销权诉讼的当事人如何确定,诉讼中的举证责任如何分配,可能需要作进一步的研究。《合同法》颁布之后,有关民事撤销权诉讼的当事人,学者们的意见也很不一致。通说认为,如果被撤销的对象是债务人的单方行为,应当以债务人为被告。如果被撤销的对象为债务人与第三人的双方行为,应当以债务人和第三人为共同被告。① 结合税收撤销权诉讼的特点,考虑到第三人在其中的特殊利益,笔者认为,对撤销权诉讼的当事人应作具体的分析。

当纳税人放弃到期债权或无偿赠予财产时,其单方的意思表示就可以使法律行为生效。从税务机关的立场看,其可以单独选择纳税人作为被告,请求法院撤销纳税人的单方行为。只要纳税人的行为被撤销,其责任财产自然可以得到恢复,第三人的协助只是执行阶段的问题,与诉讼本身没有关系。不过,即便第三人没有共同参与纳税人的行为,当纳税人的行为被撤销时,无论第三人是否需要返还财产,其已经得到或将要得到的财产和利益将不复存在。因此,第三人对税收撤销权诉讼毫无疑问存在利害关系。如果他不能以被告的身份参与诉讼,最起码应当成为诉讼第三人。在这种情况下,即使第三人没有申请,法院也应当依职权将其追加进来。

如果纳税人的行为是与第三人共同完成的,鉴于撤销权的对象为双方行为,税务机关提起诉讼时,就应该以纳税人和第三人为共同被告。如果税务机关仅以纳税人为被告,未将第三人列为当事人,人民法院也应当依职权将第三人追加为被告,以维护第三人的合法权益。不过在实践中,纳税人的行为究竟是单方行为还是双方行为,可能存在判断上的模糊性。有偿转让财产的行为比较容易鉴别,但放弃权利和赠予财产的行为既可能是单方行为,也可能是纳税人与第三人协商一致的结果。如果没有经过案件审理和调查,在起诉和立案阶段很难立即得出结论。

按照最高人民法院《关于适用〈中华人民共和国合同法〉若干问题的解释(一)》第24条的规定,债权人依照《合同法》第74条的规定提起撤销权诉讼时,如果只以债务人为被告,未将受益人或者受让人列为第三人,人民法院可以追加该受益人或者受让人为第三人。笔者认为,从法理上看,如果纳税人与第三人协商转让财产,在撤销权诉讼中只将纳税人列为被告,而将第三人追加为诉讼第三人是不妥当的。从保护第三人利益的角度看,为了提升其诉讼地位,增强其参与诉讼的能力,将第三人追加为被告才是比较妥善的解决办法。

在民事诉讼中,"谁主张,谁举证"是分配举证责任的基本原则。税收撤销权既然必须通过民事诉讼的方式行使,自然也应遵循这一原则。因此,在税收撤销权诉讼

---

① 余延满:《合同法原论》,武汉大学出版社1999年版,第458页。

中,举证责任的主要承担者为税务机关。税务机关需要证明的事实有:(1)纳税人欠缴税款;(2)纳税人实施了减少财产或增加债务的行为;(3)纳税人的行为有害于国家税款的征收;(4)在有偿情况下纳税人与第三人的恶意。需要指出的是,只要纳税人存在"以明显不合理的低价转让财产"的行为,就足以表明其主观有恶意。而对于第三人的恶意,则不仅要求举证其知道"明显的低价",而且还须要求其知道给国家税收造成损害,或者证明第三人具有故意损害国家税收的意图。

针对税务机关提起的撤销权诉讼,纳税人的抗辩事由大致包括:(1)民事行为发生时,纳税人不负有纳税义务;(2)纳税人的纳税义务虽已发生,但在民事行为发生时并未确定;(3)纳税人财产减少或债务增加的情形均属于正常的民事交往活动,并不以逃避税收为目的;(4)纳税人的行为对国家税收不会造成损害,纳税人仍然具有足够的税收清偿能力;(5)税务机关的请求超出了税收债权的范围;(6)税务机关未在法定的期限内行使撤销权;(7)纳税人转让财产的价格没有明显低于市场价格;(8)纳税人转让财产的价格虽然明显偏低,但具有合理的理由。

从第三人的角度看,无论其作为被告还是诉讼第三人,只要税务机关举证不力或者纳税人抗辩成功,其利益就可以得到维护。因此,第三人也应当享有充分的抗辩权,以对抗税务机关的不利指控。总体来说,纳税人对税务机关所享有的抗辩权,第三人应当完全享有。这样,当纳税人缺乏抗辩积极性时,第三人的利益仍然能够得到维护。除此之外,第三人还应当享有一些独立的抗辩权。例如,第三人可以主张自己为善意,不知道纳税人低价转让财产的行为有损国家税收,更没有与纳税人恶意串通。只有享有完全的抗辩权,第三人的利益才能得到最大限度的维护。

(五)税收撤销权行使的效力

纳税人的行为被撤销之后,其效力溯及既往地归于消灭。第三人有义务向纳税人返还财产,用以平等地清偿全体对外债务。在我国民事代位权制度的实务中,次债务人被要求向债权人清偿债务,债权人有优先受偿权。[①] 既然《税收征收管理法》直接援引《合同法》的规定,税务机关自然也会提出相应的主张。不过,即便是如此,这也只能限于税收代位权。在民事撤销权制度的实务中,当债务人与第三人的行为被撤销后,第三人所占有的债务人的财产,仍然只能返还给债务人,而不能返还给债权人。同样的道理,在税收撤销权诉讼中,税务机关也不能向第三人主张受偿,而只能等纳税人收回财产之后,待税收债权的清偿期届满,才能向纳税人进行主张。

---

① 参见最高人民法院《关于适用〈中华人民共和国合同法〉若干问题的解释(一)》第5条。

四、查封、扣押、冻结措施

根据我国税法的精神,税务机关针对纳税人不同的财产,可以采取不同的保全措施。例如,针对不动产,可以进行查封;针对动产,可以考虑扣押;针对银行存款,可以直接冻结。所谓查封,是指对纳税人的财产查实、封存,限制纳税人对财产的支配。而扣押则是直接扣取财产,使其脱离纳税人的控制。至于存款的冻结,实际上是一个要求金融机构停止支付的命令。查封、扣押或冻结的目的,首先在于督促纳税人缴纳税款。如果纳税人在限期内仍然拒不履行,则自然进入强制执行程序。如果纳税人在限期内缴纳了税款,则必须立即解除保全措施,使纳税人恢复对财产的控制。在税务强制执行程序中,也需要对纳税人财产查封或扣押。不过,这属于强制执行的必要步骤,与税收保全的目的有所差别。①

《税收征收管理法》有关保全措施的内容,主要规定在第38条和第39条中。据此,税务机关只要有根据认为,从事生产、经营的纳税人逃避纳税义务,就可以在规定的纳税期之前,责令纳税人限期缴纳应纳税款。倘若在限期内发现纳税人有明显的转移、隐匿其应纳税的商品、货物,以及其他财产或者应纳税的收入的迹象,税务机关可以责成纳税人提供纳税担保。如果纳税人不能提供纳税担保,经县以上税务局(分局)局长批准,税务机关可以采取下列税收保全措施:(1) 书面通知纳税人开户银行或者其他金融机构冻结纳税人的金额相当于应纳税款的存款;(2) 扣押、查封纳税人的价值相当于应纳税款的商品、货物或者其他财产。可见,这种情况下的税收保全措施,具有非常严格的条件限制。

除此之外,《税收征收管理法》第55条还规定:"税务机关对从事生产、经营的纳税人以前纳税期的纳税情况依法进行税务检查时,发现纳税人有逃避纳税义务行为,并有明显的转移、隐匿其应纳税的商品、货物以及其他财产或者应纳税的收入的迹象的,可以按照本法规定的批准权限采取税收保全措施或者强制执行措施。"另外,根据第37条的精神,对未按照规定办理税务登记的从事生产、经营的纳税人以及临时从事经营的纳税人,由税务机关核定其应纳税额,责令缴纳。如果不缴纳,税务机关可以扣押其价值相当于应纳税款的商品、货物。这里虽然没有使用保全的概念,但其实也是保全税收的一种措施。

(一)查封、扣押、冻结的对象

按照税法的规定以及实践中的做法,查封的对象主要是土地、房屋、林地等不动

---

① 在我国台湾地区税法中,查封、扣押和冻结都属于假扣押。"假"即临时的意思,假扣押就是使财产临时脱离纳税人的控制。不仅如此,在德国税法中,有关限制出境、拘提管收等措施,也归入假扣押之列。只不过,前者属于对财产的假扣押,而后者则属于对人的假扣押。

产,也包括一些扣押成本太高,或者不适合扣押的动产。查封的形式没有统一的规定,动产一般集中封存,房屋也可以采取封门闭户的形式。不过,对于土地、林木、高尔夫球场等不动产而言,除非有围墙或其他的封闭设施,否则物理上的封存很难做到。至于扣押的对象,目前只限于动产。这里所谓的动产,除了普通的商品之外,还包括汽车等特殊物品,以及存折、国库券、股票、商标注册证等权利凭证。至于对外的债权,除了对金融机构存款可以冻结之外,不在扣押范围之内。而冻结的对象就只能是金融机构存款了。

从法理上说,无论是查封还是扣押,或者是冻结存款,都只能限于纳税人自己的财产。这一点也是《税收征收管理法》的直接要求。因此,对于纳税人所保管的其他人的财产,包括纳税人行使质权的财产,税务机关无权查封或者扣押。如果出现查封或扣押对象的错误,应当允许第三人提出异议。不过,《税收征收管理法实施细则》第72条规定:"税收征收管理法所称存款,包括独资企业投资人、合伙企业合伙人、个体工商户的储蓄存款以及股东资金账户中的资金等。"这表明,在我国的实务中,为了保全独资企业或合伙企业的税款,可以冻结其投资人或合伙人的存款。这种解释与法律的要求差距十分明显。

扩大保全范围当然会产生一定的实效,尤其对独资企业、合伙企业而言,这种做法更具有现实意义,而在法理上似乎也能自圆其说。但是毋庸讳言,有关二者之间责任如何承担的规定,我国税法中从来没有出现过。由行政法规作出这类要求,仍然有欠妥当。[①] 况且,即便投资人需要承担责任,也应该是一种补充责任,而不是连带责任。在税收保全时,应该首先考虑纳税人的财产。毕竟,独资企业或合伙企业都是独立的纳税人。如果这种做法可以推广的话,那么在查封及扣押时,也完全可以如法炮制。但法律规定的查封、扣押范围非常明确,实施细则也没有作扩大的解释。因此,仅仅对存款作额外的要求,不能保持逻辑上的一致。

至于纳税人及其所扶养家属维持生活必需的住房和用品,按照现在的《税收征收管理法》的要求,不在税收保全措施的范围之内。所谓纳税人所扶养家属,是指与纳税人共同居住生活的配偶、直系亲属以及无生活来源并由纳税人扶养的其他亲属。一般而言,机动车辆、金银饰品、古玩字画、豪华住宅或者一处以外的住房不属于个人及其所扶养家属维持生活必需的住房和用品。单价5000元以下的其他生活用品,则一律不采取税收保全措施。这种人性化的举措既是税收实质公平的要求,又体现了

[①] 在《税收征收管理法》2001年修订之前,关于企业合并、分立如何课税也存在法律依据的问题。由于税务债务的扩充涉及第三人的利益,因此,由法律加以规定才是名正言顺的。在法律没有规定的前提下,国务院的解释效力十分尴尬。

税法对基本人权的尊重,因而是一种巨大的历史进步。① 如果做不到这一点,就有可能侵犯纳税人及其扶养亲属的生存权。

(二) 查封、扣押与财产权的限制

查封、扣押的财产中,既包括土地、房屋之类的不动产,也包括汽车、船舶之类的特殊动产。在管理上,这类财产的共同之处是,任何权利变动都必须办理登记。一般来说,登记是权利变动的生效要件,而不是简单的备案。当税务机关采取保全措施之后,如果不向登记机关请求协助,纳税人仍然可以合法转让财产,从而使查封或扣押的目的难以达到。特别是对不动产而言,重要的并不是物理上的查封,而是法律上的权利转移限制。因此,应当明确查封、扣押与限制权利转移的关系,使两种方式相互配合,以更好地达到税收保全的目的。

按照《税收征收管理法实施细则》第 66 条的规定,税务机关实施扣押、查封时,对有产权证件的动产或者不动产,税务机关可以责令当事人将产权证件交税务机关保管,同时可以向有关机关发出协助执行通知书,有关机关在扣押、查封期间不再办理该动产或者不动产的过户手续。这样一来,限制财产转移只是一种辅助手段,不能独立发挥作用。如果能够像我国台湾地区一样,将限制权利转移作为单独的保全手段,问题将会相对简单一些。在某些情况下,其实完全不必采取查封措施,只需要限制财产权利的转移即可。

可能也是出于这种考虑,《税收征收管理法实施细则》第 67 条规定:"对查封的商品、货物或者其他财产,税务机关可以指令被执行人负责保管,保管责任由被执行人承担。继续使用被查封的财产不会减少其价值的,税务机关可以允许被执行人继续使用;因被执行人保管或者使用的过错造成的损失,由被执行人承担。"如果物理的查封措施是必要的,无论如何,财产也不会交由被执行人保管,更不会允许其利用。不过,这种做法主要是针对不动产而言的。如果是汽车之类的动产,扣押与限制财产转移还须配合使用。否则,纳税人仍然可能对财产进行事实上的处置。

(三) 查封、扣押、冻结与强制执行的关系

查封、扣押或冻结的主要效力在于,限制纳税人处分财产的权利,保障税务强制执行的顺利进行。从程序的衔接来看,查封、扣押、冻结与强制执行也存在顺次关系。查封、扣押、冻结等保全措施的目的,首先在于督促纳税人缴纳税款。如果纳税人在

---

① 从立法技术看,既然《税收征收管理法》第 42 条规定:"税务机关采取税收保全措施和强制执行措施必须依照法定权限和法定程序,不得查封、扣押纳税人个人及其所扶养家属维持生活必需的住房和用品。"那么,第 38 条和第 40 条就没有必要重复规定。

限期内自动履行,税收保全的目的已经达到,税务机关应当立即解除保全。[①] 然而,假如纳税人未能在限期内缴纳税款,查封、扣押或冻结的财产就会成为强制执行的对象。例如,我国《税收征收管理法》第 38 条第 2 款所规定的内容,与该法第 40 条所规定的强制执行措施相比,无论从审批程序还是执行手段,或是最后的清偿结果,没有任何实质差别,其实就是一种强制执行措施。从这个意义上说,查封、扣押、冻结是强制执行的财产保障,而强制执行则可以实现查封、扣押、冻结的最终目的。

在强制执行程序中,虽然也存在查封、扣押等手段,但这些并不具有保全财产的目的,而只是为了使财产脱离纳税人的控制,便于税务机关采取拍卖、变卖等措施。另外,尽管强制执行可能成为保全措施的后发程序,但却不一定以保全措施作为前提。例如,《税收征收管理法》第 40 条规定,从事生产、经营的纳税人、扣缴义务人未按照规定的期限缴纳或者解缴税款,纳税担保人未按照规定的期限缴纳所担保的税款,由税务机关责令限期缴纳,逾期仍未缴纳的,经县以上税务局(分局)局长批准,税务机关可以采取强制执行措施。可见,在没有采取保全措施的场合,只要税款超过履行期限,且没有在指定的期限内缴清,强制执行也就成为必然的选择。

保全措施与强制执行存在一些共同之处,如都不能针对非生产经营的纳税人,都必须经过县以上税务局(分局)局长批准,都必须以应纳税款的核定作为前提,等等。但二者在程序和实体上的区别更为明显:首先,保全措施不能针对扣缴义务人,而强制执行不仅可以针对扣缴义务人,还可以针对纳税担保人;其次,税收保全一般只能在提前征收的情况下适用,而强制执行则只能在纳税期限届满后才能实施;最后,税收保全的效果是财产权利受到限制,而强制执行的效果则是财产权利的转移。可见,税务强制执行对纳税人的权利影响甚巨。在税收保全能够达到目的时,则不必采取税务强制执行措施。

五、限制出境措施

出境是公民迁徙自由的重要组成部分。1948 年的《世界人权宣言》第 13 条规定:(1)人人在一国境内有权自由迁徙和居住;(2)人人有权离开任何国家,包括其本国在内,并有权返回他的国家。1966 年的《公民权利与政治权利国际公约》第 12 条也规定:(1)合法处在一国领土内的每一个人,在该领土内有迁徙自由和选择住所的自由。(2)人人有自由离开任何国家,包括其本国在内。(3)上述权利,除法律所规定并为保护国家安全、公共秩序、公共卫生或道德、或他人的权利和自由所必需,且与本

---

① 《税收征收管理法实施细则》第 68 条规定:"纳税人在税务机关采取税收保全措施后,按照税务机关规定的期限缴纳税款的,税务机关应当自收到税款或者银行转回的完税凭证之日起 1 日内解除税收保全。"

公约所承认的其他权利不抵触的限制外,应不受任何其他限制。(4)任何人进入其本国的权利,不得任意加以剥夺。我国于1998年10月签署了《公民权利与政治权利国际公约》,表明我国已初步同意接受该公约拘束并将成为它的当事国。虽然该公约在我国正式加入之前,尚不发生法律拘束力,但是我国不得作出违反公约目的和宗旨的行为。

我国1954年《宪法》已经确认迁徙自由。1982年《宪法》虽然将此条删除,但从基本权利的性质看,宪法本身也只有确认的效力,并无创造或废止的能力。不过,基于保护公共利益的需要,在必要的范围内,法律可以对基本权利加以限制。例如,我国《公民出入境管理法》第8条规定,有下列情形之一的,不批准出境:(1)刑事案件的被告人和公安机关或者人民检察院或者人民法院认定的犯罪嫌疑人;(2)人民法院通知有未了结民事案件不能离境的;(3)被判处刑罚正在服刑的;(4)正在被劳动教养的;(5)国务院有关主管机关认为出境并将对国家安全造成危害或者对国家利益造成重大损失的。《税收征收管理法》对出境的限制,属于《公民出入境管理法》的特别法,具有优先适用的效力。其法理依据虽然不在于保障国家安全,但仍然在于维护公共利益。因此,限制出境的立法意图本身无可指责。

不过,由于限制出境的要件过于宽松,税务机关的权力容易出现滥用,造成过度侵犯纳税人利益的后果。按照《税收征收管理法》第44条的规定:"欠缴税款的纳税人或者他的法定代表人需要出境的,应当在出境前向税务机关结清应纳税款、滞纳金或者提供担保。未结清税款、滞纳金,又不提供担保的,税务机关可以通知出境管理机关阻止其出境。"事实上,除了增加限制纳税人的法定代表人出境之外,上述条文不过是2001年修订前的翻版。就此规定而言,限制出境的构成要件十分模糊,免责条件显得过于苛刻,行政裁量的标准也完全缺位,对公民人身自由可能造成不必要的侵害。尽管国家税务总局、公安部此前曾制定《阻止欠税人出境实施办法》,对限制出境的标准和程序有进一步的补充规定①,但被限制对象的权利保护仍然考虑得不够细致。因此,除了考虑国家税收的保全之外,也有必要从纳税人权利的角度,重新审视限制出境措施的合法性。

(一)限制出境与税收保全的联系

按我国《税收征收管理法》第38条的规定,"税收保全措施"只限于查封、扣押或

---

① 参见1996年12月17日国税发[1996]215号文。该文第7条规定,边防检查站阻止欠税人出境的期限一般为一个月。对控制期限逾期的,边防检查站可自动撤控。需要延长控制期限的,税务机关按照规定办理续控手续。第8条规定,被阻止出境的欠税人有下列情形之一者,有关省、自治区、直辖市税务机关应立即依照布控程序通知同级公安厅、局撤控:(1)已结清阻止出境时欠缴的全部税款(包括滞纳金和罚款,下同);(2)已向税务机关提供相当全部欠缴税款的担保;(3)欠税企业已依法宣告破产,并依《破产法》程序清偿终结者。这些都体现了对纳税人权利的保护。

冻结。这是对纳税人财产所采取的措施,目的是为了督促纳税人及时缴纳税款,同时为强制执行保全必要的财产。而限制出境属于针对人身的措施,似乎与税收保全没有必然联系。我国学者的论述虽然大多主张限制出境属于税收保全措施的范围,但都没有从法理上进行阐述,因而给人留下苍白无力的印象。

实际上,针对人身的限制出境,虽然无法直接做到保全财产,但确实也是为了保障税收安全,因而可以归入税收保全措施之列。在现实生活中,尽管国家的税收管辖权确定之后,其存在不受国境的限制,但是其行使却不可能随心所欲。从主权独立的角度看,外国税务机关不能到中国强制执行税收决定,中国的税务机关也不能到外国执行职务。因此,如果纳税人存在通过出境逃避税收的嫌疑,限制其出境无疑是最为现实的举措。

另一方面,限制出境对需要出境的纳税人也是一种压力。在这种压力的督促下,纳税人可能向税务机关主动缴纳税款,或者提供相当的担保。特别是对于临时来华的外国人来说,这种措施更是具有立竿见影的效果。如果纳税人不能缴清税款或者提供担保,其出境的目的就不可能达到。因此,相对于查封、扣押或冻结来说,尽管限制出境并不能直接控制财产,但其属于一种间接的强制措施。通过这种强制,可以迫使纳税人主动履行纳税义务,对税款的安全有一定的保障作用。正是因为如此,在德国税法中,针对财产的查封、扣押、冻结等,被称为"物的假扣押"。而针对人的限制出境、拘提管收、监视居住等,则被称为"人的保全假扣押"。①

就此而言,限制出境与行政执行罚有异曲同工之处。所谓执行罚,"是行政主体对不履行已生效具体行政行为所设定义务的相对人,处以财产上新的给付义务,以促使其履行的行政强制执行方法"。② 这二者本身都没有独立的意义,而是为了执行另一个行政行为,通过督促当事人履行义务,以达到维护公共利益的目的。只不过,限制出境不是一种财产上的义务,而是一种人身上的限制。如果纳税人能够缴清税款或者提供担保,限制出境的目的就已经达到,因此必须立即解除,否则就会侵犯当事人的合法权益。

尽管如此,限制出境却不是一种行政处罚,而仅仅是一种保全措施。首先,限制出境不考虑纳税人的主观状态,而行政处罚的对象最起码应当存在过失,或者推定存在过失。其次,限制出境可以与罚款合并使用,如果其是行政处罚,就违反了一事不再罚的原则。再次,限制出境的对象不仅仅包括纳税人,而且包括纳税人的法定代表人,甚至还可能有其他的主体,这与行政处罚所要求的违法主体不符。最后,即便当事人事后履行义务或提供担保,行政处罚也不能解除,但只要纳税人缴纳税款或提供担保,限制出境就必须解除。可见,限制出境的目的不在于惩罚当事人,而是为了督

---

① 《德国租税通则》,陈敏译,台湾"财政部"财税人员训练所1985年版,第326条,第337—340页。
② 叶必丰:《行政法学》,武汉大学出版社1996年版,第217页。

促纳税人缴纳税款,保障国家的税收安全。

(二) 限制出境的程序与效力

从形式上看,限制出境是针对特定主体的行动限制,因而是一种具体行政行为。不过,要达到具体行政行为的条件,还需要满足一些法律上的要求。首先必须明确的是,作出限制出境决定的行政主体,究竟是负责征收税款的税务机关,还是负责出入境管理的公安机关。如果是税务机关,那么,税务机关应当遵循必要的程序。具体的决定过程暂且不论,最起码应当作成税务文书,并送达纳税人或其法定代表人。而实务中的做法是,税务机关并没有对当事人作出处理决定,而是直接通知出入境管理机关,由出入境管理机关限制当事人出境。这样,限制出境似乎成了出入境管理机关的行为,与税务机关不产生直接的联系。如果当事人申请行政救济,也只能向税务机关之外的单位申请。

如果照此理解,税务机关并没有限制出境的权力,只能向出入境管理机关提供信息,提示其限制纳税人出境。税务机关对出入境管理机关的通知,并不是一个具体行政行为,出入境管理机关可以不受其约束。国家税务总局和公安部制定的《阻止欠税人出境实施办法》中也只是规定,在符合条件时,税务机关应当"函请"公安机关,阻止欠税人出境。① 从中似乎可以得出结论,出入境管理机关限制纳税人出境,只是基于自己的职权,而不是基于对税务机关的协助。如果纳税人申请行政复议,只能以出入境管理机关为被申请人。如果纳税人提起行政诉讼,也只能以出入境管理机关为被告。

不过在《公民出入境管理法》中,并没有关于欠缴税款限制出境的规定。出入境管理机关不仅没有能力审查纳税人是否欠税,也没有权力因欠税而限制纳税人出境。不管是在对处理决定的理由说明中,还是在行政复议或诉讼中,出入境管理机关都很难证明自己行为的合法性。因此本书主张,还是应当将出入境管理机关的行为,定性为法律上的协助义务,而作出决定的主体仍然税务机关。税务机关对出入境管理机关的通知,是一种协助执行税务处理决定的通知。如果纳税人对限制出境的决定不服,应当向上级税务机关或同级政府申请复议,或者以税务机关为被告向法院起诉。

---

① 按照《阻止欠税人出境实施办法》的规定,欠税人未按规定结清应纳税款又未提供纳税担保且准备出境的,税务机关可依法向欠税人申请不准出境。对已取得出境证件执意出境的,税务机关可函请公安机关办理边控手续,阻止其出境。阻止欠税人出境由县级以上税务机关申请,报省、自治区、直辖市税务机关审核批准。审批机关填写"边控对象通知书"后,函请同级公安厅、局办理边控手续。各省、自治区、直辖市公安厅、局接到税务机关"边控对象通知书"后,应立即通知本省、自治区、直辖市有关边防口岸,依法阻止有关人员出境;欠税人跨省、自治区、直辖市出境的,由本省、自治区、直辖市公安厅、局通知对方有关省、自治区、直辖市公安厅、局实施边控。有关边防检查站在接到边控通知后应依法阻止欠税人出境。必要时,边防检查站可以依法扣留或者收缴欠缴税款的中国内地居民的出境证件。参见《阻止欠税人出境实施办法》第3条、第4条、第5条。

为了做到这一点,则必须要求税务机关完善相关程序。税务机关不仅应当作出书面决定,而且还应当送达纳税人或其法定代表人。如果不送达纳税人或其法定代表人,而直接通知出入境管理机关协助执行,就会剥夺当事人知情和申请救济的权利,从而构成严重的程序瑕疵。从实践效果来说,这也不利于督促纳税人及时缴纳税款,无法达到税收保全的目的。① 因为,在生活中,在发出限制出境的通知时,欠税的主体并不一定需要出境。如果其知晓自己已经被限制出境,为避免将来的麻烦,纳税人就可能缴清税款,或者提供相当担保。如果当事人只有到申请出境时,才知道自己被限制出境,一旦耽误了个人或企业的紧急事务,这种损失也是非常巨大的。

我国台湾地区税法也存在限制出境的规定。早期的行政法院判例认为,税务征收机关对出入境管理机关的通知,只是请求出入境管理机关限制当事人出境。至于当事人是否实际被限制出境,取决于出入境管理机关的决定。税务征收机关的通知行为只是一种事实通知,不产生限制当事人出境的效果。因此,当事人不能针对这种通知申请救济,而只能在出境申请被实际驳回后,针对出入境管理机关的行为申请救济。不过,行政法院现在认为,当事人是否有限制出境的必要,是由税务征收机关决定的。出入境管理机关无从审查"财政部"的决定是否妥当。因此,当税务征收机关将副本通知当事人时,即产生法律上的效果,可以申请行政救济。

有些台湾学者认为,这是一个多阶段的行政行为。出入境管理机关决定限制当事人出境时,以税收征收机关的通知为依据,出入境管理机关必须尊重这种通知。虽然出入境管理机关负责作出最后的决定,但事实上,当事人权益受损是先前阶段的行为所致。因此,税务征收机关的通知应当属于具体行政行为,当事人可以直接对其提起行政救济。② 还有的学者认为,税务征收机关将决定送达出入境管理机关,并将副本送达当事人时,并不立即产生限制出境的效力,而只是确认当事人已经达到限制出境的标准。如果当事人对这种确认不服,当然可以税收征收机关申请救济。不过,如果当事人对欠税并无不服,而只是对出入境管理机关拒绝出境不服,那么,还是应该向出入境管理机关申请行政救济。③

(三)限制出境的构成要件

我国《税收征收管理法》第44条只是规定:"欠缴税款的纳税人或者他的法定代表人需要出境的,应当在出境前向税务机关结清应纳税款、滞纳金或者提供担保。未结清税款、滞纳金,又不提供担保的,税务机关可以通知出境管理机关阻止其出境。"

---

① 《阻止欠税人出境实施办法》第6条规定,在对欠税人进行控制期间,税务机关应采取措施,尽快使欠税人完税。此处所谓的措施,是指各种征收措施或保全措施,不包括限制出境的通知或送达。因此,从程序上看,这是一个重大缺漏。
② 廖怡贞:《限制欠税人出境制度合宪性之检讨》,载台湾《月旦法学杂志》2001年第72期。
③ 葛克昌:《租税债务不履行与限制出境》,载台湾《月旦法学杂志》2001年第70期。

从该条的内容来看,限制出境的标准可以说非常明确,只要纳税人存在欠税,又未能提供担保,那么,税务机关就可以决定限制出境。如果纳税人是自然人,那么纳税人即是被限制的主体。如果纳税人是单位,则限制其法定代表人。税务机关限制出境的行为,不是一个羁束行政行为,而是一个裁量行政行为。至于裁量的具体标准,法律没有作出规定。

如前所述,限制出境涉及迁徙自由,属于对公民基本权利的限制。税务机关限制公民出境的目的,是为了促使其缴清税款或者提供担保,使税收债权的实现增加安全保障。而税收是财政开支的重要来源,具有十分强烈的公共利益色彩。因此,作为税收保全措施的限制出境,其立法意图无可厚非。在现实生活中,对于为逃避税款而出境的纳税人来说,其作用也是十分明显的。不过,鉴于其关系到公民的人身自由,因此,有关限制出境的标准、程序、救济等,都应当由法律明确作出规定,以防止行政机关滥用权力,给公民的基本权利造成不必要的损害。

《税收征收管理法》虽然已经规定了限制出境的标准,但对税务机关授权的幅度明显过大。如果用比例原则加以衡量,可以发现其中明显的漏洞。例如,如果纳税人欠税的数额过小,就实在看不出限制出境的必要,除非纳税人本身定居境外,今后也不太可能回到境内。又如,对于公益性单位的法定代表人,其出境本身是基于公益的目的,况且与单位又不存在财产联系,因此也看不出有限制出境的必要。再如,如果纳税人在境内有足够的财产,尽管其没有缴清欠税或者提供担保,也没有必要限制其出境,税务机关可以直接强制执行纳税人的财产。如果已经采取了财产保全措施,就更不能限制纳税人的人身自由。最后,如果当事人无力缴纳税款,也无法提供担保,但确实有奔丧、探病等紧急事务需要出境,一概拒绝其出境也明显有违人伦。这些问题在《阻止欠税人出境暂行办法》中也没有作出规定。

由此可见,对于税收保全的限制出境,法律应该预设一些条件。对于没有必要限制出境的情形,应当直接作出除外性的规定,而不能委由行政机关自由裁量。即便在税务机关裁量范围内的事由,也只有在必要的情况下才能适用。如果税务机关能够采取财产保全措施,就不必采取针对人身的保全措施。如果税务机关能够直接强制执行,就不必限制纳税人的出境自由。如果当事人与纳税人没有任何财产联系,是否有必要限制其出境也应多加考虑。如果纳税人确有紧急事务需要出境,还应该考虑一定的通融余地,以免过于侵害当事人的利益和情感。当然,如果纳税人已经没有任何财产,即便限制出境也无法促使其缴纳税款,那么,限制出境就更没有必要实施了。

从实务操作来看,对于单位纳税人而言,即便有必要限制出境,限制的对象是否一定为法定代表人,也是值得研究的地方。例如,《合伙企业法》就没有规定法定代表人,全体合伙人可以共同执行合伙企业事务,也可以委托一名或者数名合伙人执行合伙企业事务。执行合伙企业事务的合伙人,对外代表合伙企业。又如,《个人独资企业法》中也没有规定法定代表人,而是规定由投资的个人负责经营管理,或者委托经营管理人员。再如，如果企业实行承包经营或承租经营，而承包人、承租人独立纳税，独立接受税务管理，限制法定代表人出境似乎也有欠妥当。最后，如果企业已经倒闭，但没有按规定进行清算，应该受限制的似乎也不宜再是法定代表人。

因此，如果欠税的纳税人是单位，有关限制出境的主体应当是负责人，而不是严格意义上的法定代表人。当然，在适用《税收征收管理法》第44条时，也可以将"法定代表人"解释成"单位负责人"，因为单位的负责人也是由法律加以规定的。这样，合伙企业的执行合伙人或全体合伙人，独资企业的投资人等，都可以成为限制出境的对象。① 至于企业的承包人或承租人，如果其已经是独立的纳税人，则可直接作为限制出境的主体，不必累及企业的法定代表人。至于企业倒闭的情况，由于全体股东有义务进行清算，如果没有依法进行清算，全体股东需要承担连带责任，因此，限制出境的主体应当是全体股东，而不是法定代表人。

不过在实践中，对于与企业没有资产联系的法定代表人，限制出境能否起到督促纳税的作用，这还是一个很难评估的问题。即便对于自然人而言，除非在其申请出境之时采取限制措施，否则，定期向出入境管理机关备案，不见得有很好的效果。因此，对税收的保全措施还是应当重点考虑财产保全，而限制出境只有在迫不得已时才能考虑。或者说，限制出境只能作为税收保全的一个辅助手段，不能充当主要角色。如果税务机关过于依赖限制出境措施，而忽视查封、扣押、冻结等物的假扣押，以及代位权、撤销权等债权保全手段，则往往难以收到应有的功效。

☛ 本章思考与理解

1. 如何理解税收保全制度的意义？
2. 试述税收保全措施的范围。
3. 谈谈税收保全措施执行中的纳税人权利保护。
4. 民事债权保全制度与税收保全制度有何联系与区别？
5. 简论税收保全措施的限制与正当程序。

☛ 课外阅读资料

1. 黄士洲：《税务诉讼的举证责任》，北京大学出版社2005年版。
2. 〔日〕美浓部达吉：《公法与私法》，黄冯明译，台湾商务印书馆1974年版。
3. 〔日〕金子宏：《日本税法》，战宪斌、郑林根等译，法律出版社2004年版。

---

① 按照《阻止欠税人出境实施办法》第3条规定，欠税人为自然人的，阻止出境的对象为当事人本人。欠税人为法人的，阻止出境对象为其法定代表人。欠税人为其他经济组织的，阻止出境对象为其负责人。上述法定代表人或负责人变更时，以变更后的法定代表人或负责人为阻止出境对象；法定代表人不在中国境内的，以其在华的主要负责人为阻止出境对象。我们认为，这种规定更为符合实际，与《税收征收管理法》也未必存在冲突。

4. 郑玉波:《论租税债权与优先权》,台湾三民书局1984年版。
5. 黄俊杰:《税捐正义》,北京大学出版社2004年版。
6. 罗豪才、湛中乐主编:《行政法学》(第三版),北京大学出版社2012年版。
7. 王东山:《税收与民商法》,中国市场出版社2009年版。
8. 黄茂荣:《税法各论》,台湾植根法学丛书编辑室2007年版。

专题十　国际税法与中国税法的国际化

一、国际税法的特征[①]

国际税法,作为国际经济法的一个独立法律分支,是调整国家涉外税收征纳关系和国家间税收分配关系的法律规范的总和。国际税法的特征主要表现在下述几个方面。

(一) 关于调整对象

国际税法的调整对象是国家的涉外税收征纳关系和国家间的税收分配关系。从发展趋势来看,国际税法总是同时对国家的涉外税收征纳关系和国家间的税收分配关系进行共同调整的,已经很难明显区分出国际税法只调整其中一种关系而不调整另一种关系。尽管从单个的国际税收法律规范来看,其调整对象的单一性仍然存在,但已显得很模糊。"国家对跨国纳税人具体征收的每一项税收,其中既包括了国家对跨国纳税人的跨国所得的征纳关系,也涉及国家之间的税收分配关系。"[②]因为无论如何,国际税收条约或协定最终必然要在国家的涉外税法中体现并依据这些涉外税法才得以实施;而国家在制定或修改本国涉外税法时,也必须考虑到本国缔结或参加的国际税收条约或协定以及有关的国际税收惯例,创造本国涉外税收法制与国际税法相衔接的"轨道",从而使本国的涉外税法不可避免地带有"国际性"的烙印。

国家的涉外税收征纳关系和国家间的税收分配关系,二者虽然作为一个整体成为国际税法的调整对象,但在整体的内部,二者的地位又稍有不同。这在于:从国际税收关系的形成来看,国家的涉外税收征纳关系的出现早于国家间的税收分配关系的产生,后者是以前者为逻辑前提而导致的必然结果。所以,我们在表述上总是把国家的涉外税收征纳关系放在前面。然而从关系的本质来看,尽管国家的涉外税法具有鲜明的"国际性",但同时也是其国内税法的组成部分之一,涉外税收征纳关系与国内税收征纳关系并无本质不同;而两国间的税收分配关系则从根本上促成了国际税

[①] 原文与李刚合作发表于《武汉大学学报》(哲学社会科学版)1999 年第 4 期,收入本书时作部分修订。

[②] 余劲松主编:《国际经济法》,高等教育出版社 1994 年版,第 415 页。

法作为国际经济法的一个独立法律分支的最终形成并成为其区别于国内税法的本质特征。

需要单独加以说明的是,我们对国际税法概念中的"涉外纳税人"以及"涉外税收征纳关系"的表述,与目前国内其他学者使用的"跨国纳税人"和"国家与跨国纳税人间的税收征纳关系"的表述有所不同。因为在有关国际税法的客体和渊源等方面的问题上,我们主张国际税法所涉及的税种,不仅包括所得税、财产税,还包括关税等流转税。这样,在国际税法的概念中仍旧使用"跨国纳税人"和"国家与跨国纳税人之间的税收征纳关系"的表述就未免有失偏颇,不足以涵盖上述税种。

当然,国家的涉外税收征纳关系和国家间的税收分配关系——这两种关系以及二者作为一个整体的紧密结合,是国际税法区别于其他所有法律部门,包括上一级法律部门,如国际公法、国际私法,和同一级法律部门,如国内税法、国际经济法其他法律分支的根本特征。可以认为,国际税法的其他大部分特征均派生自这一根本特征。

(二) 关于客体

国际税收法律关系的客体是国际税法主体权利义务所共同指向的对象。有学者认为,国际税收法律关系的客体就是国际税收的征税对象,是纳税人的跨国所得或跨国财产价值。[1] 也有学者认为,国际税收法律关系的客体主要指跨国纳税人的跨国所得。[2] 笔者认为,把国际税法等同于国际税收的征税对象是不全面的,把国际税收的征税对象局限在跨国所得或跨国财产之上也是不全面的。

国际税法的客体包含着具有递进关系的两个层面的内容。第一层面,是国际税法的征税对象。在这一问题上,笔者赞成广义的国际税法客体说,认为,国际税法所涉及的税种法除了所得税、财产税等直接税以外,还包括关税、增值税等商品税。理由如下:(1)从国际税法的早期发展历史来看,商品课税的冲突矛盾及其协调(如关税同盟)比所得课税的国际性协调活动要早,是国际税法产生、形成和发展的整个历史进程的起始环节。如果将关税法等流转税法排除在国际税法的范围之外,则无异于割裂了国际税法发展的整个历史过程。因此,把对在国际商品贸易中的商品流转环节课征的国际协调活动看作是国际税收活动中的一个组成部分,从而将关税法等流转税法一并纳入国际税法的范围。(2)持狭义的国际税法客体说的学者的理由之一就是国际税收分配关系主要发生在所得税上。但是,国际税收分配关系只是国际税法的调整对象的一部分,广义国际税法中国际税法的调整对象还包括国家的涉外税收征纳关系;如果仅以国际税收分配关系所涉及的税种来限定国际税法所涉及的税种,恰恰耦合了狭义的国际税法说的观点?而实际上,上述学者却是持广义国际税

---

[1] 廖益新主编:《国际税法学》,北京大学出版社2001年版,第15页。
[2] 陈大钢:《国际税法原理》,上海财经大学出版社1997年版,第20页。

法说,并且也承认广义的国际税法客体说的合理性,同时对关税等流转税加以论述。①
(3)诚然,对商品国际贸易课税,虽然不可能在同一时间对同一纳税人的同一课税对象重复征税,但仍然可能发生不同国家的政府对不同纳税人的同一课税对象(如进出口商品金额等)的重复征税。例如,甲国实行产地征税原则,乙国实行消费地(目的地)征税原则,现甲国向乙国出口一批产品,则两国都会依据各自的税收管辖权对这笔交易额课税,这批产品的所有人也就同时承担了双重纳税义务。而各国实行不同的商品课税政策,如低进口关税或免关税政策,也会引起国家间避税或逃税活动的发生。况且随着国际经济交往的深入开展,对国际商品在流转环节的课税和跨国所得课税将会更加密切地交织在一起,其相互转化的趋势也会愈加明显。各国对进出口商品流转额的课税对国际经济活动的影响以及为此采取的一系列国际协调活动,说明这些税收本身作为各国涉外税收的同时,进一步涉及国家与国家间税收利益的分配,反映了国际税收的本质。②

国际税收法律关系第二层面的客体是在国家间进行分配的国际税收收入或称国际税收利益。这似乎仅仅是国际税收分配关系的客体,将其作为国际税法的客体似乎又犯了以偏概全的错误。其实不然,因为这一国际税收收入正是通过各国行使税收管辖权进行涉外税收征管而取得的,与各国的涉外税收征纳关系有着密不可分的联系。也正因为在国家间进行分配的国际税收利益直接来源于各国对其涉外税种的征税对象的课征,我们才认为后者作为国际税法第一层面的客体与前者作为第二层面的客体间存在着递进关系,从而共同构成了国际税法的双重客体。需要说明的是,并不存在一个超国家的征税主体,对各国涉外税种的征税对象加以课征而获得国际税收收入,再将其分配给有关各国;实际上,这部分税收利益在征收之时就已经通过国际税收协定随着对某一征税对象的征税权的划归而归属于各个主权国家了。因此,从理论上看,国际税收利益是各国的涉外税收收入汇总而形成的整体利益;但从实践上看,国际税收利益并未实际汇总,而是分散于各个主权国家的管辖之中。正是由于国际税收利益这种理论上的整体性和实践中的分散性,以及其对各国征税主权乃至相应征税对象的强烈依附,使我们在分析国际税法的客体时容易将其忽视。然而,与其说各国缔结国际税收协定的目的在于划分对某一跨国征税对象的征税主权,不如说其实质目的在于划分从征税对象上可获得的实际的税收利益。故国际税收利益是潜在的,但却是能够从更深层次上反映国际税收法律关系的客体层面。

(三)关于主体

国际税收法律关系的主体,又称为国际税法主体,是参与国际税收法律关系,在

---

① 高尔森主编:《国际税法》,法律出版社1993年版,第8—9页。
② 王传纶主编:《国际税收》,中国人民大学出版社1992年版,第13—16页。

国际税收法律关系中享有权利和承担义务的当事人。有学者将国际税收法律关系的主体分为征税主体、纳税主体和特殊主体,分别指国家、居民和国际组织。① 笔者认为,国际组织或者属于纳税主体或者属于征税主体,将其单列为一类主体似乎不妥。

国际税法的主体,从其在国际税收法律关系中所处的地位来看,可以分为国际征税主体、国际纳税主体和国际税收分配主体;从主体的表现形式来看,有国家、国际组织、法人和自然人。目前,国内几乎所有研究国际税法的学者都将国际税法的主体分为国家和跨国纳税人(包括自然人和法人)两种。我们认为,这种分法有失偏颇。基于获得跨国收入的跨国纳税人不足以涵盖于"国家涉外税收征纳关系"中的所有纳税主体,只是其中的主要部分而非全部;当然,在主要涉及所得税的国际协调问题等方面,使用"跨国纳税人"的称谓仍然是可以的。

国家在国际税收法律关系中同时作为征税主体和税收分配主体,这与国家在国内税收法律关系中仅作为征税主体的身份的单一性是不同的,此其一。其二,国家在国际税法和国内税法中分别作为不同主体身份的依据也是不同的。在国内税法中,国家作为唯一的实质意义上的征税主体是国家主权的对内最高权的具体体现之一;而在国际税法中,特别是国家作为国际税收分配主体时,则是国家主权的对外独立性的具体表现。其三,对单个国家而言,国家在国内税法中征税主体的地位是唯一的,在数量上是一元的;而在国际税法中,国家在数量上是多元的,必须存在两个或两个以上的国家,否则就无法构成国际税收法律关系。

自然人和法人在国际税法和国内税法中都是纳税主体,而且在国际私法和国际经济法其他分支中也可以作为主体。国家以特殊市场主体的身份直接参加国际经济贸易活动时,也可能成为国际税法的纳税主体。此外,当前特殊的经济组织形式是否构成国际税法的主体正在引起普遍的关注,包括合伙企业(Partnership)、信托(Trust)、集合投资机构(Collective Investment Vehicle)。以信托为例,在中国与爱尔兰②、中国与塞浦路斯③签订的税收协定中,肯定了信托构成协定意义上的"人",而在其他中国签订的协定中,信托却不被作为协定意义上的"人",不能主张协定的适用。同样各国对集合投资机构是否构成协定意义上的"人"也存在争议,OECD发布关于"对集合投资机制所得授予协定利益"专门对此进行了探讨。④ 由于特殊经济组织形式的国际税法主体资格已引发了诸多的国际税收争议,这将有待于国际税法予以进一步的明确。

---

① 陈大钢:《国际税法原理》,上海财经大学出版社1997年版,第18—20页。
② 参见《中华人民共和国政府和爱尔兰政府关于对所得避免双重征税和防止偷漏税的协定》第3条第1款。
③ 参见《中华人民共和国政府和塞浦路斯共和政府关于对所得避免双重征税和防止偷漏税的协定》第3条第1款。该款也同时肯定遗产、合伙企业和非法人团体构成中塞两国税收协定上的"人"。
④ See OECD, The Granting of Treaty Benefits with Respect to the Income of Collective Investment Vehicles, May 2010.

(四)关于法律规范问题

国际税法的法律规范既包括国际法规范,又包括国内法规范;既包括实体法规范,又包括程序法规范。国际税法的国际法规范源于用以调整国家间税收分配关系的国际税收协定;其国内法规范源于各国的涉外税收法律制度。国际税法的实体法规范是指在国际税收法律规范中所规定的直接确定当事人权利义务的规范;其程序法规范是指国际税收法律规范中关于税收征收管理机关及其征收管理程序的规定以及用以确定不同国家税收管辖权的冲突规范。国际税法中的冲突规范在形式上与国际私法中的冲突规范是相同的。不同的是,前者只是将征税权划归某一方,而不像国际私法那样采用反致或转致的方法,而且,前者也不存在重叠性的冲突规范和选择性的冲突规范两个类别。

此外,由于国际税法中既有实体法规范,又有冲突法规范,就决定了国际税法在调整方法上必然具有"兼备直接调整和间接调整方法"的特征。

二、国际税法的基本原则[①]

国际税法的基本原则,是指调整国际税收关系的法律规范的抽象和概括,也是国际税法主体应普遍遵循的法律准则。由于不同社会制度的国家都有其所遵循的不尽相同的税法原则,而国际税法既不能照搬某国或所有各国的税法原则,又不能完全不顾及各国税法的原则。因此,国际税法的基本原则应当是各国税法所共有的原则,即国家税收管辖权独立原则和公平原则。

(一)国家税收管辖权独立原则

各国的国家税收管辖权是国家主权的重要组成部分,是其具体体现之一。税收管辖权独立,意味着一个国家在征税方面行使权力的完全自主性,对本国的税收立法和税务管理具有独立的管辖权力;在国际税法领域,即指一国通过制定法律,确定本国税收管辖权的范围,有权对属于该范围内的征税对象进行征税。税收管辖权独立性和排他性,即国家独立自主地行使征税权力,不受任何外来意志的控制或干涉;对国家税收管辖权的限制,只能是一种在国家间相互自愿、平等地进行协调的基础上的自我限制。

国际税法的税收管辖权独立原则,也是由国际税法对国内税法的必然的依赖性决定的。国际税法以国内税法为基础,一国的国际税收政策是其国内税收政策的延续和伸展;具有国际法性质的国际税收协定往往是各国税法和税收政策相协调的产

[①] 原文发表于《法学杂志》1998年第9期,收入本书时作部分修订。

物;税法本质上属于国家主权事宜,一国制定什么样的税法取决于该国的国内国际税收政策。同时,独立的税收管辖权还是国际税法得以产生的基本前提之一。只有在国家税收管辖权独立的前提下,国家间的经济交往才可能是平等互利的;否则,如第二次世界大战以前广大殖民地国家附庸于其宗主国一般,没有独立的国家主权,更不用说独立的税收管辖权了,根本不可能产生包括平等互利的国际税收分配关系在内的国际税收法律关系。所以,国家税收管辖权独立原则是维护国家权益,平等互利地发展国际经济交往的基础。

法律原则都有基本原则与具体原则之分。相对于国家(经济)主权独立的国际经济法的基本原则而言,国家税收管辖权独立是具体原则,而国家税收管辖权独立作为国际税法的基本原则,"居民税收管辖权"和"所得来源地税收管辖权"原则就是其具体原则。

(二) 公平原则

公平原则一般都是各国国内税法的基本原则。国际税法领域中公平原则的含义不完全等同于国内税法中的公平原则,既是对国内税法中公平原则的承继,又是由国际税法的本质特征所决定的。从这个意义上来说,国际税法的公平原则的综合性及其价值取向上的特点是派生自国际税法本质属性的一大特征。

按照国际税法的调整对象,国际税法的公平原则可以分为国家间税收分配关系的公平原则和涉外税收征纳关系中的公平原则两项具体原则。

国家间税收分配关系的公平原则是各国在处理与他国之间在国际税收分配关系上应遵循的基本准则,其实质就是公平互利,是国际经济法中公平互利基本原则的具体体现。《各国经济权利和义务宪章》第10条规定:"所有国家在法律上一律平等,并且作为国际社会的平等成员,有权充分地和切实有效地参加解决世界性的经济、财政金融以及货币等重要问题的国际决策过程……并且公平地分享由此而来的各种效益。"故国家间税收分配关系的公平原则就是指,各个主权国家在其税收管辖权相对独立的基础上平等地参与对其相互之间税收利益分配问题的协调过程,最终达到既照顾各方利益,又相对公平的解决结果。

众所周知,公平与效率是税法的两大基本原则,二者的关系是"效率优先,兼顾公平"。国际税法中虽然也有效率价值的体现,但远没有公平价值重要,尤其是在国家间税收分配关系上。因为如果实行"效率优先",允许在经济、技术等方面占优势的国家以高效率的方式对跨国征税对象征税,而以其他相对处于劣势的国家要付出高于前者的征税成本为理由,剥夺其对同一对象征税的权力,势必破坏国家间在国际税收分配领域的公平状态,有违国际经济交往的公平互利的基本原则。这主要是就税收的行政效率而言的;税收的经济效率仍然是国际税法的内在价值要求,但亦存在着必要时让位于其公平价值要求的现象。故国际税法中公平与效率的关系不同于国内税法,应该奉行"公平优先,兼顾效率"的价值取向。

国际税法中的涉外税法规范同时又是国内税法的组成部分,是二者相交叉之处。从这个意义上来说,国际税法中的涉外税收征纳关系的公平原则应与国内税法的公平原则一样,具体包括两方面内容:(1)税收的横向公平,即指经济情况相同、纳税能力相等的纳税人,其税收负担也应相等。(2)税收的纵向公平,即指经济情况不同、纳税能力不等的纳税人,其税收负担亦应不同。

应当指出的是,涉外税收征纳关系中的公平原则还具有特殊的意义,体现在对待本国纳税人与外国纳税人税收待遇的问题上,这也是国内税法公平原则的延伸。实际上,现代国家在对待本国与外国纳税人税收待遇上往往并不公平,尤其是广大发展中国家,多采取涉外税收优惠政策来吸引国外的资金和先进的技术。对于广大发展中国家而言,通过涉外税收优惠政策吸引大量的国外资金和先进技术,弥补本国的不足,是加速其经济发展的一条切实可行的道路。但是,国际税法的作用并不是万能的,其所创造的一国的涉外税收环境的作用也是有条件的。当然,对税收优惠政策的作用,不能孤立、片面地理解,而应从全局出发,作适当的评估。在我国,随着改革开放的进一步发展,要求对涉外企业实行国民待遇的呼声越来越高。这并非意味着一概取消涉外税收优惠政策,只是强调当吸引外资达到一定规模,内资企业具有参与国际竞争的相当实力以及我国经济发展到一定水平时,就应当逐步取消对涉外企业的普遍性和无条件的税收优惠政策,而从弥补我国弱势产业、全面发展经济的角度出发,对在国家急需发展的项目、行业和地区进行生产经营的涉外企业有选择、有重点地给予税收优惠,从而在整体上保持涉外企业和内资企业在税收待遇方面的公平状态。

三、居民税收管辖权问题[①]

(一)国际税法确立居民概念的法律意义

居民是国际税法上的重要概念。在国际上,不同社会形态的国家、同一社会形态在不同国家、同一国家在不同时期,由于政治、经济、法律、文化等背景的不同,对居民的称谓及法律界定各异。但是,第二次世界大战后,随着国际经贸关系的发展和税法惯例的国际化,国际税法学界对居民这一概念已逐步达成共识,即按照一国法律,依住所、居所、管理场所或其他类似性质的标准,负有纳税义务的人[②],它既包括自然人,又包括公司和其他社会团体。

---

① 原文与傅绪桥合作发表于《外国法学研究》1996年第4期,收入本书时作部分修订。
② 参见《联合国关于发达国家和发展中国家避免双重征税的协定范本》第4条第1、2款。

应当说明的是,国际税法上的居民的概念最初源自有关的国际税收协定。早期的国际税收协定曾规定其适用主体为公民或纳税人。但公民的概念限于国籍,具有较大的局限性,且公民的国籍国往往与公民取得的所得没有直接联系。而采用纳税人概念,则范围又过于宽广,难以确定,这是因为它实际上只按纳税人的纳税义务来规定协定的适用范围。既不考虑该纳税人是否属于缔约国任何一方的国家,又不考虑该纳税人是否居住在缔约国任何一方,故缺乏判定国际税收协定适用范围的一般标准。自1963年经济合作与发展组织提出《关于对所得避免双重征税协定草案》后,国际税收协定普遍采用居民概念确定协定适用主体的范围,大多数国家的国内税法据此亦逐步采用居民这一概念。实际上,居民的概念介于公民和纳税人之间,不论是否为缔约国国民,都须符合各国国内法规定的条件。在国际税法上之所以要确立居民的概念,其法律意义在于:

1. 区别不同类型的纳税义务人,明确税收管辖权范围

各国所得税法实践中,通常将纳税义务人分为两种类型:一类是负无限纳税义务的纳税人,另一类是负有限纳税义务的纳税人。构成一国税法上的居民则为无限纳税义务人,即对于源自该国境内、境外的全部所得都要向该国申报纳税。未构成一国税法上的居民,则为有限纳税义务人,仅就其源自该国境内的所得纳税。

2. 避免国际双重征税

采用居民与非民居概念,则在某一自然人或公司居民身份单一的情况下,可以避免行使居民征税权的国家之间对同一所得的双重或多重征税。同时,当一个国家行使居民征税权时,按国际税收惯例,这个国家必须承担对该居民所缴纳的外国税款予以抵免的义务。易言之,一个国家的居民到另一个国家投资并取得所得,如果所得来源国行使所得来源地征税权,则该居民在所得来源国已缴纳的税款应在其所属居民国按法定标准予以抵扣。这也是所得来源地征税权优先于居民征税权原则的要求。

3. 维护国家征税主权

在国际税法中既存在居民征税权与所得来源地征税权的冲突,又存在因国际税收条约尚未对缔约国国内税法认定居民纳税人的条件作出规定所导致的行使居民征税权的各个国家间对同一所得行使征税权上的冲突。如何适当界定本国税法上居民的范围,划清居民与非居民的界限,对于谈判、缔结和执行避免国际双重征税协定有重大的实践意义,有利于维护国家的征税权。

此外,依法确认居民的概念和范围有利于促进国际经济合作、科学技术交流及人员往来。

(二)国际税法确认居民的标准

国际税法上确认居民的标准可以区分为自然人居民身份的确认标准和公司居民身份的确认标准。在此,本书将分别予以比较论述。

1. 自然人居民身份的确定

各国对于自然人居民身份确认标准的规定并不一致,归纳起来,有下述几种:

(1) 国籍标准。根据本国国籍法应为本国公民的自然人,即构成税法上的居民。国籍标准是从国际法中的属人管辖权原则中引申出来的,即国家对于一切具有本国国籍的人有权按照本国的法律实施税收管辖。但随着经济生活日益国际化,人们国际交往的日趋频繁,许多自然人国籍所在国与自然人经济活动所在地的联系较松散,采用国籍标准认定居民身份难以适应自然人实际所得和财产的状况。在国际私法领域,出现了一定程度的住所法优先于国籍法的倾向,在税收立法中目前也只有美国、菲律宾、墨西哥等少数国家仍坚持国籍标准确认自然人的居民身份。

(2) 住所标准。一些国家规定,一个自然人如果在本国境内拥有住所,即构成本国税法上的居民。例如,英国所得税法规定,在英国有永久性住所的自然人或者在英国拥有习惯性住所的自然人为英国税法上的居民。[①] 住所本是民法中的一个基本概念,一般指一人以久住的意思而居住的某一处所。从各国立法与学说来看,住所应包括居住的事实和居住的意思两个构成要件。住所与国籍的区别在于:住所是一个私法上的概念,它反映了自然人与特定地域的民事联系;国籍则是个公法上的概念,它反映了自然人与特定国家间的政治联系[②],故世界上采用住所标准确认自然人居民身份的国家比采用国籍标准的国家较多。但直接援用民法上住所概念的国家甚少,一般在税法中还附加居住时间的条件并称之为"财政住所"。例如,日本所得税法规定,在日本国内有住所并在国内连续居住1年以上的自然人为税法上的居民。[③] 应当指出的是,采用住所标准的国家甚多,且各国对外签订的双边税收协定,一般也明确采用这一标准,但住所作为一种法定的个人永久居住场所,并非完全能反映出某个人的真实活动场所。因此,不少国家通过税法作了补充性规定。例如美国纽约州税法规定,凡在本州境内拥有一永久性住宅,且在纳税年度内又在本州境内居住6个月以上,则视为本州居民。[④]

(3) 时间标准。时间标准又称居所标准,指某一自然人在一国境内拥有居所并且居住时间达到法定期限即构成该国税法上的居民。对于居住时间的长短,不同国家有不同规定,大多数国家规定为半年或1年。居住时间如果不累计计算的可以不受年度限制,如果累计计算则一般限定在一个纳税年度。居所与住所的区别在于,居所是指自然人暂时居住的某一处所,其设定条件比住所要宽,它不要求有久住的意思,只要求有一定居住时间的事实。[⑤]

---

① 董庆铮主编:《外国税制》,中国财政经济出版社1993年版,第259页。
② 李双元、金彭年:《中国国际私法》,海洋出版社1991年版,第202页。
③ 董庆铮主编:《外国税制》,中国财政经济出版社1993年版,第118页。
④ 刘剑文:《国际所得税法研究》,中国政法大学出版社2000年版,第37页。
⑤ 李双元、金彭年:《中国国际私法》,海洋出版社1991年版,第202页。

(4) 混合标准。目前国际上广泛采用住所标准和时间标准相结合的混合标准综合确定自然人的居民身份。例如,德国所得税法规定,在德国境内有住所,或者无住所但有居所且居住6个月以上的自然人为德国税法上的居民。① 也有些国家还同时采用居住意愿标准,即把在本国有长期居住的主观意图或被认为有长期居住的主观意图的自然人规定为本国税法上的居民。判断某一自然人是否有在本国长期居住的主观意图,通常要综合考虑其签证时间长短、劳务合同期限、是否建立家庭或购置永久性食宿设施等因素。

2. 公司居民身份的确定

确认公司在税法上的居民身份,同确认自然人的居民身份一样,其目的是对居民的国内外所得行使征税权。应该指出的是,这里的公司是指法人团体或者在税法上视同法人团体的实体,它与自然人相对应。各国关于居民公司的确认标准可归纳为下列几种:

(1) 注册地标准。即以凡按本国法律组建并登记注册的公司规定为本国居民公司。例如,美国所得税法规定,凡是按照美国联邦或州的法律注册登记的公司,不论其管理机构是否设在美国境内,也不论公司股权是否为美国公民所控制,都为美国税法上的居民公司。由于公司的注册成立地只有一个,故这一标准具有纳税人法律地位易于识别的优点。目前,瑞典、墨西哥、美国等均采用注册地标准。

(2) 管理机构地标准。该标准以公司经营活动的实际控制和管理中心所在地为确认居民公司的依据,凡是实际控制和管理中心所在地依法被认为在本国境内的公司即为本国税法上的居民公司。按照有关国家的规定,实际控制和管理中心所在地一般是指公司董事会所在地,或者董事会有关经营决策会议的召集地,它不等同于公司的日常经营业务管理机构所在地。采用这一标准的国家有英国、新西兰、新加坡等。

(3) 总机构地标准。此标准以公司的总机构是否设在本国境内为依据,来确定其是否为本国税法上的居民公司。总机构是指公司进行重大经营决策以及全部经营活动和统一核算盈亏的总公司或总店。法国、日本、新西兰均采用了总机构地标准。例如,日本税法规定,凡在日本设有总机构、总店或总事务所的公司即为日本税法上的居民公司。

(4) 其他标准。综观各国关于居民公司的认定标准,一般采用上述标准中的一种或几种,少数国家还同时或单独采用主要经营活动地标准、控股权标准。主要经营活动地标准以公司经营业务的数量为依据,实行这一标准的国家通常规定,如果一个公司占最大比例的贸易额或利润额是在本国实现的,该公司即为本国居民公司。控股权标准是以控制公司表决权股份的股东的居民身份为依据,如果掌握公司表决权

---

① 孙尚清主编:《商务国际惯例总览·财政税收卷》,中国发展出版社1994年版,第535页。

股份的股东具有本国居民身份,则该公司亦为本国居民公司。

(三) 国际税法上居民法律冲突的协调

由于各国法律对于负无限纳税义务的居民的认定标准不一致,以及跨国所得的存在,导致双重居民身份而引起的双重征税问题。目前国际条约尚未对居民认定标准规定任何准则,各个国家根据国内法律规定税法上居民的构成条件,并在双边国际税收协定中规定特别条款,以明确优先采用何种居民概念。

1. 自然人居民法律冲突的协调

(1) 应认定其为有永久性住所所在国的居民;如果在两个国家同时有永久性住所,应认定其为与该自然人经济关系更密切(即"其重要利益中心")的所在国的居民。在缔约国国内法发生冲突时,应优先选择自然人有永久性住所的缔约国为居住国,这样足以解决一个人在缔约国一方有永久性住所,而在缔约国另一方是短期停留所导致的双重居民身份。在认定永久性住所时,应注意考虑任何形式的住所,包括个人自有或租用的房屋或公寓、租用带家具的房间,但重要的判定因素是住所应为自然人所有或占有的居住所在地,该所在地应有永久性,即有安排并适合长期居住的住宅,而非由于旅游、经商、求学等原因所作短期逗留的临时居住。如果该自然人在两个缔约国境内有永久性住所,应查明哪一国家同该自然人经济联系最为密切。这就要求将该自然人的家庭和社会关系、职业、政治、文化及其他活动、从事营业地点、管理其财产所在地等要素作为一个整体来调查验证。

(2) 如果其重要利益中心所在国无法确定,或者在其中任何一国都没有永久性住所,则该自然人应为其有习惯性住所所在国的居民。此项规则的含义是倾向于把自然人经常居留国确定为居住国,并主要根据居留时间和间隔时间确定在哪一国有习惯性住所。

(3) 如果其在两个国家都有,或者都没有习惯性住所,应视其为国籍所在国居民。据此,在税法居民身份的识别上,住所标准亦优先于国籍标准。

(4) 如果某人同时是两个国家的居民,或者均不属其中任何一国的居民,应由缔约国双方主管当局通过协商解决其居民身份问题。

2. 公司居民法律冲突的协调

对于公司居民双重身份的冲突,国际上通行的做法是,各国通过缔结双边性的国际税收协定加以协调,其方式大致有两种:一种是缔约双方在协定中事先确定一个解决此类冲突应依据的标准,例如中国与比利时、法国等国签订的双边税收协定,都明确地选择了以公司居民的总机构所在地国作为居住国的冲突规范。但也有不少国家采用 OECD 范本和 UN 范本所作出的规范,对于同时成为缔约国双方公司居民的,首先以实际管理机构所在国为其居住国。然而在有些情形下,判定公司的实际管理机构并非易事。对管理机构和控制中心的不同理解,会引起国家之间居民税收管辖权的冲突。因此,就出现了第二种方式,即有关国家通过签订双边性的国际税收协定,规定公司居民身份发生冲突时,由缔约国双方的税务主管当局通过协商的方式,确定所涉公司居民的身份归属以及由哪一国对其行使居民税收管辖权。[1]

(四) 我国居民标准的税法调整

我国居民标准的税法调整主要体现在国内所得税立法和双边国际税收协定中。

我国1980年的《个人所得税法》对纳税意义上的"居民"、"非居民"缺乏较为明确的界定。1994年1月1日起实施的修改后的《个人所得税法》既解决了中国境内所有自然人按照一个税法纳税的问题,又与世界各国个人所得税法的通行做法有了相应的衔接。其按照国际惯例,采用住所和居住时间两个标准将纳税人分为居民和非居民。[2] 我国《个人所得税法》第1条规定,在中国境内有住所,或者无住所而在境内居住满1年的个人,从中国境内或境外取得的所得缴纳所得税。根据《个人所得税法实施条例》的规定,《个人所得税法》第1条第1款所说的在中国境内有住所的个人,是指因户籍、家庭、经济利益关系而在中国境内习惯性居住的个人,此项规定完善了民法通则中以户籍作为认定住所的唯一标准所带来的征管问题,进一步与国际接轨。关于居住时间,我国《个人所得税法实施条例》进一步明确规定,指一个纳税年度中在中国境内居住满365日,临时离境的,不扣减天数。

自我国统一内外资企业所得税立法后,我国《外商投资企业和外国企业所得税法》按总机构所在地是否设在中国境内来确定外商投资企业的居民身份的规定被取消[3]。根据统一后的《企业所得税法》第2条的规定,我国采取注册地和实际管理机构所在地双重标准判定居民企业。相比较而言,注册成立地具有比较确定和容易识别的优点,因为在此标准下,法人要变更居民身份,必须经注册成立国的同意并办理有关的变更手续,进而能较有效地防止法人采用某种行为来变更自己的居民身份以逃避税收。注册地标准的缺陷在于较难反映法人的真实活动地,因为法人可以通过事先选择注册地的方法,达到逃避某国税收管辖权的目的,因此,我国虽然也采用注册成立地标准,但只是将其作为确定法人是否是本国居民的一项条件,并同时采取实际管理机构所在地标准。在实践中,法人的居住地取决于其从事业务经营的地点,而经营业务是由管理机构进行的,所以,法人的居住地可以根据其实际管理机构的所在地来确定。当然,该判定标准在实际运用中存在一定弊病,因为确定实际管控中心需要参考多种因素,而各国对何为最重要的因素并未形成一致的看法。在实践中,包括我国在内的很多国家都采取多种居民企业的判定标准,以此达到相互补充与协调。

---

[1] 刘剑文:《国际所得税法研究》,中国政法大学出版社2000年版,第44—45页。
[2] 刘剑文:《略论个人所得税法的国际接轨》,载《法商研究》1995年第2期。
[3] 参见《中华人民共和国外商投资企业和外国企业所得税法》第3条。

我国对外签订的关于避免国际所得双重征税的协定,基本上采用国际惯例解决双重居民身份的法律冲突。对于同时为缔约国双方居民的自然人,规定其身份确定的方式有三种:(1)依次按永久性住所地、重要利益中心地、习惯性住所地、国籍国,协商的顺序来确定居住国;(2)除国籍国外,按永久性住所地、重要利益中心地、习惯性住所地,协商的顺序来确定居住国;(3)缔约国双方主管当局通过协议确定该纳税人为缔约国一方居民。对于同时为缔约国双方居民的公司,其身份的确定方式不统一。有的协定规定应视其为总机构所在缔约国的居民,有的应视为是总机构或实际管理机构所在国的居民,有的规定由缔约国双方主管当局通过协商确定。

综上所述,居民是国际税法上的一个重要概念。关于居民的认定标准目前仍是由各个国家的国内立法加以规定的。由于各个国家规定的居民纳税人的范围和构成条件不同,有必要协调各个国家的法律冲突。国家间虽已形成避免因双重居民身份导致双重征税的惯例,但其实施仍依赖双边国际税收协定及各国国内立法,尤其是各国国内立法对国际税法上居民的认定起决定性作用。故我应重视和加强税法上居民的立法。

四、单一税收管辖权问题[①]

在国际所得税法领域,现行多种税收管辖权并存的做法有诸多缺陷,实行单一的收入来源地税收管辖权有其理论依据和实践价值。本章将对实行单一税收管辖权的相关问题予以论述。

(一)实行单一税收管辖权的理论依据

1. 两种税收管辖权的冲突与协调

目前,在所得税收管辖权方面,世界上绝大多数国家实行了收入来源地税收管辖权,并兼行了居民(或公民)税收管辖权。两种税收管辖权并存的格局,有其国际税法理论和实践方面的根源。理论上是源于国家主权,源于国际法的基本原则。实践中则是因为国际经济的发展,国家间经济交往的日益频繁,跨国纳税人的剧增,各国立法本土性的需要。从一定意义上讲,两种税收管辖权都是国家主权的重要体现,都符合国际法的基本原则,故有其存在的合理性。但是,随着各国经济的不断发展和国家之间经贸往来关系的加深,这一两种税收管辖权并存的体制终将被改革。

事实上,一些国家或地区为了更有效地解决国际双重征税问题,促进国际经济的发展,都已率先实行了单一(Unitary)的收入来源地税收管辖权制度。如美国国家经济发展与税制改革委员会于1996年建议国会尽早考虑美国实行单一的收入来源地

[①] 参见刘剑文主编:《国际税法学》,法律出版社2013年版,第405—409页,收入本书时作部分修订。

税收管辖权原则,主张只就收入来源地的所得征税,放弃境外所得的征税权。①

众所周知,从国际税法的实践看,目前大多数国家同时行使的居民税收管辖权和收入来源地税收管辖权,在一定意义上,加剧了国际双重征税问题,诱发了国际避税和国际逃税行为的发生。现行两种税收管辖权并存的最大弊端即在于它阻碍了国际经济、技术交流与合作,阻碍了经济国际化的发展,导致跨国投资者和国内投资者的不公平竞争。在国际双重征税情形下,由于跨国投资者要比国内投资者多负担税款,因而往往处于不利的竞争地位;同时,还诱发纳税人进行国际逃税或国际避税。无疑,现行税收管辖权制度不仅导致国际双重征税,给跨国纳税人带来沉重的税收负担,也是国际逃税和国际避税的重要动因。只要国际上存在着两种不同的税收管辖权,国际双重征税问题就不可避免,国际逃税及国际避税问题也会大量存在。故20世纪初以来,诸多国家都已逐渐认识到了国际双重征税的危害性,并在实践中直接或间接地采取一些法律措施,对居民税收管辖权加以适当限制。然而,时下避免国际双重征税协定等法律措施都只是区域性和临时性的,国际社会应该寻求一条更彻底的避免国际双重征税的法律途径。笔者认为,最佳途径就是在世界范围内倡导单一的收入来源地税收管辖权,即一国政府只对来自或被认为是来自本国境内的所得和财产拥有征税权力。在这种情况下,一国政府对税收管辖权的行使,不是以收入者的居住地或纳税人的身份,而是以其收入的来源地为依据,即对于跨国纳税人来源于本国境内的收入和境内的财产或在本国境内从事经济活动,不区分本国人或外国人,一概行使税收管辖权,依照本国法律课税。

2. 实行单一收入来源地税收管辖权的法理依据

笔者认为,实行单一收入来源地税收管辖权的法理依据,就是国际税法的效率原则、公平原则以及税收本质理论。

从国际税法的效率原则出发,要使纳税人拥有的资本不受税法的影响,能够正常地在国家之间自由流动,充分发挥市场机制的作用,必然首先改革现行两种税收管辖权并行的体制,在全球范围内统一税收管辖权原则,实行单一的税收管辖权。而两种税收管辖权冲突的局面使跨国纳税人始终处于国际双重征税的困境之中,资本的国际流动必然受阻。那么,在国际税法实践上,究竟哪一种税收管辖权更符合效率原则呢?首先,从两种税收管辖权行使的关键问题看,税法上的居民在各国的规定不一,认定起来容易产生冲突,而收入来源地的认定则比较容易达成一致的标准,因而认定方便。其次,从税收征管制度看,一国居民在他国投资的收入只有在来源地国纳税后才能从他国移入本国,这样,采用收入来源地税收管辖权就容易对应纳税收入进行源泉控制,避免国际避税和防止国际逃税,并且征收程序简便、易行。如果采用居民税收管辖权,就要涉及对本国居民在外国收入的数额进行查证核实等技术问题。可见,

---

① 杨志清:《国际税收理论与实践》,北京出版社1998年版,第361页。

收入来源地税收管辖权比起居民税收管辖权更方便、更有效。各国应当缔结《国际税收公约》，统一实行收入来源地税收管辖权，然后再逐步统一各国所得税法，包括依法统一收入来源地的确定标准、税基的计算方法以及税率等。

公平原则不仅要求跨国纳税人与国内纳税人之间的税收负担要公平，而且要求国家与国家之间的税收权益分配也要公平。纳税人之间的税负公平包括横向公平和纵向公平。那么，在国际税法上，究竟哪一种税收管辖权原则更符合纳税人之间的税负公平呢？首先从收入来源地所在国看，来自不同国家的跨国纳税人，其收入多少不一，在收入来源地国实行"从源课税"，能够最终达到"相同的纳税人缴纳相同的税款"和"不相同的纳税人缴纳不相同的税款"的目标。从居民所在国看，由于纳税能力是各种来源收入的综合，理应包括境内外收入。收入来源地所在国政府仅对非居民境内收入征税，而对其境外收入不具有征税权，不能综合纳税人的全部收入征税。故居民所在国要真正实现税收的横向公平和纵向公平，必须由居民国政府采取境内外所得全面征税的居民税收管辖权。可见，收入来源地所在国与居民所在国在此问题上的分歧较大。

应该看到，在充分体现国际税法"纵向公平"方面，实行单一的收入来源地税收管辖权原则的确有一定的局限性。因为这一原则要求掌握的对纳税人所具有的"纳税能力"以及税收的"社会总效用"等问题是收入来源地国难以掌握的。对此，许多税法专家提出了"累进免税"的补救方案。居民所在国对境外收入免税，但对境内收入适用的累进税率则要按境内外的收入总额来确定。《OECD 范本》和《UN 范本》的第 23 条均有此规定，对境外所得免税，但对境内所得征税确定适用税率时，可将免税的所得予以考虑。我国对外缔结的避免双重征税协定也采取了这一做法。显然，适用单一收入来源地税收管辖权可以满足对跨国纳税人之间的税负横向公平与纵向公平的要求。但两种税收管辖权并存与冲突所引发的国际双重征税必然会破坏这种公平。

从国家之间税收权益分配看，由于各国经济发展水平的差距甚大，在国际市场的竞争中，发达国家比发展中国家具有明显的优势，对发展中国家而言，则为"形式上的公平，实质上的不公平"。居民税收管辖权和收入来源地税收管辖权并行的情况，又正好加深了这种不公平的程度。众所周知，在国际投资市场上，发达国家是世界资本多数的拥有者，资本、技术、物资、信息在发达国家与发展中国家之间的流动，基本上是单向的。发达国家大量对外投资，而发展中国家则主要吸引外资。两种税收管辖权并行使发达国家行使对境内外收入的征税权，而发展中国家实际上只行使对境内收入的征税权。显然，这种税收权益的国际分配在向发达国家倾斜，造成国际竞争中实质上不公平的现象。要改变这种不公平的状况，唯有在全球范围内统一实行单一的收入来源地税收管辖权。

从税收公平的机会原则看，税收负担也应按纳税人取得收入的机会大小来分摊。发达国家的居民到发展中国家投资，并获取利润。尽管作为居民所在地的发达国为其提供了一定"机会",但对获取利润起决定性作用的"机会"却是广大发展中国家提供的。如果使用居民税收管辖权,发展中国家所作出的努力和牺牲将一无所获,这显然不公平。而行使收入来源地税收管辖权,在国际投资或国际竞争中,就能够在跨国纳税人和国内纳税人之间实现真正的公平。①

此外,从税收本质的角度分析,实行单一收入来源地管辖权也是有其依据的。在税收理论的发展过程中,关于税收本质的学说有公需说、保险费说、义务说(牺牲说)、利益说(交换说)、新利益说等。所谓公需说,可以理解为国家有增进公共福利的职能,在执行这种职能时,为满足必要的公共需要,就必须征税。但这一学说并没有解决国家为什么有权"必须征税"的问题。保险费说认为,国家像保险公司,而国民像被保险者,国民由国家为其保障生命、财产,税收是国民缴纳给国家的相应对价,相当于保险费。义务说是以德国哲学家黑格尔等的国家有机体论作为基础的学说。他们认为,为了维持国家生存而支付税收,是每个国民的当然义务。该说也称为牺牲说,之所以称为牺牲说,是由于它不是对接受国家利益的一种返还,而完全是无偿的,也就是牺牲性的给付。② 早期比较重要的学说是由英国哲学家霍布斯首次提出,英国著名思想家洛克予以发展的利益说,也叫交换说。霍布斯从资产阶级人文主义出发,率先探究了国家建立及其人民应当向政府缴纳税收的原因。他吸收了古希腊先哲伊壁鸠鲁关于社会契约的思想,将政治契约与普通契约相类比,使契约成为一种法律事件:人们转让自己的权利如同售出商品一样,应当获得相应的等价补偿——国家对人民生命财产安全的保障。他认为,人民为公共事业缴纳税款,无非是为了换取和平而付出的代价。③ 他提到:"主权者向人民征收的税不过是公家给予保卫平民各安生业的带甲者的薪饷。"④洛克根据发展资产阶级议会民主制度的要求,考察了国家课税权与国民财产权的关系。他分析这一问题的前提是,政府是由人民建立的,政府的主要职责就是保护人民的私有财产。他的结论是:政府只能站在议会赞助权的立场上,按照法律规定的赋税条例行使课税权。洛克的学说为近代西方国家立宪依法征税提供了理论依据。⑤ 他认为:"诚然,政府没有巨大的经费就不能维持,凡享受保护的人都应该从他的产业中支出他的一份来维持政府。但是这仍须得到他的同意,即由他们自己或他们所选出的代表所表示的大多数的同意。因为如果任何人凭着自己的权势,主张有权向人民征课税赋而无需取得人民的那种同意,他就侵犯了有关财产权的基本规定,破坏了政府的目的。""未经人民自己或其代表同意,决不应该对人民的财产课税。"孟德斯鸠、密尔等思想家也持类似的观点。利益说把税收的本质看作是政府

---

① 杨志清:《国际税收理论与实践》,北京出版社1998年版,第362—367页。
② 〔日〕井手文雄:《日本现代财政学》,陈秉良译,中国财政经济出版社1990年版,第262—263页。
③ 李九龙主编:《西方税收思想》,东北财经大学出版社1992年版,第5页。
④ 〔英〕霍布斯:《利维坦》,黎思复、黎廷弼译,商务印书馆1985年版,第269页。
⑤ 李九龙主编:《西方税收思想》,东北财经大学出版社1992年版,第8页。

和纳税人之间的利益交换,从而将商品交换的法则引入了财政税收理论,奠定了近现代财政税收理论的基础,其影响力一直延续到今天。①

目前适应现代市场经济的发展,对税收本质作出比较合理解释的是新利益说,这一学说也被称为"税收价格论"。它将税收视为是人们享受国家(政府)提供的公共产品而支付的价格费用。作为国家(政府)提供公共服务的公共产品,它由社会成员私人消费和享受,国家(政府)由此而付出的费用也就必须由社会成员通过纳税来补偿。私人为了自身消费而支付费用的现象,正是典型的市场等价交换行为在公共财政活动中的反映,从而税收也就具有了公共产品"价格"的性质。② 股息、利息、特许权使用费等所得都是在所得来源地、即所得来源地国取得的,这些所得的取得必定耗用了所得来源地国所提供的公共产品;为了进行费用补偿,就必须对其予以征税。因此,实行单一的收入来源地管辖权是符合税收本质理论的逻辑的。

在全球范围内倡导各国实行单一的收入来源地管辖权,既有其法理依据,又在实践中十分必要。它有利于跨国投资者与国内投资者之间开展公平竞争。两种税收管辖权并行容易造成不公平的竞争,通常是跨国投资者处于不利的竞争地位并造成国际双重征税、国际逃税或国际避税。实行单一的收入来源地税收管辖权则能在一定程度上防止国际逃税或国际避税行为的发生,不仅会促进国际经济的发展,也会给国际税收征管工作带来极大的便利。

(二) 实行单一税收管辖权的可行性

1. 从国际税法的发展趋势角度考察

从国际税法的发展趋势看,各国统一实行收入来源地税收管辖权是可行的。到1997年底,世界绝大多数国家都已通过国内立法、签订双边或多边避免国际双重征税协定等方式,对居民税收管辖权加以限制。这种限制大体上包括③:一是放弃居民税收管辖权,实际上只行使单一的收入来源地税收管辖权。④ 如有的国家或地区全面放弃居民境外所得的征税权,不论居民还是非居民,一律仅就来源于境内的收入征税。二是从纳税主体的范围上进行限制,即对居民公司仅实行单一的收入来源地税收管辖权,对居民自然人行使居民税收管辖权。⑤ 有的国家放弃居民公司境外所得的征税权,但对居民自然人仍坚持境内外所得全面征税。三是从纳税客体上加以限制。有的国家对居民境外的某些收入免税,如瑞士对居民公司在境外设立的常设机构所取

---

① 刘剑文主编:《税法学》(第2版),人民出版社2003年版,第96页。
② 张馨:《公共财政论纲》,经济科学出版社1999年版,第232页。
③ 杨志清:《国际税收理论与实践》,北京出版社1998年版,第368—369页。
④ 如拉丁美洲的许多国家以及赞比亚、肯尼亚、埃塞俄比亚、香港、澳门等国家或地区便是采取这种做法。
⑤ 如法国、巴西等即采取这种做法。

得的营业利润,以及居民纳税人坐落在国外的不动产所取得的收入,均免予征税。四是从时间上进行限制。有的国家对居民境外所得采取有时限区别的特殊免税政策。如日本规定,在境内居住1年以上不满5年的居民个人,其境外所得仅就汇入部分征税。英国则规定,在英国居住6个月以上不满3年的居民个人,其境外所得仅就汇入部分征税。① 五是采取"递延法"进行限制。有的国家对居民在境外设立的子公司,只要其在国外已构成他国的法人实体,其实现的税后所得未汇回前,免予征税。母公司一旦收到子公司的股息,均应还原为应税所得,合并母公司计税。六是从计算方法上间接地进行限制。有的国家对居民(主要是自然人)纳税人来自境外的收入课税时予以较为优惠的宽减。如美国税法规定本国居民(公民)如因在国外居留时间较长而一旦成为外国的居民纳税人时,其在国外的所得(包括工资、薪金、劳务报酬、佣金等)合并计税时,允许年扣除免征额7万美元和超过定额的住房费用。此外,许多国家通过缔结避免国际双重征税协定对居民境外某些收入项目实行免税。②

我国与其他国家签订的避免国际双重征税协定中也有一些免税的条款。如中比协定规定,比利时只对股息(除符合免税条件以外)、利息和特许权使用费保留居民的征税权并给予税收抵免,其他凡是按协定可以在中国征税的所得,比利时都给予免税。中德协定、中挪协定、中波协定等避免国际双重征税协定均有类似的免税规定。据此,世界各国几乎没有纯粹实行居民税收管辖权的,对居民纳税人的境外所得均给予了或多或少的宽减,限制征税权已达成某些共识。由此可见,在国际上,许多国家的税收立法实践呈现放弃居民税收管辖权,倡导实行单一的收入来源地税收管辖权的趋势。

2. 从财政收入等角度考察

采取单一收入来源地税收管辖权并不会减少各国的财政收入。如前所述,许多国家直接或间接地限制了居民税收管辖权,有些国家甚至放弃了居民税收管辖权。这些税收立法实践表明了这些国家的财政收入并不依赖于居民管辖权的行使。相反,采用单一收入来源地税收管辖权可以减少资源的浪费,促进各国经济的发展,并使各国从中得到比原来行使两种税收管辖权时更多的税收利益。放弃居民税收管辖权并不侵犯国家的主权。有学者认为征税权是国家主权的重要体现,而限制或放弃居民税收管辖权是对国家主权的侵犯。然而,虽然两种税收管辖权都是国家主权的引申,但如果各国为了共同的政治利益和经济利益而共同限制各自的主权行使范围,如实行税收外交豁免,就不能认为是侵犯了国家的主权。③ 发达国家从自身利益考虑也不应阻碍税收管辖权的统一。因为从国际投资市场的现状来看,虽然发达国家多

---

① 新加坡也有类似规定。
② 《OECD范本》和《UN范本》的第23条一致规定:"当缔约国一方居民取得的所得或拥有的财产,按照本协定的规定可以在缔约国另一方征税时,首先提及的缔约国一方应对该项所得或财产给予免税。"
③ 杨志清:《国际税收理论与实践》,北京出版社1998年版,第370页。

处于投资国的地位,会反对取消居民税收管辖权而仅仅适用收入来源地税收管辖权的做法,但从发展的眼光看,这种统一的结果对发达国家也是有利的,完全符合发达国家一直提倡的资本应在世界各国之间自由流动的宗旨。从国际经济一体化的角度考察,发达国家的发展离不开发展中国家的发展;发展中国家的经济发展有助于全球经济的良性运行。就目前看来,应该说,实行收入来源地管辖权对发展中国家更为有利;但从长远看来,实行单一收入来源地管辖权有助于增强发展中国家的经济实力,使其为全球经济发展作出更大贡献,更为重要的是,可以消除国际重复征税,为全球经济发展创造良好的税收宏观环境。①

总之,实行单一的收入来源地管辖权能有效地解决国际双重征税问题,且适应了经济国际化、投资跨国化、贸易全球化的需要。目前,一些国家(或地区)已率先实行了单一的收入来源地管辖权制度,笔者深信在 21 世纪这一制度将在全世界范围得以更广泛的推行。

在国际所得税领域,现行多种税收管辖权并存的做法造成了诸多弊端,有必要实行单一的收入来源地税收管辖权。从国际税法的效率原则和公平原则,以及税收的本质等角度进行论证,都表明实行单一的收入来源地税收管辖权具有充分的理论依据。同时,从国际税法的发展趋势、对财政收入的影响、对国家主权的限制等角度进行考察,也表明实行单一的收入来源地税收管辖权也是有其实践可能性的。

五、WTO 体制下中国税法发展的基本趋势②

(一)加入 WTO 对中国税法影响的总体评介

加入 WTO,从积极义务的遵守来看,除了关税法以外,WTO 对中国税法并不会带来巨大的直接冲击。但作为全球最大的自由开放的多边贸易体制,WTO 代表着国际经济一体化以及法治化趋势,因此中国税法不得不适应这种趋势积极主动地进行自我调整和改革。加入 WTO 以后,中国税法在市场经济发展过程中形成的国际化、法治化以及私法化趋势必将继续延续并得到强化,从而使得中国税法在内因外力的综合作用下不断完善和发展。

从 1948 年 1 月 1 日起包括中国在内的 23 个国家就《关税与贸易总协定》签署《临时适用议定书》至 1995 年 1 月 1 日《建立世界贸易组织协定》生效,国际多边贸易体制在近五十年风风雨雨的自由化的道路上经过了八轮谈判,终于在乌拉圭回合达成最终的一揽子协议,并成功地实现了建立世界贸易组织(WTO)的夙愿。WTO 的规

---

① 在关税领域实行的普惠制也具有类似的价值。
② 原文与熊伟合作发表于《中国法学》2002 年第 3 期,收入本书时作部分修订。

则和原则确立了国际贸易和投资的管理框架及一整套秩序体系。WTO 的成员不仅在对外贸易政策的制定上受到 WTO 各项规则和制度的拘束,而且在其他国内法律和政策的制定方面也会受到 WTO 制度的影响,即必须与 WTO 规则体系保持一致。

中国于 1986 年 7 月 11 日正式照会关贸总协定总干事邓克尔,要求恢复中国在总协定中的缔约国地位。世界贸易组织成立后,中国又矢志不移地申请加入。十余年来,历经艰难,路途坎坷,中国终于成功加入了 WTO,实现了自己加入世界多边贸易体制的愿望。

中国加入 WTO 除了对经济体制产生影响外,对于我国法律制度的影响也将是巨大而深远的。世界贸易组织要求每一个成员保证其法律、规则和行政程序与 WTO 协定及其所附各协议中的义务相一致,而中国目前的国内相关立法在不少领域都与其存在差距甚至冲突。如外贸法[1]、金融法[2]、知识产权法[3]、行政法[4]等领域与 WTO 规则的积极冲突,政府采购、反倾销、反补贴、反垄断、技术标准等方面的法律空白。"前者与我国加入 WTO 后所承担的国际义务不符,并很可能使其他 WTO 成员与我国争端纷起;而后者则在某些方面缺乏法律制度框架,不利于我国经济健康发展和权益的保护。"[5]因此,在这些领域,修改与 WTO 规则相冲突的国内立法,尽快制定 WTO 所要求的相关法律在当时已是刻不容缓。

与 WTO 对上述法律部门全方位的直接冲击相比,中国加入 WTO 对税法的影响除了关税法之外其余相对间接得多。关税是主权国家的经济卫士。在发达国家的倡导和推动下,关税减让一直是关贸总协定前七轮多边谈判的重心和焦点,结果导致全球关税的持续大幅度下降。在谈判过程中所达成的"关税减让表"对相关成员本身即构成一项法律义务,其中关税税率的降低、关税种类的调整以及关税配额分配政策的改变都将直接导致关税法的修改。这是我国加入世界多边贸易体制必须承担的代价,也是推动世界商品贸易自由化的重要举措。当然,加入世界贸易组织,关税也并不是完全取消,特别是对于幼稚产业,关税仍然能够起到非常强大的在过渡期内的保护作用。因此,研究如何利用 WTO 的现有规则体系,最大程度地发挥关税在限制进口、保护民族产业方面的作用,也是关税法改革面临的重大议题。

虽然反倾销税法和反补贴税法也是 WTO 比较关心的关税问题,但是与普通关税

---

[1] 如对进口商品的数量限制、外资立法中的非国民待遇、行政规章的不透明等。参见曹建明、贺小勇:《加入 WTO 与我国对外经贸立法》,载《中国法学》2000 年第 1 期。

[2] 如对外资金融机构的业务范围、准入地域、从业标准施加特殊限制。参见张忠军:《WTO 与我国金融立法》,载《中国法学》2000 年第 3 期。

[3] 如实用新型和外观设计专利权的行政终局决定、商标的异议制、商标权的内容等。参见郑成思:《世界贸易组织与贸易有关的知识产权》,中国人民大学出版社 1996 年版,第 134、168、258—260 页。

[4] 如行政程序的强化和对行政行为的司法审查以及行政规定的透明度等。参见于安:《WTO 协定的国内实施问题》,载《中国法学》2000 年第 3 期。

[5] 萧凯:《WTO 的制度性影响及其法律分析》,载《法学评论》2000 年第 4 期。

法相比,WTO对其关注的出发点是不一样的。关税减让是世界多边贸易体制建立和发展的前提,关贸总协定所主持的七轮关税减让谈判都是为了消除商品贸易壁垒,破除贸易保护主义,促进自由贸易体制的形成。而允许各成员开征反倾销税和反补贴税则是站在成员内部的立场上防止其他成员的不正当竞争,其目的是满足各个成员在自由贸易体制下维护自身合法权益的需要,所以这并不是WTO所要求的强制性的义务,而只是一种允许各成员自行采纳的救济手段。我国已经按照WTO的相关要求,完善了相关的反倾销、反补贴立法,《中华人民共和国反倾销条例》和《中华人民共和国反补贴条例》已于2002年1月1日颁布,两个条例均自2002年1月1日起施行。1997年3月25日国务院发布的《中华人民共和国反倾销和反补贴条例》同时废止。

WTO关于法律的透明度和统一实施要求对中国税法的建设无疑提出了更高的标准,这会在一定程度上和一段时间内与中国税法发生摩擦,但是中国立法机关在提高法律透明度方面一直在不懈地努力,法律、法规和规章的公开性完全可以得到保证,规范性行政文件的公布、咨询和审查监督只要假以时日,按照依法治税的要求也是可以逐步做到的。至于法律的统一实施问题,我国在国家结构上实行单一制,中央和地方国家机构职权的划分,遵循在中央统一领导下,充分发挥地方主动性、积极性的原则。① 在立法方面,根据2000年颁布的《立法法》,财政税收的基本制度由全国人民代表大会及其常务委员会享有专有立法权②;在行政管理方面,全国地方各级人民政府都是国务院领导下的国家行政机关,都服从国务院。③ 因此,WTO协定在我国的统一实施在法律上是有保障的,至于区域发展带来的问题,可以通过政策调整和加强行政监督来解决。

总体而言,加入WTO对中国税法的直接冲击并不大,除了关税法的改革必须亦步亦趋地与中国在"入世"谈判中所承诺的义务保持一致外,其余的方面可以根据形势通过微调加以解决。然而,这并不意味着WTO对中国税法的影响就此为止,恰恰相反,与加入WTO对中国税法的制度影响相比④,WTO所代表的世界多边自由贸易体制及其内含的经济自由化、全球经济一体化以及经济法制化观念对中国税法的冲击更为长远和持久。中国税法除了考虑如何修改旧法或制定新法以保持与WTO规则的一致外,同时还需高瞻远瞩地为自己在中国经济步入全球一体化和自由化过程中如何积极有效地发挥作用定位。在新的形势下,继续强化为市场经济发展和对外经贸合作服务,加强税收法治、促进依法治税,在努力维护税收主权的同时积极与国

---

① 参见《中华人民共和国宪法》第3条。
② 参见《中华人民共和国立法法》第8条。
③ 参见《中华人民共和国宪法》第110条。
④ 即WTO成员不仅在对外贸易政策的制定上受到WTO各项规则制度的拘束,而且其他相关国内政策和法律的制定方面也受到WTO制度的影响。参见萧凯:《WTO的制度性影响及其法律分析》,载《法学评论》2000年第4期。

际接轨,是 WTO 对中国税法在观念上的最高层次的冲击。而在具体制度的建设上,为了更快地融入国际经济大家庭,促进本国经济发展,税法必须有效地发挥对高新技术产业和外贸出口、跨国投资的积极引导和推动作用,通过扩大税收的作用范围①,解决高新技术产业领域的新的税法问题②,以及加强纳税人权益的保护和税收征管措施的改进等,为我国经济的发展营造一个良好的税法环境。易言之,中国税法在 WTO 体制下不应该被动地满足于与 WTO 规则保持一致,修改国内税法,消除积极冲突,确立与 WTO 相适应的新规则只是 WTO 对中国税法最起码的低层次要求。加入 WTO 对中国的经济发展是一个新的契机,它对国内的各项法律制度(包括税法)同样是一个契机。税法应该把握这个契机,以开放的姿态完善各项制度,迎接 WTO 时代的到来,为中国经济步入世界经济发展的轨道起到良好的推动作用。

1. WTO 体制下中国税法发展的国际化趋势

在申请加入世界贸易组织(包括 WTO 成立以前"复关")的过程中,中国税法逐渐摆脱计划经济体制下的偏执和狭隘并日趋走向国际化已是不争的事实。随着市场经济发展的深入和对外交流合作的展开,税法开始改变过去那种按所有制身份分别立法的状况③,在国有企业收益分配中正确地处理了利润和税收的关系④,税率的结构和水平顺应国际上税法改革的潮流作了大幅度的简化及降低,个人所得税法和增值税、消费税、营业税等流转税法已经统一地适用了内外资企业和个人,即使是在较为敏感的外资企业税收优惠方面,也根据国际惯例和我国经济发展的实际作过调整,如将所得减免优惠从原来适用于所有形式的外商投资企业缩小到生产型外商投资企业。WTO 的规则体系所反映的是经济全球化、市场化和知识化的趋势,尽管其中存在着大国之间的利益冲突和妥协,但是这种体制对于生产力的发展无疑是会起到积极向上的作用的。发展中国家虽然在经济、技术、管理等许多方面落后于发达国家,但是融入世界多边经贸体系并利用 WTO 的现有规则参与各种谈判,使自己的利益能够得到最大程度的体现和保护是必然的选择。中国选择了申请恢复"关贸总协定"缔约国地位和加入"世界贸易组织",也就意味着认同 WTO 所奉行的规则和所倡导的理念。这种选择对税法的影响就是随着中国经济国际化程度的进一步加深,税法的国际化倾向也会越来越明显。

税法的国际化并不是指税法所代表的国家主权在 WTO 体制下不复存在,相反,税法的国际化是在经济全球化背景下更好地维护国家主权和国家利益的方式。它的

---

① 如清费立税,制定燃油税、社会保障税、环境污染税等。
② 如对电子商务征税过程中划分商品或劳务、常设机构的标准、税收管辖权的确立等。
③ 如将国营企业所得税、集体企业所得税和私营企业所得税合并为企业所得税,统一适用于任何所有制形式的内资企业。
④ 如通过两步利改税,辨清了利润和税收各自不同的法律性质,正确地将利润界定为投资者收益,而税收则为国家以政权行使者的身份为履行国家职能而面向任何主体强制、无偿获得的收入。

核心内容即在于,税法应该顺应全球经济一体化的趋势,并站在国际的视角上全面平衡促进经济资源的全球流动与合理合法地满足本国的特殊需要的关系,在观念、原则、制度和规则等各个方面充分汲取国际税收法律实践中对中国税法的完善有所裨益之处。

加入WTO后中国税法的国际化的过程应是远期规划和近期接轨的统一。远期规划就是要顺应WTO代表的经济全球化趋势,使中国税法在实现国内效率与公平的同时,还应有利于全球资源的合理流动和有效配置。如果中国税法观念上故步自封,制度上画地为牢,在严重与世隔绝的计划经济时代尚可能在非正常状态下达到获得财政收入和税收宏观调控的特殊效果,但是在WTO体制下,不管是对税收收入的渴望还是对经济宏观调控效果的追求,都不得不开始重视国际经济和政治因素的作用。不难想象,一项原本以追求税收收入最大化为目的的增税措施完全可能因为国际资本的转移和国内资本的外逃而中途夭折,一项旨在吸引国际投资的税收优惠措施也完全可能因投资者的母国不予提供税收饶让待遇而难于奏效,甚至还有可能由此导致国际贸易规则的扭曲,引发WTO体制下的贸易争端。因此,中国税法的发展首先应该从观念上嵌入一个国际化的视角,在经济资本全球流动的背景下重新考虑税收立法、执法的客观效果,破除计划经济体制下的偏执与狭隘做法。而在此过程中的税收协调必将得到进一步重视和体现。通过国家间主动、前瞻和积极的合作,逐渐消除中国税法与国际上的差距与摩擦,以开放的姿态和饱满的热情加入税法合作的国际实践,将是中国税法一项长期而又艰巨的任务。

中国税法与国际的近期接轨是指在保持现行税法总体延续性的基础上,重点完善涉外税收制度,增强其征收管理制度和实践的透明度,并对与WTO原则及国际税收惯例相冲突的税收政策及税收立法加以调整,以便尽可能地和WTO主要成员国的通行税制衔接,为在多边贸易体系下开展国际经济交往创造良好的税收环境。

需要指出的是,WTO体制下中国税法的改革,包括税法的国际化是一个渐进的过程,在这个过程中必须坚持顺应经济全球化趋势与维护国家经济安全的辩证统一。① WTO对市场准入的要求体现了一个时间的过渡,与这个进程相一致,一国的税法改革也应是渐进的。市场准入的法律含义本身就体现为国家通过实施各种法律和规章制度对本国市场对外开放程度的一种宏观的掌握和控制。中国坚持以"发展中国家"的地位加入WTO,即意味着一些需要国家保护和扶持的行业可以有较长时间的调整期。反映到税法变革上来,也就意味着税法国际化的目标不可能一蹴而就,也不需要一步到位。税法的设计仍应基于本国经济发展水平和产业结构状况,并能够促进经济发展和产业结构调整。离开这种考虑,片面追求税法的国际化和趋同化是不现实的。

---

① 刘光明:《WTO与发展中国家税制改革——访厦门大学教授邓力平》,载《财政与税务》2000年第3期。

因此,中国税法应充分利用 WTO 框架内各种协议规则的例外性安排,为国内企业的调整和应变提供一定的周转时间。虽然税法设计的主体目标是建立一个国内外企业公平竞争的税收环境,以体现税收中性原则,不影响资源的市场有效配置,但是除此之外,它还应该特别考虑发展中国家的具体国情,考虑行业差别和区域差别,体现出税收的非中性作用,通过差别税收待遇,运用税收杠杆实现经济公平与发展的目标。

2. WTO 体制下中国税法发展的法治化趋势

作为一种治国方略,法治是作为人治的对立物而出现的。几千年来,围绕着法治的目标和内容,中外思想家们一直在苦苦地思考和探索,以期科学、理性地认识法治的本质含义。这是一种永无止境的追求,就如人类通过近代的民主革命和法律变革虽然已经达到了前所未有的法治化状态,但仍然摆脱不了继续寻求更加科学和完善的理想境界的冲动一样。法治是人类对自己未来生活的憧憬和现实追求。在正义、平等、人权、自由等价值理念的引导下,法治的理论虽然层出不穷,但只会使其得到更高层次的升华;法治的实践虽然形态百样,但都是对人类自身的弱点的不断克服和制约。与其说法治是一种早已设计好的制度模式和秩序状态,不如说法治是一种在国家政治生活领域人类为追求美好生活而形成的一种价值观。正是这种价值观,成为人们制定法律的标准和执行法律、遵守法律的指导思想。

作为一种价值,法治一般可分为形式价值和实体价值两个方面[①]:形式价值是指法律本身所应具备的,有利于法律实体价值得以实现的法律自身的品质或规定性。如法律必须清晰、公开、适度、可行、非溯及既往、一致性、可操作性、明确的效力范围和制裁方式,等等。实体价值是法治内容方面的规定性,它是法治所要实现的目标。一般而言,法治的实体价值体现在法律的正义性,就现代社会而言,其内容应包括民主、自由、平等和人权。

中国加入 WTO 后税收法治化的发展趋势主要表现为对税收法定主义的追求和实践,它既反映了法治形式意义上的价值,又体现了法治在实体上的价值。国家向所管辖的人民课税,人民负有纳税义务,这是古今中外的一贯定则。只是古代国家的主权在君王之手,课税权亦自然属于君权的作用范围之内,税收的课征和减免,均以君主的命令为依据。及至近代,国家主权逐渐由君王手中转移至国民全体,课税权也随之由国民全体掌握。在西方税法的历史演变中,围绕着与君王争夺课税权的斗争逐渐形成了"无代表则无课税"的原则。即凡课税事项均应由全体国民所推出的代表,通过宪法程序将其制定的法律,作为课税的依据。为确保课税权力归属全体国民,许多国家都将税收法定主义的内容明定于宪法之中。非有法律规定,一般不得征收新税,修改或废除旧税。非有法律规定,任何人不得全部免除或部分免除应缴的该项税款。

至于税收法定原则的内容,国内学者的意见比较统一,一般认为包括税收要素法

---

① 王雨本主编:《法制·法治》,中国人民公安大学出版社 1999 年版,第 26—27 页。

定原则、税收要素明确原则以及征税合法性原则。WTO 规则体系中所确立的贸易规则透明度原则、法律统一实施原则以及行政行为司法审查原则其实都可以在税收法定主义中得到体现。无论是税收要素法定，抑或是税收要素明确，还是征税程序合法，都对透明性原则只有强化而不可能减弱。因为这里所谓的"法律"一般都是指狭义上的"法律"，即最高立法机关依据立法法的规定所制定的法律，行政机关就一些具体而微的税收问题进行立法也须经过特别授权。而按照我国 2000 年 7 月 1 日实施的《立法法》的规定，法律、行政法规和规章的公布是立法程序的一个组成部分和生效条件，这在很大程度上提升了税法的效力层次，使得税法的透明性问题在税收法定主义的框架下就可以加以解决。如果中国将来能够建立违宪审查制度，那么税收法定主义无疑也会成为判定行政法规、规章以及所有抽象行政行为合宪性的重要标准。即使不实行税法违宪审查而采纳普通的行政诉讼制度，税收法定主义的要求也会对 WTO 所确立的行政行为司法审查原则的实施大有裨益。至于在保持税法在全国范围内统一实施的问题上，一方面需要国家调整税收地域和行业区别的宏观政策，修改与 WTO 规则明显冲突的国内立法，以免发生中国对自己所承诺义务的违反，另一方面税收法定主义对地方的税收立法、执法和司法也会有很大的制约作用，例如规定地方无权开征新税，地方对中央的税收立法必须贯彻实施，地方对中央税无权减免，对地方税的减免也只能依法进行，等等。所以说，税收法定主义是中国加入 WTO 之后必然要大力加强建设的议题。

税收法定主义所体现的税收法治精神除了形式层面上的课税法定、依法课征、要素明确、效力范围明确等内容外，其实早已将法治的实体价值，如正义、公平、民主、自由等作为自己的历史和逻辑前提。从税收法定主义的历史发展中不难看出，税收法定主义始终都是以对征税权的限制为其内核的，而法治的本质内容之一也在于权力的依法律行使，故税收法定主义构成了法治主义的重要组成部分，是法治主义规范和限制国家权力以保障公民财产权利的基本要求和重要体现，对法治主义的确立"起到了先导的和核心的作用"[1]。这里的"法"是反映人民共同意志的民主立法，也是保障纳税人利益不受侵犯的自由之法，其中所渗透的正义、平等、人权等价值，正是现代法治的基本要求。所以，税收法定主义从形式上看可能只是征税必须有法律依据，但其对征税所依之法应当是人民依照代议程序制定之法的要求却地地道道与法治的精神天然地一致了。

遗憾的是，中国通过加强税收法定主义而建设税收法治的目标仍非短期所能达到。目前不仅形式上的课税必须由立法机关以法律规定的要求难以满足，税收法治实体价值的实现也由于我国目前民主和宪政建设的滞后同样存在很大的差距。由此，我们认为中国加入 WTO 之后税收法治化的趋势须经由以下三个方面的工作得以

---

[1] 〔日〕金子宏：《日本税法原理》，刘多田等译，中国财政经济出版社 1997 年版，第 48 页。

强化：

（1）规范授权立法,完善税收法制。虽然在经济转型时期由于税制变动频繁而确有必要通过授权立法,以维持法律的适应性,但在应当严格遵守税收法定主义的中国税法领域,除了《个人所得税法》《企业所得税法》《车船税法》《税收征收管理法》之外全是由国务院发布的行政法规、财政部、国家税务总局发布的规章、命令、指示等,这却很难说是一个十分正常的现象。因为这会给行政权借税收立法侵犯公民或企业的经济利益和行为自由提供一条不受监督之路。自己立法、自己执法在任何国家都很难做到保证其内容的公正和程序的细致,故而只会导致行政权的膨胀和不受制约。当务之急是严格遵守税收法定主义所要求的税收要素法定原则,限制授权立法的目的范围和内容、规范授权立法的程序。"立法权限之委托行政机关,在税法上应遵守特定的原则。……立法者授权制定命令者,为满足宪法上要求,必须相当特定,而能够从其法律本身(并非从其所支持的行政命令)即可以认识并且可预测在税捐之可以请求税捐义务人什么,亦即必须税捐义务人借由法律上的规定即可计算自己的税捐债务。……立法者必须对于所授权之行政机关设定计划(program),倘若其授权行政机关对于全部的税上概念加以定义,则其授权即不符合此项要求。"[①]换言之,在税法上将有关税收的全部立法权不加限制地授权行政机关以行政法规或行政规章的方式加以立法是不符合税收法定主义的,税收授权立法只能限于个别的、具体的委托,只能在税收要素法定和明确的前提下根据立法机关的授权对具体、个别的事项加以补充和细化。如果立法机关不履行自己的职责,在未加限制的情况下将立法权的一部分移转给行政机关,同样是一种违反宪法的行为。

（2）建立违宪审查制度,站在"合宪性"的高度促进税收法治。不管是建立独立的宪法法院,抑或是独立的宪法监督委员会,还是在目前的人民代表大会体制下建立相对独立的宪法委员会,违宪审查制度所代表的宪法司法化的趋势必将是中国法治,包括税收法治的必经之路。违宪审查制度将使得宪法的最高效力地位通过个案审查在整个法律体系中稳定地确立和强化,任何与宪法相冲突的法律将归于无效的制度将不再单纯地停留在纸面和口头上,而变成活生生的实践。税收法定主义虽然是税收立法和执法的最高准则,但是如果不通过违宪审查制度,即使出现违反税收法定主义的行为也难以得到纠正。由此也就要求宪法作出相应的修改,一方面确以违宪审查制度,另一方面将有关税收法定主义的内容以宪法规范的形式写进宪法。我们相信,通过这种制度设计,不仅可以使税收法治形式意义上的价值充分地实现,同时还可以保证税法的公平、正义、自由、民主、人权等实体价值在违宪审查过程中很好地贯彻。虽然我国宪法现已确认全国人大常委会对宪法拥有监督解释权,但是由于缺乏违宪审查制度,这种解释和监督的程序仍属空白,申请进行宪法监督和解释的主体资

[①] 陈清秀:《税捐法定主义》,台湾月旦出版社股份有限公司1996年版,第595页。

格、受理部门、受理条件和审查标准、审查和解释程序、时效和期限等都属空白,因而很难操作。通过专门立法建立违宪审查制度势在必行。

(3) 加强立法的民主性、科学性,使税法真正成为人民共同意志的体现。税收法定更深层次的要求是,不仅税收要素由立法机关以法律的形式明确规定,而且必须通过加强立法的民主性和科学性,保证税法真正反映人民群众的意志和利益,而不是立法者、执法者自身或一部分利益集团的意志,使税收法治必须时刻谨守的公平、正义、人权、自由等价值观念渗透和贯彻在立法的过程和结果中。目前我国的人民代表大会制度从政治上所反映出的理论上的民主有余,但是参与法制建设的力量太弱,特别是在税法这种专业技术性较强的领域中尤甚。全国人民代表大会的代表在名额安排和资格设定时对政治性因素考虑太多,而对其作为一名立法机构成员的身份考虑太少。如果人大代表缺乏税法方面的知识,对税收草案所带来的利益分配结果、税法程序的科学安排,以及税收立法的比较和选择一无所知或知之甚少,不敢想象,这种形式上的民主如何保证税收的实质正义和程序科学。从这个意义上看,尽管全国人大拥有法定的立法权,但实际上对税法的制定拥有最大影响力的仍然是起草税法草案的行政机关或全国人大的某个工作机构。立法对行政的监督制约,立法反映社会公众的利益和意志在现实中可能流于形式。从加强税收立法的角度出发,我国的最高立法机构——全国人民代表大会应该作重大改革。一方面要尽力提高代表的文化水平和参政意识,加强法律专业知识的学习和培训,使其充分领悟自己作为立法机构成员所肩负的重担和使命,另一方面为弥补人大代表法律知识不足的缺陷,在立法起草、审议过程中要充分发挥人大各专门委员会和社会专业机构的作用,同时聘请专家学者参加立法程序,使法律制定的前期工作做到尽可能地科学、周到、细致。除此之外,延长会议审议法律法案的时间,增加立法草案的理由说明,甚至提供几种不同的方案都是将来加强税收立法的可供选择的方案。

总而言之,中国加入WTO之后税收法治的过程绝不应仅仅限于形式层面的体系完整、逻辑严密、效力分明,更应从深层次的民主化和科学化的意义上予以把握。税收法治的过程必将与中国民主和法制的进程天然地保持一致,甚至会在某些方面率先突破,为WTO规则体系在中国的实施和中国融入世界多边贸易体制贡献一己之力。

3. WTO体制下中国税法发展的私法化[①]趋势

税法与宪法、刑法等部门法一样,属于公、私法分类中典型的公法。不管是将税法置于行政法之下作为经济行政法的重要组成部分,还是将其归入经济法之中的宏观调控法,在税收法律关系中,国家作为权力主体地位是始终不会改变和动摇的。中国加入WTO后税法的私法化趋势并不会改变税法的公法地位,而只是强调,随着中国经济与全球经济一体化的接轨,市场经济观念将彻底突破计划经济时期一切以国

---

① 这里的"私法化"是指私法对税法的影响越来越大,二者关系越来越密切,并非要将税法变成私法。

家意志为中心和出发点的"税收权力论",税法中的私法理论、概念、制度和规范将会越来越普遍,以至于让人们认为,税法虽然属于公法,但其形式和内容都与私法的距离越来越近,税法成为整个公法领域中与私法联系最为密切的部门。税法的私法化趋势主要表现为以下四个方面:

(1)课税理论依据私法化

税收是国家对私人经济利益的否定和剥夺。在税收正常存在的历史阶段,不同的国家都在通过各自的努力寻觅课税的合理性与合法性依据,由此也形成了一些基于各自经济体制的不同的学派和观点,这为我们预测中国在 WTO 体制的促动下市场化改革的进一步深入所带来的课税理论依据的转变提供了参照。

长期以来,我国一直站在"国家分配论"的财政学立场上,从国家需要即国家为了实现其职能需要和强制性的角度来说明这一问题。但实际上这种理论只说明了国家能够征税的问题,至于为什么国家为了实现其需要就可以征税,缺乏进一步说明,而是将其视为理所当然的结论。① 这种状况与我国传统计划经济时期对税收存在的必要性的怀疑有很大的联系。

税收作为一种财政收入形式,它与其他的财政收入有着种种不同之处,但根本的一点是它典型地体现着财政当事人之间的市场关系,而其他形式则难于做到这点。如贡赋收入体现的是臣民向主子缴纳贡物的关系,它以纳贡者不具有独立的政治地位为基础;私产收入、公产收入以及利润上交等所有权收入是君主或国家对原本就属于自己的收入或财产的集中,这是以收入上交者不具有独立的财产所有权和经济地位为基础的。然而税收收入却与此不同,国家一般是在对征税对象拥有所有权以及纳税人具有独立的政治地位以及经济地位的前提下凭借政治权力开征税收的。税收意味着私有财产的合法存在,税收意味着纳税人的人格独立,而这些条件只有在市场经济条件下才有可能具备。在传统的计划经济体制下,我国的纳税人并不具有独立地位,税法关注的对象也只是作为政府行政附属物的企业,而不是具有公民权的个人。在这个意义上,当时我国的税收的确与典型意义上的税收有所差异,它在相当程度上具有所有者集中自己的所有物的性质。可见,当时我国税收理论界主张社会主义国家不存在税收还是有其合理之处的。这样,我国关于课税依据的思考只是从国家的角度,而不是从政府和纳税人双方,从个人的角度去考虑税收的合理性与合法性,便是非常自然的了。相反,从西方资本和市场的发展的过程来看,私人资本作为主要的纳税人,它从一开始就具有独立的经济地位,就鲜明地意识到和表现出自己是税款的根本主人,国家的征税行为是对自己私有财产的剥夺和侵犯。正因为如此,私人资本才能凭借各种斗争形式通过同意和拒绝纳税,逐步剥夺和限制专制君主的财政权乃至政治权力,而导致了国家预算制度的建立。这样,在西方的市场经济中,尽

---

① 张馨:《比较财政学教程》,中国人民大学出版社 1997 年版,第 211 页。

管是以强制的方式征收税款的,但此时作为纳税人的私人资本拥有独立的政治地位和经济地位,以及对税款的征收规模、数量和使用拥有最后决定能力和作用。① 在这种经济背景下,人们对税收课征依据的理解就不可能像计划经济时期的中国那样始终以国家职能的需要(特别是阶级职能的需要)为出发点去考虑税收,相反,它只可能站在有利于私人经济发展的角度讨论课税的依据,否则就会遭到私人资本的抵制和反对。此时将国家与公民之间的税收征纳活动,视为平等的双方在进行市场式的交换活动,并从理论上予以阐释和实践中予以贯彻,已经不是人们过于丰富的不着边际的奇想,而是对现实经济关系的恰当比拟。这样,西方税收理论先是遵循公需说,而后转入利益说,其经济根源即在于此。

不管是公需说还是利益说,它们对课税依据的解释都更深入细致,更令人信服。这种站在个人的角度依社会契约的观点来分析国家行为的方法与市场经济的精神也能天然地保持一致。税法在课税理论依据方面的私法性质也正体现于此。

在国家与个人的关系问题上,但凡公法,如刑法、行政法等,都是主张国家意志支配个人意志,国家利益高于个人利益,国家与个人之间法律地位不平等,是一种支配与被支配的关系,其观察和考虑问题的出发点是国家而不是个人。在自然经济和计划经济时期,国家的影响力空前膨胀,因此公法处于高度发达的状态,而私法不是在诸法合体状态中依附于公法,便是带有浓厚的公法色彩。如中国古代社会中民事诉讼采取纠问式,以及以刑罚处理民事纠纷便是例证。只有到了商品经济和市场经济条件下,私法才获得了前所未有的发展空间。

私法坚持在不侵犯国家利益的前提下,强调个人的利益和地位应当得到保障,强调国家的活动范围在经济领域应受到限制,国家的作用不在于管制经济,而在于为经济生活中的主体提供优质和高效的服务。私法观察和考虑问题的出发点无疑不再是至高无上的国家利益,而是希望通过促进私人经济的发展更大程度地为国家创造物质财富。因此,私法与市场经济的要求是完全一致的。当私法的理论随着市场经济的发展而日趋系统和完善时,一方面私法逐渐摆脱原来对公法的依附地位,另一方面私法的理念和精神也开始向公法渗透。在新的历史条件下,任何一个原先属于公法的部门法不可能继续像原先一样完全不考虑和尊重私人经济主体的独立人格和合法经济利益,其思维方法也在开始逐步根据市场经济发展需要调整自己的作用范围和运作方式,甚至在制度上也开始引入私法的内容,使得公法与私法的界限在某些领域显得模糊。与因为20世纪资本主义的发展和危机而引发的国家对契约自由的限制并导致私法公法化的趋势相比,公法适应市场经济的需要调整自己的思路,吸纳私法的合理内核而导致的公法私法化趋势虽然比较间接,但是却更为长久和伟大,因为它有助于新形势下民主和法治的建设,有助于站在个人的立场上约束和制衡国家权力。

---

① 这里指的是纳税人作为选民通过代议制度参与税收立法以及预算审批和预算监督等等。

税法的私法化便是这样一个典型。

中国税法长期以来一直强调课税的依据在于国家职能的需要,在计划经济时期侧重于阶级国家的政治职能,而在改革开放以后虽然仍然坚持"阶级国家",但对国家的经济职能也开始重视。不过这种转变并未引起税法理念的根本更新,因为在税法领域,税收对纳税人而言是一项很难与其他权利义务内容相联系的单独的义务,过分强调其强制性与无偿性,纳税人在税法中和在国家政治经济生活中的权利无法得到承诺和保障。由于割裂税收与财政支出的联系,由于无法建立起纳税人与国家政治经济权力及其实现之间的合理途径,因此,在税法宣传中,人们所能做的,无非也就是强调一下"依法纳税是每个公民的光荣义务"而已。而这种无代价的、单方面付出的税收义务观,将无形中强化税收与己无关、对己有害的传统心理。在计划经济体制下,私有利益遭到否定的现实大大削弱了税收引起的利益冲突程度,但在市场经济条件下,如果仍然强调纯粹的纳税义务,则只会与人的追求私利的动机相抵触,加速人们已有的税收逆反心理的膨胀,导致偷税行为屡禁不止。另一方面,既然税收只是纳税人对国家的一种义务,因此也就难以从理论上说明纳税人决定和监督国家财政活动的权利,国家在财政税收的制度建设以及具体行为决策过程中,也用不着刻意考虑纳税人权利对自己的约束,其结果必然是导致国家财政权力的异化。

在坚持税法公法性的前提下,如果能够吸收西方在市场经济条件下发展的税收课征依据理论,使税法首先在指导思想上带有一定的私法色彩,这对中国加入WTO以后的税法建设只会有利无害。一来税法的理论出发点将会从国家转移到作为纳税人的私人经济主体,有利于站在纳税人的角度评论税收开征的合理性以及税法设计的得失,使税法的立法宗旨不仅体现为保障国家依法行使征税权,同时也要体现为保护纳税人在实体和程序上的权利不受非法侵害。二来可以肯定,决定税收的课征范围、征税方式、税收负担率等重要内容的根本因素不在于空中楼阁式的国家意志,而在于隐藏于国家意志背后的市场经济发展的需要,使得税法的立和废止摆脱随意性和过强的政治目的性。三来可以使得税法的视野更加开阔,使纳税人以其税法身份为依托,名正言顺地参与国家政治生活,通过对财政支出的监督和制约,干预各种政治权力的运作,促进国家民主和法治水平的进一步升华。

(2) 税法概念范畴私法化

税法的征税对象无外乎行为、流转额、收益额或财产,而无论是其中的哪一种,都属于私法规范的对象。如果没有私法上的商品交易行为,以及基于这些交易行为而产生的营业利益及财产拥有,税法将成为无源之水、无本之木。因此,税法的第一任务并不是墨守成规地在既有的领土上挖掘税源,而在于随着经济的发展,出于对公平、效率等价值的追求,以及增加财政收入的目的,随时将社会经济生活中新的交易形式纳入自己的视野。在这个过程中,私法的调整和规范是基础性的。新的经济形式往往根据私法确定的范畴和交易规则开展活动,其行为及其结果才能得到法律的确认。而税法的切入必须建立在私法的基础上,它虽然超越于交易过程,但却必须大量借助于私法规则去判断是否征税,如何征税,以及在征税的过程中既保护税收的顺利征收,又保障纳税人的合法权益。这样,在税法中就必定会出现大量的私法上的概念和范畴。这种在私法中已被使用,并已赋予明确意义和内容的概念,因其被税法借用,故有的学者称之为"借用概念",以便与税法中另一类"固有概念"相对称。① 对于只在税法中使用,而其他部门法中并不存在的"固有概念",因为它是将社会经济生活中的行为和事实直接在税法加以提炼和规定的,所以其意义和内容应该按照该法规的宗旨和目的,由税法独有的观点确定。例如,所得的概念,源于经济上的所得,但税法已经直接作了规定,这就是典型的"固有概念"。至于借用概念究竟按照该概念在原部门法中所使用时的相同含义理解,还是应当从确保税收征收以及公开税负的观点给予不同的理解,不同历史阶段的不同国家和学者有不同的答案和实践。例如经济观察法(实质课税法)在第一次世界大战后的德国时而完全采纳,时而被彻底否认,并导致税法和民法的关系出现分合史,其实就是人们根据当时的客观情况对如何理解从民法中借用过来的概念采取了不同的方法所导致的结果。② 如果完全遵从民法的规则,则契约自由和意思自治的特点非常容易被人们恶意利用,用来改变税法上征税的连接点,以减轻或免除税负,引起税负不公和其他纳税人的不满,进而会降低征税的效率和良好的税收意识的形成。如果完全抛开民法对其概念所给予的确定含义,而由税务征收部门根据交易的经济内容及其结果独立地判断是否以及如何征税,又可能使税法成为与其他法律隔绝孤立的独立王国,难免侵扰其他法律业已形成和维护的秩序,与私法自治原则相抵触,危及租税国家赖以存在的基础,进而冲击法治国家所要求的法安定性原则,最终使得税收法定主义徒具躯壳,纳税人的权利和利益无从保障。这对矛盾的冲突和妥协,可以演绎出税法反避税的全部历史,并预示着反避税工作今后的发展方向,因此,理解和把握税法中的私法概念就成为一件非常重要的事情了。

  税法中私法概念大量存在构成了税法私法化的一项特征。在中国加入 WTO 以后,国内贸易和国际贸易的界限将逐步打破,再加上电子商务的进一步发展,不仅国内民商法的概念会越来越多地出现在税法中,而且许多国际贸易惯例及条约的名词,甚至包括技术性很强的电子商务规则的名词都会频繁地在税法中涌现。交易市场的范围越广、主体越复杂、交易规则越细致和独特,税法中跟私法相关的新名词、新概念就会越多。这就要求税法的立法、执法、司法单位和人员,不仅要对税法本身的内容有所了解,而且更应该首先把握在私法领域中相关主体如何在特定领域中根据交易规则达成交易,获取利益。即使是为了维护税收的实质公平而采纳实质课税法,也只是对那些滥用私法自治原则、规避税法的行为和事实进行否定,所以仍然需要对私法

---

① 〔日〕金子宏:《日本税法原理》,刘多田等译,中国财政经济出版社1997年版,第77页。
② 葛克昌:《税法基本问题》,台湾月旦出版社股份有限公司1996年版,第15—18页。

概念按照私法的要求把握其特定含义,并在此基础上评估其对税收的影响。可见,私法与税法的联系越来越紧密,如果不对民商法进行深入研究,是很难锻造出一个优秀合格的税法学家的。税法从私法中借用的概念和范畴也会越来越多,这使得税法私法化的趋势在中国加入WTO后将会越来越明显。

(3) 税收法律关系私法化

根据税收法定主义的观点,税收的课赋和征收必须基于法律的规定,国民仅根据法律的规定承担纳税义务。因此在当代社会中,国家与国民之间就税收而产生的关系,已经基本脱离权力关系的性质,而变成了一种发生、变更和消失都严格地受制于税法的法律关系,即税收法律关系,它概括的是一种经过税法调整,而不是完全听命于权力的税收关系。正因为如此,笔者认为税法的核心在于依法产生的税款请求权,税收法律关系代表着一种公法之债。由于将债的概念引入税法,开拓公法之债的疆域,从而使得税收法律关系呈现私法化趋势。

在税法的发展史上,对于税收法律关系究竟是权力关系还是债权债务关系曾经存在争论。权力关系说是以德国行政法学家奥托·梅耶为中心的传统学说。该学说把税收法律关系理解为国民对国家课税权的服从关系,而国家总是以优越的权力主体的身份出现,因此体现为典型的权力关系。债务关系说是以1919年《德国租税通则》制定为契机,根据德国法学家阿尔伯特·亨泽尔的主张所形成的学说。这一学说把税收法律关系定性为国家对纳税人请求履行税收债务的关系,国家和纳税人之间的乃是法律上的债权人和债务人之间的对应关系。因此税收法律关系是一种公法上的债务关系。

税收权力关系说强调国家权力的行使作为纳税义务产生的前提,当税法的税收要素已经满足时,并不立即产生纳税义务。查定处分不单单是纳税义务内容的确定行为,同时也是纳税义务的创设行为。而税收债务关系说则强调依法律的规定而自动产生纳税义务,并不以行政权力的行使为前提。如《德国租税通则》即规定,纳税义务不依课税处分而成立,而以满足税收要素而成立。

日本税法学家金子宏对此评说道,上述两种观点的分歧之处在于,权力关系说主要就税收的课赋和征收程序来论述问题,债务关系说则侧重于就纳税人对国家的税收债务来论述问题,二者的着眼点完全不同。但是,税收法律关系最基本的内容,是国家对纳税人请求税收的金钱给付关系,将之视为债务关系来把握,其理由十分充分。不过,税收法律关系中包括各种类型的法律关系,将其单一地划入权力关系或债务关系都十分困难,只能理解为有些属权力关系,如更正、决定和自力执行权等所构成的关系,有些则属于债务关系。但是由于税收权力保留在国家手中是为了确保税款的征收,以期公平分配负担,因此在税收法律关系中,基本的和中心的关系仍为债务关系。①

---

① 〔日〕金子宏:《日本税法原理》,刘多田等译,中国财政经济出版社1997年版,第20—21页。

我们认为,在中国申请加入 WTO 并着力继续深化市场化改革的今天,承认税收法律关系的"债"的性质具有很大的现实意义,对税法地位的加强和税法体系的完善也大有裨益,因此税收法律关系的私法化是中国税法的发展方向。虽然人们对"公法上债务"的研究尚不深入,但可以肯定的是,公法之债是一种法定之债,它并不以国家与纳税人之间达成意思表示上的一致为前提。它不同于合同之债,但近似于侵权行为之债,即都由法律预先规定好构成要件,只要要件齐备,债即可自动产生,债权人的请求行为无非是对业已存在的权利的行使而已,并不妨碍权利的形成和义务的产生。除此之外,公法之债还随时保持着国家的主体身份,它既享有如私法之债一样的债权人身份,同时又因为这笔债务所涉及的利益具有公共性,因此法律还会赋予债权人以许多特殊的权力,这是任何私法之债的债权人不可能具有的。比如行政机关所拥有的更正、决定和自力执行的权利即属此类。至于公法之债的标的同样不一定是金钱,行为同样可以。只不过在税收之债中,国家和纳税人之间债权债务关系的内容主要是金钱给付,而发票领购、保管、开具以及纳税申报、代扣代缴税款等行为也都是为了给付税款服务的。

(4) 税法制度规范私法化

如果将税收法律关系的核心理解为债务关系,则可以在税法中以保护税收债权或保障纳税债务人利益为目的引入民法债的理论和制度规范,丰富和完善税法体系。2001 年修订的《税收征收管理法》大规模借鉴民法债法制度,规定了税收优先权、代位权、撤销权制度,以及纳税人合并、分立时的税款缴纳制度,加之原来规定的纳税担保制度,可以认为是我国税法对税收法律关系具有债权债务关系属性的确认。这样一来,无论是在税收实体法中,还是在税收程序法中都可能会出现我们非常熟悉的民事债法的制度和规范。如果税法根据税收债权的特殊情况提供了另外的理解视角,则无疑应当尊重税法的选择;如果这种规定尚不存在,而只是肯定了对民事债法制度的引用,那么完全可以依照民法所规定的程序和内容来理解和运作该项制度。所以,税法与私法的联系除了比较纯粹的理论和观点上的契合,以及对征税对象所涉及的民事行为的不得已的引用外,已经开始主动地将民事债法的制度和规范纳入相关税法体系,使其与税法成为完整的整体。随着税法对民法制度利用程度的加深,税法的私法化色彩将会越来越浓厚,税法作为税收债权法的特征也会显得越来越明显。

一般来说,能够被税法利用并嵌入税法体系的民事债法制度主要有以下几项:第一,纳税人信赖利益的法律保护。大陆法系民法的诚信原则和英美法系民法的禁止反言法理都是为了保护基于合理期待和信赖的一方当事人免受对方反悔行为的损害。由于税法属于公法和强行法,应受合法性原则的支配,如果没有法律依据,税收征管机关不得减免税捐。因此在税法上似乎没有适用信赖利益保护的可能,即使税收征管机关曾经错误地表示过减轻法定的纳税义务,其行为亦属无效。然而这只是一般的通例,在个案审查时,出于维护公平和正义的考虑,仍然存在保护信赖利益的必要,用以解决具体案件的妥当性问题。因此,在税法中必须设计诚实信用原则和禁止反言法理的适用标准,使因为信赖税务征管机关错误表示的纳税人免受重大损失。第二,纳税担保。纳税作为一种金钱给付之债与普通的债务一样同样可能出现不能实现的危险,纳税担保在税法上具有广阔的发展前景和应用空间。我国现行税法即明确规定了纳税担保的两种情形:一是税务机关有根据认为从事生产、经营的纳税人有明显的转移、隐匿其应税的商品、货物以及其他财产或者应纳税的收入的迹象的,税务机关可以责成纳税人提供纳税担保;二是欠缴税款人需要出境的,应当在出境前向税务机关付清应纳税款或者提供担保。这两种措施也是一般市场经济国家的通行做法。对于税款缴纳的担保,一般宜包括保证、抵押和质押的形式。留置在海关征收关税或代征进口流转税时也可以采用。除此之外,对某些与纳税相关的行为,为了督促当事人严格依法办事,税法上还可以设计其他特定的担保形式。如我国税法对异地领购发票即规定了交纳保证金制度,如果发票领购人在异地经营完毕返回主管税务机关所在地时不缴销在异地税务机关领购的发票,保证金即不再退还。第三,税收债权保全制度。为确保税收债权的实现,2001 年修订的《税收征收管理法》规定了税务机关的代位权和撤销权。第四,税务代理制度。税务代理是一种委托代理,国家税务总局在《税务代理试行办法》第 2 条中规定:"税务代理是指税务代理人在本办法规定的代理范围内,受纳税人、扣缴义务人的委托,代为办理税务事宜的各项行为的总称"。除了不能代理税务机关从事征税、税务管理、税法宣传等任何事宜外,税务代理与一般的民事委托代理在代理权的产生、代理行为的法律后果等方面并无区别。因此,研究和引进民事委托代理制度来丰富税法有很大的可行性与必要性。

(二) WTO 体制下中国自由贸易区的发展前景

我国自 1990 年设立第一个保税区——上海外高桥保税区。截至 2014 年 9 月 15 日,已经相继设立了上海外高桥保税区、天津港保税区、深圳沙头角保税区、深圳福田保税区、深圳盐田港保税区、大连保税区、厦门象屿保税区、海口保税区、张家港保税区、广州保税区、宁波保税区、福州保税区、汕头保税区、青岛保税区和珠海保税区等 15 个国家级保税区;上海洋山保税港区等 14 个国家级保税港区;以及苏州工业园综合保税区等 41 个国家级综合保税区。①设立保税区,是我国政府自设立经济特区、确定沿海开放城市和设立经济技术开发区之后的重大对外开放决策。保税区作为我国对外开放程度最高的特殊区域,在吸引外资、提高企业国际竞争力、促进整个国家市场化水平的提高等方面都发挥了重大的作用,为整个国家的对外开放和经济体制改革作出了积极的贡献。

在我国加入 WTO、改革开放向纵深发展的大背景下,保税区面临着新的挑战,同时也伴随着新的发展机遇。过去的十几年,在取得重大发展的同时,我国的保税区建

---

① 中国保税网,参见 http:www.chinabl.org/。

设在管理体制、优惠政策、监管制度等方面尚存在许多问题。这些问题的存在,制约了保税区功能的发挥,使得国家设立保税区的真正意图并没有得到完全实现。

自从德国汉堡自由港设立以来,自由贸易区在美洲、欧洲、亚洲和非洲地区都得到了迅速发展,现已成为各国、各地区发展自由贸易,推行其贸易政策的重要工具。在世界贸易组织(关贸总协定)体制下,自由贸易区由于其设立宗旨和世界贸易组织(关贸总协定)宗旨的一致性,而得到了更大的发展空间。

我国已加入WTO,顺应国际上自由贸易的发展趋势,借鉴国外的通行做法,在我国已有相关立法的基础上,将我国已存在的保税区改造为自由贸易区,使其对国民经济和社会发展作出更大的贡献,应该是我们的正确选择。①

我国保税区的主要优势体现在关税、许可证和配额等方面。加入WTO以后,我国的关税水平将大幅度削减,这样将削弱保税区的"保税效应",随着取消数量限制原则的实行,保税区在许可证和配额方面的优势也将大大减少;国民待遇原则的实行,使得保税区专门针对外商制定的优惠政策面临进一步的调整。② 从WTO的相关规定来看,加入WTO以后,保税区的发展确实受到了一定的影响。但通过分析WTO关于边境贸易、自由贸易区和关税同盟等区域安排的规定及WTO的宗旨,我们又可以看到,将保税区改造为国际上通行的自由贸易区,使其按照国际通行的规则运作,仍有极大的发展空间。

《关贸总协定》第24条是总协定的一个重要例外条款,主要是针对各种区域安排的。区域安排主要表现为边境贸易安排、自由贸易区和关税同盟。该条第3款规定:"本协定的各项规定,不得阻止:(甲)任何缔约国为便利边境贸易对毗邻国家给予某种利益;(乙)毗邻的理雅斯得自由区的国家,对与这一自由区进行贸易给予某种利益,但这些利益不能与第二次世界大战后缔结的和平条约相抵触。"的里雅斯得自由区是第二次世界大战的战胜国于1947年成立的,该自由区曾一度由联合国负责监督和保护,1954年,美国、英国、意大利和南斯拉夫四国又签订伦敦协定,将该自由区分归意大利和南斯拉夫。总协定关于关税同盟规定为"关税同盟应理解为以一个单独的关税领土代替两个或两个以上的关税领土"。关于国家和地区之间设立的自由贸易区,《总协定》第24条第8(乙)款规定:"自由贸易区应理解为两个和两个以上的关税领土所组成的一个对这些组成领土的产品的贸易,已实质上取消关税和其他贸易限制……的集团。"自由贸易区只是在组成此等区域的成员国间消除关税和其他贸易

---

① 将保税区改造为自由贸易区,学界已基本达成共识。参见舒榕怀:《从保税区走向自由贸易区——略论我国保税区发展的趋向》,载《世界经济文汇》2000年第3期;李力:《中国保税区应向自由贸易区转型》,载《特区理论与实践》2001年第6期;董维忠:《区域产业发展与保税区研究》,天津人民出版社2002年版,第328—329页。

② 参见张凤清:《加入世界贸易组织对我国保税区的影响及其对策》,载《外国经济与管理》2000年第5期;左正:《论"入世"后广东保税区发展的若干问题》,载《广东社会科学》2001年第2期。

限制措施,不要求各成员国对非成员国的贸易实施统一的关税制度和贸易规章。

自由贸易区只是在地区内实行贸易自由化。如欧共体共同市场、美—加—墨自由贸易区等。区域安排的目的是在有关国家间建立一种较为紧密的集团关系,在集团内部确立一套优惠贸易的规则和制度,促进相关国家间的自由贸易和经济的一体化。区域安排在表面上是背离总协定的各项义务的,尤其是最惠国待遇条款;但总协定的区域安排有其明确的理论作指导。《总协定》第24条第4款指出:此等安排能"发展各国之间经济的一体化","扩大贸易的自由化"①。

从亚当·斯密到大卫·李嘉图、约翰·斯图亚特·密尔,都意识到自由贸易对一国及全球经济发展的重大意义。但在贸易实践中,又有许多阻碍自由贸易的障碍,这也是设立世界贸易组织(关贸总协定)的重要原因,国际社会力图通过国家和地区间的协调促进全球贸易的自由化。以上提到的各种区域安排有助于该区域贸易的自由化,这和WTO促进贸易自由化的宗旨是一致的,因此WTO容许这些区域安排的存在。

由上可知,WTO对国家间设立自由贸易区是鼓励的。国家和地区间设立的自由贸易区具有促进贸易自由化的作用,一国内部设立的自由贸易区也有促进贸易自由化的作用;加之WTO在边境贸易部分,对的里雅斯得自由区的规定,我们可以看到,WTO对一国内部设立的自由贸易区也是持肯定态度的。一国加入WTO,对其自由贸易区的发展并没有阻碍作用,而是使之得到更大的发展空间。全球自由贸易区数量最多的美国就是一个很好的例子。美国拥有全球数量最多的自由贸易区。美国对外贸易区②的建立和促进自由贸易发展的思想是一脉相承的。在《对外贸易区法》颁布之前,手续繁琐的退税制度(Drawhack)和其他海关障碍,加之当时的经济大萧条(Depression),严重阻碍了美国转口贸易(Re-export)的发展。为了改变这一不利局面,在纽约州众议员赛勒(Cellar)的提议下,1934年5月29日美国国会制定了《对外贸易区法》。当时的立法意图是,该法的通过对增加投资、提高就业率、提高美国商品在国际上的地位、发展海运业等都会有所促进。③ 但在其后的16年间,对外贸易区的发展基本上处于休眠状态。关贸总协定的缔结,为美国自由贸易区的发展提供了机遇。1950年,美国国会通过《对外贸易区法》的修正案,容许在区内进行制造加工活动。这以后,美国自由贸易区的发展仍不够景气,1950年到1960年间,自由贸易区对商业的实际价值还是不大。这期间,多轮关贸总协定谈判结果的达成使得全球贸易环境发生了很大变化。关税得到了大幅度的降低。由于关税减让是在全球范围内进行

---

① 曾令良:《世界贸易组织法》,武汉大学出版社1996年版,第153—156页。

② 美国的"对外贸易区"就是这里所说的"自由贸易区"。以"对外贸易区"(foreign trade zone)代替"自由贸易区"(free trade zone)主要是为了使法案获得顺利通过。See John J Da Ponte Jr., United States Foreign Trade Zone, Adapting to Time and Space,5 *Mar. Law.* 197(1980)。

③ See William G. Kanellis, Reining in the Foreign Trade Zones Broad: Marking Foreign Trade Zone Decisions Reflect the Legislative Intent of the Foreign Trade Zone Act of 1934. 15*NW. J. INT' LL. &BUS.*,606(1995)。

的,在有些情况下,进口中间产品的税率较高,而进口最终成品的税率比较低。① 这样,对于国内生产者而言,和国外竞争者相比,将处于不利的竞争地位。在美国对外贸易区协会(NAFFZ)的推动下,美国海关当局于 1980 年 4 月 12 日作出裁定,同意对外贸易区协会的主张,允许用美国的零部件和外国原材料装配成品,其增值部分免于征税。② 这一裁定作出后,在 20 世纪 80 年代吸引了 160 多个新的加工项目。自此以后,对外贸易区成为许多地区发展经济的重要工具。结果导致对外贸易区的数量以惊人的速度激增。据美国商业部对外贸易委员会 2000 财政年度的统计数字,在对外贸易区从事就业的雇员约有 340000 人;全美共有 237 个一般的对外贸易区,406 个对外贸易分区;大约有 2420 个公司使用对外贸易区;商品在区内增加的价值为 2380 亿美元;进入对外贸易区的商品,64% 的是国内的商品。由此可见,美国的对外贸易区取得了长足的发展,在促进投资、增加就业等方面发挥了重大的作用,在美国经济中扮演着举足轻重的角色。美国对外贸易区管理委员会执行秘书认为,美国的自由贸易区将适应时代的变化,迎接新的挑战,进而为提升美国经济的国际竞争力作出贡献。此外,从世界各国、特别是发展中国家自由贸易区的发展来看,设立自由贸易区的优点是明显的。自由贸易区对实行出口导向战略(export-led trade policies),推动出口的增加,吸引外资,增加外汇收入,推进工业发展有重要作用;自由贸易区可以作为市场经济的实验室,发展中国家国内的公司通过与外国公司的接触与联系,可以提高技术和管理水平,进而对区外的公司产生影响;自由贸易区可以增加就业机会;自由贸易区对于保持和促进当地的经济活力,维护经济稳定,都具有重要意义。当然,自由贸易区的实际运行效果如何及其存在的缺点也引起了人们的注意。

由上可知,加入 WTO,对于中国自由贸易区的发展仍有很好的前景。首先,关税减让、取消数量限制等也是有限度、有例外的,并不是全部一次性减让或取消,自由贸易区在这方面的优势仍然存在。其次,关税减让在具体结构上有其特色,一国可以根据本国的生产能力和对外贸易政策制定针对自由贸易区的相关法律制度,最大限度发挥自由贸易区的作用。美国的做法值得借鉴。最后,WTO 的宗旨、原则与发展自由贸易区并不违背,WTO 的一系列要求可以改善自由贸易区的投资环境,以吸引中外投资者;同时,对于 WTO 要求分阶段履行的义务,可以在自由贸易区先进行试点,待时机成熟后在全国推广。总之,根据 WTO 的原则、宗旨及具体规定,加之相关国家的实践,我们认为,将我国已存在的保税区改造为自由贸易区,在 WTO 的框架下,其发展空间仍然是很大的。

2013 年 9 月 29 日,上海自由贸易区正式挂牌成立。中国(上海)自由贸易试验区

---

① 这种税率结构被称为"倒转关税"(Inverted Tariff),不利于国内生产者和国外同行的竞争。
② 这种优惠被称为"倒转关税的减轻"(Inverted Tariff Relief)。例如,进口到美国的一件汽车消声器的税率为 4.5%;然而,如果汽车消声器件被运入自由贸易区,然后和其他部件一起被组装成一个汽车,对整个汽车,包括汽车消声器,税率是 2.5%。这样,在自由贸易区进行组装生产就可以获得关税方面的优惠。

范围涵盖4个海关特殊监管区域,总面积为28.78平方公里。上海自贸区的试验对于中国经济的可持续发展,以及在国际上竞争力的提升,具有十分重大的历史意义。值得一提的是,自贸区的实践必须自觉纳入法治轨道,尤其是要关注财税法在其中的关键性作用,在财税领域,上海自贸区应积极开展制度创新,率先推行预算公开透明、税制规范确定、构建现代税收体系、优化税收征管方式、适当赋予地方自主权等措施,进而在条件成熟时将其经验推广到更多地区乃至于全国,由此促进政府职能转型,以现代财税制度为突破口,进一步激发市场经济活力,撬动整个中国新一轮改革开放的支点。

☛ 本章思考与理解

1. 简述实行单一税收管辖权的可行性。
2. 试述经济性双重征税消除的可行性。
3. 如何理解国家税收管辖权独立原则?
4. 试述国际税收协调的原理。
5. 谈谈对上海自贸区财税制度设计的想法。

☛ 课外阅读资料

1. 〔美〕罗伊·罗哈吉:《国际税收基础》,林海宁、范文祥译,北京大学出版社2006年版。
2. 刘剑文主编:《国际税法学》(第三版),北京大学出版社2013年版。
3. 〔美〕鲁文·S.阿维—约纳:《国际法视角下的跨国征税》,熊伟译,法律出版社2006年版。
4. 〔美〕维克多·瑟仁伊:《比较税法》,丁一译,北京大学出版社2006年版。
5. 廖益新主编:《国际税法学》,高等教育出版社2008年版。
6. 朱炎生:《国际税收协定中常设机构原则研究》,法律出版社2006年版。
7. 韩霖:《国际税收竞争的效应、策略分析:结合我国国情的研究》,经济科学出版社2005年版。
8. 王乔、席为群主编:《比较税制》,复旦大学出版社2004年版。

再 版 后 记

　　《税法专题研究》于 2002 年 6 月初版之后,我国无论是财税法治建设还是财税法理论研究都取得了巨大的成就。本书力求反映我国财税法治的最新进展,吸取国内外财税法学方面的优秀研究成果,理论联系实际,力图对税法基本原则、税收法律关系的性质、税法体系、纳税人权利和意识等税法基础理论问题加以深刻的分析和探讨,同时对财税立法和财税法改革进程中热点问题,如财政转移支付法的制定、统一企业所得税法等问题予以关注。此外,还选取了作为税法重要组成部分的涉外税法和国际税法这两个领域中最为基本的理论问题加以探讨。

　　再版后将《税法专题研究》改名为《财税法专题研究》,并力求在理论和实践两个方面均有所突破,在专题的设置上也更强调理论和实践两者并重。与初版相比,除"国际税法"这个专题的内容大体上保持不变外,其他专题设置和内容均作了重大的修正和整合:

　　1. 补充了财政法有关的专题和内容。考虑到公共财政的整体运行,不外是财政收入的取得、支出和管理的全过程,税法实际上是财政法的重要组成,因此,增加有关财政法治和财政法理论的有关内容,新增"财政立法与财政法改革"这一专题,并分别从财政法治与宪政、财政分权与分税制、中国预算法改革、中国财政转移支付立法等几个方面来加以研究。对财政法的基本概念、财政法研究所取得的成果等内容则在专题一"二十年来中国财税法学研究的回顾与前瞻"中予以补充,从而形成对财政法和税法的整体性考察。

　　2. 总结近四年来对税收法律关系的研究成果,对税收法律关系的有关的理论研究进一步深化和修正,在专题三"税收法律关系的性质"中对初版的内容作出了重大修改,分别从"税收与征税权""税收法律关系的类型与结构""税收债务关系理论及其应用""税收债务关系说对中国税法的意义"以及"税收债法研究的方法与价值"等进行了研究。

　　3. 根据近年来对税法原则的认识的深化,税法原则所包含的内涵有所修正,对财税法学界基本能够达成共识的税法原则,即税收法定主义、税收公平原则、量能课税原则和实质课税原则进行研究和探讨。

　　4. 专题五"税收立法与税法体系"保留了初版中的大部分内容,增加了对税收国家与税收立宪的分析,为避免与专题二中相关内容的重复,在本专题中删去了"分税制立法"的有关内容,对税收通则法问题的阐述则根据最新的研究成果加以丰富和完善。

5. 专题六"纳税人权利与税法意识"同样在内容上作出了重大的调整,通过对纳税人权利的理论基础、基本权利的内容、权利体系、实现机制,以及纳税人税法意识的优化等相关主题的研究,融入对纳税人权利和纳税意识的最新研究成果。

6. 专题七对所得税法律制度的探讨,在原来研究的基础上有所加深和扩展,主要增加了对非法收入的课税问题的研究、个人所得税法修改和统一企业所得税法制定过程中的理论探索等内容。

7. 专题八对税收征管法律制度问题的研究,保留了初版中的对我国税收管辖权制度的研究成果,重新增加了对"税收征管中的诚信问题""税收征管中的行政许可制度"和"我国增值税发票制度"等问题的研究。

8. 专题九对"税收保全制度"的研究在原有基础上有所扩展,将"查封、扣押、冻结措施""限制出境措施"等内容涵盖进来加以论述。

9. 避税与税收筹划历来是税法领域中的热点问题,在此单设"税收筹划与反避税"为专题十,主要对税收筹划和反避税的相关法律问题加以探讨,分别从税收筹划的相关问题、避税的法理解析和反避税与预先定价税制等方面来进行研究。

10. 删去初版中的专题九"税费改革的法律问题"一章。由于我国已经于2005年12月29日废止《中华人民共和国农业税条例》,原书中所进行的理论探讨已经丧失其立法基础,尽管农村税费改革对税收法治建设而言依然相当重要,但在理论研究尚未取得进一步的成果的情况下,将初版中的专题九"税费改革的法律问题"一章删去。

11. 对初版中专题十"WTO与税法"一章的内容进行了调整和补充。修正了以往的一些观点,比如国民待遇与外资税收优惠的关系等;增加了近年来的一些新的资料;对一些词语的用法进行了说明,比如税法"私法化"。

12. 对初版中专题十一"国际税法"一章,补充更新了部分资料。

此外,为了便于读者学习与思考,在每章后增加了"本章思考与理解"和"课外阅读资料"内容。

全书的写作得到了全国人大财经委员会、全国人大常委会预算工作委员会和法制工作委员会、财政部、国家税务总局有关领导、专家的支持和帮助;得到了中国法学会及其财税法学研究会、中国财税法教育研究会、世界税法协会(ITLA)各位同仁和北京大学法学院有关领导的支持;本书于2004年被教育部学院管理与研究生教育司推荐为全国"研究生教学用书",在此一并致以诚挚的谢意。我的博士研究生汤洁茵同学、郭维真同学做了大量的文稿整理工作,张小青同学翻译了英文目录,在此一并致谢。

刘剑文
2006年深秋于北京大学法学院新科研楼

第三版后记

《财税法专题研究》(第二版)自 2007 年 3 月出版至今已近八年,在这八年里,财税法因与民生福祉和国家治理改革息息相关而愈加受到重视,财税法学者的思想和建议日渐受到官方和民间的共同关注,财税制度逐步成为治国理政的基本途径。

2013 年 11 月 12 日,中共中央十八届三中全会审议通过了《中共中央关于全面深化改革若干重大问题的决定》(以下简称三中全会《决定》);2014 年 10 月 23 日,中共中央十八届四中全会审议通过《中共中央关于全面推进依法治国若干重大问题的决定》(以下简称四中全会《决定》)。这是在中国经济社会转型进入关键时期出台的改革与法治的顶层设计方案,将拉开中国全面改革的大幕,吹响中国社会整体性和深层次改革的新号角。三中全会《决定》提出,全面深化改革的总目标是"完善和发展中国特色社会主义制度,推进国家治理体系和治理能力现代化"。虽然"治理"与过去惯用的"管理"只有一字之差,但却反映出治国理念的重大转变。改革的核心在制度,制度的核心是法治,改革与法治是相辅相成的同一过程。在这个意义上,全面深化改革之路,就是建设法治中国之路,也是"中国梦"的圆梦之路。而财税法,正是深化改革与法治建设的重要组成部分。在三中全会《决定》提出的诸项改革任务之中,"深化财税体制改革"单独作为一个部分,且位居各项具体经济改革之首,这在党的重要纲领性文件中尚属首次。同时,财税问题作为重要主线,还贯穿在其他章节的始终。不夸张地说,三中全会《决定》中至少有一半都在谈财税问题。这是因为中央已经转变了将财政视作单纯经济问题的传统思维,开始认识到财政是"国家治理的基础和重要支柱",科学的财税体制是"促进社会公平、实现国家长治久安的制度保障",并且主动接纳了"落实税收法定原则"等财税法学界大力倡导的主张。可见,财税体制改革与财税法治,既是全面深化改革的突破口和重点领域之一,又是国家治理现代化的基础和制度保障,更是国运所系、民心所向、大势所趋。四中全会《决定》提出,"全面推进依法治国,总目标是建设中国特色社会主义法治体系,建设社会主义法治国家"。四中全会《决定》是中共中央通过的第一个加强法治建设的纲领性文件,这是我国依法治国征程上新的历史起点。可见,前后两个《决定》形成了"姊妹篇",即"全面深化改革需要法治保障,全面推进依法治国也需要深化改革"。

从《个人所得税法》的屡次修改到《企业所得税法》的制定，从营改增持续扩围到房产税改革试点，从《税收征收管理法》大修到新《预算法》四审过会，从车船税立法到呼吁设税权回归人大，从成品油消费税政策的出台到十八届三中全会对财税改革作出顶层设计，中国的财税改革始终在求索与前进的征途上。实践探索，理论先行，八年间，在财税制度实践取得巨大进展的同时，财税法基础理论亦在财税法学者的不懈努力下取得突破，基本建立起完整、自洽的基础理论研究体系和财税法结构律体系。我们提出的理财治国理论、公共财产法论、财税法平衡理论、纳税人权利保护理论、财税法的契约理论、财税法的控权理论已成为全国财税法理论界和实务界的通说，并与中央的各项改革决定不谋而合，得到国家的认可与接纳。为充分展现和评价当前财税法理论与实践的最新发展，笔者对本书进行了第三次修改，也是一次较大的修改。

本书第三版与第二版相比较，有以下重大变化。

（1）对本书体系结构做了比较大的调整，使得专题设置更为合理，逻辑更为融贯。部分专题名称做了适当修改，合并、增加和删除了一些专题。本书新增专题二"财税法治的思维基点与价值定位"，将原专题五"税收立法与税法体系"更为专题六"中国税收立法基本问题"，并将原专题六"纳税人权利与税法意识"合并入修订后的专题二"财政控权与纳税人权利保障"部分。考虑到距我国加入WTO已13年之久，及合并内外资企业所得税法等问题已无需做专章深入探讨，因此将原专题十"税收筹划与反避税"、原专题十一"WTO与中国税法"、原专题十二"国际税法"进行拆分整合为一个专题"国际税法与中国税法的国际化"，因此，此次三版由原来的十二个专题变为十个专题。在专题一中，本书整合原专题第二节至第七节部分，修订为对财政法理论、税法总论、国际税法、我国财税法体系的发展与完善、财税法教学改革与人才培养进路的研究评述，并在本书中起到提纲挈领、统领后续专题的作用。

（2）本书总结了八年来财税法基础理论的重大成果，使得理论部分的探讨更为充实、凝练，实务部分的分析更为细致、贴切。考虑到近些年财政法基础理论的重大发展，本书新增专题二"财税法治的思维基点与价值定位"，集中展现和探讨了近年来对财税法学界产生重大影响的财税法学的学科地位问题、公共财产理论、财政控权与纳税人权利保障等理论。

（3）本书及时反映了财税法理论和实践发展的最新变化，特别是对2013年7月发布的《税收征收管理法》修正案和2014年8月31日第十二届全国人民代表大会常务委员会第十次会议通过的《预算法》修正案相关的基础理论、域外制度和我国实践做了评议，以体现本书的时代性。为吸收当前财税法理论研究和实践的最新发展，本书重新撰写了专题二"财税法治的思维基点与价值定位"、专题三"财政立法与财政法改革"、专题七"税收实体法律制度改革"和专题八"税收征管法律制度"中的大部分内容。

具体而言,本书修改部分如下:

(1)专题一增补2008年十一届全国人大召开至十八届三中全会期间经济改革与财经立法工作成果与新时期财税法的历史使,整合原第二节至第七节部分,修订为"财政法理论研究评述"、"税法总论理论研究评述"、"国际税法研究评述"、"我国财税法体系的发展与完善研究评述"、"财税法教学改革与人才培养进路"几部分,并将原第七节部分融合到上述修订章节。

(2)新增专题二"财税法治的思维基点与价值定位",集中讨论了近些年财税法学界关注的重点问题。

(3)原专题二"财政立法与财政法改革"变为专题三,新增第一节"宪政与中国财政民主"部分,原第二节"中国预算法的改革"部分内容重新修订,专题第一部分与第三部分"财政分权与分税制""中国财政转移支付立法问题"合并为第三节"中国分税制财政体制的综合平衡与协调发展"。

(4)考虑到学界在税收法律关系的性质问题和税法原则的基础理论方面已形成通说并无巨大变化,专题四"税收法律关系的性质"、专题五"税法的原则"大部分内容保留,只做部分更新与调整。

(5)专题六"中国税收立法相关问题研究"中,原专题五第一节税收国家与税收立宪、第三节《立法法》与税收立法合并为本专题第二节"税收国家与税收立宪",原专题五第四节税法通则的制定问题,变更为本专题第三节内容,并对我国当前立法的借鉴意义等内容进行更新调整,原专题五第二节"中国税收立法问题"第三部分独立为本专题第四节"税收立法权限体制研究"。

(6)专题七将原"所得税法律制度"改为"税收实体法律制改革",除参照修订后的《个人所得税法》和《企业所得税法》对原有所得税法律制度部分进行修订外,还增加了近几年讨论较多的增值税和房产税等方面的内容。

(7)专题八原第二节"税收征管中的行政许可制度"整节删除,变更为"税收征管中的行政强制制度",原第三节"我国税收管辖制度"、第四节"我国增值税发票制度"删除,将原专题十"反避税"部分整合为专题八第三节,并新增第四部分"《税收征收管理法》修订研究"。

(8)专题九内容基本保持不变,第四节"查封、扣押、冻结"部分根据征管法征求意见稿做少量补充和评论;原专题十一WTO部分内容比如专题十,并补充WTO体制下中国自由贸易区的发展等内容。

本书的修改凝聚着财税法学科理论的最新成果,承载着建构财税法学理论新体系的大胆设想,寄托着引导理论研究方向、搭建学术交流平台、启迪财税法学子的殷切希望。受水平和视野所限,书中值得商榷或不当之处在所难免,敬请读者批评指正。

  本书第三版的修订工作由北京大学教务部立项,得到北京大学出版社王晶编辑的耐心帮助与全力支持,书中有部分内容为曾经发表的合作作品,在征得合作作者同意的前提下进行了增删,我的博士研究生佘倩影同学做了大量的文稿整理工作,并翻译了英文目录,在此一并致以诚挚的谢意。

刘剑文
2014年深秋于北京大学财经法研究中心